张海鹏 著

第七卷
口述与回忆

张海鹏文集

社会科学文献出版社

目 录

一 关于学术经历的访谈

永远的精神家园
  ——张海鹏先生访谈录 ………………………………… 003
深入钻研马列主义，提高宏观史学研究水平
  ——张海鹏研究员访谈录 ………………………………… 065
历史研究要以马克思主义中国化的正确方向为指针 ……… 093
追求历史的真谛：我的史学之路
  ——访张海鹏研究员 ……………………………………… 100
从历史学出发　共筑中国梦想
  ——专访历史学家张海鹏 ………………………………… 126

二 关于中国近代史专门问题的访谈

甲午战争与中日关系 …………………………………………… 137
关于中国近代史的几个问题 …………………………………… 152
与中山市社科联谈学术经历和孙中山研究 ………………… 171
同根同源，开门见"山"
  ——回忆90年代初两岸孙中山研究交流往事 ………… 194
在人民网在线视频谈辛亥革命的意义 ……………………… 202
与中国社会科学网记者谈对辛亥革命的认识 ……………… 209
"实事求是地研究和评价辛亥革命"
  ——访中国社会科学院近代史所张海鹏研究员 ……… 228

辛亥革命与百年中国的复兴之路
　　——中国史学会会长张海鹏访谈 ………………………… 247
辛亥革命：开启中国文明的现代转型之路 ………………… 261
1992—2012年我经历的海峡两岸关系的演变 ……………… 265

三　关于社会思潮和历史虚无主义的访谈

就社会思潮问题答中国社会科学院马克思主义研究院
　　创新工程项目组 …………………………………………… 293
媒体对于历史虚无主义要敢于发声批驳 …………………… 319
对历史虚无主义，我们要敢于"亮剑" ……………………… 323
反对历史虚无主义　坚持社会主义道路 …………………… 327

四　关于学术活动的访谈

关于《中国近代通史》出版答南方都市报记者问 ………… 335
从大中国历史的角度研究台湾史 …………………………… 342
当选中国史学会第八届理事会会长后与
《中国社会科学院报》记者的访谈 ………………………… 347
"大一统"思想不能忘 ………………………………………… 354
期待"全球视野下的中国" …………………………………… 359
申办国际历史科学大会堪比北京申奥 ……………………… 365

五　悼念友人

祭卫藤沈吉先生 ……………………………………………… 371
祭安藤彦太郎先生 …………………………………………… 374
为中日友好事业努力向前
　　——挽宇野重昭先生 …………………………………… 378
怀念龚书铎先生 ……………………………………………… 382
忠诚战士　良师益友
　　——缅怀李文海同志 …………………………………… 386

怀念李文海先生
　　——当代中国历史学的一面旗帜 …………………………… 393

六　关于人生经历的几点回忆

忆儿时过年 ………………………………………………………… 403
民国生活十年杂感 ………………………………………………… 411
我在近代史所经历的"四清"与"文革" ……………………… 415
1964年参加甘肃省张掖县乌江公社"四清"工作简记 ………… 442
《中国近代通史》的出版实现了几代人的愿望 ………………… 459
《抗日战争研究》创刊推动了中国抗日战争史的学术研究
　　——《抗日战争研究》创刊记 ………………………………… 464
跨过台湾海峡　实现双向交流之旅
　　——记1992年5月赴台北"黄兴与近代中国"
　　　　学术讨论会 ………………………………………………… 478
在近代史研究所的退休感言 ……………………………………… 490

一
关于学术经历的访谈

永远的精神家园[*]

——张海鹏先生访谈录

题记：一位年逾古稀的学者，已把自己生命中最宝贵的45年献给了一个研究所。曾经沧海难为水，除却巫山不是云。他爱所如家，历尽风雨见彩虹，宠辱不惊，无怨无悔，仍在不断地探索与追求。这就是张海鹏先生与近代史研究所的不解之缘。

——2009年访谈记

一 进所前后

李细珠（以下简称李）：张老师，我们非常高兴有机会再次采访您。这一次采访的主题是"我与近代史研究所"，主要谈谈您与近代史所的关系。您来近代史所之前对近代史所有哪些了解？

张海鹏（以下简称张）：来近代史所之前，我对近代史所基本上没什么了解，只是知道几个人的名字，如范文澜、刘大年。在学校里上课

---

[*] 本文由李细珠、张志勇、赵庆云访谈整理，主要由两次采访录音记录整理而成。第一次是2007年3月24、25日下午，中国社会科学院青年中心组织采访学部委员，李细珠、张志勇受命采访了张海鹏先生，张志勇做了录音文字整理。第二次是2009年9月26日上午，中国社会科学院近代史所60周年所庆筹备会组织"我与近代史所"的口述历史工作，李细珠、赵庆云再次受命采访了张海鹏先生，赵庆云做了录音文字整理。另外，关于张海鹏先生与刘大年先生的关系部分，还参考了张海鹏先生为湖南学者周秋光、黄仁国合著《刘大年传》所写的长篇跋语。全文最终由李细珠统稿，并经张海鹏先生亲自审阅定稿。原载中国社会科学院近代史研究所编《回望一甲子——近代史研究所老专家访谈及回忆》，社会科学文献出版社，2010，第231—290页。

时老师提到过他们，可能也看过他们的一些文章，但基本上谈不上很多了解。

李：我们知道，您是 1964 年来所，当时近代史所副所长黎澍到全国各高校搜集人才，有这样一个大计划，您能否谈谈这个计划的背景性的东西？

张：这个我没有向黎澍、刘大年请教过，只是听当时所里年长的同志讲过。据我所知，大概是 1963 年 10 月，在北京召开了中国科学院哲学社会科学部委员会第四次扩大会议，这次会议有全国党内外哲学社会科学工作者、党委宣传部负责同志约 500 人参加，刘少奇主持会议，并且有讲话，时任中共中央宣传部副部长周扬在大会上做了主题报告，报告全文当年 12 月在《人民日报》上发表，题名为《哲学社会科学工作者的战斗任务》。这是学术界一次反对修正主义的学习和动员大会。报告除论述马克思主义理论、批判修正主义理论外，还讲到了哲学社会科学人才培养问题、哲学社会科学的未来发展前景，我们刚进研究所的年轻人，觉得很是激动人心。如他说，"哲学社会科学工作者必须通晓马克思列宁主义的经典著作，精通自己本行的业务，广泛地猎取各种知识，成为博览群书的人"，"党和非党的马克思列宁主义者，应当成为整个哲学社会科学队伍的坚强骨干和核心"，"伟大的社会主义的时代，是人民的英雄辈出的时代，在学术上也应当是群星灿烂的时代"。这些话令我印象深刻。当时还有一个背景，就是中苏两党论战已经展开。中央部署在哲学社会科学各个领域开展反对修正主义的理论斗争，这是其基本用意。这一点从周扬公开发表的报告中来看，似乎并不是很清楚，但在传达时这个意思是清楚的，要建立一支年轻的反修正主义理论队伍。当时所长是范文澜，大年是常务副所长，黎澍是副所长。黎澍参加了会议，表示要在近代史研究所建立、培养新的理论战线上的反修队伍。那时黎澍同志在所里管人才，他说近代史所应该建立一支反修的队伍，怎么建立呢，不应该从上了年纪的人当中再让他们从事反修的工作，应该从 1964 年的大学毕业生中挑选。黎澍的提议是经过学部和所里讨论通过的。据我所知，1963 年有教育部和高教部，此前哲学社会科学部各所是直接到高校去挑选人才。但 1963 年高教部发出通知，各个用人单位不能随便到高校去招人，由高校统一进行分配，各单位去要人可能会造成一些矛盾、混乱。但 1964 年初近代史研究所还是直接到高校去要人，用的不是学部的介绍信，是中宣部的介绍信，各高校不敢阻拦。所里当时派出了五支人马，中南一支，东北一支，华东一支，西南一支，西北一支，到各个地方的大学里去招人，不一定是历史系，文科各系都有。我记得到中南去招人的是何重仁，到西南招人的是刘桂五。

李：您在武汉是谁去挑选？

张：何重仁。他是 1947 年武汉大学毕业的，抗战时期在乐山，对于武汉大学很熟悉。他是在中南这一线，从北京出发，到郑州、武汉、长沙、广州。刘桂五是去云南，他原来在西南联大工作过。其他的记不太清楚了。张友坤与我等到所里来，都是何重仁招来的。他们去联系要人的过程我个人毫无所知。后来听张友坤说，何重仁在郑州大学找他谈过话。但我在武汉大学，何重仁没有找我谈过话，系里也没有告诉我。我知道这件事，是进所很久以后何重仁同志当面告诉我的。20 世纪 80 年代初，李宗一告诉我，他实际上随着何重仁一块儿去武大的，但他是去武大查资料。

那时武汉大学是五年制，和现在的四年制还不一样。武汉大学本身是很悠久的大学，武汉大学历史系教师力量也是非常之强。据我了解，解放以前武汉大学在全国高校中的地位，好像比解放后还要强一些。1959 年那个时候，校长是李达，党委书记是刘仰桥。武汉大学历史系最著名的教授，中国史有李剑农、谭戒甫、唐长孺，我上学的时候，李剑农先生眼疾严重已经不上课了。中国近代史是姚薇元、汪贻荪，世界史是吴于廑、张继平，吴于廑后来当过武大副校长，那是 20 世纪 80 年代初期，我上学那个时候他是历史系主任。唐长孺先生是没有任何行政职务的，就是教授。唐教授在学术界地位是很高的，当时还兼着我们这边历史所的研究员，是兼职研究员。

我原来没有想过来近代史所，也没想过从事近代史研究。我四年级做的学年论文，是从《史记》《汉书》挑选了一个题目，写成《试论秦汉之际的游侠》。五年级时做毕业论文，当时系里指定指导老师是唐长孺。唐先生在系里开了隋唐史的专门课，我选了他的课，而且考试分数最高。可能唐先生对我有所看重，系里让他做我的导师。1963 年 10 月，唐先生给我出的题目是《北齐政权的评价》，还把我叫到家里去，与我谈话，指导我怎么做论文。领到了题目后，我的想法又有变化，想考历史研究所（简称历史所）侯外庐的思想史专业的研究生。侯先生的《中国思想通史》不好读，后来听说黎澍先生曾经在1953年的《人民日报》上发表文章批评侯外庐的文字风格。那时学校有很多活动，要看《中国思想通史》，需要利用时间，有不少时候，我利用晚上时间——房间里熄灯后，我跑到澡堂里开很暗的灯看书，花了几个月的时间把《中国思想通史》看了一遍。以我当时的学术素养，看《中国思想通史》有一定的困难，但我还是把《中国思想通史》读了一遍。读完之后，离交毕业论文的时间不多了，我也没有信心来做好《北齐政权的评价》这篇文章了。我直接去跟系主任吴于廑先生提出，能否不做这篇论文，而是翻译一篇外国人写的论文作为毕业论文的替代。系里居然同意了。我学过俄文和英文，觉得还是俄文基础好一些，他们就从苏联的一个刊物上找了一篇文章让我翻译。1963年正是苏美建交30周年，苏联的《近现代史》发表了一篇《论苏美建交三十周年》的论文。我们世界史教研室里对这篇文章感兴趣，就叫我翻译这篇文章。我花了一个礼拜把这篇论文翻译成中文，交给世界史教研室，他们给我打了五分，也就是满分。我本以为这样就完事了，但是我们当时的系党总书记李植楠，与我是同乡，看了我的译文，批了一句话：张海鹏光翻译这篇修正主义文章还不够，得写一篇文章来消毒。于是我回过头来又写了一篇试论苏美建交30周年的文章，写了三四万字，利用了当时图书馆的一些资料，特别是一些英文、俄文资料，世界史教研室的老师给评了四分。这样我就算提交毕业论文了。

  这时，我把《中国思想通史》都看了，准考证也拿到了，可以应付历史所思想史专业的研究生入学考试了。临考试前个把月，我们系里党总支告诉我不要考思想史研究生了。他们说北京有个外交学院，陈毅同志以外交部部长兼外交学院院长。陈毅提出来要在外交学院办两个外交研究班，为我国培养未来的外交干部与外交理论人才。它招生不是像考研究生，不是自由报考，而是将通知发到各个学校的党总支，由党总支掌握、推荐，那时学生都是完全服从组织的。武汉大学党总支推荐我去考，我就放下了思想史。说起那个外交研究生班，我是很愿意的。我在高中和大学这几年，学过俄语和英语，也注意看一些外交方面的书，后来写苏美建交这篇文章，也看了一些外交方面的资料。苏联出的《外交大辞典》，我也大略翻了一遍，知道外交方面最基本的概念和常识。

而且我从高中毕业考大学，报的志愿首先是外文系，可惜没有被录取，只得进了历史系。这次能进入外交研究班，我就有机会深造外文。考过了外交学院研究班之后，系里有人就给我透露，下学期我就上外交学院。放假后就回家干活。8月16日学校统一宣布分配方案，我到中国科学院近代史研究所，当时感到莫名其妙，完全莫名其妙，不知道怎么回事！那年武汉大学有四五百毕业生分配到北京，学校里包了一列火车把我们送到北京。8月19日我就到北京了，没有机会到系里问一下这变化是怎么发生的。我到近代史所之前，对所里几乎没有什么了解。

李：那你以后是怎么了解这种变化的？

张：我是到所里报到以后才知道的。来所一段时间后，人事科长陈述对我说，把你弄过来多么不容易。我说怎么回事呀？她说外交学院录取你了，我们这儿也看中你了，我们光给武汉大学打长途电话就打了不少，我们这儿挑人在先，而且是中宣部的介绍信。当时中宣部的介绍信很硬，各个单位是不能不接待的。何重仁挑人时，武大历史系就把我推荐给他。但是我不知道，系里也没有告诉我。正是这样一种情况，外交学院录取我了，近代史所也挑中了。经过多次与外交学院交涉，最后外交学院放弃了，所里就把我挑过来了。所以我到近代史所来，完全不是按照我自己的愿望进来的。

李：来所之后有哪些活动安排？

张：我是8月19日来所的，与郭永才同时来报到。再隔两天，所里就通知我和郭永才，还有历史所的傅崇兰，到当时在北京的西颐宾馆，现在叫友谊宾馆，是当时很高级的宾馆去报到。国家在西颐宾馆举办"1964年北京科学讨论会"，这是新中国建立后最大的一次国际科学讨论会，亚非拉美共44个国家367位学者和政界人士出席，包括自然科学、社会科学各个学科都有。当时让我们去会上做服务工作。我们几个人到了西颐宾馆哲学社会科学组办公室报到，办公室主任是董谦，他给我们分配工作，郭永才分到历史组，我分到政法组，傅崇兰分到校对组，校对组最为辛苦，得跑通县科学院印刷厂去校对会议文件。郭永才分到历史组，同郭沫若、范文澜、侯外庐、刘大年等人都见面了。我当时在政法组，负责人是张友渔，他当时是我们学部的副主任，也是北京市的副市长。后来当世界历史研究所所长的刘思慕，和商务印书馆的总编辑陈彦伯、近代史所学术秘书刘桂五也在这一组。领导这次会议的是陈毅副总理（兼外交部部长）。这是我第一次接触到如此大规模的国际会议，分配在政法组做秘书、做会议记录，还兼接办公室电话。参加政法组会议的外国学者有来自日本、越南、欧洲和非洲的人士。我记得越南南方代表团团长阮文孝是出席会议的非常重要的人物。出席这次大会的日本代表团团长是物理学家坂田昌一，毛主席在会议期间还会见了他。早稻田大学教授安藤彦太郎，参加了政法方面的会议。有一次我陪安藤彦太郎到人民大会堂出席宴会，在车上与他聊了天。认识安藤彦太郎先生和后来成为他妻子的岸阳子小姐，就是在这次会议上。岸阳子当时是日本代表团的翻译，后来是早稻田大学文学部教授，以研究中国文学而出名。我当时在政法组做记录，并整理纪要，领导纪要工作的是钱佳楣，据说她是来自延安解放区的老干部。驻会的新华社记者要报道政法组会议，我把我起草的政法组会议纪要给他，他以新华社记者的名义发表了。这个时间大概十天左右，使我对国际学术会议有了初步的了解。在武汉大学时，有一次校领导会见外宾，要找一个学生代表，把我找去了。这次国际会议对我眼界的提高有很大帮助。

我刚才讲了我在武大写的那篇文章，是关于苏美建交的，当时有三四万字，我心里有点动，便压缩了一下，两万字左右，在毕业前寄给了《历史研究》编辑部。我从 1964 年北京科学讨论会上回来后，黎澍同志接见新进所里的年轻人，大约有四十人。在大会议室，年轻人站成一个圆圈，黎澍站在中间，当时叫接见会，一个一个握手。他问："你叫什么名字？"我自报家门后，他大声说，"你的文章我看过了"，哈哈一笑，声音很大，满场都听见了，大家都投来很惊异的眼光。当时刚大学毕业，还没有人敢给《历史研究》投稿，黎澍大声一说，证明他们收到了文章。后来王学庄说，我的文章转给他和余绳武看了，但没有发表。我投稿前并不知道《历史研究》编辑部设在近代史所。我感到很满意，一篇大学生的习作，会送到黎澍先生和余绳武先生手里，是完全没有想到的。

二　"四清"与"文革"

李：后面紧接着是"四清"，请您谈谈这方面的情况。

张："四清"是俗称，正式称呼是农村社会主义教育运动。去甘肃"四清"，是中央统一部署的。近代史所与拉美所一起，去甘肃河西走廊的张掖。我从科学讨论会回来后便准备"四清"，开始学文件，学了一个多月，学"前十条""后十条"，学刘少奇讲话，学王光美的《桃园经验》。我进所以后，到这时才与所里的同事逐步熟悉起来。那时人人都要上班，与所里的老同志也熟悉起来了。我所在的学习组，负责人是姜克夫，他是老干部，每天听他发言，他常常讲延安时期的故事。那时所里食堂一天三餐，食堂大师傅是现在食堂负责人王利军的父亲，是一个老同志，八路军时期给贺龙做饭的，人非常好。贺龙进城以后，大概找到了更好的厨师，就把他送给了范老，他就进了近代史所。这个老师傅1938年参加八路军，文化程度不高。王师傅在食堂从来是最后一个吃饭，剩什么菜就吃什么菜，没有就什么都不吃，顶多给自己炒一个鸡蛋。我们是单身汉，住在所里，周末王师傅还替我们做饭，有时候我们睡懒觉，王师傅便来敲门，叫我们起来吃早餐。学了一个月的文件，就到甘肃"四清"。

我记得，临行前，范老在大会议室举办全所宴会，为参加张掖"四清"的同志们送行，他还特别把张闻天同志的夫人刘英同志介绍给大家。1959年"反右倾"以后，张闻天被安排在学部经济所，刘英被安排在近代史所。去甘肃前，所内团支部改选，原书记杨余练仍旧担任这一职务，增加了一名副书记张友坤（所党支部青年委员），增加我为支部委员。10月24日上午全所大会，刘大年副所长总结了一个月的学习，张崇山副所长作了临别赠言，我代表团支部念了决心书；下午从北京站登车启行，范文澜所长到车站送行。经过两天两夜抵达兰州。在兰州停留休整两日，在兰州从总后设在兰州的被服仓库领取御寒衣物。我抽空在那里参观了甘肃省博物馆，游了皋兰山。从兰州乘火车到张掖，又走了一天一夜。10月30日抵达张掖县城，住进张掖饭店。11月1日开始十天学习，主要是了解张掖地区情况，学习西北局、甘肃省委关于"四清"的文件，传达甘肃省委"四清"工作团的纪律要求等。

在张掖地委参加"四清"工作培训班后，我们被分配到张掖县乌江公社贾家寨大队二队（包括任家庄、周家庄、褚家庄），住在周庄一个周姓农民家里。我们那时大学刚毕业，还不能做正式工作队员，叫临时工作队员。

我们所在的乌江公社工作组的组长是甘肃永靖县的县委书记，刘大年是副组长。贾家寨大队工作组的副组长是蔡美彪。和我在一个小队的是通史组的王忠，还有一个是兰州供电局的干部张学智。蔡美彪同志那年36岁，虚岁号称38岁，副研究员，已经协助范老工作，是通史组负责人，在学术界和所里都有较高的地位。王忠同志是搞西藏史的，副研究员，50年代初去西藏考察，骑马摔坏了腿。蔡美彪特别交代，王忠同志是靠近党的非党人士，对王忠同志生活上要照顾。王忠那年45岁，已经是权威了。他告诉我，国家规定45岁的专家就可以不参加劳动，坐火车可以睡软卧。我和他在一个生产队里头，睡在周姓农民专门为我们腾出来的一个大炕上。我那时年轻，每天早上要7点才起床，王忠每天凌晨4点就起来，点起灯来学毛选。有一次走在路上，他跟我说，你这个人哪，你将来适合做刘桂五那样的工作。刘桂五是所里的学术秘书，相当于现在的科研处长，但是权力更大，所里很多事情都是找他处理。我当时理解起来，他是觉得我做研究工作不是很合适，适合做学术行政工作。

赵庆云（以下简称赵）：张老师，我想问一下，刘桂五先生作为所里的学术秘书，与院里学术秘书处是什么关系？

张：性质是一样的。每个所都有一个学术秘书。中国科学院学术秘书的设置，是仿照苏联体制。中国科学院学术秘书处有五个秘书，有一段时间，刘大年是秘书之一。

我们在张掖待了八个月。我们的工作，按照"桃园经验"是访贫问苦，发动群众揭发生产队干部的"四不清"问题，逐一落实。这是我第一次见到西部的农村，非常艰苦，路上都没有树，很凄凉的景象。1997年我坐火车经过张掖，特别在车站上看了看，发现车站两边都是树，工厂烟囱都很高，望不到边的玉米高粱，真是变化很大。我们那时住在农民的炕上，大人小孩没有衣服穿，农民特别穷，工作队当时在那里给农民发棉衣、棉裤、棉被。经过调查，我们发现当地情况，不像"桃园经验"所说的那么严重，生产队干部"四不清"现象说不上严重，也就是稍微多吃几斤粮。"四清"工作本身并不重。我们那时很多时候是帮助农民劳动。有时发动社员斗争干部一下，也说不出多大的问题，工作队员和社员劲头都不足。1965年1月，中央有新的文件"二十三条"发下来，我们一学习，就觉得很高兴了。现在对"二十三条"

批判很多，但当时我们学了"二十三条"后很高兴。"二十三条"提出了"党内走资派"，这个概念一出来，我们觉得生产队没有党内走资派，所有干部一律解放。1965年5月，我们结束"四清"工作，离开村子时，当地干部群众都来欢送我们，似乎有点难舍难分。因而我的实际感受是，"二十三条"是纠正了"桃园经验"的一些偏差，但因为"二十三条"提了"党内走资派"，与后来"文革"中的"党内走资派"联系起来，所以批判较多。

在张掖农村生活的确很苦，八个月没有吃过蔬菜，只吃醋泼辣子（稍好些的家庭是油泼辣子），更谈不上鸡鸭鱼肉。长期在城市里生活的领导同志有些受不了，如黎澍开始在村里待了一阵，后来被甘肃省委书记、省"四清"工作总团团长李友九请到地委招待所，主持编修张掖地方志。大年在那儿待的时间也不多，1965年初他回京出席全国人民代表大会。李新在队里待的时间可能多一点。

我插一个小故事：我们队离张掖城30多里，我和王学庄，还有几个人，星期天没事去张掖城里玩。有人告诉我们，城里有个张掖饭店，有道名菜叫西北大菜。我们去吃西北大菜，一大盆，一层一层叠上去，鸡、肉、蛋各种东西都有，四五个人吃不完，我买了个大洋瓷缸带回来给杨余练等同志饱餐一顿。回来碰到黎澍，告诉他西北大菜，他听说后，他也想去吃。后来听说，他真去了，但没有吃到。因为大师傅看到我们没吃完，以为我们认为不好吃，黎澍去时就不给做了。我们那次回来是走回来的，在贾家寨乌江河滩上，王学庄抽烟，把地上的枯草点着了，一时间，草滩上火光冲天。我当时是所里团支部委员，怕出事，我把生产队社员全部动员起来灭火。回来后，我还专门写了一个长篇的检讨，送给蔡美彪同志。

当时国家规定，大学毕业后应在农村劳动锻炼一年。我们在张掖八个月，还不到一年，学部领导觉得太苦，要给我们换一个地方，完成劳动锻炼。后来就转到山东黄县（今龙口市），住进于口大队下孟家生产队一户孟姓农民家里，我与张友坤、陶文钊、吕景琳同睡在一个大炕上。这里生活条件很好，蔬菜很多，各种海产都能吃到，海鱼、海虾、海蟹，我都是生平第一次吃到。生活上感到从地上到了天上。这个生产队主要经营梨树。我们在山上同农民劳动了七个月。我在这个过程中，更多地认识了中国的农村。黄县属于胶东的老革命根据地。与老百姓聊天，了解到他们当时（1947年）老区土改中的一些过左现象，包括对富农、中农扫地出门等，很伤了一些人的感情。1948年淮海战役，黄县各村里的农民，男子人人都推着小车支援前线，为淮海战役的胜利贡献了自己的力量。后来陈毅元帅说过淮海战役的胜利是山东农民用小车推出来的，我们有了比较切身的感受。对社会现实增加了了解，对我们的人生有好处。结束农村劳动，到黄县县城学习总结十多天。在这个期间，我前往黄县一中联系，与他们打了一场篮球友谊赛。我自己不会打球，我负责联系。在黄县县城总结了十天左右，就回北京了。

赵：我看到《李新回忆录》也有不少关于"四清"的记述，张老师您怎么看？

张：李新同志的回忆我没有细看。据他说，"四清"末期，刘大年回京前，曾找李新谈话，要他负责近代史所在张掖的人员。后来又交代，新进所的大学生继续留在张掖完成劳动锻炼，其他人员带回北京。李新征求姜克夫意见，两人都认为张掖太苦，反对新进所的大学生继续留在张掖，决定让他们到山东黄县完成劳动锻炼。这些情况，我本人当时不知道，只记得听传达说，是学部副主任张友渔批准我们到黄县的。近日有机会与韩信夫同志谈到这一情节，韩信夫对"四清"末期李新负责近代史所在张掖的人员一事表示存疑。他说，他当时在张掖城里给黎澍同志当助手，整天陪同黎澍左右，没有听到黎澍谈到此事。因为黎澍是在职的副所长，近代史所在张掖的人员，理所当然归他负责。韩信夫说，关于大学生劳动锻炼一事，当时留在北京的副所长张崇山常来电话。李新当时不负领导责任，较轻松。那个时候，党内和党外区别很严格。党内的活动，对党外并不都传达。我对"四清"期间工作队内部情况以及党内活动所知甚少。回所后，也听说过一星半点。祁式潜当时是临时党支部副书记，还有个女同志，苏联留学回来的，"四清"时也去了。听到传闻，祁与那位有故事，李新、姜克夫要求批判祁式潜作风不正。听说刘大年为祁式潜说了几句好话，李新他们抓住祁式潜攻击刘大年。具体情况，我不清楚。那个时候我们党外知道的很少。

赵：祁式潜后来在"文革"中好像自杀了。

张：是的。"四清"回来后，所里适应社会需要成立了"四史组"，相当于后来的现代史组，祁式潜为组长。"文革"初，我是"文革"小组负责人。祁式潜仍是组长，当时是支持"文革"小组的。1966年7

月底8月初，社会上传言抓叛徒。7月中下旬，我们在所里组织批判工作组。所里有人认为，工作组是支持所"文革"小组的，对"文革"小组有非议，据说祁式潜在其列。8月3日，有人在所里贴大字报，题目是"我们怕什么？"，文中有这样的话：我们不是走资派，我们不是叛徒，我们怕什么？这样的话，有影射祁式潜的含意，接着有十几张大字报跟进。8月4日下午，我们还召开了组长会议，祁早早走了，傍晚时西城公安局打来电话，说你们所祁式潜自杀，我和几位同志赶紧赶到西城区公安局，我们当时很紧张。公安局同志说不要紧张，这几天老有自杀的。我要求去看尸体，公安局不让，只让我在死亡证明单上签了个字。隔天，我接受姜克夫建议，请李宗一将大字报照相了。后来我又去找学部潘梓年汇报。潘当时是学部主持工作的副主任。他也说不要紧张，要整理一个材料，往上送。我这才有机会把祁的人事档案调出来，看了他的档案。祁的人事档案很厚，我看了一遍，现在还有点印象。祁的妻子叫居瀛棣，她是居正的女儿。祁本人于1937年加入中国共产党，资格很老，受党的派遣，在江苏、安徽一带活动，任路东区党委委员，又担任某中心县委书记兼游击大队大队长，党内职位很高。1940年左右，刘少奇在这一带视察工作，听取工作汇报后，刘少奇顺便问起汇报人是哪一年入党，祁见另一人汇报说是"一二·九"运动中入党，怕自己入党晚了脸上不好看，便谎称自己是"一二·九"时期入党的。40年代延安整风，华中局党校也在盐城开办，华中局通知祁去盐城上党校。他看过中央的有关文件，说是敌特打进了我党的高级领导机关，他一下紧张了，以为自己出了问题，以为他对刘少奇撒谎，刘已记住并查了。他心里焦急，做了十分错误的决定。正好此时他夫人怀孕，他将夫人送到上海待产，此时上海是在汪伪统治下。上海公安局局长叫张鸣，也是居正女婿，他接待了祁的妻子。不久后，祁带着勤务员和一部分钱，以采购武器的名义跑到上海，以后没有回来。当时中共华中局发了通报，开除了祁的党籍。张鸣将祁夫妇送到重庆居正那里。居正知道祁是共产党，把他安排在重庆中央银行当专员，拿干薪，不做事。他毕竟出身共产党，对国民党的腐败在专员室不免有所议论，经人告密，国民党抓了他。居正出面保他，出资送他去美国上学，他没有去。1943年苏德战场形势明朗，他已经判断出第二次世界大战的结局。此时他又想回到党的队伍中来。他在重庆给周恩来写信表示悔改，希望回到党的队伍。周派吴克坚找祁谈话,吴跟周汇报,同意他回到党内,派他作党的地下秘密工作。后来他回到江苏上海一带做秘密工作,领导了一批地下电台。这些电台直接同党中央联系,为革命做出了贡献。问题出在上海解放时,陈毅在上海举办了一个大型招待会,过后,上海报纸报道,将祁列在陈毅以下第三名,原来在华东局工作的人立即跟陈毅反映祁式潜曾经叛党,陈毅命令对他进行立案审查,被软禁。他交代了自己的经历,审查到1953年,此时审查结论基本清楚,他交代周总理派吴克坚跟他谈话,恢复他的党籍。但吴克坚当时也因事系狱,祁的交代无法证实。到1953年,祁被调到北京化工部,任化工部学习委员会主任,在化工部工作了几年。又重新办理入党手续。1959年,化工部又派他去中央党校,学习了五年之久,1964年,他给范老写信,希望进近代史研究所。后来从张掖回来又到江西"四清",仍任临时党支部书记。8月4日傍晚,他回到位于三里河化工宿舍的家里,在《人民日报》报头上留了一句话,大意是今晚不回来了,然后就在附近人定湖湖心岛上喝了敌敌畏,后来被游人发现,报告了公安局。潘梓年听了汇报后讲共产党员自杀是叛变,应该开除党籍。近代史所党支部开会宣布开除祁式潜党籍。我后来把他一生的经历及在近代史所的表现和自杀前后的情况写成报告,交给了学部副主任潘梓年,上报中央有关部门。这也是我在"文革"初期经历的一件大事情。

李:请您谈谈"文革"初期近代史研究所的情况,以及您是如何卷入"文革"运动并作为当时近代史所的主持者所经历的事情。

张:当初我们对党中央毛主席,有无限崇敬的心情。到了近代史所以后,我在当时被认为是比较活跃、比较被人看重的人。加上黎澍同志的接见,在新进所的人中间形成了这么一个认识。我在大学期间要求入党,写过多次申请书。当时中组部在大学生中发展党员的方针是谨慎发展。我当时积极要求入党,学习是最拔尖的学生之一,一直担任班干部。当时三个班将近一百人,1959年入学的班中有很多调干生,有些资历很老,职位较高,但文化水平低。这些调干生,知识程度较低,他们基本上都是党员。那时年级的级长,是湖北当阳县(今当阳市)的一个干部。名义上,我相当于级长的秘书,每个学期都要写报告,都由我来写,送到系里去。那个级长后来没有毕业,三年级时回家去了。我那时年纪小,调干生经常问我学习中的问题,抄我的笔记本,我就有些不耐烦，他们认为我骄傲，我就背上了骄傲自大的包袱。五年级时，支部书记找我谈话，让我克服骄傲自满，说在大学没能入党，但会把档案转到近代史所，让我不要泄气。后来到所里，我每次都要检查骄傲自满。我进所后，所里对我很重视。不久，组织团支部，我是团支部委员。从乡下回来以后，我就到了西颐宾馆，参加了中国近代史讨论会（西郊组）。

我们单位的"造反"和别的单位的"造反"也不完全一样，主要是因为我们是根据《人民日报》的社论起来造反的。1966年6月1日，《人民日报》发表了社论《横扫一切牛鬼蛇神》，这标志着"文化大革命"的开始，同时发表了聂元梓等七个人的大字报。我们现在讲"文革"史，通常讲1966年5月16日中央发了通知，但是这个通知，当时报上没有公布过，我们不知道，一般人知道的就是6月1日《人民日报》的社论。隔了一天，6月3日《人民日报》又发了一篇社论，叫《夺回资产阶级霸占的史学阵地》，同日，《人民日报》还配发了史绍宾的长篇文章，点了《历史研究》和近代史所的名，指出这些资产阶级"权威"老爷们，是史学界的"东霸天""西霸天"，他们像奸商一样垄断史料、包庇吴晗，直接针对近代史所。

话还得往回说。我们在黄县就看到了姚文元的文章《评新编历史剧〈海瑞罢官〉》。那个时候每个人都看了报纸。回到北京以后，黎澍同志找我谈话，大概还是对我1964年的那篇文章有印象，就叫我写批判吴晗的文章。那个时候批判吴晗，从黎澍的心里来讲，也是一种学术批判。他出题目，他谈思想，由我来写。我到他家里去，当时是沙滩的工字楼。我第一次到他家里时大为惊讶，他的房子那个大啊。总之是大得不得了，书房至少一百多平方米，似乎比我们现在的学术报告厅还大。四周墙壁放满了书架，书架上排满了书。他过去做过中宣部出版处处长，相当于现在的出版局局长。那个时候全国出版社出版的书都给他送一本。他给我布置一篇评《海瑞罢官》的文章。我花了一个月写文章，写好了给他看，他对我的文章可能不满意，他对我说还是去读书吧，多读点书。实际上，那时对吴晗的批判已转向政治批判，学术批判做不下去了。黎澍主编的《历史研究》受到的压力非常大，他也很着急。

此后，黎澍把我安排到西郊组，西郊组全体被安排在西颐宾馆的中馆。西郊组是黎澍同志领导的，于1963年成立，对外名称叫"中国近代史讨论会"，有公章对外，实际上是一个独立的机构，经费是财政部单拨。西郊组的活动对外是保密的。住在这个宾馆里头，就是为外交部的中苏谈判准备资料，当时中苏谈判中正涉及中俄边界问题。这个组就是在搜集有关中俄时期的边界资料。这也就是黎澍1963年提出来的建立一支反修队伍的一个设想，这个组总的是黎澍直接管，外交部专员余湛代表外交部参与意见。黎澍从全国各地调了很多人来充实这个组，其中有中山大学历史系主任金应熙、复旦大学新闻系主任李龙牧、吉林大学刘存宽、北师大张文淳以及云南大学郑绍钦等，还有近代史所的多位研究和翻译人员如王其渠、吕一燃、张左糸、韩信夫、张友坤、陈春华、王超进、李金秋等。西郊组的负责人是金应熙、李龙牧和余绳武。这些人有一定理论水平，外文水平很高，英文、俄文都很好。张友坤任西郊组秘书。金应熙先生专门给我个人上过中俄边界历史的课，余绳武、刘存宽让我翻译过几件俄文资料。组里希望我在这方面做出成绩。不久，余绳武同志找我谈话，要我把西郊组所存数万本图书管起来。这些藏书绝大部分是不同历史时期出版的英文和俄文图书，大多涉及中俄关系，是1963—1964年组里奉命到全国各地搜集的，大概东北各地如哈尔滨、大连等地所藏为多，上海、武汉所藏也不少。1965年底就安排我进了这个组，我是1964年进所的人中最早进入这个组的。我在这里待了半年，这一待就待到1966年6月3日。

在这期间除了批判吴晗，还批判"三家村"、《青春漫语》。《青春漫语》是在《北京日报》开辟的一个杂文专栏，执笔者是学部副主任兼政治部主任杨述。那时候，各大报纸大张旗鼓批判"三家村"，在学部也在组织批判《青春漫语》。批判的材料都印出来发给我们，各所都开批判会。西郊组在5月份开始关注"文化大革命"的发展，成立了参加"文化大革命"的小组，我是成员之一，组内酝酿参加批判活动。5月下旬，学部大院贴满了大字报，都是《哲学研究》编辑部署名的，矛头直指杨述及其《青春漫语》。《新建设》编辑部在近代史所张贴大字报，揭发副所长黎澍。5月30日，近代史所召开全所（部分人员在江西"四清"在外）大会，批判《青春漫语》。我被安排为第一个发言。发言稿是与刘存宽、韩信夫、张友坤商量后，由我和韩信夫共同起草的。接着，西郊组党分支部决定大家可以写大字报，参加"文化大革命"。于是一批批判黎澍的干部路线的大字报贴了出来。之后学部1966

年 6 月 4 日要在首都剧场开一次全学部大会，我们所挑选了我和沈庆生到学部大会上发言。正好在 6 月 3 日《人民日报》上发表了社论《夺回资产阶级霸占的史学阵地》。一清早广播里就广播了，我们听到这个社论后心里不好受。就是我们的近代史所——那时《人民日报》的社论就是中央的最高指示，被中央点名了。第二天我就要代表近代史所在学部大会上发言，我就想，前一天有社论，我第二天代表近代史所发言，我应不应该回应一下社论。我就在我发言的最后写了几句话。当时我把这个话给余绳武同志看，他是我们西郊组的负责人。我说我最后加的这几句话合适不合适，他没有反对，说可以。但是西郊组内有不同意见。后来我还是讲了，因为余绳武是组里的负责人，他同意了。6 月 4 日，学部批判杨述大会在首都剧场举行。学部分党组成员（包括潘梓年、关山复、刘导生等以及刘大年等领导同志）坐在主席台上。按照大会安排，我是第四个发言。我在批判了杨述《青春漫语》后，在结语里结合 "6·3" 社论对刘大年提出了质询，我说，我们一定团结在党中央和毛主席周围，高举毛泽东思想伟大红旗，向一切牛鬼蛇神开火，彻底打倒盘踞在史学界的资产阶级的 "东霸天" "西霸天"，夺取资产阶级霸占的史学阵地。台下的一些人高呼刘大年下台。哲学所、《哲学研究》《新建设》等认为学部党委特别是关山复包庇杨述，把矛头对准学部党委，刘亚克等人上台争夺麦克风。我想，这次大会应该是我们学部 "文革" 的正式开始。从这以后，所里的 "文革" 也就开始了。其实呢，我发言后就回西郊组了。

接着中央就向学部派了工作组，很庞大的一个工作组。工作组的组长是张际春，湖南人，当时中宣部的常务副部长。也给近代史所派了工作组，组长是中央组织部的办公厅主任王瑞琪，还有一个负责人是中共中央联络部调查处的处长（相当于今日的局长）时代，还有一个是中央组织部的李惟一。三个人组成近代史所工作组的成员。所里当时有一个党支部，支部书记是连燎原，他是转业军人。他通知在 6 月 15 日开会，布置在所内开展 "文化大革命"。那时我在西郊组，脱离了所里，也没有电话联系，不知道所内在酝酿什么。所里有一帮年轻人，他们实际上就在底下酝酿，要搞一番名堂。6 月 15 日，近代史所党支部召开全所大会布置所内开展 "文化大革命"。上午部分党支委、团支委和部分青年党员商讨当天大会召开问题，主要是由谁来主持大会。工作组组长王瑞琪、副组长时代以及成员李惟一到所。大家要求工作组主持会议，工作组表示刚到所，不了解情况，不能主持会议。后来决定民主选举大会主持人。在讨论中多数人反对将连燎原选入主席团。通过民主选举，产生了张德信、郭永才、余绳武、蒋大椿和我组成主席团，主席团推举我为大会主席。我就主持了6月15日的全所大会。我们根据《人民日报》的社论讲了一些看法，大家鼓掌通过，这就算本所"文化大革命"开始了。这次是全所会议第一次公开批判刘大年、黎澍。这就是近代史所的所谓"夺权大会"。参加会议的除了工作组外，还有其他各所人员。

随后，根据中央文件精神，所里通过民主选举产生了一个"文化革命领导小组"，成员开始是四人，后来增加到七人，组长是张德信，他是党员，他还被推选为学部"文革"小组成员。我、蒋大椿是副组长，还有尹仕德。我管常务，当时就决定这么一个体系。在工作组支持下成立的这个机构就是一个合法的机构。这以后就开始批判走资派，当时称为"三反分子"。所里当时主要是按照中央、按照《人民日报》的社论来抓走资派，我们就确定刘大年、黎澍是"走资派""三反分子"。李新当时在所里没有行政职务，党内职务也没有，所以他不是主要斗争对象。从1966年6月下旬以后，一段时间里多次召开批判刘大年与黎澍的会，好多次是由我主持的。我之所以要把这一个事情说一下，是因为6月15日那个会以后，大年同志回到家里去，跟家里人讲，说：哎呀，我们这些人在近代史所工作这么多年，我们都是官僚主义，近代史所有一批年轻人，很能干呀，很有本事啊，所里党支部布置的这些东西，他们一下子就把我们打得稀里哗啦。他就点名说了，姓张的这个人还不错。今天说到这里，的确很感慨，因为，他没有因为我们把他批了而对我们仇恨，反而觉得这些人还不错。尽管后来我们经常开大会批判他们，要他们低头认罪，但是刘大年后来始终对我没有这种仇恨的心理。7月中旬，"中央文革小组"成员关锋、戚本禹到所里来，与部分人谈话，揭发黎澍、刘大年、丁守和。7月下旬，张德信和我还到学部"文革"小组和工作组汇报工作，张际春、林聿时、王瑞琪、吴传启、刘亚克等对所里"文革"有过不少"指示"，特别是林聿时、吴传启对近代史所如何揭发、斗争黎澍、刘大年出了一些"主意"。8月以后，由于在批判工作组问题上产生分歧，学部逐渐产生不同派别的群众组织。中宣部部长陶铸宣布撤销学部工作组，撤销学部"文革"领导小组，让群众自己起来闹革命。学部从此分成两大派。我们近代史所内尽管也有不同意见，但在组织上没有分成派别，近代史所也组织了红卫兵，参加了学部红卫兵联队，称作红卫兵联队近代史所支队，我是支队长。因为撤销了学部"文革"小组，红卫兵联队一派组织了学部联络委员会，作为领导机构。近代史所文革小组组长张德信当选为学部联络委员会常委。我们在所里的运动也逐渐转向学部和社会。打派仗多了，所谓斗争"走资派""三反分子"就少了。此后，斗争本所的、学部的，以及社会上知名的公认的"三反分子"大会时不时会召开，都带有派性斗争的性质，都是在所谓抓旗帜、抓斗争大方向的名义下进行。1967年春，按照戚本禹要求，历史所和近代史所联合，收集整理刘少奇所谓"反革命修正主义"言论资料。由傅崇兰主持，我担任办公室主任。3月，该资料出版，由新华书店发行。4—5月，接受戚本禹交给的任务，撰写《中国向何处去？》文章，与文化部研究室组成写作班子。文化部研究室出面的是金冲及、宋木文等，学部是王戎笙、栾成显、吕景琳和我，学部方面以我领队。地点在文化部大楼里。时间大概花了两三周，我们提交的稿子未通过。后来金冲及撰写的文章通过了，8月以《走资本主义道路还是走社会主义道路》在《人民日报》发表。7月，学部联络委员会、红卫兵联队发生分裂，以历史所和近代史所为核心，反对林聿时、吴传启，另行拉出，组织了揪潘联络站（揪出潘梓年、吴传启、林聿时、王恩宇等的简称），后发展为学部大批判指挥部。这时候，所里也发生分裂，蒋大椿等少数人不同意反对潘吴林，自己也拉出了一个小组织，继续站在红卫兵联队阵营。

到1968年2月，我所在的群众组织垮台。这个组织垮台是因为它的后台戚本禹垮台了，这个组织背后的支持者就是戚本禹。我们这个群众组织的头头是历史所的傅崇兰，他和戚本禹关系很密切，傅崇兰为此付出了代价，后来坐了八年牢。20世纪90年代，傅崇兰曾出任中国社会科学院城市发展与规划中心主任。

回顾起来，"文革"当中在我主持期间，还没多得罪人。当时就是抓所谓斗争大方向，始终抓的是党内走资派，始终抓的是刘大年和黎澍，批判他们，别人我都没有多触动。所以我们所里有的老知识分子，像邹念之先生，在我挨整的时候，老替我说好话。我感觉到后来给我说好话的人还很多，其中之一就是荣维木的父亲荣孟源同志，他是我们所里老一辈，是前辈，早在延安时期就是很有名的人物，后来因为划成"右派"，很坎坷。他划"右派"是康生亲自点名的。"文革"初期，红卫兵一下子就冲到他家里去了，他家就在美术馆后面的黄米胡同，他们家住的是很大的房子，街道的红卫兵一下子就冲到他家里去了，那很厉害。我知道以后，就派红卫兵到他家里去了，我们就用近代史所红卫兵这样的名义，把他书架全部贴了封条。到 80 年代荣孟源同志在世的时候，他说没有近代史所红卫兵的那个封条，他家不知要被外面抄多少次，就是因为我们这封条一贴，外面的人一看人家的单位已经作了处理，就不再来了。而且我们贴了封条以后就再也没有管它，他说：就是近代史所保护了我，不仅书的安全，而且还有人身安全。所以他们后来也给我说了好话。红卫兵运动期间，我们对金宗英、丁原英等同志也及时提供了保护。

李：请您谈谈作为"五一六分子"经受审查的前前后后的事情，以及近代史研究所恢复业务活动初期您所从事的工作。

张：我在 1968 年 3 月后，大体上是赋闲，下半年与何重仁、李瑚两位同志参加过"文革"中查抄文物的清理工作。1968 年 12 月，中央向学部和所属各所派来了工宣队和军宣队。1969 年上半年，工军宣队在所内做团结工作，消除派性，下半年就开展"清查五一六反革命阴谋集团运动"。从此，我被作为"五一六反革命阴谋集团"的骨干，作为清查运动中的重点审查对象，经历了长达五年的艰难岁月，经历了严酷的政治审查和心理考验。我那时候在现在商务印书馆那座楼上——当时是全国文联的办公大楼，在那个楼上关了好几个月，那时的名称叫"隔离审查"。那和坐牢一样，就不是在正式监狱里，完全没有自由的。专案组采用车轮战、逼供信、残酷斗争、无情打击，逼供、诱供，什么手段都采用了。所谓车轮战，专案组审查被认定的"五一六反革命分子"，尤其是"骨干"，多人轮番轰炸，反复宣读《敦促杜聿明投降书》，喝令交代问题，日夜不休，连续数日夜，有的被审人三天三夜不能眨眼，甚至有的被审人七天七夜不能睡眠，而专案组人员轮班休息。这样的刑讯逼供，让被审人精神和肉体彻底垮掉，终于逼打成招。那些我都经历过了。我在那儿待过几个月，我还被关在美术馆几个月。1970 年 5 月 30 日，我在工宣队押解下被送到河南息县东岳公社塘坡学部五七干校。1972 年 7 月，我随学部五七干校一起回到北京。回到所里后，依军宣队规定,我依然处在被监督下,扫马路,扫厕所,与瓦匠师傅一起到屋顶补漏。当然,我也利用晚上和早晨听北京人民广播电台的英语和日语广播,试着翻译美国出版不久的包华德主编的民国人物传记辞典,我翻译了一百多个人物词条,送给刚参加民国人物传写作的同辈朋友参考。就是说,从这时候开始,自己学习起来。

1974年12月工宣队和军宣队正式宣布我在"无产阶级文化大革命中犯有一般性路线错误",解除对我的审查。1975年初军宣队通知我说我可以选择一个研究组。我选择了翻译组,当时还想提高一下外文水平。本以为到翻译组后,因为大家都懂各种文字,翻译组英文、俄文、日文好多种文字,我可以学习。但是后来在翻译组待了几个月,那时候运动还在进行中,没有多少时间工作,很难说提高外文水平。近代史组何重仁与龙盛运两位同志在1975年上半年多次找我谈话,让我到近代史组来,后来他们在谈话中流露出是刘大年同志要我去。这样我在1975年9月就去了近代史组。近代史组当时的负责人是刘桂五、钱宏、何重仁三位同志。当时近代史组正在学习和讨论毛泽东的"评水浒",实际上是批投降主义,组里提出怎样结合近代史研究,把毛主席的这个指示贯彻到近代史研究中来。当时讨论的结果是,要结合太平天国、结合李秀成,李秀成当时是投降主义,用这个事例来说明毛主席"评水浒"的一些道理。组里把写文章的任务交给我。当时何重仁同志给了我两个月的时间。我从接受任务的当天,就全心全意地进入太平天国史研究,这是1964年8月我到所里以后,我第一次接受研究工作任务。

李:你做太平天国研究开始就是做的李秀成,后面就没有再做太平天国研究。

张:也做过,后来就变了。这个太平天国研究得亏我在大学期间,当时做过太平天国的作业,基本的书都翻过。这个时候给了我两个月的时间,实际上是三个月,花了两个月时间来看书,一个月写作,把太平天国的基本史料、别人写的文章大略看了一遍。我文章针对的主要对象是上海的罗思鼎和北京的梁效。他们当时发表的政论文都涉及太平天国,主要是从观点上针对。我花了一个月把这个文章写完,何重仁和钱宏看,他们都感到很满意。最后我还给刘大年看,这是我第一次给大年同志看文章,看过之后他只是从结构上对文章做了调整。这是我第一次知道大年是怎么样考虑写论文。文章写完后就是1975年年底。当时学部领导小组经中央同意，决定要把《历史研究》从国务院科教组拿回来，还是请黎澍来做主编。开始，黎澍不愿做这个主编，因为做主编，在"文化大革命"期间被冲得一塌糊涂。但经过说服后还是同意来做主编。1975年年底，他在正式上任前开过几次座谈会，请北京及外地的一些学者来，讨论重新接办《历史研究》如何做好。几次座谈会都是由我做的记录，然后整理座谈纪要。开第二次座谈会的时候，我已经将我的文章写完了，就亲自交给黎澍同志。他说我们正要文章啊，顺手交给了宁可同志，我的这篇文章就在《历史研究》1976年第1期发表了。那篇文章，我现在的集子里都没有收，将来是可能以某种形式收进去的。那篇文章我认为在学术本身还是站得住脚的。关于太平天国的土地制度，太平天国在苏南地区的一些土地政策等研究，还是我的研究心得。但是那时还在"文革"中，写文章，因为按照毛主席"评水浒"的意思，我心里又针对罗思鼎与梁效的那些观点，所以不免带有"文革"时期写文章的风格，而且结尾还联系到苏联修正主义进行批判，但是文章的主体部分还是一种纯粹的历史研究。而且有些提法，很快就被李侃、龚书铎主编的《中国近代史》大学教材（第三版）吸收了，我的文章是1976年发表的，他们在1977年的修订版中把我的文章结论基本吸收进去了，但是"文革"后批极左思潮，又把吸收我文章的那部分删去了。其实，在我看来，那是学术研究，不是极左。这篇文章发表以后，大约在1978年当时有一位苏州师范学院的教师公开发表文章提出商榷。我曾和王学庄说起有人批评我的文章，王学庄说不理他。以后因为任务的转变，我就没有继续再在这方面写过什么东西。

李：还有写安庆的那篇文章《湘军在安庆战役中取胜原因探析》。

张：对，实际上我看过的资料好多没有用上，本来还想写些东西，后来就放下了。安庆那篇文章是我做历史地图做出来的，做历史地图时我考虑，安庆战役在军事上很典型，便选了一幅安庆战役图，为此看了一些资料。做完地图后，感到书不尽意，就写了一篇文章。这篇文章1988年发表在《近代史研究》，主要是通过安庆战役探讨湘军和太平军所以胜败之由。以前研究革命史，对立方只是作为陪衬。这篇文章，是一种补偏，就是主要研究对立方，研究曾国藩、胡林翼及其湘军的战略战术，并与太平军相比较，可能得出比较冷静的结论。

李：您能谈谈"文革"对您的影响吗？

张：在"文革"的十年中，我观察了各种各样的人，各种各样的人在"文革"中各种各样的态度，整人的、打小报告的、弄各种名堂的，我观察了很多。对我的态度一会儿这样一会儿那样。所以我后来在担任行政领导职务时就表示一点，我决不整人。在我担任所领导的十六年间，我没有有意地整过人，没有给人在政治上和心理上带来伤害。这也是我过去长期本着的一个信念。我在政治原则上，在理论原则上，非常鲜明，但是在具体人事的处理上，会尽可能地使大家都过得去。"文革"的影响，对我来讲，我差不多有十几年的时间，前前后后哇，有时候心情非常郁闷，但是总起来讲呢，没有改变我这个信念。不管我在"文革"期间多么困难，始终都没有动摇我的这个信念。这是第一。

第二呢，过去我们理想主义很多，"文革"中我们的实际经历，使我们认识到理想和现实之间的差距。我觉得在我的人生当中也是很重要的，通过"文革"这样一个挫折和锻炼，引起了一些思考。我们过去的理想主义，包括共产主义很快就要到来，"大跃进"，这些我都是经历过的。那个时候我们意气风发，"大跃进"时我正好是十八九岁，从互助组到合作化、人民公社化，都是经历过的。"文革"以及"文革"过去以后，我们经历过了才认识到，理想和理想的实现中间是差距很大的。这样一来，如果联系到历史研究，我们可以看出来，历史上的很多档案资料，和实际上做了多少，它中间一定是有差距的，所以我觉得从现实的观察联系到历史的观察，是有一定意义的。这样我在做历史研究中，有现实的经验来加以比照，当然在论文写作中不可能写现实的比照，但是这种比照的心情是存在的。这可以说是"文革"十年的一个最基本的影响。

经过"文革"后，到1975年，所里正式恢复了党总支。在军工宣队安排下，刘大年担任了党总支书记，郭永才是常务副书记，黎澍、李新是副书记。此后，我不仅协助大年做些《中国近代史稿》的工作，还协助刘桂五先生做了一些属于学术秘书范围的事情。也许当时的党总支对我寄予某种期望，可是没有人告诉过我。当时党总支决定"开门办所"，要我做一点具体工作。我负责联系到北京郊区南韩继收割麦子（"学农"），到北京内燃机总厂联系参加劳动（"学工"）。那年我还陪同郭永才几次到大连造船厂，向那里的工人理论队伍取经。1976年，我推动与北京二十多家印刷厂职工联合办"七二一大学"，给学员讲授中国近代史，并且编写、印发了教材。陪同刘桂五先生到北大历史系、天津历史所调查了解他们开门办学、开门办所的经验。党总支研究某个问题的会议，有时候也通知我去参加，听取我的意见，尽管我还不是党员。"四人帮"被粉碎后，《光明日报》举办座谈会，揭露和批判"四人帮"在史学界的罪行，所里党总支也推荐我去出席，我在座谈会上的发言刊登在报纸上。所有这些，给1977年院里的"清理帮派体系"运动埋下了伏笔。"清理四人帮的帮派体系"是当时中央的精神。如何清理，如何正确处理"文革"结束后各种复杂的关系，就看各单位负责人的做法与因应。社科院领导小组指定李新同志为近代史所"清理帮派体系"领导小组组长。一时间，刘大年、郭永才、张友坤和我成为"四人帮的帮派体系"，刘大年、郭永才、张友坤靠边站。全所大会批判"四人帮的帮派体系"，给我戴的帽子是三顶："五一六"一风吹、突击入党、突击提干。我找李新论理：我不是"五一六"，而且"五一六"不是我吹的，是军工宣队吹的，怎么是我的罪名呢？我没有入党，也没有提干，我怎么是突击入党、突击提干呢？李新告诉我，那是群众发言，哪有那么准确。其实我知道，这些群众发言，都是李新事先审定过的。"清理帮派体系"把我和刘大年先生连在一起，在全所掀起风潮。但是，我那时的了解，大多数人不支持这样的做法，许多人对我表示了支持，我一点也不感到孤立。无道之事行不远。近代史所的这种乌烟瘴气，到年底就烟消云散了。1978年，社科院院长胡乔木、副院长邓力群到近代史所召开座谈会，听取意见。事后我听出席过座谈会的丁名楠先生说，邓力群在会上说，对人还是要厚道一些。我协助刘桂五工作有两年，后来有的人向所里反映，现在所里需要好的研究人才，你们把张海鹏安排到那里恐怕是不合适的。所以后来所里就又把我从学术秘书那里抽出来了，没让我在那里干。1978年，社科院进行了改革，各所组建了研究室，组建了科研处（大体上等同过去的学术秘书），在近代史所也成立了科研处，任命了处长、副处长，我就不与闻其事了。1978年开始，我进入了真正的学者生活，努力抢救失去的时间，一心一意展开自己的学术研究。在这样的条件下，度过了我的十年黄金时间。

三　治学心得

李：您在《东厂论史录》的后记里讲，在进所的 13 年里，几乎完全没有接触学问，真正接触学问是 1978 年。那个《武昌起义档案资料选编》是什么时候编的？

张：1980 年。应该说是 1978 年开始正式坐下来做学问，所以我说有 13 年没有做学问。1977 年那一年还受到不少折腾，弄得我很难受。1978 年初以后我才把几乎全部精力集中起来。你说的辛亥革命这个资料选编是 1980 年完成的。我在 1979 年从武汉方面知道，湖北省博物馆藏有关于辛亥革命时期革命实录馆的资料。武昌首义以后湖北军政府成立革命实录馆，在 1912 年、1913 年，最晚到 1914 年，那个时候他们许多亲身经历了武昌首义的人写的回忆，有几百万字。1980 年夏天，经过钱宏同志批准，我去武汉待了两个月，把他们馆藏的革命实录馆的东西全看了。第二年我又去了几个月，第二次去的时候我把杨天石给拉上了。那个时候我们刚刚开始学术工作，资历很浅，我自己感觉到在学术界的资历很不够，我就拉了杨天石去，他在我们同辈人中已经比较有名气。还拉了王学庄。我制定了编资料的一套计划和编例，标点怎么处理，错别字怎么处理，这一些规章制度，发给参加工作的人，但是每一个参加工作的人交给我的稿子都没有按照我的要求来。1981 年、1982 年，我自己把它全部重编了，按照我自己的设计来重编了。做完后，湖北人民出版社要出版。我和钱宏同志来谈，用什么名义，我们当时用了所里的名义。我个人用什么名义，因为按照现在用主编，我是名副其实的主编，全部过程都是我做的，但那时我只是助理研究员，我不敢这样提。钱宏同志就提到统编，书稿里头我用的是统编，前言是我写的。单位是用的湖北省政协、近代史所、湖北省博物馆、武汉市档案馆。当时的排名，本来我和武汉商量的，第一个是湖北省政协，把近代史所排在最后，不要排在第二。我当时是想排在最后，可以看出工作是我们做的，而第二就淹没在里边了，但是书出版时还是排在第二。这是我做的辛亥革命的资料，这是第一个。

还有一个就是，也是从刚才讲的写太平天国的文章开始，我进到近代史组以后,就协助大年做他的《中国近代史稿》,协助大年做一些编务工作。一个是大年处理初稿,全部重写,改到连原来稿子的模样都没有,改了后就交给我,我就抄一遍,整理打印。再就是要我核对史料,大年从来不核对史料。我就从图书馆借来书,一条一条地核对史料。另外就是《中国近代史稿》中有一些考证性的注释,就是我在核对史料时的心得。从1976年,一直到1984年,这几年我就是协助他做《中国近代史稿》的工作,第一册是1978年出版,第二、三册在1984年出版,跑出版社也是我的工作。

我在做《中国近代史稿》的同时,还做过一件事情,没成功的。这是我和王学庄一起做的。大年那个时候他要到东京大学去讲学,他后来出版有一本《赤门谈史录》,就是这次讲学的结果,这本书主要是讲辛亥革命,讲资产阶级革命。起先,他要我去帮他查资料,查同盟会的这些人的阶级出身。我也查过,也给他做过一些分析。他告诉我,50年代末,近代史所曾经想调查这些同盟会员以及同盟会员的后人,已经做过一些调查工作,形成了一些资料。他把这些给我,他说能不能再调查。我觉得自己的能力不够,我就和王学庄合作,1979年、1980年差不多两年的时间,我们做了同盟会的调查。大概发了两三千封信,也收到了大概两三千封回信。80年代初同盟会员少数还活着,大量的是同盟会员的家属,分布在海内外,我们都陆续取得了联系。我们主要是想让他们提供一下当年的同盟会员——1905年、1906年最早的同盟会员,我们有一个名册,主要是根据这个名册来做调查,主要是想了解,这些同盟会员他们的家庭生活、家庭经历、个人经历,他们手头还有没有关于辛亥革命以及辛亥革命以后的电报、信札、日记、文件等。但是没有成功。尽管我们收到几千封回信,新华社也报道过,但是很难整理出成型的东西。几千封回信给我们留下实在资料的东西不多。值得一提的是,在这个过程当中,我也帮助同盟会员的后人做了一些事情,有些事情他们现在还在感谢我。有些同盟会员的后人在解放后的政治运动中遇到了各种困难。我给他们写过信,给他们的地方政府写过信,有的信起了作用。我完全是以个人的名义,地方一看这是一个中央的研究机构的研究人员写来的信,还是很重视的。

还有一件事情,就是编绘《中国近代史稿地图集》。地图集本来历史所在编,他们所里专门成立了一个历史地理研究室,他们有一拨人。

原来《中国史稿》准备附一个地图集，本来近代史部分也归历史所。后来大年提出古代史与近代史分开，郭老同意了，历史所他们就不愿意编近代史部分的历史地图了。这个时候我刚参加中国近代史部分，就把这个任务交给我了。那时是初生牛犊不怕虎，就把它接下来了。1978—1983年这几年我主要是在做这件事情。做了几年之后——地图集这件事技术性很强，我有几年经常去地图出版社上班，有一年每个礼拜有三天在地图出版社，和他们合作，及时与绘制人员交流等。在做地图集以前，首先是做了一个关于中国近代疆界变迁的文件，因为地图集的出版，没有外交部的同意是不可能出版的。文件的要领是和地图出版社一起商量的，文件的内容只有由我来做，我花了差不多一年的时间，把中国近代疆界的形成过程摸了一遍，形成了一个在《中国近代史稿地图集》中如何处理疆界问题的报告。然后根据这个报告，地图出版社又做了一些地图的样本，写成了一个正式报告以后，用中国社会科学院近代史研究所和地图出版社的名义送给外交部。外交部条法司等部门审查了几个月，给了一个回复，盖了外交部带国徽的大红章，基本同意我们提出的处理意见。这样，这本书就可以出版了。这本地图集有关近代边界的处理，到现在为止，还是处理1919年以前的近代中国边界问题的一个典范。地图出版社现在涉及1919年以前的中国近代边界，都是以我的这本地图集为蓝本的。这一点，我在任何地方都没有说过，也没有写过。当初花的工夫很多，就是写了一个不到一万字的报告。我花了大约一年的时间摸中国近代边界的形成过程。

李：这个文件还能找到吗？

张：应该还能找到。这个文件原本存在地图出版社，我手里有一份，院里应该还有一份。我的一点近代史基础知识就是做这些东西做出来的。从图集上看很简单，就是那些东西，我为了做它看了很多书，看了很多资料，没有写什么东西，但是我的知识基础就是这样打起来的。基本是这样一个情况。同时还有一本照片集（《简明中国近代史图集》）。照片集也跟《中国近代史稿》有关系。《中国近代史稿》第一册1978年出版前，刘大年提出来应该有一些插图，插图也要我来做。我想是1977年，我先到革博去查。但是革博收集的近代照片很多，却没有文字说明，不知道出处，对不对也不知道。革博的照片，我就放弃了。那怎么办，就利用我们的图书馆，我大体上把19世纪中叶到20世纪初出版的西文书都查了一遍。这些西文书上的图片都是铜版纸，插页装订，非常清晰。我把这些西文书一本一本地翻了，并把这些图片照了相，《中国近代史稿》的图片都是从这些西文书上复制下来的。

李：报刊上的不行吗？

张：报刊上的不行，因为辗转使用，像素错乱，再次印刷效果很不好。我所查的西文书都是第一次使用照片（或图片）。而且，我发现19世纪末和20世纪初西文书上的照片比现在书中的都好，那都是铜版纸精印，印得很漂亮很好。20世纪中叶以后的书所附照片质量就差得多了。

1981年即辛亥革命七十周年，《解放军报》约我写了一篇纪念性文章，1981年10月发表了。也就是因为《解放军报》文章的发表，《解放军画报》社约我给他们画报开一个近代史讲座，开了很长时间，从1980年、1981年、1982年，开了16期吧。就是在《解放军画报》上，每个月四大页，配上图片，加上一段文字说明，每个月出一期。为这事花了不少时间。我就继续利用我们的图书馆，主要是利用西文书，把每一本西文书都翻遍了。然后请解放军画报社摄影师和文物出版社的摄影专家拍下来。尽管这些过程技术性很多，但是对于我增加近代史的基础性知识很有帮助。在《解放军画报》已刊出的16期基础上，加以修订，在1984年由长城出版社出版了《简明中国近代史图集》。

李：那些基本都是资料性的工作。

张：对，开始做这个时是接受任务，别人都不干，就由我来干，我在那个组是最年轻的。地图也是一样，别人都不干，即由我来干。实际上做这些工作的过程中，也是一个积累近代史知识的过程。

李：80年代有关近代史线索的讨论，现在从学术史来看很重要，跟50年代近代史的分期应该有很大关系。

张：是。基本线索的讨论，我是参与了。这就跟《历史研究》下面的话题有关系了。因为在80年代初，拨乱反正，批判"四人帮"，批判极左思潮。学术界、近代史学界都是在批，报纸上、刊物上都发表很多文章。黎澍同志关于中国历史学、关于中国近代史有很多重要的文章发表，他当时被称为思想解放派。李时岳1980年、1981年在《历史研究》连续发表关于中国近代史基本线索的论文以后，在近代史学界影响极大，大家都认为这是在批判极左思潮，拨乱反正。所内也有一些议论。当时《历史研究》还有一个内部简报，是不公开的，就是关于中国近代史学术动态的。有一期我们是看到了，我们对他们动态上所反映的关于近代史的基本线索的一些意见是不同意的，所以实际上我从1983年开始就在思考这个问题，到1984年我写出了文章以后，我就给何重仁、钱宏、龙盛运看，最后送给刘大年看，刘大年看过后改了几个字。写完后所里专门安排了一个全所大会，我在这个会上做了一个关于中国近代史的基本线索的报告。我做了这个报告后，《历史研究》就知道了，打电话过来，要用我这篇文章。我也跟研究室主任以及《近代史研究》编辑部他们都讲了，要不要给他们，他们说你愿意给就给吧。那么我就给他们《历史研究》编辑部寄过去了。我的文章不仅仅是针对李时岳、胡滨，实际上是针对了《历史研究》编辑部的当时的基本指导思想，算是参与争鸣吧。后来他们又传出来，我这篇文章是刘大年修改的，把刘大年抬出来，正好和黎澍相对，他们说你的文章我们要发。我的文章是两万字多一点，他们要拿掉一部分，我不同意，我说你们把这一部分拿掉的话，我就在我们《近代史研究》或别的刊物上发表。后来就以《中国近代史的"两个过程"及有关问题》在《历史研究》1984年第4期上发表了。《历史研究》发表以后，为了表明他们不同意我的观点，接着第5期上发表了郑州大学一个老师反驳我的文章。动作非常快。这代表了编辑部的一种态度。文章归文章，背景就是这样一个背景。所里也有人不赞成我的文章，也有人直接跟我说过。但是较多的人，特别是近代史组的人，都赞成我的文章。尽管这篇文章不是布置给我的，但是多数人都表示赞成。这实际上是20世纪80年代中期那样一个思想背景下的产物。

我在写这篇文章的时候有一个思考，我应该和过去的极左思潮、过去所谓的简单的说法有一个区别。比如说教育救国、实业救国等，过去都是批判的，我在文章中说那些主张实业建设、科学活动、教育事业的先贤们，都曾经为振兴祖国尽到了中华儿女的一份责任。但是，我在文章中也指出，在半殖民地半封建的中国，光靠工业、科学、教育事业是救不了中国的。这一说法和以前的说法是相区别的，当然不止这一点区别。还有一点，1983年上海开过一个关于资产阶级的讨论会，跟这个也有关系，我这篇文章有一个思想是与这个讨论会有点关系。这个会我没有参加，但我看过报道，也看过发表的文章，所以这篇文章里头一部分是从这里来的，一部分是从李时岳 1981 年、1982 年的文章来的。我觉得后来有一些人写的对于基本线索的综述或概括，都不是很准确。我也没有再说什么话。我自己在 80 年代末应有的书刊要求用笔名写过关于基本线索的总结。我觉得我写的要比他们写的更客观一些。山东社科院的戚其章同志在我那篇文章以后也写过一篇文章，对我的文章有所批评。我和戚其章是很好的朋友，我们在 80 年代初就很熟了。后来我没有回应，因为他比我年长，我觉得我不好意思去说他没有看懂我的文章。他说我引用那句话是掐头去尾、断章取义等，实际上我的文章分两次都引到了。我与他见面时从来没有说过这个事，免得不愉快。

李：有些背景外人肯定都不知道，其实都是社科院内部的事情，您不说的话，我们也不知道。基本线索和分期有关，一般主流的意见都是讲胡绳的三次革命高潮，您讲七次革命高潮，您是怎样想的？

张：1984 年讲"两个过程"的文章完全没有提到革命高潮问题，当时所里就有朋友评论过。我当时不是不知道这个问题，当然知道这个问题。但是当时一个是文章已经长了，再就是报纸上已经有对三次革命高潮的不同的看法，我那个时候关于这个问题还没有想出一个好的主意来，所以我就把它撇开了、回避了，没有谈这个问题。后来又过了十多年，重新再来考虑近代史的基本线索，这有几个原因：一个是《近代史研究》发行 100 期的时候，编辑部主要是曾业英同志，他希望胡绳同志能有一个题词，如果不能写文章的话，那个时候——1997 年胡绳同志的身体已经不好了，根本不可能为《近代史研究》写一篇论文。我就给胡绳同志写了一封信，请他为《近代史研究》题个词，没有要他写文章。胡绳同志很快就把这个题词寄来了——胡绳是很讲究效率和时间的，我在信里讲哪一天寄来就不会耽误《近代史研究》100 期的出版。后来他的秘书白小麦告诉我，胡绳当时在苏北盐城休息，一天，还在昏迷状态下，醒了，他就跟秘书说，给我拿张纸，随便就找了一张纸，说张海鹏要我做的这个事我还没有做完。就拿笔写了几句话，就是在他身体非常不好的情况下写出来了，白小麦把胡绳的题词寄来了。胡绳同志在这个题词当中，实际上就是一句话：建议今后应该把中国近代史和中国现代史分开来说，应该把 1840—1949 年这 110 年的历史看成是中国近代史，而把 1949 年以后的历史看成是中国现代史，不要像以往那样再说到中国近代史时笼统地说成中国近现代史。这可以说是他生前关于中国近代史的重要主张之一。实际上他1982年出版的《从鸦片战争到五四运动》的序言中已经讲过这个观点，他说：我现在写的是半殖民地半封建社会中国近代史前一段，鸦片战争至五四运动，后一段我没写。实际上他已经讲的是近代史应该到1949年新中国建立。

关于这个问题，我过去就查过一些材料，包括范老的意见、刘大年的意见、荣孟源的意见、李新的意见，实际上他们都主张近代史应该到1949年。范老在延安写的《中国近代史》上编第一分册，他的总目上有一个标题"半殖民地半封建社会的前期"，应该还有半殖民地半封建社会的后期。他当时写的《中国近代史》只是半殖民地半封建社会的前期的第一分册，所以他叫"上编第一分册"。那么半殖民地半封建社会的后期截止到哪里，那时还没有办法判断。在延安那个时候还没有办法判断是到1949年。1948年初华北大学历史研究室在河北正定，接受中宣部要求为中学编写中国近代史教科书，那个时候他们已经预计到整个中国的解放为期不远。当时中宣部预计到北京解放在即，那么新开办的中学需要教科书，需要一套近代史的教科书。华北大学历史研究室参加编辑的人员有荣孟源、刘桂五、王南等四位。根据他们编写的前言来看，他们就是依据范文澜写的近代史，把中国近代史分成前期和后期，那么这个后期截止到哪里，那本书没有说清楚，但是它已经写到1947年了。关于近代史的分期，不论是刘大年写的文章，还是荣孟源写的文章，我发现他们的意见都是一样的，应该到1949年。有意思的是，范文澜的《中国近代史》上编第一分册，1955年人民出版社经过修订出版了新的本子，这个本子定名为《中国近代史》上册，没有把它定名为《中国近代史》上编第一分册。这是一个重大的变化，范老在他的《中国近代史》上册前言里头，也有一句话，他说：既然大家都认为中国近代史是从1840年到1919年，我这本书再叫上编第一分册就不合适了，我现在就叫中国近代史上册。这就是说至少在范老这本书在1955年出版时已经有很多人赞成中国近代史应该到1919年。这时候，正是胡绳1954年在《历史研究》创刊号上发表《中国近代历史的分期问题》并展开广泛讨论的时候。参加讨论的学者大多赞同中国近代史到1919年。

长期以来，既然刘大年、荣孟源、李新他们过去都在近代史所工作，都讲过应该到1949年，那为什么近代史所"中国近代史"的编写是到1919年呢？我过去也想过，80年代初也想过，得出一个想法就是：理论上他们认为中国近代史应该到1949年，但是实际上编写的时候他们暂时先编到1919年，原因就是1919年到1949年只有30年，到1959年不过40年，五四运动跟往后的历史人物，那时基本上都在。这是第一。第二呢，五四运动及五四运动以后的历史资料很少，档案资料完全没有公布，各地报纸上发表的一些回忆录实际上也不是很多。所以说那时候来写1919年以后的历史有困难。50年代中国史学会出的那一套"中国近代史资料丛刊"，50年代初就确定了编《北洋军阀》，到1990年才出版。实际上那时编都编不下去，资料不多。所以我感觉到所里这些人在实际操作"中国近代史"的编写时，还是按照1919年在写的。

到了80年代以后，大家就陆续在议论近代史的下限问题。胡绳同志的题词发表的时候，我就感觉到有必要就这个问题讲一点看法，讲一点看法也是因为对李时岳教授在过去1980年、1981年提到的"沉沦"与"上升"有一点新的想法了。实际上我在李时岳发表文章之后就一直在关注，但一直没有想出一个很好的主意。大约是1997年初，天津有一张报纸叫《今晚报》，有一个副主编给我写了一封信，他们在《今晚报》上开了一个栏目，叫"博导晚谈"，是一种比较类似随笔的栏目，字数也不多。我推却不过，就写了一篇东西，就是对于近代中国"沉沦"和"上升"的想法，顶多一千字，但是把这个想法的核心部分写出来了，而且我感觉到对这个问题想清楚了。在这以后就是胡绳在《近代史研究》第100期的题词。我感觉到有必要就这个问题正式发表一点意见，这就是《关于中国近代史的分期及其"沉沦"与"上升"诸问题》那篇论文。写好以后呢，1997年年终，正好北师大副校长郑师渠给我打来电话，说北师大要庆祝95周年的校庆，举办文史哲学术报告会，邀请一些人去做报告，当时请了三个人，包括我一个。那是文科各系的一个讲坛。我借这个机会在那个讲坛上把这个文章的要点说了。回来后又继续对这个文章充实完善。写完后我本来希望在《历史研究》上发表，我托人带给《历史研究》的主编张亦工。我非常意外的是，比如说今天托人带过去的，到后天就把这篇文章带回来退给我。张亦工批了简短的一句话：该文章本刊不宜发表。我感到这跟1984年那篇文章的发表有某种程度的关系，这可能是以小人之心度君子之腹吧。

《近代史研究》的传统是务实的，很少发表宏观论述的文章。《历史研究》的传统是经常发表宏观论述的文章，我的文章是一篇宏观论述的文章，我觉得在他那儿发表比较好，结果他翻了一眼就退回来了，显然文章不符合张亦工的想法。这时我还没有想到在《近代史研究》上发表，我就送给了《光明日报》，他们接受了，但是只发表了一个四五千字的摘要。我还是不满意，我就送给曾业英了，就在《近代史研究》1998年第2期发表了。

在这篇文章里头，我讲到了"沉沦"，讲到了"上升"，讲到了中国近代史的上限和下限，主要是讲到了下限，也讲到了刚才你提到的三次革命高潮。我在1984年那个时候对这个问题还没有考虑清楚，就撇开了。但这个时候我感觉到有必要讲一下，因为这时候学术界很多人对革命的三次高潮基本持否定态度，很多人的观点对此不屑一顾，我感觉到需要再次提出这个问题，我是借用了陈旭麓的看法，因为陈旭麓在当时学术界影响很大，他在他的文章里是肯定三次革命高潮的，而很多人的文章都是否定三次革命高潮的。所以我借用陈旭麓的话把这个话题提出来，我也表示赞同应该肯定三次革命高潮。陈旭麓也是从1840年到1949年110年的历史来观察，他是从革命的本来意义、革命的原始意义来定义三次革命高潮的，如果按照革命的本来意义、原始意义来定义的话，胡绳所说的三次革命高潮中，他认为太平天国、义和团不能构成革命高潮，只有辛亥革命可以构成革命高潮。所以他坚持三次革命高潮，认为第一次是辛亥革命，第二次是抗日战争，第三次是解放战争。他认为这是三次革命高潮。我在讨论中是这样讲的，我说我们要回溯到胡绳1954年发表近代史分期提出三次革命高潮时的原始概念上去，胡绳当时在论述时讲的不是革命高潮，他讲的是"三次革命的高涨"，后来人把它概括成革命的高潮，所以胡绳不是从革命的本来意义这个角度来论述革命的高潮，而是从近代史发展的基本线索的角度、从这些事件在近代史的发展上的重要性的角度，来谈三次革命的高涨。从这个角度来说的，所以我赞成胡绳的这个意见，不是从革命的本来意义，而是从历史事件在整个中国近代史发展的链条中的重要性，我觉得应该肯定革命高潮或革命高涨这样一种概念在中国近代史链条中的意义。但是我说胡绳1954年的文章还是从1840年到1919来论述中国近代史，如果把它延长到1949年来论述中国近代史，那么胡绳的三次革命高潮显然是有缺点的。所以应该把眼光从 1840 年到 1949 年 110 年的历史来观察，应该有七次高潮。如果说陈旭麓先生从革命的本来意义，从辛亥革命、抗日战争、新民主主义革命的胜利来论述三次革命高潮是可以的、是对的，但是它是把三次革命固定化。如果是从胡绳的本来意义看这些重要事件在 110 年的历史中的重要性来考虑的话，我觉着应该是七次而不是三次。我肯定了胡绳的三次，然后又往后延伸了四次，变成了七次革命高潮这样的看法。这篇文章发表后，学术界还是重视的、感兴趣的。这篇文章好像在其他刊物上也有转载，有的学校编的教材里头也选了这一篇文章。苏州那边有一个学校编的高中生参考资料里头也把这一篇文章综合概括了，编到他们的资料里头。韩国中国学研究中心《中国学志》，1998 年第 4 期把《光明日报》发表的那个摘要翻译成韩文后发表。

李：这篇论文影响很大，这是对整个近代史体系的思考，这就涉及后来您主编《中国近代通史》，通史这个课题是什么时候报的，1999 年还是 1998 年？

张：实际上是 1998 年。1998 年我在院里一次内部会议上提出来的。1999 年在院的工作会议上，那时李铁映是院长，李铁映在工作报告中把这个《中国近代通史》列进去了。列进去之后，我们所里一些人看到了李铁映的工作报告。在开展"三讲"活动中，给所里领导提意见，好像有好几条意见，讲院里都把编写《中国近代通史》的任务提出来了，所里怎么还不动哇。实际上这就说明了院里已经把它列进工作日程里去了，所里大家有支持，我感觉到上下都认识需要这样做了。1999 年的下半年，我就开始正式把这个问题在所里提出来了。到 2000 年初，实际上也听到了不同的声音，声音中有一条：我们有必要写通史吗？我们现在有条件写通史吗？所以我在课题组成立的时候写了一个东西，提出写《中国近代通史》的基本思想和基本原则。我在那里回答了这个问题。我是认为我们现在有条件了。近代史所从 50 年代开始就要写通史，而且就叫《中国近代通史》。这是我后来查到的资料，在《科学通报》还是哪里，已经见诸文字的。过去我进所的时候，所里的同志都普遍在谈，过去所里号召叫写"大书"，正式名字叫《中国近代通史》，口语俗称叫写"大书"。多次布置写"大书"，几上几下，后来没有写成。没有写成有多方面的原因，一种原因是政治运动太多，上山下乡等，大家坐不下来。我觉得另外一个原因是我们的研究不够、资料不够，那个时候写通史，分工以后，每个人都是从头做起，很多问题都没有展开，都没有深入下去，每个人要写的话都要从收集原始资料开始，一个问题一个问题地弄，非常慢。所以我认为除政治原因外，还有近代史研究资料本身准备不够，研究不够，这是过去任务不能及时完成的一个原因。这是我的一个想法。

另外，我是 1988 年 9 月被正式任命为副所长，当时王庆成当所长，副所长就是李宗一和我，后来又加了一个张友坤。宣布了这届领导班子的组成以后，当时丁伟志同志是副院长，大概在 11 月他主持了一次汇报会，王庆成和我参加，谈近代史所的工作与研究方向。我主要发言，庆成让我发言。我事前和庆成谈过，他说那你谈谈吧，我谈了一个基本的想法就是，我们所里过去都是叫写"大书"，上大项目，不提倡个人写专著，也不提倡个人写论文，实际上对我也有影响。——1985 年刘大年生病，在协和医院住院，把我叫到医院去。那是我见他最悲观的一次。他说道，他有几个老朋友都死了，如华罗庚、夏鼐等，都是 1985 年上半年去世的。他说他大概也不久于人世了。那个时候，《中国近代史稿》第三册已经出了，还有第四册、第五册。实际上我已经在负责第四册、第五册的组稿的工作。过去的程序是每个作者自己写稿，写出来后由钱宏同志从头到尾梳理一遍，再拿给刘大年，大年再重新改一遍。最后收摊子时是我来给他整理稿子，是这样做法。这一次呢，钱宏年龄大了，他已经不能做了。所以他就讲第四册、第五册就交给我了，这个意思当然是说，过去钱宏整理一遍交给他，这次可能交不到他手里了，你就管起来了。我当时也说了我现在的学问和资历还不够，但我会努力去做。实际上从 1984—1987 年这几年我就是在弄他的第四册、第五册。大年很快出院了，身体也好了，他也跟我叮嘱过，你就不要弄别的东西了，就一心一意地弄这个东西。所以我在 1985—1987 年有几年时间一篇文章也没写过，什么东西也没写过。我知道这是我们所里的历史传统。——因此，在 1988 年 11 月份的那次汇报中，我就讲到这个传统。我说我们搞的是集体项目、大项目，是全所来组织的，这是我们所里的一个传统。我们现在也还尊重这个传统，但是我们过去长期不提倡写专门著作，我们应该做一点改变。我不能说把过去的传统彻底推翻了，所以我说我们应该尊重这个传统，还是要大项目，但我们也应该容许学者自己去写一些专著。我这一个基本的想法汇报以后，丁伟志作为副院长讲话，基本把我打回来了，基本上把我否定了，就是说还是以集体项目为主，个人还是要约束一下。但是实际上，在我后来当副所长期间，我贯彻了我的想法，提倡大家个人写专著。从那以后，我们的集体项目相对减少了，个人项目增多了。到1999、2000年这个时候，我感到所里中年这一批人，每个人都有几本书了，我觉得在资料的准备、在研究基础的准备方面，大体已经够了，所以我觉得从各个方面来说已经具备写《中国近代通史》的条件。也有的同志问，你这个条件就那么充分了吗？后来在我写的东西中我也回答了这一个问题，我说在资料的准备方面是没有底的，我们永远都可以准备下去，我写了一本专著，还可以写十本八本，所以我们现在是说基本满足了写通史的条件。那是不是说要等到资料全部准备好了再写呢，那我说就没有那一天了。十年以后我们就都准备好了吗？也不好那样说。我那时提的意见是，像这种我们基本上具备了条件完成了这一部通史的话，以后大体上十年左右或更长的时间，我们还需要修订，还需要不断完善。也就是说，我们的资料准备是不断积累的，我们的研究是不断深入的，我们到十年以后有新的成果拿出来的话，还需要进一步来完善这个通史写作。就这样，我觉得我们的条件基本具备了，我们应该来动手写了。

　　李：立项以后您有什么样的一个想法、一个通盘的计划？

　　张：我写了大概一万字的东西，现在第一卷的第二章大体就是那个东西发展过来的。当时课题组正式成立以后，我就把它打印出来发给了大家。发给大家的时候，我是讲得很清楚的，我希望用这个东西统一大家的思想，大家是不是赞成这样，如果不赞成，我们就需要讨论，需要交换意见。我这讲得很清楚，大家同意我做主编，这个书的基本指导思想应该按照我的思想来，我们每一个作者都可以不同意我的观点，但是在这一本书里头，要按照基本一致的观点来写，那么你不同的观点你可以在别的地方写论文或者在你写的书里表达出来，可是在这里你要这样写。这部书里头有些卷我改得很多，跟这个想法也有关系。我改的大体上我可以接受了，我就放心了。我找人哪，当时找了七八个人，在我当时看来呢，是中年，正是他们学术上的盛年，都有相当的研究基础，都有几本专著出版，都有相当的综合和概括能力。我组织来以后，所有这些人都很拥护，都没有反对意见，都没有不同意见。我起草了一万字的东西，大家看了之后，都没有提出原则性的不同意见，这样我就觉得可以做下去了。2006—2007 年《中国近代通史》十卷全部出齐，算是顺利完成了。

李：您当初设想的既定的目标有没有完成？

张：基本完成了。这样大的篇幅，550 多万字，这样大篇幅的中国近代史，而且是从 1840 年到 1949 年 110 年连在一起的，应该说到目前为止，在我们中国的学术界还是第一部这样的书。应该说，比起以前我们已经出版的上百本近代史的书，100 多本各种版本、各种篇幅大小的书，应该是进步了、前进了。应该说，它概括了我们这 20 多年甚至是 50 多年在中国近代史研究上所取得的成就。但是我也还是觉得有遗憾，时间太紧，修改得还不够。我每卷都看了，每卷都提了意见，有的意见多一些，有的意见少一些。有的卷我提了很多意见，有的卷我直接动手改的，有的卷提的意见多，动手改的少。我觉得还是有一点小遗憾，有一些还是没有完全按照我的想法来做，当然在整个十卷当中分量也不是太多。这里边有一个原因就是时间太紧，出版社追稿子，我后来也没有办法往下拖，只好迁就一些，将就一些。如果时间充裕一些，如果每个人交稿时间提前一些，给我的时间多一些，有一些我就会自己动手来改了，有的地方我是不完全满意。

李：还有一个，现在时代也不一样了，每个人的其他工作也很多。

张：对。工作很多，其他事情也很多，时间拖得很长。

四　治所经验

李：您 1988 年出任近代史所副所长，1994 年任所长，到 2004 年卸任，总共做了 16 年行政领导工作。请您谈一谈行政管理方面的经验。

张：上面说到在甘肃"四清"时，有一天王忠说我适合做刘桂五那样的工作，那就是说我这个人还有点能力，可以做一些学术性的组织工作，大概是这个意思。我一直记着两个人的话。对我直接有评价的就两个，一个是王忠，还有一个是徐辉琪。70 年代从干校回来，1974 年还是 1975 年，我们有一次中午吃饭时——那时都很简陋，大家都蹲在地上，我们这些年龄差不多的人都在一块，吃饭时聊天无所不谈，徐辉琪那个时候忽然指着我对我有一个评论。他说：你这个人综合和概括能力很强，但是分析能力不够。一个是王忠在张掖对我说的你适合做刘桂五那样的工作，再就是徐辉琪说的你这人综合能力概括能力很强，但是分析能力不够。这两个人的这两句话隔了差不多十几年，我一辈子都记住了。这可能正是我的不足。说我可以去做刘桂五那样的工作是表示我可以做一些行政工作，这个反面就是我可能做研究不行，这是我的理解，我得下功夫在研究上弥补我的不足。徐辉琪说你这个人综合概括能力很强，分析不足，我觉得很可能这个就是我的不足，所以我在后来做学术研究的时候、写论文的时候，每写一篇我都要记住徐辉琪的这一句话，要克服我的分析不足。我跟学生们谈哪，你要多想。所谓分析就是要思考，这个问题究竟应该从哪些层面来看，要多想，要费脑筋想。我后来就是本着这个原则，接触到一个题目以后，就想这个题目前前后后究竟应该说哪些话，要克服我这方面的不足。

我从1988年担任副所长，到1993年底这是五年；1994年1月担任所长，1998年1月第二次担任所长，到2004年7月大约是11年。我在担任所长期间，刘大年同志多次提醒我，因为担任所长行政工作很多，你不管多忙，一定要写文章。他说你在领导岗位上，不管你多忙，你如果不写出东西来，你就取得不了领导地位。这是大年同志在私下谈话中好几次提到这个话。还有一个就是胡绳，胡绳做了社科院院长以后，有时在院里说过，有一次到我们所里来也说过，他就说社科院这个地方什么叫领导，是不是我做了院长就是领导？社科院是学术机构，你写了好的文章，你写了好的著作你就能领导学术，你没有好的文章，你没有好的著作，你就领导不了学术。所以他说：所谓领导权，在社科院这个地方，就表现在你的研究上。我是很相信这些话的，因为社科院的研究所也好，院也好，你不能把所长、院长仅仅看成是一个纯粹行政、上传下达的这样一个位置，那就没有什么意思了。所以我在十几年的工作当中，我是非常努力地注意集中一切业余时间，只要有点空，我就找本书来看，思考问题。

那么头五年，担任副所长的五年，没有写出东西来，因为那五年太难了。当时王庆成同志是所长，但是他长期在美国，实际上他在国外的时间，加起来有一年半到两年。所里当时李宗一是副所长，他排在我的前面，但是他很快就去世了。1988年9月我们这个班子成立，他是当年 10 月去世的。后来我们又补充了一个副所长张友坤。过了一两个月他调来了。实际上那个五年就是我和张友坤两个人在所里，很长时间王庆成都不在所里。又加上一个 1989 年政治风波，这以后清查差不多两年，整天忙这些事务。所以那五年我很少写出东西来。到 1994 年担任所长后，才尽量抽时间来写东西。

但是这五年期间，我觉得还可以举出几件事情说说。头一件是筹划、组织建所 40 周年活动。近代史所前身是华北大学历史研究室。华大历史研究室 1949 年 4 月从河北正定搬到北平东厂胡同一号，1950 年 5 月 1 日正式挂上中国科学院近代史研究所的牌子，到 1990 年 5 月正好 40 周年。我所是中国社会科学院，也是中国科学院第一个迎来建所 40 周年的单位。1989 年春，就决定了要纪念建所 40 周年，那年年中遇到 1989 年政治风波，那是政治上的大事，我们建所纪念筹备活动只能抽空进行。1989 年下半年，我一方面向名誉所长刘大年同志请示方略，征求前任所长余绳武意见，另外，在所内召开多层次的座谈会，征求意见，同时将初步形成的方案，写信给远在美国的王庆成所长汇报，求得支持。通过一系列筹备和设计，形成了这样的方案：召开一次全所纪念大会，举行范文澜铜像揭幕仪式；召开在京学者座谈会；召开以"近代中国与世界"为题的国际学术讨论会；动员全所研究人员撰写学术论文，在国际学术讨论会前先召开所内学术讨论会，一方面遴选论文，也为召开国际学术讨论会做好充足准备。我为这些活动的进行做了大量准备工作。同时，我也为这次国际学术讨论会撰写了一篇论文，题为《试论辛丑议和中的国际法问题》，在所内和国际学术讨论会发表。这篇论文似乎是第一次把国际法的概念引入辛丑条约谈判的研究中来。

再一件事情，就是 1991 年在夏威夷出席了纪念辛亥革命八十周年讨论会，那年中国史学会组织了十个人（刘大年为团长，后来大年因病未去成，金冲及代他为团长），成员有李侃、李文海、张海鹏、张岂之、张磊、章开沅、姜义华、汪敬虞，王玉璞为随行秘书。我那时写了一篇文章，实际上也是为纪念辛亥革命八十周年写的，是关于孙中山的民生主义思想的评议。为了参加武昌的辛亥革命八十周年讨论会，我就把孙中山研究会在河北涿州召开的孙中山思想述评讨论会两大本论文集找来看，看了之后我发现两本评述当中就是没有人来专门评述孙中山的民生主义思想，我就来评孙中山的民生主义思想。我把这一篇论文截了一段去参加夏威夷的会议，截的这一段中我引了一个材料，就是对张玉法的一篇文章中的看法提出了反驳，所以海外都很注意，张玉法也参加了会，所以他们也很重视。

第三件可说的事情，就是1992年到台湾参加政治大学的学术讨论会。现在不是说是"破冰之旅"吗，这次讨论会，这是头一次有大陆的学者到台湾去。大概是1991年的11月份或是12月份，政治大学历史研究所所长胡春惠教授给我写了邀请函，会议是1992年的5月份开，会议名称是"黄兴与近代中国"。我觉得这是一个机会，我应该去参加这个讨论会。既然是讨论黄兴嘛，就要以黄兴为题写文章。实际上我过去对黄兴的了解不是很多，没有专门研究过黄兴。所以我那个时候就花了一个多月把湖南社科院编的那本《黄兴集》非常认真地翻了一遍，我就从那个《黄兴集》中发现了一个小问题，后来我写的那篇文章就是《论黄兴对武昌首义的态度》。我一直觉得那篇文章写得还是不错的。发现了一个什么小问题呢？就是武昌起义前夕，湖北的革命党人感觉到自己的力量不够，他们需要同盟会的领导人赶快回来领导武昌起义，所以他们派了一个人叫吕志伊，是云南人，是云南同盟会的主持人，派他去香港请黄兴。黄兴因为黄花岗起义的失败，心已经很灰了。吕志伊跑到香港后，打听到他的住处，要求与他见面，黄兴三天没有见他，三天后才请他进来谈。吕志伊告诉他武昌就要起义了，黄兴不信。我就是讨论这个三天，因为这个都是黄兴在自己的信中写的，他说自己三天没有见吕志伊。我通过这个三天写了一篇文章。这篇文章是由小见大，讲他为什么三天没见吕志伊，讲黄花岗起义失败对他的打击。他本来是武昌两湖学堂出身的，他对武昌湖北的情况很了解，但是他不相信武昌能够起义。所以我就讲到黄兴的起义战略，由黄兴的起义战略提到中国同盟会的起义战略，提到孙中山，提到宋教仁，他们对反清起义，开始时放在边境地区，后来在长江中游。黄兴最早是准备在湖南起义，后来放弃了，但是从来没有想到在武昌在湖北起义。我就是把他们的战略思想转变从很小的一个事情，延伸到整个同盟会的战略思想，包括军事战略和政治战略，从这个层面上来逐一展开。这篇文章我觉得在我的文章里还是比较有思想的一篇。后来在政治大学的讨论会中，评论人——政大的林能士教授，他给了我一个四个字的评语："无懈可击。"这四个字已经在他们出版的论文集的评论人的意见中写上去了。当时中研院近代史所前任所长吕实强在他们所里介绍也是这样,他说,你写的文章和我们写的一样呀,没有什么意识形态的分歧呀。我当时写这篇文章的时候就在考虑这个问题,我现在是去台湾,我是在他们这个讲台上演讲,我既要使我的基本事实站得住,又要使他们不要过分挑剔。

这三篇文章可能是我写得稍微好一点的文章。在那五年期间,我的工作是很杂的,杂乱无章。实际上真正从事学术组织工作机会也不是太多,那个五年有它的一些特殊性。我说这一些,我是想说,我这个人在行政组织工作上是可以做一些事情的,这也是王忠所看到的。所以我在我的日常工作中,经常注意怎样培养和发挥自己在研究工作中的长处,如果在这一点上我站不住的话,我仅仅在行政组织上做一些事情,我在这个阶段的所领导位置上还是不行。我刚才讲到大年给我多次讲,还有胡绳的一些讲法,这都是对我事业上的一些启迪。

我对近代史所从学术组织和学术发展的角度讲,从行政工作的角度讲,我觉得我做了一些事情。前些年我做了一些小的总结,在院报上发表过文章。我说,关于研究所的建设,我重视几个东西,一个是图书馆的建设,我始终认为一个研究单位,一个国际上一流的研究所,没有一个好的图书馆是绝对不行的,这是我的基本认识。我的总的认识就是这样的:一个学术单位,第一要有优秀的研究人才,第二要有代表性的学术著作,第三要有体现学术园地的刊物窗口,第四要有好的图书馆。具备了这几个方面,这个研究所就可能成为国际知名的研究所。这背后当然是要有强大的经费支持,才能够完成这四个方面的工作;没有强大的经费支持,这四个方面不能做得很突出,怎么做也不能做到国际知名。

先说图书馆。我做副所长期间,图书馆归我管,图书馆的很多具体活动我都参加过,他们的会议我也参加过,图书馆我上上下下跑。这就说到1992年台湾那个会议,在台期间,他们还请我们参观了很多地方,包括中研院的近代史所,包括党史会、台北"故宫博物院"、"国史馆",包括其他的一些单位。参观这些单位的时候,都请我去看他们的电脑。本来在1992年以前报纸已经在介绍网络技术,当时叫网络高速公路。我到台湾看了这些东西以后,对我有个影响,我觉得我们应该办这些事情。当时我回来以后,我们实际上没有钱。所以我就做一个事情——调人。在我们所工作的熊励,就是那个时候通过图书馆提出调来的。熊励是在大学学电脑的,专业出身的。那个时候我们社科院没有一个所调进一个专门搞电脑的人。那时我就下决心调进一个懂电脑的人。他进来以后，首先我们开了一个电脑班，熊励在讲电脑知识时，他把他们学校发的讲义重新印了，给了我一本。他讲课我也去听。我们开始具有一些电脑方面扫盲的知识。然后我让熊励在图书馆建立了一个局域网，因为我还不了解何谓局域网。1993年熊励就在图书馆利用三台电脑搞了一个局域网，这个极简易的局域网，当时不仅各所没有，院里也没有。从那以后我们才逐渐在这方面推动，逐渐把电脑的网络弄起来。

图书馆的建设，包括资料的购置等，那个时候都是我关心的，一直到以后我们把井上清的私人藏书弄进来，都是我抓图书馆工作的一些表现。井上清那些书，如果不是我抓的话，就根本不可能抓进来了。井上清在1993年应我们邀请来参加一个讨论会，当时在一层外宾室，我跟他见面的时候，实际上是大年和我跟他见面，他说过一句话，口头随便说的，他说：近代史所可以说是我的第二个家，我考虑将来我身后把我的藏书送给近代史所。就是这么一句话。大约是2000年，井上清去世了。井上清的夫人正在考虑要把这个书送给中国呢还是送给日本呢。日本有些大学和一些机构也看上了这些书。当时井上清的夫人考虑送给中国社科院，或者中国其他有名的机构。2001年11月，在神户，日本方面开一个纪念辛亥革命90周年讨论会，是卫藤沈吉主持的。他们邀请我在开幕式上做一个基调发言。在那个会上，京都的小野信尔专程赶到神户来找我谈话，他和狭间直树找我谈话，小野主谈。就说到井上清去世了，这个书要送，井上清夫人正在考虑往哪里送，问我有什么意见。我说：最好送给近代史所，1993年井上清先生已经跟我当时口头说过这样的话。他说：我们都不知道，井上清夫人也不知道。我说：这个话是确实的，你们可以把这个话写下来，转告井上清夫人。小野觉得这很重要，就连夜赶过去跟井上清夫人联系。这中间还有很多过程，我就不细述了。有一次，差一点危险了。我作为所长已经给井上清夫人写了一个委托书还是什么，我们要接受他的藏书的一个文件都已经送过去了。这个时候井上清夫人不知怎么回事，她又决定把这个书送给日本的一所学校，不想给近代史所了。正好被小野知道了。因为井上清的子女对这个书有不同意见，井上清夫人就把送书的事委托小野来经办。小野七十多岁了，是井上清的学生。小野听到之后，就从电话里跟井上清夫人发了脾气，说你这样已经没了诚信，你已经和张所长有这么多联系，委托书都送来了,这不妥。井上清夫人一听后悔了,他就把那个学校送给她的协议书撕了,就承认了我们这个,这样我们才把这几万册书接收到所里来。

实际上我们所里从范文澜、刘大年,他们过去历史上都很重视图书馆的建设。华北大学的历史研究所从正定搬到东厂胡同的时候,只有9000多不到1万册书。我们图书馆起家不到1万册书,现在差不多70万册,都是新中国成立以后陆续购置以及收集各方面的捐赠,各种人来想办法充实积累的。实际上我在这方面确实做过一些事情,为我们馆藏的丰富也做了一些事情。如果从这个角度来说,我还可以说得更远一些。那就是"文革"中间,我们的"文革"小报,现在大家看成为宝贝的东西。"文革"期间正好是我在所里当头,那个时候所"文革"领导小组组长是张德信,我是实际负责人。当时张德信的主要活动是在院里,我在所里。我在"文革"初期主持近代史所里的工作的时候,有几件事情:一个就是收集红卫兵的传单,1966年8月份,最早的一批传单在王府井散发,我们赶快派人去把它收集起来。再就是红卫兵小报,8月份以后,陆续在全国各地,甚至是县里都办了很多红卫兵小报,很多是铅印的,也有很多是油印的,甚至于手写的都有,我们就开始收集这些。当时收集这些东西,就是因为我们是学历史出身的,又是在近代史研究所工作,我们觉得这就是史料。"文化大革命"是一个历史事件,这个时候的文字资料我们要想办法把它收集起来。但是最早的那批红卫兵传单后来丢了。1967年初,当时根据林彪的指示,在北京开了一个红卫兵成果展,一个大型展览,红卫兵的成果,破四旧哇。有一天这个展览会的什么秘书长,都是红卫兵,哪个大学的学生,找到所里来。我们当时具体管事的是郭永才,郭永才接待了他。他说我们根据林副统帅的指示,要办这个红卫兵成果展,听说你们这里有一批最早的红卫兵传单,我们要把这些传单借去展览。郭永才同意了,就把它拿出来借给他了。1967年整个"文革"变动很大,那个红卫兵成果展就关了,关了就没有人管了,都是一些红卫兵、一些学校的学生来办的,规模很大,这个东西就丢了。但是我们又增加了另外的一些东西。我们派了很多人,姜克夫、龙盛运都是我派去的,派到展览会上去帮助工作。展览会关闭的时候那些查抄的书籍多得不得了,公安局就没法弄了,他们就说要不我们就一把火烧了。姜克夫和龙盛运就给我打电话,说公安局问我们近代史所要不要,如果要他们就给我们拉过来,不要就一把火烧了。我就赶快回答,你赶快让他们都拉过来。拉了两卡车。最后也就成为我们图书馆的宝贝。其中有大量的照片,有一些大人物的照片从清末到民国。再就是邮票,一本一本的大邮票,大龙小龙说不定都有。再加上各种各样的书,书多得很。还有就是红卫兵小报,我们当时派了很多人到外地搜集小报。杨光辉当时就是负责去搜集小报的人之一,因为他那时在图书馆工作。不仅是派人去搜集,而且给全国的红卫兵组织用所里的名义写了信,让他们将他们出版小报寄过来,从那以后红卫兵小报像雪片一样飞来。我们图书馆清理了几年,大概还没有清理完,现在据说超过一万种。很多小的地方,包括新疆县里出的小报都有。这个是图书馆的建设,我曾经花过工夫和精力来经营,因为我始终认为,图书馆是一个研究所的生命所在,你没有一个图书馆,你这个研究人员也好,你的研究成果也好,都很难出来。

再一个在我担任副所长和所长期间,我花了很多精力组织学术讨论会。打开近代史所和海内外的广泛联系渠道,我想这是一个重要的方面。我们所里开重要的讨论会在80年代以前不是很多,以前往往是用中国史学会的名义来开学术讨论会,而近代史所只是一个承办单位。从我开始就改变了方法,以近代史所来做主办单位,或者是和中国史学会合办,实际上由近代史所来办。第一次是1990年近代史所成立40周年,叫"近代中国与世界国际学术讨论会"。如果从参加讨论会的角度讲,"文革"以后,我最早参加的是1979年在南京召开的关于太平天国的学术讨论会。我是会议的工作人员,我们那时都有简报,我是简报组的副组长。另一次是1981年辛亥革命70周年国际讨论会,我也是会议的简报组副组长。国内的学术讨论会的组织方式与国外的有区别,国外的讨论会我想第一次参加还是1991年夏威夷。1990年我们组织的"近代中国与世界国际学术讨论会"就是以我们近代史所联合中国史学会主办的。我这次是作为会议的秘书长,会议的每一个具体步骤、每一个细节都是由我亲自来抓的。我通过亲自来抓每一个细节,来了解组织一个大型学术讨论会每个细节应该怎么办,哪个环节上可能会出什么事。那一次会我们从国外邀请了二十多个学者,井上清、安藤彦太郎、卫藤沈吉、小野信尔、狭间直树、山田辰雄、伊原泽周、滨下武志、孔飞力、陈锦江、王赓武、白吉尔等都来了。中研院近代史研究所前所长吕实强、研究员张朋园、副研究员林满红出席了会议。这是台湾学者第一次出席在大陆举办的学术会议。国内学者更是名流云集。那是一次很成功的会。我是通过这次会议取得了召开国际学术讨论会的经验——从定选题，到论文的评审、国内国外学者的邀请，再到会议的每一个具体的环节，每一个东西都是我亲自安排的，取得了举办这样一个会议的经验。

从那以后，我们开了很多会，就能比较顺利地推进。1991年我们在沈阳开过一次"九一八事变六十周年国际学术讨论会"，也邀请了很多国外学者，包括井上清、齐赫文斯基、今井清一、石岛纪之、西村成雄、吴天威、唐德刚、朱永德、蒋永敬、胡春惠、李恩涵等。那个时候这些会我都是秘书长。1993年在北京又开过一次近百年中日关系学术讨论会。1992年6月还有一次，我们和台湾师范大学三民主义研究所赵玲玲一起合作召开了一个关于孙逸仙与现代化的讨论会，这个讨论会也是海峡两岸第一次合作召开的讨论会。那次取得了很大的经验。接着我们开了第二次，1994年1月在杭州，也是和台湾师范大学，第二次孙中山讨论会。从1994年以后我们差不多每年都要举办一次国际学术讨论会，每次都有很多国外的学者来参加。最有意思的一次是1999年，那是中华人民共和国成立50周年。这个时候所里确定要开讨论会，但是要筹钱——在我担任所长期间，我们开讨论会，基本上都是我去筹集资金的，基本上没有用我们院里和所里的钱。前边说的那几次会都是这样，第一次1990年"近代中国与世界国际学术讨论会"的钱我找了两个地方，一个是美国福特基金会驻北京办事处，我找到他们那里要了一万美元，一个是日本国际交流基金，跟他们要了一万美元，两万美元把那个会弄下来了。以后的会都是我去跑钱。1999年的"1949年的中国"国际学术讨论会也是这样，开始答应我们的单位吹了，没有弄成功。正好在1999年的年中，香港有一个网络公司，一个总编辑，他说网络公司邀请我作顾问。我说那个网络公司能不能给我们点钱，他说好哇。我开了30万，后来给了我15万。这样就把会期推晚了，我们原来准备在1999年的10月份开，后来因为落实经费问题，弄到1999年的12月30日开幕，2000年的1月2日闭幕。这个会就开下来了，后来也有论文集出版。

从1990年以后，在我担任副所长和所长期间，平均下来每年有一次大型的国际讨论会。我觉得这样的会有几个好处，就是在推动国外的学者了解近代史所,和推动我们所的学者了解国外方面,起了很大的作用。所以近代史所在国外,比如在美国,特别是在日本有很好的影响,跟这样一些每年一次的国际讨论会是很有关系的。苏联(俄罗斯)、美国、日本、欧洲国家以及我国台湾、香港、澳门地区的许多著名学者都出席过我们的讨论会。我觉得这是我在为近代史所的建设当中做出的一个贡献。

再一个就是我们所的青年讨论会。青年讨论会是从1999年开始的。在这以前,在我当副所长期间,我就开始考虑,怎么样帮助所里的年轻人在学术上成长。这个想法是来自哪里呢?是来自于"文革"初期。"文革"初期我作为"造反派"主持所里的工作一年多,当时大家有很多意见,贴了很多大字报,其中有一条,就是说所里的领导人,主要是指刘大年,不关心青年人的成长,任由从外面进来的青年人自生自灭,能不能成为研究人才都不知道。这种意见一直埋在我心里,后来我挨整时都还在想这个事。到我担任了所里的副所长这个职务以后,才有条件思考这个问题,在这之前根本没条件思考这个问题。所以我们在1991年就开始推动这个计划,在所里搞了一个优秀青年学者的奖励。每年把他们发表的文章,我们成立一个机构来评议。1991年、1992年搞了两年。我记得,1992年院里召开工作会议,还要我去会上做了近代史所如何做好青年研究人员培养工作的发言。1993年搞了,但是没有成功。这是我行政工作中的一个问题。1993年所有的程序都做完了,申请表格,会议都开过了,优秀名单也有了。1993年面临换届,庆成是所长,党委书记是高德。现在在考古所任党委书记的齐肇业,当时是我们所的人事处处长。这个事情是我来分管,我和齐肇业一起来管这个事。青年的评奖工作都做完了,我把资料交给齐肇业执行,还要给庆成、高德他们看,后来庆成和高德在上面都签了字,同意。材料就应该在齐肇业那里,后来我问齐肇业,我们做的事情要兑现呀,要给评奖的人奖励,资料在哪里,他说找不到了。1993年的工作做完了,就是最后一步没有做,很遗憾。到1994年换届我当所长以后,就把这个事情放下了。所以1994年以后我们继续探索在所里培养青年的机制。

1997年底还是1998年初,李莉调到我们所任党委书记,李莉给我介绍了一个情况,说语言所有一个青年的学术报告会。我觉得这个也很好,当时征求了很多人的意见,我也考虑了很长时间,觉得只是一个青年的学术报告会不足以形成一个很好的培养青年人的机制，所以我在 1998 年提出来召开所里的青年讨论会。1998 年我们的经费还是很紧张，后来我下决心这个讨论会的论文要出版，不管怎么穷，所里要拿出钱来。1999 年的会是在所里自己开的，后来就出去开了。我当时定的，这个会就是按照国际上的学术会议，完全按照国际讨论会的程序，但是主角是青年人，也就是 40 岁以下的学者，目的就是培养我们年轻的学者在将来参加国际讨论会时不怯场。我感觉应该训练所里的年轻学者，应该有这样一个机会，在任何会场上阐述自己的论文观点，能够非常简练地把自己文章的主要内容用十分钟讲完，而且要善于提问，敢于提问，别人提问的时候我也不害怕回答。主要是要培养这样一个东西，同时也使大家存在一个竞争机制，每个人要写文章，要在会上形成批评和切磋机制，这样便在所里形成一个良好的青年研究人员的培养机制。这方面也算是我对所里的建设比较成功的一个措施，大家似乎是公认的。

在研究所的建设方面，我过去还长期管刊物。所里的刊物具体工作我不管，外边的人投稿，因为我是所长，好多人将他们的文章寄给我，我一个字都不写转给编辑部，我不表示任何态度。对于刊物的一些要求，那时曾业英同志当主编，经常找我谈一谈他的一些设想，我都表示支持。我当然非常看重我们的刊物，一个研究所没有一个好的学术刊物，你在国际上很难有自己的地位，所以一个刊物就是自己的一个窗口。那么刊物文章不好，水平低，或者我们的刊物按照我们的国情在政治方向、理论方向问题很大，国内外就反应很大，所以我在这方面经常加以注意。

我管得比较少的是研究室，研究室我觉得大家都有课题，我们把课题组织好，大家放手去做就行了，管得太具体不好。我在第一任所长期间，那个时候还每年有一次研究室的汇报会，每个研究室的主任，甚至多几个人，和我们所领导在一起，总结一下去年的工作，提出今年的设想等，我们提出一些在研究室建设上的想法和建议，使研究室的发展正常一些。

我刚才说了会议、图书馆、刊物、青年的培养，如果再加上这些重大课题的推出等，在我是把它看成是建设一个国际一流的研究机构、一个知名的研究所、一个现代的研究所的必要条件。需要在上面花许多精力，其实我在上面花精力是很多的。

五 承先启后

李：近代史所是当年组建中国科学院最早的几个研究所之一，这样的一个老研究所，曾经有许多学术大家，像范文澜、刘大年、黎澍等先生，您都亲闻声欬，甚至长期共事过。请问您对范老有什么印象？

张：我来所后，只是在"文革"初期同范老有过一次直接接触，这有一个小故事。此前没有面对面的说话。所里元旦组织大会，范老要出面，但都很难有交谈机会。他没有去"四清"。在欢送全体"四清"人员去甘肃的聚餐会上，范老那一桌，还有刘英，范老站起来给大家介绍刘英。那是我第一次在大会上看到范老。"文革"初期，"6·3"社论发表以后，引起全国各地的反应。各地方批评的信雪片一般飞来。我们当时把这些信在外面张贴。8月份开始大串连，这时有个陕南学生，农校的学生，给我写了封信，他写文章批判范文澜，已经寄给了《人民日报》。大串连时他找到所里跟我谈，他说他在学校写大字报，正好在报纸上看到范文澜关于帝王将相的一些话，他因此认定范是保皇派。那时我是所里"文革"小组的负责人。实际上那时"造反"只认为刘大年、黎澍有问题，谁也没有批判范老。我就直接跟那个学生说，范老是毛主席保护了的，还说到当年在延安，毛主席与范老一起讨论历史。那个学生一听，立即认定范老是好人。我建议他将寄往《人民日报》的批判范老的文章拿回来，他答应了，但要求同范老见上一面。范老答应了。范老到所里来，到所里食堂坐下，我们三个人一起谈话。范老的口音他不懂，我就做翻译，主要谈在延安同毛主席交往的事。我在食堂请范老和那个学生吃了一餐饭。这是我同范老当面接触的唯一一次。

李：请您谈谈您与刘大年先生的关系。

张：我进所后相当一段时间内，与大年先生并没有直接接触。从1969年10月到1974年12月，我被作为"五一六反革命集团"的骨干分子，经受了差不多六年的审查，六年中我基本上失去了人身自由。这是我此生最痛苦的时期、最无奈的时期、最无助的时期。在这个时期里，唯一安慰我的，是我感受到的刘大年先生对我的爱护。这是一种并未直接言明的爱护，又是一种可以体会的爱护。先是在1969年年中，军工宣队正在所内组织清查"五一六"专案组,我正处在被公开宣布审查的前夕。我已经明确地感受到了压力。有一天王明湘同志(后来调到重庆,曾任红岩纪念馆馆长)偷偷告诉我,他到大年同志家里谈话,在他家里吃过饭,听大年同志讲起1966年6月15日的"夺权"。刘大年同志自责自己是官僚主义,说近代史所有那么好的青年,我怎么没有发现。他说,所里临时党支部做了那么多的准备,被一帮青年一下打垮了。他在王明湘面前指名夸奖了我。在我受难的时候,王明湘的话使我很感动。因为照常理,刘大年有最多的理由参与对我的批判,这也是当时最常见的现象。王明湘的话,我虽然无法证实,但我受到的感动是真实的。后来在息县学部五七干校,王明湘担任连(由近代史所和考古所人员编成)指导员,他又一次偷偷对我透露了上述谈话。这使我感到温暖和安慰。在连里,我被编在二排八班。这个班是由特殊的人员组成的:除专案组人员担任班长外,包括了尚未解放(但已相对较为自由)的老干部数人和正在接受审查的"五一六反革命分子",其中就有刘大年、黎澍、蒋大椿和我。当时人们在私底下说,这是由新老"反革命分子"组成的一个班。我们连在东岳公社的塘坡。白天要参加繁重的体力劳动(打砖坯、烧窑、盖房和种地等),晚上或者休息日要接受批判。在八班的小组批判会上,我和蒋大椿总是受到指名批判,一般是被指责为反周总理、反毛泽东思想、反对毛主席为首的无产阶级司令部、反革命。在这样的批判会上,我低头不语,心情沉重。我印象深刻的有几次,听到刘大年发言,他说:我们是职业革命家,我们过去革命道路上也犯过许多错误,我们应该把我们犯错误的经验教训告诉今天的年轻人。他的发言,连"五一六"三个字提都不提。在有人天天骂你是"反革命"的时候,听到这样的话,你内心不感到温暖吗?这也似乎给我传出一个信息:对待所谓"五一六反革命集团",至少刘大年是有不同看法的。1971年春(现在查明是4月),我记得有一天在明港军营里(干校已经从东岳公社迁移到明港镇,住在军营里,集中精力清查"五一六反革命集团"的罪行),碰巧只有我和刘大年先生两人在。大年先生忽然对我说:"我后颈脖长了一个瘤,可能是癌,我明天就要回北京治病。"我不知道如何回答,只是"啊"了一声。我内心震动的是,就这一句话,几乎是我自1964年进所以来,大年先生对我一个人说过的唯一的一句话。我联系到王明湘说过的话,联系到在八班听到他的发言，我把他对我说的这句话当作是对我的明白无误的示好，极为感动。刘大年离开后，就听说军工宣队要掀起清查高潮，本来确定请刘大年担任清查领导小组负责人，他却借故走了。后来知道，大年先生离开，除了治病外，还有其他原因。这就是郭沫若院长为了迎接京都大学著名马克思主义历史学家井上清教授来访，组织了接待机构，参与接待人员获得周恩来总理批准。刘大年在这个名单中。那时候的惯例，只要接待外宾的名单在报上发表，这个人就算解放了。当时我心里明白，大年先生此走极为高明，他可以不承担这个清查领导小组的任何责任了。果然，大年走后，清查领导小组换了别人，我又成为再次清查的重点对象，吃的苦头就不用提了。

1974年年底，我被解除了审查，基本上变成了一个自由人，尽管心情仍然沉重，因为我随时会感受到来自专案组人员的异样的眼神。1975年夏，所里近代史组何重仁、龙盛运两位同志多次找我谈话，要我到近代史组工作。我几曾犹豫。两位后来向我透露，要我去近代史组，是大年的意思。我一听到这里，便毫不犹豫表示我愿意去近代史组。1975年9月，我正式进入近代史组。这时的大背景，是毛主席发表理论问题谈话后，新闻媒体正在报道毛主席关于《水浒传》的谈话。近代史组集体学习讨论，联系太平天国历史，认为应该写一篇评论李秀成的文章。组长指定我来写这篇文章。我进近代史所差不多十二个年头，未能参加任何研究工作。这是我离开大学以后第一次执笔写学术论文。这篇文章随后发表在黎澍先生重新主持的《历史研究》1976年第1期上。

也许由于这篇文章，刘大年先生觉得我还能做点事，便吸纳我参加《中国近代史稿》编写组，协助他整理文稿、核对史实，偶尔也写几条带考证性的注释。也许还是这个原因，黎澍先生也找我，希望我到《历史研究》编辑部去，不过我已下决心跟着刘大年先生工作，便借故没有去《历史研究》编辑部。

当我进入《中国近代史稿》编写组以后，我就有机会与大年先生发生频繁地接触，也有机会到他家里去谈话。我心里一直藏着一个愿望，总想对他谈谈我在"文革"初期的作为，算是对他的道歉。我记得，1976—1977年，每次见到他，我都想对他说点什么，每次鼓足了勇气，每次都没有开口。每次离开后，我又很懊悔、自责，为什么就张不开口呢？但是我对他的道歉终于没有说出口，直到他的辞世。非常有趣的是，从1975年一直到1999年，我同大年先生的所有谈话，大年先生从来不同我说一句有关"文革"的话，从来不问我一声为什么"文革"初期我那样对待他，从来不涉及"6·4"大会，从来不对我提及"6·15""夺权"大会的事，从来不涉及《人民日报》批判他的文章和大字报。我觉得他是有意回避这个话题，不愿意触及不愉快的那段岁月。我有时候感觉，他不如直接说我两句，哪怕说我那时幼稚、不懂事、鲁莽等，我可能心里都好受些。只有一次，他偶然对我说到被抄家，文稿丢失。可能意识到我在场，他立即打住了话题。我很愿意他说下去，他却停止了。我没有对他表白，他家里被抄，已经不是我"当政"的时候，我只是愿意听听他的诉苦，他却把话吞下去了。今天想起来，我还是不知道如何形容我与他之间的那种感情纠葛。

1979年，中国近代史学界组织了在南京召开的太平天国历史国际学术讨论会。大年先生是大会的主席，我约略做了一点会务工作，在会议期间担任简报组副组长。会前，大年先生找我，要我写一篇文章，谈谈阶级斗争问题，准备做他在南京大会上的讲话。我起草了一份稿子，大年没有采用，他没有批评我，也没有表扬我。他在大会上的讲话稿是他自己起草的。我这时候想到，"文革"期间有人揭露刘大年的文章是别人替他写的，我这时候表示了明确的怀疑。我知道，大年先生作为一个有精深古文修养的史学家，是很难接受别人起草的稿子的。《中国近代史稿》是由各位作者提供的初稿，大年几乎对每篇初稿都做了全面地改写，这是我在整理书稿时每天可以看见的。

1984年，我写了一篇文章《中国近代史的"两个过程"及有关问题》，送请大年先生阅改。大年先生在文稿上改了几个字，也订正了我的标题。那时政治史研究室各位都赞同这篇文章的基本观点。所里特别安排我在全所大会上做了一次学术报告。这篇文章最后在黎澍主编的《历史研究》上发表了。但是这篇文章的观点与黎澍先生有异，也与《历史研究》编辑部各位编辑的看法不同，一时引起一些议论。有人批评我不该写这篇文章，有人说文章是经过刘大年修改过的，反映了刘大年的观点。再进一步，就会牵扯到刘大年与黎澍的关系了。这时候，在人们的谈资里，就往往把我和大年先生联系起来了。

1985年，刘大年先生因前列腺发炎住进了协和医院，他找我到病房，对我说了一些很悲观的话，大意说，夏鼐、华罗庚是他的两位好朋友，已经先后故去，他现在卧病在床，恐怕也会不久于世了。他希望我把《中国近代史稿》第四、五册的工作抓起来。我表示，我会努力去做，但我感到要像大年先生那样去修改所有初稿，非我的学力所能。原来《中国近代史稿》的工作方式，是收到作者初稿以后，先由大年先生的助手钱宏先生作文稿处理，再交大年先生改定。《中国近代史稿》原定编写三册，后扩充为五册，后两册涉及辛亥革命和北洋时期的历史。钱宏先生年龄大了，不愿意再接手后两册。大年先生的意思，如果他的身体不好，后两册就由我处理了。此后，我为这件工作投入了两年多的精力和时间。1988年9月我担任了副所长，事务冗杂，我就没有时间去做《中国近代史稿》第四、五册的工作了。1990年，我向大年先生提出，辛亥革命历史，已经有章开沅、金冲及等人的本子，我们的书很难在总体上超过他们，况且有的作者还未交稿；北洋部分，利用档案还是不够，研究成果也不够，勉强出版，可能会出不良效果。他同意了。这时大年先生年事已高，精力不济，这部书的后两册终于未能出版。这是一大遗憾。在谈及类似话题的时候，他给我说过，他一生在组织写作班子上有不成功的经验，他举例说任继愈在这方面有成功的经验：一拨人不行，就要赶快换一拨。

1988年9月我担任副所长。那时候，所里房间紧张，我还是在原来的办公室，与别人同屋，工作有所不便。他主动把自己的办公室让给我，要我搬过来。我觉得很惭愧，他执意这样办，我只好遵嘱办理。此后，他就不容易经常到所里来。我有事，就到他木樨地的家里，与他商谈。有时，他会问我，你怎么来的？我答骑我的三轮车，他听了哈哈一笑，如此而已。我在担任研究所所长期间，使我感动的，是他经常提醒我，不管如何忙，都要挤时间写文章，不写文章，你在学术上就没有发言权，你就没有资格在学术上发挥领导作用。他说，20世纪五六十年代，政治运动很多，很难坐下来，他仍硬着头皮写文章。那个时候批判他是"右倾机会主义"，说他在党内是专家，在专家面前是党员。学部副主任刘导生（负责联系历史学各所）批评他不听招呼，说要在战时，就可以枪毙你。他回答刘导生说：谁让你把我安排在这个位置上呢？在这个位置上不写文章，就不如撤职。刘导生同志无言以对。大年先生讲的这些故事，二十年来不断在激励我。我在处理大量行政工作和参与社会活动的时候，总是记住他的这句话。这些年来，我的学术成果不是很丰厚，但是我还是尽力了。

1995年，是大年先生80华诞。我是研究所所长，决定联合中国史学会会长戴逸先生举办纪念活动。我将这想法报告大年先生时，他坚决反对。我说，我们举办活动，不只是为了你，不是为了给你贴金，你不需要贴金，我们是为了后来者，为了年青一代了解你的奋斗一生，为了宣扬你坚持的那些学术观点和学术立场。他无以为辞，说我不管，反正你们的活动我不参加就是了。7月，近代史研究所与中国史学会合作，召开祝贺刘大年同志80华诞的学术座谈会，学术界的许多前辈学者前来祝贺，发表祝贺感想，我在会议上做了发言，进一步较为系统地介绍了刘大年的学术经历。中国社会科学院副院长汝信、中国史学会会长戴逸和知名学者龚书铎、余绳武、金冲及、张椿年、王汝丰以及大年的学生姜涛相继发言，胡绳院长请人代致贺词，白寿彝、李侃、蔡美彪作了书面发言，首都社会科学界领导和专家郁文、于光远、逄先知、白介夫、丁伟志、何理、郑惠、林甘泉、李学勤、廖学盛、任式楠、齐世荣、汪敬虞、吴承明、孙思白、丁守和等以及史学工作者120人出席。这次会议，作为寿翁的大年先生避席他去，表现了他的美德。除了座谈会，我还请人编了《刘大年论著目录》，请刘潞夫妇编了《刘大年存当代学人手札》一书（近代史所印制），在会议上散发。

1999年11月，大年先生因发烧住进协和医院。我到医院看他，他正色说：你来做什么，还不回去抓工作！后来听说他不愿意配合医生，不愿做进一步检查，我到医院去说服他，他听从了，配合医生了。但是医生仍然没有能够挽回他的生命。

最近20年间，我和大年先生之间的工作关系甚多，这里难以尽述。如协助他筹办中国抗日战争史学会，关于中国社会科学院中日历史研究中心专家委员会的工作等，需要专门叙述，这里就不多说了。

李：您对黎澍先生的印象怎么样？

张：我要坦率地说，在所里的年轻人中黎澍同志最早看上我了，但我最后没有跟他走。我进所后，跟黎澍联系较多，跟大年没有任何联系。我去西郊组（中国近代史讨论会），是黎澍点名让我去的。我也是所里年轻人中最早去西郊组的一个，可能因为我的文章写苏美建交，涉及中苏关系。在西郊组，黎澍对我颇多关怀与关注。那时进西郊组是一种荣耀。我们所里有到西郊组做行政秘书的,还有去做翻译的,做历史研究的就我一个。组里把我作为中俄关系的人才来培养,专门安排金应熙先生给我讲课,让我翻译俄文资料,后来又让我管理西郊组的图书资料。西郊组的资料很多,从全国各地搜集来的,很丰富。我在那里对图书进行编目,我就住在书库里头。学历史的人就我一个进了西郊组,黎澍对我是很重视的。

"文革"初期,学部有人在所里贴大字报,批判黎澍的《让青春放出光辉》是"大毒草",还揭发黎澍的一些所谓问题。我当时很惊讶。我也写了大字报,质问黎澍你为什么写《让青春放出光辉》这个"大毒草"。这些都造成了我是"文革"初期的"造反派"。6月15日的"夺权",选了七个人的主席团,推我来主持会议。当时我住在西颐宾馆,所里此前有很多活动。15日我被推为主席,也主要是因为此前我写了大字报,以及6月4日在学部大会上的发言,给大家造成一个印象。后来成立"文革"小组,我不是党员,张德信是党员,他就是"文革"小组组长,我是副组长。

批判刘大年、黎澍的会议,大多由我主持,其实批判的次数也不多。我坦率地说,在批判时,我看不出黎澍对我个人有什么仇恨的味道。但是祁式潜批判黎澍,黎立即把眼睛鼓起来,祁式潜一屁股就坐到椅子上。资历比较老的人批黎时,黎都要瞪眼。

我在被隔离审查时,有一次全所会,就是要枪毙沈元,让我也参加,对我是震慑。那一次看到黎在会上发言是声嘶力竭,因为是黎澍把沈元弄到所里来的。那时法院在所里征求意见,如何处理沈元。黎澍情绪很激愤。

到了息县干校,当时连长是连燎原,指导员是王明湘。那时清查"五一六"的运动正逼向他们两个。一个周末,我洗了被子,在外面晾晒,黎澍走到我跟前,问我一句话:"连燎原、王明湘两个是不是'五一六'?"我本着尊敬黎澍的心理,明确告诉他:"这两个人不是。"黎澍当时瞪了我一眼,说:"是吗?"表示很不满。他根本就不相信,转身就走了。那时候,我看出来黎澍是书呆子,他完全看不清形势。他却认为我跟他撒谎。还有一次接触,在息县盖房子。白天我得干重体力活,晚上还得接受批判。后来到南京的卞孝萱,有次在大会上发言批判我。我们那时年轻力壮干活快,他做小工跟不上。他说:"五一六反革命分子张海鹏，借劳动为名来整我们这些人。"我心里听了很委屈。我们干活得抢进度。当时盖房子，我把砖往上面抛，抛的是土坯，三十几斤一块。黎澍看到我抛，他拿来试试，抛不动。他很惊讶："你怎么抛上去的？"我就说："黎澍你看着。"拿起来就抛。从干校回来后，我已经宣布"解放"。黎澍搬家到建外，买了一些书架，就是让我去给他扛的。

"文革"中我批判刘大年、黎澍，他们两个后来对我都很好。1975年学部让黎澍重新主编《历史研究》，年底他邀请全国的学者座谈如何办《历史研究》，都是让我去做记录，然后整理纪要给他看。我的第一篇文章也是交给黎澍在《历史研究》上发表的。他想让我去《历史研究》编辑部，我觉得他有点迂腐，便委婉地拒绝了。那个时候我对黎澍已经不太满意了。这是我说的真话。我认为黎澍是一个书呆子。他虽然也是一个老革命，但是他是书呆子。刘大年在清查"五一六"的问题上，头脑是很清楚的，是不相信有"五一六"这样一个反革命组织的，但是这样的话当时不能说。他对我在会上公开说的话，从来没有点着我说你是反革命。黎澍是真正相信的。通过这些经历，我觉得黎澍同志的头脑不是很清楚，他政治上不行，所以后来尽管我帮他做了很多事情，但是他要我正式进入《历史研究》编辑部时，我就拒绝了。那个时候他也是单独跟我谈的，要我去《历史研究》编辑部，我没有说同意去还是不同意去，就只说了一句话：请党总支决定。我这句话是有含义的，因为当时党总支书记是刘大年，如果刘大年同意我去我就去，但是我没有这么说。我说请党总支决定，他一听，也没有往下说了。这是我后来没有跟黎澍走的原因。

1975年，当时苏联的一个刊物发表了一篇谈戚本禹的文章，涉及黎澍。黎澍同志让我给翻译出来，我就把文章翻译了交给他。从这些事看来，黎澍与我个人之间并无过节。后来来往就少了。1981年辛亥革命70周年他替中央起草报告，有的问题他还给我打过电话，让我给提供材料。我给他去查了。后来我同他联系就少了。

我对黎澍非常尊敬，他对人热情，对青年爱护、指导、提携，他有思想，他对马列主义、毛泽东著作很熟悉，为人处世有很多优点，值得我学习。

李：请您给青年学者提几点建议，或几点希望。现在也是一个新时代，和你们的那个时代不一样，就目前现状来看，要成为一个成功学者的话，应该怎么做，怎么样来做好。

张：当然现在和过去是不一样，这个时代的变化也很大，和1949年前不一样，和"文革"以前也不一样。在今天这个社会制度下，我始终认为我们选择社会主义这个制度本身是好的，我们还是应该坚持这一个社会制度。所以我还是劝现在的年轻学者，应该去看一些马克思主义最基本的书。我最近几年都是这样，我在外面演讲，在大学的演讲，都是劝这些学生们去读一点马克思主义的书，而且我讲我在这方面的学习心得。我们只要看《马克思恩格斯选集》《列宁选集》上的一些最基本的东西，以和其他西方早期的一些思想家来比较，从中做一些对比，就可以看出马克思主义的一些基本原理对我们人类社会的发展究竟起一个什么样的作用。我觉得这一方面我是劝我们年轻一辈的学者不要把它忘掉了，不要把它丢掉了。1949年以前，在当时历史背景下，只有少数人在坚持马克思主义，他们取得了很大的成就。在今天的背景下，今天的背景和"文革"以前的背景不一样了，"文革"以前是单一的全民所有制，我们今天是多种经济，公有制为主体，非公有制，两个毫不动摇的制度。这样，我们整个社会经济结构发生了很大变化，从唯物史观的角度来看，必然的就有各种声音，有各种利益集团的代言人，这些代言人多多少少都会在学术领域体现出来，也会在政治领域体现出来。在年轻学者当中，还是应该有一些人能够坚持马克思主义的基本方向，坚持社会主义的基本方向。这些坚持不仅是政治上，而且包括在学术上，我认为这对于现在青年一代、未来的青年一代的学术成长是有好处的。

当然，学术还是要从学术本身来说话。我自己感觉到，现在你们采访我是院里作为学部委员来采访我，我作为学部委员，感到惭愧。因为我的学术成就实际上是不够的。2006年8月份院里正式确定学部委员制度，公布了学部委员的名单，而且召开了学部委员大会。大会之后社科院院报登了一期学部委员的反应，其中也有我的几句话。我写了几百字给他们院报寄过去，他们摘了几句话，登在那个报道里，大约是8月中旬。这里头有一句话，我说：盛名之下，其实难副。我说：今天我作为学部委员，比起郭老、范老，比起老一代的马克思主义史学家来讲"差距甚大"。有这么一句话。后来院报把我的这句话修改了，改成了"感到有差距"。这个修改很要不得。不知你们发现没有，随后在网上攻击我的人很多，他们就是看到了院报的这句话，说张某人这个人简直不像话，你和郭老、范老就是有差距吗？我一直没有回答。今天我是第二次说这个话，第一次是今年1月份在院里的工作会议上，史学片讨论的时候，我是主持人，便借这个机会说了一下这个话。我实际上对院报提意见，说院报发表我们的言论，最好要尊重我们，不要轻易改我们的话，除非我这话违反了四项基本原则，你改是对的，我没有违反四项基本原则，你改我的话，你们又不知道轻重，就会造成很多不良的影响。我之所以没有回答网上的反应，是因为尽管我写的不是那样，但是它登出来的是那样。这是第一。第二，对我提出质疑的人，他们本身不是真正对我提出质疑，而是对整个学部委员制度质疑，还为某些人抱屈。我是真心地感觉到，作为一个学部委员，我是资格不够的，我只是在现在这样一个历史条件下，在现在的历史背景下成为学部委员。如果以我们个人的学问修养来讲，我们是不够的。现在不是很多人都在讲大师吗？我十年前给院报写的文章，我说中国社科院应该培养大师，这些话都不是指的我，不是说培养我成为大师，我不够条件，我所处的时代背景很难造就大师。我是寄希望在你们身上，在未来的年轻人身上，应该成为大师级学者。你们现在才真正具有了未来成为学术大师的条件，可以有稳定的政治环境，有逐渐改善的生活保障，有开放的读书环境，你们应该多读书，读各方面的书。我刚才说了马克思主义的书，不仅马克思主义的书，所有的书都要读，要从中提出比较，要思索，要分析，要得出我们自己的看法，要推动学术的发展。

所以我说现在的年青一代，以及今后的年青一代，要抓住现在的时代机遇，拼命读书，中国的、外国的，古代的、现代的，都要读，知识面越宽越好，同时也要精，要选择一个方向。未来在史学研究上，在近代史研究上，真正有成就的是你们年青一代。我是作为学部委员，你们采访我，我实际上是很惭愧的，我自己觉得在这方面的贡献很少。如果我不做16年的所里的负责工作的话，可能还要好一点，因为在我这一辈人当中，甚至比我年长一辈的人当中，我们所里的人过去都知道，我还是有一定研究能力的，但是今天严格说来，我的研究成果不是最多的。当然，我也没有办法来改变这一事实。说起我做16年所里的工作，为所里的建设应该说投入了精力，花了时间。大部分时间是花在治所上，花在做学问上是少部分时间。尽管这样，我还是利用这少部分时间努力去做了我的研究，也写出了一些东西，有一些文章还是有一点价值的。后来我之所以对宏观理论方面的东西写得稍微多一点，也和我现在的工作有关系，我不可能有很多时间去跑图书馆，查各种档案资料，我已经没有这种机会了。我只能结合学术界大家的讨论，思考一些综合性、宏观性的问题，在这方面加强我的分析能力，从这个方面下功夫，使我在这方面做出一些微薄的贡献。

如果我真是对年轻朋友说话的话，我觉得对你们来讲这是最好的黄金时期，因为现在尽管我们还碰到经济生活的困难，但总起来讲，现在的情况比过去好多了。我那个年代的时候，有时还得为维持一个月的生活伤脑筋。你们现在经济生活上也有困难，但是我觉得比我那时候还是好一些。所里经费在1997年以前极为困难，1998年李铁映当院长后经费增长很快。现在课题费不少了，所以我觉得现在你们有条件拼命读书了。在研究所工作，就是要看你有没有东西。我们这个研究机构就是一定要有文章，而且要有好文章；要有著作，而且要有好著作。只有这样，你才能在所里站得住，才能在学术界站得住，才可能在国内外有名气。如果说条件好，将来能够成为学术大师是更好的。如果我们不说学术大师这件事，我就仅仅从在研究所工作的角度说，也一定要做出非常扎实的研究，不然的话，到老了回想起来就很为难，而且在我们这个竞争环境中站不住。所以我希望今后你们能够真正踏踏实实地心无旁骛地在学术上做出自己的贡献，不仅是为自己，而且是为发展我们的近代史研究事业、发展我们中国的学术事业。

借这个机会，我想说一点个人的感想。

（1）我做学问主张自学，努力体认前贤的优长与成就，不喜问人。这是我的优点，也是我的缺点。我指导的博士生，除了与他们谈话外，我要开一个优秀论文的目录，大约百十篇，让他们去读那些论文。除了让他们通过读论文积累知识、了解学术源流，我总是希望学生们去体会那些优秀论文是怎么写成的，那些论文的框架结构，使用语言的能力，逻辑力量，如何组织材料，如何论证自己提出的论点。我希望通过读论文，让学生们领悟做学问的真谛。我认为这些是不可言传的，只有用心体会的人，才能得其真谛。我不知道我的学生们在这方面的领悟情况如何，但是我相信，只要在这方面做了认真领悟的人，在学问的道路上必定会有成就。

（2）我认为学问要表现在论述上。一个人学富五车、满腹经纶，却无著述，我以为不能看成有学问，顶多只是熟悉典故、熟悉故事。只有用思想和逻辑，把典故和故事组织起来，在一定程度上说明历史的进程，体现历史发展的规律性，辨识历史事件的真伪，指出历史人物对历史前进的作用，才叫有学问，才叫有知识，才能称为学问家。我不赞成孔夫子"述而不作，信而好古"的作风。只是绍述前贤，没有发明，也不能叫有学问。孔夫子的"述而不作"反映了儒家的保守传统，只有打破这种传统，中国才能前进。从这个角度说，我不赞成复兴国学。研究国学是需要的，复兴国学是要不得的。不管怎么解释，国学的基本内容总是摆脱不了儒学。以儒学为代表的国学，包含了中国文化中的积极因素，也包含了保守、消极的因素。传承中国文化中的积极因素，对于我们建设有中国特色的社会主义文化是有好处的，但是那种保守、消极的因素，则需要剔除。

（3）前贤范文澜先生，主张做学问要有坐冷板凳、吃冷猪头肉的精神，要有"等富贵如浮云"的精神；前贤罗尔纲先生提出先读40年书，然后再来写文章。这些是成为学术大师的必备条件。我甚心向往之，但是我未能做到。现在的时代条件变化了，整个世界运转的速度大大加快了，先读40年书再来做学问的时代氛围不存在了，但是"二冷"精神还是要继承的。社科院要创造一种氛围，让有志成才的年轻学者有可能坐冷板凳。没有坐冷板凳的精神，在人文社会科学领域，是出不了学术大师的。

（4）近代中国的历史进程告诉我，中国只有坚持社会主义的方向，中国才能复兴；中国只有坚持中国共产党主张的马克思主义与中国实践相结合，中国才能前进。所以，在学术事业中，在历史研究的实践中，我坚持只有遵循唯物史观的指导，我们的学术研究事业才能更为客观，更加科学，更符合历史事实。要认清人类历史发展的方向，要揭示人类历史前进的规律，只有马克思主义、唯物史观最具有指南针和解剖刀的意义。形形色色的唯心史观，在这个问题上都显得软弱无力。

但是，我并不主张在学术研究实践中到处引用马克思主义的只言片语。我主张学习唯物史观的基本理论，努力领悟唯物史观的方法论意义，在研究实践中，在百家争鸣中，运用这种方法论做解剖刀，去辨识历史事实，开拓学术视野，建立自己的学术观点。我撰写的学术论文，都是努力学习这种方法论，努力实践这种方法论的指导。当然，这不是说已经做得很好了，只是说一直在努力中；当然这种努力是无止境的，生命有日，在学术活动中都要这样去做。

我在与台湾学者接触中，了解到部分学者对唯物史观很反感。1997年年末，台北《历史月刊》编辑部给我打电话，告诉我1998年是该刊创办10周年，请我写一篇文章。我决定直接向该刊的读者宣讲唯物史观。1998年《历史月刊》二月号发表了我写的《关于中国近代历史发展规律的认识和对若干史实的解说》的长文。我在这篇文章中系统地解说了唯物史观的基本原理，结合这个原理对近代中国的若干历史事实，包括帝国主义侵华问题、洋务运动问题、辛亥革命问题、孙中山学说（特别是三民主义）问题、资产阶级历史作用问题、三大政策（即"联俄、联共、扶助农工"）问题等分别给予了解说。文章发表后，中研院张玉法院士、该院近代史所前所长陈三井研究员告诉我，台湾地区研究中国近代史的主流学者大概都看过了这篇文章。著名的民国史专家蒋永敬教授在他的文章里还征引了我文章中的观点。1999年，我随同李慎明副院长访问香港科技大学，也以这个题目对该校社会科学院的教授们发表了演讲。

2006年3月1日，应有关单位约请，我在《中国青年报》"冰点"栏目发表了《反帝反封建是近代中国的历史主题》一文，与南方某教授颠覆中国近代史基本观点的文章做学术论辩。我在文章中除就第二次鸦片战争和义和团运动的史实驳斥了对方的观点外，还结合唯物史观的基本原理，结合具体史实，强调了用唯物史观指导历史研究的意义。当天香港有线电视台记者采访我，认为我的文章很平实，出乎他们的意料。我调查了头三天网民的反应，支持的占到60%，反对的不足40%。有人对文中提出唯物史观不理解，甚至反感。

从那以后，我发表的文章常常受到读者和网民关注。2006年12月14日我在院报发表了《中国近代史研究的基本评价和方法论问题》一文，一个网上博客对我强调唯物史观提出了强烈批评。我欢迎读者的批评，我会在今后的文章中考虑他们的意见，但是，我认为坚持唯物史观是正确的，对此我将乐此不疲、不会松懈。2006年8月，在中国社会科学院党的工作会议上，会议安排我做大会发言，我做了《我是怎样在中国近代史研究中坚持唯物史观的》发言，算是对我院党组织做了一次汇报。

（5）从西方学者那里传来一种说法很流行：一切历史都是当代史，或者一切历史都是思想史，或者人人都是他自己的历史学家。我不是很赞成这样的说法。如果说一切历史都是当代有思想的人写出的，上述说法有一定的意义，但我认为这种说法会给人以误导，以为历史是依当代人的愿望随意改写的，从中可以嗅出唯心史观的意味来。如果按照"一切历史都是当代史"的理解，写成人人心中的历史，则言人人殊，就会失去历史的本来面目。

（6）关于主题先行。现在有一种情况，有的反对别人观点特别是坚持唯物史观观点的人，往往批评别人是主题先行。所谓主题先行，是指观点先行，或者意识形态先行。其实，主题先行，是任何写论文的作者必须具备的本领。这一点，马克思在《资本论》中说得很清楚。这是研究问题和表述研究结论的区别。研究问题，必须找到所有资料、研究所有资料，细心分辨和鉴别资料，要对史料进行考证和比勘，找出反映历史事件本质的东西，加以认识。研究有所心得，形成了对某个问题的基本看法，得出了某种研究结论，在论文中表述自己的研究结论时，必然是首先提出结论，然后再印证史料，加以论证。研究的过程和表达的过程，在程序上大致是相反的。如果有人在自己的论著中，一上手就把所有的材料摆出来，重复研究的过程，这样的论文必然是失败的。实际上，批评别人主题先行，自己就是主题先行，不过是不同的主题罢了。

（7）研究历史，关注现实。这是我从事中国近代史研究的基本态度。我写过不少历史与现实相结合的文章，有关台湾问题、香港问题、澳门问题、中日关系问题等。我写这些文章，并不是为了研究现实问题，而是为了为研究现实问题的人提供历史资料，通过历史问题的阐述加深对现实问题的理解。有时候，从现实得到启迪，去研究历史上的某个问题；有时候，从历史中得到启迪，去观察现实中的问题。在这种研究中，始终要注意历史和现实的结合，但是需要谨慎，因为历史不等于现实。如果把历史和现实混淆在一起，就可能出问题。

写历史，是写过去的政治、过去的经济、过去的文化，不是写今天的政治、今天的经济、今天的文化。过去的政治、过去的经济、过去的文化不等于今天的政治、今天的经济、今天的文化。这是历史与现实的基本区别。司马光著《资治通鉴》,是要让最高统治者借鉴历史上的经验。从借鉴历史经验的角度说,历史对于现实的意义,今天仍是这样的。但是,历史对于现实,仅止于借鉴,提出更多的要求是不合适的。历史为现实服务,不是说为现实政治做简单的服务,所谓服务,是从借鉴历史经验的意义上说的。

写历史也不能用现实的需要改铸历史。今天我们在搞现代化,用现代化的框架改写历史是不行的。今天我们以经济建设为中心,放弃了"阶级斗争为纲"的路线,不能说历史上就不存在阶级和阶级斗争。今天党中央提出建设和谐社会,我们在历史书上也去构建一个和谐社会的形象,这是历史书吗?为了集中精力发展经济,我们今天强调社会稳定,难道我们要在历史书上也强调社会的稳定吗?当然,历史上的确出现过某种和谐时期,或者出现过某种稳定时期,这些历史时期如果对历史的前进起过积极的作用,我们也要依据事实做出判断,提出研究结论。总之,研究历史,要依据一定的时间地点为转移,不能简单化。

(8)党中央赋予了中国社科院崇高的地位。中央要求把中国社会科学院建设成为马克思主义的坚强阵地、哲学社会科学的最高殿堂和党中央与国务院的思想库与智囊团。这是党中央对我们的一种期望,是我们的努力方向和奋斗目标,也可以理解为中央对知识、对知识分子的尊重。马克思主义的坚强阵地,当然是指哲学社会科学研究的政治方向和学术理论方向。但是,它不能代替学术研究本身,所以提出哲学社会科学研究的最高殿堂。所谓最高殿堂,应是指在哲学社会科学研究领域、在学术上要取得最重要的成果,要代表哲学社会科学研究的基本成就和发展趋势。所谓思想库与智囊团,从狭窄方面理解,应是指从哲学社会科学研究的角度,为党中央、国务院在处理政治、经济、文化、社会发展和国际关系事务的决策方面提供对策方案和中央决策所需要于哲学社会科学领域的基本资料。因为社科院不是实际工作部门,在对策上不大可能提供政策上的执行方案,它应该是运用学术上的基础,提供宏观思路和发展方向,当然也不排除实际生活中的对策方案。

从以上认识来说,我觉得我们社科院需要培养两种人,一种人是"书呆子",另一种人是战略思想家。我认为,多数研究人员要成为"书呆子",少数人成为战略思想家。换句话说,多数人成为某一个问题研究上的专门家,少数人不局限于具体问题的研究,而具有广阔的视野、宏观的思维，上下古今，国内国外，无不涉猎。许多专门家及其学术成果形成了引领某个、某些学术领域前进的标志，始终处在学术研究的前沿；某个学科领域的战略思想家则在某个或者某些学科的学科体系上做出创新性的思维，引领那个学科向着更高的水准或者集成的高度发展。这样的战略思想家，小则可以引领某一学科领域向着新的高度发展，大则可以为国家和社会的发展提出具有前瞻性的战略思维。

因此，我们今天需要培养一大批能够烘托最高学术殿堂的"书呆子"，也要培养一批组成思想库、智囊团实体的具有广阔视野的战略思想家。但是，我们今天培养学术人才的现实环境和政策设计太急于出人才、出成果，太着眼于眼前，不利于长远的考虑，不利于大师级人才的养成。太急于出人才、出成果，反而出不了大师级人才，出不了标志时代性的大成果。再则，培养人才的投入太少，不利于年轻研究人员专心致志读书，他们不能不左顾右盼、到处兼职，急于发表成果。在今天市场经济的社会条件下，到处是陷阱，到处是落差，到处是诱惑，他们很难安于本位。

李：最后一个问题，您到近代史所工作45年了，您对近代史所以后的发展有什么希望？

张：每一个时代都有自己的时代内容，我希望不管时代如何变化，近代史所老的传统、好的传统，还是应该继承和发扬。近代史所从延安过来，发挥了很大的作用。从范文澜开始，刘大年、黎澍都强调马克思主义指导，强调好的学风。我们现在讲，文化是在多元、多变的状态下发展的，现在国家经济基础发生了很大变化，民营经济的发展规模甚至于超过了国有经济。因为物质基础的变化，自然在文化层面会有所反映。但不管如何，我觉得近代史研究所的好的传统应该在新的时代得到发扬。

近代史研究所以中国近代史为研究对象。近代史研究有比较强的意识形态性。我在做研究所所长时，一再强调正确的政治方向，但我不干预个人的研究。我也在文章中批评错误的研究方向，但我对于所里的人一般都不点名。我希望我们所里，当然不能像过去一样一个声音，但还是要有一个主流的声音。近代史研究所在学术研究上历来强调实证，以资料说话，强调坐冷板凳。范老那时最主张学马列、毛泽东思想，但同时强调踏实做学问，不求生前功名，但求以后的学术贡献。我觉得保持求实的学风是很重要的。我希望年青一代能保持这样的学风。所里领导层的方向很重要，我过去对于近代史所发展做了很多考虑。我希望所领导能够从研究所的长远发展出发，眼光要全面一些，以建设国际知名研究所为目标。比如说，原来都以所里的名义来召开学术讨论会，现在都以各研究室名义来召开讨论会，这当然也是好事，对于更广泛的学术联系也有好处，但是这样也容易力量分散，不容易反映全所在学术界的优势地位。这一点也值得斟酌。这是我的一点想法。

近代史所还要发展，还需要下功夫。现在的机会更多更好，进一步加强与国际学术界的联系，保持我们在国际国内学术界的话语权，这不是一两句话就能够做到的，而是需要我们投入足够的力量。

我的话就说到这里。其他方面，也没有更多的可说了。谢谢你们的采访。祝你们的学术事业日有所进。

李：感谢您接受我们的采访。我们大家都希望近代史研究所以后会更好！

深入钻研马列主义，提高宏观史学研究水平[*]

——张海鹏研究员访谈录

导语：中国近代史的研究，一直受到重视。但是，大陆学者对中国近代史领域里宏观问题的研究，仍然亟待加强。对于中国近代史的学科体系、解释模式、理论渗透等方面的问题，还应该继续深入研讨，特别值得注意的是，大陆学者在宏观史学研究方面的缺失，会让在这方面素有特长的美国学者的优势愈加明显，美国学者在中国近代史领域里的话语权，也会越来越强大。

张海鹏研究员多年来关注宏观问题的研究，这方面的多次论战，他积极参与，研究成果在海内外有很大影响。在多年的研究实践中，海鹏先生关注社会变化和学界动态，在研究中注重马克思主义原理的运用，也坚持不发空论，让研究结论都有充足的史料支撑，他的很多论点被研究者广泛接受，并促进了相关研究的深化。

此次，海鹏先生接受本刊采访，呼吁加强宏观史学研究，对促进当前中国近代史的研究，意义重大。

李卫民（以下简称李）：我读了您的不少论著，感到，理解您的史学成就的一大关键，是应该看到，您自80年代开始，就一直是中国史学界的掌舵者，因此，您介入了很多的论争，与相当多的历史学者的研究特点不同，您的研究成果中，有较浓的烟火味儿。您同意我的看

---

[*] 这是《晋阳学刊》编辑李卫民博士对我的采访，原载《晋阳学刊》2011年第3期。收入《中国近代史基本问题研究》时，删去了原刊介绍文字。

法么？

张海鹏（以下简称张）：你提到掌舵者，我不敢当。这只能是你的一种体会，我尊重你的意见，但是，我不是以掌舵人的身份来工作的。上世纪 80 年代，我只是中国社会科学院近代史研究所一名普通研究人员，我是怀着对中国近代史学术发展方向的强烈责任感参加学术争鸣的。如此而已。过誉之论，吾不敢受也。

现代中国社会的发展催生了中国近代史研究

我想先谈一个你在提纲中问到的问题，近代史所是否是主要进行微观研究，宏观的理论性问题是不是较少涉及。我觉得，用这样的结论来概括近代史所的学风，似乎不够准确。近代史所是新中国成立之后最早成立的一家人文社科研究机构。1949 年之前，中央研究院是没有这样的机构的。1949 年之前，按照当时的社会风气，研究近代史不认为是一门学问，那时候，"书不读三代以下"，只有研究先秦才被认为是学问，研究唐宋也不一定就被承认为一门学问，近代史就更谈不上是学问。1949 年之前的学术界，就是弥漫着这样一种风气。台湾地区，在 1949 年之后，中研院在很长时间内还保留着这样一种看法。中研院近代史所是在 1955 年开始进行筹备，1965 年才正式建所的。中研院原来有史语所，里面有历史、语言、考古等几个方向，他们认为，他们那里才是真正的学问，近代史所不是真正的学问。新中国成立之后，有了一些改变，这个改变，我理解，也是源于 1949 年之前。

1949 年之前，在 30 年代、40 年代，怎样正确认识中国近代史，已经成为不同的政党、不同的思想流派的人们争论的一个焦点。1949 年 10 月，中华人民共和国中央人民政府成立；11 月，政务院就决定成立中国科学院；1950 年初就开始运作。当时，中国科学院连办公地点都没有，就在东厂胡同一号办公，可能有半年之久，后来，政务院给他们拨了房子，在中南海的北门，就是文津街，一直到改革开放之后。在 1979 年，科学院才搬到三里河。从 1950 年到 1979 年，他们都是在文津街那个地方。中国科学院成立的时候，准备成立历史方面的研究所，建立的第一个历史研究所就是近代史研究所，现在的（中国社科院）历史研究所是在1954年成立的，考古所是原来史语所的基础上建立的，它的挂牌时间比近代史所要晚几个月。

照我看，1949年之前，有关中国近代史的著作，有两本书是值得注意的。一本就是蒋廷黻1938年写的《中国近代史》，这部书是在汉口写的，在长沙出版。蒋廷黻原来是清华大学教授，但是在抗战前，他已经在南京国民政府做官了。当时，南京被日军占领，南京国民政府迁往重庆，蒋廷黻在汉口等待新的任命，无事可干，就写了这本书。蒋廷黻当时身边没有参考资料，他原来在清华大学教授中国近代史，所以，他把授课的心得写成了这部书。这部书，代表了当时南京国民政府指导下的主流意识形态对中国近代史的认识。这部书出版之后，很快就在延安引起了中共方面的重视，很快就有两本书出版。一本是张闻天主持的《中国现代革命史》，这部书没有署张闻天的名字，但是我们后来考证，这是在张闻天主持下写出来的，接着，就是范文澜的《中国近代史》上编第一分册。在我看来，这两本书都是针对蒋廷黻的《中国近代史》而作的。范文澜的这部近代史，全书没有注释，得仔细看，主要看他的基本观点，他偶尔也引用了蒋廷黻的话，是作为批判的靶子来引用的。所以，怎么样看待中国近代史，是怎样把握中国历史的发展方向的重大问题。一本蒋廷黻的书，一本范文澜的书，在1949年前的中国近代史读物中，是具有典型意义的。

中华人民共和国的成立促使中国近代史成为国际性学科

新中国成立之后，很快就成立近代史所，可以从两个不同的方向来说明。一个是以美国为代表的西方国家，一个是我们自己的需要。新中国建立伊始，美国人开始考虑，中共为什么能够在中国这块土地上革命成功，这样，他必须考虑中共革命的历史背景，这个背景，就应该从晚清的历史说起。在美国国内，以哈佛大学教授费正清为首，集聚了很多人才，开始研究中国近代史。在1949年之后，研究中国近代史，在美国成为一种学术风气。

当时，中美之间没有外交关系，他们不能直接来中国搜集资料，所以，他们设置了两个据点，一个是台湾，一个是香港。在台湾，就是中研院近代史所，他们通过美国的福特基金会，给了中研院近代史所很多资助，来开展中国近代史研究，研究中国的历史背景。在香港，他们在那里建立了一个"大学生研究中心"，据我所知，这实际上是美国的中央情报局（CIA）开设的一个窗口。"大学生研究中心"的主要任务，就是就近搜集关于中国的各种情报，包括各种报纸、公开出版的书籍。"大学生研究中心"现在还在，但是性质变了，1979年1月1日中美建交之后，这个中心的任务就停止了。建交后，情况有了改变，"大学生研究中心"就停办了，所谓"停办"，是中央情报局不办了，送给了香港中文大学，现在还在，任务就有变化了，但是，这个中心对研究者仍然很有用，因为它搜集了很多1949年至1979年之间大陆的各种报纸、各种书籍，还有各种公开的、不公开的资料，很多不公开的资料他们也能搜集到，美国人极有办法，包括我们的中央红头文件都能搞到。2006年，我在去胡佛研究所看蒋介石日记时，他们请我看了不少东西，其中有绝密的中共文件，包括1989年政治风波的文件。我很奇怪，他们怎么能拿到这么多东西？！

从1949年开始，美国学术界掀起了一个中国近代史研究的风气。很多著作都是在这以后出版的。它这是在研究中国，认识中国共产党的历史，认识中华人民共和国成立的背景。从这个角度来说，台湾的中研院近代史所成立之后，他们的研究方向，和我们这个近代史所，几乎是一致的，这在五六十年代、70年代，甚至80年代，都是这样，都是研究晚清的历史，我们这里是在70年代转入民国史研究，他们是从80年代开始民国史研究。我们大量的书都是在从不同角度阐述清朝的历史，主要是鸦片战争之后的晚清史。

新中国的成立，是中国近代史研究勃兴的最大的历史背景。当时，我们研究所在研究晚清史，台湾中研院近代史所也在研究晚清史，美国的费正清等人在哈佛大学也在研究晚清时期的中国历史，著作很多，包括日本在内，都在不约而同地做这个工作，都是要认识今天中国的历史背景，他们要回答中华人民共和国是从哪里来的、中国共产党是从哪里来的、中国国民党是从哪里来的、清朝是怎么被推翻的、历史的道路是怎么走过来的。这是美国的一个重点，在这方面，欧洲国家比美国要落后一点。我在十年前访问英国的一所大学，就此问过一个教授，为什么美国集中了那么多的人在研究中国历史，而欧洲学术界投入的力量却有些不够，他对我说，这是欧美之间有一个分工，战略分工，欧洲学术界较多研究苏联，美国学术界的较多力量研究中国。

这是一个大的历史背景，这个历史背景，可能很少有人分析过，很少有人讲过。

中国社科院近代史所主要从事实证研究

从这个角度来看，我们成立近代史所，也是要关注近代中国历史发展的由来，关注近代中国的发展方向、发展道路。为什么中国共产党领导的新民主主义革命成功了？为什么中国国民党那么大一个政党，曾经拥有庞大的国家机器，却在新民主主义革命中败北，偏安台湾一隅？为什么帝国主义各国侵略中国，在中国瓜分势力范围，在中国驻扎军队，却不能灭亡中国？为什么在中国历史上，人民大众没有政治地位，在新民主主义革命后，工农大众成为新中国的领导力量？这些是我们要从历史研究中回答的问题。

关于微观问题研究，抑或宏观问题研究，我的看法是，一个研究机构只能是多数人关注微观问题，少数人思考宏观问题。所谓微观问题，就是实证研究，历史学如果不是建立在实证研究的基础之上，所得出的成果，是会引人质疑的。实证研究，是要从大量的史料当中论证出你的结论。其他学术领域，有时灵机一动，或者有了灵感，就可能有了突破，历史学最辛苦，必须广泛地引证史料，才能形成某种看法。实证研究是近代史所的一个特点，建所以来，一直就是这样。1979 年我们开始办《近代史研究》，从创刊我就参加，后来的四五年，我一直是兼职编辑，1984 年、1985 年之后，我才离开了《近代史研究》编辑部。《近代史研究》一直提倡实证研究。

但是，近代史所从来没有忽视宏观研究。近代史所的领导人，如范文澜、刘大年、黎澍诸位先生，都是很关注宏观问题的，他们在涉及中国近代史研究的许多重大问题中，发表过不少宏文谠论，引起学术界广泛关注。范文澜 1958 年在《历史研究》上发表《反对放空炮》，反对大话、空话，针对的是当时"史学革命"中的错误方向的。刘大年发表的《论历史学理论研究》《论历史研究的对象》，就是历史学研究领域重要的宏观研究论著。他的《论康熙》，不仅是微观研究，也是宏观研究，在清史研究的指导方向上被人奉为圭臬。我本人也倾注了很多心力来关注中国近代史领域里的宏观问题。2008 年出版的《张海鹏集》，那里面汇聚的都是我对于近代史领域里的宏观问题的思考。此外，还有蒋大椿，搞唯物史观研究。当然，从总体来看，实证研究是近代史所的基本方向。

从某种意义上来说，近代史所与历史所比较，历史所也一直是实证研究，他们不仅是所领导，也有一些研究人员，在关注宏观问题，像今年已经八十岁的林甘泉，从 50 年代开始就一直关注宏观问题。作为一个国家开办的研究所，不可能把所有的人都调去研究宏观问题，也没有这个必要。

当前的历史学界对宏观研究有所忽视

但是，现在又有另外一个现象。不仅是我们研究所，而是整个历史学界，都有一种现象，就是对理论的冷漠、冷淡、淡漠，说重一些是轻视。自上世纪 50 年代以来，学术界的争论，数历史学界的争论做得最好，当时中国古代史领域有所谓"五朵金花"，近代史研究领域里，争论也很多，1954 年《历史研究》创刊号发表了胡绳的文章，推动了关于近代史分期问题的讨论，此后连续好几年，很多学者加入了这次讨论。关于资本主义萌芽研究，这既涉及古代史，也涉及近代史，关于社会形态，关于社会发展规律，关于半殖民地半封建社会研究，关于洋务运动，长期争论，洋务运动在 80 年代又进行了很长时间的争论。延续 50 年代近代史分期问题的研究，到了 80 年代又出现了中国近代史发展线索的讨论，这个讨论轰轰烈烈，我也参与其中。大家争论得面红耳赤，彼此之间的观点不尽相同，这是很正常的现象。我认为这是非常好的现象，这是近代史学界百家争鸣的好现象。

到 90 年代初，争论还有，但是，到了 90 年代中期，关于中国近代史领域里的宏观问题的争论，就很少见了。我在 1998 年发表了一篇关于中国近代史的分期的文章，提出了关于"沉沦"与"上升"方面的一些观点，这些观点实际上是在 80 年代观点的基础上重新思考、论证的，但是，这时已经很少有人来和我辩驳了，讨论开展不起来了。90 年代之后，关于中国近代史的发展规律问题、关于中国近代史的转折问题、关于中国近代史学科体系问题，我发表过文章，在我看来，都是就 80 年代那些争论的问题继续进行展开，但是，没能引起讨论，直到今天。我们的学术界对宏观问题显得有一些淡然。我想，不仅在近代史领域里是这样，在历史学的其他领域里也是这样。如，关于"封建"问题的讨论，虽然开展了一些，也是不能引起学者们广泛的兴趣。

后现代史观是微观研究盛行的一大原因

所以会如此，照我看，与后现代史观的影响有关。后现代史观，就是反对从宏观角度来探讨历史，他们是要用精细的研究来解构宏大叙事。后现代理论是在西方形成的，它有一个好处，它强调一个一个具体而微的小问题，它不管什么大的背景，不管历史发展规律，就是只关注一件事情，把这件事情讲清楚，它的好处是把与此事有关的史料全搜集在一起来分析，而超出这件事情之外，更大的历史背景，它不关心。

我感到，对后现代主义，我们不能完全否定，但是，如果历史研究只有后现代这一种方法，那历史研究真有可能被解构了。我们对历史发展规律的认识、对历史发展重大特点的认识、对历史发展的重大背景的认识，就会淹没在许许多多的所谓的精细研究之中了。所谓宏大叙事，不是建基于沙滩上的空洞说教，而是建基于史料累积基础上的宏观认识，是要探讨历史发展的道路、方向、规律。今天的学术界，有所谓碎片化研究的现象。比如说，有学者已经指出，现在的社会史研究，大都是在研究吃喝拉撒睡，都是很小的事情。这种现象是值得注意的。近代史所李长莉曾经发表文章，反对碎片化研究；南开大学的王先明也有文章，认为碎片化要不得。我们不是不能研究细小的问题，但是，在探讨的时候，要把细小的问题同大的历史背景结合起来，要不然，就很难说明，为什么在这样大的历史背景下，产生这样的问题。社会生活是极其复杂的，社会现象是极其纷繁的。研究历史上的社会生活，就是要从复杂和纷繁中理出头绪，看看历史为什么发展到这个方向，而不是另外的方向。这就是建基于史料累积上的宏大叙事。解构这种宏大叙事,把历史学者的眼光局限于,或者引导到日常生活的细故研究,就会掩蔽人们对历史发展方向的认识和警觉。

现在,有人研究北京的水、北京的污物处理问题,还有人研究人力车夫。这些问题不是不能研究。但是,要把它放在一定的时代背景之下来看,才真能显出研究这些问题的必要性。一味关注细故,对我们观察历史发展的过程、历史发展的特点、历史的转折,没有好处。如果从这个角度来说,台湾中研院近代史所,比我们更厉害。前些年,我几次去台北南港,和那里的著名学者来讨论这些问题,像张玉法、陈三井、吕芳上、陈永发,就是现任所长黄克武,我没有和他谈过,当然,黄是晚辈了,他是张朋园的学生。张玉法、陈三井他们这些人,对中研院近代史所最近的学术研究不是很满意,但是,他们不在位,也就不多发表意见。他们研究所过去研究晚清史,我们可以和他们对话,后来他们研究民国史,我们还是可以对话。但是,现在中研院近代史所的研究项目,有些碎片化了,我们很难找到比较集中的话题了。

2005年,我主持的《中国近代通史》已经快做完了,2007年正式出版。2005年,我在中研院近代史所做报告,透露了《中国近代通史》的编纂进程,对于一些写作设想也做了阐述。张玉法先生听了,特意来找我,对我说,"你们已经占了先机了"。他说他在当所长的时候,一直想推动这个事情,但是,推动不起来。他说,近代史所的首任所长郭廷以先生,也有这样的想法,但是没有做出来,在这个领域里,你们做出来了,话语权你们就掌握了,我们这里,做的全是很琐碎的研究。

宏观史学研究亟待加强

这些,都可以说是对重大题目,包括宏观问题和重大理论问题的冷淡,在海峡两岸都是这样。我个人今天还是有孤军奋战的感觉。我有一个学生在做学术史研究,我和他合作了一篇有关胡绳的中国近代史研究的论文,2008年在《历史研究》上发表了。我们最近又合作了一篇《试论刘大年的中国近代史研究》,2011年《历史研究》要发表。我写这些文章,就是想告诉读者,中国近代史领域里,除大量的实证问题之外,还有许多重要的理论问题。我在 80 年代的时候,参加中国近代史发展线索的讨论,那时,我的情绪很饱满,但是,在 90 年代之后,我也写了好几篇文章,没有回应,感到孤寂。学术探讨,就是要彼此争辩、反驳,当然不能感情用事。别人的反驳就要促使你思考,他反驳我,他的理由有哪些,需要思考,他的思考也会促进我进一步深入思考。这样就能推动学术的进步。我感到学术界太冷漠。有朋友对我说,你是学术界的领导,我们都是跟着你走。但是,很多问题,还没有得到解决,还需要讨论。这说明,大家对宏观问题,或者说对马克思主义理论问题,对历史唯物主义,很冷淡。我认为,不能要求历史学界的每一个学者都思考宏观理论问题,但是,应该有一些人在思考这些问题。

多年来,我一直在呼吁,我给社科院写过内部报告,希望能够重视培养一些战略思想家。这种战略思想家,就是天文地理,古今中外,无不通晓,特别是他能够提出一些重大的战略思想。但是,大量的学者,还是应该成为"书呆子",就是要专门读书,要深入各种各样的专题当中去展开研究。这两类人,国家都是需要的。如果都是书呆子,都是搞专题研究,当国家需要一些战略思想的时候,让谁拿出来呢?战略思想好像是很空洞,但是,它是建立在大量的实证研究基础上的宏观的思考。我的这个意见被中央人才工作协调小组办公室、中组部人才工作局收入《专家意见建议》中,供有关领导人参考。

宏观研究需要理论和人生阅历方面的雄厚积累

李: 宏观研究难度较大,不易为功,这方面的研究成果,也容易被人抓住把柄。辛辛苦苦搞出的宏观研究成果,既有可能被一些人认为在理论上、逻辑上有欠缺,也可能还会遭遇到"史料功夫不扎实"的讥讽,两头不讨好,这也影响到了大家的积极性。

张: 宏观研究,让年轻的人去做,可能是有困难的。哲学社会科学领域里的成才规律,和自然科学不太一样。数学、物理学,有些很年轻的人,就可能有较大的成就。我们现在发射神舟飞船,指挥部里的人,都很年轻。这说明,自然科学领域里,老一辈人的接力棒已经到了年轻人手中。这当然是令人高兴的。

但是，人文社科领域里的情况，可能不大一样。年轻人主要还是应该积累知识，除了积累书本知识，还应该积累社会知识。研究天下大事，应该增加自身阅历，要增加人生阅历、社会阅历。宏观研究，应该是在中年以后。40岁之前，还是应该在实证研究上打下比较扎实的基础。

就我自己来说，我的第一篇宏观研究文章，是在1984年公开发表的，那一年，我45岁。当然，我经过了"文革"十年的那些日子，我是在40岁才开始搞史学研究的。"文革"前后十三年，我没有看书，没有条件做研究，但是，那个时候也是我积累社会阅历的时代。我在甘肃张掖农村"四清"八个月，在山东黄县（今龙口市）大吕家公社于口大队劳动锻炼七个月，在河南信阳"五七干校"三个年头，这些活动，增长了我的阅历，在甘肃、山东、河南有四五个年头，这些经验，对于我认识中国的农村，是很有好处的。在近代史研究中，我再研究近代农民战争、近代农村问题，心里就有底了。社会阅历，对历史学者来说，是很重要的。

宏观问题、战略问题，对年轻人来说，有一定难度，但是，在年轻的时候，也应该有这方面的兴趣。研究宏观问题，需要看很多书，特别是要看很多马列主义的原著，其他的一些著名社会科学家的著作，也要看。有了这方面的积累，到了一定时候，你就能够在这方面开辟自己的领域，你写出来的东西，就会很有底蕴，不会让人感到都是空话，即使是宏观的东西，你有大量的知识做基础，能够找出足以支撑你的结论的中外历史史实，那就可以取信于人了。宏观的东西，既要以材料取胜，更重要的是，要在材料中建立起一种规律性的东西，这样，也就可以对重大问题，发表方向性、倾向性的意见。年轻学者不适宜做宏观研究，但是，应该有这方面的准备。增加社会阅历，多读理论书籍，就是这方面的准备。

社会需要能够进行宏观研究的战略思想家。

精读马列原著是提高宏观研究水平的一大前提

李：这就涉及对待马克思主义的问题了。马克思主义是智慧的宝库，但是，在中国已经盛行半个多世纪了，新起的学者想另辟蹊径，往往对马克思主义的著作有所冷淡。不知您对此有何看法？

张：马列主义的经典著作，不是只要看三四十年，而是要看一百年。新千年到来的时候，英国人、欧洲人评选千年有影响的思想家，马克思排名第一；2009年，德国大量发行《资本论》，当然，这与资本主义的金融危机有关系。这就说明，马克思主义对重大的历史、现实问题的研究，至今还能够给人以启迪。马克思的《共产党宣言》《资本论》《政治经济学批判》，恩格斯的《家庭、私有制和国家的起源》《路德维希·费尔巴哈和德国古典哲学的终结》《德国农民战争》，列宁的《帝国主义是资本主义的最高阶段》《唯物主义与经验批判主义》，毛泽东的《实践论》《矛盾论》《关于正确处理人民内部矛盾》《中国革命和中国共产党》《新民主主义论》等等，都是一些经典著作。不管从事什么研究，历史研究、经济学研究、社会学研究、哲学研究，这些著作都应该看。这些，能够给予我们开启认识未来的知识的钥匙。马克思和恩格斯写了《共产党宣言》，今天再写一本，不可能了，恩格斯的《英国工人阶级状况》《家庭、私有制和国家的起源》，今天再重写一本，不太可能了，无法超越。他们的书，他们的方法，他们的某些精辟的论点，对我们观察中国历史问题、现实问题是有启迪的。马克思主义的著作，作为辩证唯物主义和历史唯物主义的世界观和方法论，是我们认识世界、观察社会、解读历史的解剖刀。

邓小平同志说，读马列要精，要管用的。毛泽东，最早他看过《共产党宣言》、考茨基的《阶级斗争》，这是在1919年、1920年经常看的书；在延安，他也看了很多马列的书。对于革命家，读马列不一定要很多，看其中最经典、最重要的部分就可以了，但是，学问家不同，读马列要多读。时代不同了，前人讲过的话，我们可以重新审视它，他在那个历史背景之下说那样的话，有没有道理，讲得周不周到。马克思主义的基本观点，主要是指它的世界观和方法论，人人都可以用的，也是有用的。年青一代的历史学者，还是要多读一些马列主义的书。

列宁的《帝国主义论》，很多人说这部书已经过时了。在今天来看，是不是这样呢？列宁说，帝国主义是资本主义的垂死的、腐朽的阶段，这些结论，当然可以继续研究，但是，列宁对自由资本主义到垄断资本主义即帝国主义的一系列论证，写得很深刻，对于今天观察世界，还是很有意义的。美国今天不是帝国主义吗？它可能不再有 19 世纪帝国主义的特征了，但是，基本特征还是有的，它为所欲为，做世界警察，东方西方都要插手，1989 年它把巴拿马的诺列加抓到美国审判，诺列加可能有劣迹，但是，毕竟巴拿马是一个主权国家，根据国际法，不能这样来抓人。此外，伊拉克战争，这不是帝国主义，这是什么？今天，从国际政治来说，从国家关系来说，我们是要和美国搞好关系，但是，学者对帝国主义的研究，要有正确认识。列宁分析资本主义和帝国主义的方法，你是很难否定的。学术研究和对外宣传，不能成为一回事。

向范文澜、刘大年学习，推动马克思主义中国化

李：对于学习马克思主义，还有一种很有趣的意见。南京大学中文系的周勋初教授曾经评价范文澜老先生："范文澜《中国通史简编》修订本是以马克思主义观点为指导思想而编写的历史著作。相对于王、陈、吕、邓等传统文史学家，范文澜被称为'新史学家'。其实，范文澜与陈寅恪是同时代的人，都是属于第一代的学者。（周所指的第一代学者，是指王国维、陈寅恪、吕思勉、邓之诚、岑仲勉、向达、范文澜）我很喜欢读范文澜的书，他观点明确，说好说坏，绝不含糊，而且看法每与他人不同。别看他是中国共产党内地位最高的老学者，实际上他在评价前人时，每持儒家的观点，这只要看他对李白、杜甫、王维的批评即可明白。他对文学艺术很内行，常有一些精辟的见解，对人有启发。"（《师门问学录》，凤凰出版社，2004，第 64 页）您对周先生的看法有何评价。

张：抱歉，周教授的大作我没有读过。可以肯定的是，范老的传统学问的根基是非常深厚的。他的经学功夫很深，年轻的时候做过《文心雕龙疏》，后来出版《文心雕龙注》，这是古典文学领域里的必读书。他在延安所做的经学演讲，毛主席也要来听。但是，他是在用马克思主义的观点来思考、观察经学，和传统的经学家是不一样的。他的老师是黄侃，范老是 1917 年在北大史学门毕业的。比范老晚一辈的刘大年，

也是这样。刘大年有非常扎实的经学基础、国学知识，很多古书可以背诵，刘去延安途中，还想的是，国学这套祖宗立国的根本千万别丢了，到了延安，读了《共产党宣言》，接受了马克思主义，又读了哲学的、政治经济学的、外国历史的种种新书，才如梦初醒，盲目崇拜孔学的观念，就不知不觉烟消云散了，认识到只有马克思主义能够救中国。刘大年先生晚年主要从事抗日战争史研究，但是，他的最后一篇文章是《评近代经学》，这部书对经学在近代的历史命运有很深刻的点评，是用马克思主义的观点来写作的。他的文章中，马克思主义词汇并不多见，主要是运用马克思主义的方法。

　　这实际上涉及了马克思主义中国化的问题。马克思主义的理论、方法，与中国传统的文化、学术，应该结合起来，我们不能说空话。我们近代史所偏重于实证研究与范老有关系，范老自50年代起就是提倡坐冷板凳、吃冷猪头肉。后来有人把范老的意思概括成"板凳要坐十年冷，文章不写一句空"。有人说，这副对联是范老写的。不对。这副对联是南京大学的一位教授概括范老的意思写成的。这副对联的表述，不严谨。板凳要坐十年冷，十年之后还坐不坐？文章不写一句空，有些太绝对了。范老的意思是，你们做学问，不要想着急于成名，要塌下心来读书。读书人就要坐冷板凳。在近代史所做学问，不要有当官的思想，要当官，你们就出去，不要在近代史所，我在近代史所就是最大的官，也不过就相当于部队里的连长，这有什么意思？在这里，就是要好好读书，他还说过，"要等富贵如浮云"，追求富贵，就很难做好学问了。近代史所就是在范老的影响之下，形成了重实证的传统，大家在搞研究的时候，都会反复搜罗史料，核实史料出处，少让人家挑出毛病来。

　　重视史料，这是我们传统史学的一些看家本事，我们并不是要把乾嘉考据全部否定，其中的一些基本方法论，我们还是应该掌握的。乾嘉考据着眼于具体的东西，马克思主义着眼于事物的联系。《罗尔纲全集》马上就要出版，罗的女儿一定要我来写全集的序。我写了一篇，2011年要在《近代史研究》第1期上发表。罗先生以考据见长，是在胡适手下训练出来的，但是，他在接受了马克思主义之后，他的考据和没有学习马克思主义时比，大不一样，他就能把许多具体的事物联系起来思考，这就是唯物史观方法论的基本点。过去的考据，都是一个一个具体问题的考据，学习了马克思主义，就明白了要联系起来思考。50

年代罗先生对太平天国历史做出的一系列考据，不是一时一事的考据，而是对太平天国的诸多事实联系起来思考，在这一思考下做出的考据就不一样了，它对于揭示太平天国政治的本质，就有新意了。

中国的学者，当然要掌握中国的传统文化，但是，不能满足于这一点。列宁有一篇文章《青年团的任务》，里面有一句话，"共产主义是从人类知识的总和中产生出来的"，"必须善于吸取人类的全部知识"；毛泽东也说过，从孔夫子到孙中山，我们都要总结。这是对待传统文化的经典论断。奴隶社会被封建社会所取代，封建社会被资本主义所取代，取代可以说是一种方向，但是，封建社会、资本主义社会的出现，又是历史的进步，它在进步的过程当中，都会产生一些对人类社会进步有益的东西，这些文化遗产，我们不能抛弃。我们中国传统的学问，当然应该掌握。

在与海外学者的争论中坚持己见

李： 您的高见让我有了很多新的想法。说到对中国近代史的宏观评价，大陆很多学者的见解，有不少让人感到不满足。但是，一些海外学者，比如朱昌峻先生，他在评价李鸿章的时候，提出的观点是，虽然李鸿章和北洋海军在甲午惨败，但是，不能因此就否定李鸿章，他说，如果没有李鸿章，清政府将更加脆弱。这种观点，这种推论模式，我认为，与大陆学者相比，没有显示出更多的高明之处。当然，这是不是因为，评价李鸿章是一个很难的课题。

张： 朱昌峻先生曾经来过近代史所，我接待过他。从学术观点上来说，中外学术界之间，存在着一些差异，是正常的。中国学术界内部，对一些问题，也有很多的分歧。但是，毕竟是学术问题，还是应该有共同的地方。费正清，是美国老一辈的中国历史研究专家，他们的看法与我们有很多不同，但是，也有相同的地方，他和我们最大的相同之处，就是认为，"革命"是中国近代史的基调，晚清历史上，主宰着历史发展的，是"革命"两个字。这就是他和我们一致的地方。他解释，为什么有中华人民共和国的成立，为什么中国共产党会成功，因为从晚清开始，就一直弥漫着革命的气氛。中国共产党就是在这个气氛中产生出来的。

至于对洋务运动和李鸿章的评价，这是在中外学术界之间，分歧最大的一个问题。对李鸿章，说他好话的有，骂他的人也有，我曾经见人说过，翻遍《李鸿章全集》，我看不出李鸿章的一个缺点，说他好到了无以复加的程度。这样说，就绝对了。其实，骂李鸿章，并不是今天的历史学家才有的，只要看一看《光绪朝东华录》《清季外交史料》，看看那里面的奏折，骂李鸿章的人，多的是。当然，李鸿章也骂别人，他骂张之洞也骂得很凶。李鸿章在推动洋务运动、引进西学方面，他还是起了作用的。我个人对李鸿章持一种批判态度。当然，这也不意味着，我就认定李鸿章做的所有的事都是坏事，他也做过一些正确的事情。李鸿章的贪污问题，这也是评价李鸿章的一大关键。我看到的，俄国人公布的档案，俄国人在书里面说，对李鸿章的贿赂就有呀。1896年，尼古拉二世加冕礼，俄国人邀请李鸿章到俄国去，为了签订《中俄密约》，要修建中东铁路，人家就贿赂了李鸿章。俄国财政大臣维特给李鸿章专门在华俄道胜银行开了账户，好像是两百万卢布，但是，李鸿章没有全部拿到，拿了几十万卢布，后来，他的账户被俄国人给卡了。这是在俄国财政部的档案里有的。他还在上海开办了华盛纺织总厂，这不是官办的，而是他以大臣的名义办的私人企业。李鸿章在引进西方的文化、产业的时候，是起了一定作用的，但是，他又限制了民族资本主义的发展。就像华盛纺织总厂，他专门下令，十年之内，上海附近不允许再办纺织厂，他的做法，限制了民族资本家发挥作用，用今天的话说，叫阻碍了民企发展。后来，张之洞在武昌办织布局，他突破的人，第一个就是李鸿章，你不是不让民间办织布厂么，我这里就叫湖北官织布局，我是官办，不是民办，他用这样的名义来和李鸿章做斗争。李鸿章的做法，确实是阻碍了民族资本主义的发展。所以，他的作用是两面的。

对李鸿章，把清政府在外交、对外关系上的失误，全推在他身上，这也不对。当时，最高统治者是西太后，还是西太后当家，他还是要向西太后报告。但是，李作为主管外交的大臣，他应该负什么责任呢？他应该为国家利益去拼、去争么。中法战争先不说了，那是打了胜仗还要去找人家签和约，他对法国也不了解，知识也不够，那是19世纪80年代嘛。甲午战争的时候不一样了，1895年，签订条约，当时人家日本人就知道，和他谈，有好结果，点名让他来，前面派出的人，人家不见，说是资格不够，要让李鸿章来。我们现在从史料里，可以明显地看到，李鸿章离开北京之前，向光绪皇帝要了一个权利，就是割让土地，他就是要明白地去割让土地，问光绪同意不同意，如果不同意，我就不去了，给我这个权利，我就去。这一点，在谈判过程中，也可以看出来。最有意思的是，辛丑议和当中，可以有一些事情作为对比。八国联军打进来的时候，俄国军队单独占领东北，议和的时候，有人提出来把它放在一起谈，俄国坚决不同意，要分开谈。中国坚持要求俄国从东北撤兵，订了三年撤兵计划，俄国提出了很多苛刻的条件。这里有一个人物，就是中国驻莫斯科的公使杨儒，我觉得可以把杨儒同李鸿章做一下对比。杨儒和俄国外交部在莫斯科谈判，他就不接受在东北谈判的条约，认为这损害了中国的利益，俄方一直压杨儒，同时，俄国也找李鸿章谈，李鸿章给杨儒打电报，让杨儒签字，说皇帝都同意了，你就签字吧，但是，杨儒还是不同意，他要看到皇帝的谕旨才相信，杨儒是在1900年的冬天在莫斯科大街上摔死了。他当时在从俄国外交部谈判回到使馆，路上结冰很厚，所乘三轮车翻车，不幸遇难，在这之前，他一直不签字。最后签字的，还是李鸿章。别的不能对比，这里，杨儒和李鸿章，完全可以做一对比。一方是，知道条约损害中国利益，坚决不签字，另一方的态度则是，算了，签了就过去了。当然，中国确实很落后，综合国力不强，最高统治者慈禧太后在那里管事，但是，你作为一个大臣，你的本分是什么，你怎样争取国家利益，这里，表现还是不一样的，像杨儒那样，李鸿章的地位比他高，但是，李鸿章让他签字，他就不签，杨儒确实不简单，敢和李鸿章争。杨儒这个近代中国的外交官，是值得表彰的。

重视宏观研究，增强中国学术界的话语权

李：从宏观研究而论，美国学者好像特别能够提出一些理论性很强的框架、结论，像黄宗智、彭慕兰，像费正清，他的著作，也是有很明确的理论架构的。我们这里宏观研究的水平还不够高，在学术实践当中，美国学者的话语权就更强一些。

张：费正清是视野很开阔的战略思想家。他在研究近代中国历史时，提出冲击反应模式，后来又有人反对，认为应从中国内部找原因。要求从中国内部找原因，这是有合理性的，但是，如果没有外来侵略，内部的反应是怎么产生的呀？要想彻底否定冲击反应模式，是不容易的。这种模式的提出，是有一种宏观战略思想模式为基础的。

我们的学者在宏观战略思考方面，确实还有欠缺。我还是提倡年轻的学者应该关注宏观问题、关注战略问题，培养对于宏观理论思考的兴趣。美国人是善于提出新的思想模式的，不仅仅是在历史学领域，在社会科学的各个领域，美国人都是很善于提出新的思想模式。过去，恩格斯说过，德国的学者特别喜欢建立各种各样的体系。现在是美国人，他们不仅掌握了经济霸权，还掌握了学术话语霸权。最近，在国际关系领域里，原来的七国集团，后来变成了二十国集团，但是，美国人又提出一个"中美国"（CHIMARICAN），把英文的中国和美国两个单词拼在一起，组成了一个新的概念。他们经常提出新的概念、新的模式，这是美国人的一个特点。我觉得，我们中国学者应该赶上去，我们应该有自己的话语权，要提出中国人自己的概念、模式。青年学者应该有理论兴趣，如果大家都是钻进具体问题里去研究，就不容易突破了。要读大量的理论书籍，要认真思考，这里说的思考，是指大量实证研究基础上的思考，以便提出一些新的东西。

青年学者除了精读马列书籍，还要多读西方社科理论的代表作，都要拿来读，拿来比较，要把中国的历史与现实、中国和外国的历史相比较，提出我们自己的看法，这是很需要的。当然，中国学者在宏观理论方面，也做了不少努力。单就中国近代史研究领域来说，胡绳先生在1954年提出的"三次革命高涨"（学术界通称"三次革命高潮"），就是一个很重要的理论概念，影响了学术研究数十年。上世纪80年代，李时岳先生提出了"沉沦与上升"模式，我在1998年发表了文章，隔了将近二十年，我回应了李时岳，我不完全赞成他的观点。关于他提出的"沉沦与上升"模式，赞成的人很多，我一直在思考，后来有了一些心得，写成了文章，我的想法是在李时岳的结论的基础上，又前进了一步。李在世的时候，我们认识，但不是很熟，他好像有些回避我。他是有思考能力的，"沉沦与上升"模式，是对中国近代史的一种解释模式，我发展了他的理论，现在，有不少人接受了我的观点。但是，总的来看，中国学者提出的判断模式，还很不够，还需要继续努力。

研究视角的变化能够推动中国近现代史研究的深化

李：现在，晚清史和民国史的研究，好像不像以前那么兴盛了。晚清史好像尤其有衰落的迹象，民国史研究好像也过了极盛期了。现在，很多学者开始关注中华人民共和国史。在某些领域，当资料用了一段时间以后，研究的瓶颈就出现了。您对这种现象，有何看法？

张：我觉得，由近代史研究向现代史研究转移，这是一种自然现象。中华人民共和国成立已经六十年了，也应该好好研究了。有些研究者把他的研究兴趣向下转移，这也是正常的现象。美国研究中国近代史的学者，也在做这种转移的工作。台北中研院近代史所也出现了转移的迹象。

说晚清史、民国史已经没有什么研究余地了，我并不认同。我认为，民国史在今天仍然是一个有待开垦的领域；晚清史，也是一个有待于深入研究的领域。80年代以来，我们经常有一些学者批评革命史研究模式，有一定道理。我们以前在做革命史研究的时候，比较多的是从革命史角度来着眼，太平天国、义和团、辛亥革命、五四运动，以前研究得比较多，但是，现在研究这些题目的时候，还可以从清政府的角度来着手，探讨一下当时义和团兴起的时候，辛亥革命出现的时候、清政府在做些什么，为什么导致有这些重大事件出来，这些地方还大有研究的必要。我现在指导的一个博士生，就正研究宣统朝是怎样应对辛亥革命的。我在山东大学还带着一个博士生，他做的是清政府怎样应对义和团运动。从义和团角度来研究，已经不容易说出新的话来了，但是，从清政府的角度来考察，还有出新的可能。

其实，晚清的很多史料，我们还都没怎么用，包括《谕折汇存》《平定粤匪方略》，这些史料，我们有多少人好好利用过？我在1988年发表了《湘军在安庆战役中取胜原因探析》，我写的时候，就是本着这个思想，就是要从清朝的角度来研究。我从《平定粤匪方略》，从曾国藩、胡林翼的集子当中，看他的作为，分析他们如何对待太平天国，如何对待李秀成、陈玉成。清军在安庆战役中获胜了，原因是什么？从《平定粤匪方略》中，可以总结出曾国藩、胡林翼的长处，也能看出太平天国存在的问题，他的失败的必然性在哪里。认识历史，总是要从这一面看，也要从那一面看。所以，我说，晚清史研究还大有可为，很多问题还没有深入进去。我在三十年前编过一本史料《武昌首义档案资料选编》，这是从湖北省博物馆发掘的，编了三本，三十年过去了，又有多少人利用过这些史料呢？这其实是非常珍贵的原始档案。晚清的很多史料都已经公布了，但是，还缺乏深入的研究，晚清史研究的范围是很宽的。

从另外一方面来说，我们以前是从革命者的角度来探讨中国近代史的，在今天，中华人民共和国建立过了 60 年，从前的革命者变成了执政者。如果从执政者的角度来看待历史的话，又会有什么新的看法呢？怎样维护社会稳定？今天的社会也有很多突发性的问题，甚至有的乡镇，暴乱都有啊，这在历史上也是一样的呀，我们就要总结历史经验，看看那时的统治者是怎样处理这些问题的？太平天国是怎么起来的，太平天国起事的时候，地方官都在那里压着，不往上报，等到洪秀全在金田起义了，占领了广西的永安，冲出桂林，朝廷才知道，原来还有个洪秀全，派军队镇压，已经镇压不住了。今天，我们的社会还要面临许多社会矛盾、利益纠纷、干群关系、贪污腐败，还有"西化""分化"等，党和政府、各级干部，还要做许多细致的工作，要面对群众，要把矛盾化解。这里就有历史经验可以吸取。辛亥革命也是这样，孙中山原来也只是很小的力量，为什么控制不住？从社会治理者的角度来说，研究清朝历史，还有不少可以做的题目。

我的专题研究主要是力图在大背景之下探讨微观问题

李：最后我们谈谈您吧。您能不能结合您在这三十多年来的学术实践，特别是您在宏观研究方面的探索，给同行提一些建议。宏观研究难度是很大的，要想取信于人，那是很不容易的。

张：这应该与我的个人经历结合起来谈。我 1988 年担任近代史所副所长，1994年担任所长，2004年7月卸任，前后16年。这16年，是从49岁到65岁，应该是我做研究的另一个青春岁月、黄金时期。但是，我的主要精力都花在了治所上面。这16年期间，我的文章都是在假期写的，白天根本没时间坐下来看书、写作。我是1988年上任的，第二年就遇上了政治风波，1990年、1991年，是清查、整顿。当时，王庆成所长不在国内，所里的学术工作，只有我一个人在管。

说实话，我个人原来是有意在专题研究上多下些功夫的，但是，我实在没有时间。其实，我对很多题目感兴趣，像刚才说所的李鸿章研究，但是，没有时间做。后来还是搞了几个题目。

像辛亥革命时期湖北军政府的谋略处，许多研究武昌起义的论著都在讲，胡绳同志的《从鸦片战争到五四运动》，里面专门有一节是讲谋略处。我考证了谋略处的问题，否定了谋略处的存在。他那部书90年代末在人民出版社再版，他要我写一篇书评，这篇书评除了正面肯定胡绳著作的大气和理论贡献外，还指出了书中若干具体学术失误。这篇书评曾送请胡绳先生过目。书评在《光明日报》登出时，我批评胡绳的话，都被删掉了。后来全文在《中共党史研究》上发表，经过争取，批评胡绳的话还是登出了。这篇考证谋略处的文章，我是运用乾嘉考据的方法来研讨的。胡绳知道以后，要了文章去看。

关于黄兴与武昌首义关系的文章，也值得提出来说。我研究了黄兴对武昌首义的态度后，对黄兴是采取批评的态度，是在爱护的前提之下的批评态度。前些年，湖南方面曾经策划拍摄关于黄兴的电视剧，找到了我，要我说几句话。我当时就说，我要批评黄兴几句，你们肯定不会用，后来，播出时果然没有用。实际上，我的话是符合历史实际的。我在1991年11月，接到台湾政治大学的邀请，去参加一个关于黄兴与近代中国的学术研讨会。在这之前，我对黄兴，没有多少研究。我翻阅了湖南社科院编的《黄兴集》，这里面有黄兴写给别人的信，他说武昌起义前夕，湖北派了人到香港去见他，请他回来，黄兴给别人的信中说，我三天没有见他。我就抓住这个"三天没有见他"展开研究与分析。武昌方面要起义了，他们都是基层军官和士兵，没有一个众望所归的领袖人物，起义的组织者感觉自己号召力不够，他们要请中国同盟会的领导人黄兴、宋教仁到武昌来，领导他们，发动起义。来香港联络的，是同盟会云南主盟人吕天民，黄兴的熟人，但是，黄兴三天没有见他。黄在"4·27"

黄花岗起义之后，情绪十分低落，他当时对革命的前景已经有些失望了，想搞暗杀，对武装起义的成功，不抱有什么希望了，他认为武昌没有能力来发动起义。武昌的来人，反复给他说，武昌起义很快就要发生了，你不去也要发生，去了，你就可以掌握先机。黄兴是两湖学堂出身的人，对武昌情形还是有一些了解的。他同意前往，但又没有马上动身，他想带些钱去武昌，不想空手去，他和南洋、美国联系，但是，到了第18天，人家也没有给他寄钱，他离开香港经过上海到达武昌，这时，武昌起义已经发生，黎元洪已经做了军政府的都督，黎元洪授予他大将军。黄兴把武昌起义的功勋让给了黎元洪，自己失去了掌握武昌首义领袖地位的时机。如果黄兴早来一些，他成了军政府的都督，这之后的革命形势，还会有更好的发展。这是一个具体事件，我由此探讨了黄兴的起义战略、中国同盟会的起义战略、孙中山的起义战略。黄兴1903年组建华兴会，就提出了"雄踞一省，与各省纷起"的起义战略，就是湖南先起来，其他各省再支持他，这样来发动反清起义。这样的战略，有一定道理。孙中山发动的起义，都在边境、广东、广西、云南，在边境发动起义，事实证明不足以造成对清政府的致命威胁，不足以颠覆清政府的政权。同盟会内一部分人不同意孙中山的意见，1910年在上海搞了个同盟会中部总会，宋教仁在上海主持，当时，武昌也派人去找宋教仁，宋教仁也不认为武昌有这个能力，宋在上海办《民立报》，他一天一篇社论。革命家在革命就要爆发的时候，你是坐在房间里写社论，还是立即投入到革命洪流当中去？宋教仁不来，黄兴也不来，结果领导权落到了黎元洪手中。这篇文章，在台湾政治大学发表时，政治大学历史系林能士教授作为评论人点评，说我的文章，无懈可击。我这篇文章，既有微观研究，又有宏观研究，从细小的问题，上升到孙中山、黄兴、中国同盟会的起义战略，探讨晚清革命战略的问题。

  关于皖南事变的文章，是因为要参加在美国哥伦比亚大学举办的一个纪念抗战胜利50周年的会议而准备的。当时，是我、杨天石、杨奎松应邀去了。写之前，我找杨奎松讨论，请他提出写作方面的建议。杨奎松拿出他的一篇未发表的文章，是关于皖南事变的，说可以利用这篇文章与会。我此前对皖南事变无研究，从头做起，时间不够。我仔细研究了他的文章，在他的文章的基础上，形成了我的文章，但是，我的观点与杨不一样，不仅观点不一样，我还重新搜集、补充了史料。在文章发表时，我向杨奎松致谢。杨看到后说，致谢的话是多余的，你的文章是你自己写的。在这篇文章当中，我也写了一些看似细小的东西，像皖南事变前线给延安的电报，发报是在几点，延安回应是在几点，我写了细节，有人说细节是关键，我认为，关键时候的细节才是关键，不是所有的细节都是关键。我的结论和杨奎松不一样，而且，我引用了他在其他地方发表的观点，对他的提法做出了不同的解释。我的文章主要是讲皖南事变的善后，结论是，国民党对共产党是军事上要严，政治上要宽，共产党对国民党是反过来，政治上取攻势，军事上取守势。国民党消灭了新四军主力，讨了便宜，但政治上在全国很被动，所以对共产党政治上宽；共产党丢了新四军主力，政治上斗争很主动，针锋相对，但也注意不放弃团结抗日的旗帜，不要和国民党破裂。在哥伦比亚大学研讨的时候，主持人做会议综述，对这个观点很推重，认为以前没有人提出过这样的观点。

我也写过其他一些文章，我的这些专题研究文章，都是从细小的部分入手，上升到比较宏观的境界上去。今年8月（2010年），我去阿姆斯特丹参加国际历史科学大会，提供了一篇文章，是关于洋务运动的，我这里讲的，和国内外学者讲的，都不一样。中国学者、日本学者，常常把洋务运动和日本的明治维新相比较，我的这篇文章里提出，洋务运动不应该和明治维新相比较，而应该和明治维新之前的幕府后期的改革相比较，洋务运动的历史发展阶段，和明治维新的历史发展阶段，不是一个阶段，明治维新是资本主义改革，维新期间，明治政府提出过一系列有利于资本主义发展的举措，这些洋务运动都没有。明治维新是从1868年开始的，但是，1862年到1867年，江户幕府已经开始了改革，引进的西方的枪炮，请来的工程师，比洋务时期还是要多一些，所以，我说，洋务运动只能和幕府时期的改革相比较，这是在一个历史阶段上。这篇文章，也是宏观与微观相结合的。我应该多写一些，我也有兴趣多写一些，但是，我没有时间。

我从事宏观研究是在回应现实的挑战

关于我的宏观研究文章，有一点值得一说。日本的狭间直树教授，曾经对我说，你们中国学者的有些文章，很不好懂，文章作者说他的文章是针对一些学者的观点而作的，但是读了这些文章，却不知道他究竟针对谁。由于"文革"的影响，80年代之后，学者写文章争辩，是不点名的，"文革"之前，是点名的。我对狭间说，我的文章，如果针对不同意见，都是点名的，我都是直呼其名，包括胡绳、李时岳、胡滨。

我之所以要思考一些宏观理论问题，主要是我作为近代史所的所长，应该关注宏观问题，特别是在近代史领域里的各种挑战性的问题，我有责任回应这些挑战。我也常在想，作为近代史所所长，我应该怎样回应这些挑战。改革开放之后，我们国家的发展，取得了很多成就，我认为，改革开放之后，形成了新的经济基础，形成了新的利益格局。现在，党和国家的政策，强调两个"毫不动摇"，毫不动摇地发展公有制经济，毫不动摇地发展民营经济，民营经济的出现，是我们国家经济基础的一大变化。民营经济的力量，比1949年之前，比洋务运动时期，那不知大了多少倍。我的一个外甥，就是一个民营企业家，他在我湖北老家开了纺织厂，三万纱锭，这在晚清、民国初期，都是很大的纱厂。经济基础发生了变化，在这同时，西方国家的意识形态也更多地进入了中国，这是好事，但是，也会带来新的问题。所以，现在思想、文化领域是"多元、多样、多变"。我觉得，我自己应该自觉去维护马克思主义、历史唯物主义指导下的中国近代史研究的正确方向。

应当客观、公正地探讨近代史的研究模式

我并不是无条件地肯定我们过去的研究，包括范老的研究，刘大年就曾经写文章批评过范老，一代学者有一代学者的任务，每一代学者的历史背景都不一样，但是，基本的东西、核心的东西还是应该维护的。所以，关于"革命史模式""现代化模式"等，我都有一些说法，这些见解都是基于怎样正确阐述中国近代史的发展方向，如果仅仅用"现代化模式"来进行阐释近代史，那么就会产生一些问题，就会对"革命是中国近代史发展的道路"提出一些否定性的意见。费正清都不否认，我们还怎么能够否认？所以，我认为，在近代史研究中，现代化模式，不是一个全面解释中国近代历史的最好的模式。要把革命史模式和现代

化模式，结合起来，产生我们新的模式。

我并不认为，革命史模式是对我们以前的中国近代史研究的最好概括，但是，又找不到别的概念，姑且这么用了。其实，从范老的《中国近代史》到刘大年的《中国近代史》，他们之间，是有区别的，刘大年先生对范文澜先生的《中国近代史》是有批评的。范老的《中国近代史》中，革命史的气氛更多一些。大年认为，不能光有革命史、政治史，他还提倡经济史研究，还主张加强思想史、边疆少数民族历史研究，这些都是综合、统一的中国历史过程不能分割的一部分。这些都是在纠正范老在那个时代写书的时候的观点。当然时代不同，各时代提出的任务也不尽相同。我是更赞成刘大年先生的一些看法。在现在的条件下，坚持我们原来的那些应该坚持的东西，修正过去的缺点、失误，更多地加强学术性，是新的历史时代对中国近代史学科提出的任务。每个时代的学者都有各自的任务，我们今天也要尽到自己的责任。当然，我的努力是否成功，我自己无法评价，我只是在努力去做。

坚持实事求是，写好论战文章

李：您太谦虚了。您的很多宏观理论文章，影响还是很大的，有很多同行接受了您的结论。这些精辟见解，应该都是呕心沥血的结果，您能回顾一下研究、写作这方面论文的过程么？

张：我当然是尽自己最大的努力来做的。我 1984 年发表的关于"两个过程"的文章，那是回应近代史研究当中的诸多争论的，包括李时岳、胡滨，上海，包括北京，也包括《历史研究》编辑部本身。当时，《历史研究》有一个内部刊物，我看到了，我对他们对于中国近代史研究现状的概括，有一些不同意见。近代史所的一些老同志，现在很多人都去世了，当时，他们都很支持我，希望我写一篇回应文章。我写那篇文章，就是针对当时学术界的一些争论状况，提出我的一些解释意见。写出来以后，请大年先生看了，所里在 1983 年年底召开了全所大会，让我做报告。消息传到《历史研究》编辑部，那时，编辑部的主编还是黎澍同志，他也是我的老领导。《历史研究》给我打电话，问我要这篇文章。他们要删一部分，我不同意，最后，《历史研究》全文刊出了。结果，下一期，他们就组织了一篇文章来批评。我的文章是1984年第4期发表的，第5期就有了批评文章。这，我并不见怪。

我的一些见解，是在回应当时学术界的看法，但是，也有一些看法，是对我们以前的说法的修正。以前，我们对"工业救国""教育救国"等，都是采取批判态度。我没有采用这种说法。我的说法是，"那些终生真诚地从事于实业建设、科学活动、教育事业的先贤们，都曾经为振兴祖国尽到了中华儿女的一份责任"。我认为，这样说服力就比较强了。我的那篇文章，主要是坚持传统观点，但是，我并不是全盘接受传统观点，是做了一些修订的，同时也在回应李时岳的上升说、四个阶梯说，以及其他的一些观点。还好，他们编《历史研究》50周年文选，还是把这篇文章收入了，这也就是说，他们把我这篇文章，作为那个时代的一个学派的代表性论文，是当时中国近代史发展线索争论的一个重要参与者。

我在写其他文章的时候，也是贯穿着这样的思想，坚持说理，要有史料支撑，不要搞绝对化。你坚持传统观点也好，坚持现代化观点也好，都只是给别的学者一个商榷的方向。讨论问题，绝不是以势压人，我当时也只是一个普通研究者。我一直在努力这样做。

"告别革命"说站不住脚

我后来写过一篇批评李泽厚、刘再复"告别革命"观点的文章。他们两位，我都认识，李是哲学所的，刘是文学所的，李的年龄比我大，刘的年龄比我还要小。他们在那本书里面，批评胡绳、刘大年，认为要"告别革命"，我就写了书评。整篇文章，我觉得写得还可以，但是，文章的最后一句，刘再复很生气，在海外不断骂我。我一概没有回应。现在想起来，那句话也可以不那样说。原话是，"既然拿了人家的讲座教授、客座教授，总要为人家的'分化'、'西化'出点主意。和平演变，不就是不要剧烈手段么？发明出一个能够'解构'革命的理论，以便'消解'中国人的革命意识形态，便是最好的贡献了"。这句话我至今并不以为有什么错，但有点冲了。我批评"告别革命"说，也是用了很多史料来论证，我举了好几个例子，英国1640年资产阶级革命、1789年法国大革命都有说到。有人说，中国资产阶级政党中没有资本家，怎么能说是资产阶级革命？我说，英国、法国，这些国家的资产阶级革命的领导人，哪个是资本家？但是，它代表了资本家的利益，他的行动符合资本主义发展的倾向。说辛亥革命是资产阶级革命，并不是说，孙中山就是资本家。他们的行动符合资本主义发展方向，这种方向，在当时是进步的。我举这些例子，都是试图从道理上说服对方，但是，对这些内容，他并没有回应。

刘再复对上面举出的这几句话颇为耿耿，在香港《明报月刊》上发文章，对我施以攻击，说张海鹏在近代史所的会议上批李泽厚、刘再复。我从未在近代史所的会议上批过他们。我从来都是写文章公开发表，所里的会议，是内部事务，不会讲这些话。在社会上召开的学术讨论会，我或许对这些言论做过分析。在所里，我也从不把自己的观点强加给别的学者。

中国社科院近代史所是实力雄厚的专业研究机构

李：您刚才说到了近代史所学派。您认为，能够说，近代史所已经形成了一个众所公认的学派么？刘志琴先生曾说，近代史所的有些研究，已经被边缘化了。

张：近代史所，是否自成一派，这需要学术界去判断。我不会妄下断语。

你所说刘志琴的话，我没有听到过。她说近代史所过去发表文章少的话，我是听到过的。近代史所去年纪念建所60周年，编了一本《回望一甲子——近代史研究所老专家访谈及回忆》的书，她提到一件事，说学部领导对近代史所不满意，认为，近代史所这么多人，"文革"前有一年只写一两篇文章，"而且没有什么社会反响"，著作也不多，要进行调查。我认为这种指责不符合事实，是片面的。所里已经编了60年来的文章目录，我从这本目录里，找到了所里研究人员在1958年到1965年之间发表的文章，没有哪一年是一两篇的，最少的1961—1962年是6篇，多的时候是18篇，而且，大多数是在《历史研究》《新建设》《人民日报》上发表的,不能说影响小。举例:1958年18篇,作者除范文澜、刘大年外,还有王忠、蔡美彪、龙盛运、李瑚、刘仁达、李明仁、王可风、刘桂五等,其中13篇发表在《历史研究》上,有2篇发表在《人民日报》和《光明日报》;1959年9篇,作者包括刘大年、钱宏、丁名楠、王忠、赵金钰等,其中6篇发表在《历史研究》上,1篇在《新建设》;1960年8篇,作者有刘大年、黎澍、丁名楠、俞旦初、刘明奎等,其中5篇发表在《历史研究》上,有3篇分别发表在《人民日报》《工人日报》《新建设》上;1961年6篇,全部发表在《历史研究》上,作者包括范文澜、刘大年、谢珧造、余绳武、蔡美彪;1962年有9篇,其中5篇在《历史研究》,2篇在《新建设》,作者包括刘大年、从翰香、蔡美彪、沈元、樊百川、刘桂五、荣孟源、王忠等;1963年8篇,其中7篇在《历史研究》,作者有刘大年、沈元、罗尔纲、喻松青、王忠、从翰香、龙盛运等;1964年8篇,其中7篇在《历史研究》上,1篇在《未定稿》,作者有刘大年、赵金钰、蔡美彪、罗尔纲、丁守和、张侠等;1965年8篇,其中5篇在《历史研究》上,1篇在《人民日报》,作者有刘大年、曲跻武、张允侯、蔡美彪、章伯锋、王忠、丁名楠。此外,1958年到1965年,近代史所研究人员出版论著、译著、资料类工具书,包括丁名楠等撰写的《帝国主义侵华史》、刘大年主持的《中国史稿》第四册在内共有33种,范文澜的《中国通史简编》《中国近代史》上册未统计在内。上述统计是不完全的,还有些资料未能收集齐全。至此,可以做出判断:刘志琴同志的这些说法,没有实证的资料作支撑。今天近代史所学者们发表的论文、出版的专著,当然比"文革"前多的不成比例了。但是拿在《历史研究》发表文章的比例来看,未必比得上"文革"前的。

  近代史所,作为国家设立的一个研究所,在全国学术界来说,始终是一支重要力量。十几年前,戴逸先生有过一篇文章,说近代史研究领域,太平天国史代表人物是谁,义和团代表人物是谁,辛亥革命史研究的代表人物是谁等,这些领域的代表人物都不在近代史所。我认为,这种说法,不是全面的估计,只是蜻蜓点水。从综合研究力量来看,国内外任何一个研究中国近代史的单位,都难以与中国社会科学院近代史所相抗衡。在90年代的时候,高校曾经很困难,我们的条件要好一些,那时候在广东、上海开会,我们所里一次都可以派去十个以上的学者出席，最多的时候，可以派去十四五个。这是任何单位都办不到的。又如，有关辛亥革命史学术讨论会，我们一次可以提交十篇以上的论文，这是其他研究机构都做不到的。这就是一种综合能力的表现。2007年我们有《中国近代通史》的出版，10卷本，550万字，很多朋友都跟我讲，他们做不出来，只有近代史所做得出来。这么大的项目，我们主要是靠本所力量完成。范老那时候，就想写这样的书，大年也有这个心愿，但是，条件不具备，没有搞成，现在，我觉得条件具备，一批中青年学者成长起来了。

我刚当了副所长，就向院里提出来，要鼓励自己的学者搞各自的专题研究，我们过去都是做集体项目，现在应该改一改了，那时，院里的负责人并不赞成，仍然强调集体项目。在所里，我始终坚持这么做。专题研究有成就了，对于通史这样的大项目，就容易做了。这就说明，近代史所的综合研究力量强。在某个具体问题上，可能成就最高的学者不在近代史所，但是，综合实力，我们这里最强。

在80年代时，我担任政治史研究室副主任，那时，有些所内专家提出，每个研究方向，都要有人把关，我认为，没有这个必要，我们应该抓重点领域。国内这么多人，每个领域都站岗，不一定每个领域都能拔尖，要在重点领域培养高层次人才。茅海建从军科院来近代史所，那时，所里没有人做鸦片战争，但是，我认为这是一个重要项目，茅海建一来，我就给他说，请他做鸦片战争史，他也有这方面的研究基础。

一个研究所，要想成为国际知名的研究所，要有几个条件：第一个，要有人才，拔尖的研究人才；第二个，要有好的图书馆，我们一直花好多精力来建设图书馆；第三个，要有代表性的学术刊物；第四个，要有活跃的学术气氛和对外学术交流。我在这些方面，都曾花很多精力去经营。这些不是今天的主要话题，就不说了。

这次就说这些。谢谢你的采访！

历史研究要以马克思主义中国化的正确方向为指针[*]

历史学如果脱离了社会现实，不为社会现实服务，它的作用就很小了。我们的国家治理、干部的从政行为，都应该从历史上吸取经验教训，前人走过的弯路，通过历史研究总结出来了，你就不要再走那个弯路了。

记者：张先生，您是享誉海内外的中国近代史研究专家，能够采访您，我感到非常荣幸。在您担任会长的任期内，中国史学会成功申办了第22届世界历史科学大会。这个令全球史学家瞩目的盛会是第一次在亚洲国家举办，听说您为了申请和主办这次大会，倾注了大量的心血，进行了长期的努力。

张海鹏：谢谢。能够成功申办这次历史科学大会，是中国历史学者百年来的一个梦想，可以说是几代历史学家共同努力争取的结果。我虽然做了一些工作，但是毕竟上了年纪，大部分事情实际都是中国史学会和山东大学的同志们一起分担的。

记者：汉代的司马迁编《史记》，说要"究天人之际，通古今之变"，把历史研究的价值和功能放在了一个非常高的位置。习近平总书记在致这次历史科学大会的贺信中提出，"历史研究是一切社会科学的基础"，也高度肯定了历史研究在社会科学研究中的地位。总书记这个观点是不是也有一个中国史学研究的传统或精神在里面？

---

[*] 这是《中国纪检监察报》记者毛东红采访整理的报道稿，原载《中国纪检监察报》2016年6月6日历史周刊。采访地点在郑州，于第九届中国史学界代表大会间隙。

张海鹏：中国人研究历史的一个传统就是重视历史教训，把握历史规律，希望通过研究历史来解决现实的问题。如果用唯物史观的角度来认识和分析的话，"究天人之际，通古今之变"，就是要把握自然和社会之间的关系，换一句话说，是人类社会发展的规律，这样解释的话就完全符合我们现在讲的唯物史观的主张。我们的古人，比如司马迁，他写《史记》实际上是要把从古到今，也就是从远古到汉初的历史重新梳理一遍，进而从中发现社会发展的规律，这和我们今天的主张是一样的。我想习近平总书记引用这句话也有这个含义，这就是历史研究的作用。所以他常常说历史是最好的老师，历史是百科全书等，都有这个含义。宋代的大史学家司马光，他的《资治通鉴》就是一部通史，是他那个时代的中国通史。所谓"资治"，就是为现实社会服务，简单说就是这样的。这是中国史学的传统。

记者：也就是说，中国史学的这个传统是符合历史唯物论的观点的。

张海鹏：是的。历史学如果脱离了社会现实，不为社会现实服务，它的作用就很小了。我们的国家治理、干部的从政行为，都应该从历史上吸取经验教训。前人走过的弯路，通过历史研究总结出来了，你就不要再走那个弯路了。人类在过去犯过的错误，我们今天就不要再犯。包括我们现在反贪腐，中央纪委都在抓这些事情，这些我们历史上都有啊，其中的经验教训，我们完全可以好好学习借鉴。

从中国共产党成立，甚至从共产主义运动以来，共产党人的宗旨都是不变的。用不正当的手段谋取个人的不正当利益，那完全是违背党的宗旨的，违背党的纲领的。

记者：反腐败斗争需要有历史眼光，干部廉洁自律也需要经常照一照历史明镜。

张海鹏：贪污腐败的教训，历史上代不绝书，可是我们今天有些人还是会犯同样的错误，这就是没有吸取历史教训。当然，我们今人和古人不完全一样，今天当官的绝大部分是共产党人，是应该具备共产主义精神的一些人。但有一些人完全忘记了自己是共产党员，完全忘记了理想追求，竟然去贪污，去捞钱，这怎么行呢！我听说一个事，有个人贪污受贿，专门买了一个两居室的房子来放钱。纪委的同志问他，你这里头放了多少钱，他说大概有个一千七八百万吧。结果进去一查，竟然有七千万。他自己都弄不清楚多少钱了，这就是贪得无厌啊！

记者：近代以来，无数仁人志士前赴后继，抛头颅、洒热血，就是想改变中国社会积贫积弱的面貌，还有就是要除旧布新，革除愚昧、腐朽的落后思想，这方面您一定掌握很多正面的故事，当您在接触这些腐败分子的信息的时候会不会很痛心？

张海鹏：当然痛心了，我们简直是不敢相信，我觉得有些人是完全不能称为共产党员的。我觉得十八大以来以习近平同志为核心的党中央所领导的这一次反腐败斗争，坚决有力，完全正确。如果再不做这件事情，后果不堪设想。所以习近平总书记才反复强调共产主义信念，反复强调共产主义理想，反复强调共产党是干什么的。这些思想我觉得是非常重要的。改革开放以来我们取得了很了不起的成就，但是就像习近平总书记讲的，我们现在有些干部在义利关系上，对什么叫义，什么叫利，完全处理错了。把市场经济理解成随便就可以捞钱，捞钱的方式不管是正义的，还是不正义的，不管是合法的，还是不合法的，反正先捞起来再说。这完全违背了共产党人全心全意为人民服务的这个宗旨。从中国共产党成立，甚至从共产主义运动以来，作为共产党人，这个宗旨都是不变的。用不正当的手段谋取个人的不正当利益，那完全是违背党的宗旨的，违背党的纲领的。

现在我们大家都看到了希望，十八大以来，新一届党中央领导下的反腐败斗争使我们看到了希望。习近平总书记多次强调要重视历史，要借鉴历史教训。这些重要观点，他在中央党校多次讲过。我还记得，2011年他在中央党校秋季学期开学典礼上做了一次重要讲话，题目就叫"领导干部要多学历史"。

对专业的历史工作者，你要求他不精深，那是不行的，他一定要做精深的研究。但是我们也倡导历史学家的研究要大众化，要把它转变成大众可以接受的知识。

记者：现在提倡领导干部学历史，就涉及历史研究的普及问题。但是，我们现在的历史研究好像是越来越精深，越来越专业了，在历史知识的普及上，历史学家应该有一个担当。

张海鹏：我觉得这是两回事，历史学家当然要追求精深的研究，这没问题。对专业的历史工作者而言，你要求他不精深，那是不行的，他一定要做精深的研究。但是我们也倡导历史学家的研究要大众化，要把自己的研究成果转变成大众可以接受的知识。就好像我们把自然科学研究成果投入工业生产，历史研究也是一样。你的研究成果要让大众能够理解，所以有条件的话也要写一些通俗的历史读物。

我曾组织编写过一套"历史学者眼中的毛泽东小丛书"，中国社会科学出版社出的，我们就是做这方面的努力。我们一共做了九本，一本大概是九万字到十万字，邀请各方面的学者来写毛泽东同志。我们希望用比较通俗的语言向大众讲述毛泽东同志的一生，讲他的各个方面。我们也希望把既有的一些研究成果转化为大众能接受的知识。

记者：现在社会上流行很多大众历史读物，还有一些根据历史故事改编的影视剧，这样的历史文化作品往往有戏说的成分，比起专业的历史著作，这些作品对公众的影响可能更大一些，对此您怎么看？

张海鹏：有一些这样的影视作品，的确让我们很头疼。对于这些文艺作品，我的意见是首先要尊重历史事实，首先大的历史趋势、历史背景不能违背，不能编造。至于人物对话、人物性格的刻画，你可以根据艺术规律来创造，但是如果把人物生活的历史背景都搞错了，把大的历史趋势都搞错了，那你就会给读者传达错误的历史信息。

著史写史一定要实事求是。历史是不论如果的，是不能假设的。比如说有人就假设，如果革命者不起来推翻清朝，让慈禧太后们去搞现代化，那现在中国不是早就现代化了吗？我想你为什么要来一个如果呢？你怎么知道不发生革命，慈禧太后就能把中国的现代化搞起来呢？历史不是这样发生的，你非要换一个角度，非要去假设，你就把人们的思想引到了一个错误的方向上去。但是事实上慈禧太后她不可能完成啊，她要能够完成，为什么还会发生辛亥革命呢？恰恰是辛亥革命的一些革命先驱，如果他们不推翻清朝，中国就不能进步。所以，历史是按照这个方向来发展的。我们有些人常常用假设的语气、用假设的方法来论证历史的方向，这都是违背实事求是的原则的。

马克思主义中国化的过程或者中国化的马克思主义的发展过程，这是形成中国新的文化传统的过程。这个过程对中国的传统文化有舍弃，也有接受，也有采纳，也有发扬。

记者：我注意到，您有一个观点，就是不要片面夸大传统文化的作用，对传统文化的研究也要与马克思主义对接。对此，您是怎么想的？您是不是注意到现在有一些不好的现象？

张海鹏：现在很多人讲传统，一讲就讲到孔夫子那个时代。可是我们中国有几千年的历史，我们的传统并不是固定不变的，我们是不断变化的。孔夫子的思想后来变了多少次了，汉代不一样，宋代不一样，明代不一样，清代不一样，所以中国的历史传统是变化的。我们这个传统现在应该包括1840年鸦片战争以来中国人民从事旧民主主义革命和新民主主义革命的传统；包括五四运动以来，马克思主义传播的传统；包括新中国成立以来我们的文化传统，这些都累积成为我们的传统。所以要观察我们的传统，你会发现它是变动的。我们不能只是局限到遥远的古代那个传统。遥远的古代是我们的传统，但是我们的传统后来又发展了，又不断地变化了。

所以有些人说是要儒化中国，要把儒教作为中国的国教，这实际上是排斥马克思主义，排斥中国化的马克思主义，排斥马克思主义的中国化。这样就把中国近代以来的，特别是五四运动以来的传统全部否认掉了。那我们这一百几十年的传统，算不算人类历史发展的传统？算不算中国历史发展的传统呢？我们绝对不能隔断这一段历史。

我们的历史是几千年不断在向前发展的，向前变化的，我们是从低级向高级不断进步的。应该说我们的历史潮流是在向一个好的方向发展，你不能把传统仅仅固定在两千年前、三千年前那个时候，仅仅固定在孔夫子那个时候。孔夫子当时实际上是很落魄的，他的思想在当时也不流行，不受人重视。他是在汉代以后，才慢慢受到重视，一直到明代，到清代，对他的重视才达到了顶峰。所以，每一代对孔夫子思想的解释都是不一样的，对每一个时代积淀下来的传统，我们都要进行总结。

记者：也就是说，在中华民族的伟大复兴这样一个大的时代背景下，对传统文化的有益成分还是要吸收借鉴，但是一定要坚持用马克思主义的科学方法，批判地继承，批判地借鉴。

张海鹏：我们的古代文化，我们从春秋战国以来的古代文化，是我们中华民族文化的一个重要构成部分。中华民族的传统文化，包括从古至今的文化，有优秀的部分，但的确也有一些糟粕。毛泽东同志过去讲得很清楚，所以我们要剔除那些糟粕。有一些人，现在提倡要恢复孔夫子，恢复儒教。那我们就有一个疑问：鸦片战争以前，孔夫子的思想是占了主导地位的，但为什么抵挡不住西方人的进攻呢？你拿什么东西来挽救中国呢？我们试了很多的道路、方法和主义都不能成功，直到五四运动以后，学习了马克思主义才出现了转机。在学习马克思主义以前，中国的知识界、中国的知识分子已经开始学习西方的社会政治学说了。《国富论》《民约论》等这些书籍不都在普遍地传播吗？这些东西有没有救中国呢？你用西方的这些资产阶级的理论，抵挡不住资本主义、帝国主义对中国的进攻啊。从鸦片战争以来到日本帝国主义侵略中国，我们孔夫子的理论、儒家理论能够挡住西方列强的进攻吗？中国人先学习了资本主义理论，然后学习了马克思主义理论，用马克思主义理论结合中国的历史传统，实际上走的还是马克思主义中国化、中国化的马克思主义这条道路。我认为在一定意义上，我们说马克思主义中国化，或者中国化的马克思主义，绝不是固守马克思主义的教条，也是在结合中国的历史文化传统，才能够产生新的东西。

记者：您的这个观点我理解，就是中国共产党在带领中国社会进行现代化的过程当中，它又形成了新的文化传统。这个文化传统怎么概括？它有哪些基本的文化品格或者精神？

张海鹏：马克思主义中国化的过程或者中国化的马克思主义的发展过程，这是形成中国新的文化传统的过程。这个过程对中国的传统文化有舍弃，也有接受，也有采纳，也有发扬。我们今天不但在建设自己新的文化，有一些东西还要回过头来重新看。比如说清朝末年到民国初年，一些非常著名的学者，鉴于鸦片战争以来中国的屡次失败，他们得出了一个认识：我们中国一切都不好。他们也说过一些错的话，比如年轻人读书，不要读中国书，你去读外国书好了。这就失去了对中国文化的自信。失去了对中国文化的自信，这当然也有它的历史背景，就是我们和外国人打交道，我们老是打不赢。既然这样，是不是学一点西方的东西再跟外国人打，就能打赢呢？所以当时他们提出了汉字不好，这不是一个人，而是有一批人，这一批人都是这个主张。西方人拉丁化，他们取得了成功，那我们干脆把方块字也不要了，我们也拉丁化。这个思想实际上在汉字进入电脑以前，上世纪90年代初以前，在国内一直存在。一旦90年代初汉字录入电脑这个问题解决以后，大家才恍然大悟，原来汉字也可以现代化，不需要拉丁化，我们汉字输入电脑和拉丁文字输进去的速度差不多，甚至比他们还快。经历这个过程后，大家的意见都统一了，不需要废除方块字。这就是时代的发展给我们带来了一个新的进步、一种新的认识。当初中国处处落后，中国人的民族自信在降低，对自己的传统文化的信心在降低。今天我们开始慢慢恢复到一种平衡的心态，终于可以冷静地看待我们的传统文化，通过借鉴优秀传统文化来支撑我们的发展。

我觉得我们要思考，古代世界的四大文明——埃及文明、两河流域文明、印度文明、黄河领域的中华文明，这四大文明当中只有中华文明从始到终没有中断，而埃及文明、两河流域文明、印度文明都中断了，他们都找不到自己的历史了。像印度，从6世纪到9世纪的历史，他们自己就找不到根据，必须到玄奘的取经记载中才能了解到当时的历史。因此，我们要思考——即使我们遭遇了外敌的入侵，但我们中华文明没有中断，我们中国始终没有灭亡，始终没有投降，这是为什么？第二次世界大战，中国那么落后都没有投降，而法国是当时欧洲的强国，它的军队实际上比德国还强，可是六个星期就投降了，被德国人占领。中国那么落后，与欧洲相比落后了很多，在亚洲与日本相比也落后了很多，但是中国抵抗侵略始终没有投降，这是为什么？当然这里面有非常复杂的原因，但是这里面有没有文化方面的因素呢？这就值得我们今天好好总结。中国的历史文化几千年以来始终在向前发展，中华民族的文化肯定有值得继承的地方，这些优秀的文化遗产，很值得我们深入去发掘，把它们都提炼出来。

记者：古人说"周虽旧邦，其命维新"，中国文化中始终有一种求新求变的精神。

张海鹏：你看毛泽东同志，他的著作当中有很多地方都引用古典文化的东西。我觉得他是在马克思主义中国化的过程当中，寻求马克思主义与中国传统文化的某种形式的结合。习近平总书记也是这样，你看他的讲话，不管在国内还是在国际上，常常引用中国的古典故事、历史故事来说明某一个道理。所以，我觉得对中国的历史文化传统不容否定，但是我们也不能全盘肯定，对一些不是太好的东西我们不能继承，对好的东西我们一定要继承发扬。只有这样，中华文明才能一直发展下去，中华民族的伟大复兴才有希望。

追求历史的真谛：我的史学之路[*]

——访张海鹏研究员

邹兆辰（以下简称邹）：张先生：您好！以前在学校里听过您做的学术报告，但是没有机会与您交流。这次，借参加中国社科院马克思主义史学理论首届学术研讨会的机会，想与您谈一下您个人的人生与治学经历方面的问题，这也是《历史教学问题》刊物对我的委托。

张海鹏（以下简称张）：2012年12月，在广州中山大学开会，与《历史教学问题》主编王斯德先生会晤。他说要约我做一个访谈，我考虑已经做过多次访谈了，所以再三推辞，但不得应允，只好答应回京之后接受访谈。现在我们可以谈一谈，如果你想了解更多的内容，可以参考已经发表的其他文章。

邹：好的。这次会，是社科院的马克思主义史学理论首届学术论坛，我们知道长期以来您的学术研究正是在坚持唯物史观的指导下进行的，您的学术经历和对治史的见解对于广大中青年史学工作者是很有启示的。所以，我想就您的整个学术经历纵向地回顾一下，同时也请您总结一下您治史过程中的一些体会。

我们知道，您的整个学术历程都是在近代史所这个基地里进行的，这是我们国家近代史研究的学术殿堂，那么就请您从进入近代史所开始谈吧！

---

[*] 这是首都师范大学历史学院教授邹兆辰受上海《历史教学问题》主编王斯德委托对我的采访，原载《历史教学问题》2013年第4期。收入时删去了开头对我的介绍文字。

一　进入近代史所

邹：您进入近代史所是在"文化大革命"之前，那正是著名马克思主义史学家范文澜先生主持近代史所的时候，您能够进入这个最高的学术殿堂确实是很难得的机会。这个机会是如何降临给您的呢？

张：我先说一下这样一个背景：大约是在 1963 年 10 月，在北京召开了中国科学院哲学社会科学部委员会第四次扩大会议，这次会议有全国党内外哲学社会科学工作者、党委宣传部负责同志约 500 人参加，刘少奇主持会议，并且有讲话，中共中央宣传部副部长周扬在大会上做了主题报告，题为《哲学社会科学工作者的战斗任务》。这是学术界一次反对修正主义的学习和动员大会。报告除了论述马克思主义理论、批判修正主义理论外，还讲到哲学社会科学人才培养问题、哲学社会科学的未来发展前景。当时近代史所所长是范文澜，大年同志是常务副所长，黎澍是副所长。黎澍参加了会议，表示要在近代史研究所建立、培养新的理论战线上的反修队伍。那时黎澍同志在所里管人才，他提出近代史所应该建立一支反修的理论队伍，应该从 1964 年的大学毕业生中挑选。黎澍的提议是经过学部和所里讨论通过的。1964 年初近代史研究所用中宣部的介绍信，派出了五支人马，到各地大学里去挑人。

我是 1959 年考入武汉大学历史系的。那时武汉大学是五年制，1964 年我正好毕业。武汉大学本身是很悠久的大学，武汉大学历史系教师力量也是非常之强。最著名的教授，中国史有李剑农、谭戒甫、唐长孺，中国近代史是姚薇元、汪贻荪，世界史是吴于廑、张继平。吴于廑先生在 80 年代初期当过武大副校长。

我那时没有想过来近代史所，也没想过从事近代史研究。我在四年级写的学年论文是《试论秦汉之际的游侠》。五年级时做毕业论文，唐长孺先生给我出的题目是《北齐政权的评价》。领到了题目后，我又想考历史研究所侯外庐先生的中国思想史专业的研究生。侯先生的《中国思想通史》不好读，我利用晚上花了几个月的时间把《中国思想通史》看了一遍。考试的准备都做了，准考证也拿到了，可以应付入学考试了。但是临考试前个把月，历史系党总支告诉我不要考思想史研究生了。他们说北京有个外交学院，陈毅同志以外交部部长兼外交学院院长。它招生不是自由报考，而是将通知发到各个学校的党组织，由党组织掌握、推荐。武汉大学历史系党总支推荐我去考，我就放下了思想史，因为那个外交研究班，我也是很愿意去的。考完试，放假后就回家干活了。到8月16日学校统一宣布分配方案，我到中国科学院近代史研究所，当时感到莫名其妙，完全莫名其妙，不知道怎么回事！接着我们就到北京了，连到系里问一下的机会都没有。

邹：那究竟是怎么回事呢？

张：我到所里报到以后才知道，原来外交学院录取了我，而近代史所也选中了我。由于近代史所挑人在先，而且是中宣部的介绍信，我就到了近代史所。但是我不知道，系里也没有告诉我。经过近代史所多次与外交学院交涉，最后外交学院放弃了，所里就把我挑过来了。我到近代史所来，完全不是按照我自己的愿望进来的，我是在服从分配的原则下被动地来到近代史所的。

我在武大毕业前，写了一篇关于苏美建交的文章，寄给了《历史研究》编辑部。进所后，一次黎澍同志接见新进所里的年轻人，他大声对我说："你的文章我看过了。"大家都投来很惊异的眼光。当时刚大学毕业，还没有人敢给《历史研究》投稿。虽然没有发表，但我感到很满意，一篇大学生的习作，会送到黎澍先生手里，是完全没有想到的。

邹：这样看来，您在武汉大学历史系读书时就是一个优秀的学生，这样才能得到系里的推荐，又得到近代史所格外的珍爱，所以才能够从外交学院那里把您要过来。您在1964年进入了近代史所，但是在那个时代进所后就能够进行学术研究吗？

张：事实上进入了科学院的近代史所，并没有立即进入学术研究。首先参加的是农村社会主义教育运动，就是"四清"。根据中央统一部署，近代史所与拉美所一起，去甘肃河西走廊的张掖参加"四清"。我们学了一个月的文件，就到甘肃"四清"。

我们在张掖县乌江公社贾家寨大队工作了八个月。我们的工作，是按照"桃园经验"访贫问苦，发动群众揭发生产队干部的"四不清"问题。这是我第一次见到西部的农村，非常艰苦，一路上只见到稀稀拉拉的几颗秃顶树。我们那时住在农民的炕上，大人小孩没有衣服穿，农民特别穷，工作队当时在那里给农民发棉衣、棉裤、棉被。经过调查，我们发现当地情况，不像"桃园经验"所说的那么严重，生产队干部"四不清"现象说不上严重。1965年5月，我们结束"四清"工作，离开村子，干部群众都来欢送我们。

当时国家规定，大学毕业后应在农村劳动锻炼一年。我们在张掖八个月，还不到一年，学部领导觉得太苦，要给我们换一个地方，完成劳动锻炼。于是就转到山东黄县（今龙口市），住进于口大队下孟家生产队一户孟姓农民家里。这里生活条件很好，蔬菜很多，各种海产都能吃到。我们在山上同农民劳动了七个月。我在这个过程中，更多地认识了中国的农村。

邹："四清"之后接着就是"文革"了。您当时刚刚毕业来所，条件好、年纪轻、热情高，没有任何包袱，您一定是积极投入"文化大革命"的人吧？

张：是的。当初我们对党中央毛主席，有无限崇敬的心情。到了近代史所以后，我在当时被认为是比较活跃、比较被人看重的人。特别是黎澍同志那次的接见，在新进所的人中间形成了这么一个认识。我在大学期间就要求入党，写过多次申请书，一直担任班干部。但一些党员认为我骄傲，所以在大学没能入党。进所后，所里对我很重视。不久，团支部改选，我是团支部委员。

我们单位的造反是根据《人民日报》的社论起来造反的。1966年的6月1日，《人民日报》发表了社论《横扫一切牛鬼蛇神》和聂元梓等七个人的大字报，"文化大革命"开始了。6月3日《人民日报》发表了《夺回资产阶级霸占的史学阵地》社论，配发了史绍宾的文章，点了《历史研究》和近代史所的名，指出这些资产阶级"权威"老爷们，是史学界的"东霸天""西霸天"。学部1966年6月4日要在首都剧场开会，我们所挑选了我发言。我在批判了杨述的《青春漫语》后，在结语里结合"6·3"社论对刘大年提出了质询。表示要响应社论号召，彻底打倒盘踞史学界的资产阶级的"东霸天""西霸天"，夺取资产阶级霸占的史学阵地。

6月15日，近代史所党支部召开全所大会布置所内开展"文化大革命"。这次会通过民主选举，产生了主席团，并推举我为大会主席。这是全所第一次公开批判刘大年、黎澍，也是近代史所的"夺权大会"。所里选举产生了一个"文化革命领导小组"，我是副组长，管常务。确定刘大年、黎澍是所谓"走资派""三反分子",召开批判刘大年与黎澍的会,多次是由我主持的。

8月以后,近代史所组织了红卫兵,参加了学部红卫兵联队,称作红卫兵联队近代史所支队,我是支队长。运动逐渐转向学部和社会。1967年春,按照戚本禹的要求,历史所和近代史所联合,收集整理刘少奇所谓"反革命修正主义"言论资料。1968年2月,我所在的群众组织垮台,因为它的后台戚本禹垮了。以后我就被所内反对派群众组织控制起来。后来,学部总队开批判会,我是批判对象之一。

1969年开展"清查五一六反革命阴谋集团运动"。从此,我被作为"五一六反革命阴谋集团"的骨干,作为清查运动中的重点审查对象,经历了长达五六年的艰难岁月,经历了严酷的政治审查和心理考验。1970年5月,我在工宣队押解下被送到河南息县东岳公社塘坡学部五七干校。在河南近三年,辛苦备尝,心理和政治压力几乎难以承受。1972年7月,随学部五七干校一起回到北京。但回到所里后,我依然处在被监督下从事劳动。直到1974年12月,才解除对我的审查。1975年9月去了近代史组。当时他们正在学习和讨论毛泽东的"评水浒",提出结合太平天国,结合李秀成,论述李秀成的投降主义。组里把写文章的任务交给我了,我写的文章在《历史研究》1976年第1期发表了。1977年院里的"清理帮派体系"运动我也受了牵连,所里把刘大年、郭永才、张友坤和我作为所里"四人帮的帮派体系"。全所大会批判"四人帮的帮派体系",我也成为被批判的对象,但到年底就烟消云散了。

"文革"的影响,对我来讲差不多有十几年的时间,有时心情非常郁闷,但不管我在"文革"期间多么困难,始终都没有动摇我对共产党的信念。1978年,社科院进行了改革,各所组建了研究室,组建了科研处。1978年开始,我进入了真正的学者生活,努力抢救失去的时间,一心一意展开自己的学术研究。在这样的条件下,度过了我学术研究的十年黄金时间。

邹:从1964年入所到1978年开始学术生活,耽误了14年。不过您还能回到学术岗位上来也是一种幸运。我以前在访谈每位学者的时候,总是要先谈一下他的师承关系,或者谈一下哪位前辈学者对他的影响最大。我看您多次发表有关刘大年先生学术思想的文章,还为《刘大年传》写了跋。刘大年先生肯定是对您影响最大的学者了？

张：认真说来，我没有嫡传师承，在大学历史系，接受的是一般的通史教育，想念研究生，也没有读成。进入近代史研究所，十三四年未能从事研究工作。我读过范文澜、刘大年、胡绳的书，并曾亲炙他们的教诲，未曾登堂入室，也许算一个私淑弟子吧。这三位长者我都写过文章来回忆他们。1999年12月28日，革命家和历史学家刘大年先生走完了他作为战士和学者的光辉一生，与世长辞。我从青年时期起就在大年先生领导下工作，虽然后来我也担任了副所长、所长，但我自认为始终是在刘大年先生的领导和影响下工作的，前后长达三十五年，这期间有很多事情值得我回忆。

记得1999年中国社会科学院要为本院著名学者出版学者文集，大年先生即在首选。先生非常重视，认真准备文集的编选工作。11月的一天，我去医院看他，他希望我来完成文集编选，并示意把我写的先生的传记文章作为附录收在书末。我写成《战士型的学者　学者型的战士——记刘大年的学术生涯》一文，后来收入《中国社会科学院学术大师治学录》中。先生过世一年，《近代史研究》编辑部为了纪念，约请学者撰写怀念文章。我写了一篇《编辑〈刘大年文选〉的回忆与思考》，发表在该刊。这些文章，表明了我对大年先生的了解和感情。确实，大年先生是对我影响最大的学者。

要说起我与刘大年先生的关系，还是要从"文革"开始。

因为直到"文革"开始前，大年先生是否知道近代史所有我这个人，也许还是不确定的。前面说到，1966年6月4日，学部在首都剧场召开批判《青春漫语》大会，我在发言结尾处，结合"6·3"社论，质问近代史所为何成为资产阶级霸占的史学阵地，刘大年同志应该负什么责任？这时一些参会人员起立起哄，甚至冲上主席台，要求刘大年下台，对刘大年先生颇多不敬之词，使得坐在主席台上的大年先生极为难堪。6月15日，近代史所召开全所大会，部署开展"文化大革命"。党支部已经失去了掌控局面的能力，与会者通过了五人组成大会主席团，我是五人之一，担任会议主席。这次会议，后来被认为是近代史所"夺权"会议。我成了"文化革命领导小组"副组长。小组编写了刘大年、黎澍所谓"反革命修正主义分子的罪行"材料，当时所里的批判会大多是我组织并主持的。

此后我的命运也发生了巨大变化。从 1969 年 10 月到 1974 年 12 月，我被作为"五一六反革命集团"的骨干分子，经受了差不多六年的审查，六年中我基本上失去了人身自由。尤其是最初那八个月，专案组的车轮战、逼供信、批斗和谩骂，甚至拳脚，一样也不能少。这是我此生最痛苦的时期、最无奈的时期、最无助的时期。但在这个时期里，唯一安慰我的，是我感受到的刘大年先生对我的爱护。这是一种并未直接言明的爱护，又是一种可以体会的爱护。有一位同志偷偷告诉我，他到大年同志家里听大年同志讲起 1966 年 6 月 15 日的"夺权"。刘大年同志自责自己是官僚主义，说近代史所有那么好的青年，我怎么没有发现。他在那位同志面前指名夸奖了我。这使我感到非常地温暖和安慰。有几次听到刘大年发言，他说：我们是职业革命家，我们过去革命道路上也犯过许多错误，我们应该把我们犯错误的经验教训告诉今天的年轻人。

1971 年 4 月的一天，干校宿舍里碰巧只有我和刘大年先生两人在。大年先生忽然对我说："我脖子后长了一个瘤，可能是癌，我明天就要回北京治病。"我不知道如何回答，只是"啊"了一声。我内心震动的是，就这一句话，几乎是我自 1964 年进所以来，大年先生对我一个人说过的唯一的一句话。那次他回京是接待京都大学井上清教授来访，是经中国科学院院长郭沫若提名、周总理同意的。他走后，干校军宣队再次发起清查运动，我又首当其冲。据说，就是为了回避担任清查小组负责人，刘大年才离开干校的。1974 年年底，我被解除了审查，基本上变成了一个自由人，尽管心情仍然沉重，因为我随时会感受到来自专案组人员的异样的眼神。1975 年夏，所里近代史组的同志多次找我谈话，要我到近代史组工作，我很犹豫。他们向我透露，要我去近代史组，是大年的意思。我一听到这里，便毫不犹豫表示我愿意去近代史组。

后来，刘大年先生吸纳我参加《中国近代史稿》编写组，刘先生对所有初稿都进行了彻底改写，我协助他整理文稿、核对史实，偶尔也写几条带考证性的注释，还编写了书末所附的大事记、中外人名对照表，选用了历史图片，与人民出版社的工作联系也由我负责。《中国近代史稿》第一册在 1978 年出版后，第二、三册在 1984 年出版。

当我进入《中国近代史稿》编写组以后，我就有机会与大年先生发生频繁地接触，也有机会到他家里去谈话。我心里一直藏着一个愿望，总想对他谈谈我在"文革"初期的作为，算是对他的道歉。我记得，1976年、1977年，每次见到他，我都想对他说点什么，每次鼓足了勇气，每次都没有开口。每次离开后，我又很懊悔、自责，为什么就张不开口呢？但是我对他的道歉终于没有说出口，直到他的辞世。非常有趣的是，从1975年一直到1999年，我同大年先生的所有谈话，大年先生从来不同我说一句有关"文革"的话，从来不问我一声为什么"文革"初期我那样对待他，从来不涉及"6·4"大会，从来不对我提及"6·15""夺权"大会的事。我觉得他是有意回避这个话题，不愿意触及不愉快的那段岁月。我有时候感觉，他不如直接说我两句，哪怕说我那时幼稚、不懂事、鲁莽等，我可能心里都好受些。

1979年，中国近代史学界在南京召开太平天国历史国际学术讨论会。大年先生是大会的主席，我做了一点会务工作，在会议期间担任简报组副组长。会前，他要我替他起草一份大会讲话稿，我写了，他不满意，大会讲话稿是他自己写的。1979年，刘大年先生接受东京大学校长的邀请，要去东京大学讲学。他在准备辛亥革命历史讲稿的时候，要我替他整理过个别资料。他还把1956年近代史所调查同盟会员的资料交给我，要我重新展开调查。我约了老朋友王学庄一起来做。这件事情我们做了两三年时间，向国内外发出、收到几千封信函。终于未能成功，是一个遗憾。

1984年，我写了一篇文章——《中国近代史的"两个过程"及有关问题》，送请大年先生阅改。大年先生在文稿上改了几个字，也订正了我的标题。那时政治史研究室各位都赞同这篇文章的基本观点。所里特别安排我在全所大会上做了一次学术报告。这篇文章在黎澍先生主编的《历史研究》上发表了。

1988年我担任副所长后，还是在原来的办公室与别人同屋工作。大年先生主动把自己的办公室让给我，要我搬过来。我觉得很惭愧，他执意这样办，我只好遵嘱办理。我担任研究所所长后，他经常提醒我，不管如何忙，都要挤时间写文章，不写文章，你在学术上就没有发言权，你就没有资格在学术上发挥领导作用。我在处理大量行政工作和参与社会活动的时候，总是记住他的这句话。这些年来，我的学术成果不是很丰厚，但是我还是尽力了。

1990年，近代史所政治史研究室党支部一致通过了我的入党申请。

大年先生是介绍人之一。他在我的申请书上写下了对我很高的评价，常常使我感到愧意。1990年《求是》杂志第3期发表了我写的《如何看待中国近代史发展的基本线索？——学习毛泽东有关论述笔记》。这篇文章曾请大年先生审阅。他在人大常委会开会间歇回到所里对我说，文章可以发表，并指出文末最好强调一下近代中国反帝反封建问题。这个意见，在大年先生去世多年以后，我还强调了一次，这就是2006年3月1日我在《中国青年报》发表的《反帝反封建是近代中国历史的主题》那篇文章。为纪念近代史所建所40周年，1990年所里决定召开以"近代中国与世界"为题的国际学术讨论会，会务筹备工作由我负责进行。大年先生多次给我指点，使那次会议开得非常成功。

1995年，是大年先生80华诞。7月，近代史研究所与中国史学会合作，召开祝贺刘大年同志80华诞的学术座谈会，学术界的许多前辈学者前来祝贺，发表祝贺感想，我在会议上较为系统地介绍了刘大年的学术经历。中国社会科学院副院长汝信、中国史学会会长戴逸和知名学者120人出席了这次会议，但作为寿翁的大年先生却避席他去，表现了他的美德。

1998年12月，社会科学文献出版社出版了我的一本论文集《追求集——近代中国历史进程的探索》。胡绳先生题写了书名，刘大年先生为之作序。大年先生是不轻易给别人的书写序的。我开口请求，他立即应允，《追求集》的书名就是他提出的。所谓"追求"，就是"追求真理""追求历史真实"的意思。如何追求，就是运用马克思主义的唯物论的思想方法论去追求。这个意思，在他撰写的序言中说得很清楚。

1999年11月，大年先生因发烧住进协和医院。我到医院看他，他正色说：你来做什么，还不回去抓工作！后来听说他不愿意配合医生，不愿做进一步检查，我到医院去说服他，他听从了，配合医生了。他是彻底的唯物论者，对死亡毫不畏惧。我们要求尽力抢救，但是医生仍然没有能够挽回他的生命。1999年12月31日，近代史研究所主办的"1949年的中国"国际学术讨论会在北京开幕，我在致开幕词前，首先宣布中国社会科学院近代史研究所名誉所长刘大年先生三天前辞世，全体与会者起立默哀。会后，我陪同日本著名学者山口一郎教授与与会的日本学者多人，到大年先生府上吊唁，并致上唁函。这体现了他与日本学术界有着深厚的联系。

1999年6月，俄罗斯科学院授予大年先生外籍院士，大年先生曾致函表示感谢。但是他没有等到颁发聘书的那一天。2002年2月16日，专程来京的两名俄罗斯科学院主席团成员在俄罗斯驻华大使馆举行了简单而隆重的仪式，我代表大年先生从俄罗斯科学院主席团成员手中接受了证书。这算是我替他做了最后一件事。

二 在中国近代史领域的深入探索

邹：您说从1964年进入近代史所以后，到1978年才真正开始从事学术研究的工作。您在前边谈到了您进入了近代政治史研究室，也谈到了协助刘大年先生做编写《中国近代史稿》的工作。不过在这一时期您自己也独立地进行或主持了一些近代史研究的工作。比如《武昌起义档案资料选编》这个基础性的工作就是您负责的吧？

张：我在1979年从武汉方面知道，湖北省博物馆藏有关于辛亥革命时期革命实录馆的资料。武昌首义以后湖北军政府成立了稽勋局，要求亲身经历了武昌首义的人写回忆，革命实录馆保存了1912年、1913年，最晚到1914年的回忆录，有几百万字。1980年夏天，我在武汉待了两个月，把湖北博物馆馆藏的革命实录馆的东西全看了。第二年我和杨天石又去了个把月。开始是集体编的，1981年、1982年我自己把它全部重编了。做完后，湖北人民出版社出版时，用湖北省政协、近代史所、湖北省博物馆、武汉市档案馆的名义出版。不过这部辛亥革命史资料实际上主要是我做的。

邹：我看您的学术成果中还有《中国近代史稿地图集》，这是在什么情况下做的呢？

张：我进到近代史组以后，协助大年做《中国近代史稿》，其中有一个任务就是编绘《中国近代史稿地图集》。1978—1983年这几年我主要是在做这件事情。有几年经常去地图出版社上班，和他们合作，与编绘人员交流等。在做地图集以前，首先是做了一个关于中国近代疆界变迁的文件，因为地图集的出版，需要得到外交部的同意。文件的要领是和地图出版社一起商量的，文件的内容只有由我来做，我花了差不多一年的时间，把中国近代疆界的形成过程摸了一遍，形成了一个在《中国近代史稿地图集》中如何处理疆界问题的报告。外交部条法司等部门审查了几个月，外交部盖了大印，基本同意我们提出的处理意见。这本地图集有关近代边界的处理，到现在为止，还是在历史著作中处理1919年以前的近代中国边界问题的一个典范。

邹： 您前面谈到您从1988年起就担任近代史所的副所长，从1994年起又担任了两届的所长，一直到2004年才卸任。不过这些繁忙的行政工作似乎并没有影响您在中国近代史方面的学术探讨。看您的《追求集——近代中国历史进程的探索》《东厂论史录》《张海鹏集》等书中都汇集了您在这方面的辛勤耕耘的成果。我看这里面写得较早的是关于中国近代史基本线索的文章，也就是1984年在《历史研究》上发表的关于中国近代史的"两个过程"的文章。这是一篇影响较大的文章。

张： 我1984年发表的关于"两个过程"的文章，那是回应近代史研究当中的诸多争论的，包括李时岳、胡滨，上海，包括北京，也包括《历史研究》编辑部本身。当时《历史研究》有一个内部刊物，他们对于中国近代史研究现状的概括，我有一些不同意见。近代史所的一些老同志，希望我写一篇回应文章。我写那篇文章，就是针对当时学术界的一些争论状况，提出我的一些解释意见。写出来以后，请大年先生看了，所里在1983年年底召开了全所大会，让我做了报告。所谓"两个过程"论，是对毛泽东在《中国革命和中国共产党》一文中所说"帝国主义和中国封建主义相结合，把中国变为半殖民地和殖民地的过程，也就是中国人民反抗帝国主义及其走狗的过程"这个著名论断的概括。针对有的学者认为"两个过程"论没有概述中国近代史的"全部内容"，是对毛泽东本人原意的"误解"，要求"摆脱""两个过程"论的"束缚"这样的观点，我强调，"两个过程"论只是概括了中国近代史的主要线索，并不能用它来代替或者包括中国近代史丰富多彩的内容。"两个过程"论，反映了近代历史发展的基本规律，不仅指导了中国新民主主义革命，是为后来革命实践所证明的正确认识，也是对中国社会历史过程的基本概括。

我的一些见解，是在回应当时学术界的看法，也有一些看法，是对我们以前的说法的修正。以前，我们对"工业救国""教育救国"等等，都是采取批判态度。这篇文章我没有采用这种说法。我的说法是，"那些终生真诚地从事于实业建设、科学活动、教育事业的先贤们，都曾经为振兴祖国尽到了中华儿女的一份责任"。我认为,这样说服力就比较强了。

邹:您 1998 年在《近代史研究》上发表了一篇文章,题目叫《关于中国近代史的分期及其"沉沦"与"上升"诸问题》,也收在《追求集》里了。这篇文章涉及中国近代史的上限、下限问题,说明了中国近代史的基本内容、基本线索,对中国近代史学科体系的形成也有直接的联系。您可以谈谈这篇文章产生的背景吗?

张:我在 1984 年讲"两个过程"的文章完全没有提到革命高潮问题,当时所里就有朋友评论过。我当时不是不知道这个问题,但是一个是文章已经长了,再就是报纸上已经有关于三次革命高潮的不同的看法,我那个时候关于这个问题还没有一个好的想法,所以我就把它回避了。后来又过了十多年,重新考虑近代史的基本线索。这里还有个原因:《近代史研究》发行 100 期的时候,编辑部希望胡绳同志能有一个题词。我就给胡绳同志写了一封信,请他为《近代史研究》题词。胡绳同志很快就把这个题词寄来了。胡绳同志在题词当中,实际上就是一句话:建议今后应该把中国近代史和中国现代史分开来说,应该把 1840—1949 年 110 年的历史看成是中国近代史,而把 1949 年以后的历史看成是中国现代史,不要像以往那样再说到中国近代史时笼统地说成中国近现代史。这可以说是他生前关于中国近代史的重要主张之一。关于这个问题,我过去就查过一些材料,包括范老的意见、刘大年的意见、荣孟源的意见、李新的意见,实际上他们都主张近代史应该到 1949 年。

长期以来,既然刘大年、荣孟源、李新他们过去都在近代史所工作,都讲过应该到 1949 年,那为什么近代史所"中国近代史"的编写还是到 1919 年呢?我过去也想过,80 年代初也想过,得出一个想法就是:理论上他们认为中国近代史应该到 1949 年,但是实际上编写的时候他们暂时先编到 1919 年,原因就是 1919 年到 1949 年只有 30 年,到 1959 年不过 40 年,五四运动跟往后的历史人物,那时基本上都在。这是第一。第二呢,五四运动及五四运动以后的历史资料很少,档案资料完全没有公布,各地报纸上发表的一些回忆录实际上也不是很多。所以说那时候来写 1919 年以后的历史有困难。所里在实际操作"中国近代史"的编写时,还是按照 1919 年在写的。

到了 80 年代以后，大家就陆续在议论近代史的下限问题。胡绳同志的题词发表的时候，我就感觉到有必要就这个问题讲一点看法，讲一点看法也是因为对李时岳教授在 1980 年、1981 年提到的"沉沦"与"上升"有一点新的想法了。我感觉到有必要就这个问题正式发表一点意见。首先是在天津的《今晚报》发表了一篇千字文，讲了基本观点，然后在北师大做了一次学术演讲，以后形成文字，这就是《关于中国近代史的分期及其"沉沦"与"上升"诸问题》那篇论文，在《近代史研究》1998 年第 2 期发表的。

邹：您在文章中谈到的"沉沦"与"上升"是什么意思呢？

张：这是我对近代中国发展走向问题提出的看法。以往的历史学家认为中国近代史自 1840 年鸦片战争中清政府失败时候起，中国社会便逐渐陷入了半殖民地半封建社会的深渊，是近代中国社会的"沉沦"。改革开放初期，有学者认为近代中国不仅有"沉沦"，而且还有"上升"，认为"沉沦"与"上升"是同时并存的。我认为这两种解说都有片面性，前一种看法虽然看到了帝国主义和清政府腐败给中国社会带来严重的后果，却无法解释为什么近代中国以后有积极的、向上的发展；后一种看法虽然看到了近代中国的"沉沦"中有"上升"，但说在"沉沦"的过程中始终包含着向上的因素，"沉沦"与"上升"同时并存，也不能说服人，这两种看法都不符合历史发展的真实。我认为，近代中国社会"沉沦"有一个"谷底"，这个"底"在 20 世纪的头 20 年，在这 20 年，近代中国虽然"沉入深渊"，却出现了向上的转机，进步的力量开始酝酿和壮大，中国社会内部发展明显呈现上升趋势。跃出这个"谷底"后，中国社会的积极向上一面已经成为社会发展主要趋势了。近代中国社会的发展轨迹像一个元宝形，开始是下降，降到谷底，然后上升，升出一片光明。

邹：这个观点还是很有说服力的。您的这篇文章，就是把中国近代史的下限定在了 1949 年。您认为这一百多年的历史中，可以分为七次革命高潮。除了这篇文章外，您还按照这个观点，编写了新的中国近代史的著作。

张：我从中国近代史的全局来考虑，觉得有必要重新来考虑中国近代史的革命高潮问题。我在吸纳胡绳的研究成果的基础上提出中国近代史的革命高潮从全局看，应包括七次：第一次，太平天国运动；第二次，戊戌维新和义和团运动；第三次，辛亥革命；第四次，新文化运动和五四运动；第五次，1927年大革命；第六次，1937—1945年抗日战争；第七次，解放战争胜利和中华人民共和国的成立。这七次革命高潮，基本上决定了近代中国的政治走向，包括了近代中国民族民主革命的基本内容，也是中国近代史发展的基本线索。

按照这个观点，我把这110年的中国近代史分为六个时期：（1）1840—1864年，是中国初步沦为半殖民地半封建社会的时期，也是中国社会的积极力量对中国社会面临的急遽变化做出初步反应的时期；（2）1864—1901年，是中国半殖民地半封建社会的成型期，也是中国社会中的积极力量对所处环境做出强烈反应的时期；（3）1901—1915年，中国半殖民地半封建社会向下沉沦到谷底的时期；（4）1916—1937年，中国社会内部发展开始呈现上升趋势，资产阶级及其代表的政治力量、无产阶级及其代表的政治力量迅速成长，并终于取代旧势力开始成为主导社会发展的力量；（5）1937—1945年，抗日战争时期，中国近代史的根本转折；（6）1945—1949年，是中国两大政治势力为决定中国发展方向而决战的时期。

为了完善中国近代史的学科体系，在探讨近代中国历史发展规律的同时，我在1998年主编了一本《中国近代史（1840—1949）》，这是一次初步尝试；到2005年，我又与龚云合著了《中国近代史研究》和《中国近代史论著目录》（1979—2000），这可以说是具体的铺垫。重头戏是2000—2006年我主持编纂的十卷本《中国近代通史》，这是一次重要的实践。

邹：我在图书馆看到了您主编的十卷本《中国近代通史》，这是中国近代史研究的一项大型工程，表明了我国学者对近代史研究的最高水平，它对于中国近代史的教学与研究都有重要的意义。主持这项工程一定要花费很多心血，请您谈谈这项工程是怎样进行的？

张：这个项目是1998年我在院里一次内部会议上提出来的。1999年在院的工作会议上，当时的院长李铁映在工作报告中就把这个《中国近代通史》列进去了。这就说明了院里已经把它列进工作日程里去了，所里大家也都支持，我感觉上下都认识到需要这样做了。1999年的下半年，我就正式把这个问题在所里提出来了。在2000年初也听到有不同的声音，其中有一条：我们有必要写通史吗？我们现在有条件写通史吗？

在我1988年当副所长期间，提倡大家个人写专著。从那以后，我们的集体项目相对减少了，个人项目增多了。到1999年、2000年这个时候，我感到所里这一批中年人，每个人都有几本书了，在资料的准备，在研究基础的准备方面，大体已经够了，所以我觉得从各个方面来说已经具备写《中国近代通史》的条件。就这样，我觉得我们的条件基本具备了，我们应该来动手写了。

邹：《中国近代通史》是个集体项目，怎样保证大家都用统一的思想来进行呢？

张：我写了大概一万字的东西，现在第一卷的第二章大体就是那个东西发展过来的。这里我提出了编纂《中国近代通史》的基本思路：一是明确中国近代史的分期。要打破以1919年为分界的老框框，要写出1840—1949年的完整的中国近代史。二是准确把握中国近代史的基本线索。中国近代史是以反帝反封建为基本线索的，以追求国家独立、人民解放为基本任务的。三是拓宽研究领域。全面反映近代中国历史内容，需要政治的、经济的、文化教育的、社会生活（包括人口状况）的、民族关系的、边疆政情和社情等各方面研究的配合，缺一不可。四是关于"革命高潮"问题的处理。在分卷原则里，实际上参考了七次革命高潮的看法，但是在分卷分章的标题里并不出现七次革命高潮的字样。这样处理，意在避免无谓的概念之争。我希望用这个东西统一大家的思想，大家如果不赞成，我们就需要讨论，需要交换意见。大家同意我做主编，这本书的基本指导思想应该按照我的思想来写，每一个作者都可以不同意我的观点，但是在这一本书里头，要按照基本一致的观点来写。所以这部书里头有些卷我改得很多，跟这个想法也有关系。我改的大体上我可以接受了，我就放心了。当时我找了七八个人，在当时看来都是中年，是他们学术上的盛年，都有相当的研究基础，有相当的综合和概括能力。大家看了我写的东西，没有提出原则性的不同意见，这样我们就可以做下去了。到2006年、2007年，《中国近代通史》十卷全部出齐，总共550多万字，算是顺利完成了。

邹：您对于这项成果感到满意吗？

张：基本是满意的。这样大篇幅的中国近代史，从1840年到1949年110年连在一起的，应该说到目前为止在我们中国的学术界还是第一部。比起以前我们已经出版的上百种版本的书，应该是进步了，它概括了我们这 20 多年甚至是 50 多年在中国近代史研究上所取得的成就。但是我也还是觉得有遗憾，时间太紧，修改得还不够。我每卷都看了，我每卷都提了意见，有的意见多一些，有的意见少一些。有的卷我直接动手改了，有的卷提的意见多，动手改的少。我觉得还是有一点小遗憾，有一些还是没有完全按照我的想法来做，当然在整个十卷当中分量也不是太多。如果时间充裕一些，如果每个人交稿时间提前一些，给我的时间多一些，有一些我就会自己动手来改了，有的地方我是不完全满意。但是，十卷本《中国近代通史》的编纂，它标志着 20 世纪中国近代史研究学术成果的一次阶段性总结，这项工作的完成，可以告慰近代史所的各位先辈了。

三　治史心得

邹：张先生：您从改革开放以后才开始真正意义上的学术活动，从一个普通的研究人员成为副所长、所长，又长期担任中国史学会的领导工作。您所走过的学术道路应该是很有代表性的，我觉得您是继承了中国老一辈马克思主义史学家的传统，代表着中国史学发展的主流趋势。您对自己走过的史学道路也进行过多次的总结、反思，每一次您对来访者的谈话都体现了这一点。我想能否借这次访谈，把您走过的治学道路再向我们的读者说明一下呢？

张：确实每一次接受访谈，都要谈自己的治学体会，不过这个问题很大，恐怕很难说得清楚。

邹：我读过您的著作、文章，首先感觉的一点是您作为一位史学工作者，但您的视线不仅仅是关注历史，您也关注现实，经常立足于近代史来阐明一些现实问题。看您的《东厂论史录》一书，其中的下编总题目就是《历史与现实：在中国近代史的时空环境中思考》，这是老一辈马克思主义史家的传统，也可以说是您治史的一个特点吧？

张：我觉得，历史对于现实，仅止于借鉴，提出更多的要求是不合适的。历史为现实服务，不是说为现实政治做简单的服务，所谓服务，应该是从借鉴历史经验的意义上说的，这也是老一辈马克思主义中国近代史学家关注现实的传统。

我正是按照这个传统，从中国近代历史的角度关注现实问题，如中日关系问题、港澳问题、台湾问题。

例如中日关系问题，这既是中国近代史研究中不能回避的学术问题，也是现实社会中非常敏感的政治问题。中日关系的历史与现实问题，是我经常关注的重要内容。20余年来，由于日本右翼势力不断地蓄意制造事端，如日本领导人屡次参拜靖国神社、一些右翼政治家和学者肆意否认南京大屠杀事件、文部省批准修改历史教科书等，这些使中日之间的政治与外交关系不时地发生波折。对于此类事件，我发表了《不负责任的日本政治家永野茂门》一文和《警惕日本的动向》的发言，予以严词谴责。我还与步平共同主编了《日本教科书问题评析》一书，以翔实的历史材料，论述了日本侵华的事实及其滔天罪行，揭露了所谓"教科书问题"的实质，就是日本右翼势力对历史事实的有意歪曲与否认，以及日本文部省对此的姑息与默认。

作为从事历史研究的工作者，对于中日关系的思考应该是冷静而理性的。例如，1995年8月，我在中日友好协会主办的中日关系讨论会上做了主题发言《近代中日关系的历史回顾》；1997年12月，在东京第四届"近百年中日关系史"国际研讨会上做了主题报告《反省近百年中日关系的历史教训》；2001年12月，在东京国际文化会馆举办的"全球化与21世纪的中国"国际学术讨论会上做了《全球化与中日关系——历史的回顾与现实的观照》的演讲；2003年在日本岛根县立大学发表的演讲而后正式刊登在《抗日战争研究》上，题为《试论当代中日关系中的历史认识问题——兼评〈中日接近和"外交革命"〉发表引起的"外交新思考"问题》。在这些演讲中，我明确地表达了一个历史学者的社会职责。我谈道，历史学者，尤其是中日两国的历史学者应该站在维护历史真实斗争的前列。这是因为，历史研究本身就是探索历史真实和在此基础上解说历史规律的学问。一切违反历史真实的谎言，在科学的、理性的研究中，最终都会被揭露出来。

对于港澳回归，我也从一个历史学者的角度阐明了有关的历史和对未来的展望。1997年香港回归时，《求是》杂志约我写我文章，我发表了《百年沧桑话香港》一文，回顾了英国侵占香港与香港回归的历程，展望了香港回归后的发展前景。同时，我还发起了由近代史所与香港大学合作在香港召开有关香港历史问题的国际学术讨论会，开启了香港历史研究的新局面。

到1999年澳门回归时，我又应《求是》之约，发表了《回归之际话澳门》一文，回顾了澳门政治发展的历史，深入思考了澳门历史中的诸多问题；同时指出，我们在港澳取得的"一国两制"经验，必将为解决台湾问题提供借鉴。另外，我还主持并组织所内学者编辑了大型史料书《中葡关系史资料集》（上下卷），首次编入了大量葡萄牙文史料，为进一步开展澳门史研究奠定了良好的基础。

邹：您对于台湾历史的研究花费了大量的心血，您还担任着台湾史研究中心的主任。这个中心是院里的还是所里的研究机构？

张：这个中心是院属中心，它的建立有这样一个过程。1989年，台湾"解禁"不久，我有机会多次在北京接待来自台湾学术界的客人。那时候，有台湾客人来，我们都很积极地去会见他们。1992年5月我的台湾之行，是我的台湾经历中也是我的人生经历中一个重要事件，结识了很多的台湾学者。此后，我又多次去台湾访问交流，也经常在大陆会见台湾来的学者。这样，我就和台湾的学者特别是近代史的研究者建立了很广泛的联系。2001年，中国社会科学院提出开展台湾历史研究。经过近一年的酝酿和商讨，最后决定在近代史研究所建立台湾史研究室。我时任近代史研究所所长。考虑到1949年以后，国内出版的第一本台湾历史书，是近代史研究所前辈学者撰写的，考虑到所谓台湾历史，最关键的清初以后的历史，其中鸦片战争以后的历史，就是中国近代史的内容，我个人感到责无旁贷。于是，2002年4月，近代史研究所成立台湾史研究室，由我暂时兼任主任。八年来，台湾史研究室从无到有，研究人员不算我有7人，六人有博士学位，在近代史所内，力量已不可小觑了。有关日据时期警察制度研究、有关日据时期台湾总督府经济政策研究、有关日据时期台湾米糖经济史研究、有关日台经济关系研究、有关二二八事件研究、有关台湾中学历史教科书研究、有关台海冲突与交流研究等方面的著作，也已出版，为中国大陆的台湾历史研究，贡献了心力。

大陆的台湾史研究，总体来讲，发展是不够好的。除了厦门大学台湾研究所开展台湾史研究比较有基础外，其他各单位很少有专人从事台湾史研究。大陆各单位注意研究台湾现状的人很多，研究台湾历史的人很少。在我看来，没有台湾历史研究作为支撑的台湾现状研究，未必能走得很远。因此，在有了台湾史研究室这一实体后，我决心大力推动台湾史研究中心的成立。

2002年9月底，中国社会科学院台湾史研究中心成立。台湾史研究中心成立了理事会，朱佳木副院长兼理事长，南京大学茅家琦、厦门大学陈孔立，还有我，三人任副理事长，我本人兼任研究中心主任。成立台湾史研究中心，目的在协调、推动大陆的台湾史研究。主要方法是召开学术讨论会，通过学术讨论会，把研究力量团聚起来。2004年、2005年、2006年、2008年、2009年、2010年，我们分别在北京、长沙、厦门、开封、大连、重庆召开了台湾历史的学术讨论会，今年8月，我们还计划在兰州召开康熙统一台湾330周年学术讨论会。这些讨论会，对于加强海峡两岸台湾史学者的联系，起到了一定作用。

邹：您写了不少有关台湾问题的文章，已经汇成了一个集子出版了。

张：我编了一本《书生议政——中国近现代史学者看台湾的历史与现实》，2010年先在台北出版，2011年北京九州出版社也出版了。还与陶文钊合编了一本《台湾简史》，2010年出版；2012年12月又出版了108万字的《台湾史稿》，也是与陶文钊合编的，基本的写作力量都是来自近代史所台湾史研究室。

邹：我读到您过去的文章或谈话，多次谈到对历史的宏观研究要与对历史的微观研究相结合。从多数史学工作者来讲，是应该从事微观研究的，但是不能忽视对历史的宏观研究，不能削弱对重大理论问题的研究。从史学研究的课题上来看是这样，您也谈到从人才培养的模式上看也应该兼顾这两方面。

张：我觉得一个研究机构只能是多数人关注微观问题，少数人思考宏观问题。所谓微观问题，就是实证研究，历史学如果不是建立在实证研究的基础之上，所得出的成果，会引人质疑的。实证研究，是要从大量的史料当中论证出你的结论。实证研究是近代史所的一个特点，建所以来，一直就是这样。

但是，近代史所从来没有忽视宏观研究。近代史所的领导人，如范文澜、刘大年、黎澍诸位先生，都是很关注宏观问题的，他们在涉及中国近代史研究中的许多重大问题的论述，引起过学术界广泛关注。如范文澜 1958 年在《历史研究》发表《反对放空炮》，反对大话、空话，针对的是当时"史学革命"中的错误方向的；刘大年发表的《论历史学理论研究》《论历史研究的对象》，就是历史学研究领域重要的宏观研究论著。我本人也倾注了很多心力来关注中国近代史领域里的宏观问题。2008 年出版的《张海鹏集》，那里面汇聚的都是我对于近代史领域里的宏观问题的思考。

作为一个国家开办的研究所，不可能把所有的人都调去研究宏观问题，也没有这个必要。但是，现在又有另外一个现象。不仅是我们研究所，而是整个历史学界，都有一种现象，就是对理论的冷漠、冷淡、淡漠，说重一些是轻视。自上世纪 50 年代以来，学术界的争论，数历史学界的争论做得最好，当时中国古代史领域有所谓"五朵金花"，近代史研究领域里，争论也很多：关于近代史分期问题、关于资本主义萌芽研究、关于社会形态、关于社会发展规律、关于半殖民地半封建社会研究、关于洋务运动等，都引起过长期争论。延续 50 年代近代史分期问题的研究，到了 80 年代又出现了中国近代史基本线索的讨论，这个讨论轰轰烈烈，我也曾参与其中。我认为这是非常好的现象，这是近代史学界百家争鸣的好现象。到 90 年代初，争论还有。但是，到了 90 年代中期，关于中国近代史领域里的宏观问题的争论，就很少见了。我在 1998 年发表了一篇关于中国近代史的分期的文章，提出了关于"沉沦"与"上升"方面的一些观点，这些观点实际上是在 80 年代观点的基础上进行的重新思考、论证，但是，这时已经很少有人来和我辩驳了，讨论开展不起来了。我们的学术界对宏观问题显得有一些淡然。我想，不仅在近代史领域里是这样，在历史学的其他领域里也是这样。

邹：史学理论界也存在这样的问题。现在开史学理论讨论会，已经很难找到大家共同关注的话题，争论就更少了。在您看来，为什么会产生这样的现象呢？

张：史学理论讨论会，1990 年在厦门大学开的那一次我参加了。史学理论方面重大问题的争论，也慢慢减少了。在我看来，对理论的冷淡，源自对马克思主义理论的冷淡。除国际大环境外，我觉得之所以会如此，在一定程度上与后现代史观的影响有关。后现代史观，就是反对从宏观角度来探讨历史，他们是要用精细的研究来解构宏大叙事。后现代理论是在西方形成的，它有一个好处，它强调一个一个具体而微的小问题，它不管什么大的背景，不管历史发展规律，就是只关注一件事情，把这件事情讲清楚，它的好处是把与此事有关的史料全搜集在一起来分析，而超出这件事情之外、更大的历史背景，它不关心。我们不是不能研究细小的问题，但是，在探讨的时候，要把细小的问题同大的历史背景结合起来，要不然，就很难说明，为什么在这样大的历史背景下，产生这样的问题。社会生活是极其复杂的，社会现象是极其纷繁的。研究历史上的社会生活，就是要从复杂和纷繁中理出头绪，看看历史为什么发展到这个方向，而不是另外的方向。这就是建基于史料累积上的宏大叙事。解构这种宏大叙事，把历史学者的眼光局限于，或者引导到日常生活的细故研究，就会掩蔽人们对历史发展方向的认识和警觉。我还觉得，史学理论研究一定要与具体的历史过程研究相结合，如果缺乏这种结合，史学理论就会给人空泛之感，感兴趣的学者就会减少。

宏观问题、战略问题，对年轻人来说，有一定难度，但是，在年轻的时候，也应该有这方面的兴趣。研究宏观问题，需要看很多书，特别是要看很多马列主义的原著，其他的一些著名社会科学家的著作，也要看。有了这方面的积累，到了一定时候，你就能够在这方面开辟自己的领域，你写出来的东西，就会很有底蕴，不会让人感到都是空话，即使是宏观的东西，你有大量的知识做基础，能够找出足以支撑你的结论的中外历史史实，那就可以取信于人了。年轻学者不适宜做宏观研究，但是，应该有这方面的准备。增加社会阅历，多读理论书籍，就是这方面的准备。

社会需要能够进行宏观研究的战略思想家。过去，恩格斯说过，德国的学者特别喜欢建立各种各样的体系。现在是美国人，他们不仅掌握了经济霸权，还掌握了学术话语霸权。他们经常提出新的概念、新的模式，这是美国人的一个特点。我觉得，我们中国学者应该赶上去，我们应该有自己的话语权，要提出中国人自己的概念、模式，不能盲目地跟着外国学者走，要建立自己的学科理论体系，要建立自己的学术自信。

邹：从您的文集来看，您也不是仅仅做宏观性的研究，也研讨过一些具体问题。

张：我个人原来是有意在专题研究上多下些功夫，但是，我实在没有时间，不过还是搞了几个题目。像辛亥革命时期湖北军政府的谋略处，许多研究武昌起义的论著都在讲，胡绳同志的《从鸦片战争到五四运动》里面专门有一节是讲谋略处。我考证了谋略处的问题，否定了谋略处的存在。我是运用乾嘉考据的方法来研究的。这篇《湖北军政府"谋略处"考异》，发表在《历史研究》1987年第4期。1988年发表在《近代史研究》上的研究湘军安庆战略的论文，也是有个人心得的。

1991年11月，接到台湾政治大学的邀请，去参加一个关于黄兴与近代中国的学术研讨会。我写了一篇黄兴对武昌首义的态度问题的文章，对黄兴是采取批评的态度，当然是在爱护的前提之下的批评态度。这篇文章在讨论会上，评论者给了"无懈可击"四字评语。

为了参加在美国哥伦比亚大学举办的一个纪念抗战胜利50周年的会议，我写了一篇关于皖南事变的文章。我也写过其他一些文章，我的这些专题研究文章，都是从细小的部分入手，上升到比较宏观的境界上去。2010年8月，我去阿姆斯特丹参加国际历史科学大会，提供了一篇文章，是关于洋务运动的。我的这篇文章里提出，洋务运动不应该和明治维新相比较，而应该和明治维新之前的幕府后期的改革相比较。

对于专题研究，我应该多写一些，我也有兴趣多写一些。但是，我没有时间。专题研究，要勤跑图书馆、档案馆，我一向有志于此，但是由于行政工作缠身，很难有时间让我去待在档案馆里。这是我的损失，也是我的遗憾，我是无可奈何的。现在我已经过了74岁，还很想做专题研究，但也有些力不从心了。

邹：我看到您自己写的文章或别人写的介绍您的治史思想的文章，都是强调您在史学研究中坚持唯物史观的指导，这是您一直坚持的治史原则吧？

张：这的确是我始终坚持的治史原则。我从不隐瞒自己的观点，在大陆的刊物上我是这样讲，在台湾的刊物上我还是这样讲。我在与台湾学者的接触中，了解到部分学者对唯物史观很反感。1997年年末，台北《历史月刊》编辑部给我打电话，告诉我1998年是该刊创办10周年，请我写一篇文章。我决定直接向该刊的读者宣讲唯物史观。1998年《历史月刊》二月号发表了我写的《关于中国近代历史发展规律的认识和对若干史实的解说》的长文。我在这篇文章中系统解说了唯物史观的基本原理，结合这个原理对近代中国的若干历史事实，包括帝国主义侵华问题、洋务运动问题、辛亥革命问题、孙中山学说（特别是三民主义）问题、资产阶级历史作用问题、三大政策（即"联俄、联共、扶助农工")问题等分别给予了解说。文章发表后,中研院张玉法院士、该院近代史所前所长陈三井研究员告诉我,台湾地区研究中国近代史的主流学者大概都看过了这篇文章。著名的民国史专家蒋永敬教授在他的文章里还征引了我文章中的观点。

邹:那么您是如何消除台湾学者对于唯物史观的错误认识呢?

张:一些台湾学者认为唯物史观是教条,我说世界上任何一个史家,要想研究和说明历史上的某个重大问题,总会秉持某种史观,这是不待证明的。我们之所以主张唯物史观,不是因为它是教条,是八股,而是因为它能告诉我们一种方法、一条捷径,使我们能更有效地处理纷繁复杂的历史问题,使我们能更好地洞察历史发展的方向。

我在文中强调,唯物史观是人们对历史认识的一种最一般的观念,它并非神秘而不可理喻。唯物史观认为,有史以来的人类历史,是客观存在的,不是主观形态的;历史现象虽然千姿百态,纷繁复杂,却不是虚无缥缈的,人们虽然不能像自然科学那样在实验室里重复制造历史过程,但在掌握了尽可能多的历史资料以后,是可以对过往的历史过程加以描述、加以认识,并获得对往史的较为近真的影像的;历史现象虽乱如丝麻,却是可以理出头绪的,并且显示了一种由低级到高级的发展过程。马克思、恩格斯提出的五种社会发展形态,则是对这一过程的最一般的描绘。当然,这并不能代替各地区各国家历史发展的丰富内容和具体走向,各地区各国家的社会历史发展具体途径,要依各地区各国家具体的历史环境去决定,还要靠那里的历史学家去研究和总结。

近代中国的历史进程告诉我,中国只有坚持社会主义的方向,中国才能复兴;中国只有坚持中国共产党主张的马克思主义与中国实践相结合,中国才能前进。所以,在学术事业中,在历史研究的实践中,我坚持只有遵循唯物史观的指导,我们的学术研究事业才能更为客观、更加科学,更符合历史事实。要认清人类历史发展的方向,要揭示人类历史前进的规律,只有马克思主义、唯物史观最具有指南针和解剖刀的意义。形形色色的唯心史观,在这个问题上都显得软弱无力。

但是,我并不主张在学术研究实践中到处引用马克思主义的只言片语。我主张学习唯物史观的基本理论,努力领悟唯物史观的方法论意义,在研究实践中,在百家争鸣中,运用这种方法论做解剖刀,去辨识历史事实,开拓学术视野,建立自己的学术观点。我撰写的学术论文,都是努力学习这种方法论，努力实践这种方法论的指导。当然，这不是说已经做得很好了，只是说一直在努力中；当然这种努力是无止境的，生命有日，在学术活动中都要这样去做。

邹： 您对大陆学者中一些有悖唯物史观的论点也是十分关注的，这在网上引起了一些网友的热议。

张： 你是指我在《中国青年报》上发表的那篇论辩文章吧！那是2006年3月1日，应有关单位约请，我在《中国青年报》"冰点"栏目发表了《反帝反封建是近代中国的历史主题》一文，与南方某教授颠覆中国近代史基本观点的文章做学术论辩。我在文章中除了就第二次鸦片战争和义和团运动的史实驳斥了对方的观点，还结合唯物史观的基本原理，结合具体史实，强调了用唯物史观指导历史研究的意义。当天香港有线电视台记者采访我，认为我的文章很平实，出乎他们的意料。我调查了头三天网民的反应，支持的占到60%，反对的占不到40%。支持的人中，也有人对文中提出唯物史观不理解，甚至反感。

2006年8月，在中国社会科学院党的工作会议上我做了《我是怎样在中国近代史研究中坚持唯物史观的》发言，算是对我院党组织作的一次汇报。此后我发表的文章常常受到读者和网民关注。2006年12月14日我在院报发表了《中国近代史研究的基本评价和方法论问题》一文，网上有人对我强调唯物史观提出了强烈批评。我欢迎读者的批评，我会在今后的文章中考虑他们的意见，但是我认为坚持唯物史观是正确的，对此我将乐此不疲，不会松懈。

邹： 其实早在1996年，您就发表过评所谓"告别革命"的文章，在学术界很有影响。

张： 是的。针对李泽厚、刘再复在香港出版的《告别革命》一书的观点，我在《当代中国史研究》上发表了《"告别革命"说错在哪里？》的评论文章，批驳了这本书中歪曲、诬蔑中国近代革命史、世界革命史的错误言论。我说明所谓"告别革命"，实际上是要告别马克思主义，告别社会主义，告别近代中国人民的全部革命传统，把近代中国的革命历史都否定了，把本世纪的革命理论都"解构"了，所谓反帝反封建自然不成立了，中华人民共和国的成立自然就失去合理性了。如此，则所谓有中国特色的社会主义、社会主义的市场经济，岂不是都消解殆尽了么？这篇文章也被多处转载，受到了广泛关注。

邹：在历史研究中坚持唯物史观指导的问题是一个需要不断强调的话题，即使在今天仍然有继续强调的必要。这次首届马克思主义史学理论论坛就是要达到这一目的。您认为这次论坛开得怎样？对于今后史学研究工作如何更好地坚持唯物史观的指导，您有什么想法？

张：我完全同意您的说法，坚持唯物史观指导，是历史学研究中一个需要不断强调的话题。中国社会科学院举办首届马克思主义史学理论论坛就是这个意思。这次论坛，汇聚了全国上百位研究史学理论的学者，从不同的角度研究史学理论问题、研究马克思主义、研究唯物史观对史学研究的指导，是很有意义的，我建议马克思主义史学理论论坛一定要坚持下去，不要只有首届，不见下文。史学理论是一个常说常新的话题，要一届、二届、三届连续开下去。我建议，为了提倡历史学者读马克思主义的书，不妨在今后举办的论坛中，开辟专门会场，研讨马克思主义经典作家有关历史学的著作，分析这些历史学著作写作背景，从这些历史学著作中，如何抽象出历史学理论，如何上升为唯物主义的历史观，以及如何利用这些理论指导，观察和分析世界历史和中国历史。我相信这样做，对于提高我国历史学者的史学水平，一定是有好处的。这是我的期待！

邹：2015年将在山东济南召开第22届国际历史科学大会，您作为中国史学会会长，请介绍一点有关情况。

张：国际历史科学大会是国际历史学会主持的，每五年一次。以前多半在欧洲举办，在美洲、澳洲也办过，亚洲还没有机会办。中国史学会作为国际历史学会的国家会员，一直希望在中国办一次这样的大会。1995年在加拿大蒙特利尔国际大会上，中国史学会的申办失败了。2005年开始，我作为中国史学会常务副会长，积极加强了与国际历史学会的沟通。2007年9月，我们争取到在北京举办国际历史学会代表大会的机会，为争办国际历史科学大会奠定了一定基础。2010年9月，我作为中国史学会会长，率领中国史学会代表团出席了在阿姆斯特丹举办的国际历史学会代表大会，在大会上通过了中国史学会提出的在中国济南举办第22届国际历史科学大会的申请。这将是国际历史科学大会第一次在亚洲举办。去年9月，在布达佩斯国际代表大会上，研究了2015年大会的议程，大会的第一主题是中国在世界历史上的地位，将由中国学者主持，我们还争取了多场专题讨论由中国学者来主持。这将是中国史学会与国际历史学会一次更高层次的合作，是中国历史学者与世界各国历史学者一次全面的接触，对中国历史学的发展会起到促进作用。目前，中国史学会正在按照日程安排筹备大会的进程，希望各位读者关注这件事情，给中国史学会以支持。

邹：张先生，在我们这个访谈稿正在整理定稿的时候，见到5月8日《人民日报》发表了您和李国强合写的文章《论〈马关条约〉与钓鱼岛问题》，引起了媒体的广泛关注，日本政府还对它做出强烈反应，引起了中日之间的外交交涉。一篇学术文章为什么会引起这样的反响，您能够向我们的读者讲一讲吗？

张：你提出了一个饶有兴趣的问题，也是一个很难以回答的问题。钓鱼岛一文引起如此大的反响，是事先未曾预料到的。那篇文章主要是讲钓鱼岛问题，为了加强论证力量，也联系讲了琉球问题，将钓鱼岛与琉球问题联系起来，是为了说明日本侵华的战略目的。文章的末尾，讲了一句"历史上悬而未决的琉球问题也到了可以再议的时候"，被新闻媒体当作了这篇文章的亮点。国内外媒体和网民的议论大多关注这个"琉球再议"。前面说过，我是一个历史学者，不仅关心历史，也关心现实。我以为，只埋头书斋、不问世事的历史学者一定不是一个好的历史学者。自从钓鱼岛所谓"国有化"或者主权争议出现后，我每天都在关注事态的发展，都在思考历史与现实的关系。我认为在讨论钓鱼岛问题的时候，不可以不提到琉球问题。"琉球再议"就这样很自然地提出来了。提出琉球地位需要"再议"，我是从琉球历史和近代中日交涉的历史中得出的结论，不是从现实的中日关系出发的。当然，提出"琉球再议"，可能对现实的中日关系产生何种影响，需要关注。那不是我作为一个历史学者所能左右的。这个问题，我还要写文章，回答新闻媒体和网民的分析意见，限于篇幅，这里就不多讲了。请各位看我的文章。谢谢你们对这个问题的关注！

邹：谢谢您接受我的访谈。您不仅谈了个人的治学之路，而且也对中国史学的健康发展提出了自己的宝贵意见。这里我也代表《历史教学问题》的读者向您表示感谢！

张：谢谢您！为访谈劳神费力，让您辛苦了！请代我问候《历史教学问题》的编者和读者！您是首都师范大学历史学教授，我也曾有机会在贵校担任讲座教授，从贵校学者中汲取营养，是我的荣幸。

从历史学出发　共筑中国梦想[*]

——专访历史学家张海鹏

付红领：感谢大家参加"与院士面对面"第一期座谈会，今天我们有幸请到社科院学部委员、著名历史学家张海鹏先生。张先生是中国近代史的研究大家，著书、立论不胜枚举。近期，由张先生主编的《中国近代通史》更是一部里程碑式的著作。这部书最大的特点是：秉承史学界传统，开创史记新精神，我相信这部著作也将成为继《二十五史》之后的又一部深具影响力的作品。素闻张先生诲人不倦，学养深厚，今天大家有什么问题都可以当面向张先生请教。

借鉴昨日历史　分析当今中日关系

赵　民：非常有幸与张先生面对面交流一些问题。我近期比较关注中日关系，也就这个问题拜读了您的一篇《琉球再议，议什么》的文章，感到痛快淋漓，印象深刻，我想这正是史学对现实问题的观照。我想从做学问的角度请教张先生，如何将往日的琉球问题与当今的中日关系联系起来？

张海鹏：我在5月8日《人民日报》上发表的文章主要是谈钓鱼岛

---

[*] 这是中央国家机关工委组织的一次"与院士面对面"第一期访谈活动的纪要。付红领是中央国家机关工委负责人，季为民当时是中国社科院团委书记。与谈者是中央国家机关有关单位工作人员。访谈时间是2013年5月19日（上午），访谈地点在中国社会科学院近代史研究所。这个纪要曾摘要收入中央国家机关工委编《与院士面对面》（一），中国社会科学出版社，2014。

问题，又在《环球时报》发表《琉球再议，议什么》。为了更有力地论证钓鱼岛是中国的固有领土，因此把琉球问题拿了出来，这是一种论证方法，因为日本说钓鱼岛划归冲绳管，既然琉球（冲绳）不是日本的，钓鱼岛肯定也不是日本的。这篇文章引起了媒体和网民的极大兴趣，也引起了国家层面的关注。文章发表当天，日本内阁官房长官菅义伟对此进行了批驳，对中国政府提出抗议。第二天，日本首相安倍晋三也表示要向全世界公开说明日本的立场。第三天，美国国务院发言人回答了有关钓鱼岛的提问，表示美国政府不持立场。中国外交部发言人当天就表示中国政府拒绝日本的抗议。因一篇学术性文章引起这样的反响，我没有预料到。

中日关系问题一直是我关注的对象。过去，我每到日本访问，在不同的场合都讲过中日关系，每次都会批评日本忘记历史。2004 年初，我应邀去日本岛根县立大学访问一个月，那时正是小泉执政时期，中日关系较为紧张。当时有一个中国学者，发表了关于中日关系的一些看法，在日本学界引起强烈注意。他建议把中日历史问题撇在一边，主张中国联合日本共同对付美国，他称之为"实行战略集中原则"。我在岛根县立大学期间，听到几个博士生就这位教授的学术观点做了报告，我做了评论。我又在大学的教授会上发表了关于中日关系的演讲。之后，我在此基础上拟就一篇近两万字的论文。这篇论文介绍了中日关系的历史和现状，讨论"战略集中原则"的合理性，我认为我们既不可能联合美国对付日本，也不可能联合日本对付美国。好比等腰三角形，美国、日本是两腰，中国是底边。两腰永远大于底边。这篇文章认为1972 年建交以来的中日关系是历史最好表现。我在文章里反复强调，正确认识中日关系，无法撇开历史问题。中日关系有两个最重要问题，一个是历史问题，一个是台湾问题。我认为解决历史问题是中日两国改善关系的重点和起点。

自去年日本将钓鱼岛"国有化"问题以来，我几乎每天都在关注钓鱼岛问题的进展。大约一个月前，领导建议我就钓鱼岛问题写篇文章，我答应了。随后，我和另外一个同事写了篇文章，文中讲了三个问题：第一个是《马关条约》和钓鱼岛问题；第二个是根据台湾历史文献，钓鱼岛划归台湾管辖；第三个是历史上的琉球问题，即琉球再议问题。

如果不把琉球问题摆进去，很难把钓鱼岛问题讲清楚、讲彻底。关于琉球问题，我想讲四点内容。

第一点是日本侵略中国战争的原因导致琉球问题成为悬案。明清两代琉球是中国的藩属国，琉球国王需要得到中国皇帝的册封。1879年日本占领琉球，清朝政府提出抗议，中日两国就琉球地位进行了谈判。谈判持续了数年。1888年，日本准备发动甲午战争，关于琉球问题的谈判也终止了。1941年，中国国民政府对日宣战，宣布清政府签订的包括《马关条约》在内的一切对日条约作废。这为再议琉球地位创造了条件。

第二点是开罗会议对琉球问题的影响。1943年开罗会议，时任美国总统罗斯福提出琉球问题是不是交给中国来管，蒋介石的答复很谨慎，他说最好中美共管。就是说琉球问题在开罗会议上没有形成定论，没有列入开罗宣言。在波斯坦会议之间，苏联斯大林也提出琉球应该归中国管。在开罗会议和波斯坦会议都提出了琉球问题，但都没有形成定论。今天，我们应该在开罗会议、波斯坦会议机制上重新讨论琉球问题。

第三点是《旧金山条约》与琉球地位。1951年签订了《旧金山条约》，1952年生效，当时周恩来总理正式发表声明，说中国作为对日作战主要一方，被旧金山会议组织者排斥在外，中国政府没有参与旧金山的谈判，我们不承认《旧金山条约》。单就《旧金山条约》来说，该约中有一条规定，日本西南诸岛（包括琉球诸岛）地位在获得联合国通过以前交给美国托管。直到1971年，美日之间签订所谓交还琉球的协定，没有通过联合国的讨论。这是琉球再议的又一个根据。

第四点是尊重琉球人民自己的选择。琉球在战后由美国暂管，后来又由美国交给日本。今天的琉球人民是愿意琉球复国，还是愿意有所归属，应该尊重琉球人民自己的选择。

历史学者关注的是历史事实，但历史就像长河，我们不可能将其截断。研究历史问题有什么样的现实意义？值得各位关注。我把琉球问题提出来供大家参考。如果很好地结合历史和现实，历史就会活灵活现，将服务于现实生活。历史学者从历史的角度提出问题，这样的问题对现实社会有何影响，需要关注。

多读书多思考　才能快速选取有用材料

喻　东：张先生您好，我们在研究中经常遇到需要收集、整理专业所学之外的资料，我想请问，怎样在短时间内抓住这些资料并加以分析总结，形成报告，有没有好的办法？

张海鹏：处理现实问题与处理历史问题的思路应该是一样的，就是尊重历史事实，尊重已经发生的事实。就你提的问题，我觉得首先要提高个人素养，养成多读书多思考的好习惯。如果没有这样的素养，面对大批材料，你将手无举措，不知道如何选择。

1991年底，台湾政治大学打算次年举办"黄兴与近代中国"学术讨论会，邀请我参加。我对黄兴没有多少研究，为了参会我读了《黄兴集》，就抓住了一些有用的细节。黄兴在1911年起义失败后负伤，从广州到香港，心情郁闷，不想见人。此时正值武昌起义即将爆发之际，但缺少像黄兴这样有领导能力的人振臂高呼。于是武昌方面的组织者派黄兴的朋友去香港联系请他出山领导革命。黄兴隔了三天才见来人，他得知武昌起义已骑上虎背，箭在弦上。在来人的反复劝解后黄兴同意前来武昌，但他因募集资金拖延了时间，没有及时赶去，在武昌起义后18天才到武昌，失去了领导武昌起义的大好机会。

为什么黄兴三天不肯见武昌派来的人呢？且来人是黄兴的朋友，按理他该马上接待才对，所以，三天未见必有缘由。我将此作为一个由头，从三天不见来人写起，扩大到黄兴对武昌起义认识不清，再扩大到对孙中山和中国同盟会的起义战略的检讨，于是写就一篇文章。这篇文章在台湾宣读后，收到台湾评论人四个字的评论：无懈可击。我之所以抓住黄兴三天不见来人这个细节，源于我的中国近代史知识，同时我也思考武昌起义的时代背景，所以才成就了那篇论文。这个例子可能对你刚才提出的问题有启发。

除了"坐冷板凳"还要学会多思考

许文继：张先生您好，学术界有句话叫"板凳要坐十年冷，文章不写一句空",做历史学研究非常辛苦,我想请教您如何在做学问的过程中保持良好的心态,克服急功近利?

张海鹏: 首先我要澄清,"板凳要坐十年冷,文章不写一句空"这句话不是范文澜的话,这句话不科学。范文澜在近代史所提倡的是"坐冷板凳,吃冷猪头肉",被称作"二冷精神",他在北大也讲过"二冷精神"。其中"坐冷板凳"好理解,所谓"吃冷猪头肉",就是在过去,如果你成就大,后人会在先贤庙里用冷猪头肉祭拜你,以此比照做学问,劝解学人不要急功近利,要学问扎实才能获得后人的认可。

从做学问的角度出发,做好学问当然需要"坐冷板凳"。我自己不能说是一个做好学问的人,也不能说是一个经常"坐冷板凳"的人,我在"文革"期间和后来担任所领导期间没有条件"坐冷板凳",尤其在担任所领导的时候把大量的精力投入到治所之中。我们研究所老领导劝我不管多忙,要多写论文,胡绳同志也讲要拿出比较好的学术论文,才能取得学术领域的领导权。所以,我只能充分利用节假日期间进行学术研究,也在此期间发表了一些论文。所以治学严谨之处一是要有时间坐"冷板凳",二是要勤于思考,能够发现问题、分析问题和解决问题。

学好马克思主义培养宏观视野
处理好微观与宏观的关系

张国玉: 我想请您谈谈在实际工作中如何即具有宏观视野又能从细微入手,把工作做好?

张海鹏: 你提这个问题非常重要。在历史学界,我感到现在年青一代的学生不大愿意进行宏观的思考。从理论思潮上来解释这个现象,是多少受欧洲后现代理论的影响。后现代史学有一个重要的观点,就是对战略问题、宏观问题进行解构,倡导研究具体微小的问题,这就产生了史学界常常提到的研究"碎片化"的问题。所谓"碎片"就是细小的问题、微观的问题。

我认为不能拒绝研究微观,但也不能只研究微观,因为任何微观问题都要和宏观的现实相联系。如果微观不结合宏观,不投射到宏观背景中,那这个微观很可能陷入"碎片化"研究。马克思主义对宏观视野的培养及务实工作作风的培养大有益处。我常常问我的学生们读过《共产党宣言》没有,很多学生告诉我没有,我认为这是教育工作的缺失。像《共产党宣言》这样优秀的马克思主义经典著作,不仅能帮助我们树立共产主义信念,还能受教于书中严密的逻辑体系,同时,它具有战略的高度,也能帮助我们建立宏观的国际视野。所以我奉劝年轻的学者多读些马克思主义的理论著作。

今天,我也希望在座的各位都能从你们的工作实际出发,多站在中国特色社会主义框架下思考问题,因为日常工作倾向于微观,但这些微观的具体事务与以国家理论框架为主的宏观背景是紧密联系的,只有这样才能既掌握宏观的视野,又能务实的工作。

尊重历史事实　树立正确的历史观

喻　东：现在学界似乎出现了历史观多元化的倾向,请您谈谈怎样更好地引导大众学习正确的近代史知识,树立正确的历史观?

张海鹏：我在《人民日报》发表过一篇文章,是讲当前影视剧作品应该如何反映客观历史事实的。我对《走向共和》这部作品存有很大疑问。《走向共和》在播出前做了许多宣传,宣传要点之一是中国需走向共和,说走向共和今天还在走,第二点是清朝末年所有人都在走向共和。这两点是绝对错误的,是缺乏最基本的政治立场的。

毛泽东同志在 1949 年以前早就非常明确地提出,孙中山辛亥革命建立资产阶级共和国,共产党建立的是人民民主共和国。在中国建立资产阶级共和国的时代已经过去了。这几年,有人鼓吹中国应该实行宪政,1954 年通过《中华人民共和国宪法》,以后经过修订,这不是我们的社会主义宪政吗?有些人认为只有类似欧美式的共和才是共和,这个观点是错误的,我是不能苟同的。

《走向共和》片中说清朝所有人都在走向共和,还着力刻画李鸿章、慈禧太后、袁世凯等与孙中山、黄兴等一起走向共和,这完全无视革命一方和被革命一方的区别。为了"走向共和",在片子里面还设计了一些虚假情节。一个虚假情节是孙中山拜访李鸿章,孙中山给李鸿章写了信,在信中希望和李鸿章见一面。直到今天,我们都没有史料证明李鸿章是不是确实收到了这封信,更无法证明李鸿章是不是确实看到了这封信。编导为了塑造主题,伪造历史情节,设计了李鸿章与孙中山见面的情节,还设计了袁世凯与宋教仁见面的情节,都是历史上不存在的。片中的慈禧太后、李鸿章等人温情脉脉,孙中山等粗疏、下作,这将给观众造成很坏的影响。一个中学生甚至给报纸写信,说:"这颠覆了我们在历史教科书上学到的知识,是一部介绍中国近代史的最好教材,我们感受到慈禧太后也是一个有血有肉的人。"你看看影响有多坏。后来在辛亥革命 100 周年纪念时,天津市委拍了关于辛亥革命的片子,演孙中山的正是《走向共和》中演孙中山的演员,但两处孙中山的形象完全不同。在天津这部电影播出后,我在《光明日报》发表了一篇评论文章,指出这部片子比较真实地复原了辛亥革命的历史真相。

影视作品、文学作品对大众有较为直接的教育引导作用,对人们的历史观有某种潜移默化的影响。如果一切从票房出发,一切从娱乐观众的角度出发,捏造一些违背历史真实的故事,对公众会起到误导的作用。所以今天的影视作品一定要在塑造公众正确的历史观上发挥作用,如果这方面做不好,对年轻人的成长一定会起到反作用,于国家的未来更是不益。

今天给大家推荐几本历史书。一本是《中国通史简明读本》,约 40 万字;另一本是《中华史纲》,约 30 万字。这两本书概括了中国自古以来大约五千年的历史,清楚介绍了中国历史几千年的历史脉络、中华民族的形成过程、中国历代兴衰、历代政府的治理政策等。如果有时间,还可以找范文澜编著的《中国通史》来读,可以更详尽地了解中国历史。还有一本《中国近代通史》十卷本,是我主编的,对中国近代历史各个方面都有较为详细的描述和概括。

教育事业功不可没　对青年一代寄予厚望

张国玉:您怎样评价现代的教育?

张海鹏:新中国建立 60 多年来,我国的教育对国家经济、社会、文化发展的影响是历史上任何时期无可比拟的。应该说,这是在历史上办教育办得最好的时期。现在，我们的大学超过两千所，这个数字在1949年前的中国是完全不可想象的。今天，中国的经济总量位居世界第二，我们成为国际世界中一个举足轻重的国家。这些成就从哪里得来？跟我们的教育没有关系吗？我认为这正是教育事业培养出几十万几百万的人才造就出来的。

现在，我们常能看到一些媒体认为教育事业有很多问题，我也认为教育事业需要继续改进，但总体来说，教育对国家发展的贡献应该得到承认和肯定。至于我们的教育能不能够培养出诺贝尔奖的获得者，这是另外一个问题。诺贝尔物理学奖、化学奖等，常常是几十年之后，科学家才能拿到这个奖项。现在还不能说，我们再过20年、30年就没有人能够获得这个奖项。有人说我们培养不出诺贝尔奖的获得者，就是我们政治体制不好、教育体制不好，我不赞成、也不认可这种说法。在科技领域，我们起步较晚，所以需要时间发展。我觉得中国未来可以培养出诺贝尔奖的获得者。这些年我感慨很深，以往都是看到年纪大的人从事火箭、卫星研究工作，但近两三年，我看到许多青年人成为火箭、卫星事业的主力，常在卫星、火箭发射指挥部现场看到的指挥人员都是青年人的身影，这是个好现象。所以说，科技的发展离不了人才，离不开教育事业的支撑，我对青年朋友们寄予厚望。

个人梦想与国家梦想一同起飞

赵　民：习总书记提出中国梦，全国上下都在践行中国梦。您对年轻人践行中国梦有什么建议、指导和期望？

张海鹏：我觉得习总书记谈中国梦，主要是用群众、公众、网民熟悉的语言来表达中国的理想、中国的愿望、中国对发展的追求。

我认为，每个人都有一个梦，每个人都有自己对梦想的追求。每个人的梦想和追求如果与国家的梦想和追求结合起来就是成功的。这也是我刚才提到微观和宏观相结合的问题。因此如果想实现个人的梦想，单打独斗肯定不行，一定要融入国家的事业发展当中，融入国家梦想的实现过程当中。我们老百姓每个人都可以做自己的中国梦，但任何人的梦想都要跟中国特色社会主义发展道路结合在一起，要把自身的努力和社会发展联系起来，这样我们的努力、我们的梦想才有价值有意义。

我相信在座的每一个人都希望实现个人发展和民族复兴，这二者是正相关的，国家发展了，我们的未来就有希望，我们的梦想就都能够实现。青年人是祖国的未来，我对你们寄予很大期望，希望广大青年朋友努力学习马克思主义，推进国家各项事业的发展和建设，共同实现中华民族伟大复兴的中国梦！

季为民：谢谢！感谢张老师，感谢各位青年代表，也感谢各位媒体朋友参与。我们"与院士面对面"首次座谈会圆满完成，谢谢大家。

二
关于中国近代史专门问题的访谈

甲午战争与中日关系[*]

主持人： 张海鹏老师，有一种观点认为，中日关系经历了建交40周年以来的一次痛苦的倒退？这个观点您怎么看？

张海鹏： 中日1972年建交以来，基本上很顺利，但是从2012年开始，的确倒退了，但是也还没有倒退到1972年以前的水平，有一些痛苦但还不是很痛苦。

主持人： 您怎么评价中日关系当中的一些理性和非理性呢？

张海鹏： 在我看来，现在不是中日关系最坏的时候，中日关系总体来讲，现在比1972年好，从1949年中华人民共和国成立到1972年，中日关系并不好。如果理性分析，1972年到今天还是中日关系最好的时期。

主持人： 好的，接下来的时间我们就交给张海鹏老师，有请。

张海鹏： 今年正好是甲午战争爆发120周年，120周年会引起我们许多的感想，我重点讲一下甲午战争所引起的中日关系、甲午战争引起中国的一些巨大的变化，以及我们应该吸取的经验和教训。

甲午战争是中国历史发展的转折点，也是远东历史发展的转折点，甚至可以说是世界历史发展的一个转折点，甲午战争带给中国人的痛苦值得我们深深地思考。

---

[*] 这是2014年7月19日应邀在深圳大讲堂对深圳公众做的一次演讲，根据深圳提供的记录稿整理。未刊。《深圳特区报》记者根据这次演讲写成了采访稿，题为《甲午战争改变了世界格局》，刊载于该报2014年7月22日C1版。

中日关系历史

日本的历史其实远没有中国历史那么悠久,日本经历了石器时代和铜铁器时代,这还是一个很原始的时期,相当于中国的秦汉时期。中国秦汉时期的文化已经高度发展了,日本还处在野蛮时代。

大概在公元4世纪,日本通过朝鲜开始接受中国文化,受到中国文化的影响。日本早期的一个国家叫倭奴国(音),国王曾接受东汉皇帝给他颁发的汉倭奴国王印,这个印是上世纪70年代的日本考古学者在地下挖掘时找到的。大约在唐朝时期,日本派出了遣唐使到中国的长安、洛阳,他们带了许多学生来学习中国文化,通过学习,奠定了日本文化的一些基础体制,包括日本文字。日本在唐以前没有文字,后来大量利用中国汉字,并采用汉字的偏旁结构,形成日本文字的假名,造就了日本文字。

日本京都等地的城市建设,包括街道、寺庙等,完全和我们历史上的长安、洛阳是一样的。日本从8世纪开始有了第一部历史书,叫作《日本书纪》,完全用汉字来撰写。

到了16世纪末期,相当于中国明朝万历年间,丰臣秀吉以武力统一了日本,原来日本分成几十个小地方,丰臣秀吉统一日本以后,他提出了一个理想,他要征服琉球、台湾和菲律宾,还想征服朝鲜和中国,他曾经提出来要把中国的北京作为日本首都。

他有一个兄弟叫丰臣秀长,他说要让他的兄弟秀长来管理日本列岛,他自己辅佐日本天皇到北京来坐镇,这可以说是日本政治家当中最早具有吞并中国、占领中国的这种扩展主义野心的政治家。

万历二十五年(1597),丰臣秀吉再次率领日本军队打进朝鲜。第二年,明朝军队应朝鲜的请求入朝,和朝鲜军队一起把丰臣秀吉的军队打垮了,丰臣也死了,所以他的理想没有能够在16世纪末实现。但是,丰臣的这种理想,他想要吞并朝鲜、中国的这种政治主张,被许多日本政治家和思想家继承了,他们都希望建立地域广阔的大日本帝国。

日本非法吞并琉球王国经过

日本为发动甲午战争做了充分的准备，远点说准备了300年，近点说至少准备了十几、二十年。

1879年，日本突然派几百个军人和几百名警察，把琉球国王抓过去了，那个时候琉球王国是一个不设防、没有军队的国家，没有办法抵挡。从此，日本宣布吞并琉球王国，把琉球王国改名为冲绳县，引起了当时的清朝政府的抗议。当时中国清朝派驻日本的公使已经看到了日本要吞并冲绳的迹象，曾经向日本外务省提出了严重抗议，谴责日本不仁不义。1879年底，清政府正式和日本政府就冲绳地位进行谈判，就是说，清政府完全不承认日本政府吞并琉球，所以两国之间展开谈判，谈判时间持续了几年。

本来已经谈得差不多了，当时日本曾经提出来一个分岛改约的方案，后来又提出了三分琉球的方案。所谓分岛改约，就是把琉球所谓的36个岛分开，当时日方提出，把南部八重山列岛、宫古列岛划给中国，就是我们的海军去年穿过八重山、穿过宫古向西太平洋进发的那个海道。后来经过美国调停，又提出来一个三分琉球的方案，就是把琉球北部靠近日本的若干个岛划给日本，琉球南部八重山和宫古等岛划给中国，中部的两个大岛还是保持琉球王国的地位。

清朝要求恢复琉球王国，要求日本方面把国王从东京放回来，还是让他做国王，如果上述方案能够成立，中国政府同意把八重山和宫古送给琉球王国。当时清朝代表李鸿章表示了这个态度，这个时候清政府正在和俄罗斯谈判新疆问题，有点谈不下来，所以李鸿章觉得西面、东面都很紧张，就先搁置了这个问题。不久，在西部和俄罗斯谈判有了结果后，对于东边和日本的谈判，李鸿章下决心不谈了。

不跟日本人谈有一个理由。中国曾经派人到东京征求琉球王国意见，如果三分琉球，恢复琉球王国的地位，行不行？琉球人跟清朝代表说，这个计划根本实现不了，日本不可能让琉球国王回国，到头来，受损失的还是中国。李鸿章听到了琉球的这个意见以后，就把三分琉球这个方案给否了，本来草约都要签了，还是拒绝了。

拒绝三分琉球以后，中国表明不同意日本吞并琉球，说还要谈。这时候日本提出要改约。1871年，日本和中国签订过一个条约，等于是一个建交声明。现在来看，这个条约是一个平等条约，清政府没有让日本在中国拿到更多的特权，日本人觉得他们没有享受到欧洲人在中国享受到的各种特权，因此日本开始不批准这个条约，后来没有办法才批准了。

日本人向清朝提出，重新签一个贸易条约。日本人希望，清政府给欧洲人、美国人什么权利，这个权利也要给日本人，就是日本商人希望拿到在中国做生意的欧洲人所取得的全部特权，包括因为鸦片战争中英签订《南京条约》以后的一系列不平等条约所规定的特权。

清政府当时提出，如果要谈判通商条约，要把琉球问题捆绑在一起谈，如果不谈琉球问题，我们就不谈通商条约，日本坚持只谈通商条约不谈琉球问题，一直坚持到1888年。

1887年，清朝总理衙门大臣曾纪泽在接见日本驻北京公使的时候说，琉球问题还没有完，两国还要继续谈判。根据日本方面的史料，日本在1888年正式宣布不跟中国谈了，为什么不跟中国谈？他们认为这样谈下去没有意思，他们开始筹划怎么样进攻中国。日本已经在扩军备战了。为此，日本专门成立了所谓的参谋总部，直属于天皇，不属于政府管，同时派出了大批间谍到中国来侦查，这就是1888年日本终止琉球谈判前后的动作。

日本精心准备进攻中国

实际上在1888年以前，日本已经开始向中国派出大量间谍。1887年春天，参谋总部有一个大佐小川又次向日本政府提交了一份报告，叫《征讨清国方略》，他提出了攻打中国的一系列战略主张，这个小川还总结了、综合了各个方面的调查结果，他对中国的总兵力进行了统计和分析，还分析了清政府的财政状况、军费投入、海军建设以及沿海和长江口两岸的国防设施，他又分析了中国官员和老百姓的所谓国民收支问题，对比了日本政府的财政状况，分析了日本的军费投入以及日本的海军建设，以及日本的官僚和国民收支，最后他提出了一个大胆的设想，他认为日本一定要先发制人，马上制定攻取中国的计划，以 8 个师团的军力攻占北京，把清朝皇帝抓到东京去，这是小川又次在 1887 年提出的方案。

1890 年是日本向西方法治国家迈进的重要一年。日本在 1889 年公布宪法，1890 年召开第一届国会，日本首相在会上提出了一个报告，最重要的有两个观点，一个叫主权线，一个叫利益线。他认为日本本岛、列岛属于主权线，为了保住日本的主权线，要划一条利益线，朝鲜就是日本的利益线，只有保住了朝鲜、抓住了朝鲜，日本才能确保主权线，那利益线怎么能够保住呢？只有进入中国才可以保住利益线，因此必须同时进攻朝鲜和中国，这是日本首相在第一次国会讲坛上正式提出来的发动侵华战争的理由。

1893 年，日本政府正式成立"出师准备物资经办委员会"，为进攻中国做了非常详尽的准备，颁布了"暂时大本营条例"，这是日本迈向侵华战争的非常重要的步骤。

同年，日本派出了参谋总部参谋次长川上超六率领队伍到朝鲜和中国各地考察，在考察过程当中，进一步布置了军事间谍网，并且进一步构思了进攻中国的一些作战细节，他得出了一个结论，他认为这次攻打中国可以稳操胜券。

在战争的前一年，日本外务大臣还秘密地和英国进行了外交交涉。此前，日本也和欧美各国签订过不少的不平等条约，日本通过明治维新以后，已经开始和各国讨论废除不平等条约问题，首先，日本和英国交涉要求修改条约，最重要的一条就是，在日本打中国的时候，希望英国保持中立。1894 年 7 月，英日签订了条约，实际上英国同意支持日本对中国开战，名义上保持中立，实际上站在日本一边。这样，日本在军事上、外交上、政治动员上都已经做好了充分的准备，剩下的就是一个开战的借口了。

甲午战争不可以避免

1894 年 7 月 23 日，日本突然占领朝鲜王宫；7 月 25 日，发生丰岛海战，中国的一个运兵船在丰岛海外被打沉了，约 800 人全部死了。日本天皇向中国宣战，同时清政府也向日本宣战，甲午战争正式开始。日本宣战以后，天皇以大元帅身份到广岛统帅大本营，举国一致的战争指挥体制正式形成，这个时候在日本全国形成了 8 个字，叫作"集中目标，讨伐中国"，这种情绪已经弥漫到全日本，所以我们可以说，甲午战争是日本蓄谋已久的一次战争，是它经过周密的策划所形成的一次战争，绝不是一次偶然冲突，有的日本学者认为甲午战争是可以避免的，是一次偶然性的冲动，这完全是错误的，日本对甲午战争的准备不是临时冲动，是长期准备、长期筹划的结果。

为什么日本打胜中国打败

日本打胜了，中国打败了，下面就这个胜败的原因做一个比较研究。

第一，中日两国的社会发展阶段不同，这是评估这场战争胜败的基础性因素。中国是一个封建社会，鸦片战争后，中国变成了半殖民地半封建的社会，虽然中国在 1860 年以后开展了洋务运动，但是在社会发展阶段上，我们的洋务运动实际上只可以和日本明治维新以前幕府末期的改革相比较，效果甚至还不如当时的日本。日本通过明治维新，大力引进外国资本、先进技术，同时引进了资本主义的社会制度，使得日本很快成为后起的资本主义国家。

根据学者的统计，从 1868 年到 1892 年，日本总共建成 5600 多个公司，总投资达到 28900 万日元，平均每年大概要设立 225 个公司，投入资本差不多 1120 万日元，大约折合中国当时的银两 700 万，中国洋务运动的规模完全没有办法同日本相比。

第二，经济实力不同。甲午战争前，日本已经形成了全国统一市场，实际上是资本主义性质的市场，颁布了宪法、召开了国会，建立了以天皇为核心的中央集权中央统治机构，政府大臣大多数都曾经留学欧洲，或者到欧美各国考察，但是这个时期中国的大臣没有一个人到欧洲去过，直到 1905 年，清政府才首次派出五大臣到欧洲各国考察。这个时候，日本已经建立了新式陆海军，我们只有海军可以同它相比，陆军完全不能相比，日本陆军从预备部队到正式部队已经有 30 万人，我们当时一个人都没有，我们全部是旧式军队，完全不能跟日本现代化的国防军相比较，因为社会发展阶段不同，经济实力、军备实力相差很大，中国实际上不如日本，这是决定这次战争成败的关键因素。

最近有学者在报纸上写文章反思甲午战争，认为洋务运动以后中国国力是世界第二、亚洲第一，这完全是胡说八道，没有任何根据。

第三，对战争的准备情况不同。日本为了发动侵略朝鲜、侵略中国的战争，进行了几代人的准备，包括政治、经济、军事、社会动员以及国际舆论、国际关系方面的准备，而且为了侵略中国设计了多种实施方案，这个我们都可以找到历史资料来证明。对于中国国情的调查，日本的情报人员遍布北京、天津、上海、汉口、广州、福州、厦门、湖南、陕西、四川以及东北各地，他们还曾经想在乌鲁木齐建立一个情报基地。

我这里讲一个简单的小例子。在汉口的日本情报基地当中有一个人叫宗方小太郎，这个人一直生活在中国，会说中国话，穿着中国人的服装，外人完全看不出他是日本人。甲午战争打响后，他从汉口潜到山东威海，山东威海是北洋海军最重要的基地，那个时候收集情报要靠双眼，他天天爬到威海山上去看中国海军怎么行动，然后写报告送给外务省、参谋总部，后来，他的一封信在上海被清朝政府截获了，发现了他正在把中国的情报送给日本，因此上海方面通报要抓住宗方小太郎，有人给宗方通了信息，说清政府要抓你了，你赶快走。他从烟台坐轮船到上海，那个时候轮船速度很慢，他现在留下的日记说，每天都有人来检查，你是不是日本人？几次都查到他名下来，他说我是湖北蔡甸人，来山东是做生意的，这个检查人员也没有细问，就把他给放了。他在日记上说，在轮船上正好有个湖北蔡甸人，他在船上躺着抽鸦片，他的日记上说，如果这个人揭发他，一切都完了，但是那个人没有揭发他，那个人还依旧抽他的鸦片，这样他很顺利地到了上海。回到日本以后，他受到日本外务省、参谋总部的多方接待，还获准晋见天皇，以后长期从事对华情报工作。在日本担任过很重要职务的人，很多都曾经到中国来做过实际调查，而且回去后写过报告。

我们反过来看清政府的情况。清政府对于日本明治维新以来的情况基本上不了解，日本几代人准备的征清、征韩计划，对这样的图谋基本上没有做过研究。清政府在处理中日交涉的时候，包括1871年的建交，包括琉球事件以及后来的台湾事件，都是就事论事，从来没有把这些事情放在欧美列强要推行殖民主义、侵略政策这个大背景底下来进行思考，没有去追究、去探讨这些事情背后的原因，而且就事论事往往也处置失当，所以常常落入日本人的阴谋之中。

第四，胜败原因。日本组成了举国一致的战争体制，包括军事、政治、后勤、外交都分别做了周到的安排，形成的一个目标就是讨伐中国，可是仗一打起来，清政府的大臣意见不同，主战派主和派争论不休，帝党、后党围绕主战主和相互攻讦。为了巩固光绪皇帝的地位，帝党主战，可是这些人士又拿不出来什么办法；慈禧太后呢，为了不耽误自己60岁大庆，她支持李鸿章对日妥协，1894年正好是她60岁大庆，她想仿照乾隆举办一个大规模的60岁庆典，而且动员朝野、中央和地方官僚给她送礼。御史是言官，不敢得罪慈禧太后，所以他们把攻击的矛头对着李鸿章，我们看当时的档案，骂李鸿章的人非常多。

中国政府难以形成对日本作战的领导核心，李鸿章以北洋大臣、直隶总督的地位，他调兵遣将都需要向皇帝打报告，而且一旦报告打上去，大臣意见又不一样，难以形成决策；日本有大本营，由天皇直接统帅，统一指挥军事政治外交，所以中日两国的体制完全不一样。

第五，两国战争指导原则不同。日本实行的是积极进取的战争原则，李鸿章采取的是消极、防御的战争指导方针，保全和局，这是李鸿章经常挂在嘴边的话，也是李鸿章应对战争的主要手段。

在战争快打起来的时候，李鸿章还不相信战争能够打起来。他给部下写信说，你们要相信万国公法，就是我们现在所说的国际法，当时翻译叫作万国公法，谁先打仗，谁就没有道理，谁就失去了道理，因此他说日本不会先打仗，因此，李鸿章的工作重点完全放在国际调停上。他先请俄国调停，接着请英国调停，后来请美国调停，他还请了法国和德国，只有俄国、英国、美国答应了出面调停，法国、德国拒绝了。俄国表面上答应了，俄国驻中国公使答应参与调停，但是俄国驻朝鲜公使私下对日本驻朝鲜公使说，你们日本要打就赶快打，如果清朝准备好了，你们说不定就打不赢了。英国也参与了调停，但它支持日本，都在应付李鸿章。

清政府当时还没有建立统一的国防军，湘军和海军完全是旧式军队，没有全国统一的军事领导机关，因此部队各有所属，互不听调，一些将领贪生怕死，只知道保全自己的实力，没有全局观念，最早派到朝鲜去的一个将军叫叶志超，这个人打了败仗退出朝鲜时，还跟皇帝上奏说，我们打了大胜仗。以败为胜，这是当时清朝军队的耻辱。

李鸿章可以指挥海军，海军是他亲自操练出来的，但是他指挥不动湘军。当时中国没有形成统一的军事领导机构。日本在战略指挥上，总是先下手为强，不给对方后路，一直到消灭对方主力，但是李鸿章的指挥总是步步退让，避战保全，尽量回避战争，只要保护舰艇，可以放弃港口，放弃黄海制海权，结果旅顺军港、威海军港全部被日本人占领。

第六，国际环境不同。总体来讲清政府无能。鸦片战争以后，我们和西方各国签订了一系列的条约，西方对日本侵华，普遍赞赏、支持。

甲午战争的历史影响

第四个问题，甲午战争的历史影响。我们可以列几条重要的情况说一下。

第一，甲午战争的失败对中国的打击是世纪性的，影响长达一个世纪。台湾通过《马关条约》割让给日本，长达50年，今天台湾问题的解决还受诸多因素影响，《马关条约》给台湾人造成了很复杂的心理影响。一些台湾人说，台湾是中国的弃儿，让我们受到日本长期欺负。至今还在影响中日关系进展的钓鱼岛问题，也同甲午战争有关。

至少在明初，10世纪下半叶，中国人就发现了钓鱼岛，而且中国人实际管辖了钓鱼岛，但是日本在甲午战争后，1895年1月，日本内阁决定，要把钓鱼岛划归冲绳县管辖，1972年，日本正式对外发布声明，钓鱼岛属于冲绳县。

值得注意的是，日本这个决定是秘密的，当时并没有通知中国，也没有通知全世界。一直到1952年，日本外务省在编辑日本外交文书的时候，才把1895年1月内阁的这个决定公布出来，所以我们今天说日本是通过甲午战争的胜利偷窃了我们的国土。如果日本当时公布了，中国首先要反对。当时日本人的这种窃取行为掩盖在甲午战争胜利的结局当中，因为1895年1月，甲午战争胜利的结局基本上已经清楚，谁都不怀疑日本人打胜了。日本把钓鱼岛划归冲绳县，而冲绳县的前身就是琉球王国，琉球王国作为独立国家不属于日本，明初以来它就是中国的藩属国。中国对日本吞并琉球为什么要抗议？为什么有权抗议？因为琉球过去几百年来都是中国的藩属国，中国当时就明确反对日本吞琉球。

琉球不是日本的

《人民日报》去年 5 月 8 日专门发表了我写的一篇关于钓鱼岛与琉球问题的文章，引起了日本政府抗议，美国政府发言人也就这篇文章回应了记者提问。

我们说钓鱼岛不是日本的，琉球也不是日本的，这个问题到今天还没有解决。《波斯坦公告》等条约规定，我们过去没有拿出来认真梳理。根据《马关条约》，清政府赔偿日本战争经费 2 亿两白银，除了割让台湾岛，还有辽东半岛，就是所谓辽南旅大地区。

割让辽东半岛引起了俄国反对，俄国认为东北地区是它的势力范围，因此它联合法国和德国，三国一致干涉还辽。当时日本已经和中国打了几个月了，财力已经消耗得差不多了，因此日本吞下了这个苦果，最后日本和清朝谈判的结果是，日本可以把辽东还给中国，但是中国的战争赔款从 2 亿两变成了 2 亿 3000 万两。条约还规定，这笔钱在 3 年之内必须还清，否则日本军队要驻在威海卫，每年军费 50 万两白银全部由中国政府来出。这是非常巨大的赔款数额，而且日本规定的利息很高，所以清政府开始忍痛向欧洲人借钱，通过与俄、法、英、德银行谈判，发起了三次战后大借款，一共借了 3 亿两白银，除了各种折扣、中间人佣金等，实际上借到了 2 亿 6000 万两白银，还掉日本的 2 亿 3150 万白银以后，中国政府拿剩下的几千万在欧洲买了一些军事设备。

欧洲规定了还款期限以及很高的利息，还款包括 36 年和 45 年两种，而且条约明确规定不能提前还。这些银行大借款背后都附有政治条件，包括中国的海关总税务司必须是英国人，不能撤，至少 36 年或者 45 年之内，中国海关由欧洲人控制，我们估计本息要还给欧洲银行至少 6 亿两甚至 8 亿两白银，所以甲午战争中国失败的结果是，既好了日本，也好了欧洲，是欧洲和日本联合起来对中国取得的一个胜利，这是甲午战争世纪影响的第一点。

日本制定了新的大陆政策

第二，甲午战争的胜利刺激了日本的侵略扩张野心。日本过去是一个不怎么被人看得起的亚洲国家，日本通过签订《马关条约》，不仅牢牢地控制了琉球，也把台湾、澎湖列岛控制在自己的手中。此后，中国政府承认朝鲜是个独立国家，实际上放弃了朝鲜是中国的藩属国这样一个地位，为日本在 1910 年吞并朝鲜打下了基础。

中国付给日本的赔款，按照日本的钱来计算等于 3 亿 5800 万日元，对于日本来说，这是他们想不到的一笔巨大收入。这笔巨款当中，2 亿 7000 万日元用于日本扩充海陆军的军事费用，日本的第一家大型钢铁厂，当时建设投资才投了 58 万日元。日本很多大学、中学，就是用清朝赔款建立起来的，包括京东大学人文科学研究所，在亚洲非常有名，也是利用清朝赔款建起来的，在这个基础上，日本在 1905 年取得了对俄战争的胜利，也就是因为这个基础，日本制定了新的大陆政策，在 1931 年发动了九一八事变，1937 年发动卢沟桥事变。

第三，甲午战争出乎预料的结局刺激了帝国主义列强，扩大了他们进一步侵略中国的胃口。欧洲各国没有想到中国竟然败在日本这样一个小国手中。他们下了一个结论，这个东方巨人躺在死亡之榻上，已经快死了，所以各个国家在甲午战争以后，纷纷向中国伸出了侵略的魔掌。他们在中国各地重新划分势力范围，包括租借旅大、威海、胶州湾（青岛）、香港新界以及广州湾等五个租借地，进一步来控制中国的经济命脉包括矿山、铁路等，中国名义上保持着独立地位，实际上已经处于半瓜分的状态之下。

第四，中国历史上与周边亚洲国家建立起来的一种特殊关系体系彻底瓦解，殖民主义体系开始在亚洲建立，远东国家格局开始发生重大变化。

让中华民族猛烈地惊醒了

第五，甲午战争失败不仅给中国沉重的打击，同时也让中华民族猛烈地惊醒了，这也是受到甲午战争刺激的结果。

1894年11月，就在平壤战败和黄海海战战败不久，孙中山在美国夏威夷组织了兴中会，提出了"驱逐鞑虏，恢复中华""振兴中华"等口号，革命派首次确定了要推翻清政府的目标；1895年4月，康有为、梁启超等改良派正在北京考进士，正好传来《马关条约》要签订的消息，他们联合了1000多名举人提出拒绝签订条约、要求迁都、集全国力量和日本再打一仗的呼声，但是条约还是签订了。

不久，严复在天津报纸上发表文章，第一次提出了"救亡"的口号，从这以后"救亡"就成为中国长期的中心口号，甚至抗日战争期间，"救亡"都是一个中心口号。革命的力量、维新的力量，这两股力量开始联手，成为推动中国变革的主要力量，开始了中国旧民主主义革命的真正开端。

甲午之前，中国朝野也好，知识界也好，对邻国日本基本上看不起，对日本明治维新以后所进行的大幅度改革，他们不知道，也不愿意去了解，所以他们没有看清楚日本在近代的崛起。1872年，中国人最早去美国，后来到欧洲，没有人想要到日本留学，现在情况发生了变化。甲午战争日本打赢了，从1896年开始，张之洞首次派出了13人到日本留学。1996年，东京召开过中国留日学生100周年学术讨论会，我专门参加了，还发表了论文。

1905年日俄战争对中国的影响也很大。中国知识界当时认为，日本怎么可能打得赢俄罗斯呢？俄罗斯那么巨大的国家，那么强盛，日本不可能打得赢。但日本在对俄战争中打赢了，这一下非常强烈地刺激了中国的知识分子。1905年，涌到日本留学的中国学生一下到了1万人，1896年才只有十几个人，从那以后，每年都有几千人涌到日本去，中国的年青一代就想看看日本是怎么强大起来的。要去学习日本，同时借学习日本的机会了解欧洲，看欧洲是怎么发展、怎么进步起来的。中国国民党的早期领导人、中国共产党的早期领导人许多都有日本留学经历，李大钊、董必武、陈独秀都留学日本，国民党方面的人更多了。

第六，甲午战争的胜利刺激了日本，也使日本忘乎所以，最终走向彻底失败。在国际反法西斯力量的支持、配合下，中国在1945年战胜了日本，日本无条件投降。

关于中日关系前景展望

最后一个问题，关于中日关系前景展望，我非常简单地跟各位说一下我的看法。

（1）国家很贫穷，经济落后，难免受人欺凌，落后就要挨打。

（2）要避免受国外侵略，关键是国家强大。国家要强大，基本要素在我看来有三点：一是经济实力增长，外部势力不敢小视你；一是价值观优先，外国不敢轻视你；一是人民奋发向上，外国不敢随意对你动武。

（3）如果国家没有实力，你去大搞国际调停，一定会失败。

（4）1972年中日复交以后，中日之间签订了4个政治性条约，基础都是要尊重历史，中国要尊重日本，日本尤其要尊重中国。

（5）中国人和国际社会要记住抗战胜利纪念日和南京大屠杀死难者纪念日。今年3月，全国人大常委会以法律形式做出了决定，以每年9月3日作为抗战胜利纪念日，每年12月13日作为南京大屠杀死难者的国家公祭日，这是很重要的决定，我们应该记住这两个时间。

日本正在企图否定二战格局，修改和平宪法，坚持解禁集体自卫权，我们有必要告诉日本，1894年的马年，不可能复制！由于时间关系，今天就讲到这里。谢谢各位！

与听众交流

提问：1890年，日本首相提出"主权线"和"利益线"的概念，这个依据到底是什么？李鸿章的北洋海军实际上是针对日本的，他们的战争准备为什么没有到位？1895年3月19日，李鸿章为什么急着去日本求和？德国、俄国、美国等对这场战争是怎么解读的？谢谢！

张海鹏：1890年，日本首相在日本国会首次提出"主权线"和"利益线"，这应该是对应了当时西方国际法的一些主张。1865年，清朝总理衙门出钱翻译了第一部西方人写的万国公法，就是国际法，印了几百本，送给中央和地方官员看，但是很多中国人并不真正地去学、去了解欧洲的所谓国际法这个概念是怎么产生的、怎么来的、怎么演变的。我举一个很小的例子。1900 年，八国联军侵略中国以后，中国和八国进行外交谈判，有个官员给朝廷写报告建议，根据他所掌握的欧洲国际法知识，他列举了 10 条理由，根据欧洲国际法来和西方列强争夺，争取讨价还价吧！这个奏折送到朝廷以后，慈禧太后下命令，把这个人革职，永远不能再当官了，把那些要利用西方国际法和西方做斗争的这些人，一棍子就打下去了。

提问： 当年的甲午战争，实际上日本军队已消耗殆尽，我们还有东海、南海军队，李鸿章不知道这样的情况吗？为什么跑去跟日本谈判？

张海鹏： 我们当时有北洋水师、南洋水师，但真正作为海军的只有北洋水师，南洋水师、福建水师等根本不能够打仗。另外，中国的军事体制没有统一，李鸿章指挥不了。北洋军队被全部消灭以后，日本军队从山东登陆，很快占领威海卫，日本叫嚣占领北京，这个时候清朝不请降都没有办法了，这是李鸿章 3 月份要请降的基本理由。

提问： 我请教两个问题，第一，怎样评价李鸿章的历史地位？第二，中日甲午战争到今年正好是 120 周年，请问对当前捍卫国家主权、维护国家利益、巩固海航有什么启示意义？

张海鹏： 李鸿章是晚清中国非常重要的政治人物，在晚清中国大臣当中，他了解日本、了解国际是最多的，他也访问过俄罗斯、美国等国家，他自己说过，他不能够挽救清朝的命运，他只能做一个裱糊匠。李鸿章在处理对外事务方面的确犯了很多错误，中国历史上几个主要的不平等条约都是他签字的，有人说他不签不行啊！我们也可以举出一个相反的例子，当时清朝驻莫斯科公使杨儒负责对俄罗斯谈判，他拒绝在条约上签字，李鸿章劝他，朝廷都同意了，你干吗不签呢？但他说了，朝廷同意了我也不签，这对中国不利，我为什么要签字？他临死也没有在一个对中国不利的条约上签字，李鸿章是不是应该做到这一点呢？我觉得在维护中国国家利益方面，李鸿章有责任。

提问： 到底美国和苏联的帮助对抗日战争胜利是不是起到了举足轻重的作用？日本人不承认败在中国人的手里，请问小米加步枪，能够打败飞机加坦克吗？谢谢！

张海鹏： 1941 年珍珠港事变以前，主要援助中国的是苏联，他们给了中国很多资金援助，当然也是希望中国的抗战能够拖住日本军力，希望日本不要北上，不要打到苏联去。1941年珍珠港事变以后，12月7日，美国对日本宣战，同时中国也对日本宣战，要知道中国在1941年12月8日之前，我们还从来没有对日本宣战过。

1941年珍珠港事变以后，中美英联合起来对付日本、德国，形成统一战线，美国积极地支持了中国，但中国抗战的基础力量还是中国人民自身，中国国民党、中国共产党当时分别在正面战场和敌后战场拖住了日本的主要兵力，使他们不能够把更多的兵力投放到太平洋去，日本也希望打通与欧洲和德国的联系，如果日本能够打通与欧洲和德国的联系的话，那英美会很难对付，但是没有成功。我们绝不可以轻视或者忽视中国人自身在战争当中所做出的贡献，不是只有两颗原子弹，苏联几十万军人一个礼拜之间消灭了日本的关东军几十万人。日本人说他们败在了美国手里，但日本官方不敢这样说，民间可能有这种呼声，作为政府文件，日本从来没有这样说过，因为他是无条件投降的，它怎么敢这样说呢？

提问：我观察到一个有趣现象，日本人参拜靖国神社，美国人、俄罗斯人从来都是保持沉默，您分析一下什么原因？

张海鹏：日本是一个以神为信仰的国家，他们的神社分成各种级别，日本天皇叫作天照大神。1978年之前日本的政治家去参拜靖国神社我们没有什么抗议，之后，日本人把14名甲级战犯的灵牌牌位摆进了靖国神社，因为14名甲级战犯有多位是在中国战场上侵略中国的元凶，引起了中国人感情上的不满。从尊重日本信仰这个角度说，如果他们把14名甲级战犯迁出靖国神社，我认为我们就没有理由去抗议了。

关于中国近代史的几个问题[*]

青年中心主办活动，打电话邀请我来做一个演讲，我很高兴。我今天讲几个问题：一个是中国近代史的分期问题，一个中国近代历史的发展趋势问题，这是今天我要讲的两个主要问题。如果还有时间的话，我把前几年热播的电视剧《走向共和》分析一下，再对《大国崛起》谈谈自己的看法，对其中的部分问题做一些探讨。

第一个问题是关于中国近代史分期问题。

中国近现代史的分期问题，实际上是随着中国近代史、中国现代史学术分科而来的一个问题。如果这个分期问题不明确，就会对中国近代史、中国现代史和马克思主义的史学搞不清楚。中国近现代史的分期问题，实际上是中国近代史或者中国现代史究竟研究哪个时期的历史。在座的各位，大都在做中国近代史或者中国现代史的研究工作，我介绍这个情况，希望对各位提供一个参考。

传统上一直认为从1840年鸦片战争到1919年五四运动是中国近代史，那么以五四运动为起点是中国现代史，这是我们传统上的观点。但是，最近十多年来，或者最近二十年来，发生了巨大的变化。最近十年来，近代史学界已经非常明确地认识到，从1840年鸦片战争到1949年中华人民共和国成立，这段历史我们把它叫作中国近代史；我们把1949年中华人民共和国成立以后的历史叫作中国现代史。十年以来这个观点基本成为共识。但是成为一个基本的共识，并不表示所有人都能够接受，实际上十年以来我们还是能够看到一些不同的认识。

---

[*] 这是2009年6月1日应邀在中国社会科学院团委、青年中心举办的马克思主义基础知识讲座第11讲上的演讲，根据青年中心提供的记录稿整理。原载张冠梓主编《和青年谈马克思主义》，社会科学文献出版社，2013。收入本卷时做了适当删节。

2008年4月28号《光明日报》有一篇文章,是《三字经》修订版前言,它讲了1919年以前是中国近代史,1919年以后是中国现代史。实际上,从《光明日报》来讲,我在早十年,1998年2月的《光明日报》上有一篇专门讲中国近现代史分期的文章,就非常明确地讲中国近代史是1949年中华人民共和国成立以前上溯到1840年鸦片战争,这100多年的历史叫作中国近代史。去年2008年11月23号,我在《光明日报》发表一篇文章叫作《改革开放以来的中国历史学》,实际上是讲改革开放三十年以来的中国历史学,在讲中国近代史的时候,涉及中国近现代历史的分期问题上带了一句,说1840年鸦片战争到1949年以来的历史是中国近代史,引起了光明网的注意。光明网每天有一个文化日记,把文化界的一些大事以日记的形式记录。11月23号光明网的文化日记,把我这篇文章中关于中国近代史的分期问题的观点列了出来。

再就是今年的3月29号,在我们中国社会科学院的院报有一个报道,说大陆的一个中国近代史的学者在台湾出版了一本《中国近代史》,引起了台湾学者、大学学生的关注。这个报道有这样几句话,我来念一下,有两句核心的话,一句话是说:"这是大陆学者在台湾出版的完整叙述中国近代史的著作,受台湾学界以及出版界的高度评价,被列入台湾大学历史系的必读书。"第二句话说:"关于中国近代史,大陆与台湾在许多问题上认识并不一致。如在最基本的历史分期上,台湾学界把从1840年到1949年的历史作为近代史,而大陆近代史一般断限在1919年,1919年至1949年为现代史。"这是最核心的两段话。第一句话说大陆学者在台湾出版的一本书,是第一本完整叙述中国近代史的著作,受台湾学界以及高校的高度重视,被列入台湾大学的必读书。这句话当然值得肯定,因为大陆学者关于中国近现代史的著作在台湾出版,并且受到诸多方面的欢迎,当然这是值得重视的一件事。那么第二句话,它说大陆把中国近代史的断限放在1919年,而台湾学者把1840年到1949年的历史作为中国近代史,这完全不了解海峡两岸史学界的情况。报道中关于海峡两岸有关中国近代史分期的说法是完全错误的,既不符合台湾学术界的现实,也不符合大陆学术界的现实。从台湾学术界来说,不可能把1840年到1949年叫作中国近代史,完全没有这种可能。1949年,是一个敏感的时间,在台湾,无论哪个行业都不可能把这个时间作为中国近代史结束的时间。这是常识,大家都应该知道。

我在这里多说一点，在1972年，我所在的中国科学院近代史研究所第一次把中华民国史的研究提上日程，那个时候还是在"文革"中。1972年到1978年之间，中华民国史的研究做了一些事情，当时写的一些书、文章，汇编的一些资料，都是在中华书局以内部资料的形式出版的，台湾是看不到的。在1978年以后，一些有关中华民国史的文章、书籍正式出版，台湾也可以看到。所以台湾学者啊，很震怒，对大陆修中华民国史很愤慨，他们那边政界、学术界、高校开了很多座谈会，在报纸刊物上发表了很多文章，对大陆学界修中华民国史做出种种猜测、种种评论，大张挞伐，什么"阴谋论"等，发出种种负面报道。1982年，近代史所民国史研究室主任孙思白先生还专门写过一篇文章，题为《谈〈民国史〉编写问题·寄语台湾同行诸君》在《近代史研究》第2期刊出，澄清他们在这一问题上一些不正确的认识。大陆学者写中华民国史，肯定是截止在1949年，这是我们的基本观点：中华民国在1949年就已经结束了。在这个情况之下，台湾的学者、他们的"国史馆"也开始修这个中华民国史。我们的书叫《中华民国史》，后朝修前朝的历史，这是中国史学惯例，我们修中华民国史，表示中华民国已经终结了。而台湾学者写的书，不叫《中华民国史》，他们叫《中华民国建国史》，就是说中华民国依然存在，依然在建国，他们的书也已经出版了。在台湾的学术界，任何一个正常的人，都不会把中华民国说成1949年是他们的一个终结，这是一个常识，是一个基本的政治现实，也是今天海峡两岸关系的纠结点。

在大陆，如果你说中国近代史到1919年，这在二十年前或者三十年前，这是没有问题的。而现在大陆的大部分学者不把中国近代史的断限放在1919年，而是放在1949年。我看了这篇报道以后，开始以为是记者写错了，因为记者可能搞不清楚，这种常识弄错是常有的事情。我了解了一下，不是记者的错，是在台湾出版的这本书的作者的看法。如果这位学者一定要坚持自己的看法，一定要把1919年作为中国近代史的下限，这未尝不可。但是，你把它作为一个普遍认识来报道，这是不妥当的。你对台湾学术界对这个问题的概括完全是错误的。所以，关于中国近代史和中国现代史的分期问题还是有必要多说，这是我要讲的一个现象。尽管近代史学界绝大部分学者都认为1840年到1949年是中国近代史，但是仍有一些学者坚持过去的看法。

我想，在这里有必要回溯一下 1949 年以前的学术界是怎样看待中国近代史的起点和终点的，给大家介绍一些材料。

我曾经把晚清到民国时期（即 1949 年前）一些关于中国近代史的书籍做过一些检索，在我们近代史所图书馆、北京师范大学图书馆、北京大学图书馆、清华大学图书馆、山东大学图书馆做了检索。这里所说的中国近代史书籍，指的是近代通史一类的书。这类书，大部分存放在近代史研究所，综计各个图书馆所得，大概搜罗了八十几本。这八十几本，都是我亲眼见过的。此外还有一些，总之不多了。早年关于中国近代史的书往往叫作《中国近世史》《近世中国史》《中国近百年史》，也有称作《中国近代史》。1949 年前出版的这类书，绝大部分学者都认为中国近代史起源于鸦片战争，有少数作者认为中国近代史应该起源于明朝末年、清朝初年，或者说是西方势力东渐的时候，尤其是葡萄牙、荷兰等国家来到亚洲的时候。把明朝末年、清朝初年作为中国近代史的起点，我在这里介绍两位知名的学者，一位叫郑鹤声，这位先生解放以后长期在山东大学讲中国近代史，很早就去世了。在 1949 年以前，郑鹤声在南京的中央政治干部学校讲中国近代史，这个中央政治干部学校原来在南京，就是今天台湾政治大学的前身，在大陆时期，这个学校的学生毕业以后往往可以被派出去当县长，1949 年以后迁到了台湾，叫"国立"政治大学，有点类似于我们的中国人民大学，完全是文科，没有理工科，当然，今天这个政治大学也是完全按照普通大学的培养方式培养学生了。郑鹤声在中央政治干部学校讲中国近代史，所讲的《中国近代史》讲义在 1944 年抗战期间出版，他就主张明末葡萄牙到中国沿海来、到亚洲来，明末的这个时候算作中国近代史。他认为葡萄牙的东来，影响了中国人的政治生活，这是郑鹤声讲的中国近代史。

还有一位，叫郭廷以，这位先生也是一位非常著名的历史学教授，1949 年以后到了台湾，在台湾师范大学任教。中研院在 1955 年创办了近代史研究所筹备处，郭教授任筹备处主任，1965 年该所正式建立，就担任了近代史研究所所长。郭先生在台湾也是和当局关系不是很和谐，最后远走美国，客死他乡。在 1947 年的重庆，他出版了《中国近代史纲》，从明末清初开始写中国近代史，这本书他请了另外一位非常著名的学者罗家伦写序言。大家知道，罗家伦在五四时期是学生领袖，后来担任过清华大学、中央大学校长，到台湾后当过党史会主任委员、

"国史馆"馆长。在序言中,他说中国近代史还是应该从1840年鸦片战争讲起,观点与郭廷以不同。郑鹤声、郭廷以这两位先生写中国近代史,不是很成功,尽管他们是很出名的学者。因为他们在抗战期间颠沛流离,写出一本高质量的书籍也不是很容易,所以他们写中国近代史,从明末清初开始,实际上只是勾画了一部简约清史,对晚清史则很少涉及,应该说不是一部成功的中国近代史。

其他的学者大都是主张以鸦片战争为起点写中国近代史,我在这里介绍几位很著名的学者。一位叫李鼎声(平心),解放以后是华东师范大学历史系教授,他是我们中国共产党党员,他是最早写中国近代史的中共党员之一,也是第一个以《中国近代史》作为书名的学者。李鼎声的书1933年在上海出版,在序言里,他明确地讲,他是要以新的历史观来写中国近代史。他所说新的历史观就是唯物史观,突出人民群众在历史中的作用。李鼎声把中国近代史的起点非常明确地定在鸦片战争,他认为从鸦片战争开始,西方对中国历史进程的影响是比较明显的,在这以前还谈不上。我们社科院的前任院长胡绳同志在他非常年轻的时候,大概十七八岁的时候,写过一篇书评,就是评论李鼎声的这本书。还有一个学者,叫陈恭禄,解放以后是南京大学历史系教授,1949年前是中央大学历史系教授。他在1935年出版了《中国近代史》,上下两册,由上海商务印书馆出版,封面上非常明确地写着"教育部部颁大学教科书"。陈恭禄的《中国近代史》也非常明确地把鸦片战争作为写书的起点,比较客观地描述了中国近代史的发展历程,我们解放区的学者当时也参考了这本书。第三位学者是蒋廷黻,擅长中外关系史,先在南开大学教书,后在清华大学教书,但是很早就去国民政府做官,后来做过驻美大使。抗战爆发后,1937年底,南京沦陷,国民政府迁到重庆。在迁都重庆的过程中,蒋廷黻先生因在国民政府任职,还在汉口等待新的任命。在接到新的任命之前无事可做,他就把在清华大学讲中外关系史的心得,写成一本小书,叫作《中国近代史》,1938年在长沙出版。这本书把他关于中国近代史的一些认识都提出来了,1949年之后在台湾有翻印,改革开放以后有翻印,都把这本书的最后一章删去了,最后一章就是讲跟着蒋委员长把抗战做完。这本书讲中国近代史的起点也是很明确的,就是鸦片战争。这本书如果说有学术价值的话,就是提出了近代化概念,他认为中国要走出中古时代,进入近代化。他批评了林则徐,批评他的"民心可用"的说法,一再地指责林则徐这个说法,他讲老百姓懂得什么,依靠民心是没有用的,他还批评林则徐没有指出近代化的方向,这种批评在我看来是站不住的。第一个,林则徐在鸦片战争之前去广州禁烟,他不可能认识到近代化问题,因此也不可能把中国近代化的道路告诉大家。在当时官员的认识当中,林则徐对外国的认识稍稍多了一点,到广州和澳门搜集一些西方书刊,但是西方对他来讲还是很陌生的。我随便举一个小例子,我在湖北农村长大,小的时候听大人们讲,外国人跑步的时候,腿是笔直笔直的,不会打弯,这是儿童时代父辈给我讲故事讲到的,后来我看过林则徐的书,原来林则徐就是这么讲的,看来我的父辈还是受了林则徐的影响。林则徐在奏折中认为西方人的腿是笔直笔直的,跑不快,我们跑得快,我们在海上敌不过他们,可以在陆上消灭他们。可见林则徐对西方的基本知识是不了解的,要他来认识近代化的道路,这么苛责林则徐是过分的。第二,在 1938 年抗战的时候,中国各个阶层政党包括共产党都在进行救亡图存的努力,蒋廷黻这个时候反对"民心可用",实际上是针对老百姓提出抗战的要求,针对老百姓的抗战热情,他要求低调,跟着蒋委员长走。当时所谓"低调",是有一定市场的,汪精卫建立了低调俱乐部,后来就投敌了。第三个,就是你在 1938 年提出这个近代化,是和当时的社会完全不合拍的,时代气氛是要抗日,全民族抗日,虽然他多次讲到近代化,但是这个时候没有人响应他,学者中还有人批评他的近代化主张。

还有一个著名的学者就是范文澜,近代史所的第一任所长,我进所的时候他还是所长。1947 年范文澜出版了一本书,发表在解放区,当时叫《中国近代史》第一编第一分册,明确了要从 1840 年鸦片战争讲起。还有一位是华岗,现在人对他不熟悉,50 年代的时候是很有名的,解放后担任过山东大学的校长,他是中共党员,参加过大革命,在 1928 年的时候就曾经写过一本书,总结大革命失败的教训。华岗在 40 年代的时候,写过《中华民族解放运动史》,1949 年初,他在这本书的基础上改写成了《中国近代史》。在导言中,专门有一节讲为什么要把鸦片战争作为中国近代史的起点,这段话在现在看来还有一定道理。

在李鼎声、陈恭禄、蒋廷黻、范文澜、华岗这五位中,有三位是中共党员,蒋廷黻是国民党员,陈恭禄是自由主义者。

这是 1949 年以前的学者,1949 年以后的绝大部分学者都认为中国近代史应从鸦片战争开始写起。当然也有一些学者不这样看，这里面也有两位著名学者，可以介绍给各位，其中一位是侯外庐，曾担任我院历史研究所副所长。他认为中国近代史应该从明末清初开始，但是他没有专门写过中国近代史，他写过中国思想史。还有一位，就是尚钺，现在大家不太熟悉了，他是中国人民大学历史系教授，从解放区过去的，是马克思主义的学者，他在《明清社会经济形态的研究·序言》中，就提出中国近代史应该以明末清初为起点。其他的人，绝大部分都是以鸦片战争为起点。侯外庐、尚钺两位都是著名的马克思主义学者。可见在马克思主义学者中间，有关中国近代史的起点也是有争论的。

  关于中国近代史的终点，1949年前的学者没有一个共同的认识。比如1933年出版，就写到1933年。在1949年以前关于中国近代史和中国现代史的概念如何呢？在我看来，1949年前的学者对于中国近代史和中国现代史没有一个明确的认识，在他们看来，中国近代史和中国现代史应该说差不多。我举一个例子，李鼎声1933年在上海出版了《中国近代史》，1940年在香港出版了叫作《中国现代史初编》的书，这两本书的内容大体差不多。还有一位学者叫曹伯韩，他在1939年、1946年、1947年分别写过书，他在1939年写过叫作《中国现代史常识》的书，1946年他把书名改为《中国近代史十讲》，1947年他又把书名改为《中国现代史》。如果你把三本书找来一看，内容是一样的，这就表明那个时代的学者对中国近代史和中国现代史的认识是模糊的。他们并不认为中国近代史、中国现代史是两个不同的概念。也有学者提出来，中国近代史是从1911年中华民国开始的，但是做这样主张的人很少。

  对于中国近代史和中国现代史进行学科的区分，应该是在1949年以后。1954年中国科学院创办了一个学术刊物叫《历史研究》，是最早的学术刊物之一。在创刊号上，发表了胡绳同志写的《中国近代师史的分期问题》，引起了学术界的长期关注，就这个题目讨论有三四年之久。1957年《历史研究》编辑部编辑出版了一本《中国近代史分期问题讨论集》，把这三年来讨论历史分期问题的文章汇编出版，而且在1957年，新华社还专门发了一篇通讯，中国近代史分期问题告一段落，对中国近代史分期问题做了一个总结。

  我认为最重要的是，胡绳在这篇文章里提出来怎样用马克思主义的唯物史观来分析中国近代历程，这样的提法就激发了当时的学者们去学习马列的书，去读毛主席的书，都用马克思主义、毛泽东思想的基本观点来分析中国近代历程。这篇文章的发表对于刚刚从1949年过来的学者，在学习马克思主义唯物史观方面是有帮助的。胡绳在讨论中国近代历史分期问题的时候，是谈论怎么从中国近代史这个具体的范围内再怎么划分若干历史段落问题。他把1840年到1919年这80年来的历史，划分为若干个段落，他是讨论这个问题。在这三年之中，很多人发表文章，也都是按照胡绳的文章，在1840年到1919年这个时间范围内进行讨论，这就无形中认定中国近代史是1840年鸦片战争开始到1919年的历史。在1955年，范文澜把他的书《中国近代史》上编第一分册改名为《中国近代史》上册，他在前言中写道，现在大家都把1840年到1919年的历史认为是中国近代史，把1919年后的历史叫作中国现代史，这也就是说范文澜接受了胡绳先生的分期主张。范文澜的书在学术界影响非常大，对中国近代史学科的发展影响非常大。那么从1954年以后，也就明确了划线，1919年前的历史是中国近代史，1919年后的历史是中国现代史。我们在高等学校成立了中国近代史教研室和中国现代史教研室，大体按照1919年的界限划分。但是对于胡绳的主张，学术界并不是只有一个声音，还有不同的声音，还有一些著名的学者有不同的意见，不同意把1919年作为划线界限的主张。1956年，北京大学开了一次学术讨论会，会上就中国近代历史分期问题进行讨论。人民大学有一位学者叫林敦奎，他认为应该把1840年到1949年的历史称为中国近代史。近代史研究所有一位著名学者荣孟源在中国科学院的一份刊物《科学通报》上发表文章，认为1840年以后到1949年中华人民共和国的历史应该称为中国近代史。还有，就是范文澜，他虽然在1955年出版的《中国近代史》第九版中，提出大家都认为1919年的历史是中国近代史，但是范文澜在1956年全国政协的报告中，第一讲就讲到中国近代史的分期，他又坚持从1840年到1949年才是中国近代史，改变了1955年的看法。还有一位著名学者刘大年，长期担任近代史研究所的领导人，他在1959年、1960年给外国学者介绍中国近代史研究状况，谈到中国近代史学科的时间范围时，也提到了以1840年到1949年为准。尽管范文澜、刘大年等知名学者有不同意见，学术界的主流仍然认为中国近代史是从1840年到1919年，就是说改革开放以前，我们的认识是这样的。刘大年始终认为中国近代史是从1840年到1949年，但是他自己写书的时候，却只写到了1919年。1962年郭沫若主持《中国史稿》的编写，前三册是由历史所副所长尹达主编，第四册是由近代史所副所长刘大年主编。刘大年主持编写的时候，还是写到了1919年，在70年代末80年代初的时候，编写还是写到了1919年。

我想，在学术方面，写到1919年比较好写，1919年以后的历史，材料不好找，还有很多禁忌，很多当事人还活着，很多档案还不开放，没有办法利用，当时学者写1919年以后的历史书还是不太容易。

在50年代和60年代，关于中国近代史的上限和下限，还是有很多不同意见，但是不占主流。到了80年代初以后，对传统的近代史分期，很多学者提出了不同意见。首先是胡绳同志自己，在1982年，他出版了《从鸦片战争到五四运动》。在这本书的前言中，他说他写的历史是半殖民地半封建社会历史的前半部分，从鸦片战争到五四运动只是近代史的前半部分。我在这里说一下，胡绳先生的《从鸦片战争到五四运动》，在80年代可以说是红遍了整个中国，印数有几百万册，王震同志还专门写文章高度评价这本书。胡绳同志曾经到近代史所做了一次演讲，当时我是副所长，我们曾经跟胡绳同志讨论过这个问题，说你这本书为什么不叫《中国近代史》。当时，胡绳同志很风趣地讲，《中国近代史》只由你们近代史所写，我这本书是个人著作，作为野史，不能叫这个名字。在80年代初以后，很多学者就提出来，应该把中国近代史的下限延长到1949年。

为什么很多学者主张把1949年作为中国近代史的下限，这是从社会性质角度来讲的，1840—1949年这段时间是中国的半殖民地半封建社会，以社会性质来划分历史时期，这是符合马克思主义的，是科学的。

1996年，《近代史研究》办到第100期的时候，刊物主编提出为了纪念百期，建议请胡绳同志撰写文章或者题词，在第100期上刊登，我觉得这个意见很好，所以我给胡绳同志写了一封信，就说《近代史研究》100期了，希望您给刊物题词，放在刊物的前面。胡绳同志当时身体不大好，正在江苏的盐城休养，他的秘书告诉我，胡绳同志已经昏过去了，醒来后说，还有张海鹏要的题词没有写，便让秘书随便拿一张纸写了一句话，在刊物截稿前寄到了，这个题词在《近代史研究》第100

期上刊登了。这句话大意就是我们应该把 1840 年到 1949 年的历史叫作中国近代史，1949 年后的历史叫作中国现代史，不能够在称呼中国近代历史时，笼统地称呼为中国近现代史。题词发表后，我专门写了一篇阐述性的文章，来讨论这个中国近代史的分期和中国近代史的发展趋势问题。这篇文章写出来以后，首先在纪念北京师范大学历史系建系 70 周年的一次演讲会上发表。我在演讲会上说，根据现在的认识，建议北京师范大学历史系应该把中国近现代史教研室按照新的学科分期分成中国近代史和中国现代史，不要以 1919 年作为划分标志。据我所知，国内很多大学，比如北京大学、武汉大学、浙江大学等，都已经组建中国近代史和中国现代史教研室了，南开大学和上海大学也都表示要进行调整。我的这篇文章，《光明日报》大概只发了一半，五千字左右，全文在《近代史研究》上发表。这篇文章发表以后，在学术界引起了相当大的反响，很多学者认为这个问题已经基本解决了。这就是说，我们对中国近代史的学科概念，已经明确了。

1999 年以前，我们国内出版的中国近代史书，一般写到 1919 年。1999 年，群众出版社出版了很薄的一本小册子叫《中国近代史（1840—1949）》。这本小册子是我主编的。公安部为了对全国人民警察进行人文科学知识方面的教育，邀请了社科院的好几位专家共同编写一套丛书，请我来主编中国近代史。我根据建立中国近代史学科新的学科概念，组织近代史研究所几位学者编写了这本新的《中国近代史》，把 1840 年到 1949 年中国近代史的框架基本建立起来。似乎可以说，这是第一本按照新的中国近代史学科概念编写的中国近代史著作。1999 年以后，还出版了辽宁大学历史系教授编写的中国近代史教材，2000 年山东大学出版社出版的教科书《中国近代史》，都是写到 1949 年。

有几本书，我想在这里介绍一下。一本是北京大学沙健孙教授主持编写的《中国近现代史纲要》，这本书是 2007 年出版的，这本书作为中国高校政治理论课的基本教材之一，是马克思主义理论研究与建设工程重点教材最早出版的一本书，篇幅不大。据我所知，沙健孙主持的这本教材，政治局九常委都看过。这本书前言劈头就指出，1840 年到 1949 年的历史是中国近代史，1949 年以后的历史是中国现代史。这句话和我们的主张是完全一致的。在《中国近代史纲要》出版之后，我曾经写过一个书评，发表在《高校理论战线》上。我的评论说，《中国近代史纲要》提出的中国近代史和中国现代史的学科概念,是科学的概念。这本书作为基本政治理论教材,是大学必修课,它对明确中国近代史和中国现代史的学科概念将起到很好的作用。2007年还有一本书,是由我主编,近代史研究所几位学者参与编撰的《中国近代通史》,江苏人民出版社出版,十卷本,共550万字。这可能是我们当今中国近代史领域部头最大的一本通史。我们就是按照1840年到1949年这种新的学科概念来撰写的,打通1919年这个时间段,我们会看到近代中国历史一些共同的有联系的东西。把1840年到1949年的历史按照社会性质,按照半殖民地半封建社会分成几个阶段,我们会看到一个完整的中国近代历史。这是到现在为止,中国近代史和中国现代史学科概念的基本情况。坦白讲,现在也还有学者有不同意见,依然坚持各自看法,但是总体上已经不能够改变关于中国近代史的学科概念了。

问题有没有,还是有的。我想在历史学界已经没有很大的问题,但是在文学界、哲学界还是有很大的问题,在其他领域还是有很大问题。在文学界,还是认为1919年以前是近代文学,1919年之后是现代文学,这些还有待于学术界共同讨论,我想这是关于中国近代史分期的基本情况。

下面,第二个问题,我简单跟各位报告中国近代历史的发展趋势问题。

近代中国的历史发展趋势怎么看?以前,我们研究中国近代历史的学者,总是说近代中国沉沦到半殖民地半封建社会的深渊。到80年代初,广东的近代史学者李时岳发表文章指出,中国近代史不仅仅是一个"沉沦"问题,还有一个"上升"的问题。他是从半殖民地半封建社会的角度来解释的。他认为半殖民地是从国家地位而言,国家主权部分丧失了,所以是半殖民地社会;他认为半封建社会是从社会性质而言,既然一部分是半封建社会,另一半就是半资本主义社会,所以是半封建半殖民地。这个看法对于学术界产生了一些影响,他说半殖民地导致国家主权不完整,对于国家就是一种"沉沦",那么半资本主义对于半封建来讲,对于国家是一种"上升"。这个观点,对我很有启发,但是在他的观点里头,因为半殖民是"沉沦",半封建是"上升",在他看来,他的理论框架里头,"沉沦"与"上升"是同时进行的,对于同时进行这一点我表示不能同意。如果"沉沦"和"上升"同时存在的话,我们就很难解释近代中国历史。实际上，80 年代初我看到他的这篇文章，我就一直在思考怎么回答这个问题。

我刚才提到，1998 年我在《光明日报》和《近代史研究》上发表的那篇文章，已经回答了这个问题。首先我不同意他的这个看法，我们说半殖民地半封建社会，是指一种社会性质而言，是一种过渡性的社会形态，是一个完整的社会形态。中国没有经历一个完整的资本主义社会，我们不可以把半殖民地半封建分割开来，不可以把半封建和半资本主义社会分割开来，因为在中国，很难用量的角度来衡量资本主义，哪一半是资本主义，哪一半是封建主义？资本主义在中国产生，资本主义的生产力和生产关系在近代社会里的影响是很小的。影响中国社会的，主要还是封建经济，所以我们的革命叫民主革命，我们还要进行民主改革。所谓民主革命，主要是指革封建社会的命，按照马克思主义科学社会主义理论，民主革命属于资本主义革命范畴。如果我们把半殖民地半封建社会分开为半殖民地社会和半封建社会，半封建社会又是半资本主义社会，对于社会形态的解释是说不通的，因为如果我们的社会里还有一半是资本主义社会，那我们的革命就不能仅仅用民主革命来概括，还有革资本主义的命的任务，那就是说还有社会主义革命的任务。说 1949 年前的革命是社会主义革命，那是不符合近代中国的历史实际的。这是一点。

在中国近代史的前期，第一次鸦片战争、第二次鸦片战争、中法战争、甲午中日战争、八国联军侵华战争等一系列列强侵略，对于中国社会来讲主要是"沉沦"，这是正确的。所以在我看来，中国近代史的前期主要是"沉沦"，社会"沉沦"到一定的时候，有一个"谷底"，呈现出一个"U"字形，过了"谷底"，然后"上升"，这是我对中国近代史的一个基本看法。在八国联军侵入以前，中国社会主要是"沉沦"，那你说什么时候是"谷底"呢？在我看来，从 1901 年的《辛丑条约》的签订到 1921 年，可以看作是中国近代历史沉沦的"谷底"时期，这个"谷底"时期是历史"沉沦"和历史"上升"的交错时期。

1901 年的《辛丑条约》是一个非常重要的条约，比中国以前签订的条约对中国的损伤要严重得多，无论是从割地、从赔款、从整个中国人的心理影响来讲，《辛丑条约》都是极为严重的。我在这里简单介绍一下《辛丑条约》。《辛丑条约》是 1901 年 9 月签订的，在八国联军的侵略威胁下签订的,是一个不折不扣的不平等条约。1900 年的 8 月,八国联军占领了北京,慈禧太后逃跑。随后清政府首先和八国联军谈判,一直谈到 1901 年签订了《辛丑条约》。因为德国公使在崇文门被杀了,所以要惩罚中国的官员,第一位惩罚的对象是慈禧太后,几个国家都赞成这个观点。说谈判,实际上,这个条约并不是清政府和八个侵略国家来谈的,而是在八个国家内部进行谈判的。八个国家在讨论是不是要惩办慈禧太后的时候,有不同意见。如果把慈禧太后推翻了,中国谁来治理?这八个国家感到,任何一个国家都不可能单独或合伙治理中国,如果要找一个中国人来治理的话,除了慈禧太后还有谁呢?所以,他们最后得出的结论,保留慈禧太后,惩办一些官员。所以,慈禧太后知道自己不被惩办,感受到宽慰,她就说了一句话叫作"量中华之物力,结与国之欢心",意思是:我们计算中国国力有多大,然后赠送给外国人,让外国人开心。

除了惩办大臣之外,还要赔款。开始他们提出了很高的赔款数字,一个天文数字,中国赔不起。当时中国一年的财政收入,最高的时候是一亿两白银,不能把所有财政全赔了。当时的中国的海关税务司官员,一个英国人叫赫德,提出让中国赔款 4 亿 5000 万两白银,因为当时中国的人口是 4 亿 5000 万,也就是每一个中国人赔一两白银,这样就等于惩罚了每一个中国人,这个办法后来西方各国都同意了。4 亿 5000 万两白银,加上利息 39 年还清,是 9 亿 8000 万两。后来在赔款过程中,发生金本位制问题,列强要求按照金本位赔款,银和金一折,赔的更多了。根据海关的档案显示,这个《辛丑条约》的赔款一直赔到 1943 年。为什么赔到 1943 年,因为 1943 年是中国抗战最艰苦的一年,也是世界反法西斯战争最艰苦的一年,美国和英国希望中国把日本军队固定在中国战场,不要让日本军队卷入南洋,卷入欧洲战场,如果日本和德国会合的话,英美感觉到更承受不了。所以英美在 1943 年提出来废除《辛丑条约》,废除治外法权,签订了中美新约和中英新约,当然赔款也就不赔了,所以赔到 1943 年为止。海关的资料显示,到 1943 年我们一共赔出了 6 亿 7000 万两白银。在第一次世界大战中,中国是参战国,是战胜国,德国是战败国,所以中国就宣布不对德国和奥地利这些战败国赔偿了。俄国十月革命以后,当时的苏联就要求中国不用赔款了。后来就只剩下英国、美国和日本的赔款,日本的赔款在我们抗战开始后也就不赔了。1941年珍珠港事件之后,中国对日宣战,以前中国与日本的条约一律作废,中国就不赔日本了。这就只剩下美国的赔款和英国的赔款。但1943年,他们宣布和中国废除不平等条约之后,就一切不赔了。所以到1943年为止,晚清和民国我们一共赔出了6亿7000万两白银,这大体上是一个比较准确的数字。这样一笔巨大的赔款,大大影响了中国现代化的进程。

《辛丑条约》除了惩办大臣和赔款外,还有驻军。条约规定从北京到大沽口到秦皇岛的炮台,中国要一律撤除,中国不准设防。在北京到大沽口有12处地方,外国可以驻军。首先是东交民巷,外国的使馆区。原来是中国派兵保护使馆区安全,从这之后由外国派兵驻防,负责安全。在五四运动的时候,当时的学生要去东交民巷,去使馆区抗议,可是到东交民巷的时候,外国军警就把他们挡住了,学生不能通过,学生就一转弯去了赵家楼。情急之下,发生了火烧赵家楼事件。这是因为东交民巷有驻军,从东交民巷,经过天津一直到大沽口都有外国军队。大家知道,1937年7月7日,卢沟桥事变,中日军队就在那里打上了。中日军队怎么可能在卢沟桥打仗呢?这就是根据《辛丑条约》规定,日本军队可以在天津驻军。但是1931年九一八事变以后,日本军队违反条约规定,越过天津,逐渐到了卢沟桥附近,所以日本军队驻军在卢沟桥是违法的。我们即使是承认《辛丑条约》,日本军队驻军卢沟桥附近也是违法的。我们以前总是争论谁放了第一枪,即使是中国人打第一枪,也是对的,因为在中国领土上,驱逐非法的外国军队,完全是合理合法的。

《辛丑条约》对于中国还有另一方面的影响。我再举一个例子,现在我们社科院的地方是以前的贡院,《辛丑条约》规定,在华北发生义和团运动的地方,停止科举五年,这对当时的知识分子是一个极大的打击。因为当时的科举是知识分子的唯一出路,知识分子不能考科举了,他们还能做什么?一直到1905年,那个时候的知识分子还跑到河南开封考了一次。华北停止科举考试,这对中国知识界和中国知识分子打击很大。

《辛丑条约》的附件还规定,要用大字、大字报的形式把《辛丑条约》张贴出来。我们当时没有今天的媒体,贴出来是让老百姓都知道是和西方国家签订了这个条约,这对当时的老百姓影响是很大的。我们过去讲中国人崇洋崇美，是从《辛丑条约》开始的，以前中国老百姓并不是很怕外国人。1861年，成立总理各国事务衙门，所有和外国打交道的事情都由总理衙门管，官员当官都不愿意去总理衙门。刘鹗写了一本《老残游记》，可以看一看。在1900年以前，中国官场和外国人打交道的官员的级别都不是很高；在1900年以后，外务部成立，老残到山东的某一个县，那个县有洋务局，级别就很高，洋务官员很傲气。如果谁要是能够说两个英文词，那就不得了，捧得很高，所以这个崇洋是从《辛丑条约》签订以后逐渐起来的。中国人怕和外国人打交道，谁要是和外国人打官司，就自认倒霉。这个《辛丑条约》给中国的影响、给中国的打击是很大的，所以我说《辛丑条约》是中国近代历史的"谷底"，我想是有道理的。

在1901年以后，帝国主义对中国的侵略还在加剧。在1903年、1904年、1905年，英国人的军队一直打到拉萨，十三世达赖跑到了北京。1904年到1905年，日本和俄国在中国的东北打仗，就是"日俄战争"，中国是战场，从大连、旅顺一直到哈尔滨，清政府在东北划了一条中立线，划定交战范围。日本和俄国都在中国东北抓壮丁、挑夫。东北人民受到了很大损失。日俄战争以后，俄国把在中国的特权一部分让给了日本人，比如南满铁路就让给了日本。无论是国家的主权，还是人员的死亡，还是财产的损失，中国都是很大的。所以，在1901年以后的中国依然"沉沦"。

到了1911年，中国也发生了"上升"的倾向，这个"上升"的倾向就是孙中山和同盟会领导的辛亥革命，还有就是1919年的五四运动。这些都是中国的"上升"因素。五四运动的发生和中国的形势有关。中国在当时是战胜国，日本也是战胜国，日本对德宣战，它不是跑去欧洲打德国，它是跑到中国山东打德国。日本占领了青岛和胶济铁路，接着把整个山东占领了。巴黎和会上中国代表提出要收回青岛、废除"二十一条"，日本说这个青岛是我的，我也是战胜国。巴黎和会没有听从中国的意见，把青岛给了日本，德国在山东的特权给了日本，所以就发生了五四运动。从1920年以后，中国的状况就在"上升"之中发展，1921年中国共产党成立，中国共产党的全国代表大会是在1921年7月21日召开。1924年8月中国国民党第一次代表大会在广州召开，确立了国共合作、发动大革命等，这些都是中国革命向上发展的势头。这个上升的气象是非常明显的。1924 年以后，特别是 1931 年九一八事变以后，经过中国人民英勇抗战，日本最后以失败告终，这是因为整个中国的民气上升了，中国民气的上升可以一直抵抗外国侵略者的侵略，这是我们在历史上升时期一个显著的标志。在 1901 年以前，在中国历史发展的"沉沦"时期，也反抗侵略，也有太平天国也有义和团，但都以失败告终了，也有洋务运动也有戊戌变法，但都是以失败告终了，他们不能够阻止中国历史向下"沉沦"。那么到了 20 世纪 20 年代以后，中国历史的上升趋势明显以后，就不一样了。我想这是中国历史发展的一个基本趋势，从中国历史的"沉沦"到中国历史的"上升"。

最后，我把电视剧《走向共和》简单说一下。

2003 年，正是 SARS 流行的时候，社会上很紧张。中央电视台第一频道在新闻联播后的黄金时间播放了电视连续剧《走向共和》。这部电视剧有五十多集，我看过一部分。我看了一部分以后，跟在北京的部分史学工作者聚在一起交换了意见，大家感觉这个剧本政治倾向不好。这个片子不好在哪里呢？如果说走向共和，从孙中山推翻清朝建立中华民国，从这个意义上讲还是可以的，但是这个片子给人造成的印象，慈禧太后、李鸿章、袁世凯、孙中山、黄兴、宋教仁所有这些人一起共同走向共和，这个主题就完全错误了。慈禧太后、李鸿章、袁世凯是反对共和的，孙中山、黄兴、宋教仁是走向共和的。如果突出孙中山、黄兴、宋教仁这些人还可以，而你把慈禧太后、李鸿章、袁世凯这些人的形象弄得很光辉，就错了。编导让最好的演员出演慈禧、李鸿章、袁世凯，着力表现他们的人性一面，年轻观众很感动。孙中山、黄兴、宋教仁在电视剧中的形象跟小丑式的，孙中山被剪了辫子满地打滚，还有表现孙中山和黄兴在美国住店的时候，有一个女老板过来抓住孙的领子，骂孙是骗子。孙中山在从事革命的过程中，在南洋、在美洲，在华侨中间募集了很多钱，因为孙中山在从事武装革命的时候需要花钱，南洋和美国的华侨都非常支持孙中山，他们怎么可能把孙中山当作骗子？还有两个情节，一是李鸿章在家里请孙中山吃饭，两个人在家里讨论怎么样推翻清朝，这个是绝对不可能发生的事情，孙中山一直在南洋、香港学习。想去北京看看官场，那个时候他还是小青年，他写过一封信给李鸿章，是东转西转送到李鸿章手的。李鸿章根本就不知道孙中山，当时叫孙文，不知道这个孙文是谁，根本不可能把他请到家里来吃饭，更不可能讨论一起推翻清朝。

我给大家讲一个小故事，1864 年曾国藩镇压太平天国以后，曾经和一个幕僚聊天。幕僚说："大帅你为什么不推翻清朝，自己当皇上啊？"曾国藩说："你可不要这样说。"后来这个幕僚把这个事情写在了自己的日记里，现在我们可以看到这件事。后来的李鸿章是北洋大臣、直隶总督，怎么可能想去推翻清朝呢？

还有一个情节，就是1909 年慈禧太后和光绪都死了，清朝成立了一个皇族内阁，皇族内阁担心袁世凯有什么动作，把他免官，以足疾，就是脚不好把他撵回家去，袁世凯就离开北京回到安阳了。袁世凯的信使在北京和安阳之间跑，为他带回情报，袁世凯对北京的政局了若指掌。《走向共和》有一个情节，就是宋教仁跑到河南安阳，袁世凯在洹上钓鱼，宋教仁把他叫起来，两个人乐呵呵地一起回家里喝酒，两个人一起商量推翻清朝。这是绝对不可能发生的，宋教仁绝对不可能跑到安阳去劝说袁世凯反清。这些都是为了制造一个屏幕形象，似乎孙中山、宋教仁与李鸿章、袁世凯共同走向共和。

武昌首义以后，宋教仁来到武昌，袁世凯也在武昌，两个人握手言欢，说我们两个早就认识了。这些都是骗人的，这些都是虚假的。我们现在可以查宋教仁日记，宋教仁一直在日本留学，住在东京。1909 年，他乔装去东北做间岛调查。当时朝鲜人在中国延吉地区开发，与中国人发生冲突，后来日本人过来干涉，就是"间岛事件"。宋教仁就是想调查这个问题，写了一篇文章就是写如何处理间岛问题，这个报道送给清政府，作为清政府正确处理这个间岛问题的依据。宋教仁没有到北京来，更没有到河南去，这个书里都有记载。东京的同盟会和留学生，批评宋教仁，说我们不是要推翻清政府吗？你为什么还要为清政府出主意呢。实际上是批评宋教仁的。宋教仁没有到北京来，更没有到河南去，更不可能和袁世凯见面。

这个电视剧刻画的这些情节都是让观众相信，从慈禧太后到李鸿章、袁世凯、孙中山、黄兴、宋教仁都是走向共和的。这个政治倾向是错误的，完全不符合历史事实。辛亥革命是要革清朝封建统治者的命，革命者怎么可以与被革命者共同走向共和呢？不仅不合事实，也不合逻辑嘛。

另外，电视剧的这些编导在解释这部电视剧的时候，他们认为直到今天我们依然在走向共和，这是他们拍这部电视剧的指导思想。这个思想我认为是完全错误的，辛亥革命实现的共和与我们的共和不是一个共和。当时这个共和、宪政，和我们今天是不一样的，不能够用那个时候的共和来呼应现在。《走向共和》的这个基本政治倾向是错误的。

时间不够，不能多讲了。各位有什么问题，尽可以提出来讨论。

现场互动

问：您能不能讲一讲观看《大国崛起》的感受？

答：《大国崛起》这个电视剧我看过，我觉得它有积极意义，我没有完全看完。通过《大国崛起》的这个形式，向大众介绍大国的历史是有益的，但是这个剧本没有正确反映这九个大国早期的历史，特别是这九个大国侵略殖民地，血腥腥的掠夺，一句话就带过了。

我现在要讲的，这个《大国崛起》的策划是一个作家，叫麦天枢，这个作家做过访谈，2006年12月20号，在《中国青年报》的《冰点周刊》发表了一万字的访谈，我觉得这个访谈是完全错误的。这个访谈的核心思想是什么呢？他说："我策划这个电视剧就是让中国人知道什么叫妥协，中国人只知道斗争，不知道妥协，英国人懂得，我要把英国人会妥协的事实告诉中国人。如果中国电视剧和中国观众知道什么叫妥协，我就谢天谢地了。"这几句话就是麦天枢的原话。

我认为这个说法是错误的。第一，中国人不知道什么叫妥协吗？第二，英国人只知道妥协不知道斗争吗？这是完全不符合历史事实的无稽之谈。当然说中国人只知道斗争不知道妥协是和我们的阶级斗争有关，但是我们天天喊打倒美帝国主义的时候，中美两国的大使在华沙进行着多次会谈，那不是妥协吗？所以说，我们中国人既有斗争也有妥协，英国人也一样，既有斗争又有妥协。

有些学者写文章说英国官员是好的，英国国内是和平的，是妥协的。这种认识是没有正确认识历史，没有正确解读历史过程。实际上，英国1640年的革命，英国国王被送上了断头台，到1889年，发生了光荣革命。有人认为，光荣革命是和平的，没有暴力，但实际上光荣革命也不是和平的。英国国王和议会之间都斗起来了，议会规定的议案被国王推翻了，议会当时没有办法，就写了一封信给荷兰国王威廉一世，是英国国王的女婿——英国的女儿嫁给了荷兰的国王，请这个荷兰的国王带着兵到英国来。荷兰国王就带着兵来了，英国国王就逃跑了，荷兰的国王就成了英国的国王，接受了议会的要求，这就被称为光荣革命。实际上，荷兰国王威廉带着军队到英国来，不是一种暴力吗？这就好比我们的平津战役，没有把天津打下来，北京怎么可能和平解放。虽然荷兰国王和英国没有打起来，英国国王跑了，但是本身也是以暴力为后盾啊，所以妥协和斗争是并存的，不是说英国人只知道妥协不知道斗争。这一点我觉得《大国崛起》这个电视剧策划人的认识是不对的。实际上，大国崛起过程中，从葡萄牙、西班牙到英国、美国这些国家，哪一个国家少得了斗争呢，少得了战争啊，少得了对海外殖民地大量的掠夺啊，这都是暴力行为，血腥腥的。当然，我觉得这部电视剧还是有一定积极性的，它介绍了世界历史的一些方面，但是它淡化了一些方面，这是它的缺点。

问： 中国近代史分期的问题在某种程度上是不是以政党轮替为依据呢？

答： 中国近代史的分期问题不是站在一个政党轮替的角度来说的。我们是从社会性质上来讲的，从1840年到1949年，中国社会是一个半殖民地半封建社会，1949年以后不是说国民党下台了，共产党上台了，我们中国从此进入了社会主义社会。如果把1945年作为中国近代史下限的话，1945年到1949年之间还是半殖民地半封建社会，我们就很难概括了。这是从社会性质来进行历史分期的，完全不是从政党轮替的角度来看待中国近代史。

问： 请您评价一下，在中国近代史上资本主义力量对中国社会的影响。

答： 鸦片战争以后，中国在列强打击下，逐步沦为半殖民半封建社会。在西方列强打击下，西方思想、社会学说同时也在逐渐输入，刺激了中国人民的思想认识、思想觉悟和民族感情，这个新的阶级力量促使新的政治势力产生，使得中国整个民气上升。在1920年以后中国的地位逐渐上升的过程当中，新的阶级力量的产生、新的生产力的产生、新的知识分子群体的产生，这些促使中国民气上升。所以，在1901年以前，中国新的阶级里面，资本主义群体虽然有，但是很弱小，或者是在社会的影响比较小，这是造成中国社会沉沦的基本因素。

与中山市社科联谈学术经历和孙中山研究[*]

问：张老师，您好，我们此行前来拜访您，主要有两个目的：第一是希望通过您的视角来回顾一百年来国内学术界尤其是中国史学会关于孙中山研究的现状以及历史的评述；第二是请您简单地谈谈今后如何做好孙中山研究工作。我们知道您1964年从武汉大学毕业后就来到中国社会科学院近代史研究所（以下简称近代史所），工作至今。应该说，近代史所承载着您的学术之路，是您的精神家园。首先能不能先请您回顾一下，您是什么时候开始踏上这条学术之路的？

张：谢谢你们跑老远从中山到北京来采访我。提起我的学术之路比较复杂，几句话不容易说清楚。

1959年，我考入武汉大学历史系。大学期间，我的学习成绩是较好的，那时我就立志要成为一个历史学家。开初我的兴趣在中国古代史方面，在四年级作学年论文时，看了《史记》《汉书》之后，写了一篇题为《试论秦汉之际的游侠》的文章，当时没有想过去做中国近代史研究。我主修唐长孺[①]教授的隋唐史，可以说是隋唐史专题班考

---

[*] 这是2012年3月中山市社科联胡波、赵军对我的采访，依据采访记录稿整理。收入《孙中山研究口述史》，广东人民出版社，2016。

[①] 唐长孺（1911—1994），曾任武汉大学历史系主任、教授，国家文物局古文献研究室主任，武汉大学中国三至九世纪研究所所长，中国科学院历史研究所研究员。早年从事中国辽、金、元史的研究。1944年后，专注魏晋南北朝隋唐史，并从事敦煌吐鲁番出土文书的整理和研究。

试分数最高的一位,所以系里指定唐长孺教授作为我毕业论文的指导老师。他给我出了题目《北齐政权的评价》,要我去研究。在看书查找资料的过程中,我的思想发生了转变,想去报考中国科学院历史研究所侯外庐①教授的中国思想史专业的研究生,后来花了几个月时间把侯外庐先生的《中国思想通史》五卷本啃了一遍,这本书很难读,读完以后发现写论文剩下的时间不多了,再回头去看《北齐书》,时间不够了。所以我就跟当时系主任吴于廑②教授去反映情况,时间不够,能不能换一种形式。吴于廑问我想换什么形式,我说想翻译一篇外文,能不能拿这篇翻译的外文充当毕业论文,吴于廑教授表示同意。世界近现代史教研室就从苏联新出版的刊物《近现代史》杂志(1963年第6期?)里面指定了一篇论苏美建交30年的文章,作者是依斯拉爱梁(Исраэлян)。我用一周时间翻译完毕,世界史教研室老师评了5分。系里总支书记(也是教世界史的老师)认为这是苏联修正主义的文章,需要消毒,要我写一篇批判文章。1964年5月,我完成了题为《苏美外交关系的历史与现实》的毕业论文,大概4万字。随后压缩成2万至3万字,并改题为《试论苏美建交的原因》,寄给了北京近代史所《历史研究》编辑部。后来我知道,编辑部收到了此文,近代史所余绳武、王学庄也看过此文,《历史研究》主编、副所长黎澍似乎也很高兴。当然,此文最终未能发表,但这也成为我后来最早调入西郊组(近代史所在1964年设立的配合外交部对苏谈判、研究中俄边界历史的小组,对外称中国近代史讨论会,具有保密性质,因设在北京西郊的西颐宾馆而得名),组里希望培养我成为研究中俄(中苏)关系的学者的一个很重要理由。

记得,当时我本来打算报考中国思想史的研究生,准备工作都做好了,但是考试前的一个月,即1964年2月,历史系党总支又推荐

---

① 侯外庐(1903—1987),山西平遥人,历任北京师范大学历史系主任、北京大学教授、西北大学校长、中国社会科学院历史研究所所长等职,一生主要从事中国思想史、社会史研究。
② 吴于廑(1913—1993),安徽休宁人,在世界史研究方面多有建树,包括通史编纂、世界史资料汇编、世界上古中古史研究、15—16世纪东西方历史综合比较、西方史学研究及史学名著编译、中西文化比较等。

我报考北京外交学院研究生班。外交部和教育部联合通知，外交部部长兼外交学院院长陈毅将在外交学院办两个研究生班，每班30人，为未来外交战线培养外交人才和国际关系方面理论研究人才，他们要在全国重点文科大学中招收学生。外交学院向来具有优先录取权，它的招生也不同于一般的高校招生，不能自由报考，而是将通知发到各个学校的党总支，由党总支推荐，那个时候的学生都是完全服从分配的，武汉大学党总支推荐我去考。我就放下了思想史，因为那个外交研究生班，我也是很愿意去的。我在高中和大学这几年，我也注意看一些外交方面的书，后来写苏美建交的文章，也看了一些外交方面的资料。苏联出的《外交大辞典》，我也翻了，知道外交方面最基本的概念和常识。且考大学时，我就想学外文，而进入外交研究生班，我就有机会学习外文。考过了之后，放假后我就回家干活了。8月16日，学校统一宣布分配方案，我到中国科学院近代史研究所。我感到莫名其妙，不知道怎么回事！当时武大有四五百人被分配到北京，学校包了一列火车把我们送到北京。8月18日，我就到北京了，没有机会到系里问一下是怎么回事。当时因为是学生，到达北京时身上也没什么钱，也不知道路怎么走，幸好哲学社会科学部政治部派人到火车站接，叫一辆三轮车把我送到所里。

到所里以后，正好碰到北京召开一个新中国成立以来最大的国际学术讨论会"1964年北京科学讨论会"，文、理、工、农、医各科都有，邀请了国外三四百位科学家参加。我当时和郭永才（此后任过近代史所副所长、中国社会科学院秘书长）同一天到所里，所里通知我们到这个会上去做会务工作。开完会以后，我回到所里来，我们当时的人事科科长是一位女同志，她跟我讲，把你弄到所里来，那是多么不容易。

问：那究竟是怎么回事呢？

张：原来，1962年开始了国际共产主义大论战，即中苏论战。1963年10月，中共中央在北京召开了中国科学院全国哲学社会科学学部扩大会议，刘少奇主持会议，周扬在大会上做了报告，报告全文在《人民日报》上发表，会议提出了在哲学社会科学领域反修的任务，当时在报纸上不会公开讲，但内部是这样布置的。

当时近代史所所长是范文澜，副所长是黎澍，① 常务副所长是刘大年。② 黎澍同志负责管理人事工作，他认为近代史所应该建立一支反修的队伍，但不应该让上了年纪的人再从事反修的工作，应该从1964年的大学毕业生中挑选。所里当时派了五路人马，拿着中宣部的介绍信，中南一支、东北一支、华北一支、西南一支、西北一支，到各个地方的大学文科各系挑人。中南一线是派何重仁副研究员去挑。他到武大时，我们历史系就把我推荐给他。但是我不知道，系里没有告诉我。正是这样一种情况，我既被外交学院录取了，又被近代史所挑中了。经过所里多次与外交学院交涉，最后外交学院放弃了，所里就把我挑过来了。

问：您在1964年进入了近代史所，但是在那个时代进所后能够进行学术研究吗？

张：1964年8月，我被分配到中国科学院近代史研究所。当时近代史研究所隶属于中国科学院哲学社会科学部（以下简称学部）。49年来，我一直在近代史所工作，没有换过任何的单位，这或许是我唯一感觉到遗憾的地方。当年，我被分配到近代史所工作，能走进最高科学殿堂，心情无比激动，但是由于各种原因，直到1978年以后才真正开始学术研究工作，中间有长达13年的时间没有从事任何学术研究。

我到所里报到后很快就到甘肃河西走廊的张掖参加农村社会主义教育运动，当时叫"四清"运动。被分配到张掖县乌江公社贾家寨大队二队（包括任家庄、周家庄、褚家庄），我们的工作是按照"桃园经验"访贫问苦，发动群众揭发生产队干部的"四不清"问题，逐一落实。"访贫问苦"一个月左右，没有发现十分严重的问题。1965年5

---

① 黎澍（1912—1988），历任《观察日报》和《开明日报》总编辑，国际新闻社经理，《华西晚报》主笔，《文萃》周刊主编，香港新华社总编辑。1955年以后，致力于历史研究工作，历任近代史研究所副所长，《历史研究》杂志主编，《中国社会科学》杂志总编辑，学术委员会委员，国务院学位委员会委员，中国现代史学会会长等职。对维新运动、义和团运动、辛亥革命、五四运动、"文化大革命"，都有精辟的论述和独到的见解，是中国史学界拨乱反正的先行者，对中国社会科学，尤其是历史学的发展和繁荣做出了重大贡献。

② 刘大年（1915—1999）湖南华容县人，1938年加入中国共产党，1954年以后，任近代史研究所副所长、中国科学院哲学社会科学部学部委员，1978年恢复工作，社会科学院研究生院教授、博士生导师，历任中国社会科学院近代史研究所所长、中国社会科学院近代史研究所名誉所长、孙中山研究学会副会长、中国抗日战争史学会会长等。

月,我们结束"四清"工作,离开村子时,当地干部群众都来欢送我们,似乎有点难舍难分。我记得在甘肃张掖的 8 个月里,我们每天都到当地百姓家里吃饭,每天吃的都是当地很普遍的用醋或者香油拌一下的红辣椒面,从来没有见过蔬菜,更谈不上鸡鸭鱼肉。应该说是非常艰苦的,因为我出生成长在湖北,不太了解北方,更不了解西北,这 8 个月对于我了解中国西北的农村而言,应该说是一个很好的亲身经历。

国家规定,大学毕业后应在农村劳动锻炼一年。我们在张掖 8 个月,还不到 1 年,学部领导体恤我们这些刚刚毕业的大学生在张掖太艰苦了,就给我们换了一个地方。1965 年 6 月中旬,我们来到山东黄县(今龙口市),住进大吕家公社于口大队下孟家生产队一户孟姓农民家里。当时有个下丁家公社,在全国是仅次于山西大寨大队的农村基层单位,非常有名。我们当时所在的生产队在山区,就在下丁家旁边,这里没有平地,主要在山上种果树,主产梨。我们在山上与农民一同劳动了 7 个月,我在这个过程中,更多地认识了中国的农村。1948 年淮海战役,黄县各村里的农民,男子人人都推着小车支援前线,为淮海战役的胜利贡献了自己的力量。后来陈毅元帅说过淮海战役的胜利是山东农民用小车推出来的,我们在黄县农村有了比较切身的感受。

在黄县进行 7 个月的劳动锻炼后,我就回到近代史所,黎澍同志安排我到西郊组,在当初进所的 30 至 40 人中,是最早被安排到西郊组的。

问:那说说您在西郊组的情况吧。

张:西郊组是 1963 年建立的,对外名称叫"中国近代史讨论会"。由中国科学院近代史研究所副所长黎澍同志和外交部苏欧司司长余湛共同领导,中山大学历史系主任金应熙[①]担任组长,上海复旦大学新闻系主任李龙牧和中国社科院近代史所余绳武任副组长。同时,黎澍又从全国各地招聘了一批年轻学者,其中有一些后来也成为近代史研究所的成员。

西郊组的活动对外是保密的。这个组的任务,已经不是做反对修正主义的理论工作,而是为外交部的中苏谈判准备两国边界问题资料。西郊组的负责人想培养我成为研究中苏(中俄)关系的学者,组里专门安

---

① 金应熙(1919—1991),曾任广东省社科院副院长、研究员,长期从事教学和科研工作,在中国古代史、中国近现代史、工人运动史、东南亚史、思想史、香港史等领域的研究中,均有较高学术成就,曾兼任中国史学会理事、广东省历史学会会长等。

排金应熙先生单独给我上中俄边界历史的课,他主要讲中俄边界的西段历史(东段大家已经比较清楚了)。实际上,我在西郊组除了学习中俄关系历史以外,还有一个任务就是负责管理西郊组的藏书。西郊组有数万册藏书,是1962—1963年,余绳武等人从武汉、上海、大连、沈阳、哈尔滨等全国各地的图书馆找来的,这些藏书基本上是俄文和英文,尤其是19世纪末以来,东北各地出版了大量的俄文书,同时又从俄罗斯运来了大量的藏书到东北,这些藏书今天还在近代史所。最初这些藏书被束之高阁,很多书都没有上架,也没有编目录。我到了西郊组之后,就对它们进行编辑、分类、排架。很快,"文化大革命"就来了。

问:您个人在"文革"中有着怎样的经历?

张:1965年11月,我们在黄县县城作劳动锻炼总结时,就看到了姚文元的文章《评新编历史剧〈海瑞罢官〉》。回到北京以后,黎澍同志让我写批判吴晗的文章。当时批判吴晗,从黎澍的心里来讲,也是一种学术批判。他给我布置了一篇评《海瑞罢官》的文章。我花了一个月,写好了给他看,他对我的文章可能不满意,对我说还是去读书吧,多读点书。实际上,那时对吴晗的批判已转向政治批判,学术批判做不下去了。黎澍主编的《历史研究》受到的压力非常大。

在"文化大革命"中,我们单位是根据《人民日报》的社论起来"造反"的。1966年的6月1日,《人民日报》发表了社论《横扫一切牛鬼蛇神》,第二天又发表北大哲学系党委书记聂元梓等七个人的大字报,"文化大革命"开始了。6月3日《人民日报》发表了《夺取资产阶级霸占的史学阵地》的社论,配发了史绍宾的长篇文章,点了《历史研究》和近代史所的名,指出这些资产阶级"权威"老爷们,是史学界的"东霸天""西霸天",他们像奸商一样垄断史料、包庇吴晗,社论批评的矛头直接针对近代史所。

学部通知6月4日要在首都剧场召开全学部大会,批判杨述[①]的《青春漫语》。近代史所挑选了我和另一年轻同志到学部大会上发言。1966年

[①] 杨述(1913—1980),江苏淮安人。1936年参加中国共产党,全面抗战爆发后,任中共川东特委青委书记。后赴延安。新中国成立后曾任团中央宣传部部长,1955年7月至1961年1月任北京市委常委,后任《中国青年报》总编,在"文化大革命"中,因《青春漫语》长期遭受林彪、"四人帮"的残酷迫害,1979年担任中国社会科学院顾问等职。

6月4日，学部批判杨述大会在王府大街首都剧场举行。学部部分党组成员（包括潘梓年、关山复、刘导生等以及刘大年等领导同志）坐在主席台上。按照大会安排，我是第四个发言。当时近代史所所长虽然是范文澜，副所长是刘大年、黎澍，但实际上范文澜不管理近代史所的工作，而且"文革"初期，中央保护了范文澜，不让贴大字报，而刘大年长期主持近代史所工作，且兼任近代史所党的领导小组组长职务。我在批判了杨述《青春漫语》后，在结语里结合"6·3"社论对刘大年提出了质询，表示响应社论，彻底打倒盘踞史学界的资产阶级的"东霸天""西霸天"，夺取资产阶级霸占的史学阵地。我想，这次大会应该是我们学部"文革"的正式开始。从这以后，所里的"文革"也就开始了。

6月15日，近代史所党支部召开全所大会布置所内开展"文化大革命"。上午部分党支委、团支委和部分青年党员商讨今天大会召开问题，主要是由谁来主持大会。经过大家讨论，决定民主选举一个临时的大会主席团。通过民主选举，产生了张德信、郭永才、余绳武、蒋大椿和我组成的主席团，主席团推举我为大会主席，并主持大会。我就临时根据《人民日报》的社论讲了一些看法，大家鼓掌通过。这应该是近代史所第一次公开批判刘大年、黎澍，近代史所的"文化大革命"就这样开始了。不久，近代史所根据中央"五一六"通知的精神成立了"文化革命领导小组"，我成了副组长。这样，我就成了近代史所的"造反派"。

可以说，一直到1968年2月，我都是这个所的实际负责人，主持近代史所的工作。1968年2月，我所在的学部一派的后台戚本禹被抓了，这一派垮台，我被迫结束在近代史所"文革小组"的工作。1968年12月，中央向学部和所属各所派来了工宣队和军宣队。1969年上半年，工军宣队在所内做团结工作，消除派性，我清查自己在"文革"中的言行，检讨并反思，下半年在开展"清查五一六反革命阴谋集团运动"，我被作为"五一六反革命阴谋集团"的骨干，成为清查运动中的重点审查对象。1970年6月，我在工宣队押解下被送到河南息县东岳公社塘坡学部五七干校，1971年初转移到河南信阳县（今信阳市）明港镇，住进了一所军营。在河南近三年，辛苦备尝，心理和政治压力几乎难以承受。1972年7月，根据周总理指示，随学部五七干校一起回到北京。但回到所里后，我依然处在被监督下从事体力劳动。直到1974年12月，才解除对我的审查。从1969年的9月开始一直到1974年12月，在这长达五六年的艰难岁月，我绝大部分时间都是在完全不自由或者半不自由的情况下，经历了严酷的政治审查和心理考验。这是我此生最痛苦、最无奈、最无助、最迷茫的时期。直到1974年12月，工宣队和军宣队才召开全所大会，正式宣布我"在无产阶级文化大革命中犯有一般性路线错误，不记入档案，免于处分"，解除对我的审查。审查结论一开始有个口头的文件在大会宣布，后来还在所里广播。

问：张老师，1964年您到了近代史所以后，由于各种原因，没有从事独立的学术科研活动。根据资料显示，一直到1976年，您才发表第一篇专业性的学术论文《李秀成——修正主义和投降派的一面镜子》。我们想知道，当您真正开始走上专业的学术之路以后，为什么把眼光放在近代史研究这一领域？

张：1975年上半年，刘大年先生正在按照郭沫若先生的意愿，修改《中国史稿》，他希望我参与进去。后来，近代史组何重仁[①]与龙盛运[②]两位同志多次找我谈话，让我到近代史组来。他们在谈话中流露出是刘大年同志要我去近代史组。我很感动，没有多想，就在1975年9月就去了近代史组（经过军宣队批准）。近代史组当时的负责人是刘桂五、钱宏、[③]何重仁三位同志。近代史组正在学习和讨论毛泽东的"评水浒"，当时讨论的结论是，要结合太平天国、结合李秀成投降主义这个事例来说明毛主席"评水浒"的一些道理。何重仁同志给了我两个月的时间。我从接受任务的当天，就全心全意地进入太平天国史研究，

[①] 何重仁（1923—1992），湖南沅陵人。1948年武汉大学历史系毕业，1950年清华大学历史系研究生毕业后来近代史研究所。1989年被聘为特约研究员。曾任《历史研究》三人小组召集人、近代史资料组组长、近代史组组长及近代政治史研究室副主任、主任。专业研究方向为中国近代政治史，著有《中国史稿》（第4册，合著），发表《辛亥革命时期四川从保路到独立的经过》等论文。

[②] 龙盛运，湖南衡阳人，1929年7月7日生。1955年北京大学历史系毕业到所工作。研究员。曾任所学术委员会委员，兼任中国和北京太平天国研究会理事。专业研究方向为太平天国史、湘军史。编著有《太平天国运动史》（合著）、《湘军史稿》、《清代全史》（第七卷，主编）、《向荣时期江南大营研究》等，先后在《历史研究》《近代史研究》等期刊发表论文多篇。

[③] 钱宏（1921—1992），原名钱念屺，江苏吴江人。1947年北京大学历史系毕业。1948年到华北大学历史研究室，1949年随该室转为近代史研究所。1981年评聘为研究员。曾任近代史组组长、近代政治史研究室主任、《近代史研究》主编、硕士生导师。专业研究方向为中国近代史。著作有《萌芽》、《中国史稿》（第4册，合著）、《中国近代史》（第1—3册，合著）等。

这是1964年8月到所里以后，我第一次接受研究工作任务。

虽然在大学期间，我没有专门想去做近代史研究，但是在学近代史课程的时候，当时的教授姚薇元有课后作业，我正好做过一篇关于太平天国的作业。那个时候我已经把太平天国的相关书籍和史料看过了。尽管我已经有十一二年没有摸过书了，但在学校期间我已经看过这些书了。我花了3个月把这篇文章写完，先送请何重仁、钱宏、龙盛运看，他们都感到很满意。最后我还送给刘大年同志看，这是我第一次给大年同志看我的文章，他看过后从结构上对文章做了调整。这是我第一次知道大年是怎么样考虑写论文的。

1975年年底，当时学部领导小组经中央同意，决定要把《历史研究》从国务院科教组拿回来，还是请黎澍同志来做主编。我把我写的文章《李秀成——修正主义和投降派的一面镜子》交给黎澍同志。他说我们正要文章啊，我的这篇文章就在《历史研究》1976年第1期发表了。那篇文章我认为在学术本身还是站得住脚的。关于太平天国的土地制度、太平天国在苏南地区的一些土地政策等研究，这是我的研究心得。文章不免带有"文革"时期的风格，而且在文章的结尾我用一定篇幅批判了苏联的修正主义，但是文章的主体内容还是一种纯粹的历史研究。

问：从这以后，自整理近代史资料开始，您对近代史的研究在各个领域皆有所涉猎。

张：1975—1976年，我受所里党总支委派，协助学术秘书刘桂五工作。那时候，所里的体制，还是学术秘书制度，这是仿照苏联科学院的做法。学术秘书协助所长，职务范围较现在科研处还要大些。我协助学术秘书搞开门办所、学工、学农、办"七二一大学"等，参与了一些工作。1976—1977年，近代史所还不是很安静，实际上还是处于后"文革"时期。1977年院里安排"清理帮派体系"工作，我再一次受到冲击。所里把刘大年、郭永才、[①] 张友坤[②]和我划成"四人帮的帮派体

[①] 郭永才（1940—），辽宁省大连市人。1964年毕业于辽宁大学历史系。同年来中国科学院近代史研究所工作。历任所机关党委书记，副所长等。1988年担任中国社会科学院副秘书长，兼行政管理局局长等职。1994—2000年7月任中国社会科学院秘书长。

[②] 张友坤（1938.4—），河南洛阳人，研究员。主要学术从事张学良与西安事变研究。1964年毕业于郑州大学。1964—2000年在中国社科院近代史所、法学政治学所、保卫局、民族研究所工作，曾任民族研究所党委书记、副所长，著有《张学良年谱》《张学良画传》《伟大的爱国者张学良》等。

系"，全所大会批判"四人帮的帮派体系"，据我了解，大多数人不支持这样的做法，许多人对我表示了同情和支持，我一点也不感到孤立。近代史所的这种乌烟瘴气，到年底就烟消云散了。1978年，社科院进行了改革，包括近代史所等各所组建了研究室和科研处（大体上等同过去的学术秘书）。1978年开始，我进入了真正的学者生活，努力抢救失去的时间，一心一意展开自己的学术研究。在这样的条件下，这期间，除协助刘大年先生编著《中国近代史稿》以外，我个人出版了《简明中国近代史图集》和《中国近代史稿地图集》，组织编辑出版了《武昌起义档案资料选编》，还在《历史研究》等刊物，发表了《中国近代史的"两个过程"及有关问题》等多篇学术论文，度过了我从事纯粹学术活动的十年黄金时间。

问：您能回到学术岗位上来应该是一种幸运。我看您多次提到刘大年先生，他肯定是对您影响最大的学者吧？

张：认真说来，我没有嫡传师承，在大学历史系，接受的是一般的通史教育，想念研究生，也没有读成。进入近代史研究所，我是读过范文澜、刘大年、黎澍、胡绳的书，并曾亲炙他们的教诲，也许算一个私淑弟子吧。这几位长者我都写过文章来回忆他们。1999年12月28日，革命家和历史学家刘大年先生走完了他作为战士和学者的光辉一生，与世长辞。我从青年时期起就在大年先生领导下工作，虽然后来我也担任了副所长、所长，但我自认为始终是在刘大年先生的领导和影响下工作的，前后长达35年，这期间有很多事情值得我回忆。

直到"文革"开始前，大年先生是否知道近代史所有我这个人，也许还是不确定的。前面说到，我同大年先生在"文革"中的交往。

此后我的命运也发生了巨大变化。从1969年10月到1974年12月，我被作为"五一六反革命集团"的骨干分子，经受了差不多六年的审查，但在这个时期里，唯一安慰我的，是我感受到的刘大年先生对我的爱护。这是一种并未直接言明的爱护，又是一种可以体会的爱护。有一位同志偷偷告诉我，他到大年同志家里听大年同志讲起1966年6月15日的"夺权"。刘大年同志自责自己是官僚主义，说近代史所有那么好的青年，我怎么没有发现。他在那位同志面前指名夸奖了我。这使我感到非常地温暖和安慰。在河南干校，有几次听到刘大年发言，他说：我们是职业革命家，我们过去革命道路上也犯过许多错误，我们应该把我们犯错误的经验教训告诉今天的年轻人。大年先生这样的发言，给我内心极大的震荡。我当时作为被批判的"五一六反革命分子"，大年先生的发言不仅没有指名道姓批判我，还说要把自己过去犯错误的教训告诉年轻人，使我体会到一种莫名的温暖和安慰。

1971年4月的一天，明港干校宿舍里碰巧只有我和刘大年先生两人在。大年先生忽然对我说："我脖子后长了一个瘤，可能是癌，我明天就要回北京治病。"我不知道如何回答，只是"啊"了一声。我内心震动的是，就这一句话，几乎是我自1964年进所以来，大年先生对我一个人说过的唯一的一句话。1974年年底，我被解除了审查，基本上变成了一个自由人，尽管心情仍然沉重，因为我随时会感受到来自专案组人员的异样的眼神。1975年夏，所里近代史组的同志多次找我谈话，要我到近代史组工作，我很犹豫。他们向我透漏，要我去近代史组，是大年的意思。我一听到这里，便毫不犹豫表示我愿意去近代史组。

后来，刘大年先生吸纳我参加《中国近代史稿》编写组，刘先生对所有初稿都进行了彻底改写，我协助他整理文稿、核对史实，偶尔也写几条带考证性的注释，还编写了书末所附的大事记、中外人名对照表，选用了历史图片，与人民出版社的工作联系也由我负责。《中国近代史稿》第一册在1978年出版后，第二、三册在1984年出版。

当我进入《中国近代史稿》编写组以后，我就有机会与大年先生发生频繁地接触，也有机会到他家里去谈话。我心里一直藏着一个愿望，总想对他谈谈我在"文革"初期的作为，算是对他的道歉。我记得，1976年、1977年，每次见到他，我都想对他说点什么，每次鼓足了勇气，每次都没有开口。每次离开后，我又很懊悔、自责，为什么就张不开口呢？但是我对他的道歉终于没有说出口，直到他的辞世。非常有趣的是，从1975年一直到1999年，我同大年先生的所有谈话，大年先生从来不同我说一句有关"文革"的话，从来不问我一声为什么"文革"初期我那样对待他，从来不涉及"6·4"大会，从来不对我提及"6·15""夺权"大会的事。我觉得他是有意回避这个话题，不愿意触及不愉快的那段岁月。我有时候感觉，他不如直接说我两句，哪怕说我那时幼稚、不懂事、鲁莽等，我可能心里都好受些。

1979年，中国近代史学界在南京召开太平天国历史国际学术讨论会。大年先生是大会的主席，我做了一点会务工作，在会议期间担任简报组副组长。1979 年，刘大年先生接受东京大学校长的邀请，要去东京大学讲学。他在准备辛亥革命历史讲稿的时候，要我替他整理过个别资料。他还把 1956 年近代史所调查同盟会员的资料交给我，要我重新展开调查。我约了老朋友王学庄一起来做。这件事情我们做了两三年时间，向国内外发出、收到几千封信函。终于未能成功，是一个遗憾。

1984 年，我写了一篇文章《中国近代史的"两个过程"及有关问题》，送请大年先生阅改。大年先生在文稿上改了几个字，也订正了我的标题。那时政治史研究室各位都赞同这篇文章的基本观点。所里特别安排我在全所大会上做了一次学术报告。这篇文章在黎澍先生主编的《历史研究》上发表了。1988 年我担任副所长后，还是在原来的办公室与别人同屋工作。大年先生主动把自己的办公室让给我，要我搬过来。我觉得很惭愧，他执意这样办，我只好遵嘱办理。我担任研究所长后，他经常提醒我，不管如何忙，都要挤时间写文章，不写文章，你在学术上就没有发言权，你就没有资格在学术上发挥领导作用。我在处理大量行政工作和参与社会活动的时候，总是记住他的这句话。这些年来，我的学术成果不是很丰厚，但是我还是尽力了。

1990 年，近代史所政治史研究室党支部一致通过了我的入党申请。大年先生是介绍人之一。他在我的申请书上写下了对我很高的评价，常常使我感到愧意。1990 年《求是》杂志第 3 期发表了我写的《如何看待中国近代史发展的基本线索？——学习毛泽东有关论述笔记》。这篇文章曾请大年先生审阅。他在人大常委会开会间歇回到所里对我说，文章可以发表，并指出文末最好强调一下近代中国反帝反封建问题。这个意见，在大年先生去世多年以后，我还强调了一次，这就是 2006 年 3 月 1 日我在《中国青年报》发表的《反帝反封建是近代中国历史的主题》那篇文章。为纪念近代史所建所 40 周年，1990 年所里决定召开以"近代中国与世界"为题的国际学术讨论会，会务筹备工作由我负责进行。大年先生多次给我指点，使那次会议开得非常成功。

1995 年，是大年先生 80 华诞。7 月，近代史研究所与中国史学会合作，召开祝贺刘大年同志 80 华诞的学术座谈会，学术界的许多前辈学者前来祝贺，发表祝贺感想，我在会议上较为系统地介绍了刘大年的学术经历。中国社会科学院副院长汝信、中国史学会会长戴逸和知名学者 120 人出席了这次会议，但作为寿翁的大年先生却避席他去，表现了他的美德。

1998年12月，社会科学文献出版社出版了我的一本论文集《追求集——近代中国历史进程的探索》。胡绳先生题写了书名，刘大年先生为之作序。大年先生是不轻易给别人的书写序的。我开口请求，他立即应允，《追求集》的书名就是他提出的。所谓"追求"就是"追求真理""追求历史真实"的意思。如何追求，就是运用马克思主义的唯物论的思想方法论去追求。这个意思，在他撰写的序言中说得很清楚。

1999年11月，大年先生因发烧住进协和医院。我到医院看他，他正色说：你来做什么，还不回去抓工作！后来听说他不愿意配合医生，不愿做进一步检查，我到医院去说服他，他听从了，配合医生了。他是彻底的唯物论者，对死亡毫不畏惧。我们要求尽力抢救，但是医生仍然没有能够挽回他的生命。1999年12月31日，近代史研究所主办的"1949年的中国"国际学术讨论会在北京开幕，我在致开幕词前，首先宣布中国社会科学院近代史研究所名誉所长刘大年先生三天前辞世，全体与会者起立默哀。会后，我陪同日本著名学者山口一郎教授和与会的日本学者多人，到大年先生府上吊唁，并致上唁函。体现了他与日本学术界有着深厚的联系。

记得1999年中国社会科学院要为本院著名学者出版学者文集，大年先生即在首选。先生非常重视，认真准备文集的编选工作。11月的一天，我去医院看他，他希望我来完成文集编选，并示意把我写的先生的传记文章作为附录收在书末。我写成《战士型的学者 学者型的战士——记刘大年的学术生涯》一文，后来收入《中国社会科学院学术大师治学录》中。先生过世一年，《近代史研究》编辑部为了纪念，约请学者撰写怀念文章。我写了一篇《编辑〈刘大年文选〉的回忆与思考》，发表在该刊。这些文章，表明了我对大年先生的了解和感情。确实，大年先生是对我影响最大的学者。

1999年6月，俄罗斯科学院授予大年先生外籍院士称号，大年先生曾致函表示感谢。但是他没有等到颁发聘书的那一天。2002年2月16日，专程来京的两名俄罗斯科学院主席团成员在俄罗斯驻华大使馆举行了简单而隆重的仪式，我代表大年先生从俄罗斯科学院主席团成员手中接受了证书。这算是我替他做了最后一件事。

问：请您就孙中山研究在近代史、辛亥革命史中的地位、角色或者性质，做一个简要的评述。

张：我认为，孙中山正式进入学术领域还是稍微晚了一点。在50、60年代，孙中山还不算一个很严格的学术研究对象。1979年，近代史所的尚明轩同志出版了《孙中山传》，这应该是全国第一本孙中山传。当时近代史所的有些同志对这本传记的学术水平颇有微词，但毕竟是全国第一本，当时国内还未真正掀起孙中山研究热潮，学者们的研究也未真正深入扎根进去。1956年11月12日，毛泽东主席在《人民日报》发表了《纪念孙中山先生》一文，对孙中山做出了崇高的、科学的历史评价，指出孙中山是一位伟大的革命先行者。这是新中国建立以后，第一次对孙中山这一历史人物做政治的、学术的高度评价，但很遗憾，一直到"文革"时期，国内都没有真正开展孙中山研究。

我认为，严格说来，真正的孙中山研究应该是从中国孙中山研究会成立开始的。1984年1月16日，中国孙中山研究会成立。我记得当时是民革中央（中国国民党革命委员会中央委员会的简称）向中共中央提交了一份报告，建议成立孙中山研究会。中共中央书记处接到这份报告后，经过几次的研究，认为这个提议很好也很重要，但孙中山研究会是一个推动孙中山研究的学术机构，应由中国社会科学院来承担这项工作。随后中国社科院的第二届秘书长梅益[1]等院领导就与刘大年商量筹备成立孙中山研究会的事宜，经过反复磋商后，形成了一份成立中国孙中山研究会的报告，报告提出了一个初步的领导机构名单，包括会长、副会长、理事等候选人，其中建议由胡绳担任孙中山研究会会长，刘大年为副会长，金冲及为秘书长。经过多次磋商，中共中央书记处正式同意成立孙中山研究会。

孙中山研究会成立后，开始在国内推动孙中山研究，尤其是推动孙中山学术会议的召开。到了90年代初，孙中山研究开始在国内学术界呈现波澜壮阔的趋势，许多学者特别是研究近代史的学者开始投身到孙

---

[1] 梅益（1913—2003），广东潮州人，1929年考入上海中国公学大学，1937年加入中国共产党。1938年翻译英文版《钢铁是怎样炼成的》。1978年起任中国社会科学院秘书长、副院长、党组第一书记，曾历任中央广播事业局副局长、局长、党组书记，中国大百科全书出版社总编辑、社长等职，曾当选全国政协第一、五届委员，全国人大第一、二、三届代表，第六届常务委员会委员；第一、二届中共中央顾问委员会委员。著有《梅益论广播电视》《梅益论百科全书》，译有《西行漫记》《钢铁是怎样炼成的》等。

中山研究当中，比如早期开始撰写孙中山研究文章的金冲及，他在50年代就写过孙中山研究的文章；再比如中山大学的陈锡祺和华中师范大学的章开沅都组建了一个团队专门从事孙中山与辛亥革命研究；又如广东的张磊对孙中山的三民主义做了专门研究；还有中国社科院的一批学者，如杨天石、李泽厚等。总之，孙中山研究会成立以后，对孙中山学术研究的推动作用是非常大的。

问：那谈谈您个人从事孙中山研究的历程。

张：我从事孙中山方面的研究，应该是从1991年开始。我为同年在武汉召开的"纪念辛亥革命80周年国际学术讨论会"写了一篇题为《孙中山社会主义思想研究评说》①的学术文章，这是我第一篇研究孙中山的文章。为了写这篇文章，我翻阅了1985年3月22—28日，由孙中山研究会主持在河北涿县（今涿州市）召开的国际讨论会的论文集《孙中山研究述评国际学术讨论会论文集》。这本论文集内容很广泛，有关孙中山思想研究各方面都涉及了，但没有提到孙中山的民生主义的研究，所以，我就专门写了一篇关于孙中山民生主义的述论文章，字数将近2万字，当时得到了大会评审专家的评审通过。

1992年，在檀香山召开了"辛亥革命80周年学术讨论会"，②这个会议是由日本孙文学会于1987年提议的，经东京亚细亚大学校长卫藤沈吉教授和美国东西方中心文化与传播研究所所长杜维明教授筹划，当时卫藤沈吉教授到北京来与刘大年、金冲及等同志反复商量后，决定在檀香山召开这个会议。会议代表格局是这样的：中国大陆学者10人，中国台湾学者10人，美国和欧洲学者10人，日本学者10人（实际上派了20人，另外10人是观察团，观察团不能发言，也不提交论文）。大陆方面是以中国史学会、中国孙中山研究会的名义选派学者，由刘大年带队，有金冲及、汪敬虞、章开沅、李侃、李文海、张岂之、姜义华、张磊、王玉璞和我。临行，刘大年因身体原因未克前往，由金冲及

---

① 张海鹏：《孙中山社会主义思想研究评说》，《历史研究》1991年第3期。
② 檀香山"辛亥革命80周年学术讨论会"举办于1991年8月29至31日，在美国檀香山东西方研究中心举行。中国内地、台港地区和日本、澳大利亚、法国、美国等地的学者共59人与会，提交论文32篇，会议的主题是"孙中山与中国革命"。详情参阅张海鹏《记檀香山纪念辛亥革命80周年国际学术讨论会》，《近代史研究》1992年第1期。

担任团长。出席会议的台湾学者也是重量级的,有蒋永敬、张玉法、张朋园、陈鹏仁、吕士朋、李国祁、王曾才、李恩涵、胡春惠、吕芳上等知名学者。美国也派了很多知名学者来参加,最有名的是哥伦比亚大学研究中国近代史的前辈韦慕庭教授,那一年他刚刚退休。当时我跟韦慕庭握手,他还不认识我,但他会说汉语,我自我介绍后,他表示在《历史研究》杂志上看过我发表的文章,这让我很是兴奋。为了参加会议,我就从《孙中山社会主义思想研究评说》这篇文章中,抽取了与张玉法关于民生主义的观点有所争论的一部分(大概3000字)重新整理成《孙中山的社会主义思想与科学社会主义关系》提交给大会。当时,张玉法主张民生主义是完全的社会主义,我却认为有待商榷。这应该是学者之间针对某个学术问题的探讨,然而在当时看来,大陆学者与台湾学者展开辩论,引起了大会其他学者的关注。另外,这个会议也发生了一些小故事。日本学者藤井昇三发表了一篇关于孙中山在 1915 年与日本签订《中日盟约》的文章。这篇文章在会上发表之后引发了与会台湾学者一致的反对。应该说,当时台湾方面是要维护孙中山形象,这是不可动摇的。会后,台湾的蒋永敬、吕士鹏等学者纷纷找我谈话,问我为什么大陆学者不声援他们,一起批驳日本学者。我当时是这样解释的:第一,这个会议是学术讨论,从学术讨论的角度来说,学者们可以对孙中山发表不同意见,因此我们对台湾和日本学者两方的辩论都不置可否,不方便发表意见;第二,出席会议的大陆学者当时都没有对这个问题进行过相关的研究,不便于发言;第三,孙中山作为一个历史人物,完全可以成为历史研究的对象,我认为,学者们在经过深入研究之后,可以对他的某些思想、观点等提出质疑和批评。

这两个会议之后,我写了几篇孙中山的民生主义方面研究的文章。后来日本的孙文学会在孙中山纪念馆召开学术会议,邀请我参加,我写了一篇题为《试论孙中山"民生主义"的真谛》[①] 的文章。我在文章中提到,民生主义所代表的是正在发展中的、渴望同官僚垄断势力和外国资产阶级争取平等地位的中国民族资产阶级的利益,它实际上是孙中山设计的一种有中国特色的资本主义发展模式,应该称之为民生社会主

---

① 张海鹏:《试论孙中山"民生主义"的真谛》,《中国社会科学院研究生院学报》1996 年第 5 期。日文载《孙文研究》(日本孙文研究会会报)第 21 期,1997 年 1 月。

义。它是孙中山心目中的社会主义，而不是科学的社会主义，更不是今天我们所理解的社会主义。

问：这篇文章可以看作是您对孙中山研究的一个很重要贡献。

张：我认为，在民生主义方面，我比之前的学者研究得可能要深入一些。过去，有学者把孙中山的社会革命简单的当成是社会主义革命来描述，所以我后来专门写了一篇题为《孙中山"社会革命"说正义》①的文章来与这种观点商榷。我认为，关于孙中山的民生主义，学术界还将继续讨论。

2010年，在中山市举办了"孙中山·辛亥革命研究回顾与前瞻"高峰论坛上，我提交了《孙中山民生主义思想的内在矛盾值得研究》②文章，发言时我认为，孙中山思想自身在理论上有多处矛盾的地方。虽然早前有些学者如金冲及等已经提出过这个观点，但都缺乏足够的论证。在孙中山的诸多理论里面，对马克思主义、资本主义等理念都既有支持又有批判，这些都反映了他思想上的矛盾，如果我们能就这些矛盾展开研究，很有可能找到一个推进孙中山研究的突破口。比如，关于三民主义，在孙中山去世以后，学界和政界都存在多种不同的解读：蒋介石有蒋介石的解读，胡汉民有胡汉民的解读，戴季陶有戴季陶的解读。之所以出现这种情况，是因为每个人针对孙中山的某些话进行解读分析，他们都从孙中山思想内在矛盾的不同方面来加以展开和研究，所以后来才形成不同的三民主义观。我认为，学术界要厘清这些观点，必须深入三民主义乃至孙中山思想的理论根源，来发掘它们自身存在的矛盾。实际上，这在一定意义上反映了近代中国乃至到今天我们思想界的种种矛盾，哪怕像孙中山这样伟大的哲学家、思想家，他在审视近代中国诸多历史现象、问题时也有矛盾的地方，这也反映了近代中国自身的矛盾。

问：这也是您对孙中山思想研究独成一家的贡献。

张：我觉得，要推动孙中山研究向纵深发展，这应该是一个很好的突破口。一直以来，我都想找一位学生围绕这个问题做一番研究，但很

---

① 张海鹏：《孙中山"社会革命"说正义》，《近代史研究》1993年第3期。
② 张海鹏：《孙中山民生主义思想的内在矛盾值得研究》，中国孙中山研究会、孙中山故居纪念馆编《孙中山·辛亥革命研究回顾与前瞻高峰论坛纪实》，社会科学文献出版社，2011，第97—101页。

遗憾，到现在还没物色到合适的学生。

问：章开沅老师曾经提到，当前的孙中山研究呈现一种碎片化的状态，那么您对当前学术界的孙中山研究现状作何评价？

张：几年前，学术界已经提出"碎片化"这个问题，据我了解，最早是一些研究社会史的学者提出来的，他们抱怨当前的社会史研究只关注细小问题，过于碎片化了。但我个人认为用"碎片化"形容不一定很合适。我认为，对于学术研究（当然包括孙中山研究），无论是围绕宏观历史展开研究，还是针对具体问题展开研究都是理所当然的。如果把很多具体的研究解释为碎片，也未尝不可，但碎片研究必须是与宏大叙事紧密结合、相辅相成的，任何具体历史问题的研究必须以历史的大背景作为论证的依据。我认为，只要有史料，任何具体问题、碎片问题都可以展开研究，但这些具体问题、碎片问题必须要与它们宏观的社会背景结合起来研究才有意义，否则就有可能成为碎片化了。打个比方，50年代有个笑谈，就是关于洪秀全究竟长不长胡子的问题，其实这跟博物馆展出的塑像有关。如果有足够的史料作为佐证，指出洪秀全确实长胡子，那么博物馆的洪秀全塑像没有胡子，就不符合历史，站在这个角度来对洪秀全究竟长不长胡子的问题来研究，还尚有一点意义，否则这个碎片研究就没有太大意义。后现代史学本身就主张碎片化研究，我认为它在研究方法上是有可取之处的。比如，它会把一些很具体的问题提出来，然后把涉及这个具体问题的几乎所有史料都要搜集起来，这个搜集史料的精神和方法，我认为是可取的，哪怕是宏大问题研究，也应该尽量搜集与这个问题相关的史料来支撑整个研究。但是如果所有的研究都仅仅是个细小的问题，而不和这个社会的发展背景与规律相联系，那么这个碎片研究就有可能成为碎片化，意义也就不大了。所以我认为碎片化研究也好，宏观研究也罢，都必须综合地看待和分析，不能简单认为所有碎片研究就都是不好的。

问：除了碎片化研究以外，当前孙中山研究现状当中，还有哪些问题是值得我们注意的？

张：我感觉到，当前的学者们尤其是年青一代学者们比较重视具体研究，而忽略宏大叙事研究，这是我表示担心的地方。当然，学者们从事具体研究是无可厚非的。我多次提出，中国社科院必须培养两种人才，既要培养一些宏观的战略家，也要培养大量的研究具体问题的专门家,两者缺一不可。专门家是研究一个个具体问题的,而战略家具有宏观战略思维,善于把许多个专门家的研究成果综合起来、提炼出来,形成一个战略思想,反馈给国家、社会、学术界。从人才成长的角度来讲,90%应该是专门家,而10%是战略家,这些战略家是建立在众多专门研究的基础上的,如果脱离了专门研究,战略研究也会变成假、大、空。

问:关于辛亥革命,您认为如何评价辛亥革命对于今天的伟大意义?今后辛亥革命研究该如何把握?

张:辛亥革命作为中国人民为改变自己命运而奋起革命的一个新的伟大起点,作为在中国共产党领导的人民革命之前的一次最重要的革命,具有深刻而久远的影响。辛亥革命是中国历史进入20世纪后发生的一次伟大革命,是20世纪中国第一个最具有历史意义的大事件。

推翻封建君主专制制度,这是辛亥革命的最大意义。从此以后,形成了一个新的观念:敢有帝制自为者,天下共击之。袁世凯称帝、张勋复辟,便是天下共击之的例子。从制度变革和社会转型的角度说,辛亥革命是近代中国历史上最大的一次思想解放运动。以共和制代替帝制,是中国历史了不起的转折和成就。中国人从此抛弃了对皇帝的信仰,这是一次巨大的思想解放!近代中国的政治进步与觉醒,是辛亥革命开启的。毫不夸张地说,辛亥革命为20世纪中国的历史性进步打开了闸门,拉开了序幕。

辛亥革命为我们当代留下了宝贵的启示。辛亥革命时期的革命党人为革命胜利奋不顾身、视死如归的爱国主义精神,永远值得后人学习。黄花岗起义中牺牲的烈士林觉民、方声洞,在参加起义前夕写给妻子和父亲的信,更是体现了一个革命者既爱亲人、更爱祖国,为了挽救祖国可以抛妻别子的崇高境界。辛亥革命的历史,还是今天海峡两岸、香港、澳门和所有海外华侨华人共同的历史记忆。正确阐释辛亥革命历史,是"和平统一、一国两制"的题中应有之义,是坚持反"台独",坚持一个中国和"九二共识"的重要思想基础。华侨给予孙中山领导的辛亥革命以人力、财力的巨大支持,香港和澳门是当年孙中山从事革命活动的出发地,港澳人民也给予孙中山巨大支持。现在,香港、澳门已经回归祖国,但两岸尚未统一。海峡两岸同胞及全体中国人都要厉行孙中山振兴中华及中国应该统一的伟愿,珍惜来之不易的和平发展局面，站在民族整体利益的高度维护共同的政治基础，促进民族团结统一的历史进程。

孙中山在辛亥革命时期提出关于中国实现现代化的追求，给后人留下了重要的思想资源。孙中山在失去中华民国临时政府大总统职位后，精心设计了中国现代化的蓝图，他提出中国应追上世界的发展，中国应该"驾乎欧美之上"，中国应该统一，这些都成为中国人的奋斗目标。今天，除了台湾与大陆的统一尚待完成，其他各项大体上达到或者超过了孙中山先生当年的预想。我们正在中国特色社会主义理论体系指导下，在中国特色社会主义道路上，为完善中国特色社会主义制度，向着实现中华民族伟大复兴的目标，坚定不移地前进。

今天思想界多元、多变、多样，对以往历史有各种不同的新认识，我们需要继续坚持马克思主义对辛亥革命研究的指导。辛亥革命是中国旧民主主义革命的顶峰，放弃这一点，对正确认识中国革命的历史进程，不能算是深刻的。对辛亥革命性质的认识，过去30年有过很多争论，最有名的是张玉法、章开沅在旧金山会议上的观点，现在仍有不同认识。深入开展研究，阐明自己的观点，这是必要的。

用马克思主义的观点，实事求是地从史料出发，说明辛亥革命是资产阶级或是有资产阶级性质的革命，不是对辛亥革命的贬低，而是正确地指出了辛亥革命的历史地位，从反对封建专制这个层面，认为辛亥革命是资产阶级革命，孙中山是资产阶级革命家，是中国历史的进步，这是对辛亥革命和孙中山的很高评价。讲清楚辛亥革命的性质，确定这是一场有资产阶级性质的旧民主主义革命，以及旧民主主义革命和新民主主义革命之间的前后进程关系，对于认识近代中国历史是有好处的。当然对孙中山、辛亥革命的研究，不能简单化，必须要结合近代中国社会和历史加以分析，坚持几十年来学术界形成的好学风，坚持马克思主义唯物史观对近代史、辛亥革命研究的指导。

问：我们知道您在研究辛亥革命的同时，并不局限于此。您就太平天国、义和团、皖南事变、中国留日学生、近代农民战争以及孙中山思想等问题做了专门研究，特别是您在近代史学科体系建构方面贡献卓著，主持编纂了十卷本《中国近代通史》，在此还请您谈谈编纂的过程与心得体会。

张：这个项目是1998年我在社科院一次内部会议上提出来的。

1999 年在社科院的工作会议上,当时的院长李铁映在工作报告中就把《中国近代通史》列进去了。这就说明了院里已经把它列进工作日程里去了,所里大家也都支持,我感觉到上下都认识到需要这样做了。1999 年的下半年,我就正式把这个问题在所里提出来了。在 2000 年初也听到有不同的声音,其中有一条:我们有必要写通史吗?我们现在有条件写通史吗?

在我 1988 年当副所长期间,提倡个人写专著。从那以后,我们的集体项目相对减少了,个人项目增多了。到 1999 年、2000 年这个时候,我感到所里这一批中年人,每个人都有几本书了,在资料的准备、在研究基础的准备方面,大体已经够了,所以我觉得从各个方面来说已经具备写《中国近代通史》的条件。就这样,我觉得我们的条件基本具备了,我们应该来动手写了。

关于编纂《中国近代通史》的基本思路。我提出了四点基本思路。一是明确中国近代史的分期。要打破以 1919 年为分界的老框框,要写出 1840—1949 年的完整的中国近代史来。二是准确把握中国近代史的基本线索。近代中国历史是自 1840 年起逐渐走向半殖民地半封建社会的历史,也是中国人民从旧民主主义革命走向新民主主义革命并最终赢得民族解放的历史。从另一个意义说,是世界主动走向中国、中国被迫走向世界的历史。或者说,中国是在这个过程中,痛苦地、艰难地走向现代化的历史。中国近代史是以反帝反封建为基本线索的,是以追求国家独立、人民解放为基本任务的。三是拓宽研究领域。全面反映近代中国历史内容,需要政治的、经济的、文化教育的、社会生活(包括人口状况)的、民族关系的、边疆政情和社情等各方面研究的配合,缺一不可。四是关于"革命高潮"问题的处理。在《中国近代通史》的分卷原则里,实际上参考了七次革命高潮的看法,在有关卷、章里,则具体对那七次高潮作有重点的论述,但是在分卷分章的标题里并不出现七次革命高潮的字样。这样处理,意在避免无谓的概念之争。

这样大篇幅的中国近代史,从 1840 年到 1949 年 110 年连在一起的,应该说到目前为止在我们中国的学术界还是第一部。比起以前我们已经出版的上百种版本的书,应该是进步了,它概括了我们这 20 多年甚至是 50 多年在中国近代史研究上所取得的成就。记得 2001 年在"纪念胡绳逝世一周年"座谈会上发言,我谈到起一件事情,胡绳曾对刘大年说，他的书不是中国近代史的正史，正史要由近代史研究所去写，所以他不用"中国近代史"一类的书名。可惜，当时近代史研究所也没有写出一本完整的中国近代史的"正史"来。这是多年来需要近代史所的学者们反躬自省的。现在十卷本《中国近代通史》的编纂，标志着20世纪中国近代史研究学术成果的一次阶段性总结，这项工作的完成，可以告慰近代史所的各位先辈了。

问：我们知道您用力最多的还是有关中国近代史研究的理论与方法问题，如中国近代史基本线索问题、中国近代史学科体系问题、中华民国史研究的理论和方法问题、近代历史上的革命和改良问题、有关近代史研究的理论和方法的评论、唯物史观与近代历史发展规律问题等。所以，我想您在个人治学方式上继承了中国老一辈马克思主义史学家的传统，是中国史学发展的主流趋势的代表。能否把您走过的治学道路说明一下呢？

张：谈自己的治学体会，恐怕很难说得清楚。自己自吹自擂，似乎也不合适。我觉得，历史对于现实，仅止于借鉴，提出更多的要求是不合适的。历史为现实服务，不是说为现实政治做简单的服务，所谓服务，应该是从借鉴历史经验的意义上说的，这也是老一辈马克思主义中国近代史学家关注现实的传统。我正是按照这个传统，从中国近代历史的角度关注现实问题，如孙中山与辛亥革命研究、中日关系问题、港澳问题、台湾问题。

问：除刚才您谈到的孙中山的民生主义还有可继续研究的潜力以外，您觉得在未来的孙中山研究道路上，还有哪些领域可以继续开拓、挖掘？

张：孙中山思想是非常丰富的，三民主义本身就很值得深入研究。比如民生主义当中关于土地问题就有很多地方值得我们今天借鉴，尤其是当前存在的农民失地问题，随着现代化和城镇化的发展，将有更多的农民失去土地，我们该如何处理好这些问题呢？孙中山就提出了很多很好的想法，这是那个时代一个中国人、一个思想家对中国土地问题提出来的比较好的建议，我认为这是值得参考的。再比如民族和民权问题，还有孙中山思想里面的内在矛盾。有人称呼孙中山为"孙大炮"，认为他提出的很多想法都不可能实现。当时他提出向外国银行贷款到西藏修铁路，很多人都在笑话他，都在想有哪个银行愿意贷款给他？但是在那个时代，能提出《实业计划》《建国大纲》的构想确实不容易，它们都是关于国家发展的蓝图，今天我们也正在实现他提出的各种想法，正在描绘他的这张蓝图。所以，作为一个思想伟人，作为一个政治家，作为一个没有多少机会实践的实践家应该说他对中国历史、对中国国家发展做出了巨大的贡献。所以，中共十五大报告提出了20世纪的三大伟人——孙中山、毛泽东、邓小平，我认为，把孙中山放在首位应该是把握的比较准确的。

问：您从事这么多年的研究，从您个人的角度来看，您是如何评价孙中山的形象，如何评价孙中山这个人的？

张：孙中山当然是一位伟人，我非常同意把孙中山放在20世纪三大伟人之首。我觉得站在学术的角度，我们作为一个学者，尤其作为一个研究孙中山、研究近代史的学者，不能像国民党那样仅仅把孙中山当成一位历史伟人供奉起来，进而盲目地崇拜和维护，而是应该把他作为一个学术对象，从学术上来研究孙中山思想。1992年5月9—10日，我和中国社会科学院近代史所尚明轩、湖南师范大学文史研究所韦杰廷第一次应邀参加台湾政治大学举办的"黄兴与近代中国"学术讨论会，那是新中国成立以来大陆学者第一次踏上台湾的土地，也是第一次以黄兴的名义召开的学术讨论会。会上有学者提出"双元领袖"一说，认为黄兴也是领袖，但这一提法无法得到台湾学者的支持。这当然和孙中山与黄兴后来的矛盾有关系，二次革命的时候，孙中山成立了中华革命党，黄兴成立了欧事研究会，他们产生了很大的意见分歧。应该说，国民党历来都是把孙中山作为唯一的领袖来维护和看待的。但我认为，作为学者，有义务将孙中山这个历史研究对象的缺点、失误，以及他的思想中值得我们今天探讨的地方提出来。作为学者，我们要不断地解放思想，与时俱进，对毛泽东同志都可以展开批评讨论，为什么对孙中山就不能展开批评呢？作为一个学术研究对象，我们绝对要让孙中山走下神坛，只有这样，我们的研究之路才能越走越远，越走越宽……

同根同源，开门见"山"[*]

——回忆90年代初两岸孙中山研究交流往事

今年是孙中山先生诞辰150周年。作为一名大陆学者，我曾和台湾学者就孙中山研究有过热烈的讨论。20世纪90年代初，两岸学者由最初的陌生和小心翼翼，到彼此开诚布公，思维碰撞产生火花，进而至你来我往的"交锋"，逐渐加深了解，产生深厚的情谊。孙中山研究早已不仅仅是两岸学者共同研究的课题，它在促进两岸文化、思想交流方面，具有非凡的意义。现撷取往事记录如下。

来之不易的"第一次"

90年代初，两岸关系刚出现破冰的趋势，很多配套政策包括思想还没跟上，所以当学者到对方所在地进行学术交流的时候，往往面临着一些具体的"考验"。

我是最早由官方正式批准去台湾进行学术交流的大陆学者，其间的经历颇为周折。1991年11月，台湾政治大学历史研究所所长胡春惠教授来函，邀请我出席次年5月召开的"黄兴与近代中国"国际学术讨论会。当时台湾人可以到大陆来，但除极个别直系亲属奔丧外，大陆人到台湾还是不被允许的。当时，中国社科院各研究所已经多次接待台湾学者，积极推动海峡两岸交流，都期盼能早日实现学术上的互访。如果

---

[*] 这是全国政协《纵横》杂志记者的采访，发表于《纵横》杂志2016年11期，署名为张海鹏口述、于洋采访整理。

能成行，这意味着两岸学者将第一次共同在台湾开会，尤其是将意味着将突破两岸间的单向交流，实现双向交流，意义重大。因此，我立即决定接受邀请，并复函台湾政治大学历史研究所：鉴于大陆方面对台湾举办国际性会议，不会批准，建议对邀请函件用语稍做修改。对方回函同意删去"国际"字样。此后，在有关会议筹备的文件中未出现"国际"二字。我随即向中国社会科学院台港澳办提出申请，社科院台港澳办立即转报国务院台湾事务办公室，很快得到批准。

最终得以出席会议的大陆学者有中国社科院近代史研究所的尚明轩副研究员、湖南师范大学韦杰廷教授及我共三人。原本台湾政治大学的邀请名单上有20多位大陆学者，两岸的相关单位都对此进行了严格的审查：台湾方面删去了有人大代表和政协委员身份的学者；大陆方面，教育部不同意直属高校的学者出席。

接下来便是办手续。我院台港澳办收到台湾方面发来的入台证传真件，随即转报国台办并得到批准。那时候的程序是，国台办将批准文件分送中国社科院和公安部，由公安部出入境管理局向北京市公安局发出指令，办理往来台湾通行证。为了争取时间，我直接到国台办取走给我院的批文，到公安部出入境管理局找到负责的副局长，向他出示。他确认是正式文件，但说公安部还未收到，不能办理。我告诉他，等到了我的时间就不够了。经过一番周折，第二天我拿到了公安部出入境管理局给北京市公安局签证处发出的指令。拿着这个指令，我到前门公安局签证处顺利办理了证件手续。

第一次赴台之旅让我感受到，两岸办事机构在相关工作方面还有待完善。1992年5月7日，我们三人一行从深圳过罗湖桥到香港（当时唯一的通道），被英国管理下的香港警方扣留审查六小时。次日下午在启德机场登机时，我们走到舷梯上又被空姐拦了下来，原因是未带入台证。我们这才想到，台湾方面并未给我们寄来证件原件。陪同我们的胡春惠教授给台湾方面打电话，一番协调后才得以登机。下了飞机，一位工作人员拿着入台证分发给我们。这样，我们三人才成为合法入境者。

到了台湾，我立即发现，两岸虽然隔绝许多年，初见面并不觉得隔膜，言谈礼节、行事作风，处处能感受到彼此同根同源。起初可能抱有的某种敌意，随即烟消云散了。分歧归分歧，朋友归朋友。两岸一家亲，我切身体会到了。

在台期间，接待方专门安排我们到海基会拜访了副秘书长陈荣杰。寒暄过后，陈先生忽然问我："张先生，你是共产党员吗？"对这个问题，我正在考虑才应该怎么回答，他接着说："你不需要回答我。我知道，你们当中有许多人是共产党员。我是考虑到你们在台湾期间，可能有人会向你们提出这个问题。如果有人问你，我建议你不要正面回答，打个哈哈，王顾左右而言他，用别的话题带过去。如果你说自己是共产党员，按照我们这边的法律，我们可以抓你。但你是我们邀请的客人，抓你不妥。我们不抓你，民进党又可能前来提告，我们也很麻烦。如果你是共产党员又不承认的话，说明你不诚实，这对你也不好。"他是半开玩笑半严肃地讲的。他的这番话，驱散了我到台湾来的紧张感。我对他说："陈先生，您讲得很好，我会参考您的说法。"事实上，在台湾没有人向我提过这个问题。然而，筹办学术会议的博士班学生仍私下跟我讲："张教授，你在台湾的一言一行我们都是要记录的，每天往上报。"当时的氛围可见一斑。

对台湾学者来说，到大陆也需要一定的"勇气"。回京后，我邀请时任中国国民党党史编纂委员会主任秘书邵铭煌先生等三人来京交流。出于主人的礼节，我所在的研究所应负责安排他们的起居，但他们婉拒了，坚持自己联系住处。当我问起邵铭煌住在哪个饭店，他告诉我说："我们三个人住了一间房间。"我很诧异："为什么不是每人一个房间？"邵铭煌悄悄跟我说："我们有点儿怕。"为了能够三个人住在一起，他们不得不叫饭店在房间里多加了一张行军床。

1992年6月，我们和台湾师范大学三民主义研究所在北京合办了一次孙中山研讨会。对方邀请了一位叫周阳山的学者，此人后来做过新党的新闻发言人及"立法委员"，他提交的论文第一句话就是："大陆在中共领导下，人民生活在水深火热之中，中共穷兵黩武……"我找到周阳山，委婉但又坚决地对他说："咱们都是中国人，要懂得为客之道。我邀请你到北京来，你就是我的客人，客人对主人总是要有一点尊重吧？你的论文一开篇就这么说，那不等于客人一进门便指着主人的鼻子骂一通嘛！再说，这并不是事实。"他说："你改，你改，你拿笔涂。"我把毛笔放在他面前说，你自己把它涂掉，不涂就不能上会。他马上拿笔划掉了。

这一切，现在看来也许有些不可思议，但确是两岸交流之初的真实状况。随着后来交流的频繁，彼此的了解逐渐加深，这种现象也不复存在了。

亲见戏剧化的一幕

第一次赴台交流，我还见到了一个很有意思的场景。一天上午，我们赴阳明山参观了国民党党史委员会，又在胡春惠教授的陪同下赶往台北"故宫博物院"。因为山路不好走，所以比约定的时间晚到了半个小时。当时台北"故宫博物院"院长是秦孝仪先生，他是蒋介石最后一位贴身秘书，在国民党的地位很高。一走进接待大厅，我们就看到秦孝仪坐着，身后站着台北"故宫博物院"副院长等二三十人。见我们进门，秦孝仪起身迎接。胡春惠忙上前介绍，秦孝仪不高兴地问胡春惠："怎么晚了30分钟？"胡春惠连声道歉，说明原因。

宾主坐下后，秦孝仪致欢迎词，我致答词。主客寒暄了几分钟后，秦孝仪便指着胡春惠说："你们召开的'黄兴与近代中国'学术讨论会很好啊！黄兴是湖南人，我也是湖南人哪，我不仅可以去参加你们的会议，还可以去做你们会议的主席呀，为什么不邀请我？"胡春惠听后，神情颇为紧张。秦孝仪曾担任国民党党史委员会主任委员，胡春惠当时也在党史会，是秦孝仪的手下。突然，胡春惠像影视剧里国民党军人对待蒋介石那样，双手迅速"啪"地紧贴大腿外侧，笔直地立正回答说："筹备会议期间我一直在香港教书，不在台湾，会务都是博士班的学生在筹备。"接下来胡春惠有一句话没有说好，引发了秦孝仪更大的脾气："有关会务的一些小事他们也没问我。"秦孝仪把桌子一拍："请我去是小事吗?!"胡春惠一迭连声："秦主任委员对不起，秦主任委员对不起，我说错了。"

这是我第一次见到在客人在场的情况下国民党高官对待属下的态度，太戏剧化了，这是在大陆从未有过的。为了缓和气氛，我于是向秦孝仪提了个问题，他便回过头来和颜悦色地回答我，但等话一讲完，他又接着训斥胡春惠，所有人都不敢吭声。

下午参观过后，秦孝仪请我们在张大千书屋吃晚饭。在饭桌上，他讲："今天下午我有点失态。"关于这件事，就说了这么一句。在我理解,这就是他在客人在场的情况下对胡春惠发脾气的一种"检讨"了。

晚餐时,秦孝仪问我:"张教授,你今天参观我们故宫博物院有什么感想吗?"我们参观了台北"故宫博物院"保存的一些晚清重要文献,还参观了地下的库房,里面有恒温恒湿设备,还有灭火设备,靠喷一种惰性气体来灭火,不会像常规灭火器那样可能损害文物。这些设备当时北京可能都没有。我便跟他讲,台北"故宫博物院"建设得很现代化,北京故宫博物院恐怕还达不到这样的水平。秦孝仪说:"那我们可以帮助北京的故宫啊!"我说:"秦院长,我可不可以把你这句话带给北京的故宫?"他答应了。我回来以后,就把秦孝仪说的这几句话写了一封信,反映给了国家文物局。国家文物局把这封信登上了内刊。

台湾学者对孙中山的特殊情结

在与台湾学者交流中我感到,尽管孙中山是两岸学者共同的研究对象,然而不同于大陆学者,有的台湾学者对于孙中山有着特殊的感情,在他们心中,孙中山是神圣不容侵犯的。

我首次赴台参加的讨论会上,黄兴的女婿、著名美籍华人历史学家薛君度提交了一篇论文,其中有一句话讲,孙中山、黄兴是"双元领袖"。当时大陆学者一般认为,孙中山侧重理论,黄兴侧重执行。虽然黄兴很少发表理论性的文章,但不可否认的是,他做了很多事。如果没有他,那么辛亥革命取得胜利、成立中华民国是很难的。所以,说孙、黄是双元领袖,大陆学者觉得可以接受,没有感到什么特别不妥。但对于一些台湾学者来说则不然。在他们看来,孙中山的地位是至高无上的,谁也不能与之比肩,以至于薛君度致闭幕词时,因为又提到"双元领袖",主持会议的胡春惠竟直接上主席台把他推了下来,说:"算了,你别讲了,闭幕式上我来讲。"这是大陆学术讨论会上从来没有过的。

政治大学三民主义研究所有位学者叫马起华,曾多次到大陆来参加学术会议。大陆学者称孙中山是"中国近代伟大的资产阶级革命家",他听了特别恼火,在文章里批评说,称孙中山是资产阶级革命家,是极大地贬低了孙中山的地位。他认为,按照大陆学者的历史观,资产阶级是要被消灭的，是要走出历史舞台的。说孙中山是资产阶级革命家，那是不是意味着他要被消灭了？针对这点，我专门写了文章讲，大陆学者认为，人类历史是发展的，从奴隶社会、封建社会到资本主义社会再到社会主义社会、共产主义社会。资本主义社会是人类发展历史上的一个很高的阶段，大陆学者说孙中山是资产阶级革命家，非但没有贬低，相反，是承认他在历史上有非常崇高的地位。

"三大政策"的争论

关于孙中山研究，大陆学者和台湾学者在观点上曾经有一个非常大的分歧，主要是围绕"三大政策"。大陆学者的说法是：国民党一大确立了"联俄、联共、扶助农工"三大政策。台湾学者认为，这既不是孙中山本人的概括，也不是国民党一大提出来的。蒋永敬曾对我说："你在国民党一大的决议上找找看，有'联俄、联共、扶助农工'这样的字眼吗？"他讲，国民党一大的确列举了很多政策，但并没有"联俄、联共、扶助农工"，这是中共自己总结出来的。

说"三大政策"是事后概括出来的，这个不假。《孙中山全集》第九卷里就有国民党一大的宣言，确实没有这样的提法。孙中山的其他文章、讲演当中，虽有反映"联俄""扶助农工"意思的语句，但的确没有"联共"。后来，包括日本、中国等地的许多学者查对历史文献，发现"联共"一说最早是在1925年黄埔军校的一本学生刊物《黄埔潮》中提出的。国民党一大以后，共产党员以个人身份加入国民党，帮助其改组，而这本刊物的主编、副主编及主要的作者都是中共党员，代表黄埔军校宣传国民党一大及军校的主张。他们在刊物上提出，坚决拥护孙中山的"联俄、联共、扶助农工"三大政策；1926年、1927年，黄埔军校墙上写的标语、蒋介石的演讲里也经常沿用这样的说法——有时候提"三大政策"，有时候提"两大政策"，没有"联共"。无论如何，对于国民党来说，这三个词并不新鲜。

两岸学者在进行观点上的接触和碰撞之后，彼此都变得更为客观。大陆学者认为，国民党一大宣言固然没有明确的"联俄、联共、扶助农工"字眼，但的确是最主要最突出的政策。"三大政策"既反映了孙中山本人及国民党一大的原则立场,同时也符合大革命时期的历史事实。关于这一点,台湾学者也难以否认。

相应的,中共中央党史研究室对编写的新版中共党史做了一点改动,将国民党一大"确立"了"联俄、联共、扶助农工"三大政策,改成"事实上确定"了"联俄、联共、扶助农工"三大政策,并且在注释中指出,国民党始终称"联共"为"容共",即"容纳"共产党之意,"三大政策"是共产党人后来概括的。这个说法更客观、更符合实际了。

在"黄兴与近代中国"讨论会上,关于"革命",引发了一点小的讨论高潮。蒋永敬在评价胡汉民笔下的黄兴时,引申出"革命"不好的论调,说"大陆革命越革越糟"。我站起来说:"不要一般地说革命不好,应当说该革命的就革,不该革命的不革。否则孙中山先生领导的辛亥革命怎么说?没有辛亥革命就没有中华民国,台湾现在不是还自称'中华民国'吗?如果否定了辛亥革命,怎么解释这个'中华民国'呢?"我这一说,引起哄堂大笑,这个话题就过去了。

还有台湾学者讲,孙中山的民生主义完全可以取代社会主义、共产主义,有了民生主义,就不再需要社会主义、共产主义了。这是早期一些三民主义学者的反共观点。对此我曾在文章中回应说,从信仰上来讲,孙中山并没有否定社会主义和共产主义,甚至也没有否定马克思主义。1924年孙中山在《民生主义》的演讲中尊称马克思是"社会主义中的圣人",盛赞马克思的学说"集几千年来人类思想的大成"。孙中山曾谈到,日本人把"Socialism"翻译成了"社会主义",而他则把"Socialism"翻译成"民生主义",认为这四个字要比"社会主义"更好,因此孙中山说"民生主义就是共产主义,就是社会主义。所以我们对于共产主义,不但不能说是和民生主义相冲突,并且是一个好朋友,主张民生主义的人应该要细心去研究的"。尽管在我们看来,孙中山关于马克思主义、共产主义的解释并不是那么符合科学社会主义的说法,但是他没有反对、更没有敌视社会主义、共产主义。过去一些反共的台湾学者显然是歪曲了孙中山的思想。

由此可见,在学术研究上,两岸学者虽有些争论、有些分歧,但大家坐下来,看文献、讨论分析,是可以取得共识的。

回首往事,包括孙中山研究在内的两岸学术交流,那一代中国近现代史学者之间推心置腹交流学问的好风气给我留下了难忘而深刻的记忆。最初那一次次的开门见山、激烈争鸣，奠定了两岸学术交流的基础，开启了两岸交流的大门。而我和我的台湾朋友们的诚挚情谊，也成了两岸交流历史中的珍贵缩影。

在人民网在线视频谈
辛亥革命的意义*

主持人：各位网友上午好，欢迎收看人民网视频访谈。100年前以武昌起义为起点，革命者成功推翻了清王朝的统治，开启了民主共和的新纪元。百年辛亥是值得纪念的，其意义何在，对新世纪的中国道路有什么样的借鉴意义？我们从中应该汲取什么样的精神食粮？今天我们请到了中国史学会会长张海鹏与网友们在线交流，欢迎各位网友积极参与！首先请张会长跟各位网友打声招呼！

张海鹏：各位网友大家好，非常高兴和你们在网上探讨辛亥革命的历史意义。

主持人：网友提了一个问题，说今年是中国共产党成立90周年，也是辛亥革命爆发100周年，两者之间有什么样的联系呢？

张海鹏：这个问题非常的有意义。中国共产党成立90周年和辛亥革命爆发100周年都在今年。辛亥革命没有完成民主革命的任务，辛亥革命以后，许多人都在反思，都在回顾辛亥革命的历史经验和教训。中国共产党的产生应该说是在辛亥革命的基础上，进一步思考中国的出路，进一步思考怎么样完成反帝反封建的民主革命，所以才有中国共产党的诞生。

主持人：网友提了这样一个问题：武昌起义爆发的时候，孙中山先生当时没有在起义现场，也没有直接参与起义。有不同的观点说不是孙中山领导了辛亥革命，对此您怎么看呢？

---

* 这是2011年9月29日上午9：10—10：10应邀在人民网在线视频实录，发布于人民网，http://live.people.com.cn/note.php? id=673110928171722_ctdzb_031。

张海鹏：孙中山当然不在武昌起义的现场，这是一个客观的历史事实，而且孙中山也不可能在武昌起义的现场，因为孙中山当时不在国内，一旦回到国内，清政府就要抓他。他在外国也不好立足，比如说他去英国，清政府驻英国的大使馆要抓他；孙中山到了越南，当时越南归法国管，那个时候也要被驱逐的。推翻清政府、推翻皇帝这个制度，来引起辛亥革命一系列纲领，最重要的思想都是孙中山制定的。

张海鹏：孙中山最早确定的驱除鞑虏、恢复中华的纲领。后来1905年成立中国同盟会，制定了反清革命的一系列战略方针，孙中山提出的"三民主义"这些都是指挥革命党的一些纲领、方针。所以武昌起义也好，各地的起义也好，大体上都是在孙中山所制定的"三民主义"的思想指导下。应该说孙中山领导了、指导了辛亥革命的进行。

主持人：好的。有这样一个结论说辛亥革命发生并非偶然，它既不是由于西方思想影响激起的躁动，也不是一些派别煽动的。那您认为辛亥革命的历史根源是什么呢？

张海鹏：辛亥革命的发生有非常深刻的历史背景，在我看来，它应该有一个比较远的历史背景和一个比较近的背景。我把它叫作远因和近因。远因是中国从鸦片战争以后，中国这个国家面临着救亡存国，戊戌变法也希望通过这种方式来改变中国，所以辛亥革命发生了。近因是甲午战争的发生，还有八国联军侵华。甲午战争要推翻清朝统治，这个是很眼前的问题。所以1894年的9月甲午战争发生以后，孙中山后来建立了兴中会，提出了推翻清朝的思想。1985年4月，康有为、梁启超在北京向朝廷呼吁反对签订合约。这些都是企图改变中国危亡的这个局面。最后是八国联军侵华，当时很多人都说中国的朝廷是中国的朝廷吗？简直是洋人的朝廷！孙中山在1904年给美国人民写了一封信，向美国人民阐述了为什么要推翻清朝统治这样的一些理由。这就是说中国的历史发展，中国成为一个半殖民地半封建社会的国家，发生辛亥革命是必然的。

主持人：我们再看网友提出的其他问题。网友说在辛亥革命百年纪念日到来之际，社会科学院近代史研究所编了一套书叫《中华民国史》由中华书局出版发行。网友想请您介绍一下这本书的出版情况，为什么历时这么多年要编这本书？还提出一个问题，就是对蒋介石等历史人物及其在历史当中的作用是怎么评价？

张海鹏：《中华民国史》的研究，我们最近在中华书局出了一套书36本。其中有《中华民国史》，有《中华民国人物传》，有《中华民国大事记》，这套书的写作花了快40年。近代史所1972年在"文革"当中接受了来研究中华民国史的任务，从1972年开始就组织力量进行《中华民国史》的撰写。当时"文革"当中我们的工作无法很好地进行，当时的人们对编写《中华民国史》不是很认同，当时这个还是很敏感的事情，或者是带有某种风险，工作的进展不是很顺畅。1978年以后，中国进入改革开放的新时代，学者们才能集中力量，专门从事《中华民国史》的研究。

张海鹏：《中华民国史》研究当中也有不少史料、档案是收藏在台湾。那个时候我们不大可能到台湾去看这些资料，一直到两岸关系有所改善，大陆的学者能够到台湾去，我们陆续派学者到台湾的历史档案馆等各种地方去收集资料，这样才能大规模的推行《中华民国史》的编写，所以说《中华民国史》的编写花的时间非常之长。

张海鹏：说到这本书对蒋介石的评价，我想大体上是客观的。蒋介石是中国近代历史上非常重要的人物。他曾经一段时间是中国的领导人，所以说对蒋介石的评价，应该说根据他的历史实事、过程有一些客观的评价。但是40年以前和40年后的今天，我们在书中写的蒋介石是不大一样的。从今天来说是更客观、更冷静，更符合蒋介石这个人物的历史地位。

主持人：网友提了这样一个问题，说有专家认为在中国近代社会转型的关键时期，中华民国虽然历史不长，但是内容之丰富、问题之复杂，不亚于中国历史上任何一个时代。那么这个对民国史有什么意义呢？

张海鹏：民国历史时间不长，38年的时间，但是这个时期非常的重要，处在近代历史非常关键的时期，或者说是民国时期的历史，正好是从中国的旧民主主义革命到新民主主义革命的转变期，也是中国的政治生活、文化生活、社会面貌发生一个重大转变的时期。过去我在研究中国近代史的时候有一个观点，我是说由于帝国主义的侵略，中国的历史是处在一个往下沉沦的境地。这个沉沦到了20世纪初的一个时期，中国历史是处在沉沦的谷底。

张海鹏：后来中国的历史慢慢往上升，在上升时期，民国时期大体上是处在中国历史一个向上升的时代。所谓"向上升的时代"主要是由于人民反帝、反封建的力量出来了，所以取得了新民主革命的胜利，所以说值得我们进一步加以研究。

主持人： 我们看下一个问题。网友提出说参加过辛亥革命的老一辈无产阶级革命家林伯渠说过，对于许多未经过帝王之制的青年，辛亥革命的意义是常被低估的，为此是怎么理解呢？

张海鹏： 这句话是在1941年的时候说的，那个时候的人们已经发生对辛亥革命的估价可能会偏低的问题。林伯渠这句话是告诉我们，应该要重视辛亥革命的历史，应该重视辛亥革命推翻皇帝反封建的这一面。因为中国有一个皇帝制度持续几千年，当时的中国人一切都是在皇帝统治底下生活的，一不小心就要掉脑袋。不了解辛亥革命推翻皇帝这个历史的重要性，你就不能理解那个时候的人们精神世界、思想解放的重要性。林伯渠同志这句话，是值得我们今天加以注意的。

主持人： 好的。我们看网友提出的下一个问题。网友说辛亥革命是中华民族伟大复兴进程当中一个重大的里程碑，把辛亥革命放在中华民族伟大复兴进程中考察，辛亥革命为中华民族共同体的构建做出了什么样的贡献？中华民族国家的形成具有什么样的作用呢？就是把辛亥革命放在整个民族复兴历程当中怎么看的问题。

张海鹏： 这个问题我想至少可以分成两个方面来说吧。一个方面，"中华民族"这个概念正好是辛亥革命时期形成。我们中国几千年的历史是一个多民族的国家，历史上这个民族的交流和融合很多，但是出现"中华民族"四个字，这个是在辛亥革命时期。孙中山在担任南京政府临时大总统的时候，他所发布的宣言，他就提出了"汉满蒙回藏，五族共和"这样的概念。他也提出了"中华民族"这个概念。因此把多民族的中国，这个国家许多的民族把它概括为"中华民族"，以及提出"五族共和"，这个就是五族平等，这种思想对中华民族的复兴、形成意义非常大。

张海鹏： 孙中山是最早为中国现代化绘制蓝图的一个人，他在辛亥革命时期，一直在思考中国的未来，中国的历史怎么发展。他认为中国未来应该超过欧美，他提出了要用西方的资本主义来建设中国的社会主义，这样的一些主张。他提出在中国保有主权的前提下，借外资来发展中国。这些都是我们中国的现代化在描绘一个蓝图，当然他具体还提出了很多，比如说修多少万里公路、铁路，怎么建设南方大港、北方大港，提出了修长江三峡大坝的思想，也提出了把铁路修到西藏的思想。尽管这些思想在当时看起来是不可能实现的，当时中国人认为这些都是"放大炮"。但是现在来看，孙中山为中国未来的发展，所描绘的这些蓝图，值得我们后人尊敬。我们今天都实现了孙中山这些思想。孙中山提出的思想，是中国民族复兴的重要一步。

主持人： 网友提出这样一个问题，说 100 年过去了，辛亥革命可以说离我们远去。在今天回顾辛亥革命，它的历史地位和历史意义应该怎样看呢？

张海鹏： 历史意义就是我们推翻了封建专制，推翻了皇帝，把皇帝从宝座上拉下来推倒，这个是中国历史上了不起的事情。秦始皇统一中国，到 1912 年差不多有 2000 多年的历史，中国的国家正是围绕着皇帝打圈圈。我举一个小例子，秦朝末年曾经有吴广起义，当时他们打出的口号是"王侯将相，宁有种乎"，后来刘邦推翻了皇帝，做了皇帝。后来朱元璋也做了皇帝，他也是一个农民，也争取做一个皇帝的地位。比如说唐太宗李世民，发动宫廷政变，把他父亲从皇帝位子上赶下来，把他的兄弟都杀了，争来争去都是为这个位置。2000 多年来我们没有跳出皇帝制度，但是后来我们跳出来了，这说明我们皇帝制度要结束。我们要建立中国的共和制度，这一点这个意义是非常之大的。这一点所带来的思想解放的意义也是非常之大，所以不能轻视这一点。

主持人： 不能因为这项任务完成，拒绝它当时具有划时代的意义，这个对未来也是不负责任的。

张海鹏： 是。

主持人： 网友提了这样一个问题，说孙中山临终时说"革命尚未成功，同志仍须努力"。经过 100 多年，辛亥革命还有哪些任务没有完成呢？

张海鹏： 这个提法不是很准确，辛亥革命的任务我们应该说都完成了。孙中山临终的时候提的"革命尚未成功，同志仍须努力"，这个是在他那个时代。那个时候中华民国只有一个空的"招牌"，武昌起义的一些领导人也对辛亥革命的结果表示失望，所以说孙中山认为应该继续把辛亥革命往前推进。新民主主义革命已经完全完成了孙中山当时提出的任务，中国成为一个独立的国家。出于这个目的来说，辛亥革命的任务已经完成了。但是从振兴中华、民族复兴这个角度来说，我们中国人今天还在继续奋斗。

主持人：网友还提出一个问题说：辛亥革命为我们提供了哪些非常可贵的精神遗产，对新世纪的中国道路具有怎样的借鉴意义呢？

张海鹏：网友提到辛亥革命留下的一种精神遗产，为了推翻封建统治，为了在中国建立一个新的社会制度，许多革命党人前赴后继，不怕牺牲，这样一个奋斗、拼搏的精神。最后实际上是和我们新民主主义革命时期，中国共产党的境遇是一样的，值得我们学习。比如说秋瑾的精神，比如说黄花岗起义的时候牺牲的人。他们明知道会牺牲，但是他们在起义之前写给父亲、妻子的信，现在我们读起来非常的感动，这个可以成为我们的精神力量。辛亥革命带来的思想解放的精神，这个也是需要我们今天加以借鉴的。怎么样去巩固中国的共和制度，结合中国的国情，建设中国的社会主义，这些实际上是从辛亥革命推导出来的一些历史经验。

张海鹏：孙中山在辛亥革命当中，当然是要借鉴西方的一些社会政治制度，来建立中国的制度。同时他也要结合中国的历史传统，我们今天也是在辛亥革命的基础上，来结合中国的历史传统，用马克思主义来建设中国特色的社会主义，应该说这个精神是一贯的。

主持人：网友提了这样一个问题，说今年纪念辛亥革命的活动非常的多。不论是中央一级的，还是地方一级的，有各种各样的活动。那么网友问您说，作为网民我们应该怎样纪念辛亥革命？

张海鹏：我觉得网民作为网友，应该关心辛亥革命，关心辛亥革命的人物。今年10月上旬我们中央要由全国政协来主持"纪念辛亥革命100周年"的大会，国家主席可能会发表讲话，这些希望网友能够关心。中国史学会在武汉正在承办"辛亥革命100周年"的国际学术讨论会，我们会就辛亥革命的历史，以及辛亥革命以来百年中国的变化做学术上的讨论。纪念辛亥革命今年还有很多文艺活动，前几天刚刚在央视第一频道播放的辛亥革命大型的电视片，我也建议网友来关注它。因为辛亥革命的电视片，事前我已经看过片子了，我认为这个是我看过最好的一部辛亥革命的电视片。他所刻画的孙中山、黄兴，真正把他们作为历史人物刻画，作为第一历史主人公来刻画，非常的真实，我也建议网友们关心。

张海鹏：可能还有一些辛亥革命的文献片播放，也希望网友关注。大家关注辛亥革命历史的真实，我认为这就是纪念辛亥革命一个很好的活动、很好的举动。

主持人：好的。刚才张会长从不同的角度为我们解读了辛亥革命，网友也提出了问题。今天的访谈，我们马上要结束了。但是我们可以预见，随着辛亥革命纪念日的临近，对于辛亥革命和近代史的思考和回顾，会越来越多。让我们在回顾和思考当中认识这个民族复兴的历程，同时也在民族复兴的伟大历程当中做出自己的努力。再次感谢张会长做客我们的访谈室，也感谢各位网友的关注，我们下期再见。谢谢大家！

张海鹏：谢谢！

与中国社会科学网记者谈对辛亥革命的认识[*]

记者：张老师，您好！非常感谢您接受中国社会科学网和中国社会科学报的联合采访！今年是辛亥革命100周年，中华人民共和国成立以来，党和国家历来十分重视辛亥革命的纪念。那么我们为什么要隆重地纪念辛亥革命呢？

张海鹏：这个问题很有意义。辛亥革命是中国历史上几千年来一次非常伟大的革命，是20世纪中国第一个最具有历史意义的重大历史事件，也是自秦统一以来中国历史最伟大的一次历史性转折。这次革命提出了此前几千年历史当中没有提供的新鲜知识和新情况，所以非常值得纪念。作为历史唯物主义者，我们是站在尊重历史事实的角度来看辛亥革命的伟大意义。因此，中华人民共和国成立以来，党和国家历来十分重视辛亥革命的纪念。除1951年、1971年因特殊的原因外，每逢辛亥革命十年纪念，党和国家都要以最高规格举行纪念活动。

1951年是辛亥革命40周年，那个时候新中国刚刚建立，而且处于抗美援朝的高潮时期，国家的经济也在恢复当中，所以还没有力量来纪念辛亥革命。

第一次隆重地纪念辛亥革命是在1961年，这一年是辛亥革命50周年，党和国家在北京召开隆重的纪念大会。学术界的纪念活动则以中国史学会为首，郭沫若时任中国史学会会长，副会长是吴玉章、范文澜。考虑到辛亥革命是以武昌起义为代表，武昌起义又发生在湖北，所以中

---

[*] 这是2011年9月中国社会科学网记者方筱筠的一次视频采访记录，发布于中国社会科学网，以《百年辛亥的回顾、追思与展望》为题收入周溯源主编《社科之声——中国社会科学网访谈录（一）》，中国社会科学出版社，2012。

国史学会决定与湖北省社科联合作（李达同志时任湖北省社科联的主席，也是武汉大学的校长，他还是党的一大代表），并于1961年10月10号在武昌召开全国性"纪念辛亥革命50周年学术讨论会"。这是自辛亥革命发生以来，第一次召开讨论辛亥革命历史的学术会议。

1971年是国家非常敏感的时期，因为当时正处在"文化大革命"当中，而且这年还发生了"9·13"事件（9月13号林彪叛逃事件），当时形势比较紧张，所以这一年没有召开辛亥革命60周年大会。

1981年，"文革"结束，改革开放刚刚开始，也是辛亥革命70周年。党和国家在北京举办了非常高规格的纪念辛亥革命大会，同时中国史学会和湖北省社科联在武昌召开了"纪念辛亥革命70周年国际学术讨论会"。这也是辛亥革命发生以来，第一次举办国际学术讨论会。此次国际讨论会邀请了美国、日本、俄罗斯等国家研究辛亥革命历史最好的学者出席。这是改革开放以后第一次请那么多海外的学者到中国来参加学术讨论会。学术界的看法是：1981年的纪念辛亥革命国际学术讨论会，是辛亥革命历史当中召开的学术会议水平最高的一次。经过"文革"十年的沉寂，到了1981年，许多学者的学术积累都喷发出来，写了很多很好的文章。记得这一年讨论的主题是"辛亥革命时期的中国资产阶级"，以这个主题结合辛亥革命的历史进程开展探讨。

1991年是辛亥革命80周年，党和国家还是在北京召开了最高规格的纪念大会。中国史学会和湖北省社联召开了"纪念辛亥革命80周年国际学术讨论会"。

2001年是辛亥革命90周年，在北京召开了大规模的纪念大会，中国史学会和湖北省社科联召开了"纪念辛亥革命90周年国际学术讨论会"。

今年是辛亥革命100周年，党和国家届时将在北京召开最高规格的纪念辛亥革命的大会。中国史学会和湖北省社科联也将在武汉召开"纪念辛亥革命100周年国际学术讨论会"。本次在武汉召开的国际学术讨论会将由中国社会科学院和湖北省人民政府联合主办，并以中国史学会、中国社科院近代史研究所、湖北省社科联、湖北省辛亥革命研究中心四家单位的名义来承办。目前，我们正处在承办的过程当中，前期的工作都是由中国史学会来组织。

记者：张老师，您能不能向我们透露一下今年纪念辛亥革命大会的主题？

张海鹏：今年大会的主题是"辛亥革命与百年中国"，不仅探讨辛亥革命的历史，同时探讨辛亥革命与百年中国的关系。我个人和刚刚说到的四次会议都有关系，1961 年第一次辛亥革命的学术讨论会，我是武汉大学历史系的学生，所以我作为学生代表也参加了会议的开幕式和闭幕式。

记者：作为一名学生，您参加了 1961 年辛亥革命历史讨论会的开幕式和闭幕式，能告诉我们当时是一种什么样的心情吗？每一次参会，您是否都会有一些难忘的事？

张海鹏：对于会议开幕式、闭幕式的具体内容我已经不太记得了，我印象最深刻的就是见到了当时历史学界最著名的学者，包括吴玉章、范文澜、吕振羽、吴晗（时任北京市副市长）、白寿彝、黎澍等。会后，武汉大学还专门邀请范文澜、吕振羽和吴晗到学校做报告，我当时是担任记录，事后把他们的报告整理成文，这是我印象最深刻的。我们这些年轻的学生平时经常看这些著名学者的文章，但是没办法见到他们本人，通过这次会议能真正见到本人，听他们讲话，是非常难忘的。

1981 年的 70 周年大会，我也参加了。当时开会要有个简报组，要做会议简报，现在没有了。那时我担任简报组的副组长，武汉师范学院（今湖北大学）冯天瑜任组长，要在当晚把会场上的各种讨论情况写成简报，每天写到半夜。后来听到日本京都大学教授狭间直树（也是我的好朋友）跟我讲："我参加武汉会议的最大收获就是一摞简报。这个是在其他会议上看不到的，可以永远留作纪念。"

中国史学会对每次的学术讨论会都非常重视，所以在每次讨论会前，都要对国内学者的论文进行评审。1991 年开始我就作为评审组的成员，参加论文的评审，同时我也为 1991 年武汉会议写了文章，虽然会议期间我在莫斯科访问不在武汉，但是会议的前期准备工作以及论文的审核我都参加了。

2001 年会议的准备工作和会议我也都参加了。2001 年的大会，有一件很有意思的事，那个时候李铁映同志是中国社科院的院长，会前我们请他出席在武汉的大会，他说他没有时间，同意给武汉的大会写个致辞。我起草了致辞，后来又请院党组办公室修订。李铁映同志不能来武汉，指定我代表他在大会上作致辞，所以 2001 年的开幕式上由我来代表他宣读给大会的致辞。

今年 100 周年的学术讨论会，就是由我主持筹备的，我们在今年 8 月 8 日至 12 日就已完成了论文的审评工作，收到了 265 篇国内的论文，最终评出 104 篇，这几天正在给这些论文的作者发邀请函，正式邀请他们参加会议。

上面谈到的就是新中国成立以后，关于辛亥革命的一个政治纪念和学术纪念的历史过程。可以这么说，在 1949 年中华人民共和国建立以前，国内是没有这样专门的纪念活动，所以纪念辛亥革命和宣传辛亥革命是从政治的角度和学术的角度同时进行，这是新中国建立以后的一个创新。

记者：张老师是新中国成立以来几次大会的见证者。您刚才总结了历次会议以及会议中的一些成就和令您难忘的事情，带我们回顾了历史。接下来能否请您对辛亥革命的性质做一个概括性描述？

张海鹏：辛亥革命的性质问题是一个很重大的问题。现在国内外有不同的见解、不同的认识。我们历来认为辛亥革命是一次资产阶级性质的民主革命，换一个说法就是民族民主革命。所谓资产阶级性质的民主革命，是因为首先要推翻封建制度，反封建就是一种民主。欧洲也是这样，推翻封建就是民主，而在中国推翻封建制度、推翻封建皇帝就是民主。当然，仅推翻封建是不够的，推翻封建的目的是要建立一个共和的国家、建立一个民主的国家，而且还要发展中国的资本主义、发展中国的资产阶级。这是辛亥革命最基本的一面。这些我们可以从孙中山在辛亥革命爆发前后的大量文章和演讲里面看出来，为什么要发动辛亥革命？发动辛亥革命是干什么？是要建立共和制度、建立共和国。所谓共和国就是不要皇帝，人民当家作主。人民当家作主干什么？是要发展资本主义。这就是定义辛亥革命是资产阶级民主革命的最基本的要素。

按照唯物史观的看法，从封建主义到资本主义是历史的进步，是一个巨大的进步。当我们说辛亥革命是资产阶级民主革命的时候，是对辛亥革命的一个很高的评价。在这一点上，我们和国外的学者、台湾的学者有不同的看法。有些国外学者不一定赞同辛亥革命是资产阶级民主革命，他们认为辛亥革命是反满革命，因为辛亥革命期间确实有大量的反满文字、反满宣传。还有一些国外的学者认为辛亥革命是反对外国人的革命，他们是把满族人当成外国人，这样的看法是错误的。台湾学者也不同意"辛亥革命是资产阶级民主革命"的说法，他们认为辛亥革命是一场全民革命。关于这点我可以给你们讲一个很有名的故事：1981年我们国家刚刚结束纪念辛亥革命70周年，1982年4月美国的北美亚洲学会召开年会，有专门一场是来讨论辛亥革命70周年的。会议的组织者邀请海峡两岸学者出席。30年前，海峡两岸的学者不可能见面（过去见面都是在海外，我们不可能去台湾，他们也不可能来大陆），这次年会，台湾方面派出了以秦孝仪（时任中国国民党中央党史编纂委员会主任委员）为团长的代表团。秦先生去世以前，做过蒋介石的秘书，辞去党史会主任委员后，还做过台北"故宫博物院"院长，所以秦孝仪在国民党中是个很重要的人物。大陆方面派出的是以胡绳为团长的代表团，胡绳当时是中共中央党史研究室主任。两个代表团旗鼓相当，一个是中国国民党中央党史委员会的主任委员，一个是中共中央党史研究室主任，地位是相当的。很有意思的是，他们分别从台北和北京坐飞机到旧金山，到旧金山以后他们乘同一架飞机去了芝加哥，上飞机后才发现。据说秦孝仪先生在出发以前，跟他们的代表团成员交代：见到了大陆的学者不能握手、不能笑，要严肃、要绷着脸。可是我们的代表团在飞机上遇到他们，就跟他们打招呼，他们不理睬。到了芝加哥的会议场上，因为辛亥革命的性质问题发生了争议。台湾方面发言的是张玉法，大陆方面的发言人是当时的华中师范大学教授章开沅。张玉法认为辛亥革命是全民革命，章开沅认为辛亥革命是资产阶级民主革命。两个人在会上的讨论引起了新闻媒体的关注，特别是台湾的媒体报纸普遍地做了报道，同时也对大陆学者的发言有一些曲解，所以在回国以后章开沅专门写了一篇文章在《近代史研究》上发表，回应台湾学者和台湾媒体。曾任中共中央文献研究室常务副主任的金冲及在文章中写过他在台湾见到张玉法后跟他讨论辛亥革命性质问题的情况。张玉法说：你们说辛亥革命是资产阶级革命，那么辛亥革命的领导人孙中山、黄兴，哪个是资产阶级呢？都不是！既然他们都不是资产阶级，那你怎么能说辛亥革命是资产阶级革命呢？金冲及讲：我们把辛亥革命定义为资产阶级民主革命，是因为辛亥革命的目的是要推翻皇帝制度，在中国建立资本主义制度。不是说辛亥革命的领导人都是资本家。你们说辛亥革命是全民革命，那你们的辛亥革命是为全民服务吗？哪一个全民享受到辛亥革命的利益了呢？张玉法说：哦！你这样说我理解了！

我在这里要补充几句话：我们从世界历史上看，欧美国家资产阶级革命的领导人都不是资本家出身。世界上第一个发生资产阶级革命的国家是英国，1640年英国的资产阶级革命是克伦威尔领导的，克伦威尔是国会议员但不是资本家。第二个发生资产阶级革命的国家是美国，美国发动了独立战争，美国的资产阶级革命是脱离英国的战争，美国人又把美国的独立战争叫作"美国革命"。美国革命的领导人是华盛顿，是美国的第一个总统，他在美国人的心中是一个大英雄。美国为了脱离英国的压制而爆发的革命当然是资产阶级革命，是为了在美国发展资本主义制度，但是华盛顿本人不是资本家，他出身于种植园主家庭。我们再说说最有名的资产阶级革命——法国大革命。1789年法国大革命的领导人是罗伯斯庇尔，罗伯斯庇尔也不是资本家出身。如果我们再举例子的话，1917年俄国的"二月革命"也是资产阶级革命（当然没有成功），二月革命的领导人是克伦斯基，他也不是资本家。

纵观历史，没有一个国家的资产阶级革命是资本家本人参加的，所以台湾的朋友们说"辛亥革命的领导人没一个是资本家，所以辛亥革命不是资产阶级革命"这样的观点本身是不对的，他们没有考虑整个历史的特点。我们判断革命的性质，不是看革命领导人的阶级出身，而是看革命的目的。

我从过去与台湾学者的接触、阅读他们的著述，发现一个规律：我们是讲唯物主义、讲究唯物史观、讲历史发展的规律，他们不太讲这些。他们总认为辛亥革命是资产阶级革命就是贬低了辛亥革命，他们不知道我们说辛亥革命是资产阶级革命是给了一个很高的评价。因为辛亥革命把中国几千年的封建社会推翻了，这对中国的历史进步起到了很了不起的作用。怎么能说是一个很低的评价呢？应该是一个很高的评价。

他们为什么说辛亥革命是资产阶级革命就是一个很低的评价呢？因为台湾学者有一个观念：你们不是说要打倒资产阶级吗？你们不是还要搞无产阶级革命吗？你们不是说无产阶级革命比资产阶级革命要高吗？要是这么来比较的话，不是就把资产阶级给贬低了吗？他们是这么理解的，特别是过去台湾那些研究三民主义的学者。我们是从历史发展规律，从原始社会、奴隶社会、封建社会、资本主义社会到未来的共产主义社会，人类历史要经过这样一个阶段，封建社会比奴隶社会进步，资本主义社会比封建社会进步。马克思和恩格斯写的《共产党宣言》，那是共产党的第一部宣言，这一宣言的目的是要推翻资本主义制度，但是

《共产党宣言》里面给了资本主义一个很高的评价，即资本主义社会所创造的人类财富，比以前的几千年创造的都要多，所以他们对资本主义推动历史进步是充分肯定的。但资本主义发展到一定程度以后，必然会出现一系列问题，所以要新的阶级、新的社会力量出来代替它，这是马克思主义的基本看法。但是台湾的学者不太愿意接受这样的理论，这是我们和他们产生分歧的一个原因。

现在我们国内有些学者，也有人对资产阶级革命表示怀疑。我觉得这个怀疑是没有根据的，因为辛亥革命在推动中国资本主义发展方面的作用是毋庸置疑的。我们从孙中山先生的大量言论中可以看出端倪。孙中山是辛亥革命理论的创造者，他的言论大量地探讨中国未来的发展道路问题。当然，他的言论学术界有不同看法，有人说孙中山是引导中国走非资本主义道路，也有人说孙中山鼓励中国走社会主义道路。这些话孙中山都讲过。孙中山说：我希望中国未来成为一个最好的社会主义国家。他在19世纪末20世纪初在欧洲旅行，读了大量的欧洲社会科学方面的著作，也观察了欧洲的社会主义运动，所以他希望在中国发展资本主义，但是不希望在中国发展垄断资本主义，因为一旦发展垄断资本主义，一定会发生资产阶级和工人阶级的斗争。这场斗争是很残酷的，中国要避免这样的斗争。所以孙中山最主要的口号就是"平均地权""节制资本"，意思就是不要垄断，要发展中小型资本主义，不要发展大资产阶级，不要把中小型资产阶级发展成垄断资产阶级，这是他的主观愿望。马克思主义的看法是，中小资本家、小资产社会一定会发展到大资产社会，一定会产生垄断资本主义。从当今世界格局不难看出，大的跨国集团就是垄断型的。所以孙中山主观上希望避免垄断资本主义，这不表示他反对发展资本主义，他是提倡在中国发展资本主义的，所以我们强调辛亥革命是资产阶级革命是从这一点来提出的。

记者：请问辛亥革命的历史意义又体现在哪些方面呢？

张海鹏：辛亥革命的历史意义有很多方面。比如辛亥革命的最重大意义在于，革命的发生动摇了中国人对两千年来似乎千古不变的封建专制——皇权统治的崇拜，用武装起义的方式掀倒了皇帝的宝座。中国历史上掀倒皇帝宝座的例子很多，每次掀倒后，又有新的皇帝重新登上那个宝座。近代中国也是这样：太平天国农民起义，虽然号称建立新天新地新世界，也免不了要登上皇位；戊戌变法也是一场以拥立皇帝为目的的改良运动；义和团反帝爱国运动的旗帜上写的是"扶清灭洋"，就是说反对外国侵略，拥护皇帝。辛亥革命则不同，不是以拥立新皇帝为目的，而是推倒任何皇帝。皇帝掀倒了，皇帝宝座废除了，人民接受了与中国传统政治完全不同的共和立宪观念，成立了共和国，这就是中华民国，从而结束了几千年习惯了的对皇帝、宰相、大臣的顶礼膜拜。从此以后，形成了一个新的观念：敢有帝制自为者，天下共击之。我想如果是从历史意义的角度来说，这是最重要的历史意义。

沿着这个话题说，推翻帝制也是中国人一次伟大的思想解放运动。辛亥革命的主旨是不要皇帝了，要人民当家作主，而在过去都是认为皇帝是国家的主人。这个改变是非常大的，这应该说是重大的思想解放。人们一旦从没有皇帝的情况下解救出来，就会思考很多问题。我举个例子：在1912年以前，在中国几千年的皇帝制度下是不能有政党的。皇帝才是公，每一个大臣都要效忠皇帝，如果你脱离皇帝的那套秩序，你另外搞一套，你就是私。只有1912年推翻了皇帝以后，中国才产生了大量的政党。产生政党是什么含义呢？说明人们有不同的政治追求，他可以用组织政党的形式来表达自己的利益追求，后来出现了中国共产党、中国国民党，这都是皇帝没有了才可能的。如果不发生辛亥革命，帝制没有被推翻，就不可能有中国共产党、中国国民党，当然也不可能有新文化运动、五四运动，也没有我们今天的国家地位、社会地位。要是不发生辛亥革命，中国历史就会停留在封建社会，中国可能继续被西方帝国主义国家侵略，而且不可能是一个半殖民地，有可能是一个完全殖民地，中国历史会是一个非常不好的前途。

记者：您刚才从唯物史观的角度对辛亥革命的性质和历史意义进行了总结。请问辛亥革命又有哪些现实意义呢？

张海鹏：首先，辛亥革命后发布了具有资产阶级共和国宪法性质的根本大法。南京临时政府成立之后，颁布了《中华民国临时约法》，这是一部具有资产阶级共和国宪法性质的法典，也是留给现代中国人的重要历史遗产。封建社会绝对不会制定宪法，只有在民主共和国才会制定宪法。国家和公民要在宪法的规定和约束下，进行一切活动，这是宪法的最大意义。1949年9月，中国人民政治协商会议第一届全体会议召开并通过了《共同纲领》，规定了成立中华人民共和国和组织中央人民政府的基本方针。实际上，《共同纲领》就具有临时宪法的性质。国家的一切行为要在《共同纲领》的规定下进行，党和国家都是在宪法允许的范围内进行一切活动。当然，如今我国的宪法与辛亥革命时期《临时约法》的内容和性质是不同的，但形式却是相同的，依法治国的理念是相同的。这就是辛亥革命的现实意义之一。

其次，辛亥革命是以民族革命为起点的革命，"五族共和"思想和"中华民族"概念为此后中国的民族平等提供了思想基础。从民族革命角度说，反满是推翻以满族作为统治阶级的少数民族对占人口大多数的汉族等各民族的统治。满族统治中国，不是以满族中的地主阶级作为统治阶级，而是以整个民族作为统治阶级。满族作为一个民族，与其他民族，特别是汉族相比，具有民族优越感，是中国社会的特权阶级。这种统治特权反映在民族关系上，就是民族不平等。因此，孙中山曾说："民族主义，是要扫除民族的不平等。"当然，这里所说的民族不平等，也包括列强对中华民族的不平等。辛亥革命后，满族与汉族和其他民族在政治上的不平等取消了。取消民族不平等，是辛亥革命对中国历史的贡献。孙中山在1912年元旦就任临时大总统时立即宣布："国家之本在于人民，合汉、满、蒙、回、藏诸地为一国，即合汉、满、蒙、回、藏诸族为一人，是曰民族之统一。"这就是"五族共和"的主张。"五族共和"是以取消民族不平等为先决条件的。"五族共和"就是五族平等。随着"五族共和"主张的提出，就是中华民族新概念的出现。中华民族的概念规定了中国境内各民族一律平等。民族平等，是孙中山民族主义的核心观念。用"中华民族"概括中国境内各民族的总和，最为恰当，没有厚此薄彼之嫌。使用这个称呼，为中国各民族消除大汉族主义、地方民族主义，为统一的多民族国家的建立提供了丰厚的理论基础。"中华民族"概念的提出，在中国历史上有非常积极的意义。民国成立以来，"中华民族"这个称呼为全国各民族人民所接受。民族平等观念和"中华民族"概念，是辛亥革命留给现代中国人的珍贵遗产。

再次，孙中山就任临时大总统，自称人民公仆，从而确认人民为本位。这对于中国阶级社会以来的官场政治，是一大革命。1911年12月29日，孙中山为感谢各省代表选举他为临时大总统，在致各省都督电中称"今日代表选举，乃认文为公仆"。把大总统等同于人民的仆人，体现了人民至上的革命精神。他曾以大总统名义发布通令，要求所有政府官员"皆系为民服务，官规具在，莫不负应尽之责任，而无特别之利益"。他还说过:"国中之百官,上而总统,下而巡差,皆人民之公仆。"孙中山自己更是以身作则,廉洁自持,始终保持国民公仆形象。孙中山曾对来访者言:"总统在职一天,就是国民的公仆,是为全国人民服务的。""总统离职以后,又回到人民的队伍里去,和老百姓一样。"这是一种伟大的公仆精神,也是孙中山、辛亥革命留给后人的珍贵的政治和精神遗产。可惜,孙中山下台以后,民国时期的统治者把人民公仆放在脑后了,做官当老爷依旧。中国共产党执政以后,一贯强调各级党政干部是人民公仆,强调全心全意为人民服务,清廉为政。今天一些人以官员自居,不以人民为本位,为政失廉,贪污腐败,不仅玷污了共产党人全心全意为人民服务和为共产主义奋斗的理想信念,也是对孙中山和辛亥革命公仆精神的背离。

记者: 最后一个问题,想请您谈谈孙中山在辛亥革命中的地位和作用?

张海鹏: 这个问题我可以说很多。孙中山在辛亥革命中是一个最重要的领导者,辛亥革命的整个思想纲领和指导原则都是他提出来的,所谓"三民主义"——民族主义、民权主义、民生主义就是他提出来的。早在1903年,孙中山就萌发了这种思想,1905年同盟会成立后,创立了同盟会的机关报《民报》,在《民报》发刊词中,孙中山把"外邦逼之"和"异种残之"并列为民族主义"殆不可须臾缓"的基本原因。"非革命无以救垂亡",而革命必须"先倒满洲政府",民族主义的反对帝国主义压迫的意义蕴涵于此。"三民主义"是完全不同于封建制度的一套主义,民族主义一开始是推翻满族的统治,推翻满族的统治不一定就是推翻满人的统治,满族作为一个统治阶级,它是具有特权的,不仅是对汉族具有特权,对其他民族也具有特权。所以推翻满族统治是孙中山民族主义最初的内涵。后来民族主义发生了变化,辛亥革命后,民族主义从之前的推翻满族统治变成了从帝国主义中求得民族的平等、求得中华民族的平等。中华民族对于西方是不平等的,这时候民族主义就增加了反对帝国主义的内容。而民权主义是建立资产主义共和国,它和封建的国家形式、国家形态是不同的。"三民主义"中的民生主义非常重要,在孙中山看来,"民生主义"用英文的表述应该是"socialism"。"社会主义"这个词是日本人翻译过来的,孙中山认为,把"民生主义"翻译成"socialism",这两个词对应是最好的。孙中山在讲到民生主义时，强调人民的生活，强调民生，强调中国要成为一个社会主义国家。

过去我们和国民党的一些主流意识形态的知识代表讨论这个问题时，他们往往提出"反对共产党"等一些反共观点，其实从《孙中山全集》，还有他的很多有关"三民主义"的演讲中可以看出，孙中山三民主义中没有反共的观点。如1924年孙中山在广州讲"三民主义"讲了几个月，《孙中山全集》（第9卷）有专门篇幅讲"三民主义"，他多次提到，共产主义是民生主义的朋友，社会主义、共产主义和民生主义都是好朋友，共产主义是民生主义的未来。

依据三民主义纲领，孙中山组织推动了多次武装起义，用实际行动来推翻清朝的统治阶级，比如在广东、广西、云南各地发动了多次武装起义，但每次都失败了。孙中山为筹得起义款项，从南洋、美国的华侨那里争取援助，其实20世纪初期的华侨很穷，不像现在的华侨都很有钱，那时他们也都出国不久，创业也很艰难，都是做些挑水、洗衣服、剃头、理发、开小饭馆等工作。很多华侨捐钱给孙中山，他再用募集到的款项在海外买枪炮买武器，然后运回到国内，在国内推动革命发展。黄兴协助孙中山组织了多次武装起义，应该说孙中山发挥了革命中最为核心的作用。

同盟会是一个非常之松散、非常之松懈的组织，它不是一个强有力的政党、一个团体，我们都知道孙中山是同盟会总理，黄兴是协理，但同盟会内部一些领导成员之间的政见却不完全一样，比如说"三民主义"当中有四句话叫"驱除鞑虏、恢复中华、建立民国、平均地权"，当时很多人都同意前两句话"驱除鞑虏、恢复中华"，第二个同意的就是"建立民国"，特别是在海外留学的学生都同意建立民国，第四句话叫作"平均地权"，很多人都不同意，因为他们不懂什么叫"平均地权"。1908年在东京，中国留学生成立了一个叫共进会的组织，这也是一个反清的组织，共进会就把这四句话改了一个字，变成"驱除鞑虏、恢复中华、建立民国、平均人权"，把"平均地权"改成了"平均人权"。"驱除鞑虏、恢复中华"这八个字是属于民族主义，"建立民国"是民权主义，"平均地权"说的是民生主义。"平均地权"是一个很重要的思想，实际上是为资本主义发展扫清道路，因为我们过去的土地地权都是地主所有，而孙中山却提出这个土地的地权要平均，后来新中国成立后搞土改,也是源于这个思想。英国则是靠圈地运动,把农民从土地中赶走,赶到城市里去,让其破产,不得不去做工人,为工业提供后备劳动力。我们解放以后实行土地改革,实际上也是这个目的,但不是为了发展资本主义,而是为了发展社会主义,发展农民的集体化,因为光靠小农经济是不能实现现代化的,是不能实现工业化的,这一点毛主席在延安时期就已经讲得很清楚。毛泽东在写给秦邦宪的信中说,革命成功以后,我们不能建立在农业的基础上,而是建立在城市化的基础上,建立在工业化的基础上,才能建立新中国,才能使中国强大起来。但在辛亥革命时期,很多人都不理解也不知道"平均地权"究竟是什么含义,所以在同盟会内部很多人持有不同意见。

另外,同盟会还发生了分裂。比如说很有名的大知识分子章炳麟,如陶成章,这些人就反对孙中山,在同盟会几次发生"倒孙运动",内部盛传说孙中山有什么资格做总理,干脆把他拉下来,不让他做总理。孙中山在日本活动的时候,清政府给日本政府打了招呼,说不能让孙中山在日本活动,要驱逐孙中山,因为日本政府和清政府之间是有外交关系的,所以日本理所应当地接受了清政府这样的要求,将孙中山驱逐出日本,但当时日本政府把事情做得很漂亮。他们以孙中山朋友的名义送他一笔钱,让他离开日本。此事在同盟会内部引起轩然大波。从这些事实就可以看出同盟会是一个很松散松懈的组织。

还有一点就是包括黄兴在内的革命党领导人,在国内组织武装起义方面并没有一个全盘的战略思想,在如何推翻清朝腐朽统治的问题上,缺乏一个全盘的战略考虑。比如说辛亥革命是以武昌起义为代表的,但是在武昌发动起义,从来就不在孙中山和黄兴的设想之中,对于他们来说,武昌起义的发生是意外的。孙中山组织起义大都在广东沿海、广西沿海和云南沿海。当时孙中山为什么一直坚持在两广和云南的边境地区起义呢?显然是有他对时局的考虑。因为孙中山当时到英国,清朝驻英国公使馆抓他;到日本,日本政府也驱赶他;到越南,法国政府也不留他。到哪里他都站不住,国内根本不能回来,所以他在南洋和美国的活动很多。在南洋那里活动,他可以从南洋的华侨手中募集款项,然后从海外买回弹药,再通过船运送到广东、广西沿海,这样就比较容易取得武器弹药,对于革命显然是有利的。而在内地起义,这些武器弹药就不方便运进来,所以他没有办法。对于革命在哪里起义,1903 年的时候革命党人也始终没有一个成熟的想法，当时黄兴表示，要在革命党人分头运动成熟之后再来讨论。黄兴曾设想在湖南起义，未能成功。1907年后，他与孙中山决策的八次起义，都在沿海地区，没有一次安排在长江一带或者两湖地区。黄兴筹备"三二九"广州起义时，曾于1911年初派谭人凤携款北上，运动湘、鄂等地组织援应，他还在"三二九"起义前致加拿大域多利埠致公堂书中中说："此间诸事已着实进行，规划以两粤为主，而江、浙、湘、鄂亦均为布置。"起义失败后，黄兴在致加拿大同志书中所说："当时以广东为主动，而云南、广西、湖北、湖南、江南、安徽、四川、福建、直隶数省为响应，各处皆有党人在新军中预备反正，拟广东一得手，则以次续起。"可见对于湘鄂这样的地方，黄兴当时并未给予特殊注意。后来宋教仁等觉得在广东、广西起义不一定好，因此他们就提出来在长江流域起义。1911年，上海建立中部同盟会，作为策划在长江流域进行武装起义的一个领导机构，但是长江流域范围太广，横跨的省份较多，究竟在哪里起义合适呢？宋教仁等人也没想出一个主意。

所以我这里还要说一说武昌起义为什么能够成功。

武昌起义最大的特点就是武昌的革命党，武昌起义的领导人都是革命党，也都是同盟会成员或者是共进会成员，他们重点是在武昌的新军当中做了组织发动工作。

当时中国武装力量最强的军队是在北京，由袁世凯所训练的一支叫北洋六镇的军队，这是当时中国最强的武装力量。第二强大的武装力量在武昌，是湖广总督张之洞所训练的一支军队，这支军队有一镇一混成协，这个镇就相当于现在的一个师，一个协相当于现在的一个旅，一镇一协完全采用欧洲的军官来训练，用的也是洋枪洋炮，而且汉阳有钢铁厂和兵工厂，在汉阳可以制造枪炮，另外武昌、汉阳还有武器弹药的仓库，这些都是掌握在军人手中，当时这些军人叫作新军。新军和清朝原来的军队是不一样的，清朝本来的军队叫八旗，有满八旗、汉八旗，还有蒙古八旗。清朝正规的军队叫绿营，但是无论是八旗还是绿营也都随着清王朝的腐朽而日益衰落，完全不能打仗。太平天国起义时绿营根本不能打仗，所以后来就产生了曾国藩的湘军和李鸿章的淮军，到淮军时代就已经开始使用洋枪，但是操练方式却是旧式的。而新军则是完全新式的军队，是一支现代化的军队，完全按照现代军队"军、师、旅、团、营"的格式来编制，武器也都是新的，所以叫作新军。1905年，清朝废除了科举考试，很多知识分子没有了出路（那时的知识分子就只能凭科举考试才可以出来做官，才有可能成为一个地方绅士，成为一个地方有权势的人），他们中的一部分人就选择留洋，去日本、美国和欧洲留学，没有条件去留洋的，也没有条件做官的就选择当兵。中国古人历来说：好男不当兵，好铁不打钉。所以那时当兵并不是件好事，但知识分子没有出路，只能参加军队。这样一来，军队中加入越来越多的小知识分子，大大提高了新军的文化水平。过去的旧式军队都是农民，不识字，只知道打仗，但新军中的很多士兵都识字，有一定的文化水平，并且看到了清朝末年朝廷腐败的种种现象，就产生了变革的想法，产生了革命的愿望。一些同盟会成员在新军里头做工作，把武昌新军中相当一部分人都组织到革命队伍当中。据统计，1911年1月，武昌革命党人在振武学社的基础上，建立了新的革命组织——文学社。文学社主要在新军士兵和学堂青年学生中发展成员，起义前已达三千多人。此外，新军的士兵有枪，掌握着弹药库，所以他们就弥补了孙中山在沿海起义、在海外买枪买炮再运到内地来的不便缺陷，所以武昌起义就是这样一群革命党人组织发动起来的。

1911年9月，文学社和共进会两个组织开会商讨起义事宜，选举了起义的总指挥、副总指挥，军事上和政治上负责的人都做了一些设计。这时候武昌起义发生还有一个重要因素就是四川大规模的保路运动。保路运动声势汹涌，四川总督打死了几十个请愿的人，清政府派军队去四川镇压保路运动，而这支军队恰恰就是一支武昌的军队，这支军队里有很多士兵都参加了革命党，所以这个时候武昌的革命党人就感到有些紧张，如果继续把军队外调，军队就会被分散，就会缺乏组织。虽然他们是革命党人但还是军队的成员，必须服从长官的命令，所以武昌的革命党人就感到是时候发动革命起义了，但是湖北革命士兵的领导人只是同盟会的一般成员，在同盟会的骨干成员中是名不见经传的。在筹备发动起义的时候，他们感到自己的声望不够，派人到香港去请黄兴，还派人到上海去请宋教仁。派到香港的是云南同盟会的吕天民，他是在东京加入同盟会的，与黄兴是熟人。吕天民于9月29日到达香港，却吃了闭门羹，黄兴三天闭门不纳。原来黄兴在"三二九"起义失败后，情绪极为低落，住在香港，闭门思过，几乎丧失了再次发动起义的信心。在自责和痛苦中回顾以往的经历，黄兴几乎要放弃当初选择武装起义的基本策略。三天后也就是 10 月 2 日，黄兴在知道吕天民来意后，他不相信武昌有条件发动起义。事实上，当时同盟会的领导人都不相信武昌可以发动首义。吕天民反复劝说黄兴并说明武昌起义发生的必然性，黄兴最终相信了武昌起义的真实性，但没有立即到武昌去组织领导。黄兴认为自己在起义的准备工作中什么也没有做，他应该筹一笔钱，可是他自己没有钱，所以他就往南洋、美国写信，请求华侨捐款援助，但是对于当时并不富裕的华侨，筹款并不是一件很容易的事情，最后黄兴并没有筹到钱，却延误了前往武昌的时间，错过了领导武昌起义的好时机。

宋教仁也并不相信武昌起义的发生，虽然他主张在长江流域发动起义。面对前来劝说的人，宋教仁借故说在上海还有很多事没有处理完，还要办报纸。我曾统计过，在 9—10 月，宋教仁在《民立报》每天写一篇社论，大约写了 30 篇社论。做革命的宣传鼓动工作是很重要，但革命马上要爆发了，是应该继续拿笔杆子还是应该走到前线去，哪一个更为重要？当然是到前线去指挥起义更重要，但是宋教仁始终没有去。

我们再说孙中山，孙中山也同样没有认识到这样一个事实，他所设计的多次起义中没有一场是设计在武昌发动的，他们设想过武昌配合协助，但始终没有设想过在武昌发动起义。1911 年 10 月 10 日，孙中山到了美国的丹佛，到丹佛前，他就收到了黄兴给他发来的电报，电报中就写到武昌要发生起义，但那个时候都是密码电报，不便于破译，所以孙中山在丹佛住下来后，把密码本拿出来翻译黄兴的电报，才知道武昌要起义。他当时认为武昌不能起义，就想立即给黄兴发去电报告诉他要阻拦武昌的起义。可是当时他刚到宾馆，有些疲倦，需要休息一晚上，准备第二天头脑清醒后再给黄兴发电报告诉他阻止起义的理由。但是第二天起来看报纸时，武昌起义的新闻已经刊登在报纸上了。我想说明的是武昌起义并不在孙中山、黄兴、宋教仁这些同盟会领导者的设计之中，不在他们的战略规划中，这就说明他们没有从全盘战略角度思考哪个地方更适合、哪个地方更有条件开展反清武装起义。

如果黄兴早一点到武昌，他就可以取得武昌起义的领导权，武昌起义是 10 月 10 日，黄兴是在 10 月初接待武昌来的人，按照当时的交通条件，如果黄兴立即决定奔赴武昌，在 10 日之内从香港到武昌应该是可以到达的，但是他没有立即去，他在筹钱，结果一分钱也没有筹到。在武昌起义后 18 天，黄兴才到了武昌，而且是先到上海和宋教仁会合后才一起来的武昌。18 天是一个什么概念？我之前讲过，武昌的这些革命党人都不是同盟会中的领导成员，都只是一般的成员，他们感到自己在社会上缺乏号召力和影响力。10 月 10 号起义发动后，他们就找了一个队官（连长）吴兆麟来指挥，这个连长也确实起到了指挥攻打总督署的作用，一晚上就把总督署给打下来了，第二天占领武昌，第三天占领汉口。按照中国同盟会革命方略，就成立了湖北军政府，这是一个革命的政府。这些革命党人自觉没有领导经验，于是就找了当时新军协统黎元洪来做都督。黎元洪又是一个什么样的人呢？他是清政府军队中的混成协协统（旅长），武昌起义前肯定是反对革命的，但是革命党中的新军对黎元洪却有一个好印象，大家觉得他一副忠厚长者之貌，治军也算有方，平常也比较爱兵，所以革命党人就拥戴他做军政府的都督。可是黎元洪是清政府的人，不想造清政府的反，他觉得这里凶多吉少，坚决不答允，连声嚷嚷："莫害我！"我们知道，军政府成立的第一天，要张贴安民布告，革命党人就把这个布告写好后叫黎元洪签字，但是黎元洪坚决不肯签字，一个革命党人代他写上"黎元洪"三个字。不久，这个署名"中华民国军政府都督黎"的告示就贴遍了武昌城，后来还被刊登在报纸上，这也是湖北军政府对外发布的第一张公告。此时黎元洪依然不吃饭，不说话，持续了五六天。五六天之后，起义形势很好，他便觉得革命有可能成功，于是开口说话，甚至剪辫子以示参与革命决心。这样一来，黎元洪就接受了湖北军政府都督的职衔，开始以都督的名义来发布命令，召开会议。等 10 月 28 日黄兴赶到武昌时，黎元洪已经非常愿意在都督的这个职位上做事情，这时候黄兴也只能屈居于黎元洪之下。后来汉口形势紧张，黎元洪就派黄兴去汉口指挥作战。今天武昌有一个地方叫阅马场，那里有个拜将台，就是黎元洪拜黄兴为将的地方。这样，一个革命领导人却做了别人的将军，其位置显然就颠倒了。如果黄兴早一点到武昌来，起义成功后，他到军政府担任都督，对于号召和带领全国的武装起义，作用就非同一般了，做不到这一点对革命是一个很大的损失。

宋教仁同样也犯了认识上的错误，这就说明我们这些资产阶级革命党人的软弱性和不坚定性，特别是在马上要爆发革命起义、最需要领导人的时候，他们不在现场，所以我说武昌起义是不在同盟会的计划之中，而且同盟会的领导人不在现场的情况下发生的，是同盟会的一些基层会员在形势紧张的情况下发动的。

这里我要再说说孙中山。孙中山虽然不在武昌起义的现场，但是因为武昌起义中的新军士兵很多都识字，孙中山很多文章都在新军的士兵中间传阅，所以他们都知道并且佩服孙中山，这些人都非常愿意在孙中山的思想旗帜下参加革命。武昌起义中，虽然孙中山本人不在现场，但是这场起义是在孙中山思想的指导下发动的，这是孙中山的作用之一。另外，孙中山起义的目的是要推翻封建君主专制制度，但在南京成立临时政府后，北京的皇帝仍然存在，后来孙中山又在南方组织北伐军，要打到北方去，但是要组织一支庞大的军队，需要大量的钱，要有后勤补给，要有粮食，要有枪炮弹药，要有运输，但是临时政府没有钱。19世纪末20世纪初，中国的江浙一带，资本主义已经有一定的成长，但是成长并不好，所以江浙的资产阶级没有能力也不愿意支持孙中山。孙中山筹不到钱，无法组织军队，就不能及时发动北伐战争，这就是为什么孙中山把临时大总统让给了袁世凯的原因。袁世凯当时在北京掌握了北洋六军，他成为清政府当中最有权力的人，皇帝还很小，只有几岁，皇帝的父亲摄政王载沣也不过20多岁，根本没有能力来应付这样的局势，其他的朝廷大臣也没有能力面对如此之局面，只有袁世凯一个人可以做到，而袁世凯当时既看到了腐朽的清王朝摇摇欲坠，又看到了南方的革命军蓬勃发展，他跟南方的革命党人讲条件，孙中山当时就说，如果能推翻封建君主专制制度，就将临时大总统让给袁世凯。袁世凯采用逼宫方式，逼迫隆裕太后发布退位诏书（因为当时的皇帝才六岁，宣统的母亲隆裕太后当时也不过二三十岁）。1912年2月12日，清政府正式发布宣统皇帝退位诏书。袁世凯随即将情况告诉在南京的孙中山，孙中山要求袁世凯在报纸上发表公开赞成共和的通告，然后让出大总统位置。袁世凯随即就给孙中山发电报并且在报纸上刊登了这则电报内容，表示赞成共和。4月1日，孙中山在南京正式辞去临时大总统一职，袁世凯就任。从这个结果看，辛亥革命是失败的，革命党人没有掌握政权，掌握政权的却是清政府最后的一任内阁总理大臣袁世凯。

辛亥革命还有一个弱点就是革命党人对帝国主义的态度，辛亥革命反帝的思想不够彻底。孙中山本来是一个有着强烈反帝思想的人，但是他在 1912 年 1 月出任临时大总统期间，3 日发表了一个对外宣言，宣言中说道：清政府和外国签订的所有不平等条约一律有效，所有赔款、所有义务，列强在华享有的特权，南京政府都要承认。孙中山希望用这个办法让西方各国承认南京政府，但事实上西方各国始终都没有承认他领导的南京临时政府。

这里还要说一下，孙中山在美国知道武昌起义的消息后，并没有立即回国，而是在 12 月下旬才回到中国。这又是为什么呢？因为孙中山认为他应该去欧美各国游说他们的上层，希望他们支持中国革命，希望他们承认中国未来的政府，事实上他的这些想法都是很好的，但是两个月的游说工作没有成功。这说明在孙中山的心目中，他对帝国主义一直抱有幻想，他总觉得在中国建立的是一个民主共和的制度，是仿照美国、法国等西方国家，理应得到这些国家的支持，可结果并非如此。等到他把临时大总统让给袁世凯后，西方各国马上采取了支持的方针，但这种支持也是有条件的，他们从袁世凯的手里得到了他们在中国想要的权利。

辛亥革命后，"二次革命"又失败了，护国战争、护法战争后，孙中山才逐渐认识到辛亥革命的失败。1924 年，他说，"革命尚未成功，同志仍需努力"，所以中华民国只是一个假招牌。武昌起义中的蔡济民也说过，"无量头颅无量血，可怜购得假共和"，显然这是对革命的失望。孙中山后来也有很多反思，这就是为什么他后来重新组织国民党，在 1917 年十月革命后，他提出了"以俄为师"，重新解释"民族主义"就是反对帝国主义，这说明孙中山反帝的立场变得逐渐鲜明。

在孙中山辞去临时大总统后，他一直在为中国的现代化前途进行设计，他对中国的未来抱有很大的期望，他认为中国的未来应该超过英美，所以他设计将要在广州建立中国的南方大港，在宁波一带建立中国的东方大港，在现在的唐山一带建立中国的北方大港，这些都被他一一标注在地图上。港怎么建，要建多少万里公路，多少万里铁路，要把铁路建到西藏等，这些问题孙中山都提出过自己的设想。可在当时的中国，大家都认为这些是根本不可能实现的，包括很多革命党人也这样认为，所以他们给孙中山起了一个"孙大炮"的名字，说他的这些想法不够现实，在西藏修铁路这样的想法，不光中国人认为做不到，西方人也持同样的看法。但这些设想恰恰为中国的现代化提供了很重要的思想资料，对我们今天的现代化建设具有很重要的现实意义。当然今天社会主义现代化远远超出了孙中山当时的设计。孙中山还提出了一个很重要的思想，就是建铁路、建公路要利用外资，这个想法是怎么样的呢？他说要在不妨害主权的情况下欢迎外资进来，在保持国家独立主权的前提下，"用西方的资本主义建设中国的社会主义"，这是他的原话。这些都是很好的理想，可在当时并不被人相信，人们都说他在"放大炮"，其实孙中山在当时的政治上已不能发挥作用，他就想在思想领域上去做出一番事业，不断设计、设想中国未来可以做什么，包括长江三峡大坝，他都做过设想。在当时，这些设想确实难以实现，但对于后人，这却是一种很好的思想指导，对我们今天的现代化建设很有意义。从这些方面来看，孙中山对辛亥革命的贡献的确很大，可以说，孙中山为中国的现代化绘制了最初的蓝图，孙中山为国家现代化的未来的设想，应该受到后人的尊重。

记者：感谢张老师和我们一起回顾了辛亥革命纪念活动的历程，为我们具体生动地展现了有关辛亥革命的历史过程，包括其历史意义和现实意义，尤其是深入阐述了孙中山在辛亥革命中的作用，也呈现了当时历史事件中的一些不足与缺陷。这就是我们常说的：尊重历史，历史中的功就是功，过就是过。非常感谢您！

"实事求是地研究和评价辛亥革命"[*]

——访中国社会科学院近代史所张海鹏研究员

▲（采访者，下同）：张老师，您好！今年是辛亥革命爆发100周年。纪念辛亥革命100周年是今年学术界的一件大事。党和国家也将隆重举行高规格的纪念大会，海峡对岸也将举办纪念活动。作为中国史学会会长，请问史学会在纪念辛亥革命这方面有有什么具体举措？

●（被采访者，下同）：纪念辛亥革命100周年是今年史学界的一件盛事。早在去年，各地史学界就已经开始筹办或举办相关学术会议。中国史学会更是责无旁贷。按照逢十纪念的惯例，全国政协正在统筹各方面纪念活动。中国社会科学院与湖北省人民政府将在今年10月，联合在武汉召开高规格的国际学术研讨会，由中国史学会、中国社会科学院近代史研究所、湖北省社会科学联合会、湖北省辛亥革命研究中心联合筹办。这次国际学术讨论会将总结百年来辛亥革命研究成果，推进辛亥革命研究。

▲：最近一些年来，学术界流行一种观点，认为清政府的新政本来是可以救中国的，辛亥革命原本是可以避免的，是不应该发生的。请问张老师，应该如何评价清末新政，辛亥革命爆发的历史背景是什么？

●：这种观点是违背历史事实的。半殖民地半封建社会的中国，帝国主义的侵略和封建制度所造成的腐败与落后，是中国社会难以进步的根本原因。就辛亥革命来说，产生革命的深厚根源在那个时期的社会。

---

[*] 这是2011年9月《马克思主义研究》记者的采访记录，刊载于《马克思主义研究》2011年第9期，收入《马克思主义研究》编辑部《名家访谈——马克思主义理论创新与实践探索》下册，社会科学文献出版社，2015。

从一定意义上说，如果慈禧太后在洋务运动时期积极推动，可能出现明治维新那样的局面；如果她能积极支持戊戌变法，也许前景将是另一个样子。实际上，一切可能改革社会的机遇都丧失了，能够挽救国家于危亡的就只有革命。

客观来说，清末新政比百日维新的力度还要大些。编练新军；修订法律，出台若干推动公司发展的律令条例；废除科举办新学；等等。1905 年派五大臣出洋考察政治；1907 年呈交政治考察报告，提出成立内阁，内阁总理大臣领导行政，取消军机处。但其前提是皇位永固，所谓大权统于朝廷。慈禧太后说，内阁你们要搞就搞，就是军机处不能撤。这样就把政治考察报告根本否定了。因为军机处是当时皇权专制的核心机构，保留军机处，就等于否定了政治改革的方案。社会革命正在如火如荼地进行，统治阶级试图从内部进行改良的道路也没有走通，革命的发生是难以避免的。说清末新政期间中国社会欣欣向荣，这是毫无根据的片面的观察。庚子赔款 4.5 亿两白银，每年需要付出本息 1800 万两，最终都分摊在老百姓身上。实行新政、练兵、办新学堂也要摊派，这就使得民怨沸腾，各地民变甚多。清末社会动荡，人民生活痛苦，这是真实的历史现实。一个欣欣向荣的社会怎么会发生革命？真是奇谈怪论！

辛亥革命的历史背景可以追溯很远。就最近的背景来说，必须指出甲午战争和八国联军侵华两件大事。甲午一役，中国败北，损失巨大。条约规定，中国割让台湾岛及其附属岛屿、澎湖列岛、辽东半岛给日本，赔偿 2 亿两白银。由于俄法德三国干涉还辽，中国政府被迫答应用 3000 万两白银赎回辽南半岛。条约规定 2.3 亿两白银要在三年内交清。清政府拿不出钱来，只好到俄法银行、英德银行借款，借 3 亿两白银，加上回扣、佣金，本息共借了六七亿两白银。

《马关条约》的谈判、签约和批准，对中国国家和人民的心理打击极为巨大。谈判过程中，不少朝廷官员连上奏章，反对割让台湾。签约以后，更多的官员反对批准条约。康有为、梁启超等率进京赶考的举人先后约 3000 "公车"上书，要求拒和，反对签约，主张变法。近代中国革命和改良的两大源头都在《马关条约》的签订。革命派的首领孙中山也是在这个时候产生了推翻清朝统治的思想。1894 年 11 月孙中山在夏威夷成立兴中会，第一次在近代中国喊出了"振兴中华"的口号，发出了"驱除鞑虏"的呼喊。康有为、梁启超变法的呼吁,也从这时候开始。

《马关条约》以后,西方帝国主义列强看到蕞尔小国日本都能打败中国,大大刺激了它们的侵华欲望。它们以为中国已经躺在"死亡之榻"上,谁都想来分一点财产,于是列强掀起了瓜分中国的狂潮。中国国势岌岌可危。著名的戊戌变法运动,就是在这时候开展起来的。戊戌变法的失败,对社会人心又是一次沉重打击。改良派人士对改良失败很灰心,革命派人士坚定了走革命道路的决心。这些人开始更高地举起反清革命的旗帜。接连着戊戌变法的失败,是义和团发动的爱国反帝运动和八国联军的侵华,其结果是1901年9月《辛丑条约》的签订。《辛丑条约》对中国的损害,这里只列举两条:一条是赔款,规定赔款4.5亿两白银,分39年还清,本息共计9.8亿两白银;再一条是在中国境内驻兵。不仅北京的东交民巷使馆区要由外国驻兵,且由北京至海共12处地方由外国驻兵。美国学者马士在《中华帝国对外关系史》一书中评价说,《辛丑条约》签订以后,中国的国家地位低到不能再低的程度了。

《辛丑条约》带给中国的损失和屈辱,是自《南京条约》以来最严重的一次。在条约谈判的过程中,列强感到无论是单独一国还是多国都无力统治中国,便放弃了惩罚慈禧太后的设想,扶植慈禧太后继续统治中国。1901年2月,清廷在批准奕劻、李鸿章报送的、由列强提出的《议和大纲》时,感激涕零。慈禧借皇帝的名义发布上谕说:"今兹议约,不侵我主权,不割我土地,念列邦之见谅,疾愚暴之无知。事后追思,惭愤交集。"为了感激列强不杀之恩,上谕特别提出:"量中华之物力,结与国之欢心。"这句话,是以朝廷的名义,以"一切委曲难言"的心态,向"尔天下臣民""明喻"的。这句话与后来革命派常常引用的"宁赠友邦,无与家奴"是一个意思。这是以国家的物力、财力求好于侵略者的表示。说朝廷卖国,莫过于此了。年轻的邹容就是在看到了这个"上谕"后于1903年写下了脍炙人口的《革命军》,大声疾呼地号召革命;青年革命家陈天华也是在这时候写下了著名的《警世钟》《猛回头》的通俗宣传品。陈天华认为,清政府已经成了"洋人的朝廷",这个朝廷,只不过替洋人做了个"守土官长"。这样的朝廷,还不起来推翻它吗?

▲：通过您的讲解，使我们明白了辛亥革命的发生绝不是少数人制造出来的，具有历史的必然性。那么辛亥革命为什么首先发生在湖北武昌呢？这又有什么局限呢？

●：20世纪头十年，全国各地犹如干柴，哪里都有爆发革命的可能性，问题是革命的火种是否有人去点燃，革命的分散的力量是否有人去收集去整合。辛亥革命首先爆发在武昌，主要是湖北革命党人长期扎实的革命工作的结果。武昌首义前的各次起义，多依靠会党，后来转到在新军军营中发动革命，由于未能在新军基层做士兵的工作，起义难底于成。同盟会领导人没能解决的困难，被湖北的革命党人解决了。

湖北有新军一镇一混成协，其军力配备、军人素质，除北洋六镇外，在全国是最好的。武昌、汉口地区的革命党人（主要是湖北人和湖南人）坚持了扎实细致的革命宣传和组织工作，在各界群众特别是新军中聚集了雄厚的革命力量。自湖北科学补习所于1905年11月被迫停止活动后，在武昌陆续有军队同盟会、群治学社、振武学社、湖北共进会等革命团体的建立。1911年1月，武昌革命党人在振武学社的基础上，建立了新的革命组织文学社。文学社主要在新军士兵和学堂青年学生中发展成员，起义前已达三千多人。文学社还以《大江报》作为机关报，报纸免费送新军各营队，扩大了宣传阵地。湖北共进会自1909年由一批留日学生建立后，很快就把工作重点转向新军，原属群治学社的一部分人参加到共进会里来，起义前，共进会成员发展到两千多人。正是由于这些革命党人采用借矛夺盾的办法运动新军，把清朝的干城转变为革命的劲旅，在湖北新军中造成了雄厚的革命基础。湖北新军有良好的武器装备，武汉有兵工厂，有新军弹药库，这些都已为新军中的革命士兵所掌握。他们不需要像组织沿海起义那样花许多钱（湖北党人只从同盟会领导人手中收到过八百元钱，另湖北同盟会会员刘公捐出了五千元作为活动费），去购买武器弹药。黄花岗失败后，1911年9月，湖北两派组织在目标一致的前提下实现了联合。由于全国政治局势的迅猛发展，四川保路运动的推动，武昌起义已是箭在弦上，不得不发了。

作为辛亥革命胜利标志之一的武昌首义是未经中国同盟会讨论决策、没有同盟会领导成员参与领导指挥，而是由一些中下层的同盟会成员和其他革命党成员，在孙中山的旗帜下经过坚苦卓绝的工作后独立发动、指挥的。这是一个最基本的事实。这个事实所包含的优点和缺点是同样明显的。优点在于由于基本群众组织发动起来了，在脱离领导的情况下，起义终于能够掀起；缺点在于起义士兵面临没有众望所归的领导人的苦恼，他们不仅找不到早已期望来汉的黄兴、宋教仁等高层领导人，也找不到起义前确定的临时总司令蒋翊武和参谋长孙武。在战火纷飞中，起义士兵找到一个久已脱离革命行列的下级军官作临时指挥，而在攻下督署后，请出一个清军协统做了革命军的总首领。如果黄兴、宋教仁在起义现场，或者蒋翊武、孙武能冒险挺身出而指挥，武昌起义的前景要辉煌得多，对推动全国革命形势的发展，其结局将是另一个模样。

▲：近年来，史学界有人认为辛亥革命的胜利主要是立宪派和旧官僚发挥了重要作用，正是他们才使辛亥革命以很小的代价赢得了清帝退位的胜利。请问张老师，如何评价革命派、立宪派在辛亥革命进程中的作用？

●：有些人说辛亥革命是妥协的产物，不是斗争的产物，这些说法不是完全正确的。辛亥革命首先是武装起义，是打出来的。汉口、汉阳保卫战都打得相当惨烈，据当事人的回忆，汉阳战事血流成河；汉口十里商场被北洋军焚之一炬。攻下南京也绝不是轻而易举的事，而是相当大规模的战争行为。由于清政府众叛亲离，由于立宪派倒向革命派，由于掌握清政府实权的袁世凯上下其手，更大规模的战争没有发生。

辛亥革命是资产阶级革命，由于中国民族资本主义发展得并不是很好，资产阶级的力量也不强，南京临时政府成立后就面临财政匮乏的困境，革命派无力实现北伐，直捣黄龙。在这种情况下为达到推翻清廷的目的，南方革命军与袁世凯进行了和谈，促成了宣统皇帝退位。

如果我们把辛亥革命时期定位在1901—1911年的话，这期间活动在政治舞台上的力量至少有三股：革命派、立宪派、清朝统治阶级；还有一个隐性政治力量，那就是人民群众。

辛亥革命的成功，是革命派和人民群众共同推动的。立宪派也发挥了一定作用。革命派的存在及其活动是关键，是社会变革的主要推动力量，革命派这股政治势力决定了辛亥革命的基本面貌。没有革命派，就不会产生立宪派，因为立宪派是要反对革命才主张君主立宪的。清政府得罪了立宪派，促进了立宪派的态度转变，立宪派的态度转变，使辛亥革命的成功变得更加容易了，成为推动辛亥革命的一股力量。武昌首义后，各省纷纷响应，这是重要的因素之一。

▲：辛亥革命之后，社会、经济发展出现阻滞与倒退。有人据此认为辛亥革命搞糟了，如何评价辛亥革命的历史作用？

●：辛亥革命是中国历史进入20世纪后发生的一次伟大的革命，是20世纪中国第一个最具有历史意义的重大历史事件，还可以说是自秦统一以来中国历史最伟大的一次历史性转折。辛亥革命的历史作用可以分成以下几个方面来说。

第一，推翻皇帝制度，是历史的巨大进步。辛亥革命的最大意义在于，革命的发生动摇了中国人对两千年来似乎万古不变的封建专制——皇权统治的崇拜，用武装起义的方式掀倒了皇帝的宝座。中国历史上掀倒皇帝宝座的例子很多，每次掀倒后，又有新的皇帝重新登上那个宝座。近代中国也是这样：太平天国农民起义，虽然号称建立新天新地新世界，也免不了要登上皇位；戊戌变法也是一场以拥立皇帝为目的的改良运动；义和团反帝爱国运动的旗帜上写的是"扶清灭洋"，就是说反对外国侵略，拥护皇帝。辛亥革命则不同，不是以拥立新皇帝为目的，而是推倒任何皇帝。皇帝掀倒了，皇帝宝座废除了，人民接受了与中国传统政治完全不同的共和立宪观念，成立了共和国，这就是中华民国，从而结束了几千年来习惯了的对皇帝、宰相、大臣的顶礼膜拜，转而向总统、总理、部长行礼致敬。从此以后，形成了一个新的观念：敢有帝制自为者，天下共击之。袁世凯称帝、张勋复辟，便是天下共击之的例子。政治鼎革，带来了社会经济、文化发展一系列的变化，带来了对外关系的一系列变化，影响了中国与世界的关系，也影响了中国与周边国家的关系。

第二，以共和制代替帝制，是一次巨大的思想解放运动。从制度变革和社会转型的角度说，辛亥革命是近代中国历史上最大的一次思想解放运动。以共和制代替帝制，是中国历史上了不起的转折和成就。陈胜在秦末农民起义时说过"王侯将相，宁有种乎"，不过是说你可以称王称帝，我为什么不可以称王称帝。这句话打开了中国历史发展不同于日本天皇万世一系的局面；换句话说，中国历代的皇帝各有自己的姓。辛亥革命开创了这样一个局面，中国人从此抛弃了对皇帝的信仰，不管这个皇帝姓爱新觉罗，还是姓袁，不管是满族皇帝，还是汉族皇帝，都不能让它存在！这当然是一次巨大的思想解放！

中华民国临时政府一成立,各种政党组织、群众团体公开成立,纷纷表达各个不同利益集团对时局的意见。这也是辛亥革命带来的一种思想解放。封建时代,中国政治一向反对结党,结党就是营私,"党人"往往是政敌攻击对方的有力话柄。结党就是对皇帝的不忠,不能结党是封建时代的特征。否定了封建皇帝,自然就要肯定结党的正当性。在时代的碰撞、打磨中,有两个政党逐渐成为大众关注的重心,这就是1921年召开第一次全国代表大会后正式成立的中国共产党、1924年召开第一次全国代表大会并加以改组后的中国国民党。国共两党的联合与斗争,成为此后半个世纪影响中国历史进程的基本现象。

武昌首义后,湖北军政府成立,随即发布文告,宣布"永久建立共和政体,与世界列强并峙于太平洋之上,而共享万国和平之福"。不久就颁布《中华民国鄂州约法》。《鄂州约法》以西方资产阶级三权分立原则构建了近代中国第一个民主共和制政权,是中国历史上第一部具有宪法性质的地区性资产阶级民主立法,为以后南京临时政府制定和颁布《中华民国临时约法》提供了范本。《临时约法》贯彻了主权在民、三权分立等近代西方资产阶级共和宪法的基本原则,具有鲜明的资产阶级民主色彩,是中华民国第一部具有宪法性质的国家根本大法。与清末新政时期清政府颁布的具有君权宪法性质的《钦定宪法大纲》相比,《临时约法》具有鲜明的民权宪法性质,人民的民主权利在此得到较为充分的肯定;与湖北军政府颁布的具有宪法性质的地区性民主立法《鄂州约法》相比,《临时约法》则更具全国性意义,内容也更加系统完备。因此,《临时约法》在中国宪政史上具有特别重要的意义。用宪法代替封建专制,这是共和宪政最大的特点。尽管袁世凯和北洋政府破坏了《临时约法》,但法制观念仍为民众所接受。共和国的执政者只能在宪法的范围内活动,这是辛亥革命留给后人的最大遗产。

第三,辛亥革命是以民族革命为起点的革命,从民族革命角度说,反满是推翻以满族作为统治阶级的少数民族对占人口大多数的汉族等各民族的统治。满族统治中国,不是以满族中的地主阶级作为统治阶级,而是以整个民族作为统治阶级。满族作为一个民族,与其他民族,特别是汉族相比,具有民族优越感,是中国社会的特权阶级。反满,是要反对掉满族作为统治阶级的特权。这种统治特权反映在民族关系上,就是民族不平等。因此,孙中山曾说,民族主义,是要扫除民族的不平等。

当然，这个民族不平等，也包括后来他所说的列强对中华民族的不平等。由于辛亥革命的成功，1912年以后，满族与汉族和其他民族在政治上的不平等取消了。取消民族不平等，是辛亥革命对中国历史的贡献。孙中山在1912年元旦就任临时大总统时立即宣布："国家之本在于人民，合汉、满、蒙、回、藏诸地为一国，即合汉、满、蒙、回、藏诸族为一人，是曰民族之统一。"这就是"五族共和"的主张。五族共和是以取消民族不平等为先决条件的。随着五族共和主张的提出，"中华民族"新概念出现。"中华民族"的概念规定了中国境内各民族是一律平等的。民族平等，是孙中山民族主义的核心观念。用"中华民族"概括中国境内各民族的总和，最为恰当，没有厚此薄彼之嫌。使用这个称呼，为中国各民族消除大汉族主义、地方民族主义，为统一的多民族国家的建立提供了丰厚的理论基础。"中华民族"概念的提出，在中国历史上有非常积极的意义。民国成立以来，"中华民族"这个称呼为全国各民族人民所接受。民族平等和"中华民族"，是辛亥革命留给现代中国人的珍贵的历史遗产。

第四，辛亥革命为近代中国的历史性进步打开了闸门。近代中国的政治进步与觉醒，是辛亥革命开启的。毫不夸张地说，辛亥革命为20世纪中国的历史性进步打开了闸门，拉开了序幕。不否定皇帝专制，就难得辛亥革命后的大幅进步，就难以发生新文化运动和五四运动，就难以有中国国民党和中国共产党的出现，就不可能取得抵御日本帝国主义的侵略到最后胜利的结局，就不会有中华人民共和国的诞生，就不会有现代中国在世界上的地位，甚至辛亥革命失败的历史教训、辛亥革命反帝不彻底、辛亥革命未能成功地发动和解决农民的问题，都对后来的革命者提供了重要的历史启示，让他们思考，要完成全面的、胜利的社会革命，怎么样才能做得更好些。

有人会问：辛亥革命后不是有北洋军阀的黑暗统治吗？不错，是有北洋军阀的统治。一次大革命后，社会不是马上平静，立即进入发展的正轨，不独中国如此，欧美也是如此。1640年英国发生资产阶级革命，其后动荡数十年，又有王朝复辟，直到1688年所谓"光荣革命"后，才安定下来；1789年法国大革命后，又有几次王朝复辟，直到1848年二月革命，最后确立资产阶级的全面统治；美国独立战争发生在1775年，1783年美国获得正式独立国家的地位以后，到了1861年还发生了南北战争——一场统一战争。中国也不过在辛亥革命后 38 年就诞生了中华人民共和国，相比而言，时间不能说太长。

另外，需要指出，辛亥革命后，北洋军阀统治，军阀混战，政治不上轨道，但是，经济却在发展，民族资本主义经济的成长是清末以来最好的时期。这是基本的历史事实，不能抹杀。

▲：既然辛亥革命有这么大的历史意义，又为什么说是一次失败的革命呢？

●：辛亥革命的历史意义是值得重视的。但是，辛亥革命又是一次失败了的革命。如何看待辛亥革命是一次失败了的革命，很值得认真思考。辛亥革命的失败表现在：

第一，革命派奋斗的目标未能实现，中华民国的政权为清朝大臣袁世凯所夺取。响应武昌首义成立的各省军政府，大权往往为立宪派掌握。南京临时政府，大权虽然为革命派掌握，立宪派势力也不小。革命派内部发生变化，立场观点不尽相同。许多人希望宣统下台后由袁世凯掌权。由于革命派的势力不能打到北方，直捣黄龙，宣统皇帝只能由袁世凯以逼宫的形式赶下台，临时政府大总统的权位不得不由清朝最后一任内阁总理大臣取得。

孙中山虽然以中华民国临时议会的名义制定《临时约法》，试图从总统权力上、首都地点上约束袁世凯，无奈袁世凯掌握了军队，反掌之间，就把《临时约法》对他的约束解除了。1912 年 4 月 1 日，孙中山正式解除临时大总统职务。4 月 5 日，临时参议院随即决议临时政府和临时参议院迁往北京。资产阶级共和国和南京临时政府只存在了三个月，就夭折了。袁世凯终于实现了他的愿望，夺取了辛亥革命的胜利果实。

辛亥革命后在同盟会基础上组建的国民党，虽然在议会占了多数，但也发挥不了实质作用。追求议会政治的国民党人宋教仁被刺杀，"二次革命"接着失败，国民党被袁世凯宣布非法，国民党议员都被剥夺了议员资格。革命派通过辛亥革命获得的权力丧失殆尽。

1913 年 10 月，袁世凯强迫国会通过了《大总统选举法》，又强迫国会"选"他做了正式大总统。1914 年初，他下令取消国会和省议会。接着，他很快炮制了所谓《中华民国约法》，给他的独裁专制披上合法的外衣。根据这个约法和选举法的规定，大总统有无限的权力，可以不对任何民意机关负责。同时，他解散了国务院，在总统府下设政事堂。政事堂首领称国务卿，协助总统处理政务。政事堂和国务卿，是脱胎于前清的军机处和首席军机大臣。至此，孙中山为首的南京临时政府为中华民国所设计和规定的一套政治体制和政治结构，便被完全破坏了。从这个意义上可以说，辛亥革命到这个时候是失败了。

第二，由于资产阶级革命派的软弱，不敢提出反对帝国主义的战略方针。南京临时政府对帝国主义存有幻想，不敢以独立国家姿态对帝国主义示以颜色。临时大总统孙中山发布的对外宣言，对于革命以前清政府与列强签订的所有不平等条约，均认为有效；对于革命以前清政府所承担的一切借款与赔款，均继续偿还；对于革命以前清政府让与各国的一切特权，均照旧尊重。临时政府企图以这种举措，邀得列强的支持和承认。但是，列强并不领这个情，直到南京临时政府解散，列强都不承认这个襁褓中的中华民国临时政府。孙中山一心想学习西方，在中国建立民主共和制度，使中国富强起来。但是，早就建立了民主共和制度，并且发展了资本主义生产的西方帝国主义国家，却不希望中国也成为一个民主共和的强大国家而与他们鼎足而立。它们不希望中国富强起来。它们宁愿在中国保留一种比较落后的社会制度。在南京临时政府建立前后，孙中山多次呼吁美欧各国，支持中国的革命，支持中国的革命政府，美欧各国丝毫不为所动。但是一旦袁世凯取得政权，当上了大总统后，事情就起了变化。英、美、法、德等国公使纷纷登门，向袁世凯表示祝贺，美国众参两院一致通过议案祝贺袁世凯政府的成立。1913年5月，美国宣布承认北京政府，当然，美国也从袁世凯政府手里拿到了不少好处；10月，日本在取得了在我国东北修筑铁路的权利后承认袁世凯政府；英国在取得中国政府同意与英国谈判西藏问题的允诺后，为了支持袁世凯政府，也承认了中华民国；11月，在与沙俄签订的《中俄声明》中，表示中国政府承认外蒙古自治，以及承认俄国在外蒙古的权利后，沙俄承认了中华民国政府。这就是说，帝国主义不管中国强大不强大，不管是谁执政，只要能给它提供新的政治、经济权利，它就支持谁。袁世凯做到了这一点，袁世凯的地位就稳固了。帝国主义各国在中国始终不支持一切进步事业、一切推动中国进步的政府，却支持对它奴颜婢膝、愿意给它提供好处的政府。袁世凯能够上台的总后台，就是帝国主义国家。

第三，近代中国的历史使命是两个：一是进行民族民主革命事业，也就是反对帝国主义反对封建主义；另一个是推动中国的现代化。这两个历史任务，辛亥革命都未能完成。

第四，辛亥革命是资产阶级性质的革命，其目的是要在中国推进资本主义发展，是要建立资产阶级的政党政治。国民党曾经试图这样做，宋教仁为此献出了生命，但是历史事实证明此路不通。在反帝反封建的民主革命完成以前，要想在中国试验资本主义道路、试验政党政治，都是走不通的。

▲：为什么说中国共产党和中国人民是辛亥革命历史遗产的真正继承人？

●：辛亥革命为20世纪中国的历史进步打开了闸门，但是辛亥革命毕竟未能完成历史给中国提出的救国使命。完成这个历史使命的是中国共产党，中国共产党领导全国人民完成了反帝反封建的新民主主义革命，又进行了社会主义革命和建设，实现了走中国特色社会主义道路。

第一，孙中山有关振兴中华的理想、有关中国现代化的蓝图，社会主义中国已经实现。孙中山的理论创造与实践活动，与辛亥革命是联系在一起的，他是辛亥革命历史的真正代表。孙中山早在1894年11月就提出了"振兴中华"的号召。他在失去中华民国临时政府大总统职位后，精心设计了中国现代化的蓝图，他提出中国应追上世界的发展，中国应该"驾乎欧美之上"。他谆谆告诫中国应该统一。这些都成为中国人的奋斗目标。1949年以后，中国的大陆地区和台湾地区，海峡两岸的中国人，在一定意义上说，都在为实现孙中山先生的社会理想而努力。除了台湾与大陆的统一尚待完成，其他各项大体上达到或者超过了孙中山先生当年的预想。毛泽东在1964年写道："中国大革命家，我们的先辈孙中山先生，在本世纪初期就说过，中国将要出现一个大跃进。他的这种预见，必将在几十年的时间内实现。"我们今天可以说，这个预见已经实现了。美国著名中国近代史学者韦慕廷（C. M. Wilber），在他所著《孙中山——壮志未酬的爱国者》一书的最后一章写下的最后一句话，"孙中山为中国谋求解放的梦想，只是在半个世纪后才逐步实现的"，确是正确的结论。孙中山对社会主义的憧憬，在今日已成为现实。

第二，辛亥革命以后的历史证明，资本主义救不了中国，只有社会主义才能救中国。从近代历史演变来看，鸦片战争后，中国逐步沦为半殖民地半封建社会。这种社会性质，决定了中国必须进行反帝反封建的民主主义革命，才能获得民族独立和人民解放。在中国，哪一种政治势力能够领导人民赢得民主主义革命的胜利，它就能够取得引导中国走何种道路的主导权。晚清时康有为、梁启超等发动的戊戌变法运动有可能引导中国走向资本主义社会，但是戊戌维新未能成功；孙中山领导的中国同盟会以及民国初年由同盟会改组的中国国民党，是近代中国的资产阶级革命政党，它有可能通过推翻清政府把中国引导到资本主义社会，但是由于中国资产阶级及其政党的软弱，辛亥革命后建立的南京临时政府被袁世凯窃夺了。民国初年，军阀混战，国家分裂，人民涂炭。五四运动后，国家情势发生很大变化，俄国十月革命的影响在中国迅速传播开来。1921年，中国的无产阶级政党——中国共产党成立后，逐渐主导了中国革命的方向。以毛泽东为主要代表的中国共产党人对中国的前进方向有着清楚阐述：中国反帝反封建的资产阶级民主主义革命必须由无产阶级领导，中国革命的前途是社会主义和共产主义。为了走向社会主义，第一步是实行新民主主义，第二步才是社会主义。从土地革命战争时期的革命根据地到抗日战争时期的敌后根据地和解放区，中国共产党领导的革命斗争，一向以社会主义、共产主义相号召，鼓舞着广大人民。抗战胜利后，国民党政府悍然发动以消灭中国共产党为目的的内战，结果在内战中彻底失败。这个结局，决定了中国共产党真正成为推动中国社会前进的主导力量，决定了中国由新民主主义转向社会主义的必然性。辛亥革命以来的历史证明，资本主义救不了中国，只有社会主义才能救中国。

第三，在近代中国，救国强国的思潮非常多，只有马克思主义引领中国人民实现了救国强国的梦想。在近代中国，各种救国思潮很多，最重要的思潮或者主义是两种：三民主义救中国，还是社会主义救中国。这两种思潮或者主义的传播和实施，都将会影响中国社会的发展方向。三民主义是孙中山在20世纪初国际国内情势下提出来的政治思想主张，是20世纪初中国资产阶级民主主义革命的基本纲领。这种主张或者纲领在1924年中国国民党第一次全国代表大会上，经过孙中山的重新阐述，反映了那时国共合作反对北洋军阀的要求。基本上说，反映孙中山社会改造思想的是三民主义中的民生主义思想。孙中山去世后，随着中国国民党的分裂，三民主义思想也被不同的政治家和思想家所篡改。有改组派的三民主义，有戴季陶的三民主义，有蒋介石的"儒家化"的三民主义，有胡汉民的三民主义。这些"三民主义"，都一概违背了孙中山"联俄、联共、扶助农工"的政策，一改孙中山所说三民主义与共产主义是好朋友的认识，反对马克思主义、共产主义，反对并屠杀共产党，镇压工农运动，反对社会主义学说。他们宣布"承认三民主义就要收起共产主义"，坚持"一个主义、一个政党、一个领袖"。国民党、蒋介石脱离人民大众的利益，违背近代中国历史前进的方向，终于在决定中国历史命运的大决战中彻底败北。"三民主义"不能救中国就在这样的大决战中证实了。能够救中国的只能是经过大决战检验过的新民主主义－社会主义理论。说中国走社会主义道路是历史的选择，正是近代中国历史发展的方向，是历史实践检验过的。

那么，马克思主义在中国的发展有历史的必然性吗？回答也是肯定的。

19世纪末20世纪初，还在清朝的最后时期，马克思、恩格斯的一些观点已经出现在中文刊物和著述上。这就是说，马克思主义在中国的传播迟早是要发生的。第一次世界大战后，中国作为战胜国在巴黎和会上的失败，大大刺激了中国知识分子和仁人志士的思考，再加上俄国十月革命的胜利成果的推动，中国人进一步思考从晚清到民国初年中国的历史发展道路，更容易接受马克思主义的传播，能够在新的历史起点和历史经验基础上考虑国家发展的资本主义或者社会主义方向。这就是说，五四运动后，或者说中国共产党成立后，中国人考虑国家发展的社会主义方向，已经成为历史的趋势。

这就是马克思主义在中国发展的历史必然性。这个历史必然性不是凭空建立的，是建立在中国半殖民地半封建社会的国情上的，是建立在由于帝国主义的侵略造成中国民族资本主义力量弱小，资产阶级政党力量弱小，而无产阶级政党——中国共产党是用马克思主义武装起来的基础上的，这个政党的理论武装终于掌握了人民大众，掌握了历史发展的大方向。

第四，大同理想与社会主义道路的选择。中国古代的大同理想，主要反映在《礼记·礼运篇》。它是先秦时期中国古人对公平、公正社会的一种乌托邦追求。"大道之行，天下为公"的大同理想，不仅是儒家的追求，也是普通百姓的追求。大同理想较易与社会主义思想相结合。在这方面，孙中山的思想是一个典型。在三民主义中，被孙中山最看重的是民生主义。所谓民生主义，孙中山用的英文词就是 socialism。这个英文词通常被翻译成社会主义，孙中山以为翻译成民生主义更好。有时候，孙中山直接用社会主义来说明他的民生主义主张。1912 年，孙中山曾提出把中国建设成为理想的社会主义国家，希望做到"我民幼有所教，老有所养，分业操作，各得其所"。实际上，孙中山所要建立的不是没有资本家的社会，而是不要大资本家的资本主义社会。但孙中山又强调，他的民生主义与社会主义、共产主义是好朋友。1924 年孙中山在广州演讲时强调指出："共产主义是民生的理想，民生主义是共产的实行；所以两种主义没有什么分别，要分别的还是在方法。""三民主义之中的民生主义，大目的就是要众人能够共产。"孙中山的民生主义——社会主义思想，在中国人民中是有影响的，这也在一定意义上形成了历史选择社会主义的思想基础。

几千年来，大同理想除了保留在思想家的著述中，还保留在历代农民起义的口号中。近代维新运动的发起者康有为也曾撰写过《大同书》，描述过没有阶级、没有压迫、没有剥削、人人平等、按劳分配的空想社会主义即大同社会，他主张公有制应该成为大同社会的经济基础。在大同社会里，农工商各业，一概归公，个人不置私产。这种大同理想所设想的财产归公、分配公平、社会成员人人都能发挥适当作用，"使老有所终，壮有所用，幼有所长，矜寡孤独废疾者，皆有所养"。这些与社会主义所追求的财产公有、社会福利、分配公平，有某种契合的地方。"大道之行，天下为公"的大同理想，就是在社会公平与公正的这一点上与社会主义建立了某种思想联系。中国知识分子和老百姓，对古代的大同理想是耳熟能详的。所以，孙中山在广州讲民生主义，是能够抓住听众的；中国共产党在领导革命的过程中，用社会主义、共产主义理想去教育群众，是能够为群众所理解的。从这个意义上说，中国人对大同理想的追求，在一定意义上，有助于他们接受社会主义的制度。

辛亥革命以后的历史发展证明：是近代中国历史的发展选择了马克思主义，选择了中国共产党，选择了社会主义。历史也已经证明，这一选择为当代中国的一切发展进步奠定了根本政治前提和制度基础。今天中国的繁荣昌盛,中华民族的民族复兴伟业,以及中国的国际地位,都是这一选择的必然结果!我们完全可以自豪地说:中国人民、中国共产党是辛亥革命历史遗产的真正继承人,是孙中山理想的真正继承人!

▲:中国共产党为什么高度重视纪念辛亥革命?新中国成立以来中国共产党是怎样纪念与评价辛亥革命的?

●:新中国成立62年来,除1951年、1971年特殊的历史背景以外,凡是辛亥革命和孙中山的生辰、忌辰的逢十纪念,中国共产党和政府都是以最高规格举行纪念大会。这样的大会总共进行了十四次。所谓最高规格,是指党和国家的最高领导人全部出席,或者大部分出席;党和国家主要领导人发表重要讲话,《人民日报》发表专题社论;各省、自治区、直辖市的主要领导人都要在当地的纪念大会上讲话。这就是说,每逢十年一次举行的纪念辛亥革命或者孙中山的活动,成为全国重要的政治活动,是全国政治生活中的大事。像这样五十年一贯举行的纪念活动是国家政治生活中的大事,只有中华人民共和国国庆、中国共产党生日可以与之相比拟。

为什么党和国家这样重视纪念辛亥革命呢?因为辛亥革命是近代中国历史前进的代表性事件。毛泽东说过,"中国反帝反封建的资产阶级民主革命,正规地说起来,是从孙中山先生开始的",辛亥革命则是在比较更完全的意义上开始了的资产阶级民主革命。毛泽东多次论述过辛亥革命推动中国历史进步的意义。1949年9月,他在政治协商会议第一次全体会议上说:"一百多年以来,我们的先人以不屈不挠的斗争反对内外压迫者,从来没有停止过,其中包括伟大的中国革命先行者孙中山先生所领导的辛亥革命在内。"1961年10月,周恩来在纪念辛亥革命50周年大会上肯定了辛亥革命的伟大历史意义,指出:"辛亥革命,推翻了清朝统治,结束了我国二千多年的君主专制制度,使人们在精神上获得了空前的大解放,为以后革命的发展开辟了道路。这是一个伟大的胜利。"他说:"辛亥革命,是中国资产阶级领导的一次旧式的民主革命。这次革命是不彻底的,它没有完成反对帝国主义和反对封建主义的革命任务……我们感到高兴的是,我们不仅完成了辛亥革命的英雄们未完成的事业,实现了一百多年以来中国许多仁人志士梦寐以求的伟大理想,而且已经是我们这样一个六亿五千万人口的伟大国家,走上了社会主义发展的康庄大道。"董必武在这次纪念大会上也指出:"辛亥革命在近代中国人民解放斗争的长期历史中,占有一个重要的地位。辛亥革命虽然没有取得真正的胜利,但它提供了十分宝贵的经验,使得中国人民有可能找到彻底解放的正确道路。"

毛泽东、周恩来、董必武关于辛亥革命的历史意义的评价,把中国共产党人纪念辛亥革命的历史的和现实的缘由都讲清楚了。这基本上成为此后纪念辛亥革命的基调。1981年10月胡耀邦在纪念辛亥革命70周年大会上发表讲话,进一步指出,"辛亥革命违反帝国主义列强的意愿,推翻了他们所支持的清朝政府,这就在近代史上第一次证明了中国的命运毕竟不是帝国主义所能任意支配的","我们共产党人和全国各族人民,都把新民主主义和社会主义的胜利看作辛亥革命的继续和发展,对于领导辛亥革命的孙中山先生和他的同志们抱着崇高的敬意"。《人民日报》10月9日发表社论说:"半个多世纪的历史证明:中国共产党是孙中山先生革命事业的真正的继承者,中华人民共和国是辛亥革命发展的硕果。"1991年10月杨尚昆在纪念辛亥革命80周年大会上发表讲话,特别指出,虽然辛亥革命没有使中国真正成为一个独立的民主国家,但是,"它是中国近代史上的一个伟大的里程碑,是在比较完全的意义上开始的反帝反封建的民族民主革命,为以后的一系列历史发展开辟了道路。在中华民族振兴和中国社会发展的进程中,辛亥革命具有不可磨灭的历史功绩"。江泽民在2001年10月9日的纪念大会的讲话中进一步指出:"辛亥革命集中反映了当时中国人民争取民族独立、振兴中华的深切愿望。"

纪念辛亥革命还有一个重要的理由。辛亥革命的英雄们为了推翻清朝反动、腐朽的统治而不屈不挠奋斗的革命精神,孙中山为了振兴中华、推进中国现代化的努力,正是新中国在推进社会主义现代化建设中需要借鉴的精神。杨尚昆在讲话中指出:"在中华民族振兴和中国社会发展的进程中,辛亥革命具有不可磨灭的历史功绩。今天,生活在我们这个社会主义共和国中的每一个公民,都不应该忘记八十年前资产阶级革命家在推翻封建帝制的斗争中所做出的巨大贡献。"《人民日报》在1991年的纪念社论中说:"今天的中国是历史的中国的发展。投身于建设有中国特色社会主义伟大事业的人们,不能忘记历史,尤其不能忘记祖国的近代史、现代史,要善于从近代现代史上灿若群星的民族英雄身上汲取智慧和力量。孙中山先生救国救民,'亟拯斯民于水火,切扶大厦于将倾'的高尚品德,'愈挫愈奋,再接再厉'的坚强意志,追求真理、不断进取的赤子之心,放眼世界、'迎头赶上'的雄心壮志,以及'天下为公'的博大胸怀,可谓万世楷模。孙中山先生这种战斗不息的爱国主义热诚,自强不息的民族自尊心、自信心,永远值得弘扬和光大。"

纪念辛亥革命还有一个现实的理由,就是实现中华民族的最广泛的大团结,完成祖国统一,建设统一、民主、富强的社会主义祖国。1949年以来,国家统一问题一直是一个有待完成的大问题。因此,从上世纪50年代以来,历次纪念辛亥革命和孙中山,祖国统一问题都是纪念活动的主题。把纪念辛亥革命和祖国统一的现实任务紧密结合起来,和建立中华民族最广泛的爱国统一战线联系起来,这是现实的政治需要,这就是现实的政治。这样,我们就理解了为什么纪念辛亥革命、纪念孙中山是全国重要的政治活动,是全国政治生活中的大事。我们也就可以理解50年一贯进行的纪念辛亥革命和孙中山这样政治生活中的大事,足以和中华人民共和国国庆、中国共产党生日相比拟的原因了。同时,我们更加理解了,辛亥革命不仅仅是20世纪初期中国的一次革命运动、一次重大的政治事件。这样的一次革命运动,这样的一次重大政治事件,以其本身的魅力影响了整个20世纪中国的历史进程,积淀了近代以来中华民族的革命传统和文化传统,成为团结和凝聚中华民族力量的一个重要源泉。由辛亥革命所凝固起来的这样的民族精神是永远需要发扬的!

▲:张老师关于辛亥革命的分析充分体现了一个马克思主义史学家对辛亥革命的实事求是的评价。在今天的中国近代史学界,运用马克思主义来分析辛亥革命似乎越来越趋向边缘化。请张老师简单总结一下马克思主义史学家在辛亥革命研究中的主要成就,如何运用唯物史观分析辛亥革命的性质,如何以马克思主义为指导,推进辛亥革命研究。

●:辛亥革命史的学术研究,严格说来,是在1949年中华人民共和国成立以后开始的。新中国的历史学者在新民主主义革命胜利的喜悦下,努力学习马克思主义理论,开展了中国近代史的学术研究。1956年毛泽东发表了《纪念孙中山先生》一文,同时,中国史学会组织了以徐特立、范文澜诸先生为首的编辑委员会,出版了《辛亥革命》大型史料丛书,中国同盟会的机关报《民报》也在这时影印出版。从指导思想到史料准备，都促进了辛亥革命史的学术研究。1961年是辛亥革命50周年，党和国家举行了隆重纪念，中国史学会和湖北省社科联联合举办了辛亥革命50周年学术讨论会。这是第一次召开讨论辛亥革命史的学术讨论会，会后出版了论文集，进一步推动了辛亥革命史的学术研究。用唯物史观做指导研究辛亥革命历史从这时候就开始了。

对辛亥革命史做出必要的阶级分析，是研究辛亥革命史的马克思主义态度。确认辛亥革命是资产阶级民主革命，就是这种阶级分析的结果。说辛亥革命是具有完全意义的民族民主革命，对辛亥革命时期的资产阶级，特别是民族资产阶级的上层和中下层分别做出有价值的研究，对封建统治阶级和地主阶级做出研究，这都是旧史学不具备的研究特点。

关注人民群众的历史作用，是用唯物史观观察历史现象必须具备的。上个世纪五六十年代，研究农民、会党、新军为主体的群众斗争，研究抗捐抗税、反洋教斗争、研究会党起义等，成为那时学术讨论会的中心议题。

注意研究社会经济基础的变化，研究资本主义工业的发展，也是旧史学不大涉及的。这也是马克思主义史学的一大特点。

研究历史人物，注意人物的群体，注意多个人物在历史发展过程中的不同表现，不像国民党史学只注意个别人的研究，只突出个别人。

以上是用唯物史观指导辛亥革命研究的基本特点。只有这样，才能使辛亥革命史更接近历史的真实，才能认识历史的本质，才能领会历史发展的规律，才能认识到辛亥革命100年来历史的发展，何以是今天这个样子。

我们说辛亥革命是资产阶级民主革命，台湾学者质疑道：领导辛亥革命的人哪一个是资产阶级呀？我们回答：首先，辛亥革命时期中国已经产生了资本主义生产方式，产生了资产阶级，这些就是资产阶级革命派的经济基础和阶级基础。其次，辛亥革命的目的和方向，是推倒封建皇权，建立资产阶级民主共和制度，在中国发展资本主义。这就是判定辛亥革命的革命性质的基本依据。辛亥革命时期的资产阶级革命派就是要求在中国发展资本主义的阶级代言人。如果要求革命的领导人都是资本家，那在世界历史上一个也找不到。1640年的英国资产阶级革命中的克伦威尔、1775年的美国独立战争中的华盛顿、1789年的法国大革命中的罗伯斯庇尔，乃至1917年俄国的二月革命中的克伦斯基，这些人哪一个是资产阶级呢？

说辛亥革命是全民革命，这是资产阶级为了掩盖自己的阶级利益一贯采取的羞羞答答的做法，他们总是把资产阶级的目的用全民来加以掩护。试问：辛亥革命是为全民的利益服务的吗？显然不是。工农大众从革命中收获了什么利益呢？辛亥革命是为发展中国的资本主义服务的。由于中国资本主义经济很不发展，资产阶级的阶级力量很软弱，同样，资产阶级革命派的力量也很软弱，在中国建立共和制度，迅速发展中国的资本主义经济的目的没有完全达到。尤其是，在全世界的资本主义发展到帝国主义阶段，侵略控制了中国的政治和经济命脉的资本-帝国主义国家，根本就不需要、不支持在中国发展起来一个新兴的资本主义国家。中国的资产阶级革命派希望在中国发展起来一个独立的资本主义主权国家，只是一个梦想。辛亥革命以后的历史发展教训了中国人，在中国走资本主义道路是走不通的，只有社会主义才能救中国。

在新世纪，推进辛亥革命研究，应该在总结前人研究成果的基础上，充分利用各种最新公布的史料，遵循马克思主义的理论，遵循唯物史观指导，特别是运用阶级分析法，才能把辛亥革命研究推进到一个新局面，才能使这种研究成果服务于中华民族的复兴大业，实现以孙中山为代表的辛亥革命志士振兴中华的宏愿。

辛亥革命与百年中国的复兴之路[*]

——中国史学会会长张海鹏访谈

一

○（采访者，下同）：张先生，您好！您是中国近现代史，特别是辛亥革命和孙中山研究的专家，今年恰逢辛亥革命100周年，同时也是中华人民共和国成立62周年，非常感谢您此时接受本刊的访谈。

20世纪中国发生了沧海桑田的变化，从一个多世纪前那种积贫积弱、任人宰割的半殖民地半封建国家，崛起为今天这样一个举足轻重的世界大国。当我们回顾中华民族这激荡的百年历史的时候，感到有两个值得特别审视的节点，一个是百年前发生的辛亥革命，一个是中华人民共和国的建立。所以，我们今天的话题就想围绕这两个历史节点，来谈谈中华民族的百年命运和历史经验。首先想请您谈谈辛亥革命的历史定位。

● （被采访者，下同）：的确如你所说，今天我们能够有幸站在21世纪初这个历史高度，审视辛亥革命以来百年中国历史，确实是具有特殊的历史意义和时代意义。最近，我应邀写了几篇纪念辛亥革命的文章，不过接受访谈这还是第一次，所以我很高兴。

---

[*] 这是中央编译局世界社会主义研究所研究员冯雷就辛亥革命问题做的一次访谈，刊载于《马克思主义与现实》2011年第5期（总第114期）。

关于辛亥革命的历史定位，我想可以从纵向比较和横向比较这两个维度来谈。首先谈纵向比较，也就是把辛亥革命放在中国近现代史乃至中国几千年的历史长河中给它一个历史定位。从这个视角来看，我们可以说辛亥革命是 20 世纪中国第一个最具有历史意义的重大历史事件，甚至可以说是自秦统一以来中国历史最伟大的一次历史性转折。辛亥革命的实际意义在于它开启了一扇门，有了这扇门，才会有此后中国革命一步一步往前走，直至今天的成功。

过去有一种错误的习惯，就是常常低估辛亥革命的历史进步意义，说辛亥革命有什么进步，不就是马上带来的军阀混战吗？所以辛亥革命只是一次失败的革命而已。对于这种观点，我想做一个横向比较，也就是与欧美的资产阶级革命做个比较，这会有助于我们更深刻地理解辛亥革命的历史定位。英国的资产阶级革命发生于 1640 年，到 1688 年"光荣革命"用了 40 多年的时间才让英国的政治稳定下来。而法国还不止 40 年。1789 年法国大革命后，有几次帝制复辟都成功了，直到 1848 年二月革命才确立了资产阶级的全面统治。而辛亥革命后，中国的帝制复辟一次也没成功。美国革命成功花费的时间更长。美国独立战争以后，国内也不稳定，一直到 1861 年的南北战争。关于南北战争，过去往往强调其解放黑奴的历史意义，认为林肯的功劳主要就是解放黑人。其实这还不是南北双方爆发冲突的主要原因，主要的原因在于南北两种制度的根本对立。南方的主体是农场主，北方是工业主，他们代表着两种制度，一个是要封建专制，一个是要民主共和。南方奴隶主已经宣布成立另外一个美国，国号都打出来了，跟北方完全是不一样的，后来南方被彻底打败了，那个国家就没有了，形成了一个统一的美国。所以在美国历史上，南北战争被称作统一战争。美国首都华盛顿的林肯纪念碑上的内容不是说林肯解放了黑奴，而是说林肯维护了美国的统一。从 1775 年的独立战争，一直到 1865 年南北战争结束，美国差不多用了 100 年的时间才使得美国的历史和政治制度平稳下来。相比之下，我们中国从 1912 年到 1949 年，只花了 38 年便完成了中国的民主主义革命，迎来了中华人民共和国的成立。所以，我们不能因为辛亥革命之后出现了政治动荡和社会混乱，就说辛亥革命是失败的，我们还应该看到辛亥革命对于整个中国革命历史的重要的开启作用和良好的奠基作用。

○：用欧美资产阶级革命的历程与辛亥革命进行对比，就使我们更深刻地认识到任何革命都不是一蹴而就的，而是要经历一个曲折反复的过程，那些划时代的重大历史事件常常意味着开启了一个新的漫长的历史进程。中国经历了两千多年的封建社会，要把这样一个中国社会扭转到现代世界的历史轨道上来是多么不容易的事情，仅就这点来说，我们就应该高度评价辛亥革命的历史意义。

●：是的，我完全同意你的说法。辛亥革命的最大意义在于动摇了中国人两千年来几乎千古不变的封建专制的皇权统治，用武装起义的方式彻底地推翻了皇帝的宝座。中国历史上推翻皇帝宝座的例子很多，但每次掀倒后，又有新的皇帝登上那个宝座。辛亥革命则不同。它不是以拥立新皇帝为目的，而是废除任何皇帝。皇帝宝座被彻底废除，人民接受了与中国传统政治完全不同的共和立宪观念，建立了共和国，结束了几千年来早已习惯的对皇帝的顶礼膜拜。这个共和国虽然并不让人满意，但是自此以后，国家制度就再也不能改变共和立宪体制。中华人民共和国的国家体制也是在这个共和立宪的基础上创建的，只是构成国家的主体有别。自辛亥革命以后，广泛形成了一个新的历史观念：敢有帝制自为者，天下共击之！袁世凯称帝、张勋复辟之所以遭到失败和唾弃，便是天下共击之的结果。政治的彻底变革带来了社会经济和文化发展的一系列变化，带来了对外关系的一系列变化，影响了中国自身，也影响了中国与世界的关系。

○：辛亥革命推翻了在中国实行了两千多年的皇帝制度，代之以共和制，这是一场空前的历史大变局，这种变化也反映在中国人的思想方式上。今天的中国人已经比较习惯于自由地思考问题了，但是100多年前却完全不是这样的。

●：辛亥革命是近代中国历史上最大的一次思想解放。在1911年以前，思想禁锢很厉害。当时的那些反对封建专制主义的观点，都是海外留学生在他们所主办的刊物上讲的，回国以后就不敢讲了。思想界的那些重大争论在1911年以前也是不可能展开的。只有在辛亥革命成功后，皇帝不存在了，思想解放的运动打开了中国历史进步的闸门，各种思想才能呈现，各种利益团体才能出现，各种现代政党才能建立。在以前的中国封建社会里，真正的君子是不参加党派的，参加党派的一定是小人。为什么呢？因为只有皇帝才是公，替皇帝服务才是大公，而结党者就是为了谋求与皇帝不一致的小团体的私利。因此在封建社会，所谓

"党人"就是对皇帝不忠的人。我们甚至注意到,孙中山搞的是"中国同盟会",它不叫"党",而叫"会",是一种民间的社团性质。孙中山是不是不知道"党"这个词呢?不是,因为欧美都有党。只有在辛亥革命以后,他才把同盟会改成国民党,后来改成中华革命党。这个时候就有现代意义上的党了。这都是由于辛亥革命带来了思想解放。

思想解放还反映在一些很简单的礼仪层面的东西上。比如,过去下级官员见到高级的官员都要跪下来磕头,但是南京临时政府成立后就把这个制度给废除了,它规定不能下跪,不能磕头,见了面握个手。后来我们的政治活动的礼仪就是握手。这虽然是一个形式方面的东西,但这个形式却蕴涵着思想的解放。

○:在您的文章中还可以看到您对辛亥革命推动了中国各民族平等和中华民族统一的历史贡献的肯定。

●:是的,取消民族不平等的思想是辛亥革命时期提出的,它对中国历史的贡献具有原则意义。1911年以前,历代封建统治者对国内的少数民族都是采取压制的态度。清朝的少数民族政策虽然和以前略有不同,但实际上它仍是建立在压制和民族不平等的前提下。辛亥革命是以民族革命为起点的革命,反满是推翻以满族作为统治阶级的少数民族对占人口大多数的汉族等各民族的统治。满族统治中国,不是以满族中的地主阶级作为统治阶级,而是以整个民族作为统治阶级。满族作为一个民族,与其他民族,特别是汉族相比,具有民族优越感,是中国社会的特权阶级。反满,是要反对掉满族作为统治阶级的特权。这种统治特权反映在民族关系上,就是民族不平等。因此,孙中山曾说,民族主义,是要扫除民族的不平等。当然,这个民族不平等,也包括后来他所说的列强对中华民族的不平等。孙中山讲的汉、满、蒙、回、藏五族共和,本质上就是民族平等和团结。由于辛亥革命的成功,1912年以后,满族与汉族和其他民族在政治上的不平等就取消了。尽管民国时期始终没有做到民族平等,但是,这个概念的提出却对我们后来的借鉴意义很大。我们今天还在讲民族平等,56个民族不管大小,都在全国人民代表大会有代表。最小的民族,哪怕只有几百人都要选出代表来,这表示了民族的平等。

同时,"中华民族"的概念也是孙中山领导的辛亥革命留给我们后人非常重要的一个遗产。"中华民族"这四个字,原先是梁启超在1902

年提出来的，但他后来似乎没有坚持。孙中山把这个词拿过来，在1903年以后反复宣讲，直至后来汉、满、蒙、会、藏"五族共和"的思想。孙中山在1912年元旦就任临时大总统时立即宣布："国家之本在于人民，合汉、满、蒙、回、藏诸地为一国，即合汉、满、蒙、回、藏诸族为一人，是曰民族之统一。"这就是"五族共和"的主张，它表明在中国生活的各个民族平等、共同地组成了一个整体。"中华民族"概念的提出，在中国历史上有非常积极的意义。民国成立以来，"中华民族"这个称呼为全国各民族人民所接受。1949年中华人民共和国成立以后真正大大地发扬"中华民族"的概念。"中华民族"的概念是辛亥革命留给现代中国人的珍贵遗产，我们今天要多讲中华民族，多讲中华民族的共同性，这对于促进中华民族的凝聚力，促进各民族的共同繁荣，促进国家社会的稳定都有好处。

○：您谈到了辛亥革命给我们留下了宝贵的政治文化遗产。让我们继续这个话题，在辛亥革命的一系列的遗产里面，您觉得对于21世纪初的中国、对于改革开放30年的中国社会来说，还有哪些东西是值得继承的？在那些值得继承的政治遗产里面，哪些东西是我们现在继承比较好的，哪些东西还做得不够？

●：我说几点。辛亥革命后南京成立临时政府，其中最重要的一个成就就是《中华民国临时约法》的颁布。中国几千年的封建社会是没有任何宪法可依的，可依的就只有皇帝的意志。而《临时约法》就是宪法，是国家大法。它要求任何政党、任何国家领导人都要在宪法的范围内活动。因此，《临时约法》在中国宪政史上具有特别重要的意义。用宪法代替封建专制，这是共和宪政最大的特点。尽管袁世凯和北洋政府破坏了《临时约法》，法制观念仍为民众所接受。1949年政治协商会议首先通过了《共同纲领》，这个《共同纲领》对促成中华人民共和国的成立，规范中华人民共和国中央人民政府的政治、法律行为，就起到了临时宪法的作用。1954年第一届全国人民代表大会产生了《中华人民共和国宪法》，这个宪法后来几经修改，至今仍是国家的大法，是万法之源。宪法把政府活动和国家政治生活限制在宪法范围之内，这是民主社会的基本特征之一，也是民主社会区别于封建专制的最大不同。《临时约法》的颁布是留给后人的一个重要的政治遗产。

如果说还有一个政治遗产的话，那么我觉得，孙中山在担任南京国民政府临时总统时说的一句话很好：我是人民公仆。人民公仆的思想是法国的巴黎公社提出来的。公社的领导人都是人民的公仆，工资都一样。当然，我没有根据说孙中山是在效仿巴黎公社的东西，但是他在就任中华民国临时大总统的时候，确实提出了"人民公仆"的概念。1911年12月29日，孙中山为感谢各省代表选举他为临时大总统，在致各省都督电中称"今日代表选举，乃认文为公仆"。把大总统等同于人民的仆人，体现了人民至上的革命精神。孙中山曾对来访者言："总统在职一天，就是国民的公仆，是为全国人民服务的。""总统离职以后，又回到人民的队伍里去，和老百姓一样。"这是一种伟大的公仆精神，也是孙中山、辛亥革命留给后人的珍贵的政治和精神遗产。孙中山去世后，国民党没有贯彻他的这种思想，没有把自己当成人民的公仆，贪腐横行，很快就丧失了民心，丢掉了政权。这么深刻的教训，必须汲取！

此外，我认为，辛亥革命作为中国近代历史上的一次反对封建专制的革命，它所蕴含的革命精神也是值得继承的。特别是在国内外都有一些人提出"告别革命"、否认革命精神的状况下，我们更要肯定辛亥革命的这种革命精神。我曾在文章中提到，辛亥革命时期的很多先驱，为了推翻清朝统治，为了建立新的共和制度，不惜抛头颅洒热血。这种精神完全值得后人学习和纪念！像秋瑾这样的烈士，他们追求进步、追求革命、勇往直前的精神和共产党人在革命中所表现出来的牺牲精神是一致的。既然他们都是在进步势力针对落后势力的斗争中流血甚至付出宝贵的生命，那么，后人就应该为他们所付出的牺牲和代价表示敬仰、表示学习，予以继承。

总之，今天来评价辛亥革命的历史意义和它留给后人的历史遗产，我们可以毫不夸张地说，20世纪中国发生的政治进步和觉醒，是辛亥革命开启的，辛亥革命为20世纪中国的历史性进步打开了闸门、拉开了序幕。因为，如果不否定皇帝专制，就难以出现辛亥革命后的社会生活的进步，就难以发生新文化运动和五四运动，就难以有中国国民党和中国共产党的出现，就不可能取得抵御日本帝国主义侵略的最后胜利，就不会有中华人民共和国的诞生，就不会有现代中国在世界上的地位。即便是辛亥革命的失败的历史教训，它反对帝国主义的不彻底性，它未能成功发动和解决中国的农民问题，也都给后来的革命者提供了重要的历史启示，促使他们思考：要想完成全面、彻底和胜利的社会革命，究竟应该怎么做？

二

○：张先生，刚才我们对辛亥革命的历史进步意义进行了全面的梳理。但是我们也知道，辛亥革命未能取得满意的结果，作为这场革命的领袖的孙中山在思想上表现出了很大的局限性。旧民主主义革命陷于进退维谷的境地。正因为如此，20世纪20年代以后，中国共产党人取而代之成为继续推进中国民主革命的领导者。这种历史必然性通过孙中山对三民主义的重新解释也反映出来了。

●：你的见解很对。孙中山的三民主义是有发展的。"旧三民主义"，实际上是为辛亥革命的成功做理论准备的那个三民主义。孙中山早年有较长的时间在欧洲，他在大英图书馆里读了很多有关19世纪末欧洲社会政治经济理论的著作，也看到了英国乃至欧洲的一些社会现实。他当时最头疼的一个问题就是，不加节制的资本主义会变成垄断资本主义。他认为中国将来需要发展资本主义，但他又坚决反对中国变成垄断资本主义，所以他反对资本专制。他所谓的"节制资本"讲的就是这个道理。他不希望中国产生大资本，而是为中国的老百姓着想，希望老百姓都能幸福。一旦出现垄断资本，老百姓就难以分享幸福。

孙中山讲民生主义，讲社会发展的理论，实际上受到马克思主义的很多影响。他在文章和演讲中也给予马克思很高的评价。关于社会发展规律的学说，他也是同意的。人类社会从低向高发展，从资本主义发展到民生主义，将来要发展到社会主义和共产主义。这些在他的文章当中都讲得非常清楚。他也讲了，共产主义是民生主义的朋友，民生主义发展到最后就是共产主义。

从实质内容来看，孙中山说他的民生主义就是"socialism"。只不过，他认为翻译成"社会主义"不大好，应该翻译成"民生主义"。他一般情况下讲"民生主义"，但有时也讲"社会主义"。最有意思的是，他辞去临时大总统后，立刻就到位于上海的中国社会党本部去讲民生主义。在那几天里，他讲的其实全是社会主义的内容，讨论社会主义是个怎么样的社会。他说，中国将来应该成为一个最好的社会主义国家。这都是孙中山1912年在上海讲的。他有时候也讲"科学社会主义"。这些词当时在欧洲都有,但在他的思想中不一定把这些分得很清楚。

在1924年那个时候,孙中山在民生主义的多个讲稿中,大量提到共产主义是民生主义的朋友。虽然这种看法在1924年以前也有,但是1924年最突出。1924年1月在广州举行国民党第一次代表大会之后,他在广州讲了三个月的三民主义。我们现在出版的《孙中山全集》都有他当时的讲稿。

1924年以后的三民主义是"新三民主义",它是经过重新解释的三民主义。孙中山在国民党"一大"的闭幕讲话中就讲了,"新三民主义"是他的真正解释。而台湾有些学者就不承认"新三民主义",他们认为三民主义就是三民主义,无分新旧。其实,在孙中山的思想中,三民主义是发展的。孙中山是与时俱进的,他的三民主义,适应了时代发展的要求。

○:由孙中山对三民主义的解释的前后变化,我们是否可以这样说:他的思想看似前后不一、充满矛盾,其实并不奇怪,因为它恰恰表明了旧民主主义到新民主主义的内在联系,表明了社会主义在中国具有广泛的思想基础?

●:是的,我此前在《人民日报》发表的文章就讲了这个道理。社会主义是中国人民的选择,既有共产党的功劳,也有孙中山的功劳。因为在1924年以前、1924年的北伐战争中,他都多次讲过社会主义。他有很多时候是对士兵讲的,要搞社会主义。于是,士兵至少知道了有"社会主义"这个词。社会主义究竟什么内容他们也许不知道,但这个词他们知道。所以,1949年后中华人民共和国实行社会主义制度,遇到的反对力量很小,反对的声音很少。

○:因此,是否可以这样说:除了共产党人之外,孙中山所做的理论传播也为中国最终走上社会主义的道路做出了贡献?

●:完全可以这样说。不仅孙中山有贡献,还有很多学者也做了铺垫。1929年,美国的金融危机影响全世界,一直到1933年,各国的经济才慢慢复苏。正好在美国发生经济危机的时候,苏联的第一个五年计划成功。因此,当时的中国知识分子开始思考,美国的资本主义经济制度到底是不是要比苏联的社会主义计划经济好。一些知识分子,特别是研究经济学和社会学的知识分子,开始倾向于走社会主义道路。但是这些知识分子有一个看法,那就是在经济上采取苏联的社会主义计划经济,而在政治上采取美国的民主政治。他们所撰写的文章中有不少是谈论社会主义的；在他们头脑中，有这样一个关于社会主义的问题。

1929年开始一直到1935年前后，国内学术界发生了关于中国社会的道路问题、中国历史的分期问题的理论辩论，持续的时间很长，许多报纸刊物都登载这类的文章。然而最有意思的是，不管哪一派写的文章，他们都大量引用马克思、恩格斯、列宁、斯大林的观点和论证。赞成马克思主义观点的人和反对马克思主义观点的人都引经据典。在一定意义上，这为推进中国的学术界和思想界对于马克思主义的理解是有所作用的。1949年后，我们社会制度的转变很快，没有遇到很大的抵抗，其实跟1949年以前的思想准备有关。

○：您刚才谈到，孙中山的三民主义跟社会主义、共产主义有某种程度上的契合。但是三民主义同时也是中国国民党的旗号。在孙中山去世以后，蒋介石背叛了孙中山的三民主义。在国民党早期历史上，蒋介石的地位并不高。他是怎样得到三民主义的最高解释权？

●：孙中山去世以后，国民党中的不同派系对三民主义有不同的理解。孙中山本来说过他对马克思主义有好感，对共产党也有好感。1924年的国民党改组期间，他曾在文章里写过"这是一些年轻的共产党朋友帮我的忙"，他也非常明确地说过"共产主义是三民主义的好朋友"。可是，1925年孙中山去世以后，他的后辈们所阐释的三民主义都变了，"联俄""联共""扶助农工"都不要了，共产主义成了三民主义的敌人。胡汉民有胡汉民的三民主义，戴季陶有戴季陶的三民主义，蒋介石有蒋介石的三民主义，他们对孙中山的三民主义都有不同的解释。

当然，如果仔细分析的话，你会发现三民主义本身是有矛盾的，它的理论逻辑内部是有冲突的。去年在孙中山研究会召集的纪念辛亥革命100周年学术座谈会上，我就讲过要研究一下孙中山的理论内部所包含的矛盾。比如说，他说了马克思主义很多好话，但同时也批评马克思主义不是治病的药方，而是关于病理的分析。而且，他也不赞成马克思的阶级斗争学说和剩余价值理论。他既主张发展资本，又反对大资本，但他却没有认识到自由资本主义走向垄断资本主义是难以避免的。这些都是他思想内部的矛盾，在他的思想内部很难解决。

2006年4月，我在美国访学时曾在胡佛研究所抄录蒋介石的日记。在1927年"四一二"事变以前，蒋介石的日记里对共产党所用的词基本上是正面的。1927年以前，他读过一些马克思主义的书，比如《共产党宣言》。1923年，他受孙中山的委托，作为团长带领一个代表团去苏联。他在苏联几个月，身边所带的书有几本很有意思，一本是《共产党宣言》，一本是《马克思经济学说》，还有一本就是《西游记》。即使是在1925年平定陈炯明叛乱以及1926年北伐期间，尽管军事行动很紧张，他身边也带有马克思主义的书，比如列宁的文集。他有一篇日记讲到了他阅读列宁文集的心得。他说，俄国革命就是布尔什维克和孟什维克的斗争，布尔什维克是多数党，孟什维克是少数党，最后布尔什维克掌握了领导权，取得了胜利。如果拿中国革命和俄国革命来比较的话，他的心得就是：中国共产党是革命党，中国国民党也是革命党，但中国国民党要做布尔什维克，要掌握领导权，中国共产党不能掌握领导权。应该说，他1927年以后的反共跟这种思想是有关系的。

还有，蒋介石对于权力的欲望很强烈。他认为，如果从国共两党斗争的角度说，权力要掌握在国民党手里头；如果从国民党内来说，权力就要掌握到他手里。但是，他当时只是黄埔军校的校长，在国民党里不算是一个很高的职位。国民党中央有常务委员会、执行委员会，还有军事委员会、政治委员会，胡汉民、汪精卫等人要比蒋介石的地位高不少。但是，蒋介石的基础就在于他当了黄埔军校的校长。孙中山建立黄埔军校时，物色不到合适的校长，胡汉民、汪精卫都是孙中山的得意学生，可他们只会玩笔杆子，不会玩军事。蒋介石是在日本学军事的，所以黄埔军校的校长请蒋介石当，这带给他很大的机遇。

陈炯明在潮汕这一带叛乱，孙中山决定要镇压陈炯明。但当时国民党没有军队，只有派黄埔军校的学生军，蒋介石率领黄埔军校的学生军去攻打陈炯明，居然打赢了。回到广州，蒋介石的位置就不一样了。从蒋介石的日记中我们看得很清楚。慢慢地，他就把国民党的中央军事委员会主席的位置占据了。接着，他又把政治委员会主席的位置拿下。尽管胡汉民和汪精卫资格都比他老得多，但他都想方设法地取而代之。

三

○：辛亥革命提出最响亮的一个政治口号：民主共和！究竟什么是"共和"？我们在100年后的今天，该如何理解辛亥革命的共和理想，又该如何理解我们共和国的政治实践？

●：纪念辛亥百年之际，我想特别谈一下这个问题：什么叫共和？2003年曾经播放过一个电视剧，叫作《走向共和》。最近，我看到《战略与管理》上有好几篇文章也是讲辛亥革命的，但都不是学历史的人写的，而是法学界、政治学界的人写的，其中就涉及"什么叫共和""怎么理解共和"的问题。他们最后的结论是，我们今天这些不肖子孙还没有实现共和。但是，你要知道，我们现在说的辛亥革命的共和，是孙中山当时主张的资产阶级的民主共和制，也就是所谓三权分立、议会政治、政党政治等，这是资产阶级的共和体制。实际上毛泽东早就讲过，今后的中国不是走资产阶级共和国的道路，而是走人民共和国的道路，换句话说，就是无产阶级共和国的道路。

可是现在有些人在海外公开发表文章，号召中国进行第二次辛亥革命，重新建立共和制度。这实际上是跟随西方的说法，认为中国是专制的，没有建立西方的民主制。这些人没有搞清楚，我们今天不是要回到孙中山当时的民主共和的道路上去。我的意思是说，孙中山在那个时候提出建立共和制度是对的，但是，那已不是我们今天所应该追求的方向。如果要今天的中国，回到孙中山当年的民主共和，严格说来是一种不妥当的，甚至是一种反动的说法。前后两个共和是两种不同含义的共和，不能模模糊糊。我们今天在纪念辛亥革命时必须搞清楚。纪念辛亥革命100周年，当然要肯定孙中山为建立共和制度而付出的努力，然而，这不是说他的共和道路到今天还要接着走。如果认为我们中国还要建立像当年孙中山建立的共和制度那样的共和，就完全错了！如果认为今天中华人民共和国的政治制度还不如辛亥革命时候的民主共和制度，就完全错了！我觉得，"共和"正是我们纪念辛亥革命时必须特别明确的一个重要概念。

○：这就是说，谈论"共和"时，要分清不同的类型和不同的阶级属性。

●：是！孙中山那时候的主张，对封建制度而言是完全进步和先进的，我们应该肯定。但是，如果今天还要回到孙中山的那种共和体制，就是完全错误的。我们的人民共和国与当时的资产阶级共和国是不一样的。这是两种不同性质的共和国，两种不同阶级属性的共和体制，不能搞混了。

○：现在学界讨论共和主义时，往往上溯到古罗马，然后到马基雅维利，至于国内则到孙中山。这样一条线索使人感觉共和并不存在不同类型，在共和主义内部并不存在区别，而是把共和当成一个整体概念与专制、民主、威权等做对比。

●：他们讲古罗马共和的时候，忽视了一点：古罗马的共和是贵族共和。古罗马的奴隶是不能发表意见的，他们是被统治的阶层，只有贵族才是统治者，统治者之间才有共和。所谓议会，是为了解决统治者之间的矛盾而成立的。所谓议会制度的民主，则是金钱托起来的。今天台湾地区选地方"立法委员"，首先需要支付几百万新台币，选赢了还给你，选输了就输了。我们普通人能去选吗？它是一个金钱选举。而美国总统的选举需要拿出的钱就更多了。

在中国，民国初年开始建立议会时，也有这样的财产限制。年收入、月收入多少以上的人，才明确有资格被选举。所以，工人、农民等绝大部分普通劳动者根本不可能参选。南京临时政府成立时虽然没有说要一定的财产，但是，各省推选出来的两个代表都是非常有名望、非常有资产的人，没有财产的人是不可能被推选出来的。这是因为，南京临时政府是在非常仓促的时间内成立的，不可能在全国搞选举，只能是各省推荐。当时，各省都有谘议局，谘议局的议员都是一些上层士绅和很知名的知识分子。他们在当地都是很有名望的人，也是很有钱的人。每个省推荐几个人去南京。如果这个省的革命派的力量强一点，倾向革命派的多一点，推举出来的人就认同革命派观点；如果这个省的立宪派、改良派的人多一点，推举出来的人就持有立宪派的观点。虽然当时还没有明确财产权、身份权这些东西，但是后来国民政府迁到北京，这些规定就逐渐都有了，普通人也就当然不可能去了。

○：这跟我们的人民民主的理念是不一样的。

●：我们今天实行人民代表大会制度。全国、省、市、县、乡，人民代表，不限男女，不限财产，一级一级推荐上来。虽然在一定意义上也是代议制，但我们的推举方式完全不一样。西方的议会制度还有一个特点，就是人数很少。美国的两院议员加到一起才100多人，台湾地区的"立法院"就几十人，而我们的全国人民代表大会有近3000名代表。我们普通的工人、农民可能被选为全国人民代表大会代表，这在西方国家是绝不可能的。

四

○：辛亥革命引起了近代中国的历史性巨大变化，孙中山是伟大的中国民主革命先行者，但是孙中山逝世后，国民党和共产党走上了完全对立的两个方向。尽管在中国共产党领导下中华民族独立的理想早已实现，但是祖国统一仍然没有完全实现。今天我们纪念辛亥革命100周年的时候，更期待海峡两岸早日实现和平统一。应该说，辛亥百年的纪念活动对促进两岸的政治互信、民间交往与经济互动是一次很好的契机。

●：是的，这方面我多说两句。2009年11月，台湾的一个名叫"太平洋文化基金会"的机构在台北召开了一场"两岸一甲子"的学术讨论会。这个会议得到大陆的支持，组织了一个28人的代表团出席。以郑必坚为团长，我也在这个团里头。当时，我在小组会上建议2011年海峡两岸联合举办纪念辛亥革命100周年的活动，第二天全体大会把这个建议列入了大会的共同结论。我后来在台湾接触到的一些学者都支持这个建议。但是，去年5月份，马英九在讲话中就明确表达了"两岸各搞各的"，不同意联合举办纪念大会。台湾方面强调的是要纪念"中华民国"百年。但是，他们不是纪念整个100年，而是重点讲1949年以后的台湾，就是"中华民国在地化"。这个"中华民国在地化"与李登辉的"中华民国在台湾"，有什么区别呢？就此而言，两岸在政治上还是有深刻分歧的。尽管如此，两岸民间的互动却很频繁。我们在北京举行的纪念大会、在武汉举行的学术讨论会，台湾的朋友们仍会来。总的说来，纪念辛亥革命对于团结台湾的老百姓还是有好处的。因为辛亥革命的历史是海峡两岸人民的共同历史记忆，双方在辛亥革命的基本评价上不会有太大的分歧。

○：纪念辛亥革命对于团结港澳同胞和海外华侨，也同样具有重要意义。

●：是的。辛亥革命曾经得到海外华侨的大力资助，也得到了香港澳门同胞的大力资助。今年我们隆重地纪念辛亥革命，海外华侨、香港和澳门的同胞都是十分盼望的，他们都很感动。我在今年5月底和7月底分别到香港和澳门做了有关辛亥革命的演讲。香港的这次演讲叫作"香港各界纪念辛亥革命100周年筹备委员会学术演讲"，澳门的是"中华总商会纪念辛亥革命 100 周年专题演讲"。他们今年有各种形式的演讲来纪念辛亥革命,所以我们加强对辛亥革命的纪念,对港澳同胞是有吸引力的。澳门和香港一定意义上是孙中山发动辛亥革命的基地。他是从那里出发的,而且得到了很多百姓的帮助和华侨的捐赠,甚至有人为革命牺牲。黄花岗起义的牺牲烈士中有些就是华侨。那时候的华侨和今天的华侨还不一样。今天的华侨比较有钱,那时候的华侨没钱,都是打小工的(比如剃头、洗衣服、开餐馆)收入很低的一些人,他们为中国的革命事业贡献了他们绵薄但伟大的力量。所以,我们今天借辛亥革命纪念的契机来讲这一点,对于团结海外的华人华侨是有现实意义的。

○:从清末开始,中国百年以来一代代的仁人志士为中国崛起前赴后继、英勇奋斗。而在中国共产党的领导下,建国 60 多年来,特别是改革开放 30 年来,中国取得了举世瞩目的成就,中华民族正重新崛起于世界。因此,这时候我们,包括全球华人共同来纪念辛亥革命,其意义更加不同寻常。

●:今日中国的发展,在某种意义上说也是辛亥革命开启的中国现代化进程的延伸。孙中山在离开中华民国临时政府大总统职位后,精心设计了中国现代化的蓝图,提出中国应该"驾乎欧美之上"的设想。他的三民主义学说及《建国方略》《建国大纲》等著作都蕴涵了丰富的建国思想。他谆谆告诫中国应该统一。这些都成为中国人 100 年来的奋斗目标。1949 年以后的中国,在共产党的领导下一直在为实现孙中山的这些社会理想而奋斗。除了台湾与大陆的统一尚待完成,其他各项大体都达到或超过了孙中山当年的预想。

可以这样讲,辛亥革命以来的历史发展已证明:是近代中国历史的发展选择了马克思主义,选择了中国共产党,选择了社会主义。社会主义在中国的发展,历经磨砺。邓小平理论指导下的中国特色社会主义理论体系,通过 30 年的改革开放实践,构建了中国特色的社会主义制度。这一制度为当代中国的一切发展进步奠定了根本的政治前提和制度基础。今天中国的繁荣昌盛、中华民族的民族复兴伟业以及中国的国际地位,都是这一选择的必然结果!我们完全可以自豪地说:21 世纪初的中国已然实现了 20 世纪初的中国所未能实现的愿望!中国人民、中国共产党是辛亥革命历史遗产的真正继承人!

○:谢谢!

辛亥革命：开启中国文明的
现代转型之路[*]

辛亥革命已走过百年，在新的历史条件下纪念辛亥革命100周年，有着十分重要的意义。从文明的现代转型的角度看，可以说正是辛亥革命开启了中国文明的现代转型之路。就这个话题，《半月谈》记者专访了中国社会科学院学部委员、中国史学会会长张海鹏教授。

记者：从文明现代转型的视角，我们应该如何看待和评价辛亥革命？

张海鹏：辛亥革命推翻了清王朝的封建统治，结束了在中国延续几千年的君主专制制度，开始了比较完全意义上的近代民族民主革命，这本身就是一次文明的现代转型。1911年辛亥革命推翻了帝制，孙中山说，不管是满族皇帝还是汉族皇帝，都要推翻。这是一个非常大的转型，是制度文明转型的重要体现。共和制度的重要表现就是要立宪，孙中山在南京当临时大总统时颁布的《临时约法》就起到了宪法的作用。与封建君主专制不一样，共和制度是以宪法来约束国家行为，"依法治国"这一理念到今天也没有变。

政党的建立也是政治文明现代转型的重要表现。在我国封建社会是不能建立政党的，如果某人被说成是"党人"就是对政敌的强烈指责，"结党营私"是一种罪行，只有效忠皇帝才是"公"，私底下走的亲近，则是不忠于皇帝的表现。我们可以看到，孙中山领导创立的组织叫"中

---

[*] 这是2011年《半月谈》记者何晏、姜磊的一次访谈，刊载于《半月谈》2011年第18期。

国同盟会"，开始没有叫"党"，只能称"会"。1911年前所有秘密组织都称"会"，还有诸如兴中会、华兴会等，这在一定程度上说"党"在那时是一种忌讳。辛亥革命后，一下子冒出许多"党"，国民党、共和党、社会党等，建立政党合法化了，大家不再忌讳"党"了。政党建立后，社会不同阶级、阶层，以结党的形式来表达自己的意见、表达自己的利益诉求。组党、结党和政党政治的出现是政治文明现代转型的重要表现。

另外临时政府在南京成立后，明文公告男人要剪辫子，女人要放脚，服装也变了，作揖、磕头也不被允许，而由鞠躬、握手代替。这些看似很形式的东西，本身也是社会生活领域对现代文明的一种追求。

记者：中华民族精神的现代觉醒是不是也可以算是辛亥革命文明现代转型的一个重要方面？

张海鹏：辛亥革命是以"反满"为号召的，但孙中山后来强调这是一种策略，是为了推翻封建专制统治，孙中山强调，满人当皇帝要反，汉人当皇帝也要反。孙中山在当选临时大总统后，提出了汉满蒙回藏"五族共和"的重要思想，五族共和的目标是要现实民族平等。他强调了"中华民族"的概念，中国是一个多民族的统一国家，在中华大地上的多个民族，共同称之为"中华民族"，这是中华民族观念形成的重要一步，是民族精神现代觉醒的重要表现。

这个时期"中华民族"概念和民族平等理念的提出和形成，为后来抗日民族统一战线的建立，为最终战胜日本帝国主义起到了重要的先导作用，也为后来新中国实行民族平等政策奠定了思想基础。但我们应该看到，辛亥革命时期虽然提出了民族平等，但在新中国建立前并没有真正实现，比如很多少数民族的名称的写法，一直都带有"犭"字旁，这是对少数民族的歧视，这一写法直到解放后才得到改正。如壮族，以前写作"獞"，解放后改作"壮"。

记者：您曾指出"人民公仆"的概念是孙中山在辛亥革命时期最早提出来的，如何理解？

张海鹏：在中国，"人民公仆"的概念是由孙中山最早提出的。他担任临时大总统时就表示，作为中华民国的总统，我是全国人民的公仆，中华民国的所有官员都是中华民族人民的公仆。人民公仆是几千年来官场政治的一次巨大革命。

过去做官就是当老爷，所以讲"官老爷"。孙中山在南京时明确废止"老爷"这一称呼，相互之间要称"先生"或称官衔，人与人之间要实现平等。一位华侨曾询问孙中山"公仆"一词，孙中山表示，我当总统是公仆，等我不当总统了，我就是人民的一员。孙中山将公仆和人民之间的关系阐释得很清楚。"人民公仆"这一概念的提出也是辛亥革命政治文明现代转型的一个重要表现。

记者： 辛亥革命时期，文明的现代转型在经济方面有哪些表现，孙中山对现代化有着怎么样的追求？

张海鹏： 所谓现代化，最核心的就是工业化。辛亥革命以后，南京临时政府颁布了一系列推动实业的政策法令，辛亥革命以后一段时间，包括北洋军阀时期，国家是分裂的、混乱的，但工业还是发展了，一直到1921年西方列强的经济势力卷土重来，中国民族资本主义有了较好的发展。

孙中山在世界各地游历，特别在英国生活过很长一段时间，他非常了解欧洲的社会生活，对资本主义的发展、资本主义到帝国主义的转变、自由资本主义发展到垄断资本主义、19世纪末欧洲的社会主义运动、工人阶级和资产阶级的斗争等都很了解。他特别强调中国将来要走资本主义，但是中国不能产生垄断资本主义。"节制资本"是孙中山最重要的经济主张之一。

孙中山认为，"节制资本"目的就是不能产生垄断资本主义，凡是涉及国计民生的，一定要由国家控制，其他的可以放给资本家去做，但要坚决杜绝产生大资本家。因为孙中山认为大资本家的出现必然导致垄断经营，垄断必然加深资产阶级和工人阶级之间的矛盾和斗争，他不希望看到中国出现资产阶级与无产阶级的严重斗争。

孙中山一直致力于推动中国的经济现代化。孙中山在《建国方略》中设想未来在中国具体要修建多长的公路和铁路，铁路有几纵几横，要修南方大港、东方大港和北方大港，甚至提出修建三峡工程，主张铁路要修到西藏去。没有资金，他提出要借外国的钱，主张只要掌握主权，就不要怕借外资，要用外国的资本主义，建设中国的"社会主义"。

记者： 辛亥革命是否完成了文明的现代转型？

张海鹏： 孙中山曾表示，"革命尚未成功，同志仍需努力"。从文明的现代转型的角度考察辛亥革命，也只能说辛亥革命开了文明现代转型的头，提出了一些设想，但远未完成。资产阶级本身的软弱性和孙中山没有把西方理论与中国的历史和国情结合起来是最主要的原因。

帝国主义对中国的政治、经济和文化的控制没有消除。孙中山作为临时政府总统发表的对外宣言，对 1912 年 1 月 1 日以前清政府和外国签订的条约一概承认，他希望以此争取西方各国对中华民国的支持。最后证明，西方各国根本不希望中国发展强大，西方列强对更顺从于他们的袁世凯感兴趣。

记者：您如何看待辛亥革命带来的文明现代转型的持续惯性？

张海鹏：辛亥革命是 20 世纪中国历史上开天辟地的大事，新文化运动和五四运动一定程度上是对辛亥革命的反思。辛亥革命以后，孙中山也认为中华民国不过是一个"假招牌"；参加武昌起义的蔡济民说，"无量金钱无量血，可怜购得假共和"。辛亥革命选择的这条道路走不通是什么原因？我们应该如何走？走向哪里？先进的中国人开始不断地反思。

提倡白话文，反对八股文，解放思想，知识不再只是少数人的专利，新文化运动和五四运动更是文明现代转型的代表。

在一定意义上，中国共产党的新民主主义革命和中国特色社会主义道路也是在反思辛亥革命失败的基础上建立的。新民主主义革命与旧民主主义革命的革命对象是一样的，任务是一样的，但是领导力量发生了变化。辛亥革命 100 年来的沧桑巨变证明，只有坚持中国共产党领导，走社会主义道路，才能完成争取民族独立、人民解放，实现国家富强、人民富裕的历史任务，是历史和人民选择了中国共产党、选择了马克思主义、选择了社会主义道路、选择了改革开放。

1992—2012 年我经历的海峡两岸关系的演变[*]

我不是专门研究台湾以及海峡两岸关系的学者。我自己研究的专长是中国近代史。我曾长期担任中国社会科学院近代史研究所所长，组织和协调中国近代史研究，我自己也从事中国近代史研究。2002 年，中国社科院成立了台湾史研究中心，组织了一些学者来专门研究台湾历史问题，我在其中充当了一个推动、协调的角色。因为我没有专门研究台湾问题，但是我与台湾、台湾学术界有 20 年的来往经历，我借这个机会，把我自己最近 20 年来与台湾有关的经历对各位讲一讲。实际上，我想通过我自己的亲历来看看台湾的历史和现状，看看海峡两岸关系的发展和变化。

我是 1939 年出生的，1949 年中华人民共和国成立的时候我已经过了十周岁，所以我是在中华民国时代生活过十年的人，1949 年前的情况我有非常清楚的记忆。应该说，我心里边对国民党是不满意的，是没有好感的。我的家乡在距离汉口 50 公里的乡村。1949 年以前我的家乡出现国共的斗争，国民党的军队、共产党的军队都在我们家乡来来往往。国民党的军队在我们家乡驻过，那是一支美式武装的服装穿得非常好的一支军队，但是他们的纪律不好，在老百姓家吃饭不给钱，国民党在农村抓壮丁，这些我都是目睹的。我们对国民党的军队是躲得远远的，对共产党的军队却愿意亲近。共产党的军队穿得不好，他们在我家乡挖战壕，我那时候很小，都帮着去挖战壕。老百姓对国民党军队、共

---

[*] 这是 2012 年在中国政法大学台湾研究中心的演讲，中心主任吴琼恩主持了这次演讲。讲稿收入中国政法大学主办《名家大讲堂》，知识产权出版社，2014。

产党军队看法是不一样的。我后来有机会到台湾去，碰到一位现在国军的少将。我就问他，我说贵军今天在台湾的纪律还好吗？我说 1949 年前国民党的军队欺压老百姓，纪律可不好了，你们要注意啊。从这个角度说呢，我对 1949 年后国民党在台湾的统治，不是很关心的。我的研究兴趣也不在台湾。

1979 年 1 月 1 日，中美建交，美国与台湾的"中华民国"断绝外交关系，同一天，全国人大常委会发表《告台湾同胞书》，提出和平统一、"三通"等重要主张，我这才注意到台湾问题。到了蒋经国提出台湾解严以后，老兵到大陆探亲，开始有学者到北京来。最早是在 1988 年，在北京，在我所在的研究所接待来自台湾的学者。1989 年有关学者到北京来。1990 年，我参加接待以陈映真先生为团长的中国统一联盟代表团，我们在座的吴琼恩教授也担任过中国统一联盟的主席，那一次的主席是陈映真先生，代表团的阵容很大，有 30 多人，我得以认识其中一些教授，了解、接触台湾的学者们以及台湾有关方面的一些人士。

1990 年 11 月，我所在的研究所建所 40 周年的时候，我们召开了一次关于近代中国与世界的国际学术讨论会，邀请了台湾中研院近代史研究所的三位学者来出席我们的会议。这三位都是很重要的学者，一位是中研院近代史所前所长吕实强，一位是资深中国近代思想史学者张朋园，还有一位是当时的副研究员林满红。这位林满红小姐在马英九先生执政后担任过"国史馆"馆长。这可以说是台湾的学者正式来北京出席学术会议的开始。

1991 年，在美国的夏威夷，召开了纪念辛亥革命 80 周年的国际学术讨论会，那次会议是日本亚细亚大学校长、东京大学名誉教授卫藤沈吉和中国史学会前主席刘大年商议以后采取的一个方案，中国大陆出十位学者，中国台湾出十位，日本十位，美国和欧洲共十位，共四十位来参与这次会议。那次会议上，台湾的学者，很多很著名的学者，像政治大学蒋永敬、胡春惠，台湾师范大学李国祁，近史所张玉法、吕芳上、张朋园、李恩涵，东海大学吕士朋、古鸿庭，台湾大学王曾才，中国国民党党史编纂委员会副主任陈鹏仁等出席。我跟他们在美国夏威夷见面，相谈甚欢，开始在那里与他们结交成了朋友。

在夏威夷的事情我不可能有太多时间把很多故事说给大家听，我这里挑一些重要的说给大家听。在夏威夷期间，中国国民党党史会的副主任委员陈鹏仁先生，相当于我们这边的副部长，他在国民党内的地位还是很高的。他听说我们马上要在沈阳召开九一八事变60周年国际研讨会，他想要参加，但是他跟我的关系在当时还是没有建立起来。他拉着蒋永敬教授来找我，蒋教授是一名年长的教授，现在已经过了90岁了，来找我说他想参加沈阳的会议，希望我帮忙。我当时就同意了，我说我马上给北京打电话安排。回到北京以后，没有见到陈鹏仁先生准备赴会的消息，我打电话到台北，问陈鹏仁，我说沈阳你还去吗，他告诉我说去不了啦。为什么？因为李登辉不批准，李登辉是当时的国民党的主席。李登辉不批准，不同意他到大陆。这件事，一下就让我了解了国民党高层对两岸关系的态度。

下面我要重点说说1992年。那是在1992年5月，在政治大学，吴琼恩教授所在的学校，政治大学的历史研究所举办了一次"黄兴与近代中国"学术讨论会。黄兴是中国国民党的前辈，是同盟会的前辈，是和孙中山一起组织辛亥革命的一个非常著名的一个人物。历史上，中国国民党传统观念上对黄兴不是很重视，他们主要是重视孙中山。这次举办以黄兴为主题的"黄兴与近代中国"学术讨论会，邀请我来参加，我马上接受了邀请。政治大学邀请的大陆学者比较多，一部分有人大代表和政协委员身份的学者，在台湾审查时未能通过；另一部分大陆学者，是教育部直接领导的著名高校，教育部审查时也未能通过。最后批准赴台的只有三个人，两人是中国社会科学院近代史研究所的学者，一人是湖南师范大学的教授。中国社会科学院方面，正希望与台湾学术界开展交流，这与国台办的想法不谋而合。国台办支持我们两人去台湾交流。湖南师范大学不是教育部直属学校，湖南省台办也同意了。1992年5月，我们三人第一次到台北去，这是中国社会科学院第一次有学者到台北去，也是整个大陆第一次有学者到台北去参加会议，实现了两岸学者从单向到双向的交流。

离开北京去台北前，我先到国台办去找有关的负责人谈，请示机宜。那时候我们还是相当紧张，两岸以前还从来没有来往过。我们也没去过台湾，完全不了解台湾。当时海峡两岸基本上还处于敌视状态。我说我们到台北以后可能会发生料想不到的事情，我们怎么办？国台办有关负责人给了我四个字，叫作"临机处置"，这就是说，万一你碰到什么事，你临时处置就可以了，你不需要请示。这样我很高兴，我当时就说，我就需要你这四个字。那次是海峡两岸官方批准的去台湾从事学术交流的第一个例子，办去台湾的手续，都非常之困难。今天各位要到台湾去的话，换乘飞机很方便的，很容易了。那个时候很困难。很多单位都不知道手续怎么办。经过很多曲折，才办成了这个去台北的手续。可是我们那个时候不能直接飞香港，要到深圳过罗湖桥，那是唯一一个口岸。深圳通过罗湖桥走过去，到香港。香港那个时候未回归，是英国人管理的。

我们一过罗湖桥就被香港警方扣留。在香港扣留六个小时，还要接受审查，一个小黑房子，一个个地找你谈话。警方问话，乱七八糟的，没有正经的题目。他想问什么问题就问什么问题，什么"文革"中的感受等。过了六个小时，就把我们放了。政治大学历史研究所所长胡春惠教授在罗湖桥那边迎接我们一行，安排我们住在新界旺角一家旅馆里。当夜大雨倾盆。第二天中午，珠海书院郑校长宴请我们三人。宴请毕，我们乘出租车回到旅馆，大水已经漫过了旅馆大门，出租车也不愿拉我们去机场。我们蹚水进了旅馆，取了行李，办了离店手续，却找不到车子。我请旅馆服务生帮忙叫一辆车。那位服务生西装革履，二话不说，跳到水里就上街了。他叫到了一辆去机场的大卡车。我们匆匆忙忙爬上了卡车。这时候，预订的飞机应该已经起飞。到了启德机场，才知道因为大雨，所有飞机停飞。我们预订的那一架飞机合并到晚上起飞。在启德机场上飞机的时候，华灯初上，我们走到登机旋梯上，空姐要检查我们的入台证件，我们拿不出来，我们被拒绝登机。那个时候，台湾那边的手续还没办好。胡春惠教授马上给台北那边打电话，说：怎么回事？你们怎么这样？后来电话那边说，先让他们上飞机，到了台北我们再给他们发入台证。就这样，机长让我们先上了飞机。到了台湾桃园机场，一下旋梯，下面就有人把入台证给我们一人一份，我们这才能够"合法"进台湾。这种事情在现在是不可能发生的，现在去台北很容易的。那个时候，虽然两岸官方同意大陆学者赴台，但是办事部门的效率还是不那么高，办理入台证件的手续还不熟练。

第二天上午，我们按照会议安排，走进了政治大学"黄兴与近代中国"学术讨论会会场。我们看到，会场上挂个横标，明示：黄兴与近代中国国际学术讨论会。我这里要补充一点：在这场会议筹备过程中，我已经给对方打过招呼，台湾的国际会议我们不能参加，希望会议文件和会场上不要出现"国际"字样。他们回复我，没有"国际"两个字。可是一进会场就看见"黄兴与近代中国国际学术讨论会"几个字。我们三个鱼贯进入会场，我后边的一位，拉着我的衣服问我，要不要退场。我经过半秒钟的考虑，我说不要退场，我们各人找自己的座位。我当时的想法是这样的，我们作为大陆的学者能够走到台北，能够走到政治大学，来到这个会场上，我们有机会走上政治大学的讲台，对于我们来讲是个很难得的机会。我们应该抓住这次机会。三人赴台，国台办指定我为团长。此前我已经从国台办那里拿到了临机处置这样一个尚方宝剑。我的第一个措施就是没有离会。所以我说，没关系，不要理他，我们继续参加我们的会议。如果我要离会，很容易，掉头就走。如果我离会，立刻就会成为一个新闻事件。台湾的报纸媒体就要报起来，就要炒起来。那样，我们很不容易争取到的到台湾来的机会就可能被破坏，很不容易得来的两岸的学术交流就可能会推迟。推迟到哪一天哪一年我们就不知道了，所以我觉得我们不应该离开现场，我要继续参加这个会议。我们在会议期间，差不多见到了台湾所有研究中国近代史的学者。会议主办方对那次会议的召开非常兴奋，因为这是第一次有大陆学者到台湾来开会。参加会议的一些具体情节，我就不跟各位说了。

有一位戴国煇教授当时是在日本，是在东京的一所大学当教授。他是台湾桃园人，很早就去了日本。他也出席了这次讨论会。在会议中间喝咖啡的时候，他走过来跟我说：张教授，你想不想认识一下王晓波？我说，我知道这个人，但是没见过，我很想认识他。戴国煇第二天告诉我，他给王教授打了电话，说北京来了个张海鹏教授，想见你，你见不见。王教授说，见啊，我当然应该要见啊。他说，以中国统一联盟的名义来见张教授。戴国煇说：你胡说，张教授是学者，中国统一联盟是个政治团体，你怎么好用中国统一联盟来接待张教授呢？那王教授就说：哦，好好好，那我用台湾史研究会的名义来接待张教授，那时候王晓波教授是台湾史研究会会长。戴国煇教授告诉我，我也表示同意。我向政治大学的主办方提出，是否给我半天的时间，我好有一个自由的安排。因为当时给我的日程安排每一天的活动每天都密密麻麻，从早到晚都排满了。接待方告诉我说不行，我们已经给你安排满了。当时台湾大学三民主义研究所的李炳南教授（后来曾当过新党召集人），邀请我去台湾大学三民主义研究所。接待方当着我的面严词拒绝。台湾师范大学三民主义研究所的赵玲玲所长也到政治大学来邀请，接待方面负责人也严词拒绝了。当我提出给我半天时间的时候，同样，他们也不同意。过后，有一天晚上，有一位年轻的朋友来我房间找我，说王教授要请我去坐一下，我就跟他去了。他领我到了政治大学中文系尉天聪教授的家里，当时在座的已经有好几位了，除戴国煇夫妇以外，有王晓波，有陈映真，他当时是中国统一联盟的主席。王晓波教授一开口就跟我说，"张教授，你怕不怕坐牢？"我说，如果是在1949年以前，我怕坐牢。今天，我在这里就不怕坐牢了。他说："你如果不怕坐牢的话，我们干脆请个'立法委员'，向'立法院'提出质询，你们为什么不允许张教授来和我们见面。"我当时考虑了一下，说最好不要这样做，这个跟坐牢没有关系。我觉得，两岸关系发展到1992年5月的时候，很不容易了。如果这件事情一闹大了以后，两岸关系的发展尤其是两岸学术交流会推迟，所以我建议不采取这个方案。我说，不是我怕坐牢，采取这个做法以后，我就成新闻人物了，海峡两岸就都知道我了，但是我说这对改善海峡两岸关系没有好处，还是以不采取这个方法为上，他们几位也都同意这个意见。他们分析，因为王晓波教授的电话是被台湾情治部门监听的，戴国煇教授和王晓波教授通的电话，一定是被人监听了。后来他们形成一个意见，就说我离开台湾的那一天，希望政治大学给我买下午的飞机票，那么上午我们还有机会再见一面。本来这次台湾之行，台湾方面接待，是让我在政治大学住一个礼拜，然后在中研院住一个礼拜，事实上因为这个，今天我们看不到台湾的档案，我们猜想可能因为这个事情，吹了。所以我是在政治大学住了一个礼拜以后，中研院就没有去住。离开的那一天，（政治大学）没有给我买下午的飞机票，而是买清早的飞机票，我是早上四点就要起床，就要赶到机场去，所以跟他们见面没有成功。

这是一些很重要的经历，它们在增加我对于台湾方面的认识。在这期间，在会议完了以后，我在台湾还受到各个方面的接待。中国国民党党史委员会主任委员李云汉先生、副主任委员陈鹏仁先生，专门把我们请到阳明山中国国民党党史会的办公地点去参观他们党史会的一些档案和文物。我们又拜访了"国史馆"，在座各位可能都不一定知道"国史馆"这个名称，"国史馆"是一个很高级的单位，1947年在南京就已经成立了，到台湾以后，20世纪50年代恢复了"国史馆"的建制。"国史馆"是个建制很高的单位，它收集中华民国的历史资料和历史档案。当时"国史馆"馆长是瞿韶华先生，瞿先生当时已经很老了，第二年就去世了。我还拜访了台北"故宫博物院"，台北"故宫博物院"院长是秦孝仪先生，秦孝仪先生是一个资格很老的国民党人，而且是蒋介石最后一任贴身的秘书，所以一直到秦孝仪先生去世以前（秦孝仪先生前几年去世了），蒋家的事情秦先生都是有发言权的，包括现在两蒋日记在美国斯坦福大学的胡佛研究所公开陈列展出，都跟秦孝仪先生的意见有关系。上午，我们在党史会参观，那么预计下午两点到台北"故宫博物院"，但是到台北"故宫博物院"的时候我们晚到了半个小时。到了台北"故宫博物院"一间很大的接待室，只见秦孝仪院长一个人坐在沙发上，台北"故宫博物院"其他有二十多个人都在那站着。我们进去以后分宾主坐下，秦院长致了欢迎词，我致了答词，然后我们带了一点小礼品，把我们的一些书等送给秦院长。欢迎词和答词致过了，这个手续就完了。陪同我们去的是胡春惠教授，当时政治大学历史系的系主任兼政大历史研究所的所长。还有政治大学历史系即将接任系主任的张哲郎教授等。胡先生等也是在旁边站着。欢迎词和答词致过以后，秦先生立刻扭过头，骂胡春惠先生，这是我第一次看到国民党高官的一种态度。1949年以前我只看到过国民党基层官员的态度，这个时候我看到了国民党高官的态度。秦孝仪先生指着胡春惠说："你们政大办的黄兴与近代中国讨论会，为什么不请我参加？黄兴是湖南人，我也是湖南人啊。我不仅可以参加你们的会议，我还可以当你们会议的主席。"他既没有参加会议，也没有做会议的主席，所以他的情绪就很大。秦先生曾担任中国国民党党史委员会的主任委员，胡春惠曾在秦先生的手下工作。所以胡春惠先生站起来，一个立正，连说"秦主任委员"，不叫他秦院长，而是叫秦主任委员，"我给你报告，我们筹备这个会的期间我都在香港教书，这个会是由一些博士班的学生来办的，有些小事都是由博士处理的……"话没说好，秦院长听说一些小事是由博士办的，他把桌子那么一拍，"请我是小事吗？"胡教授这个话说得不大好，赶忙向他表示道歉。

我一看这个形势，我觉得我在这里是客人啊，在这个场合看见国民党高官骂人，似乎有点尴尬。所以我马上就把话头给他接过来，我跟秦院长讲些别的话题，他也和颜悦色跟我讲。讲了几句之后他就把头一转，骂胡先生。这一下，就让我充分领教了秦孝仪这位国民党高官的风度了。晚上秦院长在台北"故宫博物院"附属的张大千纪念馆请我们一行吃饭，吃饭的时候，他说了一句话，他说今天下午，我有些失态了，请各位原谅，就说了这么一句话，就算把下午的不愉快了结了。显然，这些经历增加了我们对台湾的政治、社会人情的一些了解。

还有一件事情我想跟各位同学说一下。按照安排，我们一行还拜访了海基会，那天是海基会的副秘书长陈荣杰来接待我们。在这过程中，我们开始是谈谈天，同时他也讲讲海基会的工作，以及海基会和海协会交流方面，有一些对海协会的抱怨，说了这些以后，陈荣杰问我，张教授，你是不是中共党员？这个话对我来讲很突然，我在想应该怎么去回答他，我还没有开始回答他，他就说，你不要回答我，我知道你们当中很多人都是共产党员，他说今天我们海峡两岸的关系，共产党员到台湾来，我们国民党还是有根据来抓你的，但是你又是我们请来的客人，我们抓你的话那就不礼貌了。他说我估计你在台湾期间就会有人问你这个话题，那么当你被问起这个话题时，我教你个应对办法：王顾左右而言他，哈哈一笑，找个别的话题来打岔就过去了。我建议你不要说是，你说是，我们就有借口抓你，如果不抓你，民进党可能要提告；但是你也不能说不是，要说不是，我们在北京有眼线，他们会查出来，那么就证明你这个人不诚实，下次就不请你来了。他说这话是真实的，我说，好，就按你说的办法来办。但是事实上我在台湾期间没有人问我这个问题，没有一个人问我这句话。访问海基会的时候，还有一个重要的人在座，我想我应该介绍一下，他叫苏起。但是他从始至终都没有说一句话。他始终关注我说话，看这个姓张的人说话。我就觉得这个人很有意思，后来我才知道，这个人的地位、身份不一样，是一个很重要的人。前几年还做过台湾安全部门的负责人，是个非常重要的人。

在这期间我还有机会见到海基会的另外一个副秘书长李庆平先生，李先生刚刚从美国回来就任海基会副秘书长。他参加了政治大学这个会议，开会的过程中，他跟我打了招呼，后来又请我们吃饭。除李庆平以外，我还有机会见到了邱创焕先生，当时是国民党副主席、中常委。当时政治大学一个刘姓教育长，专长于教育学，他在饭馆里请我们吃饭，谈大陆教育问题，正好碰到见到邱先生。邱创焕在政治大学做演讲，知道我是大陆来的，就跟我聊了一会，把他在政大演讲的手稿送了我一份，我回来看了一下，这份演讲正好是讲两岸应该统一起来共同创造经济奇迹的，我觉得邱先生这个观点是很对的，当时见面时他跟我讲这个观点，我也表示很支持。除这位以外我还见到了邵玉铭先生，他刚从"行政院"的新闻发言人岗位上退下来，也跟他有过一些交流。

6月份，在北京香山饭店和台湾师范大学三民主义研究所联合举办了一次孙中山讨论会，这也是海峡两岸第一次联合举办学术讨论会，而且是在北京。这次会议的举办为海峡两岸学术交流打下了一定基础，但是这次会议的举办是不大愉快的，一直是吵架的。这次会议的起因是，1991年，淡江大学国际战略研究所所长李子弋教授，和我们多次沟通，建议我们和台湾师范大学三民主义研究所召开研究孙中山的会。李子弋提到，台湾师范大学三民主义研究所所长赵玲玲女士的丈夫得到郝柏村支持，手头有一些钱，他说他们面临两面作战，很辛苦，希望得到我们支持。会前商量我们从大陆推荐20个学者，他们从台湾推荐20个学者，另外一方从海外邀请五位留学生，总共50人。同时我们也说清楚了，邀请名单要交换，双方写的文章，双方也要交换，我们约定了交换的时间。我5月份到台北去，见到赵玲玲所长，谈到名单和人员交换的问题，赵所长说我们没准备好，一直到北京到了会场，才把名单、论文交给我，那时候已经太晚了，所以我们连夜组织几位学者来看他们的文章。这些文章中，有些文字表述，是我们很不愿意看到的，譬如，有一位从美国留学回来的青年学者周阳山，后来做过新党的召集人、新党的"立法委员"，他的文章第一句话，就写着中共在大陆穷兵黩武，大陆人民生活在水深火热之中。我征求过赵玲玲所长的意见，找他来谈话，我说我们都是中国人，中国人讲究礼貌，讲究为客之道，你到北京来是做客人，做客人到了主人家里还指着主人的鼻子骂一通，这样就缺少为客之道，做主客之间关系就不好处了。你说穷兵黩武、水深火热之类的话，你这不是指着我的鼻子骂嘛，那我作为主人很难受啊，我说这两句话要请你要删掉。他说"你删"，我说，"不行，这是你的文章，是你删不是我删。你如果不换掉的话，明天上午就不能上会"，他立马就删去了那一段话。还有好几篇文章还要做思想工作，一个一个找他们谈，找他们交换意见。后来他们回去以后，在台北的报纸上发表文章，说是我们中国社科院"修理"他们的文章。所谓的"修理"就是指这些事。

学术讨论会,你一上来就是穷兵黩武、水深火热,这不就把会场的气氛弄得紧张了,也不像个学术的样子啊,你讲学问嘛。

这次会议的经费是两家分摊,赵玲玲所长,是受台湾"教育部"的委派,他们是从那里申请经费,回去后向台湾"教育部"报告。本来,会场上的会标都是事先商量好的,开幕式后与他们合影,他们不同意在原会标底下合影。他们一定要在会标上放上事先准备好的梅花图案。这个方案违反了事先的协议,我也不同意。所以后来我们照相,撤开了横幅,另外找了一个地方,什么标志都没有。当时我跟他们说,我们先在这里照,我说"你回去制作照片时你愿意怎么把梅花放在照片上就怎么放,在我这里你就不要放了"。因为事前得不到及时沟通,第二天开会议程,发言是哪几位、谁做评论员等,都是前一天晚上商量。我们前一天晚上吵架要吵到晚上一点两点三点,才能在两岸间求得共识。两三天的会都是这么开下来的,很辛苦。那次,台湾方面25人,包括"国大代表"好几位,包括国民党中央委员也有好几位。海峡两岸隔绝很久,来自台湾的这些政治法律方面的学者,实际上是借这个机会,到大陆来了解大陆的情况。他们到北京来,他不说"到北京来",一开口就说"到北平",说"我们到北平来了"。这其实是体现了国民党的传统观点。国民党统治时代,南京为首都,北京改名为北平。我跟赵玲玲所长说,"赵所长,这个口气要变一下,这是北京,不是北平","说话稍微变一下,不要这么说,好不好"。

总之通过1992年5月在台北的会议、6月在北京的这次会议,我们增加了许多有关台湾现状的感性的认识。在6月,除和台湾师范大学召开的这次会议外,我们还在北京接待了当时台湾的大陆研究会理事长欧阳勋先生为首的30多人的访问大陆代表团(问吴琼恩教授:"欧阳勋先生做过政治大学校长,是不是也是吴教授你的校长啊,是不是也教过你?"答:"大一的时候教过我经济学。")。这一批学术界人士30多人,到北京来出席中国社会科学院讨论会。这30多人中有前任和现任大学校长8个人,还有前任"部长"和"副部长"及其他党政文化经营主管部门的负责人有多人,都是台湾方面知识界一些非常高层的人士。因为我刚刚从台北回来,所以我也参与了这次接待,那么跟他们之间的交往,了解了很多情况。

1993年,我第一次发表和海峡两岸关系有关系的文章。我以前没有写过海峡两岸关系的文章。这篇文章叫《历史与现实——一国一制与一国两制研究》。这篇文章在台北《海峡评论》刊出了,在北京的《统一论坛》也发表了。我之所以做"一国一制"和"一国两制"研究,是因为在写文章以前,李登辉在一个学校的演讲当中,提到说"要说一国两制,不如一国一制好"。所以我在这里针对"一国一制",发表了一些意见。我说近代中国在很长时间,特别是国民政府期间,很长时间都是"一国两制",不是"一国一制"。"一国两制"在中国历史上是有先例的。"一国一制"非常好,但是不容易做到。这篇文章是为参加1993年8月在北京举办的两岸关系讨论会准备的。1993年,海峡两岸关系发展有很大的进展,主要表现就是在新加坡举办了"汪辜会谈"。汪道涵和辜振甫这次会谈,是海峡两岸之间的第一次,经过海协会海基会在一起的一些会谈,就两岸交往关系中涉及一些行政事务方面的问题,交换了意见,形成了一些共识,改善了两岸关系。

这是海峡两岸关系从1987年以来一次重大的进步。这次进步,实际上很快就中止了。到1994年,海峡两岸关系发生了重大的变化。我们知道,李登辉在蒋经国去世后,做了台湾的"中华民国总统",也做了国民党主席。在他刚担任国民党主席的时候,我们还看不出来,他究竟是什么思想倾向,他是不是有"台独"的观念,还看不出来。但是到了1994年,我们非常清楚地看到,海峡两岸关系发生了重大变化。1994年3月份,在浙江发生了"千岛湖事件"。台湾一些游客在千岛湖被当地一些坏人抢了、杀了。这当然是很不愉快的事情,当然是一件很不好的事。但这毕竟是局部的地方性事件,毕竟是一个偶发的突然事件。这就好比今天我们大陆游客在台湾不断发生车祸一样,这个事件很快就得到处理。但是李登辉作为台湾地区最高领导人,借这个"千岛湖事件",无限扩大"千岛湖事件",把大陆、中共骂得一塌糊涂,造成了海峡两岸关系空前紧张。同时,这一年,国民党政府在台湾还发表一份公开文件,叫作《台海两岸关系说明书》。我针对这份文件,写了一个评论,叫作《论台海两岸暂时分离的由来——评台湾当局〈台海两岸关系说明书〉》,这篇文章发表在《光明日报》,同时在这一年,这篇文章收录到了国台办新闻局所编《两岸关系与和平统一——1994年重要谈话与文章选编》。这篇文章不长,对于台湾发表的台海两岸关系说明书进行了分析,对其中错误的历史观或者错误的历史做了批评。此后我开始卷入对海峡两岸关系的思考和研究当中来。

我在这里向同学们介绍一下台北出版的《海峡评论》这份杂志。《海峡评论》是台湾一份很著名的时事性、政论性又带有学术性的杂志、刊物，也是前面提到的中国统一联盟的机关刊物，1991年创办。在座的吴琼恩教授是《海峡评论》的社长，王晓波教授是总编辑、总主笔。我在《海峡评论》上看到了王晓波先生在美国纽约和华侨侨界同仁谈话的报道，其中谈到海峡两岸关系，谈到了中华人民共和国和中华民国是一种不完全继承关系。我看到这个报道以后，给晓波教授写了一封长信，跟他商榷这个"不完全继承关系"的观点。晓波先生没有经过我同意就把我这封信在1994年的刊物上发表了，还一字不改。他为文章取了一个名字，叫作《一个蹩脚的文字游戏》。那时我还不会用电脑。我手写了一封信寄给他。他看了就发表了。这也算是一种文字之交吧。我认为，中华人民共和国对中华民国的继承关系是一种完全继承关系。我是从国际法的角度，来解释这个继承关系、国家继承与社会继承之间的一些情况。我自己不是学法律的，我今天来政法大学来给同学讲，很惭愧啊，没学过法律，但是我也看了一些法律的书，特别是国际法的一些书，有欧洲人写的，也有大陆人写的、台湾人写的，我都看过一些。这封信呢实际上运用了我所拥有的国际法知识，来从国际法的角度，来和王教授讨论这个继承问题。这个问题是一个理论问题。这也是海峡两岸我们今天还悬而未决的理论问题。如果大家有兴趣的话，这两篇文章都可以去看一下。我记得去年晓波兄还找了一位台湾大学一位硕士就完全继承和不完全继承的争论写作了一篇很长的概述。李登辉这时候，又找来一个日本作家司马辽太郎谈话，提出"出埃及记"，就是讲要"去中国化"。那么1994年，李登辉作为国民党的主席，作为台湾的行政负责人，他的"台独"思想、"去中国化"的思想已经相当明确地表露出来了。

1994年底，王晓波先生给我写了一封信，他请我写一篇文章总结一下1994年的两岸关系。我应他的要求写了一篇文章，在《海峡评论》1995年的第1期发表。这篇文章题目是《中国的统一要靠中国人自己——书生议政，年终看两国关系》。我说我是一个书生，所以我议论一下两岸的政治，那么，年终是指1994年的年终，来看两岸关系。这篇文章，我谈到了"千岛湖事件"，谈到了李登辉与司马辽太郎的谈话，对两岸关系的现状，我说不是很乐观。这篇文章发表以后，有几年，我都没有发表关于海峡两岸关系的文章。1994年这个重大变化对我心理上，是个很大打击。因为我看着海峡两岸关系从1992年、1993年以来，好像有一种蓬勃发展的气势。我看到未来的两岸关系，会向很好的方向来转换。但是1994年的这个变化，使我很伤心。跟着来的就是，1995年李登辉在康奈尔大学的演讲，所谓《民之所欲，常在我心》，民之所欲，这个"欲"当中，他提出了一个概念，叫"中华民国在台湾"。这个概念，我当时统计过他的演讲，在他的不长的讲话当中，出现了16次。我很快就知道，李登辉在康奈尔大学的演讲稿，是我的另外一个朋友，杜正胜起草的。杜正胜本是中研院史语所的所长。他实际上在中国的先秦古代与中国的考古研究方面有一些研究。康奈尔大学的这个演讲，是一篇恶化两岸关系的演讲。这篇演讲引起了两岸之间的不愉快。

1996年，台海危机遇到"台湾大选"前期，我们这边打了两颗导弹，台湾的海边上一边一颗，海峡两岸关系空前恶化。1996年的下半年，这个导弹打完以后，我在北京参与接待了从台湾来的一位人士，名叫林中斌。林中斌此前在美国教书，听说他是加入美国籍的，李登辉请他到台湾来做"陆委会"的副主委，但是他来北京的时候，"陆委会"副主委还没有公开任命。所以他是借这个机会，来大陆来了解情况。从谈话当中，我们已经初步摸出，他回去以后将会有重任。果然，他回去后不久，就任命他为"陆委会"副主委。十年以后，还在陈水扁手下做过"国防部"副部长。他在陈水扁下来以后到淡江大学教书。

1997年是我第二次到台湾去做访问。这一次是中国社会科学院组织了一个小型代表团，四五个人，以中国社会科学院副院长汝信作为团长，我参与其中。这次由台湾中流基金会邀请。中流基金会是一个民间基金会，是台大政治系当时的系主任胡佛教授担任中流基金会董事长。胡佛教授是台湾学术界、言论界一位非常知名的、名气很大的教授，也是一位研究宪法的专家。这次我们应邀到台湾访问，拜访了中研院院长李远哲，也拜访了台北"故宫博物院"院长秦孝仪，也拜访了海基会秘书长焦仁和，同时我们还拜访了台大的校长陈维昭、新竹清华大学校长沈君山，以及新就任的工业技术研究院的董事长孙震。孙震是个很有名的人，原来当过台大的校长，也做过台湾的"国防部长"。还拜访了埔里的暨南国际大学校长袁颂西，以及位于阳明山的中国文化大学董事长张镜寰（张镜寰是国民党中常委、著名地理学家张其昀的公子）。这些拜访多半从学术的角度进行。我们还出席了当时"考试院"副院长关中先生主办的午餐会，出席午餐会的台湾政要有邱创焕、梁肃戎、赵耀东、孙震等先生。另外我们还出席了当时国民党中常委高育仁先生举办的餐会。餐会上新党主席陈癸淼先生、民进党前主席施明德先生，以及胡佛教授，以及今天在台湾"立法院"很活跃的"立法委员"林郁芳等。我们当时住在圆山饭店，梁肃戎先生特地赶到圆山饭店，单独和我们共进早餐。梁先生是一位非常热心推进海峡两岸关系的重要人士，他以前做过台湾"立法院"的院长，东北人，个子很高大带着很浓重的东北口音。这位先生对于推进海峡两岸关系，促进海峡两岸统一很急，非常着急。对李登辉的"修宪"，对于国民党当时一些主流意见很不同意。在和我们吃早饭的时候侃侃而谈，希望我们转告他的意见，也希望我们来促进海峡两岸关系等。在这期间我还专门拜访了胡佛教授，拜访了刚才我说过的周阳山教授。周教授现在已经是新党推出的"立法委员"了，胡佛教授是台大政治系的主任。1997年正是李登辉发动第四次"修宪"的时候，我当时还看不清楚"修宪"的一些内幕，所以我是作为个人，抽时间专门去拜访了胡佛教授和周阳山教授。他们都是研究宪法的学者。胡佛教授当时在阳明山中山堂（国民大会会址）组织了大约200位政治法律学者教授抗议示威，抗议李登辉推动的"修宪"活动。通过他们的介绍，我了解到"修宪"是李登辉要扩大他的权力，是扩权。"修宪"包括取消"行政院"院长在"总统"发布法律文件上副署的权力，实际上把"行政院"院长变成了"总统府"的幕僚长，变成了"总统"的秘书长，当然可以说是李登辉扩充了他的"总统"权力。但是，我后来看了有关于台湾"修宪"的文件，我觉得，李登辉要扩大权力是一方面，但是重要的一方面，他是通过"修宪"来落实"台独"的一些理念、一些思想，进一步走向"去中国化"这样的道路。所以"修宪"是非常值得我们注意的。我建议，我们中国政法大学台湾研究中心应该研究一下台湾的"修宪"运动。台湾总共有六次"修宪"运动，"修宪"运动有很多深意在里面，不仅仅是台湾内部的事情，实际上关系到两岸关系，关系到中国的发展前景，所以我觉得我们研究法理的学者、研究法理的同学们应该去关心一下"修宪"问题。

台湾史学界有一个刊物叫作《历史月刊》，是由历史学者办的刊物。这个《历史月刊》到1998年是创刊10周年。1997年底，刊物编辑就给我打电话，说是刊物创办10周年，他们邀请了两位学者写文章，来纪念他们刊物创办10周年，说大陆一位，台湾一位，大陆方面请了我，台湾方面请的是国民党党史会前主任委员李云汉先生。我接到电话以后有点犹豫。我问他有什么要求，那个编辑告诉我说，什么要求都没有，你如果想骂蒋介石，骂老蒋、骂小蒋，你尽管骂，我们都给你刊登。这样我心里就有底了，就是说我可以想说什么就说什么，但是我还是会讲究主客之道，我不会到台湾去骂老蒋、骂小蒋。我知道台湾的历史学者一般不愿意讲马克思主义、讲唯物史观。我写了一篇文章，题目是《关于中国近代历史发展规律的认识和对若干史实的解说》，这篇文章中，我讲了马克思主义，讲了唯物史观以及怎么样看待近代中国的历史。这篇文章，《历史月刊》1998年第2期刊登了。这篇文章发表以后，台湾的几个朋友告诉我，台湾许多研究中国近代史的学者大概都看过了。到现在还没有看到什么批评的文章。

1998年，两岸在上海举办了第二次汪辜会谈。刚才说的第一次汪辜会谈是在新加坡，第二次汪辜会谈是在上海。这次会谈关于两岸关系很热烈，两岸汪辜会谈谈得也很好，很有进展。而且辜振甫邀请汪道涵去台湾访问，汪道涵也很愉快地接受了邀请，并且准备在会后，9月到台北去访问。一看这形势，李登辉坐不住了。1993年第一次汪辜会谈，可能会重建两岸关系，到1994年大大扭转了一下；1998年第二次汪辜会谈，两岸关系又开始好转了，所以到第二年1999年，又发生了问题。1999年7月9日李登辉发表谈话，提出了"两国论"，说海峡两岸"一边一国"，这就让我们大家很不高兴了。由此，两岸关系又开始紧张了。到了2000年台湾"大选"，国民党失败了，陈水扁开始上台执政了。所以2000年就是陈水扁上台执政，这时的两岸关系就又开始改变了。

我在陈水扁上台以后，2001年，刚好有机会第三次到台湾去访问。这次是出席"国父纪念馆"举办的一个有关孙中山的会。这次会议上，台湾的一位老资格的许水德先生也参加了。会议开幕式之前，事先他们没有给我打过招呼，要安排我在开幕式上致辞。开幕式上，那位许先生说完，司仪来了个突然袭击，让我上台致辞。我就硬着头皮上去致辞，讲了有十来分钟。我为这次会议提交了一篇文章,叫作《五十年来中国大陆对孙中山的纪念与评价》。他们在台湾的《中央日报》上详细摘要刊登了这篇文章。《中央日报》是国民党发行的,在1949年以前在中国大陆是很重要的一份报纸。在那个时候一个重要的传播媒体就是报纸,这份报纸是我们了解台湾政治的一个重要窗口。这一次也是我第一次在《中央日报》上发表自己的文章。会议后,主办方组织与会大陆学者游览风景区,我没有去,应"国史馆"一位副馆长邀请,访问了"国史馆",在馆里看了一天档案。

2003年是我第四次访问台湾。2002年,中国社科院成立了中国社科院台湾史研究中心。2003年我们就以中国社科院台湾史研究中心的名义组成代表团,对台湾进行了访问。这次,我们是应欧亚基金会邀请去访问的。这时候是民进党执政,我们担心台湾当局不批准我们赴台。因此特别请欧亚基金会作为邀请单位。欧亚基金会是"国安会"的外围组织,是一个很重要的基金会,和台湾当局关系很密切的。因为有欧亚基金会的邀请,台湾当局很快就批准了我们赴台访问。我记得欧亚基金会董事长是张京育先生,张京育先生是前台湾政治大学的校长。1992年我去台湾政治大学的时候,他专门请我们去他办公室与他共进早餐。欧亚基金会给我们安排了一个小型座谈会,张京育先生主持。台湾方面有国民党的"立法委员"洪秀柱,现在是国民党副主席、中常委,一个在与民进党人辩论时毫不怯场的女人,还有大陆问题研究专家杨开煌,还有欧亚基金会秘书长、后来做过民进党"中国事务部"主任的董立文等出席两岸关系座谈会。我和代表团成员陈孔立教授就两岸关系发表了看法,也听他们发表意见。座谈会后,按照日程安排,我们访问了中研院台湾研究所筹备处,那时候台湾研究所筹备处主任是刘翠溶研究员,刘主任向我们介绍了该所状况和研究人员状况。我们还参观了中央图书馆台湾分馆。代表团又到台中访问了中兴大学文学院和历史系,文学院院长黄秀政是台湾史研究专家。此外还访问了台中的台湾文献馆,这里收藏了日据时期日本总督府的几乎全部档案,是研究日据时期台湾历史的资料宝库。

这次访问正好是春节以后,还是台湾喝春酒的时候,我们应邀出席了一次国民党召集的春酒会。这次春酒会上,我和民进党前主席施民德、新党前主席陈癸淼在一起交换意见。同桌的还有民进党"中国事务部"主任陈忠信。此后,陈忠信专门请我们吃了一顿饭,陪同的有民进党好几个"立法委员"。在吃饭的时候我和陈忠信交换意见,我说:"贵党执政以后台湾的情况不大好呀!能不能改善一下,你们能不能想点办法?"陈忠信就说:"哎呀,你要知道我们不是刚刚执政吗?我们不是经验不足嘛,你们共产党开始执政的时候不是经验也不足吗?如果台湾允许我们再执政十年,我们一定会大大的改善。"现在看来陈水扁第二次执政完了以后,台湾变得更糟糕了。

吃饭的时候陈忠信问我说:"你们明天去哪里呀?"我说:"明天计划去'故宫'。"他说:"杜正胜知道吗?"杜正胜正是台北"故宫博物院"院长,那时他已经是民进党的高参了,而且"台独"倾向很明显,我不想麻烦他。我说我没有麻烦杜正胜,陈忠信说:"不行,一定要杜院长亲自接待。"他马上掏出手机给杜正胜打了个电话,所以第二天,我们到了台北"故宫博物院",杜正胜院长正是用这种官式的方式接待我们一行,我觉得话不投机,我说:"杜院长,你很忙,我们到这里来就是闲人,参观贵院的展厅,我们就自己去看吧。"他说:"我安排个人带你们去看。"

2003年台北"故宫博物院"安排了一个特展,称为"福尔摩萨展",它告诉观众,台湾从"福尔摩萨"开始的,是从欧洲人开始的,不是从中国开始的,就是灌输一种"台独"的理念。事实上我们讲台湾史不这么讲,我们讲台湾历史从公元230年开始讲起,三国时期吴国派大将卫温率军进入台湾,《三国志》上有这段历史的记载。他们的展出完全不顾已有的历史记载,实际上就是体现了"台独"的一些观点。

2004年因"两颗子弹"事件,陈水扁再次上台。代表国民党参选的连战有一种君子之风,斗不过陈水扁这个旁门左道。

2005年我第五次访台,这次我主要做学术访问。有两件事情是值得在这里讲一下的。一个是陈水扁通过"大选绑公投",非常严重地破坏两岸关系。我们全国人民代表大会通过了《反分裂国家法》。《反分裂国家法》是一部仅次于《中华人民共和国宪法》的国家大法,我当时作为全国人大代表,表决时参与了投票,投了《反分裂国家法》一票。《反分裂国家法》在全国人民代表大会会议上通过时没有一票反对。这是全国人民代表大会高票通过的一个国家大法。这个国家大法,实际上它立法的原因和美国南北战争之后,美国通过的《反脱离联邦法》这个立法的原因是一样的。美国的南北战争，打了几年，北方和南方打。往往我们过去在教科书上，我们所知道的知识往往是北方解放黑奴，知道废除南方的奴隶制度。实际上当时是两个美国，南方又另外成立了一个美国，出现联邦分裂的现实，于是通过了《反脱离联邦法》。你看在华盛顿林肯纪念馆，在林肯像后面墙上有一大片的文字，记述了林肯的一句话，是他维护了美国的统一。他说南北战争是反分裂，维护了国家统一。所以我们这个《反分裂国家法》的立法原因和100多年前的《反脱离联邦法》的立法原因是近似的。

我们的《反分裂国家法》规定，"台独"分裂势力以任何名义、任何方式造成台湾从中国分裂出去的事实，或者发生将会导致台湾从中国分裂出去的重大事变，或者和平统一的可能性完全丧失，国家得采取非和平方式及其他必要措施，捍卫国家主权和领土完整。如果不发生这三个条件我们就采取和平方式解决台湾问题；如果台湾存在这三种情况，那么就不需要全国人民代表大会开会，法律就授权政府部门采用非和平方式解决台湾问题。只要是没有这三个情况，我们就不会用非和平的方式，我们就要和平地解决两岸关系问题。这是《反分裂国家法》立法原则的精髓，是抑制"台独"势力的要诀。《反分裂国家法》通过以后海峡两岸做了很多分析。有些人说《反分裂国家法》是战争法的，有些人说实际上它是一个和平的方案，它是避免战争的一种方式。所以这一点对于台湾的执政者来说制约很大，对民进党当局制约更大。如果还想朝着"台独"这个方向继续往前走，那么就前景不妙。2005年第二件大事就是"胡连会"。《反分裂国家法》通过以后，连战到北京来和胡锦涛握手，国共两党领导人达成了五项愿景，这预示着台海两岸关系将会有一个好的发展前景。

这五项愿景在吴伯雄担任国民党主席的时候，在国民党的代表大会通过列入党纲，后来2009年，在马英九担任国民党主席的时候，在召开国民党十八大时，也通过五项远景，也列入党纲。这也就是说，连战与胡锦涛的会面达成的五项愿景，变成国民党的五项愿景，写入了国民党的党纲。这对推进以后的海峡两岸关系是好处很大的。这也就是为什么2008年，马英九上台执政以后，海峡两岸关系会向着和平与积极的方向发展。

2006年，有一些事情我想跟各位报告一下。2006年有一件事，也就是《中国青年报》的"冰点事件",我想在座的各位同学有很多不大知道这件事。2006年的1月11号,《中国青年报》发表了一篇文章,作者是中山大学哲学系教授袁伟时,文章题目是《历史教科书与现代化》。这篇文章发表以后,北大有一位教授就复印了给我看,希望我有些回应。我认识这位教授。我基本上认为,这位袁伟时先生,在中国近代史领域,他不是专家,他只是票友。他喜欢写几篇中国近代史的文章借此抒发心中块垒。他的文章不顾章法,不讲究历史事实。因为我认为他是票友,不是本行,虽然不大赞同他的观点,也不愿意对他提出公开批评。看了北大教授复印件后,我也没有表示。如果我花了工夫写了文章,《中国青年报》不登,不是白费劲吗。但是事情很快在起变化。有读者对《中国青年报》这篇文章很有意见,写信到中宣部提出抗议,提出为什么《中国青年报》能发表这篇文章。这篇文章,讲的是中国近代史,讲的是第二次鸦片战争,讲的是义和团运动,认为第二次鸦片战争、义和团运动,那都是中国理亏,西方国家有道理,人家讲程序正义、讲法律,你中国人不讲。因此,他就结合这个历史,讲这个历史教科书不对,我们几代人都是喝着"狼奶"长大的。这些话引起了很多人的反对。《中国青年报》是共青团中央属下的一份报纸,《中国青年报》有一个栏目,叫《冰点》。《冰点》是《中国青年报》的一个栏目,不是一个独立的刊物。鉴于读者意见很大,团中央宣传部要求《中国青年报》的《冰点》栏目停刊整顿。停刊整顿,本来是《中国青年报》内部的一件事情,要求不要公开。但是,《冰点》总编辑,在当天晚上,也就是1月24号吧,他就把《冰点》停刊整顿的这个消息,通过自己的渠道首先在美国"法轮功"的网站"大纪元"上发布了。消息发布以后,在全世界引起了震动,西方国家以及中国台湾、香港等地对中国大陆的新闻自由提出了非常严重的批评。台湾有一位女作家龙应台,在马英九做台北市市长的时候,她做过台北市文化局局长。这个龙应台女士,就在这时候,我想应该是在1月25号,她在台北、香港、新加坡和美国的《世界日报》,同时公开发表了题目叫作《请用文明来说服我——给胡锦涛先生的公开信》,把大陆大骂了一顿,那个时候正好是我们的熊猫"团团""圆圆"要去台湾,还没有去,因为台湾方面这个那个的原因,还没有去。龙应台这篇文章的最后一句话说:"我不关心什么团团圆圆来不来台北,我只关心你有没有新闻自由。"马英九对龙应台的文章表示了支持。大陆这边，也有人支持她，也有人支持《冰点》这篇文章。台湾方面，我知道，吴琼恩教授写了文章，批评龙应台。台湾方面还有另外一位陈映真先生，现在已经快 80 岁了，在台湾被誉为社会主义作家，写了很多现实主义小说，因为思想"左"倾，过去在国民党执政期间，是被抓进去坐过几年牢的。那么，陈映真先生专门写了文章来批驳龙应台。2 月下旬，为了扭转局势，团中央负责同志来找我，希望写一篇批驳袁伟时的文章，发表在 3 月 1 日复刊的《冰点》上。找我谈的时候离 3 月 1 日只有一个礼拜的时间了。我问他要写多长，他说，袁伟时的文章有多长，你就写多长。袁伟时的文章有 1 万多字，我就要写 1 万多字。我说，写 1 万多字的文章，我们通常要一个月的时间，少了不行。他说不行，绝对不行。那我说你给我两个礼拜吧，也不行，就是一个礼拜。我接受了写这篇文章，我把它看成是对我的能力的挑战。我马上让我的一个学生，去查原先这篇文章有什么引文，查引文出处。但是他的注释还没有查出来，我的文章已经写完了，我用了五天，写了一篇 16000 字的文章。最后形成了两个版本，在《中国青年报》发表的是 12000 字，在共青团中央网站上发表的是 16000 字。文章发表以后，我出席了全国人民代表大会，接着我去了美国，去了胡佛研究所，去看蒋介石日记。在胡佛研究所期间，台湾的王晓波教授给我打了电话，说，我看了《中国青年报》登的你的文章。他跟我讲：中共今天对意识形态控制，已经达到这种程度，令人不解。他就是说我们《中国青年报》根本就不应该发表袁伟时的文章，他说，张教授，《海峡评论》要转载你的文章。不久《海峡评论》在转载我的文章的同时，还发表多篇文章批评龙应台。接着台北的《世界论坛报》也分期连载我的这篇文章。《世界论坛报》编辑在转载的时候写了一篇按语，编辑部按语对这篇文章的作者表示了充分的敬意。香港也有个刊物《海岸线》，也转载我这篇文章。这就是说，因为《中国青年报》的《冰点》这篇文章的事件，引起了海峡两岸关系某种变化。特别是龙应台文章的发表，对重建海峡两岸关系没有起到好的作用。今天马英九先生专门任命龙应台作台湾当局文化部门的最高负责人，我是深表遗憾的。她上台以后不久就说，海峡两岸签订文化交流的协议我们暂时不签了。所以她对于推进海峡两岸关系是否有积极作用，我是表示担忧的。

2008 年，马英九先生上台执政，承认"九二共识"。虽然他有"三不",即不统不独不武,但是他承认"九二共识",所以两岸关系,就有一个共同的前提。这样,两岸关系这个有了积极的转变。

2009年,我第六次到台湾去访问。这次是我个人去的。这次我待在台湾的时间长,将近两个月。在台湾访问期间,我在中研院近代史研究所、台湾大学、辅仁大学、中央大学、台湾师范大学等单位做了学术演讲。此外我还在亚太和平基金会、政治大学国关中心分别做了一次演讲。据我了解,亚太和平基金会是台湾"国安局"的外围机构。它的执行长高辉先生,现在转任国民党大陆事务委员会主任委员。高辉先生和我是朋友。这也是刚才我讲的1992年6月份在北京和台湾师范大学举办会议的时候,高辉先生是参加、出席人之一。那么那次会以后,他又在中国社科院研究生院访问了一年左右。他后来一直在大陆研究机构工作,在中国文化大学大陆研究所担任所长。2009年他是在亚太和平基金会担任执行长,他请我去亚太和平基金会去做过一次演讲。在亚太和平基金会和台湾政治大学国关中心演讲,题目都是关于两岸关系方面的。在这次访问期间,也有机会和马英九先生见面。某日,我在国民党党史会看档案。这时候,中共重庆市委有一个代表团,由重庆市委宣传部的一个副部长带领,也要到党史会看档案。党史馆的馆长邵铭煌先生也是我的朋友,他就通知我。他说你到这边来,当时我并不知道他是有何深意。邵铭煌在后面告诉我,马英九不方便、我们也不方便正式和马英九见面,那个重庆代表团也不方便和马英九正式见面。所以利用看档案的机会,马英九顺便过来和我们见个面,握个手,说几句话。

2009年访问期间,我觉得最值得一说的是参加了一次"两岸一甲子"学术讨论会。"两岸一甲子"学术讨论会是由太平洋文化基金会召开的。太平洋基金会是台湾"教育部"的外围基金会。两岸一甲子,就是两岸关系60年。举办这次讨论会,得到了我们这边国台办的支持。国台办组织了30多位学者到台北去参加这个会。我们这个代表团以中共中央党校前任常务副校长郑必坚为团长。我那时候正在台北,所以我也作为访问团成员之一参加了这次会议。这次会议在我的认识上,在两岸关系历史上也是个突破。例如有两位卸任的驻外大使,一位驻法国大使,一位驻英国大使,到台湾去。我们驻外大使过去和台湾的"外交官"都是打架的。现在能够到台湾去,这是一次突破。还有两个将军,一个是我们军事科学院的副院长、已经退休的李际均中将,还有一个是我们国防大学战略所的潘所长少将。这两位将军平常也是不可能到台湾去的。据说这次是经过马英九亲自同意，他们两个将军才能过去。这次会议，分成四场，第一组，叫政治组；第二组，叫经济组；第三组，叫文化组；第四组，叫综合组。政治组当然是讨论政治问题，经济组讨论经济问题，文化组讨论文化问题，综合组就是讨论军事和外交。但是它没有打出军事外交的名义。我在文化组，我是文化组召集人，台湾方面另外有一个召集人，我们两位召集人来共同主持文化组的会议。这次会议有许多记者到会上采访，相当一部分记者是采访政治组，因为两岸要探讨政治对话，签订政治协议、和平协议等，这是两个谈得很多的话题，所以很多记者都有兴趣出席。经济组呢，当时记者去的就没有那么多了，经济方面的问题也有但不是很大了，两岸经济贸易开展得很好，ECFA 已经商议得差不多了，所以记者采访经济组的就相对比较少点。记者去的最多的就是综合组，综合组是讨论军事和外交，许多记者都跑到那个军事组去采访。我所在的文化组啊，很少有记者光顾。我在会场上利用召集人的身份，做了一个简短的发言，对两岸关系有一个讨论，同时我提了一个建议。这个建议说，2009 年再过两年是 2011 年，2011 年是辛亥革命 100 周年纪念，我建议两岸，中国国民党和中国共产党，一起联合起来召开纪念辛亥革命 100 周年的会议。同时，在辛亥革命以后，接着还有重要的纪念年份，包括孙中山诞辰 150 周年，包括抗日战争胜利 80 周年。最后，我举了两个时间，我说 2021 年 7 月 1 日是中国共产党成立 100 周年，2024 年 1 月是中国国民党第一次全国代表大会 100 周年，建议国共两党，共同来纪念中国共产党成立 100 周年和中国国民党全国代表大会 100 周年。第二天下午有全体大会，安排了自由发言，我利用自由发言机会抢上主席台，又把我在小组会议上说过的话重复了一遍，所有的记者都在大会现场。闭幕时大会主席是太平洋基金会董事长张豫生，他把我的建议列为大会的共识之一，表示要送给他们的上峰参考。

对这个建议，我们新华社有个长篇报道，台湾的报纸、香港的报纸都有登载。所以我从台湾回来以后，也向中共中央政策研究室做过建议。我认为这是推动两岸政治关系向好的方向发展的一些举措，通过这种形式也是促进两岸政治对话的一种方式。如果能够实现，两岸关系就更亲密了。但是不幸，2010 年 5 月马英九在台湾纪念"中华民国"建国 100 周年筹备委员会会议上说，纪念辛亥革命两岸各搞各的，大陆的会议我们不参加。这是《联合报》的报道。我看到这个报道，就知道这个设想和建议吹了，马英九对于两岸共同来做这种纪念活动，说了明确的反对意见，做不下去了。实际上在我看来，2011 年的 10 月 10 日，我们把它作为辛亥革命百周年的纪念日是非常合适的，那么"中华民国建国"百周年呢，它应该是 1912 年的 1 月 1 日建立的，因此在 2012 年 1 月 1 日来纪念"中华民国建国"百周年，是合适的。但是台湾方面一直坚持 10 月 10 日来纪念中华民国的建国，这个我们两方在这个历史的认识和理解区别就很大了。这实际上表示，两岸关系如果升到历史和政治层面的话，还有一些很难以缓解的地方，有的问题还很难以深入下去。

2010 年，我在香港出席两岸关系讨论会，在这次讨论会上，有机会和民进党前主席许信良先生、民进党的理论家林浊水先生见面，也和国民党执政时期海基会副董事长邱进益先生见面。我们一起应邀到凤凰卫视接受电视采访，我和他们三位分别做了交谈。许信良先生在讨论会上表达了他对国民党的痛恨。他说，他就是痛恨国民党。他说，中国的古代很可爱，中国的现代也可爱，就是中国的近代不可爱，我要遗忘，民众也要遗忘。我在会上回应他们说，中国的历史是一贯下来的，中国的古代固然可爱，中国的现代也固然可爱，中国的近代即使有它不可爱的地方，我们也不要忘掉它，你如果把中间的历史忘掉了，我们如何把现代社会连接起来呢？如果你恨国民党，你要把国民党忘掉，忘掉国民党以后民进党是如何产生的你说不清楚。这个历史是在一个时代环境当中产生的。民进党你是反国民党起来的，你恨国民党你就把国民党什么都忘了，你怎么来解释清楚民进党的历史发展呢？我和邱进益先生也讨论了"国统纲领"问题。在凤凰卫视，我问林浊水先生，你是不是没有到大陆去过，我邀请你到大陆来访问好不好，现在条件还不错。他表示，有机会再说吧。现在谢长廷以个人身份来大陆了，可能对民进党的两岸政策有推动。

我这里还要另外讲一件事，今年，2012 年，台湾大学张亚中教授要以统合学会的名义在台湾举办一次叫作台北会谈，题目是"强化认同互信，深化和平发展"的学术讨论会，邀请我去参加。从 5 月底推到 7 月份，"陆委会"不同意，说是海基会海协会两会要在台北开会。推到

7月份以后也没有开成，两会没开成，张亚中教授举办的这次会议也没有开成。"陆委会"不批准这个会议召开，就是要它改名。你这个会议名字呢，叫作"强化认同互信，深化和平发展"，强化认同互信在"陆委会"看来这个不好解释，认同什么？他们要求张亚中教授为会议改名字。张亚中教授说这个强化认同是我这个会议的主旨，我宁可不开也不改名！最后呢，他开记者会，宣布这个会议取消，会议不开了，我不改名。张亚中教授开记者招待会的时候谈到和"陆委会"交涉的经过。现在海峡两岸啊，就是有一个认同问题，我们究竟是认同谁？我们究竟是认同中国人，还是认同像民进党说的我们只有台湾人没有中国人，我们台湾就是认同统一，还是认同分离。所以张亚中教授这个会议的主旨我觉得是颇有深意的，所以我答应了他去参加，但是，没有开成。但是下一个月，11月中旬，我还有一次机会去台湾，徐水德先生主持的中山学术文化基金会，和我们这边宋庆龄基金会联合召开一次孙中山宋庆龄讨论会，宋庆龄基金会请我做团长，率领大陆代表团到台北。据我的了解，台湾过去讲历史讲近代史，他们是不愿意提宋庆龄的，他们认为宋庆龄是叛徒。我多年跟台湾学术界的朋友们交流，他们都不跟我提宋庆龄，那么现在，他们愿意提了，愿意开会而且把孙中山宋庆龄两个人放在一起，这就反映了海峡两岸在历史认识上有了一个共同点。刚接到消息，张亚中教授主持的"台北会谈"将在12月召开，我还将要赴会。这是后话。

　　我认为，海峡两岸的关系应该进一步往前走，应该往统一方向走，所以我对这一次谢长廷到大陆的访问，到厦门到北京的访问，我们国务委员戴秉国见他，我们海协会长陈云林见他，请他吃了饭，进行了讨论。谢长廷表达海峡两岸关系一定要向前推进一步，他说我们有差异，我们要承认差异，同时他讲超越差异。我对他说的"超越差异"四个字有兴趣，我觉得它很有深意，他没有任何解释，我只是猜想，超越差异最好的办法就是海峡两岸统一，就能超越差异。所以谢长廷先生尽管是以私人身份来大陆访问，而且民进党方面对他的批评声不断。但是我认为，谢长廷先生访问大陆的后续效果非常值得关注，这一点我特别认为谢长廷先生来大陆的访问今后会对执政的国民党当局造成很大的压力。那么你国民党对大陆的态度是不是应该再推进一步？你如果不抓紧推进一步，民进党真的赶上来，你就没有那么多机会了。依照我看，国共是有历史恩怨的，但是民共之间，民进党和共产党之间是没有历史恩怨的。民进党是 1986 年以后才成立的，它和共产党没有历史恩怨。如果它的思想解放一点，它把"台独"加以改变，它和大陆改善关系是很快的。所以民进党与大陆关系的改善对国民党是很大的压力。我希望保持这么一个压力，所以我对今后两岸关系前景继续表示关注，并抱有期望，我希望在两岸统一方面继续前进。

　　谢谢各位！

三
关于社会思潮和历史虚无主义的访谈

就社会思潮问题答中国社会科学院马克思主义研究院创新工程项目组[*]

问：张老师的这篇文章（指《琉球再议，议什么》）在日本反响很大，日本一些教授很推崇这篇文章。前些天中宣部部长刘奇葆来中国社会科学院视察，谈到中国社会科学院的职能、任务，特别提到您的这篇文章。今天我们主要来向张老师学习，我们这个课题是中国社会科学院创新工程的一个课题，这个课题名称叫"社会主义核心价值体系引领社会思潮"。在过去研究马克思主义思潮和其他社会思潮激荡的时候，对马克思主义如何引领社会思潮方面的研究是不够的。目前马克思主义研究领域有一大批领军代表人物走在最前面，而张老师一直致力于批判历史虚无主义思潮，并有很多重大理论成果发表。因此这次特别想跟张老师访谈一次，特别想听一听张老师对当前中国社会思潮的一个整体分析，对当前历史虚无主义思潮在整个社会思潮中占的比重如何，以及社会思潮流派划分的原则做一个介绍，另请您给我们提供一些课题建议。请张老师给我们指导指导！

张海鹏：中国近代史研究从新中国建立以来，就一直存在大量的争鸣和讨论。20 世纪 50 年代，由胡绳发起关于中国近代史分期问题的研究，五六十年代的讨论基本上是围绕着怎么样理解马克思主义、怎么样理解唯物史观、怎么样利用阶段斗争观点来分析看待中国近代史，以及如何把中国近代史分成若干历史时期，因为对马克思主义理论的领会很

---

[*] 这是依据 2013 年 6 月初接受中国社会科学院马克思主义研究院创新工程项目组采访记录整理的，收入赵智奎主编的内部出版物中。收入本卷时做了文字处理。

多学者不完全一样,所以很多学者的看法不完全一样。我过去写过文章评论五六十年代关于中国近代史分期的讨论,我认为五六十年代关于中国近代史分期问题的讨论是中国史学界特别是中国近代史学界学习马克思主义的大好机会,因为建国之前中国近代史研究是不被重视的,建国之后我们才重视近代史研究,中国社会科学院近代史研究所是当初中国科学院成立的第一个研究所,台湾是在1954年以后才成立了近代史研究所。新中国成立之前,中国历史学界都不把近代史当作学问,研究汉唐史学、先秦史学才是学问。这在新中国成立之后不明显了,但在台湾还强烈存在这种意识。台湾中研院评选历史学院士,长期以来都是被史语所的人把持,台湾近代史到90年代历经坎坷才有人评上院士。我们大陆这边不存在这方面的问题,新中国建立之后把瞧不起、不认为近代史是学问的风气改掉了。但当时很多历史学家都是从建国前过来的,很多年轻人没有学过马克思主义基本理论,所以经过这次中国近代史分期的争论,推动许多人去读毛泽东的著作、马克思恩格斯的著作,他们写文章都要引用马克思恩格斯毛泽东的论点,所以在五六十年代掀起了一次学习马克思主义理论的高潮。

改革开放后,中国近代史领域又掀起一次很大的讨论马克思主义的高潮。五六十年代我还是学生,没有赶上,只是看过相关讨论的文章。但1980年之后的讨论我赶上了,我也参与讨论了。1980年以后的讨论由于带着对"文革"的反思,所以一些学者对中国近代史研究领域中的重大问题,特别是涉及中国近代史基本线索的问题,就有不同的看法。我是站在胡绳、刘大年等学者主张的基础上写文章的,其他的一些学者就提出一些不同看法,有的比较带有颠覆性看法。可以说从1980年之后,中国近代史研究领域带有颠覆性的观点的文章慢慢出现了。比较重要的一个观点是中国近代史学者李时岳提出的,他认为洋务运动的地位要提高,应该把洋务运动放在中国近代进步潮流或者基本线索中来,这一点胡绳、刘大年在80年代都表示过不同意见,我也表示过不同意见。关于这个问题的争论在80年代引起过长期争论,现在争论不明显了。李时岳第二个观点就是对近代中国半殖民地半封建的社会性质提出了比较带有颠覆性的意见,他把半殖民地半封建社会进行分解,他认为半殖民地表明中国社会地位是一个半独立的国家,半封建说明中国是一个半资本主义的国家,因此他认为中国近代是一个半独立半资本主义社会的国家，他认为半殖民地半封建的定位不好，他 1988 年在广东《学术研究》上以回答记者采访的名义明确提出要颠覆这个半殖民地半封建社会理论，他表示要寻求新的理论概括，但一直到去世他都没总结出来。我在 1984 年在《历史研究》写过一篇文章和 1998 年在《近代史研究》写过文章，对近代中国基本线索问题、对近代中国半殖民地半封建社会性质问题，以及李时岳所提出的近代史"沉沦"或"上升"的观点做过一些分析，提出了我的见解。

20 世纪 80 年代初李时岳提出的"沉沦"或"上升"理论，过去我们研究近代史往往是这么论述：近代中国是半殖民地半封建社会，所以中国社会一直沉沦到半殖民地半封建社会的深渊。这在五六十年代是比较流行的一个说法，李时岳认为不应该光说"沉沦"，中国社会同时存在着"上升"。他这篇文章是在 80 年代初发表的，我一直到他去世之后在 1998 年才写过一篇文章对他的观点进行辩驳，他说的中国近代社会不仅有"沉沦"还有"上升"是有一定积极意义的，但如果说"沉沦"与"上升"同时存在，从历史过程本身来讲说不过去。我们把近代史的终点从 1919 年延长到 1949 年，中国近代史的前半期的特点基本上是"沉沦"，中国近代史的后半期才是"上升"，这样解释才能更好地说明中国近代史的历史过程。如果说中国近代史研究领域有一个学派的话，李时岳有很大影响。80 年代初以后，当时大学学习近代史的学生很多人都接受李时岳的观点，诸如更加重视洋务运动、把洋务运动作为近代中国进步潮流的一环的观点，半殖民地半封建社会性质变成半独立半资本主义社会的观点，以及"沉沦"与"上升"同时存在的观点。我感觉在 80 年代以后很多年青的学者都接受他的观点，在我接触的年轻朋友中，他们都或多或少地表示对李时岳观点的赞成，从学术界发表的论文上也可以看得出来。有一个时期我的这些观点被看作是比较"左"的，包括我当近代史所所长的时候，我们所里的人也有议论，这种议论有多少我没去调查，但偶尔有人把这个话反映到我这里来。如果从学术流派来说这是一个重大问题。

第二个重大问题就是李泽厚、刘再复提出的"告别革命"理论，李泽厚、刘再复我都认识，李泽厚比我年长，刘再复比我年轻，我和刘再复差不多是同时进入学部来的。我们都是"文革"中过来的，"文革"中刘再复的观点反复多变。过去我们不是很看重他，后来他在文学领域发表了一些文章，很快就担任了文学所的所长，他担任文学所的所长比我担任近代史的所长要早。1989年中国社会科学院组织纪念五四运动70周年讨论会，胡绳院长非常重视，胡绳院长有一次主持筹备委员会的会议，我去参加了，当时大家都到场了，刘再复最后一个到场，姗姗来迟，但是令我十分惊讶的是当刘再复进场的时候，我们的会议主席胡绳在会场上向他起立致敬，我们其他人都没有受此待遇，我个人当时是很惊讶的，这至少说明当时院里的领导对刘再复是非常重视的。因为他在理论界有一定影响力和号召力。刘再复在1989年政治风波后去了国外。李泽厚和刘再复1994年在香港出版《告别革命》小册子，当时我看到这个册子非常失望，他们两个人的名气比较大，根据刘再复在书中的说明，这本书的写成仅仅是刘再复和李泽厚的谈话，就是按照两个人聊天记录整理出来的。因此这本书是对中国近代历史的观点论述，不是一个系统的研究，不是一个系统的论证，而是对中国近代史零星事件的评论，包括对胡绳、刘大年等其他人的评论，其中最核心的观点就是"告别革命"。"告别革命"首先认为辛亥革命搞错了，如果不搞辛亥革命的话，放手让慈禧太后搞现代化，现在中国现代化早就实现了。从辛亥革命搞错了，一直讲到中国共产党领导的新民主主义革命和1949年以后的社会主义革命都搞错了，由此展开论述世界历史上的革命，1789年法国大革命过"左"，实际上也是搞错了，然后又讲了英国革命，英国革命以妥协手段，而不是以革命、激进的手段取得成功，英国后面得到顺利发展。总体上讲，从中国近代历史进程上看革命都是不好的。这个观点我是很不赞同的。

  我在1996年写过一篇文章批驳。当时中央党史研究室副主任郑惠创办《百年潮》杂志，郑惠给我打电话，约我写一篇评《告别革命》的文章，说要把我这篇文章也即是评论《告别革命》的文章在创刊号发表，但后来郑惠又打电话说《百年潮》创刊号出版推迟了，怕耽误我的文章发表，郑惠推荐给了《当代中国史研究》。我注意到，《当代中国史研究》出版的时候，《百年潮》也同时问世了。这就看得很清楚，《百年潮》不愿意我这篇文章在他的创刊号上发表。几年后我给中央党史研究室负责同志提出过自己的意见。发表在《当代中国史研究》的这篇文章把李泽厚、刘再复"告别革命"的观点批驳得比较到位了。我之前，哲学所的谷方同志也写文章批驳"告别革命"，他用词比较激烈，但主要从哲学角度批判，没有从历史事实角度攻击其要害。我的这篇文章结合中国近代历史事实进行批驳"告别革命论"，批评得比较系统。对李泽厚、刘再复的观点包括辛亥革命、戊戌变法、让慈禧太后放手搞现代化，对法国、英国革命我都联系实际做出分析。他们在《告别革命》中论述辛亥革命领导人孙中山不是资产阶级，就不能说是资产阶级革命。为了写这篇文章，我专门查了英国革命的发起者克伦威尔、法国大革命的发起者罗伯斯庇尔、俄国二月革命的领导者克伦斯基、美国独立战争的发起者华盛顿，这四个人没有一个人是资产阶级，不是资产阶级出身的人就不能领导资产阶级革命吗？在以后的其他文章我也做了分析。李泽厚"告别革命"理论是更为激进的观点，不仅对中国近代史研究领域存在重大影响，对今天整个中国社会也产生很大影响，它可以成为不是流派的流派。有多少人站出来公开在刊物上赞同李泽厚、刘再复的观点，我没有统计，但是"告别革命"的思想在很多人的言谈和文字中都可以看到，或隐或现地体现。所以从中国近代史研究领域来说，我认为带有强烈颠覆性质的观点，一个是对中国社会性质的颠覆，另一个是对近代中国革命的颠覆，我在多篇文章里对这两个问题进行了研究和阐述。

2006年中央电视台播放《大国崛起》，在北京的几位历史学者对此进行过小范围的讨论，对《大国崛起》这部政论片没有给出完全否定的意见，从世界历史上看对大国崛起的经验教训要总结，但是《大国崛起》这部政论片还是有严重缺点的，主要体现在该片对西方若干个资本主义大国崛起的对外侵略政策、殖民主义、战争手段很少揭露，对它们的原始积累的血腥性没有鲜明地揭露，这是我们看完这部片子最大的感受。2006年11月，《大国崛起》的策划人麦天枢在《中国青年报·冰点》发表了一整版的文章，讲述他策划和推动《大国崛起》的想法。《大国崛起》纪录片我认为不是完全错误，中间存在问题，但麦天枢发表的这篇文章我认为是完全错误的。麦天枢在这篇文章里面有一句话："中国人看完《大国崛起》这部片子之后，如果懂得了什么叫妥协我就谢天谢地了。"麦天枢拍这个片子讲英国革命，英国资产阶级革命英国人会妥协，中国人就是不懂得什么叫妥协，只知道斗争。这几乎是他文章原文。所以，让中国人看完这个片子懂得妥协就谢天谢地了。

我针对麦天枢的这篇文章和观点写文章评论过，为了讲清楚这个问题,我复习世界史,找英国革命的资料来看。英国 17 世纪的资产阶级革命并不是只有妥协,是斗争妥协并存,是斗争求妥协。英国资产阶级革命首先是在议会和国王之间进行,议会军把英国国王查理一世杀掉了,后来又有了斯图亚特王朝的复辟,严重损害了资产阶级和新贵族的利益。1688 年,支持议会的辉格党人与部分托利党人邀请詹姆士二世的女儿玛丽和时任荷兰奥兰治执政的女婿威廉(后来的玛丽二世和威廉三世)回国执政,发动宫廷政变,推翻斯图亚特王朝封建统治,建立了资产阶级新贵族的统治,这次政变没有流血而获得成功,因此史称"光荣革命"。1689 年,颁布《权利法案》,标志着君主立宪制的资产阶级统治确立。这完全是在战争、斗争中寻求妥协的,这样麦天枢、李泽厚、刘再复都一再歌颂英国革命和平妥协好,而法国革命不好,杀人无数,俄国革命也是不好,中国革命学了法国革命、俄国革命,只知道斗争。仔细分析英国革命,就会发现英国革命并非如他们所说是和平友好进行的。《大国崛起》在中央电视台播出,在国内舆论界影响很大。

问:后来您是写文章提到还是专门写文章谈论《大国崛起》?

张海鹏:我是专门写了文章分析,另外我也在别的文章提到过《大国崛起》。前些年的时候,大概是 2011 年,北京正略钧策咨询有限公司主办了正略钧策读书会,这个读书会吸引了很多全国青联委员,国务院有关部门司局级领导,还有国有大型企业董事长、副董事长。这个读书会的负责人通过其他途径打听到我,请我去演讲,我之前对这个读书会不了解,我就讲《大国崛起》。我基本上按照《大国崛起》这个政论片的顺序把西方九个大国崛起的历史过程讲了一遍,尤其指出了西方大国崛起的资本原始积累是怎么来的,是建立在对其他国家剥削压迫来的。我讲了这个道理,我讲了大国崛起过程中给我们的经验,给中国值得借鉴的教训,我讲了当今中国崛起应该朝着什么方向走。最后讲到现在中国的时候,有这么几句话:中国社会主义市场经济的决定是对的,但是如何把市场经济和社会主义结合起来,我们还没有成功,我们还要走很长的路。市场经济是一匹没有缰绳的野马,它会随意奔驰,社会主义体制下一定要有一个缰绳约束好这匹野马,约束市场经济的行为,这样我们才会把市场经济和社会主义有机结合在一起,只有把社会主义市场经济结合好了,我们才能真正形成我们社会主义核心价值体系。那天听讲的听众一百多人,包括外交部、发改委各部门的司局级领导,大型国有企业的董事长、经理，最后进行了互动讨论。听众中有人把这篇讲稿推荐给中央党校《理论视野》，这个刊物分两期把这篇文章发表了。

还有一个比较重要的是 2003 年中央电视台在新闻联播后的黄金时间播放的电视连续剧《走向共和》。因为 2003 年"SARS"流行，北京市政府通知不让外出聚集活动，就在家看了这部片子。在 2003 年四五月份的时候，几个北京的史学专家看完了一部分后，碰了一下头，一致认为这个片子不好，这部片子的基本政治倾向是错误的。大家形成一个意见，通过一些途径向中央高层转述，后来这个意见领导同志看到了，批示要尊重专家意见。这个意见批了以后，后面的剧集播得就很快，草草结束了。据说，当时广电总局的意图是，央视一台电视剧播送完了，其他台还要播出，还要在《人民日报》《光明日报》发表评论。这个意见批了以后，这些评论都没了。我感到最不解的是这部片子是由湖南省委宣传部、长沙市委宣传部支持的，这个片子的基本思想和脚本是有问题的。开始在湖南台播出反响不大，后来通过广电总局和中央电视台联系，在中央电视台播出，在播出期间有各种媒体报纸评论，当时这部片子没放完，我就写了《电视剧〈走向共和〉引起观众历史知识的错乱》，刊登在中国社科院《要报》上。后来我根据《要报》的内容拓展为一万多字的文章，发表在中国社会科学院《马克思主义研究》和教育部《高校理论战线》上。当时从网络和报纸的调查来看，很多人认为这部《走向共和》的政论片颠覆了我们所学的中国近现代史，有的高中生发表文章高度推崇这部片子，推崇慈禧太后是一个具有人性的人，这个片子看不出慈禧太后是一个凶险阴谋的政治家。诸如此类的评论很多。

这部片子错误在哪？先不说错误，先说角色设定。编导用一些很有名的演员来饰演慈禧、李鸿章、袁世凯，这些演员从艺术的角度都是很成功的，让观众看到活生生的、有血有肉活生生的政治活动家，是他们在推动中国历史的前进；用一些不太知名的演员来饰演孙中山、黄兴、宋教仁，这些人的演技不太高明，诸如片子里面对孙中山剪辫子满地打滚、孙中山和黄兴在美国被旅馆老板抓住狼狈而逃等情节的刻画，让观众产生强烈对比，用艺术的手段调动观众的情绪，让观众对慈禧、李鸿章、袁世凯产生很好印象，对孙中山、黄兴、宋教仁产生不好印象，这是借艺术的手段演绎他们理解的历史。

下面我说说这部片子的基本问题。第一个问题，这部片子叫《走向共和》，并不是说不能用这个名字，但这部剧的编导在解说《走向共和》的时候说：到今天我们还在走向共和，走向共和还没走完。问题就出在这里，这些编导、湖南省委宣传部负责人、长沙市委宣传部负责人，他们不看看毛主席的文章吗？毛主席早就讲清楚了，资产阶级的共和已经过去了，我们现在是无产阶级共和，和资产阶级共和完全不一样。他们认为走向共和还在走，这是他们反复宣传的一句话，我们到今天还没有完成共和。这就是当今还在活跃的宪政派的主张，这是他们思想的重要起源。我感到奇怪，毛主席故乡中共党的宣传部门的负责人，对毛主席的著作是如此荒疏！

第二个错误是编导和主创者写的文章，说这个片子要刻画出那个时代的人从慈禧、李鸿章、袁世凯到孙中山、黄兴、宋教仁共同走向共和，这是这个片子很要害的说法。它完全歪曲了辛亥革命的性质，辛亥革命是孙中山、黄兴、宋教仁要革慈禧、李鸿章、袁世凯的命，怎么可能共同走向共和呢？所以他们在片子中长篇刻画朝野上下共同走向共和的经历。我举两个片中的例子，第一个例子是小青年孙中山从广东出来去天津到直隶总督李鸿章家里拜访，两个人聊得很开心，一起吃饭，商讨共同走向共和。但事实上孙中山从没有见过李鸿章，李鸿章作为直隶总督也根本不会接见孙中山，不会把孙中山放在眼里。孙中山二十多岁刚刚从广东出来探索救中国的道路，写了一封信给李鸿章，这封信到底有没有到李鸿章手中、李鸿章收没收到我们无从知道，但事实上李鸿章当时不可能看上没什么名气的孙中山。第二个例子是 1909 年宋教仁到河南去见袁世凯，两人见面称兄道弟，喝酒吃饭，临别的语言是："老哥，我们一起革命吧，我们一起推翻清王朝统治。"1909 年皇族内阁成立后，袁世凯被逐出京城，在河南安阳洹上村养"足疾"这是事实，但宋教仁去见袁世凯这是没有任何历史根据的。我们知道宋教仁当时在日本东京念书，在 1909 年回到东北调查所谓"间岛问题"写出了有关"间岛问题"的长篇报告，送交清政府。此事在中国留学界引起巨大反映，这些留学生认为他调查这个问题可以，但不应该把报告提交给清政府，这不是对清政府还有好感啊？我们不是要推翻清政府吗？但宋教仁仅仅是到了东北调查，没有到别处，更没有到河南会见袁世凯，甚至在影片中还出现了宋教仁和袁世凯在武昌起义后聚首，这些完全是捏造的，完全没有历史事实依据，这给观众一个印象就是朝野一起走向共和。

社会思潮的另外一个问题就是"冰点问题"。2006 年 1 月 11 日，《中国青年报·冰点》发表了中山大学哲学系袁伟时教授的《现代化与历史教科书》一文。北大沙健孙教授把这篇文章复印了拿过来让我看，要我写一篇评论。我之前一直不看《中国青年报》，不知道《冰点》这个栏目，后来我才知道这个《冰点》栏目的内容曾经引起读者很多争论。我一看袁伟时的名字就有点泄气了，第一我认识他，第二他写的一些东西我也看过。过去也有人让我写点文章评论他，我都拒绝了。看完他这篇文章之后，有一种哑然失笑的感觉，我觉得他不是一个对中国近代史很内行的人，不是一个受过史学系统训练的人，顶多是一个票友。他就是材料拼凑，把对现实的很多不满通过中国近代史的阐述来表达自己的观点。沙健孙同志把文章给我之后，我浏览一眼就把它放下了，我没有想过写文章评论他。但是我是一直关注网络的人，从社科院有网络我就上网，我经常上网看一下新闻，我就看了《中国青年报·冰点》的一些文章以及媒体反应。

2006 年 1 月 24 日，团中央宣传部向《中国青年报》发出《冰点》栏目停刊整顿通知，这个通知申明是不得公开，只在《中国青年报》内部传达。《中国青年报·冰点》主编李大同，这个人的名字之前我都没听过，还有一些其他副主编，这些人思想右倾非常严重，经常把反映他们倾向的文章发表在《冰点》栏目。当天晚上李大同违反纪律，把团中央宣传部对《冰点》栏目的停刊整顿通知在互联网上发表，通过美国的"法轮功"网站"大纪元"公布，很快各个网站都转载，国内外特别是国外批评中国新闻不自由的言论就多了起来，国内外特别是国外把《冰点》作为独立的刊物，认为中国侵犯言论自由。紧接着台北市文化局局长、今天"中华民国""文化部"部长龙应台全力支持袁伟时，大约在 2006 年 1 月 26 日，台湾《中国时报》、香港《明报》以及美国《世界日报》、新加坡《星洲日报》四家华文报纸同时刊发龙应台致胡锦涛的公开信，质问胡锦涛，中共扼杀新闻自由是怎么回事，对中共中央总书记发起公开挑战。当时台湾是陈水扁当政，大陆要送熊猫"团团""圆圆"去台湾，媒体正在争论熊猫的命名。龙应台在文章的最后有这样一句话："我们不关心团团圆圆来不来台湾，我们只关心中国大陆有没有新闻自由。"在龙应台发表这篇文章前后，为了和《冰点》主编李大同相呼应，我们国内互联网上出现了一批文章，包括李锐、胡绩伟等一些人的文章相呼应。

2006年3月1日《冰点》复刊，刊登我写的《反帝反封建是近代中国历史的主题》一文，香港有线电视台记者采访，要挖我这篇文章的背景，总问我有没有官方背景。我说我对袁伟时的文章有不同的意见，我作为一个读者，看完之后写出自己的观点，这是学术界正常的学术争鸣。后来香港有线电视台在香港播出了这个采访节目，李慎明告诉我他看到了这个采访，是香港有线电视台的采访。从3月1日开始，我就关注网上的反应，我那个时候还是全国人大代表，通常每年3月3日，我们就要进入会场，所以从3月1日到3月3日之间，每天晚上我都在网上搜索，大概3月1日在网上搜索的结果我得出一个基本结论，中青网网民留言反对我这篇文章的是多数，支持我这个文章的是少数，新浪网网民留言绝大部分人都支持我这篇文章，还有人民网等其他网站，我把3月1日至3月3日中青网、新浪网、人民网等四五家网站的网民留言做了一个基本统计，大概59%的网友跟帖留言支持我的文章，30%左右的网友是批评的态度，10%左右的网友两边都不支持，各打五十大板。个别近代史领域的学者，有一位说了很内行的话：比较姓张和姓袁的文章，张的文章在学术资料引用规范方面，那是袁无法企及的，他不可能达到这样的水平。如果你要想了解中国近代史知识的话，你就看张的文章，就不要看袁的文章。我的那篇文章最后一段讲的是用唯物史观指导中国近现代史研究，这一点那个学者表示不满。

这个"冰点事件"从袁伟时文章发表，到《冰点》停刊整顿，到《冰点》复刊，到我的这篇文章发表，在国内外引起的震动是我事先没有想到的，因为中宣部发了通知，我在《中国青年报》上的文章国内的报纸都没有转载，都是网上转载的。我从网上搜索，世界各国的主要报纸都做了报道，中国台港澳和美国、英国、法国、日本等都从不同的方向做了报道，做了评论。我在开"两会"期间，还有日本共同社的记者通过社科院外事局打电话想要采访我，我当时拒绝了，原因很简单，我不在所里，我在开"两会"，没时间接待你。他说等你"两会"开完，我再采访你。后来"两会"开完，到了3月17日、18日在我们所里，我接受了日本共同社记者的采访，日本共同社的记者问了我两个问题：第一个问题，请张教授评论一下中国新闻自由问题；第二个问题，请张教授谈一下唯物史观。这两个问题都具有挑战性，而且关于中国新闻自由不是很好说清楚的问题。实际上新闻自由问题在世界各国都是不好说清楚的问题，西方国家貌似新闻很自由，其实也有它不自由的地方，这个问题对日本共同社的记者不容易讲清楚。那么我是怎么回答的呢？我的回答让那个记者哑口无言，我反问了他一个问题：有没有这样一个情况，贵国有一个知名的学者，他能够把他几年以前在学术刊物上发表的文章再在你们的大报上发表一次，比如说你们的《每日新闻》《朝日新闻》《产经新闻》，能不能把一个学者几年以前发表的文章再重新刊登一次？他说在我们日本绝对不可能发生这种事情。我说，那好，袁伟时的文章三年前发表在广东的学术杂志上，现在原封不动地搬到《中国青年报》上，你说中国新闻自由不自由？这个记者哑口无言。接着我们讨论第二个问题，我说我要告诉你中国人用唯物史观观察社会和历史的老师是谁呢？是日本人，是贵国。清末中国留学生，一直到20世纪20年代、30年代、40年代我们都从日本人那里学到了唯物史观，我们不是直接从德国人那里学的，我们不是从马克思恩格斯那里直接学到的，而是从日本的学者那里学到的。至今贵国还有不少学者在应用唯物史观指导自己的研究，我就给他点了几个人的名字，我问他这些人你都知道吗，他说大部分人他都不知道。我很奇怪，你采访我，你对你们日本这些学者都不知道，你是共同社一个采访什么问题的记者？他回答说他是政治记者。这我就懂了，他们把"冰点事件"当作政治事件来采访，所以他对日本学术界完全不了解。所以我就给他解释我们中国人学习唯物史观的历史过程，如何从清末开始从日本学习，现在我们还在运用唯物史观，现在日本还有不少学者在运用唯物史观。这个记者后面也没有话反驳我了。过了几天，这个记者把采访稿整理好了，到我办公室来，念了一遍给我听，大致符合我的原意，可以拿回去发表了，他说一定拿回去发表，我说你们报纸发表了给我寄一份，他说一定给我寄一份。

2006年3月底的时候我到了美国，美国的胡佛研究所开放蒋介石日记，胡佛研究所邀请我和杨天石去捧场，他们出路费、负责所有开销。本来邀请我们去两个月，但我待了一个半月左右，杨天石待了两个月。到胡佛研究所，和他们那里的人谈，也谈到了"冰点事件"，也知道我，知道我写的那篇文章。也有一些记者，包括我们新华社驻美国的记者过来采访。

5月底我从美国回到北京之后，我就了解日本共同社对我的采访有没有发表，现在为止还没给我寄来日本的报纸，我就通过日本的朋友在日本的互联网上搜索看看有没有关于我的采访报道。完全没有。这说明什么问题？这就表明我说的新闻自由和唯物史观根本就不符合日本共同社、不符合日本新闻媒体的需要，日本新闻媒体是不会刊登的。这反过来进一步说明日本的新闻自由是有限的，他们也不是什么话都可以发表的，其实这一点我早有认识，不过这一次是具体检验了。

关于"冰点事件"的争论其实一直到现在都没有完。大概2006年底2007年初，日本东京一家华人主办的出版社，连续出版了几本反映"冰点事件"的书。第一本书是《冰点》栏目主编李大同和他们的副主编编写的关于"冰点事件"前后，他们搜集的"冰点事件"期间的各种文件用中文、日文对照的方式在日本出版，还有袁伟时一本。其中有一个日本学者佐藤氏，这个学者是专门研究中国义和团运动的，我和他不是很熟，但认识。他有一本很厚的义和团史研究的专著，我们社科院的社科出版社给他出版了中文译本，但是中文译本对他的书的最后几行话有点修改，另外他原来还附有一些图片，据说后来社科出版社给他弄丢了，图片没有还给他（后来我了解事实不是如此）。这个人极为恼火，声称向中国法院起诉社科出版社，他就认为中国新闻不自由。佐藤这个人和"冰点事件"没有关系啊，他就结合他这个书在中国出版的经历，他也忙碌了一顿弄了一本关于"冰点事件"的书。这几本书都是批评中国的，当然也是批评我的。

日本那家出版社也曾打电话给我，约我也写一本，我没有接受。但是我也在想到一定的时候，我要将"冰点事件"的前后过程写些东西。我已经在几个地方做演讲，我在社科网做了演讲。

问：这个事情可以找助手帮忙做一下？

张海鹏：这都是我自己做的。我在河南大学新闻学院专门做一次演讲，我把"冰点事件"作为新闻案例提供给河南大学新闻学院的老师和学生分析。我还在南京大学做过一次关于"冰点事件"的公开演讲，现场好几百人，我讲完之后在讨论过程中有一个南京大学本科生站起来指责我，几乎是用谩骂的语言，极力为袁伟时辩护。当时南京大学报告会的主持人、历史系主任陈谦平批评这位同学，对张老先生怎么可以这么不尊重。后来那个学生就不说话了。这些事件说明当前我国思想界社会思潮的对立倾向非常明显。

不久前还有一个网民给我的邮箱发了一封信，大力推崇袁伟时，对我大加挞伐，骂我是"老不死的"。我从网上搜索，发现这个人是承德人。我给他回了信，第一我指出，你给我发邮件，说明你想与我交朋友，我很欢迎。中国是礼仪之邦，怎么可以在要交的朋友面前大骂朋友呢？第二，既然我是"老不死"的，袁伟时比我还大，是否也是"老不死"的呢？你的爷爷等是否也是"老不死"的呢？第三，我指出，你既然批判我的中国近代史观点，我们可以公开辩论。辩论的地点，可以选在承德（他在承德），可以选在广州（袁伟时在广州），也可以选在北京（我在北京）。我们可以公开辩论嘛。

我们今天的思想界，我说实在话，我非常担心我们青年一代的思想走向，我们的大学生、研究生、博士生他们的思想走向，我也非常担心我们党和政府的各级官员，尤其是县以上的各级官员的思想走向。

关于"冰点事件"我再补充一个材料。2006年全国"两会"期间，我作为湖北代表团成员参加"两会"，当时李长春同志作为中央政治局常委来湖北代表团听意见，湖北代表团的团长俞正声同志（当时是湖北省委书记），考虑到李长春同志主管意识形态工作，安排我就意识形态发言。我针对"冰点事件"做了十分钟的发言，我对团中央宣传部有关"冰点事件"的处理提出一点商榷性的建议。我建议当时袁伟时文章发表之后，就应该采取百家争鸣的办法，及时组织专家学者来讨论，这样做下去对国外的影响就不一样，而没有采取这样的做法而采取停刊整顿的做法，对国外造成中国新闻不自由的印象影响就比较大。如果当初一开始就放开讨论，我可能会写文章，我1月份写文章和袁伟时辩论的话，我的用词会尖锐很多。但到3月份以后，我的文章就用了非常和缓的语气，用完全学术讨论的语气，用袁伟时能够接受的语气来写文章，那个时候我已经充分掌握到国内外对这件事情的各种反应，我严格按照学术讨论范围来写的。如果在操作上、在领导方式上用学术辩论的方式处理，就不至于引起那么大的波澜。后来我3月底到了美国，在美国待了近两个月，到了美国之后我有一个新的感觉。2006年4月21日，当时胡锦涛主席访问美国，在白宫南草坪发表演讲，当时我看到美国的电视新闻报道，一开始胡锦涛主席讲的时候，还没有拿稿子，开始演讲不久，在记者席中间，突然美国一个"法轮功"网站的女记者用中英文同时指责胡锦涛主席，叫喊"法轮大法好"，这个时候胡锦涛主席愣住了，后面的演讲就拿着演讲稿念了。当然美国警察迅速处理了那个记者。当天晚上胡锦涛主席还有一个和美国媒体的新闻吹风会，后面也取消了。这个事件我联想到为什么《冰点》栏目一定要在2006年3月1日复刊，为什么只给我一个礼拜要在3月1日发表我的文章，如果3月1日不解决"冰点事件"，那么4月份胡锦涛主席访问就肯定会被外国记者问到这个问题。所以一定要在3月1日复刊，复刊后这个话题就过去了，就没有人讨论这个问题了。

问：张老师对上海中学历史教科书的编写及其指导思想是怎么看的呢？

张海鹏：2008年上海新版中学历史教科书出版引起很大反响，这个教科书和袁伟时的文章也有很大关系。袁伟时在他的文章《现代化与历史教科书》中除了对中国近代历史诸如第二次鸦片战争、义和团运动等进行历史歪曲，最主要的内容是他认为我们的历史教科书是在教大家喝"狼奶"，我们几代人都是喝"狼奶"长大的，喝"狼奶"长大的人肯定野蛮，只知道斗争不知道妥协。上海新版中学历史教科书就是在这个思潮影响下编写的。

过去中学历史教科书都是人民教育出版社组织学者来编写，后来到了20世纪90年代末21世纪初陆续有一些学者对中学历史教科书有意见。因此教育部对中学历史教科书编写大纲做了修订，允许国内不止人民教育出版社一家来出版，在国内可以有几家出版社根据大纲来编写中学历史教科书。上海争取到了自己编写中学历史教科书的权利，上海师范大学某教授组织编写了上海中学历史教科书。其实这位教授我跟他很熟，在中国近代史上特别是抗日战争史上，我们的观点还合得来，没有太多观点冲突。但是他们编写的中学历史教科书不按照以前政治史来编写，突破所谓阶级斗争史，用所谓人类文明史这个视角来编写。因此他们编写出来的中学历史教科书就看不到历史上的统治阶级和被统治阶级的斗争，农民起义、近代革命等都加以淡化，而从文明角度把衣食住行加重了分量。这套课本在上海发行，最先是美国一个记者进行报道，当年10月，我和李文海、沙健孙、金冲及等参加教育部高校社会科学研究中心就上海历史教科书问题召开的座谈会,我们一致认为上海的中学历史教科书用人类文明史的视角来编写为学生讲述中国历史的过程恐怕不是很合适。所以讨论结果向中央有关方面提出建议,上海教育局后来收回了这套教科书,在中学课堂只用了一年。这也引起了上海一些学者对我们有意见。

我再说一个和这个事件有关似乎又无关的事情。2010年我到上海大学去,我那个时候兼任中国义和团研究会理事长,中国义和团研究会准备在2011年召开纪念义和团110周年国际学术讨论会,我们在上海大学开了一天的筹备会议并有一些讨论。当时会场上,有一个上海教育局的处长,这个处长本来和我们讨论的这个事情无关,完全可以不来,会场上我注意到了这个处长就是专门来观察我的,因为我对他们编写的历史教科书提了一点意见。会上有四位学者包括上海的学者发言,我对四个人的发言逐一进行了点评,点评结束之后那位处长准备离席,在离席前走到我跟前,说了一句话:"张教授,你对四篇发言的点评非常到位,很专业,我很满意。"说完就离席而去,他就是想要了解下我的思想观点究竟如何,因为我反对过他们的历史教科书。后面的会他就没有参加。我想这个事情应该不会给他很坏的影响,因为我猜想这个上海教育局的处长是管历史教材的。上海教育局改变了他们用人类文明史来编写中学历史教材,接受了教育部统编的教材。这是政府层面的改变,但是学者之间是否接受了我们对上海教科书的批评,这是要打问号的。我认为这个思想上的分歧就是从"告别革命"开始对史学界的影响,从破除阶级斗争史、提出人类文明史,以及对唯物史观是否能够指导历史学研究这些重大问题,在我们学术界都存在着非常对立的分歧意见,这可能不是很快能够改变的。

2003年,中央开始开展马克思主义理论研究和建设工程,马克思主义理论研究和建设工程第一次会议是李长春同志主持的,胡锦涛总书记做了讲话。当时我参加了,我很惊讶这次会议的名称是中央关于马克思主义理论研究与建设工程工作会议。这充分说明了中央对马克思主义理论研究和建设工程的重视。以后随着马克思主义理论研究和建设工程项目的推进,强调马克思主义,强调唯物史观,强调意识形态领域的正确引导,这些方面形成了一定的舆论氛围,这是好的。但是我不认为意识形态的问题解决了,并不意味着意识形态的对立分歧是解决了,意形态的对立分歧还是存在的,而且有愈演愈烈的趋势,这个我基本上能够想通。因为随着我们国家改革开放的进展,特别是社会主义市场经济的发展,我们的经济基础发生了巨大的改变,民营企业的巨大发展,在国民经济中的地位巨大提高,党中央全会决定了对公有制经济和非公有制经济都是毫不动摇地发展。国家经济结构的重大改变引起思想意识形态、思想文化领域的各种改变,这是符合马克思主义"存在决定意识"的基本观点的。所以在当前我们基本国情和思想体制底下,想要完全改变意识形态领域内的分歧和对立的状态,我认为是不现实的。今后的问题是,要承认中国共产党的领导,承认人民民主专政,承认中国特色社会主义道路,承认社会主义核心价值体系,就必须讲马克思主义、共产主义世界观,不讲这些,社会主义核心价值体系就难以保证。现在的问题是如何在意识形态领域内,使国家提倡的主流意识形态在实际上处在不被消灭的状态,能做到这一点我觉得就不错了,我们的社会主体意识中,特别是在中央政治局中不产生反对和怀疑,而且继续加以推动,那我们今后继续朝着中国特色社会主义的方向发展,就是有希望的。我们建设中国特色社会主义道路、建设社会主义核心价值体系还是可以期望的。换句话说,我认为我们建设的社会主义核心价值体系,现在还处在一个过程中。什么叫社会主义核心价值?什么叫社会主义核心价值体系?我们可以看到报道上各种各样的文章,也有各种不一样的意见,似乎较多人都能接受的理论性概括还不是很多,不是很成熟。这一点我觉得理论界还需要努力,尤其是马克思主义研究院在这些方面还需要下一定的功夫,做一些有益的工作加以推动才好。

问:今天我们听张老师跟我们讲了很多,我们受益匪浅,很多重大问题都讲得非常清楚。"告别革命"这一段我很震撼,包括"走向共和""大国崛起""冰点事件""上海教科书"等都讲得很好。我体会最大的,是张老师都是从唯物史观的角度切入,在一些重大历史问题、重大理论问题上,有非常鲜明的看法,和我们马克思主义研究院的观点非常一致,这些对我们都很有启发。比如说张老师谈到市场经济和社会主义关系时指出"市场经济是一匹脱缰的野马,我们如何约束"的观点和江泽民同志讲的"社会主义市场经济,社会主义四个字不能没有,它不是画蛇添足,而是画龙点睛"是一致的。而且我们确实在市场经济和社会主义的结合过程中还在往前走,是否成功我们还在实践,我们和日本人交流的时候，日本人也在提这个问题，我们肯定是交了一些"学费"的。实际上张老师最后讲的，意识形态领域的斗争其实和我们国家的经济结构的改变是有关系的，我觉得这个说得非常到位。正因为这样，目前这个意识形态领域斗争这么复杂，有那些人站出来公开对抗中央的有关政策，其实是他们在替他们本阶级说话，为他们的阶级利益表达诉求。所以我们实际上从思潮上研究，阶级分析方法和唯物史观还是不能丢，必须用这些来指导我们研究。

我们现在还有一些困惑，现在非马克思主义学者有一些复杂，他们不是直接跟中央政策发生对抗，有些人也是非常模糊的看法。主要有两个问题。第一关于苏联解体的看法，我们社科院的李慎明的观点是苏联共产党内出了问题，戈尔巴乔夫是要负主要责任的，但社科院的东欧中亚研究所的一些学者就不这样认为，苏联党内问题不是主要原因，还有苏联经济、民族等复合问题。这双方都好像很有道理，这些您怎么看？还有包括对斯大林的评价，对苏联社会主义模式的评价，这些社科院本身的分歧就很大。

第二个问题，比如民主社会主义就有问题，但现实中包括我们社科院有一批学者对民主社会主义就非常推崇，甚至包括普世价值，社科院也有一些学者支持。有的时候我们自己感觉，我们马克思主义研究院的观点好像不占主流，好像我们出了这个圈子，我们接受的批评的声音越来越多。外部对马克思主义研究院的议论很多，有人议论马研院搞的不是学问，这些议论有时我们自己都听不到。这种现象，张老师给我们指导一下，整个走向是什么？今后我们怎么注意？

我特别赞同您刚才那个观点，如果"冰点事件"刚开始就组织讨论，就不会有后面那么被动。现在又给中央扣一个"七不讲"的帽子，我们在日本就看到了。

张海鹏：我没有看到过这个"九号文件"？这个原文是怎么讲的？

问：中央"九号文件"我们传达了，主要内容是中央关于意识形态领域内存在七个方面的问题，但这七个问题和社会上传播的"七不讲"不能对号的。这说明有人在里面故意把它弄混淆了，我甚至怀疑有些内部人在里面煽风点火，要不然怎么这么快就知道，这么快被概括出来、被认可。所以我觉得这里面，我们是被动的，就像周新城老师说的"我们成了地下党了"，人家说你公布出来，我们还不公布，你们这羞羞答答，你们说没说"七不讲"，我们还不吱声。结果好多人还不清楚。我们现在有时候过高地估计自己，有时候过低地估计了自己。这也是意识形态领域的一个教训，我们希望您以后给中央写一个要报，在一些重大问题上我们应该主动点。本来历史虚无主义已经说得差不多了，现在一有风吹草动，我们马克思主义研究院稍微有人说话，马上就对我们攻击，谩骂声就来了。

张海鹏：这是免不了的。刚才你说了普世价值，现在换了一个词就是"宪政"了，词换了，意思是一样的。你刚才说了马克思主义和非马克思主义，我一直有一个想法，我建议咱们马克思主义研究院不要把马克思主义和非马克思主义对立起来，我们要把马克思主义和反马克思主义对立起来。非马克思主义应该像我们过去党的统战工作一样是团结的对象，非马克思主义既可以走向马克思主义，又可以走向反马克思主义。那些赤裸裸地主张反共、反华、反马克思主义、提倡资产阶级宪政的，这些是马克思主义的敌人。非马克思主义摇摆在两者中间，过去我们对老的知识分子，一些老知识分子没有学过马克思主义，但照样可以做研究，非马克思主义历史学者，他不一定能得出反马克思主义的结论，他也可以在历史研究中做出很好的成绩。我们对非马克思主义要留有宽容，对反马克思主义立场鲜明、态度坚决。这一点我建议你们今后在讨论这个问题的时候，尤其是讨论到非马克思主义的时候，用词要谨慎一点，要不然会得罪很多的人。我觉得我们现在要把不那么明确赞成马克思主义，但至少对马克思主义没有敌意的人，大体上包括在非马克思主义的行列。对于持有非马克思主义观点的学者，我觉得还是要采取团结—批评—团结这样一个公式，引导他们尽可能地走上马克思主义道路。历史上用非马克思主义观点来观察事物和做学问的人还是多数，坚定的马克思主义者和坚定的反马克思主义者还是少数。

我就想到1949年以前，中国马克思主义者在20世纪20年代、30年代、40年代，完全是在反共舆论的包围下成长的，那个时候共产党不是执政党，社会的主流意识形态不是马克思主义，他们要和反马克思主义的人做斗争，要团结大量的知识分子中的非马克思主义者，我觉得这个经验现在我们要吸取。今天我们的国家是中国特色社会主义国家，习近平总书记在中央党校说："中国特色社会主义实际上就是科学社会主义。"如果讲科学社会主义，那就又回到了马克思主义关于社会主义的基本概念上来。现在我国的基本国情是这样，因为经济基础的改变，在某种意义上，在意识形态领域出现了1949年以前的那种状况。1949年以前资本主义发展不是很多，资本主义的企业不是很强大，没有出现社会主义的企业，社会主义的经济基础没有出现，那个时候的言论是很自由的，虽然很自由，但也是有限制的，反对国民党政府的言论说多了就不行，就要限制要控制。今天和过去不同的是我们讲马克思主义，我们只要是讲道理，真正按照发展的马克思主义，可以大胆地讲，不管在什么地方即使是在右派包围的情况下也可以讲，因为今天毕竟在新中国的土地上，这一点和1949年之前是不同的。

因为经济基础的变化，我们的确面对各种各样的反马克思主义的思想流派，甚至还要面对更多的非马克思主义的思想流派，这在学术领域和思想界都是共同存在的现象。今后在意识形态领域内的斗争，我们斗争的矛头一定要找准反马克思主义，不能对准非马克思主义，对于批评非马克思主义的某些思想流派文字上要留情，不要把话说过头了，不要把这些人推到反马克思主义行列去。这是我现在在这个方面的一个思考、一个观察，供你们参考。

因为经济基础的变化，因为我们社会主义核心价值体系还没有形成一个固定的说法，因此各种流派都在影响着我们党中央，影响主管意识形态的有关部门，这种现象还会持续很长一段时间。还因为我们现在讲全球化，历史学界讲全球史，还要和全世界所有的国家普遍交朋友，甚至和资本主义最强大的国家交朋友。我说实在话，过去关于帝国主义的许多分析现在我们都不提了，在我看来，以美国为首的资本主义强国基本上没有脱离过去列宁关于帝国主义分析的框架。最近十年来国际上的纷争，哪一点能够脱离帝国主义的分析呢？虽然现在没有世界大战，但小的战争还是不断，小的战争实际上还是帝国主义在其中操纵。无论是伊拉克战争、利比亚战争，还是现在的叙利亚战争、中东冲突等，都是帝国主义政策破坏了这些地方的安宁，帝国主义国家非要改变那些国家的社会制度，这不会引起好的结果的。由此我也想起来，过去共产国际的存在，以及后来的共产主义国际阵营，我们强调的是共产主义消灭资本主义，甚至强调世界革命，现在都听不到了。在我年轻的时候，我上大学和毕业工作之后，都是天天讲世界革命，当时对越南的援助、对阿尔巴尼亚的援助，甚至我们在国家边界和朝鲜、越南的划分的时候，都是在世界革命、共产主义阵营的观点下形成的。现在看来以美国为首的资本主义世界,在思想形态上沿袭了过去共产主义阵营的想法,现在以美国为首的资本主义国家要把资本主义制度推广到全世界。现在看起来,科学社会主义从马克思恩格斯提出全世界进入社会主义、共产主义到列宁提出一个国家进入社会主义、共产主义,以及由此引起的一系列问题,后来所谓的世界革命实际上也是沿袭了马克思当时阐述全世界进入社会主义的思想理论体系。

我觉得社会主义国家,以中国为首的社会主义国家,靠小国是不行的。只要在中国这样一个大国的范围内,近千万平方公里的土地和十几亿的人口,有广大的国内市场和广大的国际联系,在这样一个环境下,我们能够把社会主义建设成功,能够把社会主义和市场经济有机结合在一起,使这种结合能够成功,能够符合社会主义基本利益,使得社会主义的原则在十三亿人口的大国得到贯彻、得到实现。靠它来吸引别的国家,吸引第三世界的国家,甚至靠它吸引发达的资本主义国家和人民,来做出一个示范的作用,而不是靠过去世界革命的办法来推动它。靠这种办法,我们自己站住了,我们就对世界革命做出了贡献,就对世界各国人民产生示范榜样的作用,会使他们思考他们国家今后该怎么做,我觉得这种思想是在成熟、在形成中。美国为首的资本主义国家延续着要把它的资本主义制度、宪政民主推广到世界其他国家,包括苏联解体、东欧剧变之后的各种颜色革命、小规模的一些地区战争,都是美国的基本政策指向,他们没有改变。我觉得我们以社会主义、共产主义制度自信的国家正在改变过去推动世界革命的形态,我们靠自己建设一种新的制度榜样的力量影响世界各国人民,现在这个办法是对的。我们过去靠派人去国外制造革命的路子现在看来不一定是对的,可惜的是美国没有改变,美国现在采取的办法跟过去我们推动世界革命用的办法差不多,它要把它的制度推向世界各地。

总之,把中国特色社会主义道路走好了,把我们党建设好了,我们党在建设中国特色社会主义道路的过程中把党的职责、作用弄好了,从制度、理论、体系、思想各个方面都疏通好了,中国能够始终站在社会主义市场经济这个道路上,我觉得对未来世界会有影响力的。

我们提出社会主义市场经济,我十几年以前到日本去,与中央大学法学部姬田光义教授见面,我看他的言论、他的思想,他应该是一个日共党员，至少是社会主义者。我曾经和他还有另外一个日本共产党的成员私下喝酒谈话，他反复强调他是社会主义者，他认为我们中国实行的不是社会主义，是中国特色的资本主义，他们坚持一个基本观点：市场经济就是资本主义的本质，你们把它吸引过来，只能说用资本主义改造你们社会主义，你们不可能建设社会主义。我说我们要用社会主义的原则框住市场经济，我们要在这个过程中把市场经济体制和社会主义道路结合起来。同时我也讲市场经济是人类历史的一个进步，对推动人类社会物质文明的发展起到了重要作用，因此社会主义不是建立在贫困的基础上的，它要吸收资本主义一些优秀的东西，这个毛主席在七届二中全会上也讲了这个话，毛主席指出："我们欢迎英美资本主义国家和我们做生意。"我们要学习英美资本主义国家的技术手段，其实我们改革开放以后做的还是这些事情，其实这个事情毛主席早就讲过，但是1949年之后，整个国内外的形势发生变化，我们只能"一边倒"。英美对中国封锁，特别是朝鲜战争爆发之后，我们只能跟苏联做生意。我跟姬田光义讨论的时候，我说我还是不赞成你们说中国是中国特色资本主义，我们还是中国特色社会主义，我们社会主义的原则还没放弃，我们社会主义的原则和市场经济的结合是不是成功还是可以探讨的。日本社会还是有些人愿意用社会主义的原则和眼光观察中国，这个在西方也有。

问：在欧美左翼也是，包括欧洲的法国左翼也是这样认为的。

张海鹏：是，是的。我去年参加中宣部组织的马克思主义理论研究和建设工程的专家去欧洲访问的一个团，当时我们考察的题目是"考察欧洲的经济危机"，这次访问对我最有收获的是在法国和西班牙的访问。在法国和西班牙访问期间都是在当地中国大使馆的安排下，我们有机会和法国国家智库的学者谈论经济危机，也有机会和法国共产党的总部专家讨论经济危机，在西班牙也是和西班牙国家智库的学者讨论，同时和西班牙共产党的总部国际部部长与地方支部的负责人讨论。对这两个国家的访问，我总的印象是法共和西共还没有改名字，其他欧洲国家的共产党的名字已经改了，和他们的谈话中，发现他们还是共产主义者，他们对经济危机的分析还是用马克思主义的观点分析的。法国国家智库的一些经济学家，在讨论经济危机的时候，法国一个女教授来主持，她认为2008年美国华尔街金融危机的发生只是金融领域的操作技术发生故障，她用这个说法来解释经济危机。那么我就提问请你帮我解释一下，从 2008 年美国开始的金融危机包括今天正在发生的欧洲经济危机,可不可以看作是资本主义制度本身必然要发生的经济危机。法国的这个经济学教授没有回答我这个问题,可是在法共、西共,他们回答这就是资本主义制度本身的危机,即使这一次危机克服了,未来还会发生新的危机。这个看法就跟我们的看法基本上一致了,所以我对法共和西共的回答还是很感兴趣的。法共和西共在与我们学者代表团讨论的时候,也流露出这个意思,就是他们希望和中共代表团来讨论这些问题。

回来之后,中宣部要求形成一个代表团的考察报告,要求每个学者写个两三千字的访欧印象,我后来写了一个八九千字的访欧印象发给中宣部。后来他们写了一个总报告,我翻了一下,印象不深,似乎没有采纳我的报告。我那个报告发给中宣部以后,也同时发给了陈奎元院长,请他看一下,奎元同志马上把它批给了"要报","要报"他们发给了中办,据"要报"告诉我,他们不是在"要报"登,是在"专供情报"上登,中办刊发了,但我没见到原件。最近我又把到欧洲的考察报告送给了李慎明同志主办的《当代社会主义动态》刊物,最近刚刚通知我已经发表了。我在那个报告里面就写了法共希望和中共探讨经济危机的问题,希望和中共有接触。

张海鹏:关于苏联解体问题,关于李慎明的看法、陆南泉的看法,我过去大体上注意到了。如果从苏联垮台的角度,我是赞成李慎明的观点的。1991 年苏共垮台前夕,苏共几乎没有人站出来反对。我于 1991 年 10 月份和 11 月份到莫斯科和列宁格勒(今彼得格勒)走了一趟,我去的时候,莫斯科红场上克里姆林宫挂的还是镰刀斧头旗,我回来的时候就换成了三色旗,正式宣布戈尔巴乔夫下台,叶利钦上台。1991 年上半年,我们所里有人在莫斯科待了半年,我是 10 月份的时候去的,我去之前他告诉我莫斯科物品充足,呢子大衣又漂亮又便宜,你去那里的时候什么都不用带,什么都可以买得到。等我 10 月份去的时候,什么都没有,莫斯科百货商店货架上摆的都是空空的塑料袋。我住在苏联科学院 20 层大楼,很大的一个宾馆,由于我当时还是中国社会科学院近代史所副所长,所以他们安排给我一个很大的套房。但住到苏联科学院宾馆里面,居然没有饭吃,宾馆里的食堂、小卖部平时大家都在那吃饭,有一次不仅没有菜,连面包都没有,整个关了门。我和同行的科研处长跑到街上找到面包房,买了几块大面包,面包便宜极了。那个时候莫斯科上一趟公共厕所要 25 戈比，可是 25 个戈比可以买很大的面包。我们又去自由市场买了一些腌黄瓜、腌辣椒，两天时间宾馆里面的食堂没有吃的，当时很紧张。我们作为苏联科学院远东所的客人，远东所派了一个小伙子陪同我们出去活动，这个小伙子带着我们去了一个地方，那里有七八个人或十几个人在那里叽叽喳喳说话，在讨论事情，他说他们是共产党，他们现在只能偷偷地在这里商量事情。这个就是说在 1991 年，苏共的活动已经变成非法的了。还有一个例子，我在苏联科学院的宾馆正好碰到一个中国社科院哲学所的学者在那里访问，我就问他，你怎么样，这几天安排了什么活动？他回答说：我哪里有什么活动啊？苏联研究马克思主义哲学的人全部不跟我见面，我找不到任何人，我就在房间里看书。

我后来还有机会到波兰去访问，波兰科学院有一个很熟的朋友，他精通汉语，他曾经在 1959 年作为翻译陪同波兰总统到中南海见过毛主席。我跟他聊到苏东剧变，聊到马克思主义，他说在我们波兰科学院已经找不到一本马克思主义的书了，马克思主义的著作，马恩列斯的著作全部一把火烧掉了。这比我们国家"文革"期间厉害多了，我就问他，你们为什么要把马克思主义的书烧掉呢？你们可以反对马克思主义，但马克思主义著作不还是人类文化遗产吗？后人还可以对照看啊，你们反对它总要理由吧。但他们波兰科学院就是把马克思主义的书都烧了。

我去年参加中国史学会一个代表团到匈牙利布达佩斯，在匈牙利科学院借用他们的人文中心召开国际历史科学代表大会，我碰到了匈牙利科学院的学者，我问他，你们匈牙利科学院马克思主义著作还有吗？他说大概也没有了。这些国家做得都很绝。

还有东德，有个小故事。在柏林墙推翻以前，我们近代史研究所和世界历史研究所发起与东德科学院世界历史研究所签一个合作的合同，签合同就在我们这个会议室。东德驻中国大使出席，我们社科院副院长丁伟志也出席了，我们正式和东德世界历史研究所的所长签的合同，东德驻华大使还发表了讲话，对中国和东德的科学合作给予了很高的评价。但是这个合同签了没有两个礼拜，柏林墙就倒塌了，不久我就听说那个东德世界历史研究所所长就失业了，不再聘用他了。我在柏林自由大学还认识一个历史学教授费路，他是东德共产党的中央委员，几乎也要开除他，但是因为他有一些国际上的朋友，几个国际上的朋友联名给他写了担保信，柏林自由大学才保留了他教授的职位，过了几年他就病死了。

所以共产主义在那里的失败、共产党的垮台，对这些以前的共产党员的打击那是极大的，许多人都失业了，许多人都保不住饭碗。对于苏共的垮台，我认为苏共要承担很大的责任。苏联有广大的工人农民，有苏联红军，不是说垮就垮了吗？苏联这个党最后完全没有战斗力了。从斯大林逝世以后，苏联共产党在逐渐演化，苏联共产党严重脱离人民群众是个严重问题。我1991年在苏联科学院访问的时候感受到苏联党群关系的紧张。我举两个小例子。第一个例子，当时接待我的是远东所的副所长米斯尼科夫，他是研究中苏问题的著名学者，是苏联科学院的院士。有一天他要请我吃饭，他们苏联科学院院士专门有一个院士食堂，只有院士和院士邀请的客人才能进去，其他人一律不接待。他们研究所的公车不多，但他还派司机开小车来接我，车上还有翻译，在翻译的帮助下一路上我和司机都聊得很好，但是到了那个院士食堂门口，那个司机见到他们的副所长就紧张地说不出话来，这是我没有想到的。第二个例子，苏联科学院研究中国问题非常重要的东方学研究所的一个老研究员，现在可能不在了，他陪着我去苏联科学院外事局了解一些情况，他告诉我：过去他们都不敢进去，这是个官僚衙门，非常厉害，现在我陪着你进去，里面的官员才很客气，接待我们很客气、查资料很客气，他们之前绝对看不到这个样子，之前我们进来都很紧张。这些我经历的非常微小的例子都说明苏联共产党党群关系非常紧张。苏共在后期改变很大，当然戈尔巴乔夫改变更大，后来在1991年"八一九事件"中叶利钦的势力比其他苏共领导人的力量更强，最后苏联共产党被解除了武装。所以我觉得苏联共产党对于苏联垮台的领导责任是推卸不了的，即使苏共有强大的红军、工农的支持，可是在这个事件中，苏联工人农民没有站出来说话，苏联的红军也没有站出来说话。如果中共搞得不好，也有可能出现像苏共那样的情况。当然苏共过去把全部精力用来和美国竞争，进行军备竞赛，使得苏联人民的生活水平没有得到相应的改善，这也是苏联工人农民没有站出来说话的原因。

我在1991年10月份访问莫斯科期间，接触到远东研究所的一个老研究员，年纪比我大，他的父亲是中国人。他父亲留苏，在苏联结婚生了孩子，后来回国担任过公安部秘书长，把女儿带回来了，现在在苏州；他妻子和儿子留在莫斯科，此人后来在远东研究所研究儒学，说的中文一般。东方研究所还有一个更老的研究员，他是中国人，1909年父亲去世，就随着母亲到了海参崴，后来参加了苏联红军，参加对德作战，战争结束后上大学，后来留在东方研究所做工作。我请他们两个到我住的地方喝酒，从北京带过来的二锅头，买的莫斯科的烧鸡，买了一些大面包，请他们吃饭。我问他们，现在苏联情况这个样子，你们生活怎么样呢？他们说：现在我们基本上不担心，因为有福利房，衣服西装好几套，现在我们不担心，今后我们就不敢想象了。这是一个事情，我还接触到一个中国女士，在莫斯科电台华语广播，在中苏两党对峙的时候，她就在莫斯科电台用华语骂中国、骂中共的播音员。我吃饭的时候碰见她就跟她聊，我说：你是北京人，你有空就回北京回娘家去看看啊？她说：我现在哪有脸回去啊，我那个时候天天骂中国。我说：那都是过去的事情了，那又不是你负责，那是中苏两党负责。现在苏共垮台了，你还是中国人，娘家还在北京，干吗不可以回去？她说：我实在不好意思，如果我回去，回到娘家，我不好意思和我的兄弟姐妹谈话。

我们过去无非是把苏联解体归结为经济原因或者苏共原因，经济原因和苏共原因都是苏联解体的原因。苏联解体确实是我们应该吸取教训的，鉴于苏共事件，中共应该把中共自己搞好。所以我非常支持现在习近平总书记推行的"八项规定"，我们共产党的领导人，党的各级干部要接近群众，要和群众打成一片，要了解群众的疾苦，要为群众谋利益，少来一些形式主义的政策，所以我对习近平当选党的总书记之后的"八项规定"很赞成，我们以前确实有一些形式主义的问题，以前领导说话都是一套一套的，套话很多，现在作风的改善，我是打心眼里拥护。我举一个小的例子，我们现在开会，从最近十年开始，会议主持人在开始的时候都会说，"尊敬的某某同志，尊敬的某某教授，尊敬的某某先生"，这在十年前是没有出现过的，我第一次听到"尊敬的某某先生"的时候是在1993年，当时我去澳门访问，参加澳门学者组织的学术讨论会，那个时候称呼"尊敬的某某先生"是指澳葡当局葡萄牙人官员，在澳葡当局官员参加这个会议的时候，会议主持人非常毕恭毕敬地说"尊敬的某某先生"，后来多次去澳门都是这样。那是完全用来对葡萄牙殖民统治者的称呼，对葡萄牙官员以外的其他人从没有用"尊敬的"。包括有一次我和季羡林一块去参加会议，对季羡林也没有用"尊敬的"，纯粹地对葡萄牙人。所以现在我们的一些会议上反复用"尊敬的"，特别是我们现在的党政官员都要用一个"尊敬的"，我是颇感不满，我参加我们社科院的会议时从来不用"尊敬的"，即使别人这样讲的时候，我也不用，我觉得我们这个词用得不是很妥当。

问：后面您讲的这些例子很生动，张老师您的语速非常快，说明您的思维非常活跃、年轻、身体好、思维非常敏捷。有的人到了您这个年龄段，说话很慢，要思考很久。您前面讲的这些例子能够收回来，用这些例子来说明论证，我觉得这一点是非常值得我们学习的。以后我们还有机会再来向您讨教，收获很大。

媒体对于历史虚无主义要敢于发声批驳[*]

质疑革命英雄是历史虚无主义的表现，媒体要勇于发声批驳

目前，黄继光、邱少云、董存瑞，还有狼牙山五壮士等英雄常常遭到一些人的质疑甚至诽谤，这让人难以理解。这些英雄人物个体是战争中千千万万个浴血奋战的革命英雄的缩影和代表，崇敬这些英雄实际上是崇敬千千万万的革命烈士。很多烈士去世时不过十八九岁，非常年轻。像杨靖宇，去世时不过35岁，但当时他已经在东北抗联中成为首屈一指的大英雄。他牺牲后，日本军队将他的尸体解剖，在他的胃里只有野草和棉花，根本没有粮食！可见当时的抗战环境多么的艰苦。这些英雄都有一个信念，要抵御侵略、保卫中国，这是一种很崇高的信念。

对于中国人来说，我们应该尊敬、歌颂这些英雄。一部分人对这些英雄采取不屑一顾的态度，认为他们的英雄事迹是编造的，这种说法是完全站不住脚的，是一种历史虚无主义。对于这些声音，我们的媒体、网络都需要有声音来反驳。我们要承认历史、承认事实，承认这些英雄都曾为新中国的建立流尽了他们最后一滴血，这值得我们所有中国人的子孙万代铭记。所以我认为，我们的媒体应该代表一种正义的声音对此

---

* 这是光明网记者田依漪、康慧珍采访整理的访谈。光明网理论部为纪念抗战胜利70周年，策划推出"抗战史·光明忆"栏目，这篇访谈是这个栏目的第一篇。见光明网理论频道，2015年8月4日，http://theory.gmw.cn/2015-08/04/content_16536506.htm。

进行批驳。

境外势力煽动是历史虚无主义的重要诱因

出现历史虚无主义的原因很复杂，各种可能性都有。也有国外一些势力进行煽动的情况，当年苏联的垮台就与此有关。苏联垮台之前，苏联科学院的专家曾对我说过，在国际历史科学大会上，一个苏联学者提供的会议论文就是否定十月革命、攻击列宁，但那时并没有引起苏联官方力量的反击，在一定意义上加速了苏联的垮台。包括美国 CIA 也是在玩弄这套手段，支持中国民间一些人来攻击我们的革命领袖和英雄人物，以此来混乱人们思想。

一部分人受到种种意识形态的影响对新中国的发展成果不屑一顾，甚至对 1949 年前的国民政府有很多怀念。我之前写过一篇小文章《民国十年生活杂感》，记录了我在民国生活的十年记忆，可以说，我对民国生活毫无留恋。那时我们的长辈每天都在为生活奔波，我们很难从他们脸上看到笑容，生活非常艰难。1949 年之后，特别是经过六十几年的建设，如果从生活水平上看，可以说中国历史上从来没有像现在这样好过，今天人民的生活水平和富足程度是历史上任何时期都不可比拟的。所以这些歪曲历史、否定英雄的事件，可能有一些境外势力的影响，甚至其中一部分人会受到台湾的影响，这些势力我们是看不见的。

纪念烈士和大阅兵，就是发扬抗战精神

发扬抗战精神，继承抗战精神，就是继承我们中华民族的民族精神。抗战精神就是无论在多艰难困苦的情况下，对于外敌的侵入不示弱，我们尽管手无寸铁，也要用血肉之躯来进行抵抗。今天我们更要对为赢得国家民族独立而身先士卒的革命烈士表示深深的敬意，千万不能往他们身上泼脏水，这就是发扬抗战精神。

我们今年举行的大阅兵和一系列庆祝活动，也是为了发扬抗战精神，类似的活动应该多做，每年都要做，都要去纪念。阅兵式应该每十

年进行一次，这对现代中国人的教育意义非常大，将提醒国人时时不忘抗战英雄，这都是继承和发扬抗战精神的表现。纪念抗战胜利的大阅兵，既提高了话语权，也彰显了我们在抗战中的地位和作用，同时促使国际各界思考我们为何这样做，中国在二战中究竟做了什么，有利于他们去认识和认可中国在其中的作用，这也是争夺国际话语权的一种方式。

承认在历史上是侵略国家，这是日本成为一个正常国家的起码条件

东方和西方，也就是日本和德国，对于战争的认识和反省是不同的。德国的反省是很深刻的。纽伦堡军事法庭对德国战犯进行了审判，无论从军事审判或是战后反思的角度，德国的反思和做法是非常彻底的。相比德国而言，战后东京军事法庭对日本的审判并不彻底，最典型的就是天皇不在审判之列。从甲午中日战争开始到日本侵华战争，天皇都是头号罪犯，他能直接干预日本军队的作战行动，是有实权的皇帝，但是军事法庭却免于起诉天皇。日本人始终把天皇视为神，认为天皇的话是不能违背的。但是二战后，在美国的直接参与之下，东京军事法庭并没有对天皇进行审判，我认为这是一个很大的失误。另外，有一些甲级战犯嫌疑人，东京军事法庭也没有都进行审判，包括日本首相安倍晋三的外祖父岸信介，他当时是甲级战犯嫌疑人，但是并没有对他进行正式审判，在战后他还当过日本首相。这在德国是不可能的，但是在日本就出现了这种情况，这反映了日本对自己的战争历史缺乏反省。

历代日本政治家中很少有对战争进行反省的。中日两国是一衣带水的关系，在甲午战争以前，中国一直是日本的老师，日本的文化都是向中国学习的。近代以来，日本通过明治维新发展起来，成为资本主义强国，开始不断对中国发起战争，完全看不起中国。我们今天回头仔细看，1945年8月15日日本天皇发布的《终战诏书》，他只承认从1941年开始的对英作战，战争进行了四年，但并不承认对中国作战。因此，他的无条件投降书实际上是有条件的，他只承认对美英是战败国，并不承认对中国是战败国。所以，天皇的诏书埋下了今天日本否定侵略中国

这种历史观的根源。

今天我越来越深刻地感觉到，东京军事法庭没有审判天皇是一个巨大的错误。多年前我在日本演讲的时候就表示过，中华民族是善于反省自己的民族，而日本从来没有从全民族的角度反省自己，也没有从自己是一个侵略国家的本身来反省自己。如果日本不进行反省，那么和中国成为好朋友是很难的。当前日本首相安倍晋三一直强调，日本要成为一个正常的国家，这个愿望是可以接受的。但是如果不承认自己的历史，不承认自己的侵略事实，如何能成为一个正常的国家？如何被联合国接受？日本承认、正视自己在历史上是一个侵略国家，这是成为一个正常国家的起码条件，也是我一直秉承的观点。所以，日本应该学会反省，学会和亚洲各国做朋友，也要学会和欧洲做朋友。日本的福泽谕吉曾经号召日本要"脱亚入欧"，并以此作为日本国策，认为成为欧洲人是一种骄傲。日本曾经表示，中国和朝鲜是亚洲的两个恶劣的邻居，日本不应该和中、朝做邻居，因此要脱亚入欧。虽然这些年也有人提出应该脱欧入亚，但并不是主流声音。所以从总的来说，日本一直没有认清历史，对自身的反省也是不够的。

对历史虚无主义，我们要
敢于"亮剑"[*]

如何看待历史，特别是如何看待新民主主义革命和社会主义革命与建设的历史，如何看待中国共产党的历史，如何看待党的领袖人物的历史，如何看待中华人民共和国的发展历史，事关国家民族的兴亡。长期以来，我们的思想文化领域、意识形态领域，弥漫着一股历史虚无主义的恶毒空气，这种历史虚无主义的种种谬说，对历史不负责任，对社会不负责任，肆意抹杀客观存在的历史，主观臆想随心所欲地构造历史，它对社会公共价值观、历史观造成了严重危害，对青年一代造成了严重的危害。

在谈历史虚无主义之前，我先讲清一点：历史学研究是一种常性的学问，它常谈常新。今天我们对秦始皇、对古代历史、对中国近现代历史还在进行不断的探讨，在研究和探讨历史的过程中，由于自己的政治立场、自己的社会阅历和知识的层面的不同，对历史的理解有不同的看法，这些都是正常的现象。我们从事研究的时候，通常对以往的历史问题，不一定能得到一致的看法。有时候，随着新的材料的发掘，同是老问题会有新的发现、新的看法；即使没有新的材料的出现，那么，研究者可能在思想方法、史学理论上受到新的启示，他的思维方式改变了，他可以形成新的认识。我觉得这应该是历史研究当中的正常现象，世界各国的历史学家都是这样认为的。

现在我们所说的历史虚无主义，不应该归纳到这一类。历史虚无主

---

[*] 这是光明网记者王锦宝的采访记录，见光明网，http://www.gmw.cn/content/2015-04/24/content_15471466.htm。

义思潮是自20世纪90年代中期所谓"告别革命"论发表以来,在中国社会,尤其是学术理论界具有很大影响的政治思潮。在当下中国,历史虚无主义思潮有着特定的内涵。其观点集中表现为:一是否定革命,认为革命是一种破坏性力量,只起到破坏作用,而五四运动以后救亡和革命压倒了启蒙,只有资产阶级性启蒙才具有建设性作用。例如,有人鼓吹《清帝退位诏书》是"宪法性文件",而将孙中山领导的辛亥革命加以丑化,对南京临时政府的历史作用加以贬低。这些论点颠覆了长期以来形成的有关近代中国历史的知识体系。二是在中共党史、中华人民共和国史领域,否定中国自五四以来爱国、革命的传统,将中国人民在五四时期选择马克思主义、选择社会主义,看作脱离以欧美为师、发展资本主义的"近代文明的主流"而误入歧途,宣称经济文化落后的中国没有资格选择社会主义道路。例如,有人把新中国建立以后的前30年与改革开放后的30年对立起来,把中国改革开放前30年的社会主义建设说成错误堆积,一无是处,认为新中国成立后的前30年"是一步步倒退,几乎走向毁灭的过程"。还有人鼓吹"宪政中国",说什么"宪政中国出现以前的中国是旧中国",完全无视中华人民共和国是在1949年9月中国人民政治协商会议上通过的、起到临时宪法作用的《共同纲领》原则上建立的,完全无视1954年第一届全国人民代表大会通过的《中华人民共和国宪法》开创了人民中国的宪政时代的历史事实,企图鼓动"三权分立",实现所谓的"宪政中国"。虚无主义的表现还有,肆意贬低、全盘否定革命领袖毛泽东,丑化毛泽东这个中国共产党的主要领袖、中华人民共和国的主要开创者、人民军队的主要缔造者,并将主要矛头集中攻击毛泽东思想,掀起了一股"非毛化"暗流。三是认为经济文化落后国家没有资格搞社会主义,新中国建设的社会主义是"农业社会主义"、"封建社会主义"和空想社会主义。四是认为中国共产党的历史是一系列错误的延续和堆积。

总体来看,历史虚无主义的目的不在于总结历史教训,而在于通过否认中国共产党执政的历史合法性,离间民众对中国共产党的认同,消解对马克思主义、社会主义的信心。一句话,历史虚无主义思潮对中国近现代史进行"两个否定"和"一个肯定":否定中国人民反抗外国侵略和封建压迫的革命斗争历史;否定中国共产党领导中国人民进行的革命斗争史和社会主义建设史;肯定近代中国剥削阶级的统治。历史虚无主义之所以着重在中国近代史、中华人民共和国史、中共党史上大做文章，并非"发思古之幽情"，而是打着"重新评价"和"还原历史"为旗号，攻击、否定中国共产党的历史，试图以历史为切入口，来质疑、削弱中国共产党执政的历史合法性，从历史依据和逻辑前提下否定马克思主义在当代中国的指导地位，否定中国共产党在现实政治中的执政地位，否定中国的社会主义制度。其名在历史，其剑锋却指向当今社会现实。

当然，历史虚无主义者也并不是对所有历史都采取虚无的态度。相反，他们从自身的政治需求出发，随意否定扭曲他们想要否定的历史。他们的共同特点就是否定中国历史上，特别是近现代史上的一切进步事物和正面人物，否认中国近现代历史发展规律，把历史统统颠倒过来。比如，他们重点否定革命是近代中国社会矛盾的产物，否定人民革命的历史，把革命说成是"破坏"，主张告别"革命"。集中攻击中国共产党执政后的历史，把新中国说成一团漆黑，进而否认新中国走社会主义道路是中国历史的抉择、人民的抉择。中国近现代历史与现实息息相关，特别是中国革命史、中共党史，更是直接关系到中国共产党执政的历史依据。显然，直接否定中国共产党的领导，宪法是不允许的，人民是不答应的。所以，他们就从与现实密切相关的中国近现代历史着手，企图以此为突破口，进而颠覆中国共产党的领导、社会主义道路、马克思主义的指导思想和人民民主制度。

历史虚无主义思潮假借客观公正、还原历史真相之名，对民众具有一定迷惑性和欺骗性，在社会上造成了很坏的影响，其颠倒是非判断标准，不仅在社会上造成思想混乱，而且削弱了民众对马克思主义的信仰、对共产党的信任和对社会主义的信心。苏联解体前民众的冷漠态度，就是历史虚无主义思潮造成的恶果。党的十八大提出要坚持中国特色社会主义的道路自信、理论自信、制度自信，而历史虚无主义思潮恰恰是要破坏这种自信，以阻碍中国特色社会主义的发展。

鉴于历史虚无主义思潮的严重政治危害，我们既要重视对其进行学理批判，通过说理，让群众看清事实的真相。如何辨别其真面目呢？主张历史虚无主义的人有一个死穴，就是不尊重历史事实。只要尊重历史事实，努力回归历史原貌，历史虚无主义的言论就不值一驳了。所谓尊重历史事实，就是要尊重历史前进的大方向，就是要尊重历史发展的基本规律，就是要尊重最广大多数人民群众的意愿。我们的社会舆论、媒体新媒体、各种影视作品以及各种历史出版物，只要本着尊重历史真实来说明历史真相，就是点到了历史虚无主义的死穴，就是拒绝了历史虚无主义。同时，也要对极少数具有明显政治意图的历史虚无主义者，特别是公开以马克思主义理论作为攻击对象的人，进行必要的党纪国法的惩处。对于那些公开制造违背宪法和法律的舆论，并给干部群众造成极大思想混乱的人，要严格依照法律进行惩处。在这个问题上，我们要敢于"亮剑"，不能做"开明绅士"。

反对历史虚无主义　坚持社会主义道路[*]

主持人：各位观众大家好，欢迎收看由中国社会科学杂志社制作、推出的《前沿访谈》节目。最近一个世纪来，中国近代史作为一个新兴学科，许多重要的学术进步，许多重要的学术概念与观点，都是在百家争鸣的过程中取得的。近年来，围绕中国近代史的学科体系及其所涉及的种种见解，在中国近代史研究领域产生过一波又一波的探讨与争鸣。今天我们邀请到了中国社会科学院学部委员张海鹏先生，请他就这个问题进行解读。张教授，您好！

张海鹏：你好！

历史虚无主义的实质是政治诉求

主持人：张教授，历史虚无主义是活跃在中国当下的社会思潮之一，坚持和发展中国特色社会主义，就必须正确认识和认真对待历史虚无主义思潮，您认为我们应该怎样看待这一社会思潮呢？

张海鹏：历史虚无主义在我的观察当中应该是从20世纪90年代初开始的，是以"告别革命"这个论点为开始或者为代表的。"告别革命"论在整个思想界、学术界影响非常大，实际上我们现在来看，有关历史虚无主义的许多观点都跟这个"告别革命"论分不开。"告别革命"论的基本观点认为革命是不可取的，中国的革命都搞错了，不仅中国的革命搞错了，世界史上发生的革命，比如说1789年法国大革命也

---

[*] 这是2014年中国社会科学网视频访谈的文字稿，编导梁卫国。

是错的。中国的革命是错的,那么包括像辛亥革命、中国共产党领导的新民主主义革命,以及1949年以后的革命,都是错的。比如拿晚清的历史来说,如果不发生辛亥革命,就让慈禧太后去搞现代化,那现在不是早就现代化了吗?这是他们的一个最基本的观点。此后学术界、历史学界各种各样的历史虚无主义的观点都跟这个有关系。

在我看来,"告别革命"论的基本观点主要不是从学术的角度提出来的,在一定的意义上,它是一种政治观点,是对现实社会提出的一种政治诉求。进一步说是对今天的现实社会有所不满,比如说对中国共产党的领导,对中国坚持社会主义的发展道路这样一个前进方向,他们有不同的看法、有不同的意见,借历史上的话题来表达自己的政治诉求。

主持人: 您觉得历史虚无主义是如何虚无历史的,危害在哪儿?

张海鹏: 搞历史虚无主义的当然不仅仅是一个人,他们都提出了一些近代史研究中颠覆性的见解。有人认为中国是半殖民地半封建社会这个观点是错的;还有人认为近代中国向苏联学习,没有走西方的道路,就搞错了,就不应该。如果进一步说,比如"非毛化",最近这些年来,这也是我们社会舆论当中,特别是网上舆论当中很兴盛的一个话题。历史虚无主义主要针对中国近代史、中共党史和新中国历史,所以我们分析历史虚无主义,我觉得它是一种政治诉求。对这种政治诉求该批评就批评,该反驳就反驳,这对中国学术界,对中国人民坚持走社会主义道路是一种信心和力量,如果把历史基础都否定掉了,那今天为什么还要走社会主义道路,为什么要形成中国特色社会主义?为什么要形成中国特色社会主义核心价值观呢?

坚持唯物史观研究近代史

主持人: 您刚才提到的"告别革命"论,实际上反对的是革命史的研究范式,现在中国近代史研究中有两个主要范式(革命史范式和现代化范式),您怎么看待?

张海鹏: 你现在提到所谓现代化的范式,或者革命史的范式,最近一二十年来,我们中国近代史学界,或者说学术界,的确有这样的说法。在我看来,一些学者把我们传统的所谓研究范式概括为革命史范式，这本身是并不严密、并不严格的。中国近代史研究领域传统学者的研究，实际上是坚持唯物主义历史观，坚持唯物史观，不是说坚持革命史的范式。但是因为近代中国，整个中国近代史上，体现中国近代史发展方向的是革命，从太平天国一直到戊戌变法、辛亥革命，还有以后的旧民主主义革命和新民主主义革命，是主导中国近代史的历史方向。所以人们研究近代史的时候，往往从革命的角度阐述历史的发展过程。但是把这种过程概括为革命史的范式，我不赞成，我认为这不是一个好的提法。

真正用所谓现代化范式这个说法，在我的知识范围当中，我觉得这是来源于美国的学者。美国有一位研究经济史的学者叫沃尔特·罗斯托，1960年他出版过的一本书《经济成长的阶段》提出了所谓现代化范式的主张，他把历史分为传统社会，即为起飞准备的阶段，下一步是起飞的阶段，再下一步是现代化的阶段。这本书的副标题叫《非共产党宣言》，他是要用这本书和《共产党宣言》相对抗。《共产党宣言》把人类社会分成了原始社会、奴隶社会、封建社会、资本主义社会等。他把社会分成几个不同的阶段，以此来代替《共产党宣言》里人类发展的几个阶段。

在20世纪60年代，世界历史是以美国为中心的，一些美国学者也提出所谓现代化就是美国化。20世纪60年代，也是国际上殖民地独立运动发展的高潮时期，美国人希望引导这些战后新独立国家的发展方向，向着美国自由主义的方向发展，所以他们提出现代化的范式。

从中国学术界的历史来看，中国人采用现代化的概念是1920年的事情。20世纪30年代初，还专门有人编过有关现代化讨论的集子。但是把它放在历史学的领域，放在中国近代史领域提出来，应该是1938年蒋廷黻出版的《中国近代史》。他原来是清华大学历史系教授，但是后来他脱离了清华大学历史系，到南京国民政府当官了。1937年抗日战争全面爆发，1937年底日本占领了南京，国民政府向重庆迁移，有一个短暂的时期，中国政治中心在国民政府迁移重庆的过程中，政治活动的中心（转移）到了汉口，各方面的人士都来到了汉口。蒋廷黻也来到了汉口，目的是等待国民政府给他新的任命。但是等了几个月，他觉得很无聊，他觉得应该把在清华大学讲中国近代史的一些想法梳理一下，写成一本书，但是在汉口期间，他身边又没有书，所以他是完全凭着他的记忆写了一本小册子。这本小册子只有七八万字，1938年写成，1938年在长沙出版。他讲了中国近代史如何跳出中国的中古时代，进入到中国近代的问题，书中对中国民间发起的要求抵抗日本（侵略）的救国运动高潮表示了不满，他提出要求低调，话不要说得很高调，要说得低调一点。实际上低调正是当时汪精卫主张的调子，他们曾经有低调俱乐部，认为抗战要低调，不能老唱高调。实际上这些话都是直接针对1938年全国人民要求抗战的呼声的。这样一个主张在当时的学术界完全没有得到响应，甚至有人批评他。一直到20世纪80年代改革开放以后，国家进行大规模现代化建设，有的学者把他的这本书找出来，很多人开始讲现代化的范式，很多出版社把他的这本书出了一版又一版，形成了国内研究现代化的高潮。

美国人，他们在总结研究近代史的概念问题时，提出了革命史的范式和现代化的范式，中国学者也借着这个提法，认为我们应该抛弃革命史的范式，用现代化的范式。这种观点我不是很赞成，或者说我是不赞成的，我认为我们应该用马克思主义、用唯物史观来分析近代中国的历史进程，来看待革命，看待改良，看待近代中国的各种历史问题。

中国近代史研究的争鸣要实事求是

主持人： 近年来我们国家近代史研究思想非常活跃，尤其一些学者提出了一些值得关注的看法，比如关于第二次鸦片战争和义和团反侵略的讨论等，您怎么看待这个争论呢？

张海鹏： 近代史当中需要争论，需要争鸣，这是很正常的现象，我们很欢迎。但是有一些学者，在我看来，他们是说一些外行话，比如说以前《中国青年报》的《冰点》栏目。（那篇）文章提到了第二次鸦片战争的问题和义和团的问题，认为法国传教士在中国的广西传教，被县令抓起来杀了，这违反了程序正义，认为不应该杀他，应该把他交给法国去审判。大家知道《南京条约》签署之后，中国政府并没有开放外国的传教士到中国内地传教，开放传教是1858年《天津条约》以后的事情。在此之前一个传教士到广西传教，并且强奸妇女，引起了当地民众的愤怒，举报到当地政府，县令把他杀了。在我看来，要批评中国政府的程序正义,首先要批评外国传教士到中国来传教,是他违反程序正义在先,县令杀他违反程序正义在后,如果只批评清政府,不批评法国传教士的行为,这是不公平的。

再比如说义和团的研究,这位教授在他的文章当中对义和团进行了谴责,认为义和团违反了人类文明,认为(义和团)是中国历史的罪人。在他看来义和团反对现代化,把铁轨也扒了,把近代以来的洋东西都毁了,重要的是说他们杀了外国人。美国以及其他的研究者在研究义和团问题的时候都有一个共同结论,就是在1900年5月31号之前,义和团基本上没有杀过外国人,除了在山东的冲突当中有个别的传教士被打死之外,义和团基本没有杀过外国人。在此之后,八国联军的先头部队从天津强行要到北京来,在他们到北京的过程中,义和团强烈抵抗了他们的进军,把他们的火车拦住,把铁轨扒了,沿途抗击他们。在此之后,外国人认为义和团对外国人进行了大举进攻,这是对历史本身所应有的正确态度,也是外国学者对历史的研究。

对这些历史的讨论中,专业的学者并没有太大的分歧,所谓的分歧主要存在于专业学者和非专业研究者之间,原因主要在于他们对现实的不满,这些例子还很多。

以史为鉴坚持社会主义道路

主持人:在中国近代史的研究中,您认为国内的学者应该如何借鉴国外的理论和研究视角呢?

张海鹏:落后就要挨打,这是一个基本规律。鸦片战争以后,特别是戊戌变法以后,中国很多人都觉悟到我们应该学习西方的东西,这在近代以来已经形成了一个基本认识,所以从国家的发展,从学术界的发展,着眼对西方人类文明的优秀成果,我们应该加以吸收、学习。学术界也是一样,学术界对西方学者,对学问上的贡献,我们要充分重视,我们也要在自己的研究当中加以采纳。但是西方学者提出了各种各样的理论和方法,对中国学者来说,我觉不应该一概照收,我们应该从中国学者的角度,或者说按照马克思主义唯物史观的角度加以鉴别,加以分析。西方学者对中国近代史提出了很多问题,包括刚才说到的所谓现代化范式问题、革命史范式问题，这些都是外国学者提出的，我们应该加以鉴别。这些论点是否符合中国的历史本身，是否符合中国的历史事实和进程。如果对我们的确有帮助、有启发，那么他的理论和观点是应该采纳的，或者在研究的基础上加以吸收，我们不能不问青红皂白，一概采纳。现在学术界往往就有这种现象，有些年轻的学者，对西方进来的一些学术观点不是认真地加以分析。见到西方人说了话，就在自己的文章中引用，他说得对不对呢？这值得加以分析，这不是一个好现象。我这里有一本书叫《重构近代中国》，它就是用现代化的范式和革命史的范式来区别、观察 1949 年以后中国的中国近代史研究。这个书名是不通的，怎么重构近代中国呢？近代中国已经过去了，我认为他应该讲中国近代史研究中的各个观点，但是他只讲了现代化范式的部分，对其他的观点一概不问，这不是公平公正的现象。

主持人：张教授，您觉得在中国近代史领域，还有哪些前沿问题值得我们关注呢？

张海鹏：我们过去对中国近代历史的发展规律进行了探索，今后还要继续探索下去，中国为什么要走这个路，中国人为什么要选择马克思主义，中国人为什么要选择中国共产党，为什么要选择社会主义道路。它是从近代以来的历史过程本身产生的，这就是近代以来的历史规律。对这个历史规律，我们还要加深认识和研究。

比如国民党和共产党的关系，比如抗日战争问题，比如中日关系问题，比如中美关系问题，比如中俄关系问题，比如中国和欧洲关系问题。中国和日本今天的关系为什么这么紧张，我们怎么样认识这种紧张的历史根源，这就需要梳理近代的中日关系，其中有很多课题可以做。

比如中国和周边国家的关系问题，我们和印度、缅甸、泰国、越南、朝鲜、韩国，现在的关系都和近代史有关系，紧密相关，也跟中国核心利益紧密相关。如果要对这些问题进行仔细学术研究，都可以形成一部一部大的研究著作，都会形成学术研究的前沿。

主持人：再次感谢张教授接受我们的采访！

张海鹏：谢谢你！

四

关于学术活动的访谈

关于《中国近代通史》出版答南方都市报记者问[*]

《中国近代通史》是中国社会科学院"十五"期间的重大科研项目。全书共10卷，计500余万字，是迄今为止我国最大规模的中国近代史著作，也是唯一一部完整地叙述自鸦片战争至新中国成立历史进程的学术专著。该书改变了过去单纯政治史的传统模式，以革命范式为主，以现代化范式为补充，全面反映了中国近代政治、经济、思想文化和社会转型的历程。该书遵循严格的学术规范，以大量史料为依据（其中许多重要史料是近年来新发现并首次披露），吸收港、台及国际研究的新成果编纂而成。该书由中国社科院近代史所集体编著，体现了目前我国近代史研究最高学术水平和最新学术成果。

今年68岁的张海鹏就是《中国近代通史》的主编。1964年从武汉大学历史系毕业后，张海鹏进入中国科学院近代史研究所（1977年该所隶属中国社会科学院）工作，曾任中国社科院近代史所所长、《近代史研究》杂志社社长、《抗日战争研究》杂志主编，专业研究方向为中国近代政治史兼及有关中国近代史研究理论、方法等。

传统划分近代史的方法是不科学的

南方都市报：《中国近代通史》的特点之一就是时间断限从1840年

---

[*] 这是2007年8月接受南方都市报记者宋金绪有关《中国近代通史》出版的访谈。原题为《教科书比历史研究成果晚十年是正常的》。刊载于《南方都市报》2007年8月13日，见 www.nanfangdaily.com.cn/southnews/tszk/nfdsb/ydzk/200708130354.asp–23k–。

到 1949 年，传统的分法则是以 1919 年为界，分为近代史和现代史，你如何评价这种分法？从 1840 年到 1949 年的分法是近年来学术界的普遍观点，但是很多教材还是坚持老的观点，为什么学术界的观点不能及时反映到教材之中？

张海鹏：中国近代史的传统分法是以 1919 年为界，分为近代史和现代史。这种分法实际上是不科学的。近代中国从 1840 年到 1949 年，都是半殖民地半封建社会，如果按照革命性质来分，可以分为旧民主主义革命和新民主主义革命，但是无论是旧民主主义革命时期，还是新民主主义革命时期，近代中国的社会性质都是半殖民地半封建社会，这一点没有变化。中华人民共和国已经建立将近 60 年了，我们对以往近现代史的分法应该要有改变。鸦片战争以前的中国是封建社会；进入近代以后，中国变成半殖民地半封建社会；1949 年以后，中国逐步走上社会主义道路。按照这样的标准来划分历史阶段，一切都好讲了。

学术界取得这种共识，反映到教科书中来，总是要慢一些。我的看法是，学术界在重大问题上取得的共识反映到历史教科书上，晚上十年是正常的。《中国近代通史》是一部学术性的通史著作，它在改变人们的分期认识上会起一点作用。今年刚刚进入大学课堂的《中国近现代史纲要》，就是按照上述分期的认识来编写的，由于这本教材是大学生的必修课，它在改变人们对近代中国历史的分期上，作用会大得多。我在一些大学演讲，呼吁历史系把原来的中国近代史教研室和中国现代史教研室合并起来，这涉及教学体制的一些问题，需要慢慢来。

南方都市报：十卷本的近代通史，在框架的安排和分卷上，是否依照了你提出的七次高潮？是不是这七次高潮就是中国近代史的基本线索？

张海鹏：从近代中国 110 年的历史全程来看，从革命史的角度看，我认为存在着七次革命高潮。这是近代中国历史发展的客观实际。在《中国近代通史》的框架和分卷安排上参照了这种认识。在一定意义上，也可以说，这就是中国近代史的基本线索。所谓基本线索，不能做机械的理解。不是除基本线索以外，近代中国的历史就没有其他内容了。其他的内容很丰富，但是从历史发展的进程上来看，可能都要受到基本线索的制约。

写阶级社会的历史还是要
有阶级斗争眼光

南方都市报：一部近代通史，是怎样考虑政治、经济、文化的内容比例的？通观全书是以政治史为主，经济文化的内容涉及不多，当然中国近代史首先是政治内容，你理想的近代通史是怎么样的？近代经济、社会和文化的内容怎样来体现？

张海鹏：我们在撰写之初，就明确了我们的书是以政治史为主干，当然这里所说政治史，不是以往所说的统治阶级的统治史，它不仅包括统治阶级的政治活动，也包括被统治阶级影响历史活动方向的政治活动，包括在野的政党、革命的阶级、劳动人民的政治活动。但是，我们不能把历史写成只是政治史。围绕政治史，一定的社会经济活动、影响社会历史发展的思想文化行为、少数民族的活动、边疆的事件，都需要写一些。当然，经济史、思想文化史、社会史、少数民族史、边疆史，也不能写多了，不然会冲淡历史的主题。但是，现在的书中，这方面还是写得不够。篇幅限制是一个原因，撰写者的知识结构是一个原因，出版的时间要求也是一个原因。

南方都市报：翻阅《中国近代通史》的分卷和篇章标题，有一个感觉，就是阶级斗争色彩的词汇变少了，比如最近人民出版社出版的《中国近代史新编》修订版（苑书义等著），书中依然保留了"推翻帝国主义走狗清朝的辛亥革命""北洋军阀黑暗统治和中国的新曙光"等标题，你怎样看待这种变化？

张海鹏：我认为，撰写阶级社会的历史，还是要有阶级斗争的眼光，还是要有阶级分析的方法。本书总体上是朝这个方向努力的。但是这并不是说，处处都要保留着阶级斗争的词汇。我们以往的历史书，在这方面有简单化的倾向。

南方都市报：对于新旧民主主义革命和反帝反封建等提法，有人觉得现在这种说法已经变得传统守旧了，你怎么看？

张海鹏：我觉得这些是很新的观点，这实际上就是我们走过的道路，这就是历史的本身，有些人想什么都否定，那就是历史虚无主义了。

南方都市报：你有没有感觉到以往的近代通史类著作存在不少的局限？如果从客观的历史来说，以往编写的近代史是否有不符合历史之处？

张海鹏：以往有关中国近代史的书，自范文澜的《中国近代史》开始，在建构唯物史观指导下的中国近代史框架体系的时候，总体来讲是有贡献的。否认这一点，在中国近代史的学术史上会犯虚无主义的毛病。但是这种体系有它的缺点，主要是有简单化的毛病。历史进程远比这个复杂得多。写阶级社会的历史，用阶级观点来分析，也无可厚非，简单化了就不好。比如讲辛亥革命历史，以前只是突出了革命派。实际上是既有革命派的奋斗，又有立宪派的活动与斗争，还有清政府的新政与预备立宪，三股政治势力斗争的结果，使得立宪派有向革命派转变的可能，最终导致了清王朝的垮台。实事求是地看待历史发展的过程，实事求是地描述这种过程，其实这就体现了历史的唯物主义。

"沉沦"与"上升"是中国近代发展轨迹

南方都市报：对于《中国近代通史》你是否有遗憾或不满意之处，具体在什么地方？

张海鹏：读者对于《中国近代通史》的初步反应是好的。我们还在期待着读者的进一步批评。检讨起来，我个人感觉，还是有不足的地方。比如强调政治史是对的，本来希望稍微多写一点有关经济发展、思想文化、社会史方面的内容，还是未能做得好。我们希望尽量吸收学术界的积极成果，不能说做得很好了。有的内容还有遗漏，比如 1900 年的"庚子勤王"事件，第四卷没有写，第五卷也没有写，居然遗漏了。总起来说，时间紧张，磨得不够，还存在着很大的修订空间。

南方都市报：你在第一卷提出，中国近代史发展轨迹是"沉沦"与"上升"，呈 U 字形历史进程。

张海鹏：谢谢你指出这一点。"沉沦"与"上升"呈 U 字形发展轨迹，是我长期思考的结果，也是学术界长期碰撞、摩擦、探讨的结果。这个观点是不是已经很成熟了，还有待检验。事实上，学术界是有不同看法的。当然我现在还坚持这个意见。我的意见，简略来说，可以这样表述：在中国近代史的早期，中国社会的"沉沦"是主要倾向，"上升"不是那个历史时期的主要表征；经历过一段发展后，中国社会"沉沦"到"谷底"。我指的"谷底"，大体上是指20世纪初《辛丑条约》签订以后的十几二十年间。历史度过了"谷底"，"上升"就逐渐成了中国社会的基本因素。这就是说，在中国近代史的后期，"上升"是历史发展的主要倾向。这个时期，中国历史也有"沉沦"，比如日本帝国主义侵华，占领了大半个中国，造成中国人民的长期的苦难，严重迟滞了中国社会现代化的进程，但是由于"上升"因素是主要的，这种"上升"因素到底还是把产生"沉沦"的势力打下去了。

我同意解放战争是"国共两军的军事决战"

南方都市报：第六卷《民国初建》中第一章是"北洋军阀统治的建立"，文中提到，民初的西式民主实验昙花一现。你如何看待这段时间的西式民主，为什么没有成功，对后来的历史发展有没有帮助，对今天中国社会建设有没有启发？

张海鹏：第六卷有关西式民主实验的叙述，我是赞同的，我认为基本上反映了那个时代的社会面貌。但是那是在袁世凯和北洋军阀统治下一个不成功的实验。总统贿选的种种闹剧，给当时和以后的中国人造成了对西式民主的负面印象。这种负面印象，形成了新中国成立以后拒绝西式民主的原因之一。

南方都市报：第七卷《国共合作与国民革命》，作者是王奇生。书中说中山舰事件主要是极端多疑的蒋介石基于个人猜忌而临时采取的一次紧急军事应变行动，很难说是一次有计划的有预谋的反共政变。你同意这种观点吗？对于类似的观点，近代通史中还有不少，是否可以这样理解，近代通史试图抛弃传统政治的影响，尽量客观真实反映历史？

张海鹏：我基本上赞同上述观点。我在上面说过，全书各卷我都看过，我不同意的地方，都会与撰写者商量。关于中山舰事件，最近三十年来，学术界有一些很出色的研究与探讨。本书吸收了学术界研究的积极成果。

南方都市报：在第九卷《抗日战争》中，作者引用台湾出版的史料较多，书中提到，卢沟桥事变后，国民政府成立国防最高会议，设立统率指挥全国抗战的大本营，下令所有军队动员，进行军事准备。蒋介石还严明纪律，擅自后退者，"必以汉奸卖国论罪，无论大小军兵，必杀无赦也"。而且，书中提到，国民政府早在战前就已经确定中国对日作战的战略为持久战略。这些观点都是与以往历史教科书不同的，教科书对于国民政府在抗日战争的作为提及不多，你怎么评价现在第九卷作者的观点？

张海鹏：第九卷的叙述，我基本上也是赞同的。当然如果我来执笔，表述上可能会有不同。国民党政府是当时中国的政府，1931年以来的中国形势，国人已经看得很清楚，要求抗战的呼声很高涨。国民党政府怎么看不到这些呢？如果国民党政府毫无准备，日本军国主义者叫嚣三个月灭亡中国不是就实现了吗！国民党政府的抗战准备，许多研究抗战的学术著作都已经指出来了，本书不过复述了已有的叙述。30年前的抗战史著作，对这方面讲得少了些，现在不同了。2005年9月3日抗战胜利60周年纪念时，国家主席胡锦涛发表重要讲话，指出中国国民党和中国共产党领导的抗日军队，分别担负着正面战场和敌后战场的作战任务，形成了共同抗击日本侵略者的战略态势。这段话，是许多年来我党领导人第一次正面阐明了抗日战争中国共两党在战场上分别承担着正面战场和敌后战场的战略任务。这是客观的历史评价，不仅政治影响极好，也具有学术上的指导意义。我赞成这个评价。刘大年先生和我曾先后发表过进一步客观评价抗战时期存在国民党和共产党两个领导中心的意见。

南方都市报：第十卷是《中国命运的决战》，对于解放战争的提法是"国共两军的军事决战"，这样是否更加客观？

张海鹏：我同意这样的提法。

南方都市报：2006年初，中山大学袁伟时教授在《中国青年报》发表了一篇文章，后来你撰文反驳，那么你对历史教科书上的观点是怎么看的？

张海鹏：我是反对袁伟时教授的观点的。就历史教科书而言，教科书并不等同于学术研究，教科书实际上代表了国家的意识形态，不光中国如此，国外也是如此。另外历史教科书上的内容也比较简单，没有丰富的故事，主要是让中学生了解历史知识，长大了有兴趣可以继续研究。历史教科书追求的是稳定，不像学术研究那样有各种观点。学术研究的成果也不会及时反映到教科书中，我觉得教科书内容比学术成果晚十年是正常的，另外教科书及时修订也比较困难。

从大中国历史的角度研究台湾史[*]

国家出版基金资助项目、中国社会科学院重大课题"台湾历史研究"的研究成果《台湾史稿》于2012年12月出版。全书叙述了自古代以来的台湾历史，特别对近代台湾历史进行深入解读，从理论角度和历史事实角度有力驳斥了"台独"谬论，为早日解决台湾问题提供了史学依据。《台湾史稿》主编、"台湾历史研究"课题组负责人张海鹏研究员接受中国社会科学网专访，介绍了我国台湾史研究的起源与发展脉络，提出从大中国历史的视角探究台湾历史的学术主张，对近年来台湾地区的台湾史学界以"台独"理念为指导的、脱离中国历史的、片面强调"台湾主体性"的错误研究方向进行了批驳。

记者：在我国的历史学科体系中，台湾史研究还是一门比较年轻的学科，您如何评价它的理论价值和现实意义？

张海鹏：台湾自古以来是中国的土地，是中国不可分割的一部分。台湾历史也是中国历史的一部分，台湾史研究是中国历史研究的一个分支。在进入21世纪的今天，台湾与大陆的统一问题仍是中国最大的国家安全问题，涉及国家的核心利益。加强中国历史研究中的台湾历史研究，进一步认识台湾历史与中国历史不可分割的关系，认识百多年来台湾人民的苦难、奋斗和牺牲，对于理解台湾人民，进一步认识台湾与祖国大陆不可分离的关系的重要性，促进台湾史研究的学术繁荣，将有所裨益。

---

[*] 这是两卷本《台湾史稿》出版后，中国社会科学网记者高莹的一次访谈，原载中国社会科学网，2014年1月19日，http://www.cssn.cn/st/st_hzft/201401/t20140119_947508.shtml。

记者：能否请您简单介绍我国台湾史研究的渊源和发展情况？

张海鹏：1918年，台湾爱国志士连横（雅堂）愤于日本统治当局毁弃台湾历史文献、泯灭台湾人民的民族意识，倾注多年精力，依中国传统史书体例，撰成台湾第一部通史——《台湾通史》。这部书的问世，标志着台湾历史研究和著述的开始。

20世纪五六十年代，大陆不少学者为配合我国政府在台湾问题上的斗争，纷纷撰写文章介绍台湾历史。这一时期的研究工作主要是围绕两个主题展开的：第一，论证台湾自古以来就是中国的领土，中国对台湾拥有主权，解决台湾问题是中国的内政；第二，揭露和批判美、日等帝国主义列强对台湾的侵略活动，颂扬中国人民的反抗斗争。其中，中国科学院近代史所刘大年、丁名楠、余绳武等先生1956年出版的《台湾历史概述》一书，是新中国建立后大陆发行的第一部台湾历史读物。此后相当长时间，台湾历史研究未能进入历史学者的视线。

1979年以后，随着大陆对台工作的全面展开及"和平统一、一国两制"方针的提出，台湾史研究开始得到重视。1980年，厦门大学历史研究所建立，这是我国第一所设置于高校的台湾研究专门机构，台湾史研究为其重要任务和特色之一。1981年，该所所长陈碧笙先生出版《台湾地方史》（自远古至台湾光复），为新时期大陆出版的首部台湾历史学术专著。

20世纪八九十年代，大陆多所大学相继建立台湾研究所。其中南京大学台湾研究所把研究重点放在1949年后的台湾历史上，1988年茅家琦先生主编的《台湾三十年》一书，是大陆第一部反映1949年以后台湾历史的书籍。

1996年，在中国史学会和全国台湾研究会推动下，集大陆主要学者集体力量编纂、陈孔立先生担任主编的《台湾历史纲要》一书出版，此书全面记载了台湾古代、近代、现代（止于1988年）的历史，是一部比较全面和学术性较强的著作，代表了大陆当时的台湾史研究水平。该书对清代以前及清代统治时期的台湾历史叙述比较深入，日据时期及其以后的历史叙述则相对显得不足。

总的来说，大陆学者出版的台湾史著作，对于满足广大读者的需要来说，还是显得不够。换句话说，大陆的历史学研究中，台湾史学科尚未得到足够的重视，能够帮助读者全面了解台湾历史的著作还比较缺乏。

记者：目前我国台湾地区的台湾史研究情况如何？

张海鹏：在我国台湾地区和日本都有一些台湾史著作出版。"两蒋"时代，台湾史研究在台湾被称为"险学"，少人问津。随着"两蒋"先后谢世，台湾史研究在史学领域的地位发生变化，如今台湾史已形成趋势。由于"台独"意识形态的推动，"险学"变成了"显学"。近20年来，台湾史研究越来越受到重视，台湾当局的推动是一个重要原因。1994年台湾"教育部"公布新"大学法"，调整了课程，在中国史、世界史以外增加了台湾史，加强了师资力量，也加强了支持力度。有人统计，最近十多年，台湾各大学有关史学的硕士、博士论文中，有70%的论文涉及台湾史。

20世纪50—80年代，台湾学者研究台湾历史，无论是古代史还是近代史，大多坚持中国主体性，认为台湾史是中国历史的一部分。但是近20年来，研究风向发生了变化，"台湾主体性"超过了中国主体性。过去说"荷据台湾"、郑成功收复台湾、康熙统一台湾、"日据台湾"，现在变成了"荷领台湾""明郑领台湾""清领台湾""日领台湾"，或者"荷治台湾""清治台湾""日治台湾"等。一字之差，说明了台湾历史研究中基本立场的转变。可以说，以"台独"理念为指导的、脱离中国历史的、强调"台湾主体性"的台湾历史研究，在台湾各高等院校和科研院所已成气候。强调"台湾主体性"的台湾历史研究，正是"两国论""一边一国""台湾是一个独立的国家"在历史观和文化观上的反映，是"文化台独"走向深入的明显表现。

台湾地区关于台湾历史研究的这一走向，迫切需要大陆历史学界做出学理上的回应，也迫切要求大陆方面要有一部材料扎实、观点正确、行文流畅的台湾通史著作，以便于广大读者正确、全面地了解台湾的历史。

记者：您所主持的"台湾历史研究"课题，是否正是在这样的背景下立项的？

张海鹏：是的。2005年2月，有读者向有关部门去信，希望学者写出一部权威的台湾历史著作，向人民传播正确的台湾历史知识。这封信引起了中央领导的重视，李长春同志、刘云山同志和陈奎元同志分别做出批示。中国社会科学院领导向我传达了三位领导同志的批示，要求我们近代史研究所台湾史研究室把这个任务承担起来。2005年8月，我们提出的"台湾历史研究"课题通过了中国社会科学院重大科研课题评审，正式立项。我们计划的课题成果分为两项，一项是两卷本《台湾史稿》，另一项是一卷本《台湾简史》。《台湾史稿》较多从学术著作着眼，《台湾简史》则从学术普及的方面努力。2010年，30万余字的《台湾简史》完成出版。在这个基础上，两卷本、100万余字的《台湾史稿》经历了七年的编撰和两年的审读与修订，终于在2012年12月出版。

《台湾简史》与《台湾史稿》这两部书，是我们近代史研究所台湾史学科建设中的重要阶段性研究成果，也是我院台湾史学科建设的开拓之作和奠基之作。作为研究者，我们希望用台湾历史研究的实际业绩，从学术领域里为反对"台独"和促进祖国统一大业服务。

记者：能否请您简单评价"台湾历史研究"课题的研究要点？

张海鹏：我们编撰的台湾史，主要从以下五个方面努力。

第一，尽可能写成关于台湾历史的平实客观的著作，努力全面反映台湾历史。目前海内外关于台湾历史的著作很多，或者有明显的"台独"史观，或者描述比较肤浅，或者未能概括台湾历史发展的全貌。为了维护国家统一，论证台湾与祖国大陆发展的密切联系，探讨台湾社会的发展轨迹，我们借鉴已有的学术成果，在分析历史资料的基础上，对台湾历史，特别是近百年的历史做简明的概括与分析，探讨重大问题的成因，剖析台湾的发展走向。我们尤其强调从大中国的角度来观察台湾历史。过去一些台湾史学者常常讲台湾历史是400年，我们不赞成这个观点。从历史记载来看，台湾的历史将近2000年。以大中国历史的视角来撰写台湾史，使得台湾史稿的写作完全摒弃了"台独"史观，确立了台湾历史是中国历史一部分的中国史观。《台湾史稿》从台湾的古代一直写到2010年，完整地再现了从古及今的台湾历史。

第二，传播准确的台湾历史知识，正确解释有关台湾历史的观点，使读者了解台湾历史的由来，认识台湾自古以来就是中国版图一部分的历史事实，正确理解台湾和大陆都是中国的一部分，一个中国的领土和主权不容分割的历史依据，这对于在新的世纪里解决祖国统一问题将有助益。了解台湾的历史，就在理论上和历史事实上驳斥了"台独"缪言。

第三，说明台湾经济起飞的成因。台湾经济能够取得骄人的成绩，首先在于农业的发展，经过闽粤移民近200年的努力耕耘，也经过台湾巡抚的着意经营，台湾从一个荒芜之岛发展成为一个农业较为先进的地区。在此基础上，日本对台湾展开大规模的调查，运用先进的技术，改良品种，建立水电站，进一步推动了台湾农业的发展，建立了初步的工业体系。1949年前后，伴随着成百万国民党党政军人败退台湾，大陆数万技术精英来到台湾，依靠美援，以计划方式，走市场经济的道路，终使台湾经济迅速发展，为落后国家和地区的经济成长提供了宝贵的经验。

第四，研究西方列强侵略与台湾发展的关系。由于台湾特殊的地理位置，它成为西方列强侵略染指的目标，荷、西、英、美、法等国都曾侵略台湾，日本在台湾推行殖民统治长达50年。"台独"势力与美、日有着非常密切的关系。为了破坏中国统一、遏制中国发展，帝国主义惯于打台湾牌，以台制华。尤其是战后以来，日本与台湾始终保持着密切关系，在美国的远东战略下形成的美、日、台三角关系成为"台独"势力的温床。我们的台湾史将对美台关系及日台关系的演变轨迹进行历史回顾和客观叙述。

第五，客观叙述"台独"意识形态和民进党的活动以及李登辉和陈水扁先后20年的"执政"与"台独"活动，客观阐述1949年后国民党在台湾的统治措施以及1949年后特别是1979年后两岸关系的发展和演变。

《台湾史稿》是由我和中国社会科学院荣誉学部委员陶文钊教授共同主持编写的，原计划从远古时期写到2000年。在写作过程中，台湾发生了政党再次轮替。2008年5月以后，台湾的局面有了新的积极的变化，两岸关系也随之出现了新的积极的变化。我们因此改变了原来的想法，将台湾史的下限延长到2010年，描述了当前海峡两岸的良性互动关系，让读者清晰看到祖国和平统一的希望。

我们希望向读者说明台湾是中国一部分的历史根据，说明台湾和大陆的统一是中国历史发展的必然。

近代史研究所台湾史研究室成立时间不长，我们的研究基础不雄厚，学术研究也还不够深入，期望得到读者的批评指正！

当选中国史学会第八届理事会会长后与《中国社会科学院报》记者的访谈[*]

惶恐不安 继往开来

《中国社会科学院报》记者（以下简称记者）：中国史学会从1949年筹备算起，已走过了60年的风雨历程，可谓与共和国同龄。今年您当选第八届理事会会长，适逢新中国60年国庆，而且去年我们党和国家又隆重纪念了改革开放30周年。在这样继往开来的时代背景下，您当选新一届史学会的会长有何感受？

张海鹏：坦白地说，内心深处很是有些惶恐不安。60年来，郭沫若、范文澜、刘大年等大师都曾出任中国史学会的主席，戴逸、金冲及、李文海诸先生出任会长，他们的治学精神、学术成就、个人魅力都广为后辈学人敬仰与推崇。我从1964年起长期在近代史所工作，当时范文澜先生还是所长，后来刘大年先生任所长。在他们领导下受益良多，对他们的才识更是钦佩不已。今年4月，在中国史学界第八次代表大会上自己当选理事会会长，内心深处更感惶恐不安，一则作为晚来后学，才识学养较之前辈大师差距很大；再者，中国史学会是中国史学界

---

[*] 这是2009年5月笔者当选中国史学会会长后接受《中国社会科学院报》实习记者魏淑民访谈的内容，见《中国社会科学院报》（学林版）2009年5月21日。原题为《铁肩担道义 妙手绘蓝图——访中国史学会第八届理事会会长张海鹏研究员》。

的学术团体，在国内外均享有较高的声誉，作为会长，任重而道远，怕做不好工作。

我将倾力传承郭沫若、范文澜等史学大师的治学精神和工作风格，继续坚持唯物史观和马克思主义史学的指导，承担新的时代条件赋予的历史使命，推动唯物史观和中国史学发展的进一步结合，在学术多元化的背景下坚定维护主流意识形态的主导地位。

未来五年的工作设想

记者：您对中国史学会今后的发展有什么宏观的纲领？未来几年学会将开展哪些主要的活动？

张海鹏：按照传统，中国史学会的主要职责是协调全国史学工作者，就重要学术理论和现实问题主持召开大型学术研讨会，保持并扩大与国际史学界的联系。今后五年的工作，还要经过会长会议讨论决定，我在这里先说点设想。大致说来，本届理事会的主要活动有如下五个方面。

组织重大历史事件的学术研讨活动。2009年是中华人民共和国成立60周年，国家将要隆重纪念，中国史学会已经和国史学会、当代中国研究所共同筹备学术研讨会，将在8月举行。2010年是义和团运动110周年纪念，我们已经和山东、上海高校沟通，计划与义和团研究会合作在10月份召开国际学术研讨会。2011是辛亥革命100周年，之前学界对辛亥革命是每10年举行一次大的国际学术研讨会，一般由中国史学会和湖北省社科联共同举办。届时100周年更要隆重纪念，这也是国家的一件大事，中国史学会届时将和全国政协联络，请将学术研讨会纳入全国性纪念活动当中，我们将和湖北省社科联积极配合。

继续应对社会上的各种史学思潮，根据需要随时举办研讨会、座谈会，对相关问题进行商榷和回应，例如此前针对日本右翼势力教科书事件、历史虚无主义的及时回应，总之是进行符合中国史学会作为民间学术社团这一身份和定位的活动。

继续举办青年史学工作者论坛。促进青年史学工作者的健康成长，培养青年史学工作者，也是中国史学会的优良传统。2011年，由中国史学会主办、中山大学承办的新一届"全国青年史学工作者学术讨论会"将在广州举行。

保持并扩大与国际史学界的联系。中国史学界早在20世纪30年代就和国际史学会有接触,1980年开始参加国际历史科学大会,1982年中国史学会正式成为国际史学会的国家会员,并且组团出席了国际史学会每五年召开一次的国际历史科学大会。2007年9月,我们在北京成功举办了国际历史学会代表大会。2010年,中国史学会将组团参加在荷兰阿姆斯特丹举行的"第21届国际历史科学大会",并且将申请承办2015年第22届国际历史科学大会。

努力推动中国古代史和世界史研究。中国史学会自成立以来就以中国近现代史研究为重点,但我们绝不轻视中国古代史和世界史研究,而且今后需要投入更多的精力。第八届理事会将努力从研究水平和规模上强化世界史研究,我个人也多次向教育部和国务院学位委员会建议,将世界史从二级学科变成独立的一级学科。

辨析革命史叙事和现代化范式

记者:传统近现代史研究以革命史叙事为核心,近年来现代化范式兴起,似乎出现了从革命史范式到现代化范式的转向,并广泛影响了公众的认识。您认为两种范式之间有无兼收并蓄、取长补短的可能性,以共同服务于史学发展的大局?融合的主要思路又是什么?

张海鹏:首先,需要强调的是我个人并不赞成"革命史叙事(范式)"的说法。20世纪八九十年代以来,中国近代史研究往往被称为"革命史叙事",其实不完全如此。当然,突出革命历史,在五六十年代确是如此。过去突出革命、革命史过程,一定意义上会被人误认为就是讲述革命史。到60年代以后,有关研究者已经注意到近代史的各个方面,而不仅仅只看到革命史。如近代史所刘大年主持的《中国史稿》第四册已经全面涵盖近代中国的政治、经济、社会、思想文化、边疆和少数民族等各个方面,甚至注意到统治阶级内部的宫廷斗争史。这是一个认识逐步发展的过程,而"革命史叙事"显然没有准确概括这个过程。书写中国历史包括近代史应该以唯物史观为指导,客观描述历史过程，鸦片战争后的近代史客观形成了反帝反封建的革命过程，革命的主流影响了社会生活的各个方面，不注意这一点，恰恰不是实事求是的态度。

对现代化的认识需要区分两个概念，即现代化的进程和现代化的研究范式。现代化进程是大势所趋的客观潮流，《共产党宣言》早在1848年就指出了其客观必然性。客观的现代化进程需要相应的现代化理论作为支撑。流行的某种"现代化范式"，主要源于1958年美国人罗斯托出版的《经济成长的阶段：非共产党宣言》，其核心是批判马克思主义、去共产主义，五六十年代在欧美广为流行。美国人提出的现代化理论范式，正如罗荣渠教授指出的是美国范式，当初是从对抗苏联和社会主义阵营的冷战需要出发的，所以后来遭到拉美国家学者的普遍反对，此后各国学者相继提出自己的修订。总结中国的现代化历程，特别是中国特色社会主义现代化历程，中国学者应该可以形成体现自己特点的现代化理论模式。

独立和富强是近代中国历史的两大主题，用革命谋求独立，用现代化谋求富强，两者是阶段性的统一体，相辅相成，缺一不可。一部中国近代史，既是争取独立的过程，也是谋求富强的过程，需要将两者结合起来。在中国近代史研究中，我们反对用"现代化范式"取代所谓"革命史范式"。我个人在1984年已经著文指出，中国近代史中不能否认实业救国、教育救国的历史实践。中国近代历史本来是政治史（革命史包含其中）、经济史、思想文化史、社会史、边疆地区的历史和少数民族的发展史的综合，政治史（革命史包含其中）始终在历史发展过程中具有一定的指标作用。传统的研究范式不能轻易否定，在传统的研究范式中，增加现代化史的研究视角，将会使近代史研究更加符合真实的历史，也更加符合唯物史观的基本原理。

剖析历史虚无主义的根源

记者：李文海老师在第七届理事会的工作报告中，专门提到历史虚无主义思潮，列举其具体表现、消极影响和我们的回应行动。那么，您认为造成这种思潮的主要根源何在？在中国史学会的工作范畴内，如何防止其卷土重来或类似情况的重复发生？

张海鹏：1994 年李泽厚、刘再复在香港出版《告别革命》一书，可以视为历史虚无主义思潮的理论根据。那本书认为暴力流血的革命模式都是不好的，因此法国大革命不好，俄国十月革命不好，中国革命自然也不好，唯有英国不流血的"光荣革命"和君主立宪值得称赞，因为英国人会妥协，就此提出历史要告别革命。这是一种纯粹的不尊重客观历史事实的主观主义设想，毕竟已经发生的客观事实不容否认。

"告别革命"的历史虚无主义思想得以传播蔓延，反映在公共传媒领域，《走向共和》与《大国崛起》就是典型的例证。如 2003 年《走向共和》避而不谈革命大背景，片面渲染慈禧太后、光绪皇帝、李鸿章、袁世凯、孙中山和黄兴各路人等都是在"共同""走向共和"，既不符合历史事实，更不辩证客观，给年轻的观众提供了错误的历史信息。2006 年《大国崛起》回避资本主义原始积累的血腥，忽视资本－帝国主义战争、掠夺手段的残酷，片面夸大西方大国在崛起过程中奋斗的荣耀，宣称"中国人只知道革命，不知道妥协。英国人懂得妥协，需要让中国人知道妥协"，此即典型的"告别革命"思想。难道英国人只知道妥协不知道斗争吗？难道中国人只知道斗争不知道妥协吗？斗争和妥协在重大历史过程中都是存在的，不是只有一面，对中国、英国和其他西方各国而言都是这样。因此，我们反对历史虚无主义，需要以唯物史观为指导，全面客观地看待历史，不能以偏概全。

由于历史虚无主义的形成有更为复杂深刻的历史与现实、国内与国际背景。抱有各种不同世界观的人对历史和现实会有各种不同的解读。历史虚无主义观点还会不时出现。中国史学会面对这种观点不会袖手旁观，只要有机会，我们会对各种不利于中国特色社会主义的历史虚无主义观点展开辩难，澄清史实，以正确的历史观引导公众的历史认识。

全面看待学界浮躁　尽快建立反映文科规律的评价体系

记者：时下学界浮躁是普遍的现实问题，史学界也不例外。您认为造成这种浮躁现象的根源在哪里？又该如何对症下药呢？

张海鹏：浮躁是治学的大敌，犹如饮鸩止渴，无疑是值得批评的现实问题，但也有广泛的社会背景：首先，持续深入的全球化、现代化浪潮，使得社会生活的节奏急促加快，人们急功近利的浮躁心态不断凸显，学界包括历史研究者不例外。当然历史研究者需要坐冷板凳，急就章难以成就真正的学问，所以相比较而言，历史学者的浮躁要弱一点。其次，高校人文社会科学的评价体系以工科的有形量化的指标为参照，评价考核包括需要长期积淀和难以量化的人文学科。过多的考核、评估、检查让文科各院系负责人和教师难以应付。难以应付也要应付，人文学科的学术量化行为是学术浮躁的罪魁。此外，年轻学者坐不下来还有一个原因。专业职务五年一评，上了副教授还要上教授，上了硕导还要上博导，每次评定都要多少论文、多少著作，压得每个人透不过气来。在这种形势下，不产生浮躁才怪呢！在学的博士生要求发表几篇论文，还有核心期刊之说，人人忙于制造成果，哪里能够坐下来斟酌作品的质量呢？

应该认真研究人文社会科学各学科的内在规律，研究人文社会科学各学科学者的成才规律，在此基础上尽快建立充分尊重人文社会科学研究特点的文科评价体系。文理科的学科特点有很大差异，评价体系也应有所区别，这应该成为常识。尽快建立符合人文科学自身特点的评价体系，从源头上逐步杜绝滋生学术浮躁的制度压力和环境因素。比如说历史学是需要长期积累才能逐渐沉淀出思想和深度的学科，需要给学者们尤其是年轻学者宽松的思考环境，而不能急切地用量化评价的鞭子赶着他们"生产"论著。

适当改善人文社会科学各学科学者特别是年轻学者的生活待遇，使他们不为生活发愁，也是杜绝学术浮躁的重要措施。

在国家全面建成小康社会的关键阶段，在贯彻科学发展观的机遇下，提升国家软实力是重要一着。人文社会科学各学科是产生国家软实力的重要支撑，制止学术浮躁，提升人文学科的学术品质，正是当务之急。

随着改革开放以来人文社会科学的不断繁荣发展，文史哲和法律、经济等人文学科出身的人才不断走上各级领导岗位，文以治国、商（工）以富国的时代背景将逐渐呈现。随着符合学科特点的文科评价体系不断建立和完善，这种学界的浮躁现象应该能够大为缓解。

正视专业化和碎片化 教师宏观引导必不可少

记者：今天的历史教育和研究越来越专业化、精细化了，但也带来了"碎片化"的严重问题。大家都固守自己的有限研究领域不断"深挖洞"，知识面却越来越窄，不仅使得"专家"辈出而"大家"少有，而且史学界内部的深层对话和碰撞越来越难。这对学界的长远发展大有关碍，应该如何解决呢？

张海鹏：学科精细化是客观趋势。随着人类知识积累的日益丰富，学科之间及其内部的逐步专业化和细分化是社会发展的大势所趋。加之近年来受后现代史学的影响，史学研究领域几乎人人都在做具体而微的小题目，普遍缺少宏观的、理论性的思维，学界对理论问题的兴趣大为衰减，此种现象令人担忧。

学术领域需要专门家，也需要战略思维家。历史学教育和研究中在细分化的趋势是难以完全阻绝的，但是需要提倡一定程度的综合。无论是培养专门家，还是培养战略思维家，都需要在学科发展总的规律下选题，学科发展需要和社会发展需要是重要的衡量指标。对此，高校老师尤其是硕导、博导们的引导必不可少，要多给学生以宏观的理论思维，培养学生从大处着眼、从具体问题动笔的综合意识。而且，老师可以对学生的论文选题给予一定的引导，比如说可以建议多数学生做具体一些的题目，少数有能力和兴趣的学生可以尝试更宏观一些的理论性选题。培养学生的理论兴趣，尤其是培养学生对马克思主义理论的兴趣，应该是老师们的重要使命。

"大一统"思想不能忘[*]

"无论中国的历史经历怎样的分裂,最后都归于统一,因为'一统观'早就深入人心并延续至今,认定国家只有统一才能强大。所以,中国人对'一观统'非常重视。"作为中国社会科学院学部委员、中国史学会会长,张海鹏告诉《文化大观》记者,中国文化自古就强调"一统观",自东周以后国家开始四分五裂,出现了春秋战国,后来秦始皇统一中国。应该说,这种"一统观"是中国传统文化中的一个很重要的基因密码。

1月21日,"第22届国际历史科学大会新闻发布会"在济南举行。国际历史科学大会相当于历史学领域的奥运会,此次大会将在济南举办,是亚洲首届。而作为此次会议在中国召开的主要推动者,张海鹏认为提升中国文化软实力是历史学家最应该做的事。因此,会议期间他挤时间接受了《文化大观》记者的专访。

做义工的史学教授

成立于1949年的中国史学会,是中国历史学工作者的群众性学术团体。

65年来,中国史学会致力于重大学术研讨、培养青年史学工作者、进行史学资料建设、开展国际学术交流等工作,兢兢业业地履行着作为

---

[*] 这是2015年国际历史科学大会在济南召开前几个月,与济南《文化大观》杂志记者韦丽的谈话。原载《文化大观》2015年第3期。

学术团体的职责。谈及中国史学会，张海鹏感触甚深：他说中国史学会"只有很少工作经费，没有专门编制，工作人员没有工资和奖金，都是史学会的义工，目的只是为了推动中国史学会工作努力付出"。

作为第 6 任会长的张海鹏，长期以来，最大的心愿就是希望促成国际历史科学大会在中国召开。每 5 年一届的有着"历史学奥林匹克"之称的国际历史科学大会，自 1900 年成立始，便开启了与中国的百年情缘。

直到 1938 年，中国学者中只有胡适一人首次出席国际历史科学大会，后因特殊历史原因，随后的 41 年里中国代表的身影再未出现在国际历史科学大会上，但国际历史科学大会与中国学人的联系却从未中断。1980 年中国史学会派出以夏鼐为团长的代表团，作为观察员出席了在布加勒斯特举办的第 15 届国际历史科学大会。1982 年 9 月，国际历史学会正式接纳中国史学会为国际史学会国家会员，中断了 40 多年的文脉再次连接。之后的历届大会，无论在欧洲还是北美抑或澳洲，都能够看到中国历史学家活跃的身影。

"1995 年，中国史学会代表团曾在加拿大召开的第 18 届大会上，正式提出 2000 年在北京举办第 19 届国际历史科学大会的申请，但因种种原因这一申办议案没有被通过。"张海鹏说，"这一等就是二十年"。

在这 20 年里，为促成国际历史科学大会能在中国召开，张海鹏以历史学者的使命感和责任感，与国际历史科学大会主要负责人进行不间断的沟通、交流，并多次邀请他们到中国参观考察，共同举办会议，使他们亲身感受中国几十年来不断发展的经济和文化以及展现出的大国魅力。

"这一奔波，就是十年。"在这届会长任上，张海鹏以一贯的坚韧和不放弃，终于促成了这历史学的奥林匹克盛会——第 22 届国际历史科学大会在中国召开。

张海鹏告诉记者，2010 年 8 月，在荷兰阿姆斯特丹举行的第 21 届国际历史科学大会上，执委会代表以 36 票支持、8 票反对、5 票弃权通过了第 22 届国际历史科学大会在中国济南举办。

"不容易，真的不容易！"采访中，张海鹏教授忆起其中的艰辛，心潮难平。但令他欣慰的是，这次大会共有四个主题，第一个议题就是"全球视野下的中国"。

"将中国放在第一个主题上,这是以前任何一次历史会议都没有的,这与中国国家地位和形象的提升有重要关系。"张海鹏如是说。

"一统观"维护中国几千年

75岁的张海鹏,精神矍铄,满面慈祥。

研经治史50余年,张海鹏始终在史学研究领域孜孜不倦地追求着。他说身为历史学家,就得在唯物史观指导下追求历史的本质,力图从宏观上把握历史规律,从微观上再现历史的真实面目。

谈及今天的中国和中华民族的伟大复兴,张海鹏以一名史学家的严谨态度称,今天的中国与历史上任何朝代都不好相比,而中华民族的复兴,是指历史上所出现的中国在世界国际环境当中所处的地位,这似乎与GDP有关,但又似乎与GDP无关。

"综观新中国成立66年来,今天的中国离中华民族伟大复兴的目标越来越近。因为,与过去任何一个朝代相比,中国人无论在思想上还是在财富上,都没有像今天这样富裕过。"对于财富方面的富裕,张海鹏以惯常的治史严谨态度用数据说话。他告诉记者,2014年我国国内生产总值是近64万亿元,是日本的两倍,仅次于美国,已稳居世界第二。而1980年,我国国内生产总值只相当于美国的1/9。根据国际著名经济组织的估计,到2030年我国经济总量超过美国没有悬念。如果经济总量超过美国成为世界第一,是中华民族复兴的一个重要标志,而中国的经济质量和经济结构以及创新能力达到完善,"到那时,我国在世界上的经济地位将大体上达到或超过历史上号称繁盛的汉唐时期和鸦片战争前的康雍乾时期。中国在世界上的文化地位也可以说是无人撼动的。这对于13亿中国人来说,无疑是5000年历史上最好的时期"。

鸦片战争后的一百多年内,饱受摧残的中国一度虚弱不堪,但这个顽强的国家和民族却坚强地渡过种种难关,不断发展,日益富强。是什么样的力量在支撑着中华民族巍然屹立?张海鹏说:"只有分析我们的文化,才能明白中国不衰的道理。"几十年的研经治史,张海鹏深深明白,正是中国"大一统"的历史文化,才让中国几千年来屹立不倒。

"中国的文化自古就强调'一统观',自东周以后国家开始四分五裂，出现了春秋战国，后来秦始皇统一中国。这种'一统观'是中国传统文化中一个重要的基因密码，并长期在起作用。"可以说，无论中国的历史经历怎样的分裂，最后都归于统一，因为"一统观"早就深入人心并延续至今，认定国家只有统一才能强大。所以，中国人对"一统观"非常重视。相比中国，张海鹏说欧洲却没有"一统观"的文化基因，因此一直是分裂的。"比起二战以前，现在欧洲国家总数多了很多。这就是欧洲和中国的差异。"在张海鹏看来，虽然同处西方，美国却是维护统一的国家。"虽然美国人实际上是欧洲人，但它和欧洲却完全不一样，它很统一。1861年，美国发生南北战争，在林肯领导下主张分裂的南方势力失败。我们说起林肯都强调他在南北战争中解放了黑人奴隶，但美国人并不强调这一点。在华盛顿林肯纪念馆，林肯像后面刻着一段话，这段话不是说他解放了黑人奴隶，而是维护了美国的统一，才使美国的资本主义迅速发展了起来。"

用儒家思想纠正"利"

作为历史学家，研究历史、关注现实是张海鹏一贯的学术品格，既从现实社会中发现历史研究的紧迫问题，又着力从历史研究中寻求解决现实问题的思想资源。

面对当下社会的种种问题，张海鹏同样从历史文化中探寻答案。

从五四运动后期开始，一些新学知识分子开始抵制国学，他们认为中国的衰弱是因为文化的落后，所以崇尚西学，寻求强国御侮之道。但当今背景下，频遭质疑的国学又为何值得人们去学习和应用？张海鹏告诉记者，现代社会人变得更加理性的同时也更加物欲化，一定程度上出现了人文精神的弱化和社会道德的滑坡。如何纠正这一不良现象？以儒家为代表的传统文化不失为一剂良药。"新中国成立60多年，前30年我们是探索社会主义，过分地强调了'义'；后30年却逐渐抛弃了'义'，追求利益最大化，又过分强调了'利'。"

张海鹏认为，过分强调"义"还是"利"都会使社会处于失衡状态。

"儒家文化讲仁义，已所不欲，勿施于人，这是儒家最基本的思想，讲'义利之辩',即道德行为与物质利益之间的关系。古人注重个人修养,自己不做非分之想,不拿不义钱财,所以很长时间古人都在讲义利之辩。"张海鹏说所谓义利之辩,简单讲利就是物质生活,义就是道德伦理,即精神生活。"义和利各自放在一个合理的位置,不能否认利,也不能否认义,用义来约束利,即用道德来约束物欲,让其合理化,社会发展才会平稳,社会才能和谐。"

面对今天世风日下、人心不古的社会现象,张海鹏忧心之余,直言不讳地指出,当今社会最严重的是一切向钱看的问题。"因为一切向钱看,所以义利之辩就不讲了,不讲义利之辩诚信缺失的问题就出现了。诚信缺失,各种造假就出现了。社会处在急躁、焦虑之中。这一切都是一切向钱看在作怪。反映在教育中,反映在学术界,就是急于发表文章,急于拿到学位,急于出版著作,急于评上职称,急于拿到奖项,甚至假实验报告,抄袭出来的假学位论文、假毕业证书纷纷出笼……"

张海鹏认为,重提义利之辩,不是不讲利,而是要以义约束利,纠正以往无原则地讲利益最大化,强调利益合理化,才符合中国文化的基因,才能改变金钱第一、利益第一的不良现象。

期待"全球视野下的中国"[*]

2015年5月16日,第22届国际历史科学大会百日倒计时新闻发布会在山东大学举行,这个让几代中国学者在兹念兹的"学术与邦国"大计渐行渐近。据统计,截至目前,共有来自79个国家和地区的近1800人报名参会大会,在参与国家数目上创历史新高。可以预见,第22届国际历史科学大会必将成为全世界的文化盛宴。

取得这些成就,作为大会承办方之一的中国史学会在其中起到了极其重要的作用,当然作为会长的张海鹏,在从大会申办到筹办过程中都起到了关键性的作用。

日前,中国史学会会长、中国社会科学院学部委员、著名学者张海鹏教授接受了本刊的专访,就相关问题进行了解答。

天下泉城:作为中国史学会会长,您参与了申办第22届国际历史科学大会的全过程。中国是在什么背景下提出申办国际历史科学大会的?这其中又经历了哪些过程?

张海鹏:是的,我参与了申办第22届国际历史科学大会的全过程。2010年在荷兰阿姆斯特丹国际历史学会各国代表大会上,我们的申办获得通过。这次申办成功的背景首先是中国经济发展取得重大成就。2010年中国经济总量超过日本,成为仅次于美国的第二大经济体,中国的国际地位和国际话语权空前提高。第二个背景是2008年美国金融危机影响到欧洲,欧洲经济危机严重。许多国家财政紧缩,经济困难。

---

[*] 这是第22届国际历史科学大会召开前三个月接受济南《走向世界·天下泉城》记者的一次访谈,原载《走向世界·天下泉城》2015年6月号。

这就造成在 2010 年阿姆斯特丹大会上，提出申办的国家只有中国一家。以往的申报，通常都有两三家争办。第三个背景是，国际历史学会的改革精神。据我从 2003 年开始与国际历史学会主席和秘书长的联系中得知，他们都主张国际历史学会和国际历史科学大会的国际化。他们希望国际历史科学大会走出欧洲。1900 年以来，国际历史科学大会绝大多在欧洲召开。1975 年第一次越过欧洲来到美国洛杉矶，1995 年到加拿大蒙特利尔，2005 年来到澳大利亚悉尼。我参加了悉尼的大会，在大会期间会见国际历史学会主席和秘书长时，他们深以为在悉尼举办会议是一次成功，是国际历史科学大会国际化的成功。因此他们希望，今后在每个洲轮流主办。所以中国应该争取机会。

关于申办过程，首先我要说的是，近百年来，中国历史学界一直在关注国际历史科学大会的召开，也希望有机会在中国举办。1949 年前没有这种可能；1980 年中国史学会代表团第一次以观察员身份出席在布加勒斯特举办的国际历史科学大会，并在 1982 年中国史学会正式加入国际历史学会，成为它的国家级会员；从 1985 年开始，中国史学会代表团以正式身份出席了每五年一次的国际历史科学大会；在 1995 年加拿大蒙特利尔大会上，中国史学会申办第 19 届国际历史科学大会失败。这次失败，给中国史学会一定打击。

2003 年 11 月，中国史学会与中国社会科学院联合主办"东亚现代化进程"国际学术研讨会，当时的国际历史学会主席科卡教授前来出席，我借此机会与科卡教授会面，探讨了在中国举办国际历史科学大会的可能性。科卡教授建议，中国在申办国际历史科学大会前，最好先办一次国际历史学会代表大会。2004 年，我当选中国史学会常务副会长兼秘书长。我认为，应当再次鼓起勇气，申办在中国召开国际历史科学大会。中国史学会会长会议一致赞成这个想法，并把它作为今后工作的重点。

2004 年 6 月，我以中国史学会常务副会长兼秘书长身份致函国际历史学会主席科卡和秘书长罗伯特教授，通知中国史学会换届，表达中国史学会希望在中国举办国际历史科学大会的愿望。这年 11 月，罗伯特教授来京赴会，我约他做了长谈，详尽了解国际历史学会的组织状况，了解国际历史科学大会的开会情况和申办流程。罗伯特建议中国可以申办 2015 年国际大会。他认为，2005 年在悉尼开会，2010 年可能在欧洲，2015年可能在美洲和亚洲。美洲过去已办过，中国成功的可能性很大。罗伯特说考虑到世界的眼光集中在中国，那时候可能有更多国家的历史学家希望到中国看看，同时作为国际历史科学委员会秘书长，他会利用自己的威信说服各国代表，中国成功的希望是很大的。同时我们又讨论了2007年在中国举办国际历史学会代表大会的可能性和筹备会议的基本要求。这次谈话形成了一个谈话纪要。2005年，我与罗伯特多次通信，继续了解相关情况并安排2007年在北京举办会议的细节。

2005年7月在悉尼举办第20届国际历史科学大会。中国史学会组织了大约20人代表团前往赴会，我担任团长，中国社会科学院常务副院长冷溶担任顾问。在会议期间，中国史学会代表团邀请国际历史学会主席、秘书长等负责人聚会，讨论2007年北京会议和申办2015年大会事宜。在悉尼的国际历史学会代表大会上，通过了2010年在荷兰举办第21届国际历史科学大会的决议，也通过了2007年在北京举办国际历史学会代表大会的提议。

2007年9月在中国社会科学院，中国史学会组织了国际历史学会代表大会、执行局会议。在此期间，中国史学会举办了一天学术报告会，请了10位中国学者报告中国历史学的研究状况，受到了与会各国历史学家的称赞。会后，罗伯特秘书长专门致函表示感谢。

2007年北京各国代表大会后，中国史学会开始考虑申办2015年大会事宜。

2010年在阿姆斯特丹国际历史学会期间，中国史学会举办了100多人出席的申办2015年大会说明会，介绍了中国史学会准备在山东济南举办第22届国际历史科学大会的计划，回答了各国学者提出的疑问。会议期间举办国际历史学会代表大会，在表决中国史学会申请时，36票赞成，国际历史学会主席宣布，代表大会顺利通过了中国史学会的申请。

天下泉城：据我们所知，当时中国有几个城市都对承办第22届国际历史科学大会产生了浓厚的兴趣。是什么原因让中国史学会最终把大会的承办地选在了山东济南？

张海鹏：2008年中国史学会着手筹备申办工作。我们首先确定会议地点不在北京。因为北京大型国际会议很多，很难预料5年后会出现何种出乎意料的情况。当时考虑的会议地点主要有两个，一个在山东济南，另一个在江苏苏州。这两个省的经济发展居全国前列，解决大会经费问题相对较为容易。山东是齐鲁文化发源地，历史悠久，又是孔子故乡，到这里来开会，对于世界各国历史学家了解中国历史文化有好处。

中国史学会会长会议通过了这个想法。我打算先找山东大学，如果有困难，再找苏州大学。我对山东大学比较了解，与山东大学历史文化学院王育济教授联系，他立即表示山东大学愿意承办。随后，王育济陪同山东大学校长徐显明来到北京，我们就在济南举办第 22 届国际历史科学大会，并请山东大学承办进一步交换了意见，双方意见达成一致。

随后，山东省政府办公厅和当时的山东省省长姜大明来函，表示完全支持第 22 届国际历史科学大会在济南举办。经过中国社会科学院批准，中国史学会组织了代表团（包括山东大学历史文化学院教授王育济和宗教研究所所长姜生），满怀信心前往阿姆斯特丹出席大会。在中国史学会举办的申办说明会上，山东大学在会上散发了精心印制的济南画册，受到了与会各国历史学家的欢迎。山东大学的准备工作，支持了申办工作。

天下泉城：第 22 届国际历史科学大会第一场第一大主题是"全球视野下的中国"，您也在多个场合中强调中国在世界历史中的重要性。中国在世界历史中有着怎样的地位和作用？这次大会，将通过哪些方式来凸显这种地位和作用？

张海鹏：中国是一个历史悠久的古国，也是一个历史悠久的大国。在 17 世纪以前，中国的经济、文化一直处在世界的前列。18 世纪以后，中国的经济发展落后了。19 世纪中叶以后，中国遭受资本主义、殖民主义的侵略，历经 100 多年。经过中国人民 100 多年的奋斗，特别是 1949 年以来将近 70 年的奋斗，中国经济发展已经在 2010 年稳居世界第二的位置。中国正在吸引全世界的眼光。在这样的历史背景下，第 22 届国际历史科学大会在济南召开，第一大主题就定为"全球视野下的中国"，很有象征意义。

从 1985 年中国史学会第一次正式组团出席第 16 届国际历史科学大会，到 2010 年第 21 届大会，大会议题中只有一项与中国历史有关，中国历史学家只是主持一场与中国有关的学术会议。当然中国学者参加其他场次的讨论是没有问题的。济南大会，四大主题的第一大主题是中国历史问题，主持人是中国学者；还有差不多 10 场专题讨论会有中国学者主持或者联合主持。这样，就大大提升了中国历史学家在这次大会中的作用。有这么多中国学者参与主持专题讨论会（或者圆桌会议），在以往的国际大会上完全是不可能的。由一个国家的学者参与主持 10 场以上的专题讨论会，在以往的国际大会中可能也是不多见的。

天下泉城：作为第 22 届国际历史科学大会的承办方之一，中国史学会在大会的筹办过程中做了哪些工作？随着大会召开步伐渐行渐近，接下来中国史学会还将要做哪些工作？

张海鹏：济南大会的筹备工作，是由中国史学会和山东大学合作进行的。中国史学会负责与国际历史学会一起制定大会议程，山东大学负责会务。按照国际历史学会规定，国际历史科学大会是由国际历史学会主办，大会议题的制定、提出须经国际历史学会代表大会通过。2010 年大会申请通过后，国际历史学会向各会员国发函，征求议题建议。一般会员国只提出自己感兴趣的一两个议题。中国史学会考虑到 22 届大会在中国召开，要多反映中国学者的声音，打算多提出议题。中国史学会向各省史学会，也向国内重点大学、重点科研机构发函征求议题建议。在 2012 年初，中国史学会综合各方面提出的议题建议，向国际历史学会执行局报送了 20 多个议题，其中 10 多个议题与中国史学有关，或中国学者感兴趣，或与历史学发展有关系，而且确定了议题的主持人（主要是中国历史学家）。国际历史学会执行局从中采纳了 10 多个议题。

2012 年 8 月在匈牙利首都布达佩斯召开的国际历史学会代表大会上经过 1 天讨论，通过了全部议题。这些议题中，包括四大主题，列在四大主题中的第一项是"全球视野下的中国"，由中国历史学家主持。

国际历史学会对大会的筹备抓得很紧。2010 年 8 月在阿姆斯特丹说明将在中国济南举办国际历史科学大会时，许多外国历史学家表示不理解。2011 年，国际历史学会主席黑特拉（Marjatta Hietala）女士和秘书长弗朗克（Robert Frank）教授分别来访，中国社会科学院武寅副院长分别会见他们。我和中国史学会秘书长王建朗分别陪同他们到济南考察，并与山东大学负责人会见。2012 年在布达佩斯，弗朗科秘书长与中国史学会代表团逐一讨论了会务工作。2013 年 10 月，在济南由中国史学会、山东大学和国际历史学会联合召开了"区域文化和齐鲁文明"国际学术讨论会，黑特拉、弗朗科和国际历史学会执行局成员陶文钊等出席会议。

会后，国际历史学会执行局成员与中国史学会、山东大学筹备委员会一起就会务工作做了三个半天的详尽讨论。会议结束时，黑特拉女士和弗朗克教授分别致辞，一致肯定在济南开会"是一个正确的选择"。

天下泉城：申办大会对中国会产生哪些影响？特别是对中国历史学的发展会起到哪些作用？

张海鹏：国际历史科学大会是国际历史学界规模最大的、参与人数最多的国际历史学会议。从以往的各次会议来看，出席会议并且提交论文的学者，一般是很严谨的历史学家。他们带着各个不同的国家和地区感兴趣的历史学话题前来赴会，对于彼此交流学术的意义重大。各国历史学家怎样看待各国的历史或者怎样看待世界史上发生过的重大事件，来自各不相同的国家和地区的学者用什么样的历史观或者史学方法处理历史学问题，是大家都感兴趣的。一次大会所确定的各项议题，可能成为今后一个时期史学研究的潮流。历史学研究的这些潮流和趋势，都是中国学者需要了解和注意的。各国学者学术研究成果也是值得中国学者学习和吸取的。学习世界各国史学研究的好的东西，对提升中国史学的水平显然是有所裨益的。

天下泉城：您认为中国历史学应该沿着什么样的方向发展？您对中国史学未来又有怎样的展望？

张海鹏：中国历史学一向有自己的传统，近代以来受到西方史学的影响。中国历史学又有马克思主义理论指导，中国的历史学家完全可以在上述基础上创建富有中国特色的历史学未来。

申办国际历史科学大会
堪比北京申奥[*]

有着"史学奥林匹克"之称的国际历史科学大会创办 115 年以来首次走进亚洲。8 月 23 日，第 22 届国际历史科学大会将在济南召开。中国史学界从旁观者到参与者，再到东道主，这之间的经历与曲折，与中国申办 2008 年的北京奥运会相类似。本届大会将呈现哪些亮点？对增强中国的软实力、对中国学术界将带来哪些影响？中国社科院学部委员、中国史学会会长张海鹏参与了本届大会的申办全过程，日前，他接受了光明网记者的专访，与大家一起分享这些经历。

世界历史学者的目光在关注中国

从 20 世纪初，中国的历史学者就开始关注国际历史科学大会的举办情况，一直到新中国成立后，我国学术界时刻关注着，第 22 届国际历史科学大会现在终于能在中国召开了。我参与了申办第 22 届国际历史科学大会的全过程，2010 年在荷兰阿姆斯特丹国际历史学会各国代表大会上，我们的申办获得通过。每五年一届的世界历史科学大会，一百多年以来，第一次在亚洲中国召开，本身是一大亮点。

在解放以前，中国只有一位历史学家参加过国际历史科学大会，他就是胡适，于 1938 年参加过大会。当时正是抗战时期，国家很困难，

---

[*] 这是第 22 届国际历史科学大会召开前夕光明网记者王锦宝的访谈。原载光明网，http://www.gmw.cn/content/2015-08/05/content_16548164.htm。

本来想派两个人参加，由于资金困难，派不了。1949年后，一直到1980年以前，我们跟国际历史学会及国际历史科学大会都没有接触过。1982年，中国史学会在中央书记处的批准下，正式加入了国际历史学会，成为会员，到1985年中国史学会代表团以正式身份参加国际历史科学大会。从此的历届大会，中国史学会都派出代表团出席，规模都在20多人。

这次申办成功的背景首先是中国经济发展取得了重大成就。2010年中国经济总量超过日本，成为仅次于美国的第二大经济体，中国的国际地位和国际话语权空前提高。在我看来，文化软实力，应该和国家的政治、经济地位相匹配。一个弱小、贫穷的国家，它很难有多强的文化软实力，我们正走在富强的道路上，文化软实力得到不断的提升。中国史学会争取在中国办一届国际历史科学大会，我们准备了很长时间、付出了很多努力。1995年以前，中国史学会已经多次联系国际历史学会，做了大量工作，请国际历史学会秘书长来中国访问，时任国家领导人还接见了访问团。2005年在悉尼的大会上，中国提出申请，投票没有成功，历程跟中国申办奥运会的历史差不多。

我们继续努力，一直到2010年在荷兰召开的第21届国际历史科学大会上，申办获得成功，这之间有很漫长的过程，实际上是与中国的崛起、国力的提升相伴随的。2004年6月，我以中国史学会常务副会长兼秘书长身份致函国际历史学会主席科卡和秘书长罗伯特教授，通知中国史学会换届，表达中国史学会希望在中国举办国际历史科学大会的愿望。这年11月，罗伯特教授来京赴会，我约他做了长谈，详尽了解国际历史学会的组织状况，了解国际历史科学大会的开会情况和申办流程，同时我们又讨论了2007年在中国举办国际历史学会代表大会的可能性和筹备会议的基本要求。

2005年7月在悉尼举办第20届国际历史科学大会，中国史学会组织了大约20人的代表团赴会，我担任团长，中国社会科学院常务副院长冷溶担任顾问。在会议期间，中国史学会代表团邀请国际历史学会主席、秘书长等负责人聚会，讨论2007年北京会议和申办2015年大会事宜。为了熟悉国际历史科学大会的操办流程，罗伯特建议我们不妨先办一次小型的会议，于是在2007年，由中国社科院主办了国际历史学会的会员代表大会，全世界有50多个会员国，隔两年举办一次会员国的代表会议，考虑到参会的学者都是各会员国学会的负责人，他们不一定对中国有很深的了解，我们组织了10位中国学者给各国历史学家讲中国历史学的情况，中国的古代史、中国的近现代史、中国的世界史，从各方面，扼要地介绍中国历史研究的现状，他们很感兴趣，热情地提问，了解中国的情况。

2010年在荷兰的阿姆斯特丹召开第21届国际历史科学大会，我也率团参加。经过一百多年时间，终于实现了中国历史学家在20世纪初提出的大会能够在中国召开的愿望。

学术从"西学东渐"到"中西互补"

第22届国际历史科学大会即将在济南召开，由国际历史学会主办，中国史学会、山东大学承办。会务工作主要由山东大学负责，中国史学会参与了同国际历史学会一起来制定第22届国际历史科学大会的所有的议题，主要涉及四个主题："全球视野下的中国""书写情感的历史""世界史中的革命：比较与关联""历史学的数字化转向"。本次大会的第一大主题是"全球视野下的中国"，也是亮点之一。

会议将开设27个专题会场、18个联合会场、19场圆桌会议，此外还有特别会议、晚间讨论、平行会议、卫星会议等多场丰富多彩的活动。中国学者组织、参与议题之广度和深度，均超过历届大会，在以往的大会，中国史学会都没有作为一个主要的团体来参与其中，来制定会议的议题，这次大会的议题我们全部参加了制定，以前的大会，每次安排给中国学者的只有一场报告会，由中国史学会来主持，然而，这次我们差不多要主持十场左右的报告会，大会的四大主题，第一大主题"全球视野下的中国"由中国学者来主持，全体会员出席，谈的是关于中国的，这是一百多年来从未有过的，除了主题会，还有八九场小组会也由中国的学者来主持，都有中国的学者提供论文。

国际历史科学大会是国际历史学界规模最大的、参与人数最多的国际历史学会议。从以往的各次会议来看，出席会议并且提交论文的学者，一般都是很严谨的历史学家。他们带着各个不同的国家和地区感兴趣的历史学话题前来赴会，对于彼此交流学术的意义重大。各国历史学家怎样看待各国的历史或者怎样看待世界史上发生过的重大事件，来自各不相同的国家和地区的学者用什么样的历史观或者史学方法处理历史学问题，是大家都感兴趣的。

世界有60多个国家的2000多位学者来参加大会，通过大会我们能了解他国学者历史研究在思考哪些问题，学术的交流碰撞给中国的历史学者提供参考；我们参会，中国学者了解世界历史发展现状、交流观点的过程，对中国历史学家思考中国的历史问题、世界的历史问题，还是有帮助的；西方历史学家的理论、方法，使得我们有一定的了解，对我们的研究是大有益处的。一次大会所确定的各项议题，可能成为今后一个时期史学研究的潮流。历史学研究的这些潮流和趋势，都是中国学者需要了解和注意的。各国学者学术研究的成果也是值得中国学者学习和吸取的。学习世界各国史学研究的好的东西，对提升中国史学的水平显然是有所裨益的。

成功申办第22届国际历史科学大会的意义十分重大，这既是中国文化走向世界的重大机遇，也是贯彻落实党的十七大报告，提高中国文化"软实力"的重要举措。届时，全世界的2000多名顶尖级史学家齐聚济南，也将是中国的一大文化盛事，不仅将极大提升山东省和山东大学乃至中华文化的国际影响力，极大提升齐鲁文化和孔孟儒学的影响力，同时，必然更加密切地促进中国与大会的关系，也必然会使大会与中国的关系产生更为本质、更为深刻的变化。这种变化可以归纳为四句话：一是中国与国际史学的差距将进一步缩小；二是国际学术界的话语体系将得到更为合理的重构；三是在学习外国、不断壮大中国史学的同时，中国价值的国际表达、"中国梦"的世界意义将得到更为广泛的理解；四是东西方文化体系、东西方价值体系的差异将得到更为积极的尊重，东西方的历史学家将在各自不同的价值体系中追求最大公约数，从而更为客观地认知中国、更为客观地认知欧美、更为客观地认知世界各国。

这是继成功主办北京奥运会和上海世博会之后，将在中国举办的又一次国际盛会。主办国际历史科学大会对中国文化发展具有世界性的战略意义，是中国全球化进程中的一个重要文化节点。

五
悼念友人

祭卫藤沈吉先生[*]

公元2008年3月1日，中国社会科学院学部委员、文史哲学部副主任、中国史学会常务副会长兼秘书长、中国社会科学院近代史研究所原所长，委托中央大学法学部李廷江教授，以清酒、鲜花之礼，敬献于先生之灵前。

先生姓卫藤氏，1923年出生于中国沈阳，讳沈吉。东京大学教养学部教授退休后，曾任青山学院教授、亚细亚大学校长、英和女学院院长等职。终生以东京大学名誉教授、中国社会科学院名誉教授、中国社会科学院近代史研究所名誉研究员为荣。一生从事中国近代政治史、中日关系史和东亚国际关系史研究，著作等身。全十卷《卫藤沈吉著作集》皇皇巨著，执"卫藤史学"之牛耳。

1972年中日恢复外交关系以后，先生与中国学术界有广泛的联系，尤其与中国社会科学院有深入的学术交往。先生是中国社会科学院胡绳院长和近代史所刘大年名誉所长的好朋友，曾专门邀请和接待胡绳院长访日。先生多次出席中国史学会举办的有关辛亥革命和孙中山研究的学术讨论会，也多次出席了中国社会科学院近代史研究所主办的国际学术讨论会。1990年近代史所建所40周年举办"近代中国与世界"国际学术讨论会、2000年近代史所建所50周年举办"第二届近代中国与世界"国际学术讨论会，先生都应邀出席。为帮助举办2000年的这次国际学术讨论会，应近代史所所长张海鹏请求，先生在日本各基金会为这次会议筹集了大部分资金。1996年，先生还接受邀请，莅临中国社会科学院近代史研究所访学，进一步加深了与中国学者的友谊。

---

[*] 这篇祭文曾请李廷江教授在东京卫藤沈吉先生追思会上宣读，未刊。

先生热情推动国际间的中日关系史学术研究和学术交流，推动台海两岸历史学者的交流。1987年，先生克服了不与关西学者合作的旧例，与京都大学井上清教授合作，联合召开了"卢沟桥事变50周年中日学术讨论会"（东京开幕，京都闭幕），邀请近代史所名誉所长刘大年前往主持。1991年8月先生在美国夏威夷主持纪念辛亥革命80周年国际学术讨论会，特别邀请中国大陆十名学者、中国台湾十名学者与会，并请中国史学会执行主席刘大年做基调报告，刘大年先生因身体原因未能出席，又特别请金冲及教授做会议总结演讲。1997年10月，先生在东京庆应大学主持近百年中日关系史国际学术讨论会，邀请刘大年作筹备委员会顾问、张海鹏作筹备委员会委员，并请张海鹏在闭幕仪式上做演讲。2001年12月，先生还主持了在神户召开的纪念辛亥革命90周年国际学术讨论会，特别安排近代史所所长张海鹏做开幕式的基调演讲。为了筹备"清末民初的日中关系"国际学术讨论会，先生以80多岁高龄，在山田辰雄和高木诚一郎两位教授陪同下到中国社会科学院，与中国学者沟通。2007年11月初"清末民初的日中关系"国际学术讨论会召开，安排张海鹏在开幕式后作基调演讲。此次会议，先生因肺疾住进医院，仍带着氧气瓶、坐着推车出席开幕式，会见与会各国学者，发表演讲，缕述数十年来推动中日关系史学术交流的努力，寄望年轻一辈继承其志。此次对学术界的告别演说，令听者动容。

1989年政治风波后，日本某教授到中国台湾表示愿与台湾学术界一起制裁中国大陆。先生曾受日本文部省委派前往台湾，说明此人不代表日本文部省。此行台湾，受到冷遇。回国途中，先生特别到北京，向刘大年和张海鹏说明这一情节。

1996年，日本外务省在日中友好会馆成立日中历史研究中心，随后，中国外交部同意日本外务省要求，以中国社会科学院为对外窗口，"协助"日方从事历史研究。先生是日方评议委员会的成员。从1998年开始，日中历史研究中心评议委员会与中国社会科学院中日历史研究中心专家委员会进行了友好的合作。1996年以后，为促进历史研究的顺利进行，先生多次来往中日之间，与中国学者沟通。

2001年以后，先生虽患眼疾，仍执着于推动中日关系史学术交流事业。

中日关系，源远流长。一衣带水，友好邻邦。间或有隙，永记不忘。历史研究，客观求实。领悟真理，追求新知。对话交流，寻求共识。开辟新猷，眼光放远。造福东亚，永不再战。先生之德，先生之思。流芳百世，子孙永记。往者已逝，来者悠悠，先生千古，哀哉尚飨！

祭安藤彦太郎先生[*]

公元2010年1月24日，中国社会科学院学部委员、中国社会科学院文史哲学部副主任、中国史学会会长、中国社会科学院近代史研究所原所长张海鹏，中国抗日战争史学会执行会长、中国社会科学院近代史研究所所长步平，谨以清酒、馨香之礼，敬献于早稻田大学名誉教授、日中学院原院长安藤彦太郎先生之灵前。

安藤先生1917年6月14日生于日本横滨。1941年早稻田大学经济学部毕业后，长期在早稻田大学任教授。先生著作等身，主要研究方向是日中关系史、中国近现代史，他是日本现代史、中国现代史和中日关系发展史的见证人。先生著有《日本人的中国观》《汉语与近代日本》《烧书记——日本占领下的上海知识分子》《日、朝、中三国人民联系的历史和理论》《中国语入门》《孙文传》《近代日本和中国》《现代史的挑战——中国的思想与科学技术》等大约二十种，主编《辛亥革命——中国近代化的历程》《满铁——日本帝国主义与中国》等著作，翻译了毛泽东的大量著作。

安藤先生与中日关系的开拓者廖承志先生、张香山先生、孙平化先生等建立了深厚的友谊，与中国近现代史学界的领导人——中国社会科学院近代史研究所名誉所长刘大年先生、中国社会科学院院长胡绳先生等有着长期的学术交往。他是中国社会科学院近代史研究所名誉研究员、中国人民大学名誉教授。先生曾多次出席中国史学会、中国抗日战争史学会和中国社会科学院近代史研究所主办的国际学术讨论会。1990

---

[*] 2010年1月24日，东京日中友好会馆举办了安藤彦太郎先生追思会，本文在追思会上宣读。刊于《中国社会科学报》2010年2月11日，第17版"学林"。

年近代史所建所 40 周年举办"近代中国与世界"国际学术讨论会、1993 年近百年中日关系史讨论会、1997 年 7 月卢沟桥事变 60 周年学术讨论会、2000 年近代史所建所 50 周年举办"第二届近代中国与世界"国际学术讨论会、2001 年 9 月九一八事变 70 周年学术讨论会，先生都应邀出席。

先生是史学界前辈，是推动中日关系向前发展的前辈。我个人在年轻时就得以认识先生。那是 1964 年 8 月，北京举办科学讨论会，亚非拉美共 44 个国家 367 位学者和政界人士出席。日本组成以著名物理学家坂田昌一为团长的 61 人代表团出席了这次北京科学讨论会，先生正是这个代表团的成员之一。我那时是刚刚走进中国科学院近代史研究所的大学毕业生，有机会被大会分配到社会科学组的政法学科组担任秘书类服务工作。我在政法组认识了先生，也认识了当时担任日本代表团翻译的岸阳子女士。8 月 29 日，中国亚非学会副会长胡愈之先生在北京人民大会堂上海厅会见亚非各国政治活动家，并在北京厅宴请各位。我陪同政法学科组的几位日本朋友前往，其中有"松川事件"当事人之一的盐田庄兵卫先生和安藤先生。这次会议的趣事之一是，刘大年先生、张友渔先生和侯外庐先生共同做了先生与岸女士的红媒，促成了两位的终身结合。这次会议后，先生作为中国科学院近代史研究所的客人，在中国访问一年之久，直到"文革"开始才回国。名义上先生做客近代史研究所，实际上他是中国共产党邀请的客人，在帮助做《毛泽东选集》第四卷日文版的定稿工作。在这期间，先生与近代史研究所内外的许多朋友结下了友谊，也曾到中国各地游历。我个人在北京科学讨论会结束后，就到甘肃张掖县参加农村社会主义教育运动，后来又到山东半岛农村劳动锻炼，在这期间无缘得见先生。我记得在"文化大革命"开始的第二年，1967 年夏，先生以新婚旅行，再次访华，顺便了解中国"文革"的情况，曾在北京饭店下榻。那时候，由于《人民日报》发表社论批评了近代史研究所，我成了近代史研究所的"造反派"，并且担任了近代史所"文革领导小组"副组长，我曾经派"文革小组"成员到北京饭店向先生一行介绍情况，也曾在近代史所内与先生有一面之会。在那以后，先生有《中国通讯》《无产阶级文化大革命》《文化大革命研究》『虹の墓標—我的日中関係史』等书的出版。再次见到先生是在"文革"结束多年之后，我已担任中国社会科学院近代史研究所副所长，陪同刘大年先生拜访了在北京的先生。1991年8月，我曾拜访在北京友谊宾馆下榻的先生一家人，聆听先生介绍日本社会的政治状况。这一次，先生特别向我介绍了京都大学的井上清教授，并说井上清是日本最勇敢的人。1993年9月，我曾陪同中国社会科学院院长胡绳先生和近代史研究所名誉所长刘大年先生在北海仿膳饭庄宴请先生以及先生一家。从此以后，我差不多每年都会在北京或者东京拜见先生。

1996年，日本外务省在日中友好会馆成立日中历史研究中心，随后，中国外交部同意日本外务省要求，以中国社会科学院为对外窗口，"协助"日方从事历史研究。先生是日中历史研究中心所长，也是日方评议委员会的成员。1996年，我曾有多次机会与先生见面。先生或者是作为朋友，或者是作为日中历史研究中心的所长，或者是作为评议会的成员，与我，或者与中国社会科学院就双方合作事宜进行磋商。1998年3月，中国社会科学院派出以副秘书长何秉孟和我组成的代表团访问日中友好会馆，就中方协助日方进行历史研究达成共识。先生和岸教授伉俪特别陪同我们一行到箱根游览。在箱根，又特别安排我们住在小涌园宾馆，因为该宾馆曾接待过邓颖超、王震、李鹏等中国领导人，以开展日中友好交流活动著称。这使我们倍感亲切，且为先生的良苦用心所感动。从1998年开始，日中历史研究中心评议委员会与中国社会科学院中日历史研究中心专家委员会进行了友好的合作。

特别使我钦佩的，是先生在耄耋之年，还在为中日学术交流、为中日两国人民的友好贡献自己的力量。先生在晚年开始研究中国抗日战争期间在云南昆明建立的西南联合大学，研究西南联合大学的教授们，并连续发表文章。在研究中，先生虚心向中国年青一代学者求教。先生的好朋友刘大年先生在1999年底去世，去世前完成了他最后一部著作《评近代经学》。我作为中国社会科学院中日历史研究中心的负责人之一，曾向日中历史研究中心建议，是否可以把刘大年先生的绝笔《评近代经学》翻译成日文，介绍给日本的学术界。日中历史研究中心接受这个建议，安藤先生毅然挑起翻译的重担。近代经学涉及大量中国古典经籍和复杂的学术探讨，翻译难度极大。先生组织了专门班子，耗费数年时间，终于得以完成。没有先生的组织、参与且定稿，这本书译成日文大概是难以实现的。日文版刘大年著《近代中国儒学思想史》就这样在 2007 年问世了。本书署名安藤彦太郎、小池敏明、斋藤泰治、竹中宪一共译。我在 2002 年 12 月初，在早稻田大学与先生及他的翻译小组会面，探讨翻译工作中的若干难题，深切体会到从事翻译工作的难处以及翻译小组成员精益求精的敬业精神。

2007 年 11 月，我前往东京出席卫藤沈吉先生推动召开的"清末民初中日关系史——协调与对立的时代"国际学术讨论会。卫藤先生以病残之躯与会并致辞，令人感动。先生与卫藤先生虽然政治见解与学术指向不一定相同，两人确是好朋友。这次会上，我未能见到先生。岸教授告诉我，先生不久前做了手术，不良于行，需要休息。我未敢趋前问安，只得心祝先生健康早愈！

2009 年 12 月，我从台北访问归来不久，得知先生仙逝消息，开始我并未置信。待查阅共同社发布的新闻，才确知先生已于 10 月 27 日往生，令人痛悼曷已！

安藤彦太郎先生是中国人民的朋友，是中国学术界的朋友，是中国社会科学院近代史研究所的朋友，是日本社会真正的知华派学者和社会活动家。他的逝世，是中日学术界的共同损失！

辞曰：

中日关系，源远流长。一衣带水，友好邻邦。间或有隙，永记不忘。历史研究，客观求实。领悟真理，追求新知。对话交流，寻求共识。慎终追远，知华切实。耄耋负重，永不歇息。先生之德，先生之思。流芳百世，子孙永记。往者已逝，来者悠悠。共创未来，共求新猷。先生千古，哀哉尚飨！

为中日友好事业努力向前

——挽宇野重昭先生[*]

惊悉宇野重昭先生仙逝，聆讯之下，曷其悲痛！谨向岛根县立大学并通过贵校向宇野重昭先生家属表达我的诚挚悼唁！

我初识宇野先生，是在2002年11月28日。那时，我作为中国社会科学院中日历史研究中心专家委员会访日代表团团长，在日中友好会馆安排下，访问了广岛大学和岛根县立大学。在岛根县立大学的欢迎仪式上，宇野重昭校长主持欢迎仪式，滨田市长宇津澈男发表了热情洋溢的欢迎词，讲到他对中日关系和中日历史问题的认识。宇野校长要我作答词，我称赞了宇津市长对滨田市的治理，也对中日关系的历史和现实发表了简短看法。

欢迎仪式后，宇野校长主持了学术讨论。宇野校长说明该校研究重点是东北亚区域研究，重点介绍了他研究东北亚区域史和中国近代史的方法论以及政治外交史的基本看法，包括历史认识问题。他痛感中日两国在历史认识上的重大落差，他自信是理解了中国人的历史认识的。他讲到西方人的冲击-反应模式，亚洲的反应是西方式的。他认为要从战前的皇国史观超脱出来，自由地构想自己的主张。他表示该校对东北亚要进行广义的近代化过程研究，把通过航海进行的文化交流作为东北亚区域研究的特征来把握。以岛根为主，日本有11个县正在合作就2000里海道地区的历史地理研究，在此基础上研究平等的交流关系。中国应该在这项研究中占有重要位置。宇野先生发表了他对东北亚区域历史地

---

[*] 本文是为2017年4月1日仙逝的日本城西大学、岛根县立大学校长宇野重昭先生写的追思文，送岛根县立大学组织的追思会。未刊。

理研究的学术观点后，要求我做出评论。我事前知道岛根县立大学的访问日程，但不知道还有学术讨论这样的具体内容，我以为只是一次礼仪性的拜访。我在事先毫无准备的情况下起立做回答，针对宇野先生提出的中日历史认识问题和东北亚区域研究等问题发表了我的看法。宇野先生很客气地表示我的评论是对他的补充，使他学到了很多。午饭时，宇野先生对我提到两件事：一是邀请我明年来岛根县立大学访问一个月；二是希望把今天的对话整理出来作为我与他的对话在本地区的《中央新闻》发表，我表示同意。12月3日，在东京日中友好会馆日中历史研究中心，我与宇野先生就这个话题做了一次正式对话，鹿锡俊教授担任翻译。这个学术对话的摘要，很快以《张海鹏与宇野重昭对话录：在共同历史认识的基础上走向东北亚的发展》为题，在日本《山阴中央新报》2003年1月4日第14版发表；对话全文以『対談者：宇野重昭/张海鹏：日中国交正常化30周年にぁたり「歴史認識」のギャップをどう乗り越えるか』发表于宇野重昭编『北东アジアにおける中国と日本，補論』，东京都国际书院2003年3月31日发行。这是一次中日学者就中日关系开展的有意义的学术对话，值得纪念。

此次联系，加深了我对宇野先生的了解，使我有相见恨晚之感。我想，宇野先生也会有同感。所以，我愉快地接受了访问岛根县立大学的邀请。本来邀请我在2003年7月成行。我当时担任中国社会科学院近代史研究所所长，工作安排方面的原因，2004年1月初我到岛根县立大学报到。

此次访问差不多一个月时间，共有8次机会与宇野先生见面。为了纪念宇野先生，我将这8次会面缕述如次。

1月9日晚，在鹿锡俊教授陪同下，到宇野校长室作表敬访问，晚饭时与宇野先生在轻松的气氛中纵论天下大势，涉及中日关系、人口政策、城乡关系、酒文化等。

1月13日，我了解到日本大学事务局设置，很感兴趣，专门到宇野先生处询问有关事务局设置的规定等。

1月14日下午，出席了大学恳谈会，我就观察中日关系中的历史认识问题的方法论发表了意见，主要是从现实和历史的关系上说明了看法，向宇野校长以及各位出席者讨教。宇野校长主持了恳谈会，对我做了长篇介绍。

1月15日上午，出席大学院生论文发表会。宇野校长致辞对我出席表示欢迎，我应宇野先生要求对三位院生的论文发表逐一做了评论。宇野总结时认为我的评论对他有帮助。15日下午出席大学院生演习会。选修宇野课的全体硕博士和研究助手出席，宇野校长主持，副校长增田武路参加，由我主讲中日关系。我结合孔子修《春秋》、司马迁作《史记》，对什么是历史、什么是客观的历史书做了阐述；接着对四个留学生就《中日接近和外交革命》的讨论文章做了评述；然后就战略集中原则、中日关系的恶化等问题阐述了我对中日关系的看法，回答了与会日本学者提问，说明了我对中国大战略的理解：与全世界交朋友，发展中日之间的关系。宇野先生认为与会者反映良好。

1月16日下午，在宇野先生校长室，与他对谈，鹿锡俊任翻译。宇野做了认真准备，他把我最近的谈话概况成三点：一是中日友好的现实，二是中日关系，三是中国大战略，概述了我的观点，然后就这三点阐述了他的意见。我又针对他的看法说明了我的观点，历时近4小时。此老观点许多地方都值得重视。临别时，我将我刚做的一首诗送给他：宇下如椽写瀛洲，东北亚学可追求。贤士弟子星捧月，野鹤闲云任遨游。他极高兴。

1月21日下午，在宇野校长陪同下，拜访滨田市长宇津澈男。宇津市长讲述了他主张中日友好的经历。宇野先生说，宇津市长主张中日友好，我们学校在这里就好办了。回到学校，又到校长室饮茶，继续叙谈。

1月28日下午，我出席了学校第28次学术沙龙，听了三位学者的论文报告。主持人把我介绍给各位，我做了简短致辞，宇野校长做了总结。

2月4日下午，宇野重昭校长主持了岛根县立大学第10回东北亚学研究恳谈会，由我在会上报告中日关系中的历史认识问题。这是我在访问期间最重要的一场学术报告。我将论文印发给与会者，只在会上讲了主要观点。讨论时发言踊跃，听众反映良好。宇野校长做了总结，对我的报告多加称赞。晚上参加小型宴会，校长、副校长参加。席间热烈讨论中日关系问题。我与多人讨论，涉及中日关系、远东国际关系、国际格局等。这是一次难得的讨论中日关系的学术交流机会，使我了解了更多的日本情况。

此次访问岛根县立大学，有机会与宇野先生多次接触，了解了宇野先生更多身世。宇野先生说过，他在 1975 年中国国庆节作为中日友好协会理事受到周总理邀请访问中国。邓小平副总理主持了国庆招待会，他的座次比大使还靠前，看见了主席团上的"四人帮"，事后还与姚文元单独谈话。我说这也是中日友好交流的一页历史，因为他们当时代表中国。宇野谈到他的祖父宇野蒙治先生，清末曾在保定陆军军官学堂教土木工程和近代日本史，他的学生中有中国国民党党员和中国共产党的将军。祖父曾向他谈过在中国的经历。他的父亲是学农业的，1943—1944 年在印度尼西亚工作，其间曾到广州学堂。回去后曾对宇野说过，日本战胜中国是不可能的。那时日本被战争拖得很贫困，但广州物资很丰富。他说他的中日友好观念有家学渊源，是从他祖父、父亲那里继承过来的。我引用毛泽东的《论持久战》，说到中国广土众民，他说他在 1947 年就看过《论持久战》和毛主席的其他著作。他一向是中日友好的坚决主张者。他还告诉我，他研究过中共党史，还在中共中央党校讲过学等。

总结起来，宇野先生主张中日友好，有家学渊源；宇野先生研究中共党史，有著述行世；宇野先生理解中国人对中日历史关系的观点；宇野先生希望跳出皇国史观研究中日关系历史。宇野先生对我的邀请和接待很真诚、很坦率，不做作，使我深受教益，铭感五内。

我认识多位日本前辈学者。与井上清、岛田虔次、安藤彦太郎、野泽丰、山口一郎、卫藤沈吉、竹内实、隅谷喜三男等多有请益。结识宇野先生较晚。有几年我们之间有贺年片相互恭祝年安。后来听说宇野先生辞去校长职，回到东京。宇野先生长我约 2 岁，本来希望还有机会再次拜见宇野先生，道及仰慕之情。当年在岛根县立大学，我曾提及想去宇野先生的出生地隐岐看看，因冬天雪大，无法成行。今已已矣，只剩下感伤也。

宇野重昭先生对中日友好的追求，我心受领。先生已矣，今后请教何人？我辈残生者还要努力向前啊！

张海鹏谨叩

2017 年 6 月 8 日

怀念龚书铎先生[*]

我国历史学界著名教授龚书铎先生仙去快两年了。他的弟子们要为他出版一本纪念文集，要我提供一点文字。这当然是我乐意去做的。龚先生长我10岁，是我的前辈。

龚先生的为人、为学是令人怀念的。

我与龚先生结识，大约是1979年在南京参加"文革"后最早召开的一次太平天国史国际学术讨论会。上世纪90年代初起，他的几位博士生论文答辩，承蒙邀请，我也有机会出席。通过这些答辩，我得以了解他在培养博士研究生上所付出的心力。

龚先生长期在北京师范大学历史系担任教师，从事中国通史、中国近代史、中国文化史的教学，60余年，可谓桃李满天下。据我所知，北京师范大学在"文革"前，主要任务是培养教师，注重学生教学实践能力，不很重视培养学生写作论文的能力。"文革"以后转变风气，开始注重学生论文写作。龚先生在其中与有力焉。这个转变是有意义的。我们看到龚先生的弟子们，一个个都有重要的学术著作出版，对于发展和繁荣我国历史学特别是中国近代史研究，起到了很好的推动作用。

龚先生对中国近代史，特别是中国近代文化史，有精深的研究和素养。他在学术上勤于思考和爬梳，笔耕不辍，著作等身。他的专著《中国近代文化探索》《社会变革与文化趋向——中国近代文化研究》在学术界很有影响。他主编的《中国近代文化概论》、《中国文化通史》（八卷）、《清代理学史》等都是分量很重的著作，学人深得其力。

---

[*] 本文收入《龚书铎先生纪念集》，北京师范大学出版社，2013。

1988年至1993年，中国社会科学院近代史研究所成立第四届学术委员会，余绳武先生和我担任这个委员会的主任、副主任，这个委员会除本所学者外，按照惯例还邀请了在京史学界诸名流，龚先生和戴逸、张寄谦、金冲及诸先生都在其中。这个委员会每年有一两次会议，或者对史学有所议论，或者对本所研究人员职称升等做出评论。有了这层关系，我们之间的联系较前多了起来。近代史所有博士论文答辩，也请龚先生前来参加或者主持。对于出席近代史所的活动，龚先生从来没有爽约。

1998年龚先生被选为中国史学会副会长，我也滥竽其中。中国史学会是我国历史学界的学术社团，是为了团结全国史学界学者，为了推动历史学研究事业服务的，是公益事业，与会诸人服务其中，不取分文。龚先生曾担任北京市历史学会会长，邀请我担任副会长，他要求我做的事，我也积极承担。龚先生热心中国史学会活动，每有活动，总是不辞辛劳，积极参与，尽力贡献才智。中国史学会第七届理事会成立，李文海先生担任会长，龚书铎先生不再担任副会长，但凡是中国史学会的活动，龚先生照旧积极参与，投入精力。

在中国史学会的活动中，令我印象最深刻的是，龚书铎先生是中国历史学界一个马克思主义史学的勇敢的战士。

上世纪80年代末起，国内学术界出现一股历史虚无主义思潮。"告别革命"是这股历史虚无主义思潮中的核心理论。该理论认为，既然革命是可以告别的，反帝反封建就是不必要的，帝国主义侵略中国就是合理的，应该受到欢迎，中国如果被殖民300年，中国早就现代化了。面对历史虚无主义的一些谬说，许多正直的学者起来发表自己的意见，予以驳正。龚书铎先生是较早站出来的一位。还在1989年政治风波中，他就撰写文章，批驳了《河殇》的一些观点。1990年他与刘桂生先生合编了《民族虚无主义评析》一书。1995年、1996年，龚先生以中国史学会副会长和北京市历史学会会长名义，连续主持了首都地区史学界有关历史观和方法论座谈会，号召首都地区史学界，以历史唯物主义理论，旗帜鲜明地批驳各种歪曲中国近现代历史的奇谈怪论。会后，还与北京市委高教工作委员会合作，在北京市召开北京地区高校教师报告会，请有关学者就中国近现代历史中的若干问题做演讲，对北京地区高校历史教师和公共课教师的课堂教学起到了良好作用。这些活动，我都是参加者之一，深受教益。刘大年先生、龚书铎先生、金冲及先生、李文海先生、沙健孙先生和我都曾接受邀请在这个报告会上做过演讲。

1996年2月27日《光明日报》"史林"版发表李文海、龚书铎和我联名的三人谈文章，题名为《清除殖民文化心理　挺起中华民族脊梁》，在当时的舆论界也起到了一些作用。

为了扩大对历史虚无主义批判的社会影响，龚先生积极参与主持编辑了几本有关内容的书。1997年与沙健孙主编《走什么路：关于中国近现代历史上的若干重大是非问题》，由山东人民出版社出版；2001年与金冲及、宋小庆合著《历史的回答：中国近代史研究中的几个原则争论》，由北京师范大学出版社出版；2001年与沙健孙合编《五四运动与20世纪中国的历史道路》，由人民出版社出版；2003年与李文海、梁柱主编《近代中国是怎样走向共和的？》，由华龄出版社出版。我的多篇文章也曾被收入以上文集中。此外，他还多次在《人民日报》《求是》杂志发表坚持历史唯物主义、批判历史虚无主义的文章。这些对于端正历史学界的学术方向，对于青年学者学习马克思主义、学习历史唯物主义都是大有裨益的。

2003年5月，中央电视台一套在黄金时间播出电视连续剧《走向共和》。其时，正是传染性非典型肺炎（SARS）在全国尤其是在北京肆虐期间，政府要求各单位通知人员尽量不要流动。借这个机会，我在家里看了《走向共和》。从第一集开始，就觉得不对劲，拍片的指导思想有问题。看了一小部分，有人电话通知我，到中关村教育部社科中心开个小座谈会。到后一看，李文海、金冲及、龚书铎、沙健孙等赫然在座。大家冒着被传染的风险聚会，交换对《走向共和》的看法。看法完全一致。与会者同意请宋小庆同志综合座谈会意见写一纸报告，向中央提出建议。我也在中国社会科学院《要报》上发表了意见。一批批评《走向共和》的文章公开发表。龚先生与金冲及、李文海合写了《中国是怎样走向共和的？》，在《人民日报》发表。这篇文章碍于编辑部要求，不能点《走向共和》的名，但是明眼人一看就知道是怎么回事了。此次开展对《走向共和》的批评，是产生了社会效果的，据说胡锦涛总书记批示要尊重专家们的意见。广电总局原计划中央电视台播放后，还要在地方台推出，还要准备在中央报刊上发表大块文章加以赞扬，后来都中止了。

2006年1月11日,《中国青年报》的《冰点》栏目刊出袁伟时的《现代化与历史教科书》一文,引起了许多读者的强烈义愤。据我所知,最早做出反应的是龚书铎先生。中宣部《新闻阅评》有关现代化一文的评论就是龚先生执笔的。袁文发表不久,北京大学沙健孙教授给我一件复印件,希望我做出反应。我一向只把这位先生当作近代史领域的票友,不想用评论来抬高他,再加上我即使写了评论文章,《中国青年报》也不会发表,因此没有立即响应沙教授的呼唤。随着《中国青年报》对《冰点》栏目停刊整顿的决定被公布,在国内外新闻媒体引起强烈反应,我也在密切关注事态的发展。团中央常务副书记来找我写评论文章的时候,已经是2月下旬了。他说,3月1日《冰点》栏目要复刊,复刊的那一期就发表你的文章。说这话的时候,离3月1日只有一周了。我没有讲价还价的机会,只得接受。我用了五天时间写完了评论袁伟时的文章,经过与报社的沟通,3月1日就见报了。随后,我也拜读了龚先生发表的批判《现代化与历史教科书》的文章。龚先生的大作一针见血,批评袁文是反对中国共产党、反对社会主义,直率、明白,一点都不拖泥带水,反映了龚先生在学术立场上的鲜明政治观点,值得我学习!

近些年来,我和近代史研究所的领导每逢春节都到龚先生府上看望。他卧病以来,已经有一段时间了。为了不打搅他养病,我没有到家里,就到医院去探视。后来从郑师渠同志那里知道,龚先生病情加重,怕是回不了家了。我与近代史所所长王建朗、副所长汪朝光到北师大附近的医院里去探视,龚先生还可以与我们说几句话,但是精神很差了。我们叮嘱他安心养病,祝福他早日痊愈!但是过后不久,就得到了龚书铎先生逝世的噩耗。

呜呼!斯人已去,斯人已矣。龚先生可以西游仙境,到马克思那里报到了。

龚书铎先生是一个透明的人,他的学术,他的思想,都是公开的,毫无隐瞒。在追思他的时候,他的后继者们应该记住他的话。

2013年4月29日

忠诚战士　良师益友[*]

——缅怀李文海同志

2013年6月7日，著名马克思主义史学家李文海教授因病逝世。李文海教授生前曾任中国史学会会长、中国社会科学院近代史研究所学术委员会委员，为缅怀他在发展中国历史学方面做出的杰出贡献，6月10日，中国史学会会长、中国社会科学院学部委员、近代史所研究员张海鹏研究员接受了近代中国研究网记者敖凯的专访。

记者：李文海教授不幸逝世，学界同仁以不同方式哀悼这位德高望重的前辈，追思他为中国历史学发展做出的重要贡献。作为相知多年的战友，您如何评价李文海教授的学术生涯、他的道德文章？

张海鹏：李文海同志大概是下午4点半去世，随后我就得到消息，5点钟左右我写了一封唁函发给中国人民大学并转李文海夫人，代表中国史学会致以诚挚的慰问和悼念！这是中国人民大学收到的第一封唁函。李文海同志是我的良师益友，他的去世，使中国史学界失去了一位优秀的学者，使中国马克思主义史学队伍失去了一位忠诚的战士，我个人失去了一位经常可以请益的战友！

李文海教授与中国史学会

记者：李文海教授长期任职于中国史学会，并于2004—2009年担

---

[*] 这是李文海先生逝世后，近代中国研究网记者对张海鹏先生的采访，见 http://jds.cssn/xwkx/zxxx/201605/t20160506_3316227.shtml，2013年6月13日。

任中国史学会会长，请问李文海教授对于中国史学会的发展做出了哪些贡献？

张海鹏：李文海同志曾担任中国史学会第五届、第六届、第七届理事会理事，第六届理事会副会长，第七届理事会会长，对于推动我国历史学事业的发展做出了杰出的贡献。

我个人在1998年以来担任中国史学会副会长、常务副会长和会长期间，1994—2004年在中国社会科学院近代史研究所担任所长和第六届学术委员会主任委员期间，都与李文海同志有许多接触。他始终与中国史学会、与中国社会科学院近代史研究所有着密切的工作和学术联系。我在担任近代史研究所副所长、所长期间，在担任中国史学会负责人期间，从李文海同志那里获得许多有益的帮助和教益。

中国史学会第六届理事会是在1998年换届，金冲及同志任会长，李文海和我同时被选为副会长。第七届理事会于2004年换届，李文海同志担任会长，根据分工，我是作为常务副会长和学会法人。中国史学会是个群众性团体，没有编制，工作人员不领工资，也不拿任何的补贴。李文海同志2004年担任会长之后，继续上一任会长会议期间所规划的各项工作，坚持了中国史学会团结全国史学工作者、开展学术活动与进行中外交流、促进历史科学的发展和繁荣的宗旨。

我在唁函中说，李文海同志是一位马克思主义者，他还是一个共产主义者，是马克思主义史学工作战线上的一个战士。李文海同志担任会长期间，凡史学界的大事都例行在会长会议上讨论。他非常关注国内史学界的动向，特别关注国内史学界的健康发展，因此对史学界一些非马克思主义、反马克思主义的声音保持了一定的警惕，对历史虚无主义等错误观点进行了批评。

2004—2009年，在李文海同志的领导下，中国史学会在国内主持了一系列重要的学术研讨会，用以推动中国历史学的发展。如：2004年8月，中国史学会与聊城大学合作，举办"傅斯年与中国文化"国际研讨会；2004年9月，在山东威海召开"甲午战争110周年"国际学术讨论会，李文海同志以中国史学会会长的身份出席并致开幕词；2005年，中国史学会与全国政协一起合办"纪念林则徐诞辰220周年"学术研讨会，我代表中国史学会致开幕词；2005年，中国史学会在宁夏召开了"中国历史上的西部开发"国际学术研讨会，我代表中国史学会致开幕词；2006 年 8 月，中国史学会与曲阜师范大学合作，在山东曲阜召开了"儒学与实学及其现代价值"国际学术讨论会，陈祖武同志致开幕词；2006 年 10 月在武汉召开了第四届全国青年史学工作者大会，李文海代表中国史学会致开幕辞。

记者：目前，中国史学会正筹备 2015 年在中国举办第 22 届国际历史科学大会，作为上一届会长，李文海教授在任期内实现了哪些推进？

张海鹏：在李文海同志担任会长期间，作为一项重要的任务，推动了与国际历史学会的沟通与合作。国际历史学会由欧洲的历史学家创建于 1896 年，每五年召开一次国际历史科学大会，除两次世界大战期间曾中断外，其他时间都如期召开。中国学者在 1949 年以前与国际历史科学大会的联系不多，上世纪 30 年代，胡适等人曾出席过国际历史科学大会，以后就没有人参加了。1949 年新中国成立初期，我们长期没有与国际历史学会联系过，经过艰苦努力，中国史学会于 1982 年成为国际历史学会的国家级会员。1980 年首次组团出席在布加勒斯特召开的国际历史科学大会。中国史学会希望在中国举办国际历史科学大会，并于 1995 年在加拿大蒙特利尔召开的国际历史科学大会以及国际历史学会代表大会上，正式申请在中国举办国际历史科学大会，然而未获得多数票数通过，申办失败，这对中国史学会是一种打击，此后我们好几年没有重提此事。

2004 年后，在李文海同志主持中国史学会期间，我多次建议我们应该重新燃起申办国际历史科学大会的火焰，得到李文海同志的有力支持，从此中国史学会加强了与国际历史学会的沟通合作。首先是中国史学会派出代表团参加了 2005 年在澳大利亚悉尼举办的国际历史科学大会第 20 次会议，中国史学会组织了 20 多人的代表团，我任团长。会议中有一场专题讨论 20 世纪中国革命与世界的关系，引起了与会者的热议。我还出席了国际历史学会代表大会，提出了在 2007 年在中国举办国际历史学会代表大会的提议，得到通过。接着，中国史学会于 2007 年在中国社会科学院举办了国际历史学会的代表大会，各成员国代表约 100 人出席，李文海会长致开幕词，我和其他八九位学者，就中国历史学的某个领域的发展提出报告，引起了与会者的热烈反响。中国史学会组团出席 2010 年在阿姆斯特丹举办的第 21 届国际历史科学大会，也是在李文海会长主持的第七届理事会会长会议上决定的。

在李文海同志主持下，中国史学会以2007年在中国举办的国际历史学会代表大会学术报告为基础，遴选22个专题，邀请了国内更多学者撰写30年来学术发展综述，编辑出版了《中国历史学三十年》一书，对中国历史学各学科的发展状况做了综述性的概括。年近90岁的俄罗斯史学会会长齐赫文斯基也出席这次会议，回国后发表了1万多字的文章，介绍这次会议的成果，作为附录收入《中国历史学三十年》。这些都是在李文海同志主持下实现的。

中国史学会目前所做的第22届国际历史科学大会的筹备工作，实际上发端于上一届李文海同志做会长期间所奠定的基础，如果没有他的支持，我们可能不会做下去。所以，即将召开的第22届国际历史科学大会与李文海同志有着特殊的关系。在第七届理事会与第八届理事会交接期间，李文海会长特别指出，第八届理事会要把开好第22届国际历史科学大会作为主要任务。

马克思主义史学队伍的忠诚战士

记者：作为著名的马克思主义史学家，李文海教授对于推动历史学的发展，特别是中国近代史研究的发展做出了重要的贡献，您认为主要表现在哪些方面？

张海鹏：李文海同志是中国人民大学清史研究所的教授，担任过清史研究所的副所长、所长，中国人民大学历史系的副主任、主任，后来担任中国人民大学的校长。在清史所、历史系工作期间，他个人的专业主要是中国近代史研究、晚清史研究。他发表过不少文章，对鸦片战争、太平天国、义和团运动、辛亥革命都有研究，他研究过清代的官场生活，也对近代的爱国主义有所论述，他的文章贯穿一个突出特点，就是能够正确地把握这些历史问题的学术方向，把对历史问题的论述与今天的社会生活相关照。我刚才说他是一位马克思主义者，是一位共产主义者，表现在他的学术研究不单纯是学术研究，而是要为我们国家的现实需要服务，要为提高历史学者、也为提高人民大众的思想认识服务。因此，他能从纷纭的史料中发现、确定论题，并以敏锐的眼光和深刻的思想针对史学界一些不正确的观点提出商榷、批评、矫正。

在上世纪 80 年代末以后，李文海同志为开辟中国近代社会史研究起了积极的推动作用，如关于太平天国时期的社会风习、义和团运动时期的社会心理因素的研究，就是从社会史的角度做考察。接着，他又开辟了中国近代灾荒史的研究，对填补中国历史学的空白很有意义。

中国一直是个多灾多难的国家，即使现在每年也难免会有各种自然灾害发生。李文海同志以及他领导的学术团队，深入挖掘、探索发生在近代的各种自然灾害，研究清政府及社会应对自然灾害的措施和效果，总结历史上的经验教训，为中央和地方政府防灾、减灾提供借鉴，这些研究不仅在开拓中国近代史学科领域方面具有重要的学术意义，同时具有重大的现实意义，由此可见李文海同志在中国历史学、中国近代史学研究中的重要贡献。

记者：李文海教授是青年学者敬仰的前辈，回顾他的学术生涯，您认为当代青年史学工作者应从他身上学习什么？

张海鹏：青年史学工作者从李文海同志身上最应该学习的，我认为有三点。

第一，坚持正确的学术方向。李文海同志特别关注学术研究是为了什么？为纯粹的学术而学术，还是为建设中国特色的社会主义文化体系而从事学术研究？他主张，学术研究要为推动社会进步服务、为促进经济社会发展服务、为改善民生服务，在这些方面李文海同志写了不少文章。近年来，他在参加清史编纂工作的同时，常常写一些三四千字总结清代历史的小文章，从众多的历史资料中，提炼历史方面的经验教训，涉及清代官场廉政等问题，警醒今人以史为鉴，《资治通鉴》就是这个目的，通鉴就是通史，写通史是为了资政。李文海同志有很强烈的自觉意识，为此写过很多文章，包括关于爱国主义的论述，他希望年青一代的史学工作者瞄准方向，不辜负时代赋予的历史使命。

第二，李文海同志主张史学研究要坚持马克思主义的指导，坚持唯物史观的指导，他在教学和研究中也扎扎实实实践了自己的主张，成为学者学习的楷模。青年史学工作者今天已经不大看马克思主义经典著作，这要向青年史学工作者敲警钟了。在一些大学演讲时，我常常问同学们读过几本马克思主义的书？很多同学说没有读过，包括我自己的研究生，如果没有读过的，我都要布置他们去读。我觉得这一点青年史学工作者应该向李文海同志学习。

第三，史学研究要非常严谨、非常扎实，经过考订的史料方可使用，这些方面本来就是历史研究的基本功。青年史学工作者与前辈学者相比是有距离的。现在网上资源很丰富，不少人写论文靠网上下载一点东西，然后拼凑攒制，没有自己的原创内容，这样做就背离了学术研究的意义。所以，在高校、研究机构倡导学术规范、学术道德和治学精神非常重要。在这一方面，作为老一辈史学家，李文海同志严格自律，可谓青年学者学习的典范。

李文海教授与近代史所

记者：李文海教授回忆，1958年他曾参与由中宣部组织、我所刘大年同志牵头编写的《中华人民共和国十年史》项目，在此过程中，他与编写组的蔡美彪、余绳武、曲跻武等深入交流，导致他将研究方向由中国古代史转向中国近代史，可见李文海教授与我所有着深厚的渊源，请您再深入地做一介绍。

张海鹏：说这个问题前，先要明了一点，就是中国社科院近代史所和中国人民大学的前身，在1949年以前是一家，都是华北大学。那时候的华北大学在1948年搬到河北的正定，校长是吴玉章，副校长是范文澜、成仿吾，都是资深革命家。1949年北平解放，吴玉章、范文澜、成仿吾率华北大学到达北平，4月范文澜同志带着华北大学历史研究室进驻王府井大街东厂胡同1号，吴玉章同志率人进驻张自忠路铁狮子胡同，清史研究所就落到那里。1950年2月，中央人民政府决定成立中国人民大学，任命吴玉章为校长。1950年5月，我所成为中国科学院建制下成立的第一个研究所。此后，近代史所与人民大学的历史系、党史系、清史所保持着密切的来往。

李文海同志跟我说过，1958—1960年他在近代史所工作两整年，在刘大年先生领导下参与撰写《中华人民共和国十年史》。在此期间，他受所里前辈的影响、熏染，打下了思想和工作的基础，以至于将研究方向转向中国近代史。

何时跟李文海同志直接发生工作关系，我现在记不得很准了。我的印象中，稍微记得清楚的是1991年8月份在美国夏威夷开一个辛亥革命的 70 周年的学术讨论会，日本的卫藤沈吉教授，时任东京大学的名誉教授、亚细亚大学的校长，到北京和刘大年同志筹划这次会议。当时计划日本一方、中国一方（包括台湾）、美国一方，三方召开纪念辛亥革命的国际学术研讨会，中国由中国史学会派出 10 个人，台湾历史学界派出 10 个人，日本派出 10 个人，美国和欧洲合起来 10 个人。作为中方团长，大年同志在大会开幕式上有一个讲话，特地请李文海同志起草，中华书局李侃同志和我参与了讲话稿的讨论和修改，最后由大年同志定稿。由于身体原因，后来大年同志没有去参加会议，但是这篇讲话稿翻译成英文，在会场上散发。在这以前应该已经认识或有过交往，更早的交往不记得了。

以后在我任所长期间，李文海同志担任我所第五、六届学术委员会委员，他有十年的时间参与我们所学术委员会的活动，那时的学术委员会还兼着职称评审的职能。金冲及、李文海同志多次跟我说过，近代史所学术委员会或其他学术活动只要一发通知，我们每次都参加，从不缺席。

那些年的学术委员会不仅讨论具体问题，还常常讨论学术方向问题，对学术发展提出方向性建议。每逢评审会，李文海同志总是会前专程到所认真阅读评审材料，现在我所五六十岁这批人的代表作大都经他手翻阅过，他在会上郑重地发表意见、提出建议，在把握学术方向方面起了作用，当然不止这一方面了。近代史所发起的，或者近代史所和中国史学会，或者近代史所和孙中山研究会共同发起的大型学术会议，我们都请李文海同志出席，李文海同志与近代史所保持者深厚的情谊。由此可见，李文海同志对中国社会科学院近代史研究所的学术建设做出了重要贡献。

记者： 感谢您接受近代中国研究网的采访，带我们一起追忆李文海教授的学术历程，给读者提供了认识和理解李文海教授思想和学术追求的鲜活资料。

张海鹏： 不客气。

怀念李文海先生[*]

——当代中国历史学的一面旗帜

李文海先生是中国史学界的一面旗帜。他的离世是令人忧伤的，是值得怀念的！

我和李文海先生开始有了较多的接触，大约在1990年。那一年是中国社科院近代史研究所建所40周年，本所召开了以"近代中国与世界"为主题的建所40周年国际学术讨论会，文海应邀出席了这次学术讨论会。此前在联系过程中，他告诉我，他1959—1960年曾在近代史所工作一年多时间，与刘大年先生多有接触，这次工作经历对他确立研究中国近代史的方向，并且树立研究中国近代史的正确的理论和方法，起到了重要作用。

1990年，刘大年先生与东京大学卫藤沈吉教授商定将在辛亥革命80周年之际在美国夏威夷举办国际学术讨论会。中国史学会决定组团出席。事前，刘大年先生召集了李侃、李文海和我参加的小型会议，商量为刘大年先生在夏威夷会议起草开幕词，决定以"孙中山对中国国情的认识"为题，请文海写初稿，然后请李侃修改，最后由刘大年定稿，我是联系人。1991年8月，中国史学会组成代表团出席了在夏威夷举办的纪念辛亥革命80周年的国际学术会议，刘大年先生因身体不适未能前往，以金冲及同志为团长，文海和我都参加了这个代表团。文海提交的论文是有关清代灾荒与辛亥革命的，我提交了孙中山与民生主义的文章。

---

[*] 本文是在中国人民大学举办的李文海逝世周年座谈会上的发言，刊载在《中国历史评论》第3辑，2014年7月。

这以后，我们之间的联系就多起来。我和文海的联系主要是两个场合：一个是中国史学会，再一个是近代史所。

上世纪90年代初，中国近代史研究领域经历了80年代的繁荣后，出现了若干否定和质疑的声音。以"告别革命"论为代表，质疑近代中国是半殖民地半封建社会性质，提出帝国主义侵略有进步作用，要用现代化范式取代革命史范式等，这些是涉及中国近代史认识的一些根本问题。北京一些研究中国近代史的学者对此抱有警惕，也抱有忧虑。金冲及、李文海、龚书铎、沙健孙、田心铭等几次商讨对策，认为应该高举马克思主义、唯物史观旗帜，做出明确的回应。我也参加了这样的讨论。此后以北京市史学会和国家教委社科中心为平台，召集了几次学术讨论会，针对有关中国近代史领域不正确的观点提出自己的见解，如1995年举办了"中国近现代史研究的历史观和方法论"问题讨论会，1996年召开了"五四运动与20世纪中国历史的道路"讨论会。这两次会议都是由北京市历史学会会长龚书铎先生主持的。在这几次会议上，刘大年、戴逸、李文海、龚书铎、沙健孙、彭明、胡绳武、梁柱等都有发言，我也发表了意见。这些意见，除了摘要在报刊公布外，为了扩大影响，还与中共北京市委高教委联系，为北京市高校两课教师和历史系教师举办讲座，上面提到的各位都曾在讲座上讲自己的心得与观点，我们希望，中国近代史的正确的观点应该占领讲堂，应该发挥主导作用。这一年，我还发起在中国社会科学院召开了同样性质的学术会议，对近代中国的发展道路问题、中国近代史研究的指导思想问题、殖民主义史观问题展开讨论，学术界的许多朋友都出席了这次会议。在上述这些活动中，文海都是积极的参与者、推动者。

1996年2月27日，《光明日报》用整版篇幅发表了李文海、龚书铎和我联署的三人谈，题为《清除殖民文化心理　挺起中华民族脊梁》，引起读者一些好的反映。这篇三人谈在一定程度上答复了社会上那些挑战中国近代史的观点，批评了殖民主义史观，虽然不是严格的学术文章，但在正本清源、扭转学术风气上起到了一定作用。

近代史研究所自成立之初，就建立了学术委员会，而且聘请所外知名学者担任学术委员。1988年第四届学术委员会，聘请了戴逸、金冲及、龚书铎为学术委员；1994年成立第五届学术委员会，聘请了金冲及、李文海为学术委员；1998年成立第六届学术委员会，文海继续担任学术委员。这时候，我是研究所所长。文海几次对我说过，他对近代史所感情很深，别的单位的会，他有时候会推脱，近代史研究所通知的会，他从来没有缺席。那时候，学术委员会除了评论学术方向，还要承担评职称的任务。文海积极参加上述活动，积极发表意见，有时候会提醒我注意一些情况，注意带倾向性的问题。他的意见，对我治所是有帮助的。他长期参与近代史所学术委员会工作，对近代史研究所的学术建设做出了积极的贡献。

李文海先生曾担任中国史学会第五、六、七届理事会理事。1998年，在第六届中国史学界代表大会上，他当选为第六届理事会副会长，会长是金冲及同志，我也忝列副会长。中国史学会第七届理事会，他担任会长，他分配我担任常务副会长兼秘书长，第八届理事会我接替他任会长。1998年以后，我们在中国史学会的工作联系中，是密切合作的，对中国史学会的工作，意见往往是一致的。第六届史学会副会长中，还有龚书铎、李学勤、张椿年、张磊，第七届史学会副会长还有马敏、于沛、陈祖武、何芳川、郑师渠、姜伯勤。10年中，史学会会长会议二十多次，会长副会长都是畅所欲言，为坚持中国历史学研究的正确方向，为推动中国历史学发展，尽心尽力，大家的心情是愉快的。

中国史学会第六届、第七届理事会，学术活动很活跃，眼光很敏锐，能及时抓住一些社会影响面很大的问题展开讨论。2003年5月，在北京"非典"紧张时刻，央视1频道在《新闻联播》后播出了长篇电视连续剧《走向共和》。看过了若干集以后，某日晚，金冲及同志在教育部社科中心召集了少数人的座谈会，李文海、龚书铎、沙健孙、田心铭和我参加了座谈，大家得出了一个共同的认识：这部长篇电视连续剧不是像宣传的那样是一部"历史正剧"，而是一部政治倾向和思想倾向都很错误的电视剧。文海的意见是很明确的。这次座谈会的意见经过整理后送到了胡锦涛同志那里，胡锦涛总书记批示：要尊重专家意见。此后，李文海、龚书铎和我都曾分别撰写批评电视剧《走向共和》的文章，公开提出批评，或者从社科院《要报》上送。金冲及、李文海和龚书铎还联名在《人民日报》发表了正面阐述辛亥革命建立共和国的文章。2005年5月，鉴于历史虚无主义思潮在社会上蔓延，在李文海主持下，中国史学会与教育部社科中心合作，召开了"中国近现代史研究与历史虚无主义思潮"学术研讨会，与会学者回顾了改革开放以来中国近现代史研究取得的显著成绩,对近现代历史研究中出现的歪曲中国革命的历史、党的历史和中华人民共和国的历史等历史虚无主义思潮进行了讨论,分析了历史虚无主义思潮对史学研究的干扰及其在社会上造成的恶劣影响,分析了历史虚无主义的表现、谬误、危害和根源。这对于在史学思想和史学研究中分清是非、正本清源,对于消除历史虚无主义思潮对读者的误导,都起了很好的作用。这次讨论会的文章,汇编成《警惕历史虚无主义思潮》一书,由人民教育出版社公开出版,在学术界和社会上起到了很好的作用。

2006年上海教育局自编中学历史教材进入课堂的消息公布后,引起了教育界和历史学界普遍关注和议论。这套教科书放弃了唯物史观,以文明史观指导中学历史教科书的编写,有人欢呼,有人批评。李文海与有关同志联系,就上海中学教科书交换了意见,并请有关同志阅读了上海新编中学历史教科书。11月,文海主持了以中国史学会和教育部社科中心名义召开的"唯物史观与历史研究历史教育"学术讨论会,与会学者结合上海中学教科书发表了意见。首都师范大学原校长齐世荣明确指出任何历史教科书,不讲历史规律,不讲社会形态,只讲文明史,都是失败的。教育部社科中心整理了会议上的意见,分送有关单位参考。2007年,上海教育局决定停止执行上述中学教科书,重新编写中学历史教材。

在李文海先生主持下,中国史学会配合形势召开了一系列学术会议。2004年5月,日本国内一些右翼分子歪曲历史,修改历史教科书,否认南京大屠杀,否定日本军国主义对中国和亚洲各国人民的侵略。中国史学会为了维护历史真实,维护国家利益,配合中国抗日战争史学会、中国社会科学院近代史研究所联合主办了首都史学界抗议日本文部科学省审定歪曲历史教科书座谈会,谴责了日方歪曲历史真实的荒谬言行。2005年10月,为了落实中央领导同志的指示,抨击日本右翼势力否认侵略历史,中国史学会与中国社会科学院近代史研究所联合主办了"纪念亚洲抗日战争胜利60周年"学术座谈会,邀请来自中国、韩国、泰国、越南、新加坡、菲律宾、马来西亚和印度尼西亚等国历史学者与会,座谈亚洲各国抗击日本侵略的历史。上述会议,新闻媒体做了广泛报道。

在李文海先生领导下,中国史学会为了推动历史学界的学术研究与教学，主办或者参与主办了一系列学术讨论会，如甲午战争110周年国际学术讨论会、"纪念黄遵宪逝世一百周年"国际学术讨论会、"林则徐与近代中国——纪念林则徐诞辰220周年学术讨论会"、"中国历史上的西部开发"国际学术讨论会、中国世界史研究学术论坛、张謇国际学术讨论会、"儒学与现代化问题"国际学术讨论会、纪念尹达诞辰100周年座谈会、孙中山诞辰140周年学术讨论会等，有些会议是李文海先生前往主持的。

第七届中国史学会开拓了与国际历史学会的联系与合作。这是这一届史学会的重要特点。经过国家批准，1982年中国史学会成为国际历史学会的国家成员。国际历史学会每五年召开一次国际历史科学大会，至今未在亚洲开过。1995年，在加拿大蒙特利尔会议上，中国史学会试图获得第19届国际历史科学大会举办权，未能成功。第七届史学会在李文海领导下，再次燃起冲击国际历史科学大会举办权的热情。2004年后，中国史学会积极与国际历史学会加强联系，参加他们举办的活动，邀请国际历史学会执行局主席和秘书长访华，在北京举办国际历史学会代表大会等，都得到了文海的积极支持。

2005年5月在澳大利亚悉尼举办的国际历史学会代表大会上，中国史学会获得了举办国际历史学会代表大会的机会。2007年9月，国际历史学会各成员国代表大会在中国社会科学院召开。中国史学会为这次代表大会组织了一天学术讨论会，邀请约10位中国历史学家就中国历史学各方面问题提出了学术报告。各国代表参与了讨论。在这次讨论会上，李文海代表中国史学会致辞。这次学术会议对于各国历史学家了解中国历史学研究状况起到了好的作用。当时的国际历史学会秘书长回国后，特别来函，对这次学术讨论会表达了称赞。这次会后，在李文海主持下，中国史学会会长会议决定，在上述讨论的基础上，邀请国内历史学各领域的学者撰写30年来的发展状况，由我来负责。我拟定了22个题目，分别属于考古学、中国古代史、中国近代史、中国现代史、世界史、历史地理学、自然科学史等领域，请了二十多位学有所长的历史学者撰写各相关领域的学术进展。这本书以《中国历史学30年》在纪念改革开放30周年的时候出版。李文海在这本书的序言中指出："学术发展史告诉我们，任何一种学术，任何一个学科，只有存在着巨大的社会需求，并且这种客观需求越来越深刻地为社会所认识和了解时，才可能得到迅猛的发展和进步。社会条件和社会需求是推动学术发展和繁荣的最有力的杠杆。中国历史学 30 年来的飞速发展，除了史学界同行们潜心钻研、刻苦治学、勇敢探索，充分发挥了史学工作者的主观能动性之外，还存在着深刻的社会原因。如果没有解放思想、实事求是思想路线的指引，如果不是坚持辩证唯物主义和历史唯物主义的理论指导，如果没有改革开放提供的稳定政治环境和雄厚物质条件的保证，如果没有中央关于繁荣发展哲学社会科学的重大决策，如果没有有利于优秀科学人才的培养使用、优秀学术成果的发表推广的良好机制，如果没有同国外学术界的广泛交流与合作，要取得这样的成绩是难以想象的。"

经过了一系列准备，我们终于在 2010 年阿姆斯特丹大会上，获得了 2015 年 8 月在济南举办第 22 届国际历史科学大会的权利。文海几次说过，第八届史学会的活动，最重要的是开好国际历史科学大会。还有一年多一点的时间，这次在济南的国际历史科学大会就要召开，中国史学会正在积极筹备中，我们的英文网站已经开始接受外国学者注册了。我想我们要用成功举办第 22 届国际历史科学大会来告慰李文海先生！

中国史学会作为一个民间的学术团体，它的学术活动获得了社会的肯定。2004 年，中国史学会获得了民政部颁发的"全国先进民间团体"的称号。全国政协副主席、中国社会科学院院长陈奎元同志在第八次全国史学代表大会上讲话，热情鼓励了中国史学会的工作，称赞中国史学会始终坚持中国史学界的优良传统，坚持以正确的历史观和方法论研究中国历史、世界历史和史学理论，保持严谨的学术作风，艰苦卓绝地维系中国历史文化传承，担当起历史研究咨政育人的崇高使命。

中国史学会每十年要举办一次辛亥革命的国际学术讨论会，中国孙中山研究会每十年要举办一次有关孙中山的国际学术讨论会。历史学界这两种重要的学术活动，在筹备过程中，文海都是积极参与的，我们之间有很好的合作。

我与李文海先生几十年的交往，深深感到他是一个优秀的历史学家，是一个忠实于党、国家和人民事业，忠实于共产主义理想的共产党人，是一个值得信任的朋友。

文海的专业是中国近代史研究，其中包括晚清史研究，他能够抓住历史的本质，能够讲清楚近代中国历史发展的规律，能够认清中国历史发展的大势，能够阐明中国历史发展的方向。经过"文革"前后的锤炼，他对马克思主义、对唯物史观的理解更坚定了，对于把握中国近代史研究的正确方向更成熟了，既避免教条主义，又抛弃泥古不化、泥洋不化的毛病。二三十年前，他开辟了近代灾荒与近代社会的研究方向，带出了一批学生，写出了一批灾荒史学术著作，形成了一个学科，是对中国近代史学科领域的很大的贡献。这个学科的创建，对于我们更加完整地认识近代中国历史的丰富内容，是有很大帮助的。

文海总结他学史、治史的心得和感悟说：不要拒绝历史，因为历史给我们以智慧；不要忘记历史，因为忘记历史意味着对事业的背叛；不要漠视历史，否则将受到历史的惩罚；不要割断历史，因为否定昨天也就将失去明天。这些感悟是很深刻的。他一生治史，确是体现了这些感悟。他研究近代史的许多专题，他研究近代灾荒与社会，他研究辛亥革命与中国共产党，他研究中华民族复兴，他研究清代官德，都体现了借鉴历史经验，警醒世人、治史资政育人的用意。他在《人民日报》《光明日报》发表的一些文章，都发挥了很好的社会作用，具有重要的启迪意义。

2002年以来，作为国家清史编纂委员，我多次参加清史编纂委员会会议，多次听到李文海发表重要意见，也私下与他就清史编纂工作交换看法，我深刻感受到文海对于国家清史编修工作是极为重视的，是戒慎戒惧的，是如临深渊、如履薄冰的。他虽然拒绝担任清史编纂工作的实际负责人，但他对清史编纂工作的许多建设性意见都是出自真诚的，都是值得重视的，都是令我心悦诚服的。清史编纂工作已经进入尾声，我希望能够重视他的若干建设性意见，使清史编纂工作真正对得起国家，对得起人民，对得起历史。

我同李文海先生的交往，深刻感受到他总是从马克思主义的高度，从共产主义的高度，从人民历史事业的高度，观察历史，观察现实，预测未来。他对中国特色社会主义事业毫不动摇，对人类社会的前进道路毫不动摇，他是一个令我尊重的真正的中国共产党人。

在历史学领域，李文海先生是在马克思主义、在历史唯物主义指导下进行历史研究的卓越学者，他在历史学领域的活动，推动了当代中国历史学的进步，他是当代中国历史学的一面旗帜！

2014年5月23—28日

六
关于人生经历的几点回忆

忆儿时过年*

癸巳年已到了腊月二十九，转瞬就是甲午年。又到了过年时候。看到《文史知识》一篇记述过年、守岁的文章，以前也看过几篇记载各地过年的文章，包括《荆楚岁时记》，似乎都没有我儿时经历过的过年味道。我忽然有一种冲动，应该把儿时过年的经过写出来，也算是对逝去的荆楚文化的一种留念吧。

我的故乡位于汉川县，地处江汉平原东北端，汉水横贯其中，与汉阳县为紧邻，东60公里为汉口，县之北为孝感县和应城县，县之西为天门县，县之南为沔阳县。张氏聚居，以张家大嘴、长湾为中心，附近六七个村庄，户口过千。据族谱记载，这一支张姓一世祖华三公本徽州人士，后在江西吉水任县令，有明洪武年间，携其子秀一、秀二来湖北汉川，秀一公任汉川县令，乃卜居此地，繁衍六百载。1939年5月我出生于此。

我记事的时候家庭贫寒。父亲在他的兄弟姊妹五人中，是老幺，出生在1896年。我上有哥哥、姐姐，下有妹妹。父亲租一两亩水田，外加做一点小生意。所谓小生意，是炸油条、蒸发糕，或者煮豆丝（用豆子磨浆制成，类似北方的面条），主要是应付早市。我儿童时代也帮忙做点事。这些仅能糊口，生活艰难。

以上所述，是基本的时代背景。故乡也有一些有钱的大户，如元记、角记、贵记等，他们中许多人都住在汉口。他们在乡下的房产，都是徽派建筑格式。大家庭里如何过年，我没有机会参与，说不清楚。我

---

* 《中国社会科学报》2014年2月28日摘要发表，《山东大学报》2014年3月26日全文刊登。

能记得的是我这个贫寒的小家过年的情况。

记得到了腊月初,家家都要腌制腊肉、腊鱼。好过的人家,门口几排长竹竿上挂满了腊鱼、腊肉,在腊月的阳光下,晒得流油、放亮,煞是风景。我家也要腌制一些,以应付过年之需。当然,还要做一些米酒,打一点糍粑,准备一些汤圆粉子。做荫米(糯米蒸熟晒干后称作荫米,是用来做炒米的)、炒炒米(将荫米放在放有沙子的热锅里反复炒),打麻糖,以及烫豆皮,也是许多农家必须亲力亲为的事。

进到腊月,孩子们开始盼望过年,"大人盼种田,小伢盼过年"。过年有新衣穿,有好东西吃,有鞭炮放。"人多好种田,人少好过年。"在物质不太丰富的时代,人少了,相对吃到嘴里的东西就多些。还有一句民谚:"年来了是冤家,儿要新帽女要花,爹要长袍敬菩萨。"贫寒人家过年要经受很大精神压力,尤其是有债务的人,腊月三十要躲债,年过得很不安生。盼着盼着,到了腊月二十四,是小年,要敬司命菩萨(又称灶王爷),烧点纸钱。我只记得,我们家里似乎并不太重视小年,只在灶门前贴上小红纸条,写上"上天言好事"字样,点上香,摆一点糖果。传说这是要用糖封住灶王爷的口,上天不要乱说。小年这一天过得很平常。

过了小年,时间似乎越来越快,也似乎越来越慢。腊月二十九,全家动员打扬尘。所谓打扬尘,是擦洗家里的家具桌椅,还要把鸡毛掸子绑在竹篙上,把墙上的浮土扫掉,把各个旮旮旯旯的蜘蛛网之类以及房顶瓦上吊着的小丝丝清扫干净。此前,母亲和姐姐忙着把床单、被子以及一切衣物洗得干干净净,折叠妥当。

腊月底,在外面经商或者谋点营生的人要赶回家过年,路上可以看见赶回家过年的行人的匆忙脚步。除夕白天,街上行人就少了,最忙的是理发铺。讲点体面的人,早就理了发,有些人挨不过去,腊月三十理发,要加倍付钱。腊月三十,各家忙着准备年夜饭,一般不会相互往来。我们家的年夜饭有时候把大伯父、二伯父和堂哥请过来一起吃,有时候就是自己家里一起吃。那时候,哥哥不在家,自家只有父母、姐姐和我。年夜饭当然要吃得好一些,有鱼有肉。我家乡河沟、湖汊交错,盛产鱼类和莲藕、芋头等产品,那餐饭少不了这类东西。我家人不喝酒,吃饭气氛比较沉闷。

吃过了年夜饭,大约是傍晚,天开始黑了下来,母亲安排全家人洗澡。腊月底，气温很低，洗澡不是愉快的事。洗完澡，孩子们穿上新衣服，大人也要换上新衣或者干净衣服。洗澡、更衣，这标志着真正进入过年的气氛中了。

换上新衣的人们，脸上开始露出喜悦的神色，孩子们也觉得可以进入神秘的境遇中了。这就是守岁的开始。一年守一次岁，这是雷打不动的，也许几千年都是这样。

吃过年夜饭，换过新衣后，大门就要紧闭了。所有要在门外做的事，都要在关门以前做完。大门紧闭后，不能再开门。这叫作财门紧闭。这时候，乡人是绝对不会串门的。

当然，在除夕前，大门口要贴上对联。那时候，对联都是请乡下有点文化的人写的，绝对没有事先印好的。大门接缝处还要贴上"开门大发"四个大字。两边大门上要贴上门神，一般是秦叔宝、尉迟恭的戎装像，彩色石印，是买来的。记得听父亲说过，1952年土改，武汉大学外文系有一位教授在那里参加土改，过春节的时候，一位留过洋的教授很受青睐，一些人家请他写春联，尽管毛笔字很差，仍受到热捧。贴过了春联，家里堂屋墙上还要贴上一些吉庆的话，有一条每家都是有的，那就是"童言无忌"。过年非常讲究吉庆，大人们说话都很注意，比如杀、死、蛇等之类的话，是不能出口的，但是小孩难免会说些犯煞的话，大人为了解嘲，用"童言无忌"四个字来向上天表示请罪，有了这四个字，犯煞的话就可以消解于无形了。

守岁，对于儿童不是愉快的事，甚至可以说是难受的事。除夕前些天，家里人就在说起要守岁，这是给小孩一种心理准备。我那时以为守岁很好玩。实际上守岁不好玩。那时候，吃过了年夜饭，换过了新衣，大概就到了晚上八点多钟了。晚上八点多，天已大黑。路上已无行人。家里点起了油灯。有钱的人家，除夕守夜，家里通明透亮，但是贫寒家庭怎么可能做到通明透亮呢。平时晚上，很早就睡觉了，为了节省点灯的油钱。除夕，才可以通宵点灯。我记得，堂屋和灶房都要点灯。哪怕点了几盏油灯，屋子里还是昏暗的，并不透亮。父母这时候也尽可能歇下手，不再干活，坐下来与儿女说几句话，讲点故事。讲故事，有时候可能与家族的历史有关系。那时候，没有电视，没有娱乐，没有晚会，当然不可能有聚会。坐在一起的家人，也没有那么多话头可以说开去。大多时候是枯坐着。这种枯坐，就是熬夜。守岁就是熬岁。大人可以熬，小孩难熬。在昏暗的灯光下，看着摇曳跳动的烛光，四处静谧无声，显得很枯燥。母亲在做着针线活，我坐着坐着，就要打瞌睡。母亲或者姐姐，有时候拿点炒米、麻糖来哄着，或者推一下，叫着：守岁啰，别打瞌睡呀！有时候，解开百子的浏阳小鞭，在桌子底下啪的一炸，让我兴奋一下，可以起到赶走瞌睡虫的作用。其实，大人也觉得是难熬的，难免也会打瞌睡。有的人家人口多，还可以打几圈麻将。我家人少，从来没有打过麻将。有时候，实在难熬，大人会去小寐一会，叫作"挖窖"。"窖"，我们当地念"gao"，与睡觉的"觉"同音。一般家庭里还会给孩子一点压岁钱（今人称作红包），我不记得父母给过我压岁钱。

　　终于盼到了三更天，也是我实在熬不下去的时候，屋外开始有零星鞭炮声。我马上惊醒过来，吵着要"出行"。父亲说不着急，等等。听着，听着，大概有五六家、七八家"出行"放鞭炮了。这时候，母亲为父亲端上了一盆温水，让父亲净手。父亲净过手，整理过衣冠，在香案上弹去烛花，拨亮蜡烛（一般是一对。还有一对看蜡，一边一只，是不点燃的），上上香，焚了黄表，烧了纸钱，然后在神案前摆上拜垫（一般是蒲草编成），极为虔诚地向写有"天地君亲师"牌位的神龛行三跪九叩首礼。行礼完毕起身，要敲几声铜磬，表示礼成。神龛上还要放上一刀猪肉，一条不大不小的腊鲤鱼，作为祭祀供品。有的人家用条盘盛上一个大猪头。父亲行礼时，母亲、姐姐和我在稍远一点地方站着观看。那时的规矩，一家之长行大礼，家里的女性是要回避的。父亲行礼毕，母亲推着我，要我也去仿照父亲的样子行大礼。照道理，儿子行礼也是要先净手的，我那时候不过四五岁、五六岁的样子，大人似乎没有强迫我先净手。父亲行完礼，站在一边，看我行礼。我也仿照父亲的样子，三跪九叩。这种三跪九叩大礼，表示着向列祖列宗进行祷告，报告过去一年一家平安，祈求新年一帆风顺。

　　向列祖列宗祷告完毕，就是"出行"。"出行"是那时一项十分重要的祭祀仪式。按我现在的理解，所谓"出行"是向天地（皇天后土）祷告，祈求新年平安。

　　"出行"的准备工作事前已经做好。主要的准备，是一把长约一丈的芦苇，用稻草略微缠绕［汉川、汉阳一带水网地带，生产大量芦苇。这个用于祭祀的芦苇把子有一个专有名称，叫"发宝柴（财）"］。到了

"出行"时刻,就打开大门,口称"财门大开",一家人涌出门外,有人手执火把,父亲点燃发宝柴(财),上黄表,烧纸钱,向上天作揖,然后鸣放鞭炮。燃烧芦苇做的发宝财,不仅火光冲天,也有点爆竹噼啪的味道,象征着新年红红火火,一片兴旺。那时候的鞭炮,多半是湖南浏阳和江西萍乡生产的,规模有一百子一挂,称作百子;五百子一挂称作五百子;千子一挂称作千子;最大的是万子一挂,称作万子。我们家里放的,大约五百子,顶多千子,噼里啪啦,几下就炸完了。我总是觉得不过瘾,响声时间太少了。这个程序完毕,一家人回到屋内,大门稍稍掩着,并不把门闩上,这是表示新年里财门是不关的。这时候,刚交五更,天还未大亮。这个过程就称作"出行"。"出行"是开门迎接财神的意思。

我们家"出行"的时候,大多数人家都开门"出行"。只见门外各家各户火光冲天,鞭炮声此起彼伏,响成一片,在我看来,煞是过瘾。

我们家"出行"前,一家人在家里听别人家"出行"的鞭炮声。父亲、母亲和姐姐都在根据鞭炮的响声多寡,清脆或者闷哑,猜想、判断这是哪家在"出行"。如果听到万子响过,就知道那较为富有的人家已经"出行"了。有一家开乡村小百货店,行名恒泰,他家的"出行"鞭炮响声总是最久,令人称羡。我现在理解了,大概每家人都在判断谁家先"出行"。我父亲之所以不急于"出行",大约是等多数家庭"出行"的时候,一起"出行",别人家也听不出谁家的鞭炮声响多久了。"出行"以后,陆续可以听到零星鞭炮声,多半是孩子们的嬉闹玩耍。那个年头,鞭炮火药都不多,一般是可以用手拿着放的,只有胆小的人不敢手拿,绝对没有如今二踢脚这样的"炸弹",也绝对不会有因放鞭炮死伤人的事发生。

"出行"不久,家里人赶快每人泡一碗炒米充饥。天开始亮起来,最早拜年的人群就动身了。街上已经可听到相互拜年的声音。我的故乡拜年习俗大体上有很严格的时间规定。大年初一拜本家,大年初二拜外家,大年初三拜岳家,大年初四拜姑家。所谓拜本家,是在张氏本族中拜年,这是拜父亲的家族;所谓拜外家,是拜母亲的家族;初三则是拜妻子父母(岳家);初四是拜父亲的姐妹(姑家)。初五开始至正月十五,亲戚朋友可以互相拜年,这个期间没有时间要求。故乡人执行这个不成文的规矩极严格,拜错了日子会造成亲戚间一年不愉快的不良后果，甚至多次道歉不获原谅！比如，初二不到家家（即外公）家里拜年，初三不到岳丈家拜年，就会得罪至亲了。

当听到街上有人拜年的口号声以后不久，最早来家拜年的人就进门了。我父亲的辈分较高，一些较低辈分的族人一进门就高呼拜年，他们走近神龛，要下拜，要作揖，口称幺爹、幺婆，给你老人家拜年了！如果年龄稍大些的人，父亲要陪同作揖。父亲往往开口说，来到就是，来到就是，免礼免礼。有的年轻人，进门就下跪，拦也拦不住，就只好让他下跪了。平时有过口角的人，这时候也要借拜年一了百了。等到早晨拜年高峰过去，父亲也出门到一些更高辈分或者年长的本族人家拜年。父亲出门后，如果有人来拜年，我也要随同作揖。在本族拜年，从早到晚要坚持一天。本族五服以内族人，一定要拜到家里；五服以外的族人，就不一定到家里拜年，路上作揖就可以了。

如果家里有刚过世的人，特别是长者，拜年还有讲究。当年春节，门联要贴上白色的。来拜年的族人，有人要带上一刀吊孝的纸钱，把纸钱放到大门外，进门要下跪，作为孝子要陪跪。这一点，不能含糊。我母亲去世后，我在家里就承担过这样的角色。

我记事的时候，哥哥参加革命不在家，到亲戚家拜年，就由我来承担。但是我还小，只有五六岁，或者六七岁，往往由我的堂兄带着我去亲戚家拜年。我有两个姑母，是我与堂兄共同的。他带着我去就没有问题。我的外公已不在世，舅舅也过世，舅母和表兄嫂一家，我要去拜年。由于堂兄带着我去，就不一定非要初二不可。这一点，舅母家是谅解的。有的年份，堂兄带着我去舅母家，他就回家，我在舅母家住一两天，表兄送我回家。我没有岳家，有时候，我就跟着堂兄到他的岳家拜年。我的姑表兄初二要来我家拜年。我的舅表兄初四要来我家拜年。我除了这几家亲戚，就没有其他亲戚家可走。其实，亲戚还是有的，因为我小，就不走了。

到亲戚家拜年，也要叩头。亲戚家招待客人，一般是先泡一碗炒米（加糖），吃点麻糖、花生，还要炒点汤圆，或者炕点糍粑。中午正餐前，还可能给客人吃一碗罐子煨的鸡汤。按照规矩，客人只能吃一点点，多数要留下来。在物质不丰富的时代，这留下来的鸡汤还要招待其他客人。对此，主客是心照不宣的。我那时候很小，到舅妈家和姑妈家，都是他们喜欢的小客人，他们要我把鸡汤喝完，我也不知道要讲客气，吃完了盛在碗里的东西，几乎不留什么。"拜年不拜初五六，无酒又无肉。"一般小户人家，准备的好酒好菜，大概在大年初四以前，招待客人差不多就吃完了。

俗话说，一代亲，二代表，三代四代就了了。确实如此。三代四代又各有各的亲和表，老人过世，老亲、老表，走动少了，就冷淡了。

我故乡的过年，过了初三，族人可以组织锣鼓傢业发起一点舞龙舞狮活动。到正月十五，有时候有灯节等活动。这些，我的故乡似乎不大活跃。过了十五，人们忙于准备春耕，春节的气氛就算过去了。

按照故乡的民俗，大年初一至初三，家里不能生火做饭，也不能到河里汲水。我想，我家里大概没有做到这一点。好在也可以化解，就是一定要起火，要烧纸钱，请求神明原谅。家里的水缸只有那么大，不到初三，水缸里存储的水就不够了，还是要到河里挑水。最先到某个河埠头挑水的人，首先在那里烧点纸钱，再去的人就可以不再烧纸钱了。

1946年，我六岁的时候，我的母亲去世了。这对于父亲和他的儿女打击极大。父亲带着我和姐姐、妹妹（我母亲去世的时候，妹妹只有一岁多），生活负担极大，我天天都可见父亲愁眉苦脸的样子。我仿佛记得，母亲去世后，我们过年就更简单了。

1951年，姐姐到南昌江西纺织厂当工人，家里就只有父亲、我和妹妹。父亲没有心情再举办过年的那一套仪式。1954年我初中毕业，因为那年长江大水，江汉平原成了一片泽国。我虽然考上了高中，却无法上学，就在家乡当了两年农民。大水把我家的房屋冲得一干二净，我们居无定所，狭窄的空间放不下供祖先的神龛，我们就无能为力向祖先表示敬意了。那几年的春节，我们家里都没有认真对待，也不守岁了，一觉睡到大天亮。大年初一族人来拜年，我们还没有起床。拜年的人在大门口大叫一声就离开了。我们对于祈求天地也不太热心了。我想，父亲会从自己数十年的经历中体会到，敬不敬天地祖先，对我们家的现实生活没有发生实际的影响。

1956年我上了高中，1959年上了大学，家里都没有像1949年前那样过年了。1964年我到北京工作，1968年最后一次回家看父亲。1970年父亲去世，我在河南信阳五七干校，因为受到审查，军宣队不批准我回家料理后事。此后，我再也没有看见过故乡的过年了。不知道如今故乡的过年是否还是当年模样？

我的故乡过年情节,应该与江汉平原大体相同,但是我似乎没有看到详细的记载。因在此记述如上,虽然是 70 年前的旧事,自觉记忆还是清楚的。我国土地广大,南北各地过年习俗不大相同,甚至不同的姓氏家族也都可能遵从不同的习惯。值此甲午春节,提供一点茶余饭后之谈资,聊供一哂而已矣。

　　兹为记。

记于北京东厂胡同一号

2014 年 1 月 29 日,癸巳年(甲午)腊月二十九

正月初七补记

民国生活十年杂感[*]

社科报约我写篇文章，谈谈我亲身经历的民国时期。这个题目对我来说有点大。1949年5月，我的家乡解放前夕，我刚满10周岁。我记得，在十分阴郁的环境中，父亲为我煮了一碗面条，为我过10岁的生日，只有我的堂兄陪着我，而且还把大门关起来。那时候时局不静，生怕外面有什么事。事实上，我不记得10岁以前家里替我过过生日。大约10岁是一个大日子，尽管人心惶惶，父亲还是为我过生日。

我是民国28年（1939）出生的，到1949年5月，我在民国时期生活了10年，正在上小学四年级，我对那时的生活已经有不少记忆了。

我的家乡在汉口西50公里，在江汉平原东北端，张姓聚居，附近六七个村庄，户口过千。我家在张姓中，房小势弱，人丁不旺，在日常生活中常受家族中有势力的人欺凌。我在儿时常听父亲为此叹息，这在我心灵中留下了创伤。

汉口对我是遥远的异乡，神秘不可测。那时小孩不听话，大人用来吓唬小孩的有两件利器，一是老虎，一是汉口来的人贩子。所以我很小的时候就对汉口抱有敌意。七八岁的时候，一次看见汉口来了一个人，青年英俊，一身白纺绸长衫，衣着谈吐果然与乡下人不一样。那时候城乡对立是很明显的。

我记事的时候家庭贫寒。父亲在他的兄弟姊妹五人中，是老幺，出生在光绪二十二年（1896）。母亲在1946年去世。我上有哥哥、姐姐，下有妹妹。父亲租一两亩水田，外加做一点小生意。所谓小生意，是炸

---

[*] 本文曾在《中国社会科学报》（评论版）2015年5月25日、5月29日、6月1日连载。

油条、蒸发糕，或者煮豆丝（用豆子磨浆制成，类似北方的面条），主要是应付早市。我哥哥参加了新四军，在家里，父亲带着我和姐姐以及比我还小五岁的妹妹过日子。姐姐和我也帮忙父亲做点事。这些仅能糊口，生活艰难。

每年春夏之间，江汉一带经常有狂风暴雨、电闪雷鸣。我家住的土坯房子，每逢暴雨，屋内都要漏雨，后墙也到了快倒塌的程度。每到狂风暴雨、电闪雷鸣之时，都是我们家惶恐无奈之时。每到这种时候，母亲或者姐姐都要把我拉到跟前，口称"龙王善过""菩萨善过"，这是向龙王、菩萨求情的意思。可是，龙王、菩萨并未"善过"，往往回报以倾盆大雨。有时候刮起了狂风，屋顶上的瓦片被掀翻，此情此景，一家人极其无奈。

大革命时期，我的家乡也是农民运动活跃的地区之一。父亲闲谈中提到，民国16年（1927），母亲正怀着哥哥（张海涛），还到15里外的马口镇去参加游行，高呼"打倒列强"的口号。

苏维埃运动时期，汉川县也成立了苏维埃政府。有一位张姓族人是中共党员，做了汉川县长。苏维埃失败，旧政权反水，这位县长出家当了和尚。反水后，父亲也受到过冲击和威胁，这是听父亲说的。旧政权恢复，农民运动活跃的地区遭到报复，家乡人被杀的近80人。这是我上高中后听乡政府人士说的。中国出了红军、白军，年迈的二伯父闲谈时说过。

家乡有一个恶霸，横行乡里。他到南乡（横山）许姓抢亲（抢许姓女子为妻），父亲没有去参加抢亲，后来不断受到这个恶霸的羞辱。父亲不愿意提起这件事，哥哥和姐姐有时候给我说到过，大概那时候我还未出世。

我出生的时候，日本人已经占领了武汉，我们乡下也来了日本人。但是我对日本人没有印象。比我大两岁的同乡说他记得很清楚。我只记得父亲说过，日本投降时，有一个日本兵被我们乡下人打死了。我印象最深的是国民党的兵。我亲眼见过抓壮丁，乡丁极为横蛮，抓到人，五花大绑，拉走了。我们乡下有新四军地方部队活动，乡下人称他们为"老四"。有一天早晨起来，看见我家门口不远有一个人被砍了头，躺在地上，身上盖着芦席。父母告诉我，大概后半夜，天快亮，"老四"来了，街上正住着十来个乡丁，平时为非作歹，"老四"上过当，这回"老四"摸了他们的老窝，一个当头的不肯走，就在我家门前不远处砍死了。那时候，我父母已经起了床，准备早上的生意，听到外面的声响，一清二楚。他们赶快把灯吹了，大气不敢出一声。

有一次，乡人张印甫带头，缴了前来收税的乡兵的枪。国民党军队开过来，大事张皇，把稻草放到居民屋顶上，准备放火焚烧。家家户户关门闭户，不知道如何渡过这一难关。母亲把我拉到怀里，告诉我不怕不怕。后来听说，大概是乡里有势力的人送了钱，才免去了这场灾祸。

大约1947年，我家乡驻扎了国民党正规部队，美式武装，士兵戴船形帽，绿哔叽军服，腰里缠着手榴弹，很威武。我对这支军队有两个印象：一是在上学路上，他们放出大军犬嗷嗷大叫，吓得我们要绕很远的路去上学；二是，有一天早上一个小军官和几个士兵到我们家里吃油条等"过早"，吃完了起身就走，父亲上去要他们"会账"，那小军官摸着腰里插着的手枪，眼睛一横就出门，父亲哪里敢跟他们要钱。此时我正在场，亲眼看见。我后来到台湾开会，在会上遇到一个少将，还跟他开玩笑说："贵军现在纪律如何？还抢老百姓的东西吗？"

1948年，记得我在上小学三年级，学校组织"童子军"，也要我参加，规定要穿着正规的童子军军装。我父亲用白土布请裁缝做了一套，用土颜料染色。我穿着这套自制的"军装"到学校上操，被老师叫出来罚站，当众出丑，我深感屈辱，但是没有办法。

1949年前几年，地方很不安定。有一伙被老百姓叫作"清乡揪锁盗坛队"的似兵似匪的人（大约由败兵、土匪等组成，带枪的），经常出入乡里，抄家抢东西。那时候，只要狗一叫，老百姓就知道"盗坛队"来了，大门都不上锁，赶快躲起来。记得有几个晚上，听到狗叫，父亲赶快把我们几个孩子从床上拉起来，躲到菜园里，趴在地下，一动不动，狗叫的声音渐渐远了，才敢回家。

1949年春，正是解放军要进军武汉前夕，武汉没有打过大仗，我们乡下倒是有交火。总的印象，国民党军队来，大家都跑，叫"跑兵荒"；解放军来了，大家都欢迎。记得我还到解放军的战壕里，帮他们挖战壕，他们教我们唱"没有共产党就没有中国"的歌子。有一次真要开战了，村子里的老老少少都出来"跑反"。父亲带着我们几个孩子，斜背着包袱，随着人流，一步一回头。在长堤上眼见一颗炮弹飞过去，老乡们还在猜测炮弹可能落到哪里。

那几年，我就是在这种环境里上学的。那时候上小学要写毛笔字，我的毛笔字写得不好，与缺少必要的练习环境有关。我上的这所乡村私立小学，是1946年开办的，办在张氏宗祠里，校长应该是张姓族人，训导主任是襄阳人，至少是一个有进步思想的青年。那所学校里的老师似乎多少都有点进步思想。现在华中师范大学政治学教授张厚安在1949年上半年就教过我的课。学校每天早晚要升国旗、降国旗，要唱"三民主义，吾党所宗"，下学要排队唱《读书郎》。上世纪80年代我偶然听到中央人民广播电台播送《读书郎》，说是台湾校园歌曲。我听了大为惊讶，这不是我在小学里天天都唱的吗？几十年后，我才知道《读书郎》作者是我们汉川的革命词曲作家宋扬。还有一首《古怪歌》，是讽刺当时的社会现实的。也唱过《山那边呦好地方》。

许多年前，南方一所大学的老师打电话给我，说他在研究20世纪30年代的赣南农村、农民问题，说据他研究，农民欢迎高利贷。我说你仅凭个别文字资料得出这个结论是很危险的。我父亲说过乡下"打会"的事，说如果不是实在过不去，是绝不会参加"打会"的。至于借钱，利滚利，那是多大的压力呀。

作为孩子，我看到父母那一辈人每天都是愁眉苦脸的，他们愁了上顿愁下顿，每天都在为明天的生活操心，很难得看到他们脸上的笑容。社会动荡，政治压力和经济压力，他们四五十岁就变成老人了。

最近家里发现了1946年8月我哥哥从汉口写给父母的信（这时候母亲已去世，他不知道），信里有一段话，我摘抄在这里："像我们这样的家庭处在这种社会里是一辈子也是不能翻身的。借一石谷还两石，借一万元缓得几个月就要还两万；今天遭人驱逐，明天遭人打骂，种种的剥削与压迫加在我们家庭的身上，这样子也能够翻身的吗？双亲：辛苦了一生到现在还是没饭吃。这就是个证明。我们故乡的一些穷族人到现在没有一家发了财，这又是个证明。处在这样人吃人的社会里，你瘦了他要吃你；你肥了他更要吃。他使你一辈子都不能肥。所以处在这种社会里的家庭是没有翻身希望的。所以要想我们这种家庭翻身，就要改革这人吃人的社会不可。"这段话，把父亲偶尔告诉我的生活苦衷文字化了。

我在民国时期只生活了十年，只能写一点孩子的观察。总之，民国时期，普通人总是在生活的苦难中挣扎，难有出头之日。

2015年5月1日国际劳动节

我在近代史所经历的"四清"与"文革"*

1949年5月，我的家乡解放时，我已经满了十岁。那时我在上小学四年级。上初中期间感受了家乡的土改。1954年夏初中毕业，恰遇长江大水，我的家乡成了一片泽国。我虽然考上了高中，没有路费，也不知道怎么去上学。我回家当了农民。1954—1956年直接参与了互助合作运动，担任过农民互助组的记工员和农村高级合作社的会计，高中期间经历了"大跃进"和人民公社化运动，大学期间经历了三年困难时期，又经过了国民经济的全面恢复和发展。1964年8月，我从武汉大学历史系毕业，被分配到中国科学院近代史研究所。近代史研究所隶属于中国科学院哲学社会科学部（简称学部）。那个时候，还是激情燃烧的岁月。那年，我刚满25岁，正是青春焕发的年龄。能进入首都北京，能走进最高科学殿堂，心情无比激动。但是，在最高科学殿堂里，真正从事中国近代史的学术研究，却是在13年以后，即在1978年以后。1979年，我就满40岁了，刚刚评上了助理研究员。那一年，我的头上已初现华发。

我在这里，回忆1964年8月到1977年的经历，难免有一些感伤。那是我国历史上一个很特殊的时期。

我到所里报到后两三天，所里派我和郭永才到西颐宾馆（今友谊宾馆）报到，那里正在举办1964年北京科学讨论会，要我们去做会议服务工作。同时到西颐宾馆报到的还有历史研究所傅崇兰和亚非研究所刘仲华。在那里服务10天左右，回到所里，就准备参加"四清"。

---

* 本文未刊。

"四清"是俗称，正式称呼是农村社会主义教育运动。1963年秋季，我在武汉大学念书时，就在武昌县茅店公社红旗大队院子吴村第六小组参加社会主义教育运动和农村劳动锻炼一个月，对农村"四清"有了最初的体验。去甘肃"四清"，是中央统一部署的。学部近代史所与拉美所一起，去甘肃河西走廊的张掖。我从科学讨论会回来后便准备"四清"，开始学文件，学了一个月，学"前十条""后十条"，学刘少奇讲话，学王光美的"桃园经验"。我进所以后，到这时才与所里的同事逐步熟悉起来。那时人人都要上班，与所里的老同志也熟悉起来了。我所在的学习组，负责人是姜克夫，他是老干部，延安时期担任《八路军军政杂志》编辑。学习会上，每天都是他发言，学习文件之余，他常常讲延安时期的故事。那时所里食堂一天三餐，食堂大师傅是一个老同志，八路军时期给贺龙做饭，人非常好，耿直无私，稍微有点脾气。贺龙进城以后，把他送给了范老（范文澜），进了近代史所。近代史所的前身是延安马列学院的历史研究室，后来是范文澜担任校长的北方大学历史研究室，1948年是吴玉章担任校长，范文澜、成仿吾担任副校长的华北大学历史研究室。1950年5月1日，中国科学院近代史研究所正式挂牌，范文澜是创所所长。这个老师傅是1938年参加八路军的，文化程度不高。王师傅在食堂从来都是最后一个吃饭，剩什么菜就吃什么菜，没有就什么都不吃，顶多给自己炒一个鸡蛋。我们是单身汉，住在所里，周末王师傅还替我们做饭，有时候我们睡懒觉，王师傅便来敲门，叫我们起来吃早餐。学了一个月的文件，就到甘肃"四清"。

我记得，临行前，范老在大会议室举办全所宴会，为参加张掖"四清"的同志们壮行，他还特别把张闻天同志的夫人刘英同志介绍给大家。1959年"反右倾"以后，张闻天被安排在学部经济所，刘英被安排在近代史所。去甘肃前，所内团支部改选，原书记杨余练仍旧担任原职，增加了一名副书记张友坤（所党支部青年委员），增加我为支部委员。10月24日上午全所大会，刘大年副所长总结了一个月的学习，张崇山副所长做了临别赠言，我代表团支部念了决心书。下午从北京站登车启程，范文澜所长到车站送行。经过两天两夜抵达兰州。在兰州停留休整两日，从解放军总后设在兰州的被服仓库领取御寒衣物。我抽空在那里参观了甘肃省博物馆，游了皋兰山。从兰州乘火车到张掖，又走了一天一夜。火车晚上九点左右过乌鞘岭，大家忙着看火车翻山，心情很激动。因为，过了乌鞘岭就是河西走廊，海拔一下子升高到近 2000 米。10 月 30 日抵达张掖县城，住进张掖饭店。11 月 1 日开始一周学习，主要是了解张掖地区情况，学习西北局、甘肃省委关于"四清"的文件，传达甘肃省委"四清"工作团对工作队员的纪律要求等。

在张掖地委参加"四清"工作培训班后，我们被分配到张掖县乌江公社贾家寨大队二队（包括任家庄、周家庄、褚家庄），开始住在任家庄一户农民家里，后来住进周庄一个周姓农民家里。我们那时大学刚毕业，还不能做正式工作队员，在工作队内部被称为临时工作队员。

我们所在的乌江公社工作组的组长是甘肃永靖县的县委书记，刘大年是副组长。贾家寨大队工作组的副组长是蔡美彪。和我在一个小队的是通史组的王忠，还有一个是兰州供电局的干部张学智。蔡美彪同志那年 36 岁，虚岁号称 38 岁，副研究员，协助范老工作，已经是通史组负责人，在学术界和所里都有较高的地位。王忠同志是研究西藏史的，副研究员。那时在所里，副研究员是一个很高的学术职位。王忠 50 年代初去西藏考察，骑马摔坏了腿。蔡美彪特别交代，王忠同志是靠近党的非党人士，对王忠同志生活上要照顾。王忠那年 45 岁，已经是西藏历史研究权威了。他告诉我，国家规定 45 岁的专家就可以不参加劳动，坐火车可以睡软卧。我和他在一个生产队里头，睡在周姓农民专门为我们腾出来的一个大炕上。我那时年轻，每天早上要 7 点才起床，王忠每天凌晨 4 点就起来，点起灯来学《毛选》。有一次走在路上，他跟我说：你这个人哪，你将来适合做刘桂五那样的工作。刘桂五是所里的学术秘书，相当于现在的科研处长，但是权力更大，所里很多事情都是找他处理。我当时理解起来，他是觉得我做研究工作不是很合适，适合做学术行政工作。

我们在张掖生活了 8 个月。我们的工作，按照"桃园经验"是访贫问苦，发动群众揭发生产队干部的"四不清"问题，然后逐一落实。这是我第一次见到西部的农村，非常艰苦，一路上只有稀稀拉拉的几棵秃顶树，很凄凉的景象。1997 年我坐火车经过张掖，特别在车站站台上看了看，发现车站两边都是高大的行道树，铁路外工厂烟囱高高树立，颇为壮观，还有望不到边的玉米高粱，已经觅不到秃顶树的踪迹了，一片兴旺景象，真是变化很大。我们那时住在农民家里，常看见大人小孩没有衣服穿，农民特别穷，有的家庭，裤子轮流穿。工作队进村第一件事，是登记各家缺衣少被的情况，给农民发棉衣、棉裤、棉被。任家庄有一个小孩，十四五岁，每天到野外放羊。给他发了一件棉裤，不到一个月，棉裤的棉絮就露出来了。经过一段时间调查，我们发现当地情况，不像"桃园经验"所说的那么严重，生产队干部"四不清"现象说不上严重，也就是稍微多吃几斤粮，有些男女关系问题。"访贫问苦"一个月左右，没有发现十分严重的问题。"四清"工作本身并不重。有时发动社员斗争干部一下，也说不出多大的问题，工作队员和社员劲头都不足。我们那时很多时候是帮助农民劳动。1965年1月，中央有新的文件"二十三条"发下来，我们一学习，就觉得很高兴了。现在对"二十三条"批判很多，但当时我们学了"二十三条"后很高兴。"二十三条"提出了"党内走资派"，这个概念一出来，我们觉得生产队没有党内走资派，所有干部一律解放。1965年5月，我们结束"四清"工作，离开村子时，当地干部群众都来欢送我们，似乎有点难舍难分。因而我的实际感受是，"二十三条"是纠正了"桃园经验"的一些偏差，但因为"二十三条"提了"党内走资派"，与后来"文革"中的"党内走资派"联系起来，所以批判较多。

在张掖农村生活的确很苦。工作队员在贫下中农家里轮流吃派饭，一天两顿饭（有时是稀饭，有时是拉面条子），有时早上送点心（烧饼），每人每天付一元钱、一斤全国粮票。贫下中农非常欢迎工作队员进家里吃饭。那8个月里，没有吃过蔬菜，只吃醋泼辣子（稍好些的家庭是油泼辣子），更谈不上鸡鸭鱼肉。长期在城市里生活的领导同志有些受不了，如黎澍开始在村里待了一阵，后来被甘肃省委书记、省"四清"工作总团团长李友九请到地委招待所，主持编修张掖地方志。刘大年在那儿待的时间也不多，1965年初他回京出席全国人民代表大会。李新在队里待的时间可能多一点。

插一个小故事：我们队离张掖城30多里，我和王学庄，还有几个人，星期天没事去张掖城里玩。有人告诉我们，城里有个张掖饭店，有道名菜叫西北大菜。由于在乡下生活，饮食很差，我们相约去吃西北大菜。原来，所谓西北大菜，一个大长条瓷盘，菜肴一层一层码上去，鸡、肉、蛋各种东西都有，四五个人吃不完，我买了个大洋瓷缸带回来给杨余练等同志饱餐一顿。回来碰到黎澍，告诉他西北大菜，他听说后，很感兴趣，也想去吃。后来听说，他真去了，但没有吃到。因为大师傅看到我们没吃完,以为我们认为不好吃,黎澍去时就不给做了。这是8个月中,我唯一一次到张掖城里吃饭馆。我们那次回来,走回来的,在贾家寨乌江河滩上,王学庄抽烟,把地上的枯草点着了,一时间,草滩上火光冲天。我当时是所团支部委员,怕出事,我把生产队社员全部动员起来灭火。回来后,我还专门写了一个长篇的检讨,送给蔡美彪同志。

当时国家规定,大学毕业后应在农村劳动锻炼一年。我们在张掖8个月,还不到一年,学部领导觉得太苦,要给我们换一个地方,完成劳动锻炼。离开乌江公社前,一些队员希望就近到敦煌参观,学部领导不同意,只有丁名楠先生一人偷偷去了敦煌。丁名楠那时是副研究员,声望很高,他在所里地位不同一般。全体回到北京不久,稍事休息,大约在6月中旬,1964年进所的大学生就转到山东黄县(今龙口市),住进于口大队上孟、下孟家、于口几个生产队里。拉美所的同志也去了,带队的是苏振兴。我所带队的是刘明奎。我与张全坤、陶文钊、吕景琳同住下孟一户孟姓农民家里,睡在西房一个大炕上。户主孟庆好,是党员,抗战时期的农村干部,曾担任生产队长。此老爱喝酒,每饭必喝,人称小酒壶。这里生活条件很好,蔬菜很多,各种海产都能吃到,海鱼、海虾、海蟹,我都是生平第一次吃到。生活上感到从地上到了天上。这个生产队在山区,没有平地,主要在山上经营果树,主产梨。我们在山上同农民劳动了7个月。我在这个过程中,更多地认识了中国的农村。黄县属于胶东的昆嵛山老革命根据地。与老百姓聊天,了解到他们当时(1947年)老区土改中的一些过左现象,包括对富农、中农扫地出门等,很伤了一些人的感情。后来纠正了,焕发了农民对共产党的支持。1948年淮海战役,黄县各村里的农民,男子人人都推着小车支援前线,为淮海战役的胜利贡献了自己的力量。后来陈毅元帅说过淮海战役的胜利是山东农民用小车推出来的,我们在黄县农村有了比较切身的感受。对社会现实增加了了解,对我们的人生有好处。结束农村劳动,到黄县县城学习总结。在这个期间,我前往黄县一中联系,与该校篮球队打了一场篮球友谊赛。我自己不会打球,我负责联系。在黄县县城总结了十天左右,就回北京了。

有人说《李新回忆录——回望流年》中也有不少关于张掖"四清"的记述,要我谈谈看法。李新同志的回忆我没有细看。据他说,"四清"末期，刘大年回京前，曾找李新谈话，要他负责近代史所在张掖的人员。后来又交代，新进所的大学生继续留在张掖完成劳动锻炼，其他人员带回北京。李新征求姜克夫意见，两人都认为张掖太苦，反对新进所的大学生继续留在张掖，决定让他们到山东黄县完成劳动锻炼。姜克夫说：将在外，君命有所不受，你就这样执行吧。这些情况，我本人当时不知道，只记得听传达说，是学部副主任张友渔批准我们到黄县的。近日（2010年3月）有机会与韩信夫同志谈到这一情节，韩信夫对"四清"末期李新负责近代史所在张掖的人员一事表示存疑。他说，他当时在张掖城里给黎澍同志当助手，整天陪同黎澍左右，没有听到黎澍谈到此事。因为黎澍是在职的副所长，近代史所在张掖的人员，理所当然归他负责。韩信夫说，大学生劳动锻炼事，当时留在北京的副所长张崇山常来电话。李新当时不负领导责任，较轻松。那个时候，党内和党外区别很严格。党内的活动，对党外并不都传达。我对"四清"期间工作队内部情况以及党内活动所知甚少。回所后，也听说过一星半点。祁式潜当时是临时党支部副书记，还有个女同志，苏联留学的，"四清"时也去了。听到传闻，祁与那位有故事，李新、姜克夫要求批判祁式潜作风不正。听说刘大年为祁式潜说了几句好话，李新他们抓住祁式潜攻击刘大年。具体情况，我不清楚。那个时候我们党外知道的很少。郭永才是党支部委员，与祁式潜在一个队，对祁式潜了解。据郭永才后来告，祁式潜根本没有那回事。

　　1965年11月，我们在黄县作劳动锻炼总结时，就看到了姚文元的文章《评新编历史剧〈海瑞罢官〉》。回到北京以后，黎澍同志找我谈话，大概还是对我1964年的那篇文章有印象，就叫我写批判吴晗的文章。说到这里，还要追述两句。我在大学毕业前，翻译了苏联《近现代史》杂志上一位作者撰写的有关苏美建交30年的论文，随后按照系里要求，写了一篇试论苏美建交30周年的文章，算是对苏联那篇文章的批判。这两篇东西，就成了我的大学毕业论文。那时候年轻心动，把自己写的那篇习作稍加整理后，寄给了北京的《历史研究》编辑部。《历史研究》编辑部那时设在近代史研究所。1964年9月，从北京科学讨论会回所，黎澍同志接见新进所的大约四十名大学生，在和我握手时，大声说：你的文章我看到了。这话，引来了一批惊异的眼光。后来知道，我那篇习作，编辑部还送给余绳武等先生看过。黎澍这次找我，大约与此有关。那个时候批判吴晗，从黎澍的心里来讲，也是一种学术批判。他出题目，他谈思想，由我来写。我到他家里去，当时他住在沙滩的工字楼。我第一次到他家里时大为惊讶，他书房大得不得了，似乎比我们现在的学术报告厅还大。四周墙壁放满了书架，书架上排满了书。他过去做过中宣部出版处处长，相当于现在的出版局局长。听说那个时候全国出版社出版的书都给他送一本。他给我布置了一篇评《海瑞罢官》的文章。我花了一个月写文章，写好了给他看，他对我的文章可能不满意，对我说还是去读书吧，多读点书。实际上，那时对吴晗的批判已转向政治批判，学术批判做不下去了。黎澍主编的《历史研究》受到的压力非常大，他也很着急。

此后，近代史所组织第二批"四清"工作，祁式潜带队，地点是江西。刘大年参加过，黎澍没有参加。所里没有让我去，我被安排到西郊组，西郊组全体住在西颐宾馆（今友谊宾馆）的中馆。那时候，研究人员去西郊组很不容易，几乎是一种光荣。西郊组是黎澍同志领导的，1963年建立，对外名称叫"中国近代史讨论会"，有公章对外，名义上是一个独立的机构。西郊组的活动对外是保密的。住在这个宾馆里头，就是为外交部的中苏谈判准备资料，当时中苏谈判中正涉及中俄边界问题。这个组就是在搜集有关中俄各时期的边界资料。这也就是黎澍1963年提出来的建立一支反修队伍的一个设想，这个组总的是黎澍直接管，外交部专员余湛代表外交部参与意见。黎澍从全国各地调了一些专家来充实这个组，其中有中山大学历史系主任金应熙、复旦大学新闻系主任李龙牧、吉林大学刘存宽、北师大张文淳以及云南大学郑绍钦等，还有近代史所的多位研究和翻译人员如王其渠、吕一燃、张左糸、韩信夫、张友坤等。西郊组的负责人是金应熙、李龙牧和余绳武。这些人有一定理论水平，外文水平很高，英文、俄文都很好。张友坤任西郊组秘书。金应熙先生专门给我个人上过中俄边界历史的课，余绳武、刘存宽让我翻译过几件俄文资料。组里希望我在这方面做出成绩。不久，余绳武同志找我谈话，要我把西郊组所存数万本图书管起来。这些藏书绝大部分是不同历史时期出版的英文和俄文图书，大多涉及中俄关系，是1963—1964年组里奉命到全国各地搜集的，大概东北各地如哈尔滨、大连等地所藏为多，上海、武汉所藏也不少。我从1965年底进了这个组，这一待就待到1966年6月3日。

在这期间除了批判吴晗,还批判"三家村"、《青春漫语》。《青春漫语》是《北京晚报》开辟的一个杂文专栏,执笔者是学部副主任兼政治部主任杨述。那时候,各大报纸大张旗鼓批判"三家村",学部则在组织批判《青春漫语》。批判的材料都印出来发给我们,各所都开批判会。西郊组在5月份开始关注"文化大革命"的发展,成立了参加"文化大革命"的小组,我是成员之一,组内酝酿参加批判活动。5月下旬,学部大院贴满了大字报,都是《哲学研究》编辑部署名的,矛头直指杨述及其《青春漫语》。《新建设》编辑部在近代史所张贴大字报,揭发副所长黎澍。5月30日,近代史所召开全所(部分人员在江西参加"四清")大会,批判《青春漫语》。我被安排为第一个发言。发言稿是与刘存宽、韩信夫、张友坤商量后,由我和韩信夫共同起草的。接着,西郊组党分支部决定大家可以写大字报,参加"文化大革命"。于是一批批判黎澍的干部路线的大字报贴了出来。

学部通知1966年6月4日要在首都剧场召开全学部大会,批判《青春漫语》。近代史所挑选了我和沈庆生到学部大会上发言。正好在6月3日《人民日报》发表了社论《夺取资产阶级霸占的史学阵地》。一清早广播里就广播了,我们听到这个社论后心里不好受。那时《人民日报》的社论就相当于中央的最高指示,社论点了近代史所的名,就等于被中央点名。第二天我就要代表近代史所在学部大会上发言,我就想,前一天有社论,我第二天代表近代史所发言,我应不应该回应一下社论。我就在发言稿的最后加写了几句话。当时我把这个发言稿给余绳武同志看,他是我们西郊组的负责人。我问我最后加的这几句话合适不合适,他没有反对,说可以。随后我知道西郊组内有不同意见。后来我还是讲了,因为余绳武是组里的负责人,他同意了。6月4日,学部批判杨述大会在首都剧场举行。学部分党组成员(包括潘梓年、关山复、刘导生等以及刘大年等领导同志)坐在主席台上。按照大会安排,我是第四个发言。我在批判了杨述《青春漫语》后,在结语里结合"6·3"社论对刘大年提出了质询,我说,我们一定团结在党中央和毛主席周围,高举毛泽东思想伟大红旗,向一切牛鬼蛇神开火,彻底打倒盘踞史学界的资产阶级的"东霸天""西霸天",夺取资产阶级霸占的史学阵地。台下的一些人高呼刘大年下台。哲学所、《哲学研究》《新建设》等单位的一些同志认为学部党委特别是关山复包庇杨述,把矛头对准学部党委，刘亚克等人上台争夺麦克风。我想，这次大会应该是我们学部"文革"的正式开始。从这以后，所里的"文革"也就开始了。其实呢，我发言后就回西郊组了。

那个年代的青年知识分子对党中央毛主席，有无限崇敬的心情。到了近代史所以后，我在当时被认为比较活跃、比较被人看重的人。加上黎澍同志的接见，在新进所的人中间形成了这么一个认识。我在大学期间要求入党，多次写过申请书。当时中组部在大学生中发展党员的方针是谨慎发展。我积极要求入党，学习是最拔尖的学生之一，一直担任班干部。当时三个班将近一百人，年级里有由调干生党员组成的党支部。五年级时，支部书记找我谈话，让我克服骄傲自满，说在大学没能入党，但会把档案转到工作单位，让我不要泄气。后来到所里，我每次都要检查骄傲自满。进所后，所里对我很重视。不久，组织团支部，我是团支部委员。从乡下回来以后，我就到了西颐宾馆，参加了中国近代史讨论会（西郊组）。

近代史所的"造反"和别的单位的"造反"可能不完全一样，主要是因为我们是根据《人民日报》的社论起来"造反"的。1966年6月1日，《人民日报》发表了社论《横扫一切牛鬼蛇神》，这标志着"文化大革命"的开始，第二天《人民日报》发表了北大哲学系聂元梓等七个人的大字报。我们现在讲"文革"史，通常讲1966年5月16日中央发了通知，但是这个通知，当时报上没有公布过，我们不知道，一般人知道的就是6月1日《人民日报》的社论。6月3日《人民日报》又发了一篇社论，题为《夺取资产阶级霸占的史学阵地》，同日，《人民日报》还配发了史绍宾的长篇文章，点了《历史研究》和近代史所的名，指出这些资产阶级"权威"老爷们，是史学界的"东霸天""西霸天"，他们像奸商一样垄断史料，包庇吴晗。社论批评的矛头直接针对近代史所。

接着中央就向学部派了工作组，工作组的组长是张际春，湖南人，当时任中宣部常务副部长，这是很庞大的一个工作组。也给近代史所派了工作组，组长是中共中央组织部的办公厅主任王瑞琪。还有一个负责人，是中共中央联络部调查处的处长（相当于今日的局长）时代。还有一个是中共中央组织部的李惟一。三个人组成近代史所工作组的成员。所里当时有一个党支部（其作用相当于后来的机关党委），支部书记是连燎原,他是转业军人。他通知在 6 月 15 日开会,布置在所内开展"文化大革命"。那时我在西郊组,脱离了所里,也没有电话联系,不知道所内在酝酿什么。所里有一帮年轻人,他们实际上就在底下酝酿,要搞一番名堂。6 月 15 日,近代史所党支部召开全所大会布置所内开展"文化大革命"。上午部分党支委、团支委和部分青年党员商讨今天大会召开问题,主要是由谁来主持大会。工作组组长王瑞琪、副组长时代以及成员李惟一已经到所。大家要求工作组主持会议,工作组表示刚到所,不了解情况,不能主持会议。后来经过大家讨论,七嘴八舌,决定民主选举大会主席团。在讨论中多数人反对连燎原选入主席团。通过民主选举,产生了张德信、郭永才、余绳武、蒋大椿和我组成的主席团,主席团推举我为大会主席。我就主持了 6 月 15 日的全所大会。我们根据《人民日报》的社论讲了一些看法,大家鼓掌通过,这就算本所"文化大革命"开始了。这次是全所会议第一次公开批判刘大年、黎澍。这就是近代史所的所谓"夺权大会"。参加会议的除了工作组外,还有学部其他各所人员。

随后,根据中央文件精神,所里通过民主选举产生了一个"文化革命领导小组",成员开始是四人,后来增加到七人,组长是张德信,他是党员,他还被推选为学部"文革"小组成员。我、蒋大椿是副组长,还有尹仕德。我管常务,当时就决定这么一个体系。在工作组支持下成立的这个机构就是一个合法的机构。这以后就开始批判走资派呀,当时称为"三反分子"。"三反"的全称是反党反社会主义反毛泽东思想,有时也简称"反革命修正主义分子"。所里当时主要是按照中央、按照《人民日报》的社论来抓走资派,我们就确定刘大年、黎澍是"走资派""三反分子"。李新当时在所里没有行政职务,党内职务也没有,所以他不是主要斗争对象。从 1966 年 6 月下旬以后,一段时间里多次召开批判刘大年与黎澍的会,好多次是由我主持的。我之所以要把这一个事情说一下,是因为 6 月 15 日那个会以后,大年同志回到家里去,跟家里人讲,说:哎呀,我们这些人在近代史所工作这么多年,我们都是官僚主义,近代史所有一批年轻人,很能干呀,很有本事啊,所里党支部布置的这些东西,他们一下子就把我们打得稀里哗啦。他就点名说了,姓张的这个人还不错。今天说到这里,的确很感慨,因为,他没有因为我们把他批了而对我们仇恨,反而觉得这些人还不错。尽管后来我们经常开大会批判他们，要他们低头认罪，但是刘大年后来始终对我没有这种仇恨的心理。

7月中，中央"文革"小组成员关锋、戚本禹到所里来，与部分人谈话，揭发黎澍、刘大年、丁守和。7月下旬，张德信和我还到学部"文革"小组和工作组汇报工作，张际春、林聿时、王瑞琪、吴传启、刘亚克等对所里"文革"有过不少"指示"，特别是林聿时、吴传启对近代史所如何揭发、斗争黎澍、刘大年出了一些"主意"。8月以后，由于在批判工作组问题上产生分歧，学部逐渐产生不同派别的群众组织。中宣部部长陶铸在人民大会堂的大会上宣布撤销学部工作组、撤销学部"文革"领导小组，让群众自己起来闹革命。学部从此分成两大派。我们近代史所内尽管也有不同意见，但在组织上没有分成派别，近代史所也组织了红卫兵，参加了学部红卫兵联队，称作红卫兵联队近代史所支队，我是支队长。

"文革"初期，我在所里处理的一个案件，是我人生中一个重要经历。"四清"回来后，所里适应社会需要成立了"情报组"（主要从事国外学术信息的翻译工作），祁式潜为组长。"文革"起来后，我成为"文革"小组负责人，祁式潜仍是组长，当时他是支持"文革"小组的，是支持群众造反的。1966年7月底8月初，社会上传言抓叛徒。8月，我们在所里组织批判工作组。所里有人认为，工作组是支持所"文革"小组的，对"文革"小组有非议，据说祁式潜在其列。8月3日，有人在所里贴大字报，题目是《我们怕什么?》，文中有这样的话：我们不是走资派，我们不是叛徒，我们怕什么（大意）？这样的话，有影射祁式潜的含意，接着有十几张大字报跟进。8月4日下午，我们还召开了各组组长会议，祁参加一半，早早走了。傍晚时西城公安局打来电话，说你们所祁式潜自杀了，我和几位同志赶紧赶到西城区公安局，我们当时很紧张。公安局同志说不要紧张，这几天老有自杀的。我要求去看尸体，公安局不让，说人来到医院时还有一口气，现在断气了，只让我在死亡证明单上签了字。隔天，我接受姜克夫建议，请李宗一将大字报照相了。后来我又去找学部潘梓年汇报。潘当时是学部主持工作的副主任。他也说不要紧张，要整理一个材料，往上送。我这才有机会把祁的人事档案调出来，看了他的档案。祁的人事档案很厚，我看了一遍，现在还有点印象。

祁的妻子叫居瀛棣，她是国民党元老居正的女儿。祁本人1937年加入中共，资格很老，受党的派遣，在江苏、安徽一带活动，任路东（西？）区党委委员，又担任某中心县委书记兼游击大队大队长，党内职位很高。路东区党委书记是谭震林。1940年左右，刘少奇在这一带视察工作，听取工作汇报后，刘少奇顺便问起汇报人是哪一年入党，祁见另一人汇报说是"一二·九"运动中入党，怕自己入党晚了脸上不好看，便谎称自己是"一二·九"时期入党的。延安整风时，华中局党校也在盐城开办，华中局通知祁去盐城上党校。他看过中央的有关文件，说是敌特打进了我党的高级领导机关，他一下紧张了，以为自己出了问题，以为他对刘少奇撒谎，刘已记住并查了。他心里焦急，做了十分错误的决定。正好此时他夫人怀孕，他将夫人送到上海待产，此时上海是在汪伪统治下。上海公安局局长叫张鸣，也是居正女婿，他接待了祁的妻子。不久后，祁带着勤务员和一部分钱，以采购武器的名义跑到上海，以后没有回来。当时中共华中局发了通报，开除祁的党籍。张鸣将祁夫妇送到重庆居正那里。居正知道祁是共产党，把他安排在重庆中央银行当专员，拿干薪，不做事。他毕竟出身共产党，对国民党的腐败在专员室不免有所议论，经人告密，国民党抓了他。居正出面保他，出资送他去美国上学，他没有去。1943年苏德战场形势明朗，他已经判断出第二次世界大战的结局。此时他又想回到中共队伍。他在重庆给周恩来写信表示悔改，希望回到中共队伍。周派吴克坚找祁谈话，吴跟周汇报，同意他回到党内，派他做党的地下秘密工作。后来他回到江苏上海一带做秘密工作，领导了一批地下电台。这些电台直接同党中央联系，做了贡献。问题出在上海解放时，陈毅在上海举办了一个大型招待会，过后，上海报纸报道，将祁列在陈毅以下第三名，原来在华东局工作的人立即跟陈毅反映祁式潜曾经叛党，陈毅命令对他进行立案审查，被软禁。他交代了自己的经历，审查到1953年，此时审查结论基本清楚，他交代周总理派吴克坚跟他谈话，恢复他的党籍。但吴克坚当时也因事系狱，祁的交代无法证实。到1953年，祁被调到北京化工部，任化工部学习委员会主任，在化工部工作了几年。又重新办理入党手续。1959年，化工部又派他去中央党校，学习了五年之久，1964年，他给范老写信，希望进近代史研究所。后来从张掖回来又到江西"四清"，仍任临时党支部书记。8月4日傍晚，他回到位于三里河化工宿舍的家里，在《人民日报》报头上留了一句话，大意是今晚不回来了，然后就在附近人定湖湖心岛上喝了敌敌畏，后来被游人发现，报告了公安局。潘梓年听了汇报后讲共产党员自杀是叛变，应该开除党籍。近代史所党支部开会宣布开除祁式潜党籍。所里组织了大辩论，批判党支委会某些成员的右倾思想，揭出了以祁式潜为首的"三家村"，这一场"夺权反夺权"的斗争就明朗化了。祁式潜的妻子居瀛棣当时在故宫博物院工作，她对祁式潜的自杀很不理解，曾到近代史所贴过大字报，大呼祁式潜死得冤枉，不是自杀，是近代史所杀人。9月28日，我去潘梓年同志家里，谈中宣部转来居瀛棣材料问题。潘老指示：对祁式潜自杀问题，要向陶铸同志和中央写一个报告：肯定自杀，驳斥被杀，这个报告要包括历史问题和现状。10月中旬，我把祁式潜一生的经历及在近代史所的表现和自杀前后的情况，以及他自杀现场的目击者和公安派出所有关人员的口述材料，写成报告，题为《关于证实祁式潜确系服毒自杀的调查报告》，经学部副主任潘梓年审阅后，上报中央有关部门。报告送出后，就算了结了这一案件。这是我在"文革"初期经历的一件大事情。

因为撤销了学部"文革"小组，红卫兵联队一派组织了学部联络委员会，作为领导机构。近代史所"文革"小组组长张德信当选为学部联络委员会常委。我们在所里的运动也逐渐转向学部和社会。打派仗多了，所谓斗争"走资派""三反分子"就少了。此后，斗争本所的、学部的，以及社会上知名的公认的"三反分子"大会，时不时会召开，都带有派性斗争的性质，都是在所谓抓旗帜、抓斗争大方向的名义下进行。1966年12月，学部联络委员会开会决定，要紧紧抓住运动的大方向，向旧中宣部、旧文化部、旧北京市委开火，完成一斗二批三改任务。接着学部红卫兵联队联络十三个单位共同发起，召开了所谓"摧毁旧中宣部、旧文化部、旧北京市委反革命修正主义路线誓师大会"。有全国在京40多个单位共17000人出席。周总理支持这个会议，最后决定把陆定一等所谓"反革命修正主义分子"借给这个会批判。"中央文革小组"成员王力、穆欣出席支持，新华社、中央广播电台及各报记者在场。大会主席致开幕词后，我作为哲学社会科学部红卫兵联队的代表第一个发言，此外还有中央高级党校、北师大井冈山战斗团、北大红旗兵团、北京日报红卫兵、教育部八一八红卫兵、西安地区文艺界造反团、国家科委系统红卫兵等单位发了言。

1967年春,按照戚本禹要求,历史所和近代史所联合,收集整理刘少奇所谓"反革命修正主义"言论资料。由傅崇兰主持,我担任办公室主任。3月,该资料出版,由新华书店发行。4—5月,接受戚本禹交给的任务,撰写《中国向何处去?》的文章,与文化部研究室组成写作班子。文化部研究室出面的是金冲及、宋木文等,学部是王戎笙、栾成显、吕景琳和我,学部方面以我领队。地点在文化部大楼里。时间大概花了两三周,我们提交的稿子未通过。后来金冲及撰写的文章通过了,8月以《走资本主义道路还是走社会主义道路》在《人民日报》发表。7月,学部联络委员会、红卫兵联队发生分裂,以历史所和近代史所为核心,反对林聿时、吴传启,另行拉出,组织了揪潘联络站(揪出潘梓年、吴传启、林聿时、王恩宇等的简称),后发展为学部大批判指挥部。这时候,所里也发生分裂,蒋大椿等少数人不同意反对潘、吴、林,自己也拉出了一个小组织,继续站在红卫兵联队阵营。

从1966年6月,到1968年2月,我所在的群众组织垮台。这个组织垮台因为它的后台戚本禹垮台了。这个组织背后的支持者就是戚本禹。我们这个群众组织的头头是历史所的傅崇兰,他和戚本禹关系很密切,傅崇兰为此付出了代价,后来坐了八年牢。20世纪90年代,傅崇兰曾出任中国社会科学院城市发展与规划中心主任。

回顾起来,"文革"当中在我主持近代史所工作期间,还没多得罪人。当时就是抓所谓斗争大方向,始终抓的是党内走资派,始终抓的是刘大年和黎澍,批判他们,别人我们都没有多触动。所以我们所里有的老知识分子,像邹念之先生,在我挨整的时候,老替我说好话。我感觉到后来给我说好话的人还很多,其中之一就是荣维木的父亲荣孟源同志,他是我们所里老一辈,是前辈,早在延安时期就是有名的人物,后来因为划成"右派",很坎坷。他划"右派"是康生亲自点名的。他家就住在美术馆后面的黄米胡同,他们家住的房子比较宽敞,"文革"初期,街道的红卫兵一下子就冲到他家里去了,那很厉害。我知道以后,就派红卫兵到他家里去了,我们就用近代史所红卫兵这样的名义,把他的书架全部贴了封条。到80年代荣孟源同志还在世的时候,他说没有近代史所红卫兵那个封条,他家不知要被外面抄多少次,就是因为我们这封条一贴,外面的人一看人家的单位已经做了处理,就不再来了,而且我们贴了封条以后就再也没有管它,他说:就是近代史所保护了我,不仅书的安全,而且还有人身安全。所以他们后来也给我说了好话。红卫兵运动期间,我们对金宗英、丁原英等同志也及时提供了保护。金宗英先生的先世是蒙古王公,曾协助清军入关,建立清朝。他的家里仍保留着先世的遗风。街道红卫兵冲到他的家里,又打又抄,他和他的家人吃了苦头。他给我打电话,要求带着儿子到所里来住,否则,他会被打死。我同意他的要求。他就带着他的儿子驻在所里一段时间,躲过了风潮才回到家里。他来所,交给所里三十多块外国表。丁原英先生先人有官商背景,街道红卫兵冲到他家里抄家,要抢他的保险柜,情形紧急。丁原英给我打电话求援。我派人到他家里解救,缓解了他的困难,并且从他家里抬到所里一个大保险柜。我让人把保险柜送到王府井那家马可波罗珠宝店,珠宝店打开保险柜,柜里有金条、美钞和珠宝。按照当时最低估价,珠宝店估了8万元人民币。丁原英还给所里拿来了一手绢散碎金条。董其昉是老干部,他的妻子在北京某工厂工作,可能与厂里关系不洽,厂里红卫兵来到东厂胡同她的家里,强迫剪她的阴阳头,董打来电话,我立即带人赶去,驱走了厂里人,保护了他们家里的安全。

1968年2月初某日,"中央文革小组"成员戚本禹被隔离到秦城监狱。学部大批判指挥部头头傅崇兰被学部总队揪到北京卫戍区,我所属的学部大批判指挥部逐渐解体。我和张德信、张显清、孟祥才等数人在外"流亡"数日,在经济所某同志家打扰过,也在德胜门外吴元迈家小住过。经济所吴敬琏数次来给我们分析各高校大字报走势。在北海五龙亭召集同派各所负责人碰头会,交流情况,实际上确认了我们这一派的失败。我与孟祥才最后到和平里商场,看到商场外麦苗一片,生机盎然,我们交换了意见,既然形势明朗,"流亡"在外无益,决定自此分手,各自回到所里,接受批判。回所后,即有人来强行收走了我的工作笔记本。我就被所内反对派群众组织控制起来了。3—4月,学部总队在西单大木仓教育部大礼堂开批判会,斗争对象是孟祥才和我。与会者挤满了大礼堂,大约千人。孟祥才和我被拉到台上接受批判、低头认罪。我们被说成是傅崇兰的"黑高参""黑笔杆"。

4月中旬,我请假回到湖北孝感结婚,在孝感干了大约两个月农活。下半年,何重仁、李瑚两位同志邀我参加"文革"中查抄文物的清理工作,跑过北京大学、北京工学院、中央民族学院、北京师范大学等。这一项工作,到工军宣队进所后,被要求停止。

1968年12月,中央向学部和所属各所派来了工宣队和军宣队。1969年上半年,工军宣队在所内做团结工作,消除派性,我自己清查思想,清查自己在"文革"中的言行,检讨并反思自己。军宣队秦(副营长)队长对我还客气。下半年就开展"清查五一六反革命阴谋集团运动"。从此,我被作为"五一六反革命阴谋集团"的骨干,作为清查运动中的重点审查对象,经历了长达五年的艰难岁月,经历了严酷的政治审查和心理考验。这是我此生最痛苦的时期、最无奈的时期、最无助的时期、最感到迷茫的时期。

10月,我被强制请进"毛泽东思想学习班"。这就意味着隔离审查的开始。先在所内办我的学习班。在这个学习班里,主要是打态度,要打得你低头。大约两周后转进到文联大楼(今商务印书馆)三层(或四层?),从此失去自由。11月,我开始写交代材料。现在记得所写第一篇交代材料题为《中国向何处去写作缘起》。以后按专案组要求写出多种交代材料,包括"1·15"抢档案所得档案柜在近代史所存放的材料。这时所写交代材料都是如实回忆的。但是过不了关。在专案组连续三天三夜的车轮战中,我几乎得不到一分钟的休息,在精神和精力都难以支持的情况下,屈服于专案组淫威,"屈打成招"(军宣队新来的负责人张文焕副团长曾送我一拳),承认自己是"五一六反革命分子"。他们给我的精神压力是反毛泽东思想、反对毛主席战略部署、反对毛主席为首的无产阶级司令部。逻辑是:清查"五一六反革命阴谋集团运动"是毛主席的战略部署,当然是无产阶级司令部的战略部署,当然是毛泽东思想的体现;拒不交代,就是反对毛主席的战略部署,就是反对无产阶级司令部的战略部署,当然是反对毛泽东思想。我自以为无限信仰毛主席、毛泽东思想以及以毛主席为首的无产阶级司令部,现在却被打成反对毛主席、毛泽东思想、毛主席为首的无产阶级司令部,又不能辩解,在这样巨大的精神压力下,我感到无以解脱。再加上在无限高压下,三天三夜不准睡觉(所谓车轮战,专案人员不断换班,我则不能有任何休息,所谓换人不换马),实在熬不过去,只得暂时承认,以观后效。

专案组的策略,首先是打垮你的精神支柱,逼你承认反对毛主席战略部署、反对毛泽东思想。毛主席战略部署就是清查"五一六反革命阴谋集团",学部"五一六反革命阴谋集团"有两套班子,潘吴林王是第一套,傅崇兰、张德信是第二套。这是大前提。我是学部"文革"的过来人,当然知道学部没有所谓"五一六反革命集团",开始我死不承认自己是"五一六反革命分子"。专案组以已经确定的傅崇兰、张德信是学部"五一六反革命阴谋集团"第二套班子的头头这个大前提相逼迫,这个班子里难道只有傅崇兰和张德信吗?它下面就没有根根须须吗?你怎么解释你在学部"文革"中的地位?难道你和孟祥才不是傅崇兰、张德信手下的第二号人物吗?我在被迫承认大前提已经确定的情况下,在精神极度疲惫的状况下,被迫承认自己是"五一六反革命分子"。不仅承认是"五一六反革命分子",还要承认是"骨干"分子。我在被迫承认以前,还曾盲目相信傅崇兰、张德信是"五一六反革命分子"。他们瞒着我,从事了"五一六反革命阴谋活动"。在我自己被迫承认后,特别是在恢复体力、头脑清醒后,立即明白,所谓"五一六反革命阴谋集团"的罪名,完全是莫须有的,不仅我不是,傅崇兰、张德信也不是"五一六反革命分子"。

既然承认自己是"五一六反革命分子",还要承认是"骨干",还要承认是头头,还要交代组织体系,交代整无产阶级司令部黑材料。在专案组的不断引诱下,只得发挥想象力,任意编造,交代组织体系,只得按照专案组多次诱供提出的线索,把1967年8月以后,积极参加所里和学部各种活动的人,依与我的关系亲疏,逐一罗织进来。要我交代整周总理黑材料,我开始死不承认。我记得,我只是所里某次会议上,讲到高校大字报倾向时,提到有的大字报攻了周总理。我个人从来没有发表过攻击周总理的言论。但是,在高压下,也不得不招认整了周总理的黑材料。我当时的知识有限,说不出党史中周恩来有什么问题,只得尽量回忆以往搞党史的人在闲谈中流露的一星半点故实,加以罗织和编造。我今天敢于说,如果把我当初交代的所谓"黑材料",晒到阳光下,一定是最没有内容的。我却因为编造了这些,蒙混过关了。此后,专案组对我的压力稍稍减轻了一些。今天回想至此,仍感在高压下未能坚持真理、向淫威低头,实在无限惭愧!专案组获得的材料,全部是逼打成招得到的口供,找不到任何事实证据。

我在1968—1969年被抄没的"文革"初期的工作笔记本,一直到2009年下半年,经我强烈要求,在中国社会科学院党组书记、院长陈奎元同志批准下，才由近代史所人事处退还给我。这缘于我在担任近代史所所长期间，人事处处长对我说，人事处在某一个角落发现了一捆用塑料绳包扎的东西，打开看，是几本工作笔记本，包括我在"文革"初期的笔记本。处长问我怎么办，是否处理了它？我立即明白是怎么回事，因为涉及我自己，我不便表态，答以先放起来，不要处理（销毁），以后再说。我曾向党委书记张昌东同志说起此事，我建议将那些笔记本退还本人。张昌东同志表示可以理解我的建议，但他不便表态。此事就这样放下来了。事后我得知，当初军工宣队曾退还一些被审查对象的笔记本。我心里有些惴惴不安。到2009年初，我早已从所领导的位置上退了下来，有时回忆年轻时的幼稚和冲动，不免可笑，但是发现，许多事实经过已经记不起来了。这又刺激我要去寻回那批笔记本。于是给院领导写了信。今天翻看那些笔记本，每一本上都有专案组的编号，和经他们查阅的印记，显然，我的笔记本已被专案组反复检查审阅过了甚至抄录过了。我再次翻看这批笔记本，何曾能发现任何一点"五一六反革命阴谋集团"的罪证呢！可是，在数年审查期间，这些笔记本提供的材料，因为找不出"五一六反革命"的罪证，在专案组和工军宣队那里，竟派不上用场！

离开文联大楼后，我还被关在美术馆两个月。1970年5月20日，看守我的刘明逵同志骑着三轮车把我从美术馆拉到所里，告诉我准备下河南五七干校。在临去河南前几天，我记得军宣队还在北京某地（记不得了，当时就没有搞清楚）召开了学部落实政策大会，我被强迫参加。那次会上，宽严结合，宣布历史所韩恒煜不戴帽子予以解放，另一人（记不得了）从严处理。此前我写了许多交代材料，开始留了底稿，均被没收。我凭记忆写了一份交代材料目录，十分小心地放在毛主席语录红色封皮里面。我被允许在曾宪权陪同下，去八面槽清华园澡堂洗澡。回来后，发现那份目录被抄走了。专案组人员对我的关心可谓无微不至。

6月27日，工宣队员某押送我去河南息县五七干校，陪同的有专案组林海、薛衔天、朱信泉、吕良海等人。在干校，与上述人等住在东岳公社潘庄村外一处破了顶的队屋。在这里，与钟卓安耳语，证实了自杀者为尹仕德。

某日由潘庄去干校点上干活途中，曾听林海小声问同行的人，听说你想走？那位回答：是红是黑，还不知道呢，哪能走！我即有所悟。原来，在文联大楼隔离审查期间，工宣队队长吴佼然到我的房间里单独与我谈话，主要盘问"五一六"集团成员问题。反复探问，既然你是"五一六"，专案组某某、某某某等人为什么不是？我一时语塞，也不敢正面回答。吴佼然交代要好好想想。兹事体大，容不得我不谨慎。沉思数日，我判断，第一，工军宣队已经怀疑上专案组人员了；第二，如果我不说，就会说我不老实，不肯交代问题，说了，万一泄露给专案组人员，我的下场很难说；第三，决心冒一次险，把所有专案组人员都交代为"五一六成员"，把审查的水搅浑，说不定有利于问题的最后解决。既然所谓"五一六反革命集团"是假的，承认"五一六"，是以在"文革"中的活动为基本材料的，所有参加过所里"文革"活动的人，不都是"五一六"吗？既然我们是，他们专案组人员为什么不是"五一六"？随后写了一纸交代材料，把现有专案组成员和所有"文革"中比较积极的人都写成了"五一六分子"。这份材料当面交给工宣队长吴佼然。从整个审查来看，专案组人员正在被审查，难怪专案组人员没有单独与我接触的。工军宣队保住了密，我也幸免新的困难。

进干校后，我被编入二排八班。分配我的任务是盖房，拿瓦刀砌墙。建房指导是连燎原和刘宝元。砌山墙和窗户发券，是技术难度最高的工作，我和李宗一、石方勤、张友坤经常合作担任此项工作。半年之内，盖了五栋里生外熟的房子，解决了全连（近代史所、考古所）住房和办公问题。住房有了，我们就离开潘庄。

夏某日，学部军宣队在干校中心点（经济所附近）召开清查大会，宣布给曹振中（近代史所）、王戎笙（历史所）、汤重南（世界史所）、杜伟强（哲学所）等戴上"五一六反革命分子"帽子。曹振中、丁守和被送农村交农民监督劳动。

9月，我的父亲在湖北老家病逝，我接到电报，向八班班长朱信泉请假回家奔丧，朱信泉汇报军宣队后，答复是不准许回家。我即发电报请在孝感的妻子回去料理后事。人生在世，谁无父母？生不能奉养，死不能尽孝，内心何其痛苦？

秋，中央清查"五一六"专案小组成员何重仁来到干校，找我谈话，要我谈清楚"1·15"抢档案与我有关事实，又要我写材料。我按照本所专案组的要求写了材料。何重仁看过后，用铅笔将其中不实的地方勾去了,要我重抄。我由此体会到中央专案组也许会实事求是一些。因有此悟,某天暇时,与朱东安在猪圈下象棋,我试探朱的态度,问他悔棋不悔棋?他未能领会。但是,两个重点审查对象公然在一起下棋,还是受到批判。不久后,朱东安翻案了。

1971年1月,学部干校离开息县,搬到明港军营。在息县干校,主要精力是体力劳动,建设干校。到明港军营,目的是集中一切时间和精力,继续掀起"清查五一六反革命阴谋集团"的高潮。年初,除了学习和参加批判会外,压力还不大。

4月下旬,"清查五一六运动"再次掀起高潮。李新在工军宣队领导下担任清查运动领导小组组长,首先办了我的学习班,康佑铭、王明伦作陪,大约十天。康、王两位作陪,说明专案组人员已经不能与我接触了。李新每天上午或下午找我谈话,主要谈他的革命经历,谈他从15岁当重庆学联主席闹学潮被开除,步行到延安的经过,谈他在西安八路军办事处的工作。谈了十天,谈完了,李新要我谈。我问谈什么?李新说,你谈"1·15"抢档案。我如实谈了我知道的情况。我告诉他,我与抢档案没有任何关系,只是"1·15"清晨,张德信打来电话,告民族所洪涛和红卫兵联队曹振中组织人抢了统战部和国家民委的档案柜,其中有15个柜子无处存放,要求放到近代史所。我开始不同意,在张德信坚持后不得不同意。随后有人开着卡车拉来15个铁柜。我让他们把15个铁柜分别放到几处屋檐下,没有同意放进屋里。第二天,就有人对铁柜加了封条。李新问:你们用抢来的档案编了什么黑材料?我答,档案柜是密封的,我们打不开。李新愤怒,说:你们手下不是有会开铁柜的人吗?我问是谁?他答:某某某。我哑然失笑。我只得直言相告:我们没有动过档案柜,没有开过,当然也没有利用它编过黑材料。李新大怒,甩手走了。我的学习班就这样不欢而散。此后就是批判会。陪同李新来办我的学习班的是康佑铭、王明伦。康、王二位从不置一词。这两位是50年代进入近代史所的,"文革"时期不是活跃分子。清查运动在息县干校时,主要是追组织。到了明港军营,主要是落实"罪行"。

此后,军宣队组织各种所内批判会,批判"五一六反革命骨干分子",批判对象中包括丁守和。记得黎澍发言批判丁守和"卖身投靠",发言稿在广播中播出。

夏秋间，同为一个连队的考古所高旗在清查中经受不起高压，在军营厕所自杀。尸体停放在某处，晚上安排人值班看守，我曾被派去值班。这些，给我们心里留下了抹之不去的阴影。

11月，学部军宣队在某范围内传达中央有关"林彪事件"文件，我被允许参加。"五一六分子们"很高兴，大都坚持整了"无产阶级司令部林副统帅"的黑材料，弄得军宣队很尴尬。军宣队倒打一耙，批判说，林彪是"五一六反革命阴谋集团"新的黑后台。此后清查"五一六反革命阴谋集团运动"无法进行下去。军工宣队允许我的妻子前来明港探亲。

到了1972年，清查运动就冷清了。1月，我在营房里闲来无事，借来林庚、冯沅君主编《中国历代诗歌选》上编和《唐诗三百首》，从中摘抄《离骚》至唐诗共282首。2月，借来上海龙榆生编选之《唐宋名家词选》，从中抄录324首，按词牌为序进行编辑。我写了一个前言："一、本册所抄据上海龙榆生编选之《唐宋名家词选》，中华书局上海编辑所编，中华书局出版，1962年9月第一版。二、本册打破龙本体例，不是依作者顺序选词，而是将同一词牌的词集于一起，略加编选，未加斟酌，选入者未必均合意。三、依据龙本凡例之八：词为依声之作，举凡抑扬抗坠声情缓急之间，关系于句读、韵脚者至钜，惟各家亦常有小出入。因之，除用标点外，别创符号，置于下侧，以·表句，◎表平韵，△表仄韵，藉代词谱。"

4月2日—5月8日，读《史记》列传第四十二、四十四、四十八、四十九、五十一、五十二、五十八、五十九、六十四、六十六，以及《管晏列传》《老子韩非列传》《仲尼弟子列传》《苏秦列传》等，抄写相关段落，写有按语。

6月，作诗一首。夏夜不寐：天低云厚风骤停，衾翻清波等浮云。唯有群蛙号一片，却无萤火走千程。饕蚊阵阵欺不寐，恶雷声声柱为鸣。总是夜阑思未静，几番回首待黎明。1972年仲夏于明港。

根据周总理指示，学部干校全体撤回北京。7月12日，我随学部五七干校一起回到北京。回到所里后，依军宣队规定，我依然处在被监督下，扫马路，扫厕所，与所里瓦匠李师傅一起到屋顶补漏。东厂胡同一号每一处平房，我都上去过。我作为被监管人员，还被派给几家同事家里修补破损的房屋。当然，我也利用晚上和早晨听北京人民广播电台的英语和日语广播，试着翻译美国出版不久的包华德主编民国人物传记辞典，我翻译了一百多个人物词条，送给刚参加民国人物传写作的同辈朋友参考。就是说，这时候开始，自己学习起来。

1972年12月，所里在李新推动下，组织了民国史研究的三个组。次年，与我同时进所的年轻朋友大多被吸收进了民国史研究组。我曾请王学庄向李新说项，希望能允许我也进民国史组，但回答是否定的。我只能在被监督下在所内从事体力劳动。那时候，军宣队也都放松了监督。所内被审查对象是一支不小的队伍，彼此之间，心照不宣，相处甚相得。

1973—1974年，我为了说清自己的问题，写了数万字的材料，回顾自己在"文革"中的情形，带有为自己翻案的性质。我把材料交给了新来的军宣队长李翔副团长。几个月后，他又原封不动地把材料退还给我。这预示着，清查"五一六"的案子，快要结束了。

1974年12月15日夜，我给妻子王玉清写信，报告我的近况。那封信里说："14日下午，所军宣队和工宣队约我谈话，对我宣布了经学部领导小组批准的结论，大意为：经审查，我的问题不属于五一六问题，没有五一六错误，更没有五一六罪行；'文化大革命'中，由于极左思潮影响，由于识别不了王关戚，犯了一些错误，但这些不属于清查范围，今后好好总结经验就行了。结论宣布后，又谈了一些意见，要求我迅速放下包袱，积极行动起来，积极参加当前的整党工作。我也谈了一些看法，提了一些意见和要求，要求组织上做好善后工作，主要是消除影响，一是新华社，一是小兵部队，组织上已答应了给他们那里组织去信。参加'文化大革命'八年，经受了六年的审查。审查中出现了问题，我也没有经受住考验，说了假话，创巨痛深，教训是严重的，今天虽已获得解脱，心情仍难免沉痛。几年来，天天都在盼望有这样一天。长期以来，我都怀疑是否能真有这一天。今天能够宣布这样好的结论，实在是过去不敢想象的。事实证明，我们党在毛主席的领导下，是无限英明的，审查五一六过程中出现了那样复杂的情况，今天也都得到澄清，恢复了历史的真面目，这是毛主席的革命路线的胜利。听到这个结论后，我的心情是很愉快的。我相信，你听到这个好消息，一定非常高兴。在我们七个重点审查对象中，我是第一个宣布结论的。"

接着，工宣队和军宣队召开全所大会，正式宣布我在"无产阶级文化大革命中犯有一般性路线错误",解除对我的审查,审查结论不进入个人档案。审查结论还在所里广播。

1975年初军宣队通知我说我可以选择一个研究组。我选择了翻译组,当时还想提高一下外文水平。以为到翻译组后,因为大家都懂各种文字,英文、俄文、日文好多种文字,一些人水平很高,我可以向他们学习。后来在翻译组待了几个月,那时候运动还在进行中,没有多少时间工作,很难提高外文水平。翻译组组长是审查过程中的专案组组长林海,副组长是顾亚,顾亚在五七干校时是二排排长。我进翻译组,也有意看看林海如何对待我。组里的会议,林海作为组长,还是话里话外敲打我。但是我这时候已经不是被审查对象,已经不在乎他的敲打了。当然我也不能与他正面顶撞。副组长顾亚对我极友善,每每在办公室或宿舍里聊天至深夜,给我很多安慰。翻译组成员陈霞飞,"文革"初期曾遭群众批判、冲击,这时候与我相处甚相得。成员中还有吕浦等老先生,以及李金秋、黄光域、王超进、黄印、姚宝珠等,他们大多对我较友善。

1975年上半年,近代史组何重仁与龙盛运两位同志多次找我谈话,让我到近代史组来,不要在翻译组耗时间了。后来他们在谈话中流露出是刘大年同志要我去近代史组。我很感动,没有多想,就在1975年9月去了近代史组(当然经过军宣队批准)。近代史组当时的负责人是刘桂五、钱宏、何重仁三位同志,成员有丁名楠、樊百川、张振鹍、刘仁达、王仲、王来棣、赵金钰、贾熟村、丁贤俊、朱东安等。近代史组正在学习和讨论毛泽东的"评水浒",实际上是批投降主义,组里提出怎样结合近代史研究,把毛主席的这个指示贯彻到近代史研究中来。当时讨论的结论是,要结合太平天国,结合李秀成,李秀成当时是投降主义,用这个事例来说明毛主席"评水浒"的一些道理。组里把写文章的任务交给我。何重仁同志给了我两个月的时间。我从接受任务的当天,就全心全意地进入太平天国史研究,这是1964年8月到所里以后,我第一次接受研究工作任务。

得亏我在大学期间,做过太平天国史的作业,有关太平天国基本的资料书都翻过。我实际上用了三个月,两个月时间用来看书,把太平天国的基本史料、有关太平天国史的文章大略看了一遍。我的文章针对的主要对象是上海的罗思鼎和北京的梁效。罗思鼎、梁效在"批林批孔"

中发表的政论文都涉及太平天国，我的文章主要是从观点上针对它们。我花了一个月把这篇文章写完，先送请何重仁、钱宏、龙盛运看，他们都感到很满意。最后我还送给刘大年同志看，这是我第一次给大年同志看我的文章，他看过后从结构上对文章做了调整。这是我第一次知道大年是怎么样考虑写论文。文章写完后就是 1975 年年底。当时学部领导小组经中央同意，决定要把《历史研究》从国务院科教组拿回来，还是请黎澍先生来做主编。开始，黎澍不愿做这个主编，因为做主编，在"文化大革命"期间被冲得一塌糊涂，给他带来了许多麻烦。但经过说服后还是同意来做主编。1975 年年底，他在正式上任前开过几次座谈会，开座谈会请北京及外地的一些学者来，讨论重新接办《历史研究》，如何做好。所里党总支派我做会议记录，几次座谈会都是由我做记录，然后整理座谈纪要。开第二次座谈会的时候，我已经将我的文章写完，散会后就亲手交给黎澍同志。他说我们正要文章啊，顺手交给了宁可同志，我的这篇文章就在《历史研究》1976 年第 1 期发表了。这正是黎澍先生重新接手后的第一期。那篇文章，我现在的集子里都没有收，将来是可能以某种形式收进去的。那篇文章我认为在学术本身还是站得住脚的。关于太平天国的土地制度，太平天国在苏南地区的一些土地政策等研究，还是我的研究心得。但是那时还在"文革"中，写文章，因为按照毛主席"评水浒"的意思，我心里又针对罗思鼎与梁效的那些观点，所以不免带有"文革"时期写文章的风格，而且结尾还联系到苏联修正主义进行批判，但是文章的主体部分还是一种纯粹的历史研究，而且有些提法，很快就被李侃、龚书铎主编的《中国近代史》大学教材（第三版）吸收了，我的文章是 1976 年发表的，他们在 1977 年的修订版中把我的文章结论基本吸收进去了，但是"文革"后批极左思潮，又把吸收我文章的那部分删去了。其实，在我看来，那是学术研究，不是极左。这篇文章发表以后，大约在 1978 年当时有一位苏州师范学院的教师公开发表文章提出商榷。我曾和王学庄说起有人批评我的文章，王学庄说不理他。我就没有回应，在那时的气氛下，也不便回应，也不需要回应。

钱钟书在为杨绛《干校六记》写的序言中说："在这次运动里，如同在历次运动里，少不了有三类人。假如要写回忆的话，当时在运动里受冤枉、挨批斗的同志们也许会来一篇《记屈》或《记愤》。至于一般群众呢。回忆时大约都得写《记愧》：或者惭愧自己是糊涂虫，没看清'假案'、'错案'，一味随着大伙儿去糟蹋一些好人；或者（就像我本人）惭愧自己是懦怯鬼，觉得这里面有冤屈，却没有胆气出头抗议，至多只敢对运动不很积极参加。也有一种人，他们明知道这是一团乱蓬蓬的葛藤帐，但依然充当旗手、鼓手、打手，去大批'葫芦案'。按道理说，这类人最应当《记愧》。"在"文革"十年中，我观察了各种各样的人，各种各样的人在"文革"中各种各样的态度，整人的，打小报告的，弄各种名堂的，我观察了很多，对我的态度一会儿这样一会儿那样。所以我后来在担任行政领导时就表示一点，我决不整人。在我担任所领导的十六年期间，我没有有意地整过人，没有给人在政治上和心理上带来伤害。这也是我过去长期本着的一个信念。我在政治原则上、在理论原则上，非常鲜明，但是在具体人事的处理上，会尽可能地使大家都过得去。"文革"的影响，对我来讲，我差不多有十几年的时间，前前后后，酸甜苦辣，有时候心情非常郁闷，但是总起来讲呢，没有改变我对中国共产党的信念。不管我在"文革"期间多么困难，始终都没有动摇我的这个信念。

过去，我们理想主义太多，对共产主义具有急迫感。"文革"中我们的实际经历，使我们认识到理想和现实之间的差距，到达理想的路是不平坦的。这样的认识对我的人生是很重要的，通过"文革"这样一个挫折和锻炼，引起了一些思考。我们过去的理想主义，包括"共产主义很快就要到来"，"大跃进"，这些我都是经历过的。那个时候我们意气风发，"大跃进"时我正好是十八九岁，从土改、互助组，合作化，人民公社化，都是经历过的。"文革"以及"文革"过去以后，我们经历过了才认识到，理想和理想的实现中间是差距很大的。这样一来，如果联系到历史研究，我们可以看出来，历史上的很多档案资料，和实际上做了多少，它中间一定是有差距的，所以我觉得从现实的观察联系到历史的观察，是有一定意义的。这样我在做历史研究中，有现实的经验来加以比照，当然在论文写作中不可能写现实的比照，但是这种比照的心情是存在的。这可以说是"文革"十年的一个最基本的影响：懂得了通向社会主义、共产主义的道路不可能是一帆风顺的。

1975年，所里正式恢复了党总支。在军工宣队安排下，刘大年担任了党总支书记，郭永才是常务副书记，黎澍、李新是副书记。此后，我不仅协助大年做些《中国近代史稿》的工作，还协助刘桂五先生做了一些属于学术秘书范围的事情。也许当时的党总支对我寄予某种期望，可是没有人告诉过我。当时党总支决定"开门办所"，要我做一点具体工作。我负责联系到北京郊区南韩继收割麦子（"学农"），到北京内燃机总厂联系参加劳动（"学工"）。那年我还陪同郭永才几次到大连造船厂，向那里的工人理论队伍取经。1976年，我推动与北京二十多家印刷厂职工联合办"七二一大学"，给学员讲授中国近代史，并且编写、印发了教材。陪同刘桂五先生到北大历史系、天津历史所调查了解他们开门办学、开门办所的经验。我还参与接待来访外宾的工作。党总支研究某个问题的会议，有时候也通知我去参加，听取我的意见，尽管我还不是党员。"四人帮"被粉碎后，《光明日报》举办座谈会，揭露和批判"四人帮"在史学界的罪行，所里党总支也推荐我去出席，我在座谈会上的发言刊登在报纸上。所有这些，给1977年院里的"清理帮派体系"运动埋下了伏笔。

"清理四人帮的帮派体系"是当时中央的精神。如何清理，如何正确处理"文革"结束后各种复杂的关系，就看各单位负责人的做法与因应。社科院领导小组指定李新同志为近代史所"清理帮派体系"领导小组组长。一时间，刘大年、郭永才、张友坤和我成为"四人帮的帮派体系"，刘大年、郭永才、张友坤靠边站。全所大会批判"四人帮的帮派体系"，给我戴的帽子是三项："五一六"一风吹、突击入党、突击提干。李新宣布散会，我就找李新论理：我不是"五一六"，而且"五一六"不是我吹的，是军工宣队吹的，怎么是我的罪名呢？我没有入党，也没有提干，我怎么是突击入党、突击提干呢？李新告诉我，那是群众发言，哪有那么准确。其实我知道，这些群众发言，都是李新事先审定过的。"清理帮派体系"把我和刘大年先生连在一起，在全所掀起风潮。但是，我那时的了解，大多数人不支持这样的做法，许多人对我表示了同情和支持，我一点也不感到孤立。无道之事行不远。近代史所的这种乌烟瘴气，到年底就烟消云散了。邓力群在他的自述《十二年春秋（1975—1987）》中回忆中国社会科学院这一段历史时说："粉碎'四人帮'后，在全国揭批'四人帮'的群众运动中，中央要求揭批'四人帮'篡党夺权的阴谋活动、罪恶历史和反革命谬论，清查他们的帮派体系。可是学部原来的领导却把'四人帮'的帮派体系与各级党委领导混为一谈,几乎画了等号。这样就造成了新的分裂,形成了新的矛盾,甚至在原党组中间也发生了分化。"

1978年,社科院院长胡乔木、副院长邓力群到近代史所召开座谈会,听取意见。事后我听出席过座谈会的丁名楠先生说,邓力群在会上说,对人还是要厚道一些。这是因为李新在座谈会上当着胡乔木、邓力群的面批评刘大年。邓力群的话显然是提醒李新注意。

我协助刘桂五工作有两年,后来有的人向所里反映,现在所里需要好的研究人才,你们把张海鹏安排到那里恐怕是不合适的。所以后来所里就又把我从学术秘书那里抽出来了,没让我在那里干。1978年,社科院进行了改革,各所组建了研究室,组建了科研处(大体上等同过去的学术秘书),在近代史所也成立了科研处,任命了处长、副处长,我就不与闻其事了。但是,此后一直到80年代,科研处有事,还是经常拉我的差。1978年开始,我进入了真正的学者生活,努力抢救失去的时间,一心一意展开自己的学术研究。在这样的条件下,度过了我的十年黄金时间。

2010年9—12月草于东厂胡同一号
2016年9月5日修订

1964年参加甘肃省张掖县乌江公社"四清"工作简记[*]

一　背景

在全国农村开展社会主义教育运动，是中共中央在1963年决定的。

1962年中共八届十中全会强调阶级斗争以后，随着中共与苏共之间围绕国际共产主义运动的辩论进入高潮，中共中央发表了《关于国际共产主义运动总路线的建议》文章，又连续发表九篇评论文章（简称九评）。毛泽东主席和中共中央从苏联产生修正主义和复辟资本主义的历史教训中，对中国是否发生修正主义、是否复辟资本主义有着严重担心，就提出了要在农村开展"四清"运动，要从中国农村最基层开始，防止资产阶级分子和修正主义分子篡夺各级领导权。这当时是毛泽东心目中头等重要的大事。

"四清"问题，即清账目、清仓库、清财物、清工分。按照毛泽东当时的想法，在农村"四清"，是要使90%以上的人"洗温水澡"。有些人实行了退赔，就不戴贪污分子的帽子了。吐出来就算洗了手，一不

---

[*] 2013年7月，我到兰州大学和位于张掖市的河西学院讲学，顺便探访了张掖市乌江镇和贾家寨。乌江镇副镇长宋进林正在主持《乌江镇志》的编写，苦于找不到1964—1965年"四清"时期的资料，求我帮忙。我是当年乌江公社"四清"的参与者，又兼任中国地方志指导小组成员，责无旁贷。此文草成，摘要发表于四川省社会科学院《当代史资料》2013年第4期；收入乌江镇志编纂委员会编《乌江镇志》，中国文史出版社，2014。

叫贪污，二不叫盗窃，伤人不要过多。"四清"是人民内部矛盾。要用现在这个方法，使多数人"洗手洗澡"，轻装上阵；要把90%以上的人团结教育过来，发动群众，打击极少数贪污盗窃分子；要使多数人有敌我观念，把阶级队伍组织起来。

1963年5月中共中央通过了《关于目前农村工作中若干问题的决定（草案）》。这个决定草案，成为全国农村社会主义教育运动的指导文件。1963年9月中共中央通过了《关于农村社会主义教育运动中一些具体政策问题》，前一个文件有十条规定，称为"前十条"，后一个文件也是十条规定，称为"后十条"。11月，中共中央政治局会议通过了"后十条"，将文件标题改为《中共中央关于农村社会主义教育运动中的一些具体政策的规定（草案）》。

刘少奇受中央委托主要负责抓"四清"运动。1964年8月1日，刘少奇召集在京党政军机关和群众团体负责干部的大会，就农村社会主义教育运动发表长篇讲话。他讲话的资料，主要依据王光美的"桃园经验"（王光美在1963年11月至1964年4月带领工作队在河北省抚宁县卢王宕公社桃园大队蹲点开展"四清"运动，总结出来的经验。她在中央一些机关和一些省委机关做过报告，整理出来的文字报告被概括为"桃园经验"。中央曾发文肯定）。谈到"后十条"中提出的团结两个百分之九十五的问题，刘少奇说："第二个十条上有这么一句话，说团结百分之九十五的基层干部是团结百分之九十五的群众的前提。这句话讲得不对，讲反了。应当是，团结百分之九十五的群众是团结百分之九十五的干部的前提。"

1964年8月，中央成立"四清""五反"指挥部，由刘少奇挂帅。刘少奇对"后十条"有意见，毛泽东同意由他来主持修改"后十条"。修改人员根据刘少奇有关社会主义教育运动的一系列讲话以及他对"后十条"的意见进行了修改，同"后十条"草案相比，修正草案稿沿着阶级斗争扩大化的轨道又向前进了一步。文件对农村阶级斗争形势作了更加严重的估计，对基层政权的问题看得十分严重，提出了"反革命的两面政权"的概念。从这种错误的估计出发，改变了原先依靠基层组织和基层干部的做法，改由工作队领导整个运动，把广大基层干部从运动领导中撤开。

1964年11月，农村"四清"运动开始在全国各省有重点地开展起来。

二 乌江公社"四清"工作队的组成

受中央指派，中国科学院哲学社会科学部所属近代史研究所和拉丁美洲研究所到西北地区甘肃省参加"四清"运动。甘肃省委决定以张掖县为"四清"试点。1964年9月中旬到10月中旬，近代史研究所利用一个月时间集中学习"四清"工作文件，主要是学习"前十条"和"后十条"，学习刘少奇报告和王光美"桃园经验"。我参加的是资料编辑组的学习，姜克夫是该组负责人，他在延安《八路军军政杂志》当过编辑。

去甘肃前，所内组成下乡人员临时党支部，近代史所党的领导小组组长、常务副所长刘大年为支部书记，情报组组长祁式潜任副书记，老干部李新任支部委员。团支部也改选，原书记杨余练仍旧，增加了一名副书记张友坤（所党支部青年委员），增加我为支部委员。10月24日上午全所大会，刘大年副所长总结了一个月的学习，张崇山副所长做了临别赠言，我代表团支部表了决心。范文澜所长在所里设宴，为下乡人员壮行，他在宴会上，特别把张闻天夫人刘英介绍给大家（因为1959年右倾事件，张闻天被安排在经济研究所，刘英被安排在近代史研究所）。下午，近代史所下乡"四清"工作人员数十人从北京站登车启程，范文澜所长到车站送行。经过两天两夜行程，抵达兰州。在兰州停留休整两日，从总后兰州被服仓库领取了防寒的旧军棉大衣等，10月30日抵达张掖县城，住进张掖饭店。

11月1日至10日，进行了为期十天的学习，重点学习了西北局第一书记刘澜涛在新疆、甘肃有关社会主义教育运动的讲话，学习了甘肃省委第一书记汪锋有关国际形势的报告，学习了陕甘宁青四省关于民主革命不彻底问题补课座谈会的报告和西北局的批示，学习了陈伯达对红旗杂志社和马列研究院下乡参加"四清"工作人员的讲话《下乡问题》，这个讲话是中央办公厅要求中央机关参加社教人员学习的，还听取了张掖县委书记王金发对张掖县和乌江公社情况的介绍，传达了甘肃省委"四清"工作团的纪律要求等。拉丁美洲研究所参加"四清"人员在王箴西副所长带领下也在这里学习。

在大队到达张掖以前,近代史所派出了以临时党支部副书记祁式潜(已故,老干部)为首的先遣组,成员有章伯锋(已故,近代史料专家)、刘明远(已故,曾任近代史所办公室主任)、郭永才(曾任近代史所副所长、中国社会科学院秘书长)。先遣组先到兰州,与中共中央西北局接触,然后到张掖县接洽,为安排大队人马到来做准备。

甘肃省委书记处书记李友九担任"四清"工作团总团长,省委第一书记汪锋指导全省社教运动。

在张掖地委参加"四清"工作培训班后,近代史所参加"四清"工作人员被分配到乌江公社,拉丁美洲研究所被分配在张掖另一个公社。乌江公社"四清"工作队队长是甘肃临夏地委书记,副队长是近代史研究所副所长刘大年(已故,著名马克思主义史学大师,曾任全国人大代表、全国人大常委会委员,中国史学会主席团主席、中国孙中山研究会副会长、中国抗日战争史学会会长等职)。在公社的还有王会庵(已故,著名史料专家)、钱宏(中国近代政治史专家)、沈自敏(已故,英文翻译家)、张玮瑛(女,英文翻译家)、常曼云(女,后调离)、齐福霖(分配在乌江公社供销社,后为民国史专家)、梁坤元(华侨,后去香港。当时分配在乌江公社卫生院)、朴存昊(朝鲜族,后调任辽宁社科院东北亚研究所所长。当时分配在乌江公社防疫站),还有通讯员张书田。乌江公社社教工作队由来自北京、兰州和临夏等地的干部混合编成。

乌江大队 工作组副组长是祁式潜,组员有樊百川(已故,中国近代经济史专家)、周天度(已故,民国史专家)、王仲(女,民国史专家)、郭永才、王超进(后调任广东社科院)、陶文钊(后为中美关系史专家、中国社会科学院名誉学部委员)、张护华(女,从平原大队调来。已故,俄文翻译)、熊尚厚(民国史专家)、齐忠贤(后调到辽宁)、胡观政(已故)等,贾熟村(中国近代政治史专家)任工作组秘书。

中号大队 近代史所老干部姜克夫(民国史专家)任副组长,组员有章伯锋、刘寿林(已故,中国近代史史料专家)、杨世彝(女,行政干部,后调甘肃)、吴富昌(后调江西)、石方勤(后调国防大学)、钟卓安（后调任广州社科院）等。

贾家寨大队 工作组组长是临夏干部马德祥，副组长是近代史所副研究员蔡美彪（后为中国社会科学院荣誉学部委员，著名元史专家，曾任蒙古史学会会长）、临夏干部奎永让。贾家寨大队共150户，大队支部书记是雷天明，队长是苗青，共分成五个小队，蔡美彪、陈铁健（后为中共党史专家）等在大队，陈铁健是大队工作组秘书。杨余练（已故，曾任沈阳故宫博物院院长）、王学庄（后为民国史专家）在一队；近代史所副研究员王忠（西藏史专家）、兰州电业局干部张学智和我在二队，二队工作组组长是张学智；曾宪权（已故，俄文翻译）、耿云志（后为中国近代思想史专家、中国社会科学院学部委员）和地方干部赵连理在三队，耿云志也在五队工作过；永靖干部甘福吉在四队；兰州供电局干部马惟图、朱宗震（已故，后为民国史专家）在五队。还有几位来自兰州、临夏的干部分布在各队。

谢家湾大队 副组长是龙盛运（中国近代政治史专家）、沈湘泉（后调湖南），组员有张友坤（当时任近代史所下乡临时党支部委员，曾任吕正操秘书、近代史所副所长、法学所副所长、中国社科院保卫局局长、民族所党委书记）、丁名楠（已故，著名中外关系史专家，1945年10月在台北接受日本投降的台湾行政长官陈仪的外甥，曾在台中担任过区长）、朱东安（后为曾国藩集团研究专家）、王仲源（后调二炮文工团副团长）。

张寨大队 组长是永靖县法院院长，副组长是黎澍（已故，著名马克思主义史学家，曾任中宣部出版处处长、近代史所副所长、《中国社会科学》杂志主编、《历史研究》主编、中国社会科学院顾问），组员有喻松青（女，民间宗教史专家）、韩信夫（后为民国史专家）、张德信（已故，后为明史专家）、陈文桂（已故，后为近代史专家）、刘德鸿（后为清史专家）、王瑾（英文翻译）、陈惠芳（女，后调中国矿业大学），韩信夫任秘书。黎澍因身体不适，甘肃省"四清"工作总团安排他住进张掖宾馆，负责编纂《张掖社教经验汇编》，喻松青、韩信夫也调到城里来辅助他，喻松青帮助撰写张掖历史沿革，韩信夫帮助收集各大队工作组情况。

东湖大队 永靖县委书记王忠财任组长，李新（已故，民国史专家，曾任近代史所副所长、中共中央党史研究室副主任）任副组长，组员有李瑚（中国近代经济史专家、中国社会科学院荣誉学部委员）、王来隶（女，中共党史专家）、钟碧蓉（女，近代史料专家）、姚宝珠（女，翻译）、顾亚（后调任四川人民出版社总编辑）、赵喜宝（后调任上海）、黄光域（近代外国在华机构研究专家）、黄印（后调任广东省政府外办主任）、吕景琳（已故，明史学者，后调山东社科院）、曹振中（后任职全国政协文史出版社）。

茨滩大队 工作组组长是永靖县一位公社书记，副组长是近代史所刘明逵（已故，著名中国工运史专家），组员还有贾维城（已故，后调湖南社科院）、李宗一（已故，民国史专家，曾任近代史所副所长）、徐曰彪（著名中外关系史专家）、杜春和（后为图书馆学专家）、曾业英（后为民国史专家、曾任《近代史研究》杂志主编）、蒋大椿（后为史学理论专家）、耿来金（已故）。

平原大队 工作组副组长是赵世利（后调任北京语言学院教务长、四川大学教务长），组员有王公度（后调离）、从翰香（女，已故，中国近代经济史专家）、李金秋（女，俄文翻译）、郑则民（后为民国史专家）、徐辉琪（已故，民国史专家）、杨光辉（自乌江大队调来，后为近代新闻史专家）、陈春华（俄文翻译家）、刘富民（后调任四川师范大学教师）等，还有刘家峡水电局工程师游恩云等。

元丰大队 组长姓李，甘肃地方干部，副组长是林海（已故，英文翻译），组员有康佑铭（已故，中国近代政治史专家）、李嘉谷（已故，中苏关系史专家）、李学书（后调任青海）、吕良海（后调任国防大学）、郭兴仁（图书馆学专家）、陈文生（图书馆干部，后调北京市房山县）以及地方干部党国义等。

管寨大队 副组长罗平（女），组员有赵金钰（中国近代史专家）、陈宁生（女，后调任武汉大学）、韩荣芳（女，图书馆专家）、王思玉（女，已故，行政干部）、王明湘（后调任重庆红岩纪念馆馆长）、林泉水（后调中国社会科学院经济研究所）、薛衔天（后为中苏关系史专家）、范明礼（后调任中国社会科学出版社编审）等。

敬依大队 工作组是哪些人，已不清楚了。其他一些人分布在何处，也已经失考。

临夏和永靖干部在中途全部撤走。他们撤走后，各大队工作组组长全部由近代史所干部担任，公社工作队队长就是刘大年。

三 进村后的工作

工作组进村,甘肃省委"四清"工作团有明确的纪律要求,不准吃老百姓家的油饼是其中之一。我们进村时,第一次上贫农家吃饭,果然端出来的是油饼。北京来的队员一般都没有吃,或者设法应付一下,甘肃来的队员中有人吃了。连续多天,"四清"工作团的小报都在刊登开除进村吃过油饼的工作队员某某党籍、团籍甚至公职的消息。这时,我们才知道,河西走廊各地人吃鱼、吃鸡不算奢侈,但吃油饼是很奢侈的。那时,河西人生活很清苦,逢年过节一家人才可能吃到油饼、馓子,平时只有很贵重的客人来,才发油饼招待客人。"四清"工作队员是来工作的,应该与农民打成一片,不应该自居为客人,所以吃油饼是违反纪律的。

工作队员进村后分别在贫下中农家里吃派饭。每人每天向主人家交一斤全国粮票,一元钱。贫下中农家里做什么吃什么,不能提任何要求。问题弄不清楚之前,不在"四不清"干部(当时把所有未经清查的生产队、大队和公社干部都称为"四不清"干部)家里吃饭。乌江地区农民普遍不种蔬菜(据说三年困难时期吃蔬菜吃怕了,困难时期过去后,粮食够吃了,就不吃蔬菜了),每次吃饭,一家人就是一碗辣子,条件好点的人家是油泼辣子,一般人家是醋泼辣子。乌江公社有的队种水稻,有时候就有米饭吃。乌江靠祁连山雪水灌溉,水渠引水到各村,浇灌水稻田。乌江水稻生长季节长,日夜温差大,稻米质量特别好,米饭特别好吃。乌江地区还种小麦,是春麦。平常在农家吃得多的是拉面,面汤里放醋量很大。那时候,卖醋的人用驴驮着醋坛子到各村叫卖。有时候,卖醋的人没有及时来,家里存醋不多,面汤里放醋少些,主妇要特别向工作队员道歉,表示醋放得不够多。我是来自湖北的,没有吃醋的习惯,听说醋放少了,心中窃喜。在乌江生活了八个月,没有蔬菜,吃辣子,喝醋,盐较少,成为生活的常态。当地有"盐提精神醋解乏"的谚语。工作组中有人把这里的日常生活简单概括为酸、辣、淡。在贾家寨大队,常有米饭吃,别的大队听说很少吃米饭。有的队喝粥多些。在贾家寨二队,一般是每天吃两顿,条件好些的人家,早起送一个面饼子。偶尔，有的人家在面条里放几片小猪的肉。我们在不忙的时候，特别是后期，还把在其他队工作的朋友请到二队来，在农民家包一顿饺子。

我所在的贾家寨大队二队由任家庄、周家庄、褚家庄三个庄子组成，有二三十户人家。张学智、王忠和我进村时先住在任家庄老贫农任贺林家里的一座炕上。任贺林大约40岁，家庭贫困，1958年担任过生产队长，夫妻二人，有三子三女，长子16岁，次子14岁，都未上学。任贺林不大说话，也听不大懂我们说话。住在任贺林家不多久，我们三人搬到周家庄周国贵家里住。周家庄正好在三个庄子中间，来往联络方便些。老周那年也是40岁，到了可以蓄胡须的年龄（当地风俗四十岁可以蓄胡须，还要请客举行仪式），长得很壮实，说话很直率。他的婆姨在困难时期跑了，没有回来，他有个儿子叫周文祥，当年十七八岁，没有文化，不大说话，一个人在水磨房里看磨坊。他又娶了一个姓马的女人做婆姨。老周家有两间土坯房，一间是正屋，另一间是厨屋。两间都有炕。老周把正屋让给工作队员，他们自己住在厨屋里。

我们进村时，天气已经开始冷起来了。贾家寨二队紧靠黑河，黑河边草滩上有一层黑色的土壤，上面长着草，到了冬天，草枯了。附近农民在草滩上挖垡子（一二十斤重一块的土坯），用大车拉回家，码在有炕门的那面墙上。晚上把垡子扔进炕洞里，点火烧起来，炕暖和了，屋子里也暖和了。刚进村，我们都自带棉被，有的人家炕烧得过火，还有棉被起火的事故发生。但是，当地农民很苦，一些人家炕上没有棉被。任家庄有一个男孩，十三四岁，放羊，冬天还穿着破单裤，冻得抖抖瑟瑟。周家庄周文生家一个女孩，十一二岁了，还没有裤子穿。有的人家只有一条裤子，男人出门男人穿，女人出门女人穿。有的男人，一年里多数时间穿的是羊皮筒子。家里只有很简单的家具。工作队进村不几天，根据"四清"工作团的安排，到各家各户登记是否有棉被，是否有御寒的棉衣。我记得，贫下中农家里，许多人家都领到了省里发放的棉衣、棉布和棉被。那个任家的小伙子，穿着一件新领到的棉裤放羊，一天到晚四处跑，不到一个月，新棉裤下半截就露出棉花来了。根据李新回忆，乌江地区的困难情况，大约是他们老干部向汪锋、李友九反映后，才把省里的救济物资集中往这里投放。

工作队基本上是按照王光美"桃园经验"来做工作。开始，对农村干部的问题估计很严重，似乎70％的干部都不在我们手里，对所有的干部都不信任。工作队先集中全生产队的人宣读中共中央的两个"十条"，把政策直接交给群众。然后访贫问苦，扎根串联，逐个走访贫下中农，听取他们对"四不清"干部的意见，了解"四不清"干部"懒、馋、占、贪、变"的情况。一开始，农民不愿意说，怕打击报复，我们的工作打不开局面。我们利用到贫农家里吃饭的机会，与他们谈心交心，启发他们的觉悟。那时候，地里的活已经不多，一部分人到山丹打黄柴（骆驼草，冬天变成干枯，称为黄柴，准备来年沤水稻田用作肥料。张友坤、朱东安、郭永才等都随本队农民到南山打过黄柴），有的淘水渠，一部分打场，晾晒稻子，稍后一点，则是把猪圈里的土坷垃运到地里做来年的肥料。工作队员积极参加劳动。那时候，我们很年轻，干活很卖力，很快就能取得农民的信任。利用这种机会，积极与农民交谈，学会听懂他们的语言。刚一进村，当地人说话，我们也是听不大懂的。譬如，称"老婆"为"婆姨"，称"母亲"为"娘母子"，称"聊天"为"闲喧"，把"中共中央"念成"gonggonggongyang"等。大概经过了半个多月的学习，慢慢能够听懂农民们的话了。有些农民也开始向工作队员揭发一些干部的"四不清"问题，当然主要是一些多吃多占问题，比如青黄不接时多吃了青苗等类，还有就是男女关系问题。

12月初，工作组传达了甘肃省委第一书记汪锋最近的讲话，他说当前农村干群矛盾是主要矛盾，干部和工作队的关系是敌对关系，他们是新生的剥削阶级和压迫阶级，这次社教运动一定要使这批新的剥削阶级破产。广东省委第一书记陶铸也有类似看法。工作组内部对汪锋讲话进行了讨论，认为这些讲话帮助我们重新认识了农村阶级斗争的形势，是对"新十条"（指"后十条"）的重要发展，把原来认为干群矛盾是人民内部矛盾变成敌我矛盾。

渐渐地，我们周围团结了一批积极分子，愿意向我们提供情况，向我们交心。

根据统一安排，各队都要成立贫农协会（简称贫协）。贾家寨一队首先成立贫协，开成立大会那天，各队贫下中农代表都参加了，工作组副组长蔡美彪讲了话，祝贺贫协成立。在二队，经过我们反复调查、征求意见，提出了周国贵、任贺林、王庭顺、苗兰芳、叶兰英等十多人为积极分子，当时称作"根子"，打算推荐周国贵为贫协会主席，这些人，我们都写了他们的传记，对有的人还做了外调，整理了外调材料。还召开过十多名积极分子的生活会，就"四清"期间的活动情况做了批评与自我批评。农民反映，这是这里的农民有史以来第一次过这样的民主生活会。

大队工作组提出，二队和三队联合成立贫协会筹备会，经过反复协商，形成决议。在二队，我们还专门分别召开贫农会和中农会，酝酿提名贫协筹备会人选。通过多方协商，同意由周国贵、任贺林、苗兰芳、马德才四人参加与三队联合的贫协筹备会。经过二队、三队贫农会议协商形成决议：共同组成贫农协会，以三队贫农苗林为正组长，二队周国贵为副组长。随后，二、三两队召开全体社员大会，举行两队贫协筹备小组成立仪式，会场在贾家寨大队部场院，布置了毛主席像、贴了对联和标语口号等。先由工作组说明开会意义和筹备小组成员遴选经过，接着贫协筹备小组成员登台演说，纷纷表示愿意在党和毛主席领导下，为贫下中农的利益奋斗。以后是贫下中农代表和中农大代表发言。二队中农代表褚进善发言说，贫农是骨头，中农是肉，要紧密依靠。他回顾了土改农会历史，说近几年受"坏"干部压迫，对贫协会的成立表示特别高兴。他说选出来的这些人，都是我们擦亮眼睛选出的，是用镜子照出来的，我们信任他们。结尾，蔡美彪做了简短讲话，开始运用群众语言，富有鼓动性。会后，我找几个积极分子闲喧（当地语言，聊天），任贺林、周国贵说他们是解放以来，也是有生以来第一次在大会上说话，马德才、孙吉贵、钟尚仁、褚进才、王庭顺等都感到是解放以来真正翻身的一天，表示要把贫协会的旗子举得高高的，打倒"四不清"干部。

不久，在三队召开了全大队社员大会，正式成立了大队贫下中农协会筹备委员会，主席是苗林，副主席是冯田福。公社也召开了大会，成立了贫下中农协会，东湖大队工作组组长、永靖县委书记王忠财在公社大会上宣讲政策等。

工作组还在各队社员大会上讲"四清"，继续动员群众。

贫协会的成立带有夺权的性质。以后，队里的日常活动要由贫协会掌握。二队由贫协会为主，成立了"四不清"干部清查小组，主要清查对象，在二队是队长褚吉友、副队长王绪国、会计周福德，还有王绪才、杨长明、周国保等。据群众反映，这些干部平时有欺负贫下中农的情况，引起一些贫下中农的不满。在清查工分的过程中发现，干部和干部家属往往有多记工分的现象，甚至有记双份工分的现象，有的干部家属没有出工也记了工分，有的社员出工也未记工分。经过十多天清理工分，做了一份清工分总结，经过清理小组逐一过目，又与相关干部核对，清理工分才算完成。

二队还开了斗争副队长王绪国的社员会，马德才主持大会。经过揭发，王绪国承认拿了大队30斤麻渣、两张犁铧，要他具结退赔。后来又开了干部交代问题的大会。经过一系列发动，干部们纷纷主动交代，也有相互揭发，无非是谁拿了大队多少斤粮食等，有的干部把自己多拿粮食的数量一再提高，很难核实。队长褚吉友在社员大会上做了交代，态度较好，还哭了。整理干部的交代，多占粮食达到1.6万斤。副队长王绪国的婆姨会后又交代他家多占粮食从4000斤提高到8000斤，说是从1958年吃食堂算起，还包括自留地产粮在内。王绪才也交代了9500斤，褚吉友交代了3900斤，周福德交代了4900斤。显然，在高压下都有夸大。干部多吃多占是有的，但是拿这么多粮食，是不大可能的。

春节前，近代史所工作队员在公社开了全体会议，传达总团团长李友九电话会议精神，主要内容是干部问题，要求大讲政策、政策攻心，掀起一个干部认真交代、积极退赔的高潮。对干部要采取一分为二的方法，要根据干部中问题大、中、小、无的特点做工作。小、无是多数，大、中是少数，小无要及时解放。又说问题在300元以下的都是问题较轻的"四不清"干部。据说，这是最近中央工作会议的精神。

四 乌江"四清"运动的收尾

1964年12月，中央召开工作会议，集中讨论城乡社会主义教育问题。在这次会议上，毛泽东与刘少奇就有关社会主义教育运动的方针、方法的意见发生了分歧。关于"四清"的内容，过去说是清账目、清仓库、清财物、清工分，那只是清经济，今后应改为清政治、清经济、清组织、清思想。关于"四清"的性质，刘少奇提出"四清"和"四不清"的矛盾，提出党内外矛盾的交叉，毛泽东认为是社会主义与资本主义的矛盾。关于农村干部的分析，毛泽东等人主张对农村干部打击面不要太宽了，不要树敌太多，"把那些贪污几十块钱、一百块钱、一百几十块钱的大多数'四不清'干部先解放，我们的群众就多了。把贪污一百块钱到一百五十块钱的解放出来，就解放了百分之八十"。他主张紧盯当权派。1965年1月中旬，中共中央政治局常委通过了《农村社会主义教育运动中目前提出的一些问题》，即"二十三条"。"二十三条"里，除形势和社会主义教育运动的性质的表述外，还取消了"扎根串连"的提法，强调工作队必须依靠群众大多数，依靠干部大多数（包括放了包袱的干部），实行群众、干部、工作队"三结合"；在运动中不要冷冷清清，不要神秘化，不要只在少数人当中活动；工作中有什么偏向，就纠正什么偏向；运动不是靠人海战术，不要在一个县、社、队，集中人数过多的工作队；强调没有调查就没有发言权，"过去我们党采用的开调查会等行之有效的调查研究方法，应当继续采用"。"二十三条"还提出，对于犯轻微"四不清"错误的，或者问题虽多但交代好的，要尽可能早一点解放出来；问题不严重，检讨又较好，经群众同意，经济退赔可以减、缓、免，同时提出了"重点是整党内那些走资本主义道路的当权派"的基本原则。

春节过后，已是1965年2月。中央发出的"四清"工作文件"二十三条"已经到了张掖。乌江公社和贾家寨大队工作组分别举办了学习"二十三条"的培训班。工作组同志经过一周学习讨论，都表示拥护"二十三条"，按照这个文件检查，我们以前执行"双十条"和"桃园经验"，工作偏左了，对农村基层干部的消极面估计过分了，应该按照"二十三条"落实政策。"二十三条"提出"党内走资派"概念，对照检查，生产队是最基层，哪来的走资派？所以，"四清"运动要走群众路线，不要冷冷清清。公社、大队工作组决定，用10天时间向社员群众宣讲"二十三条"。在宣讲过程中，一些群众反映，干部自报的多占粮食数字不是实事求是的。二队采取群众大会方式，让干部在大会上如实交代多吃多占情况，经过群众评议，结果，几年下来，队干部多拿粮食一般只有几百斤，很少超过千斤。群众认可，制定退赔方案，或者经过减、缓、免，就可以解放。队长褚吉友随即宣布解放，陆续有一批干部经过这种方式获得解放。处理退赔问题，由贫协、清查小组和干部一起，议定了退赔价格，处理了退赔林木和自留羊、自留地等问题。队里干部都解放了，还开了一次全队群众大会，所有干部群众都参加，这次会议实际上是一次全队的团结大会。

除群众大会外，由杨余练（近代史所团支部书记）出面召开贾家寨大队团支部委员会，布置开展青年工作。杨余练、耿云志和我等分别给大队团员讲了团课。

2月底，二队的账目清理完了，只清出了150多元，问题不大。经过清理账目，发现账目处理过程中的种种问题，与会计、保管一一交代，他们心服口服。

完成了清理账目，3月开始清理阶级成分，主要是对土改时期划成分是否准确进行核实。工作队要求，无论是划上还是划下，都要有证据，都要谨慎。为此开了一些调查会，研究了阶级成分问题，最后确定没有划成地主、富农的，有四户贫农划成了下中农。石方勤说，中号有一人从河南巩县来此定居，据揭发他是逃亡地主。在未经到河南调查的情况下，给他定了地主。至今想起来，仍觉得殊为不妥。

3月底，公社召开全体工作队员会议，传达总团队长会议纪要以及汪锋讲话。传达过后，刘大年讲话，要求在组织建设阶段把工作做好。此后，对工作组进行了五天的整训。组织建设包括队里干部的选举，二队用豆选法选出了任国雄为新的保管。又进行了团支部的建设以及发展新团员；进行了民兵建设，我还为二队民兵讲了民兵课。大队进行了整党，经过党员大会，对不适合担任党的工作的党员进行了批评，我和耿云志协助大队副组长蔡美彪整理了整党的材料，还发展了一批新党员，帮助填写这些新党员的入党材料。

4月，召开群众大会，对地主富农的表现进行了评审，进行了阶级斗争的教育。4月里许多时间，工作组都参加了生产队的生产劳动，包括散粪、栽树、开荒、犁地等。4月还有一项重点工作是相互检查，总结工作。中号大队组长姜克夫到贾家寨检查工作，贾家寨大队工作组到乌江大队检查工作。检查方法，是召开社员代表会议，听取他们对"四清"运动的批评意见。

4—5月，大地解冻，地面上翻水，满地泥浆，走一步，滑一步，从贾家寨到乌江走一个来回，甚是艰难。这个时候，也正是农民开始培育水稻田，往水田里压黄柴的时候。淘泉也是一个辛苦活，疏通渠道，首先要淘泉眼，把经过冬天堵住了的泉眼淘开。这时候下水渠，还是冰碴子，冰水里是很难受的。

5月，各大队工作组进行了工作总结。5月底，甘肃张掖县乌江公社的"四清"运动结束，我们告别了乌江、贾家寨的老百姓，启程回京。近代史所全体人员撤离乌江后，贾家寨大队工作组组长蔡美彪等还在公社停留一月，做乌江公社"四清"运动的总结，直到写完了总结报告才离开。蔡美彪记得，他离开时还是阴历五月，张掖县委书记来送行，穿的还是皮袄。

在返京前，准备组织全体人员到敦煌参观，学部领导未批准。只有丁名楠一人去了敦煌，据说事后还受到了批评。

五　余韵

参加社会主义教育运动的干部，大多是知识分子。近代史所参加社会主义教育运动的人全部都是受过高等教育的、在学术研究机关做学术研究的知识分子。他们中有些人在工作之余，还在学外语，还在认真学习毛泽东著作，如王忠先生，那年45岁，是高级知识分子，但每早都是4点起床读毛主席著作，几乎天天如此。

有时也不免有所吟咏。这里录如下三首。

黑水城怀古
王　忠
元昊铁骑下甘州，可汗黑帐一时收。
野次结客分鼎足，江干歇马试犁头。
遮路残民识同里，卷地惊沙见城楼。
而今举国跃进日，行看钢水溅寒流。

和一首
王学庄
沙云掩映旧甘州，古塞风光一望收。
残民覆盖陈代谢，群山奔驰巴花头。
标旗突起千家市，绿树蔓浸烽火楼。
欲望繁华今古事，炊烟起处问风流。

又和一首

张海鹏

不似甘州似沙洲，黑水古城眼底收。
长乐五铢遗汉路，祁连三危聚旄头。
繁华人事有代谢，黑沙空自埋古楼。
他年会教天地改，与君把臂话风流。

写这三首诗，与黑水国访古有关。距离贾家寨不远，明永公社崖子大队附近，有一座黑水城遗址。休息日，王忠、王学庄和我曾到此访古，前后访查两次。王忠是西夏史专家，他说此地是汉代黑水国都城，原始居民是匈奴人；辽金时代，曾是西夏国都。又说，从前的旧甘州也可能在这里。传说杨家将小说中杨令婆百岁挂帅征西，就是征西夏。后来，不知何时（有记载说可能是隋唐，也许是明代，考古人员记载明代城砖里面包了汉砖），西北的大黑风刮起来，风沙把这座城埋下去了。这里汉墓很多。解放前，马家军的师长韩启功曾率部队来挖掘，盗走了大量金银财宝，破坏了地下文物。住在附近的老乡也从这里挖了不少东西。

在崖子大队，有一座喇嘛塔，塔下住有一个道人。在喇嘛塔前方二里许，就是黑水城。城东是墓葬区，都被挖过，我们曾一一踏勘。遍地都是陶片，墓砖很多很好。城中隐约可见住房遗址。我们发现几块瓦当，有"长乐""未央"字样。第二次访查时，穿过一片树林，西面还有一座城池。破门而入，见有八九亩大小地面，城墙高大，断垣残壁，遍地乱砖，绝大部分地方为沙丘所压埋。登上城墙，遥望四野，只见黄沙莽莽，竟无人烟。这里还立有一座石碑，上署"黑水国遗址，甘肃省级文物保管单位。1963年2月23日公布，张掖县人民委员会"。在这里的沙堆上，找到了三枚汉五铢。

工作队员与队里青年人一起打过篮球、唱歌、踢毽子、读报等。

在附近几个大队放过好几部电影，农民表演过秧歌（当地称"秧羔子"）。

六　结束语

　　社教运动，是中共中央和毛泽东为了防修反修，发动的"四清"运动。运动严重错估了阶级斗争的形势，用解决敌我矛盾的方法解决人民内部矛盾，是错误的。我们在学习和落实"二十三条"的过程中，纠正了过左的做法，贾家寨大队和各生产队的干部全部解放，没有留下后遗症。我们当时在落实干部政策的过程中是实事求是的，没有怀抱私人感情。"二十三条"中有重点是整党内走资本主义的当权派一条，这一条在后来的"文革"中成为主要口号，造成了严重的错误。但是在"四清"运动中，贯彻"二十三条"，这是我们解放干部的理论和政策武器。因为有了这一条，我们认为乌江农村没有走资本主义的当权派，所有农村基层干部理应得到全部解放。

　　就全国来说，"四清"运动存在阶级斗争扩大化的错误，扩大了打击面，伤害了一批基层干部和群众，但对于纠正一些基层干部多吃多占、特殊化、强迫命令、欺压群众等不良作风，对于改进一些社、队的经营管理，特别是财务管理，有积极作用。提倡干部坚持参加劳动，有利于整顿干部作风，与群众保持密切的联系。"文化大革命"开始后，"四清"运动事实上不了了之。

　　对个人来说，作为一个刚刚大学毕业、刚刚进入中国科学院近代史研究所这个研究单位的年轻人，在开始人生历练的时候，在乌江8个月，认识和了解了祖国的大西北，认识和了解了乌江地区的农民，增长了个人见识，对个人一生是有好处的。通过8个月亲身参加"四清"运动，了解了中央政策在基层的落实情况，了解了一个大的全国性运动的复杂曲折过程及中央政策的变化过程；认识到防止修正主义、防止资本主义复辟、建设社会主义，是一个十分复杂的过程。乌江公社、贾家寨大队的"四清"实践给了我一生的经验。

　　我们与贾家寨的农民生活在一起8个月，我们经常给他们读报，开民主生活会，讲社会主义，讲中国近代史和中共党史，对提高他们的认识，扩大他们的眼界，也是有一定好处的。

附记：

以上简记，有关社教运动的历史背景，参考了中共中央文献研究室编，逄先知、金冲及主编《毛泽东传（1949—1976）》，中央文献出版社，2003。有关张披"四清"，参考了李新《"四清"记》《张海鹏先生访谈录》《耿云志先生访谈录》《韩信夫先生访谈录》《蒋大椿先生访谈录》《曾业英先生访谈录》《我与近代史所》等篇目，均见中国社会科学院近代史研究所编《回望一甲子——近代史研究所老专家访谈及回忆》，社会科学文献出版社，2010。还参考了郭永才《揭开尘封的历史——回忆祁式潜》，口述未刊稿。此外还采访了蔡美彪、张友坤、曾业英、杨光辉、石方勤、范明礼、陶文钊、朱东安等。其他资料依据个人日记和回忆。我本来还有几本工作笔记，记录运动中事情甚详，但在"文革"中被遗失。因为采用个人日记和回忆，"四清"运动的过程基本上只限于贾家寨大队，主要是二队，由此可见运动的一般情况。无法参考档案文献，不能对乌江公社的运动作翔实的全面叙述。承蒙蔡美彪先生审阅，谨致谢意！本文所记错误之处，由本人负责。

2013 年 8 月 27 日
9 月 16 日订正

《中国近代通史》的出版实现了
几代人的愿望[*]

中国社科院近代史研究所编撰、十卷本《中国近代通史》近期由江苏人民出版社出版。这是中国近代史领域第一部完整的大型的近代通史专著。

编撰一部《中国近代通史》，是中国社科院近代史研究所50多年来一直在奋斗的一个目标。本人忝列主编，深感实现了近代史研究所几代人的夙愿。

20世纪90年代，我在主持近代史研究所工作时，一直在思考是否应该重提编写《中国近代通史》的话题。1999年，中国社会科学院工作会议，中共中央政治局委员、中国社会科学院院长李铁映同志在工作报告中把编写《中国近代通史》作为一项任务提了出来。本所学者也要求《中国近代通史》编写任务尽快上马。我感觉到时机成熟了。

我所说时机成熟，大体包括三个方面内容。其一是指，经过半个多世纪的研究，特别是最近20多年的研究，中国近代史领域已经有数以百计的专著出版，有数以千计的论文发表。中国近代史研究早已越过了以往局限于晚清时期的范围，民国时期的历史研究取得了许多成果。不仅传统的政治史研究有了进展，而且经济史、思想文化史的研究也大大加深了，又开拓了社会史研究领域。我们已经有条件、有可能、有需要对以往的研究成果加以总结和综合了。所谓有条件、有可能，是指近代史所已经成长起来一代中年学者，年龄在四五十岁之间，每人都有一本乃至数本专著问世。其二是指，关于中国近代史的时限范围在学术界已

---

[*] 本文未刊。

大体取得了共识。以往所谓中国近代史，是指 1840 年至 1919 年之间的中国历史。经过最近 20 多年的探讨，认为中国近代史应是半殖民地半封建社会的历史，也就是 1840 年至 1949 年中华人民共和国成立以前的历史，也就是中国民主主义革命时期的历史，被多数学者所接受。这个认识，胡绳先生呼吁于前，我也撰写专文主张于后。我们现在编写中国近代的通史，就不能只写到 1919 年，而要写出 1840—1949 年 110 年的历史了。如果说 20 年前，编写 1919—1949 年的历史还不容易深入的话，现在有条件写得更深入、更全面、更客观了。其三是指，按照上述设想，1999 年出版了我主编的一部《中国近代史（1840—1949）》简本，在编著体系上做了初步探索。

《中国近代通史》十卷本，共计 530 万字，是中国近代史领域第一部完整的大型的近代通史专著。本书总结了 50 年来，特别是 20 多年来中国近代史研究领域的成果，第一次完成了一部以 1840—1949 年为时间范围的大型的中国近代通史。从通史的角度说，它第一次搭起了一个总的框架，这个框架不同于一般的中国近代史，不同于一般的近代专门史，也不同于中共党史和国民党史，它是从中国近代史的视角观察、研究近代中国 110 年的历史的。这样一个框架，本书编写组认为是成功的。从这个角度说，因为是第一次，所以在中国近代史编写中是一种创新。

本书从 110 年的长程观察中国近代史，可以清楚地看出近代中国从"沉沦"到"谷底"到"上升"的全过程。以 1919 年为终结的中国近代史书，就看不出这个全过程。所以一般读近代史的人，往往感觉到屈辱。读了《中国近代通史》，不仅可以读到屈辱，还可以读到中国人民的奋斗，感受他们对国家前途的种种探索，看到国家的前途和光明。

中国近代史要回答人们什么？它要回答：中国如何在外国资本主义、帝国主义侵略下走上半殖民地半封建道路的，半殖民地半封建的中国较之封建中国有什么不同；外国侵略给中国社会怎样的打击，又给中国社会带来什么新的东西；中国社会在这样的冲击下怎样形成了区别于封建中国的社会阶级力量，这样新的社会阶级力量又如何提出了解决中国社会出路的思想主张，如何决定了近代中国社会的发展方向；还要研究这些新的社会阶级力量怎样同帝国主义、同封建主义做斗争，去争取中国的民族独立，去准备中国现代化的起步条件的。从半殖民地半封建中国110年长程历史来考察，近代中国历史到了20世纪初（大约在1901—1915年），可以说是半殖民地半封建社会"沉沦"到"谷底"的时期。从此以后，中国社会内部的发展开始呈现"上升"趋势。此后，资产阶级及其代表的政治力量、无产阶级及其代表的政治力量迅速成长并终于先后取代旧势力，成为主导社会发展的力量。在这样的社会背景下，中国的政治、经济、军事、对外关系、思想文化、民族关系、边疆状况以及社会问题都有了自己独特的面貌。中国近代史不停止在1919年，而是打通来看，1840—1949年的历史发展，自成一个历史段落，既区别于1840年以前的封建社会，又区别于1949年以后的社会主义社会，就更加清晰可见了。从另一方面说，本书是从整个中国近代史的角度，观察晚清至民国时期的社会各阶级、各政党和社会生活的，这与单纯的政治史研究，或者政党史研究、社会史研究，有所不同。从总体上来说，本书把握住了马克思主义、毛泽东思想、历史唯物主义对撰写中国近代通史中的指导作用。

近些年来，有学者指出，中国近代史为自己提出了两大任务：一是争取国家的独立，一是争取国家的富强；换言之，用反帝反封建争取国家的独立，用现代化争取国家的富强。近20年来，关于中国近代史的宏观审视，大体上沿着这样两种方向进行。但是，这两种方式在近代中国历史进程中，各居于什么地位，其相互关系如何，讨论得很不够。在叙述近代中国谋求独立的历史任务时，我们当然应当充分关注资本主义经济在中国发生发展的历程，关注在资本-帝国主义和封建统治压迫下谋求发展资本主义生产的种种努力，或者说从现代化的角度来说明、分析这种努力。两大历史任务是相辅相成的，不是替代关系。

本书各卷除第一卷总论外，注重叙事。各卷在叙述历史过程的时候，没有采取夹叙夹议的方法，而是注重于叙述的方法。历史的重要功能在于叙事，只有建立对历史史实全面而准确的叙述，才能在此基础上对历史进行正确而适宜的解读。各卷充分反映出注重叙事的特点，对所写时段的历史事件及其发展进程和相关关系、对历史人物在其中的活动及其背景与由来，都注重翔实的叙述，并以流畅的文字娓娓道来，使读者在阅读时感受到愉悦。本书的若干独到见解，都寓于历史过程的叙事之中。

政治史、革命史仍然是这部近代通史的主干，该书不仅吸取了以往研究政治史、革命史的积极成果，反映了近代中国阶级斗争、民族斗争的历史事实，其中关于人民群众的斗争史实，关于新兴阶级及其政党领导的斗争史实都得到了较好的叙述。该书在叙述政治史和革命史的时候，改变以往只突出革命史，或者只突出革命阶级、革命政党活动的历史，尽可能依据史实复原社会各阶级的活动，反映他们的声音，复原各阶级和政党之间的互动，复原复杂的社会生活的本身内容。如关于辛亥革命时期，不仅进一步揭示了辛亥革命历史过程，还充分加强了对于清末新政与立宪运动的研究，尤其是力图揭示新政、立宪与革命三者之间错综复杂的互动关系，使清末民初这段历史构成一幅丰富多彩的历史画卷。对于清末新政与立宪运动的研究，不应当只是视为为辛亥革命史的叙述作铺垫。这种叙述让我们看到，当时的中国政治舞台上主要存在着三股重要的社会政治势力：清政府、立宪派和革命派；他们各自设计了不同的社会政治方案，开展了既互有歧异又相互关联的社会政治运动：新政、立宪与革命，三股势力互争雄长；可以说，正是这三股势力的较量与消长决定了近代中国社会政治在清末民初的新走向。这种写法改变了以往把历史的多样性化约为单一的线条，力图将复杂多样的历史本相呈现出来，这种特色在各卷中都有体现。

关于北洋军阀时期，对革命派、改良派、北洋派三方矛盾关系的分析，对南北对峙问题的看法，对北洋派系内部斗争及其对民国政治的影响，对民国前十年经济发展的分析，以及一些具体问题的评价等，都反映了作者的认识和创新。

又如叙述1924—1927年的历史，虽以国共两党为主角，但也适当兼顾了中国青年党（国家主义派）的政治活动和主张。有关北伐战争的历史，以往大多重视南方革命派，而不重视研究北洋军阀，很少关注北方军阀是如何应对这场战争的。本书同时关注北伐的主体和北伐的客体。只有对南方革命党和北洋军阀及其政府的观念、行为及其互动都有比较深入的认识，我们才能对北伐战争和国民革命这一近代中国极为重要的政治运动有更为清晰的了解。

本书在各卷的相关章节安排中，有机地糅合了经济发展、社会生活、思想文化、边疆地区的发展情况。如叙述洋务运动时期的历史，有相当篇幅叙述洋务运动历史和早期现代化的开端、早期维新思想、列强文化输入以及中国新社会因素的初步发展；叙述辛亥革命时期的历史，对实业救国思潮、教育救国思潮、立宪思潮、地方自治思潮等专题，以及清末民初的文化观念与社会生活变迁都有综合论述；关于民初经济发展的叙述，20世纪30年代关于社会性质的论战和左翼文化运动，关于财经政策和税制改革与币制改革，关于抗战时期的思想、文化和学术，以及抗战胜利后有关社会的动荡与纷扰，均描述了政治史以外社会生活的不同面相，均不乏新见。这些相关专题史内容融进通史之中，可以使历史更加血肉丰满，呈现丰富多彩的画面。

历史研究是一个不断累积推进的过程，后人的研究必须以前人的研究成果为基础，并在此基础上有所进步。本书各卷注意吸取前人的研究成果，在继承的基础之上力求创新。各卷广泛参考了已有的各种研究成果，凡是重要的，都做出注释，以示不掠人之美。

有关太平天国的研究，学术界已有相当充分的展开。本书在写作中吸收了以往研究成果，又做了若干创新。如重新辩证了洪秀全登极与金田起义史实：先有洪秀全于庚戌年二月二十一日（1850年4月3日）在平在山的登极，后有杨秀清等人于十月初一日（1850年11月4日）在金田的起义（起兵勤王），纠正了原先将起义日期定在庚戌年十二月初十日（1851年1月11日）洪秀全生日，将洪秀全登极时间定在辛开元年二月二十一日（1851年3月23日）的错误；对太平天国定都天京（南京）后以《百姓条例》为主要内容所贯彻的一整套较为激烈的社会经济政策（包括人无私财、取消家庭、分男行女行的城市政策和"不要钱漕"只收"贡献"的农村政策）及其遭受挫折和恢复正常城市生活及"照旧交粮纳税"的过程做了认真过细的考察；对《李秀成书供原稿》做了过细的重新识别、梳理，订正了前人（罗尔纲等）的错误疏漏之处。

一本著作不可能十全十美，该书也是一样。由于时间急迫，篇幅有限，某些问题的研究深入不够，显然还存在若干不足。在对历史资料的掌握、历史史实的叙述、历史本质的分析等方面，都还有值得改进之处。如有些历史资料尚未充分掌握和运用，国内外所藏历史档案还未充分发掘，有些历史史实尚未充分展开叙述，对一些历史问题的分析还有深入余地；有些海外同行学者的论著，还参考不够；在内容结构上，除政治史内容叙述尚称充分外，有关经济、外交、思想文化、社会以及边疆少数民族地区等各领域所占篇幅尚感偏狭；有的史实还有遗漏，有的地方文字还需要推敲、润饰。所有这些，都有待于今后修订时继续努力。

《抗日战争研究》创刊推动了中国抗日战争史的学术研究[*]

——《抗日战争研究》创刊记

《抗日战争研究》这本史学界专门研究中国抗日战争的学术刊物，1991年下半年创刊，到今年，即将迎来25周年。像一个人一样，25岁已经成长为一个青年，已经到了可以大有作为的时候。刊物主编要我写一点纪念性的东西，我作为当年的开创者，似乎无可推脱。

创刊大背景

1972年9月，中日建交，了结了此前百多年中日之间不愉快的历史。中日恢复邦交以来的中日关系史，是1871年《中日修好条规》签订以来最好的时期。

中国和日本两国之间的政治关系建立在新的基础上。但是，中日之间百多年的历史关系并未得到清算。当然，这种清算主要是在历史认识上进行清算。要在历史认识上进行清算，就是要开展中日之间历史关系的研究。1991年，九一八事变即将60周年。九一八事变以来的中日关系历史，卢沟桥事变以来的抗日战争历史，中国学术界未有开展深入学术研究。这是《抗日战争研究》创刊以前学术界的基本态势。这是一方面的情况。

另一方面，中日两国建交，经济交往开展很顺利，中日两国的贸易

---

[*] 本文原载《抗日战争研究》2016年第1期。

总额1972年只有10.38亿美元，到1991年迅速增长为228亿美元，1991年是1972年的20多倍。但是，横亘在中日两国之间的历史认识问题并未得到根本解决。国务院总理周恩来在邦交谈判的第一次首脑会谈中说过：邦交恢复后，中日两国人民要世世代代友好下去。日本侵华战争虽然给中国人民带来了巨大的灾难，但是中国主张把军国主义与日本人民分开。为了日本人民的利益，中国主动提出了放弃战争赔款的要求。[1] 在中日恢复邦交《联合声明》中，关于历史认识问题只写了一句："日本方面痛感日本国过去由于战争给中国人民造成的重大损害的责任，表示深刻的反省。"[2] 这里并没有在战争二字前加上"侵略"字样。所有这些都体现了"前事不忘，后事之师"，结束过去朝前看的精神。事实上，中国人民的良好愿望在日本并没有得到友好的响应。日本在历史和现实上否认侵略战争的思想苗头不断有所表露。1978年日本不顾中国等东亚国家的抗议，把东条英机等14名东京审判中判定的甲级战争罪犯亡灵移到靖国神社供奉。这说明，由于对侵略战争的历史没有彻底忏悔与反省，引起了现实关系的紧张。1982年日本文部省批准修改历史教科书问题，虽然提出了日本处理历史教科书要注意邻国反应的"邻国条款"，毕竟引起了亚洲各国的密切关注。在日本，家永三郎作为历史教科书编者，为了维护历史教科书中有关日本侵略中国和亚洲各国的正确表述，不断进行抗告。作为历史教科书编纂的政府主管单位，文部省的修改决定为以后教科书的修改开了一个坏头。1985年、1986年、1989年，日本都有历史教科书审定问题被提了出来。

1985年8月15日，日本首相中曾根康弘及18名阁僚正式参拜供奉有14名甲级战犯的靖国神社。这是战后40年来第一位现职首相以公职身份参拜靖国神社。中国政府表示了抗议。政府首相以正式身份参拜靖国神社，表明日本政府对发动侵略战争的肯定。这是包括中国在内的亚洲各国和世界反法西斯战争各国所不能接受的。

1989年2月14日至18日，日本首相竹下登和内阁法制局长在回答在野党质询中，接二连三为裕仁天皇开脱战争责任，为日本侵略中国的战争进行辩解。2月20日，刘大年作为全国人大常委会委员在第七届

---

[1] 参见徐之光主编《中日关系三十年》，时事出版社，2002，第40—63页。
[2] 《中华人民共和国政府和日本国政府联合声明》，引自徐之光主编《中日关系三十年》，第518页。

全国人大常委会第六次会议上,就日本当局在侵华战争性质问题上的倒退做了强烈批判。第二天《人民日报》全文发表了刘大年义正词严的发言,日本报纸转载了他的发言,苏联、美国、法国的报纸、通讯社也就此发表评论,谴责了日本当局的不当言论。为此,美国华侨和华裔学者发起了揭露日本侵华战争罪行的系列活动。

以上说明,中日之间的基本历史问题不弄清楚是不行的,要想把历史认识搁置下去是不现实的。这个问题是中日关系健康发展的基本前提之一。这是成立中国抗日战争史学会、创办《抗日战争研究》学术刊物的基本的历史背景。

中国抗日战争史学会的筹备

《抗日战争研究》一开始就是作为中国抗日战争史学会主办的刊物而筹办的。讲刊物创刊的背景,必须先从中国抗日战争史学会的筹办讲起。

1989年4月,时任中共中央顾问委员会常委的胡乔木和中国社会科学院副院长赵复三访问美国,南伊利诺大学华裔教授吴天威多次向胡乔木一行提议在中国建立日本侵华暴行研究会。1989年8月30日,胡乔木致函刘大年:

> 美国南伊利诺大学华裔教授吴天威,多次提议要成立日本侵华暴行研究会,这是一件好事,赞成的人(尤其海外华人)很多,成立的类似组织也不少。今年四月我和赵复三访美时,吴偕齐锡生教授专程到华盛顿商谈此事,希望由国内正式发起组织,作为中心。我曾与赵说此事最好由你出面牵头,请近代史所推出几位热心的同志负责进行,建立一个民间性的团体,以便与海外各方联系,同时在国内选几个重点题目调查分别成书。回国后一直未能与你联系,赵亦匆忙出国。现吴又来信,请考虑可否挑起这个担子,并望与胡绳同志一商。[①]

[①] 《胡乔木来函》,王玉璞、朱薇编《刘大年来往书信选》(下),中央文献出版社,2006,第532页。

1989年11月8日，胡乔木再次致函刘大年，信中说：

> 暴行调查事，请先与介夫同志商议，分别依托社科院近代史所和抗战纪念馆作一些组织上的准备，包括指定专门负责人（将来专职但不脱产），拟出初步重点调查计划，经费收支匡算，经常参与合作单位人员，基金会日常工作和管理办法（会计账目收据奖状等）等项。秘书长人选正在从抗日名将中物色，不必着急，上次说主席团或董事会名称名单亦请商定草案，以便说话时易于作出决定。请酌。①

这两封信，就是中国抗日战争史学会酝酿成立的起因。收到前信不久，刘大年同志专门找我谈过此事，说过乔木在1989年4月访问美国，吴天威、齐锡生等华裔学者敦促国内应成立抗日战争研究机构，开展日军暴行调查，发行抗战刊物。② 乔木意见，此事可办。乔木并且找大年谈过，大年和白介夫③也到乔木那里谈过。我这时候担任近代史所副所长，大年同志要我协助他组织抗日战争民间社团办一些具体事情。我自己的研究方向大体是晚清历史，对抗战历史没有专门研究。但是大年同志要我办事，我立即答应了。根据大年同志意见，要准备着手成立一个研究抗日战争的民间社团，要有很高的规格，不妨把摊子铺得大一些，加强抗战史研究。那时考虑，这个民间社团以胡乔木担任会长，请老上将吕正操担任秘书长（也考虑过请朱穆之任秘书长），还要成立十人主席团，把聂荣臻、徐向前二帅请出来，还要从大将至少是中将中遴选。除了成立研究会，还要成立基金会，以便有条件支持日军罪行调查工作。各省要成立分会。研究会要公开挂牌，挂靠在近代史所等。我记得开过几次会，有时候在抗战纪念馆，有时候在白介夫家里或者其他地方，讨论筹备工作如何进行。我记得11月中旬在北京市政协会客室开

---

① 《胡乔木来函》，王玉璞、朱薇编《刘大年来往书信选》（下），第536页。
② 美国的日本侵华研究学会代表吴天威等主办的刊物《日本侵华研究》，1990年2月创刊。
③ 白介夫，抗战期间曾任华北《新华日报》记者，新中国成立后曾任中国科学院大连化学物理研究所副所长、党委书记，后调任北京市科委主任，中共北京市委常委，北京市副市长，北京市第六、七届政协主席等职。

过一次会议，刘大年、白介夫主谈，大意是：乔木主张搞一个高层机构，已说服吕正操出任秘书长，刘大年、白介夫担任副秘书长。参加会议的开始是很小范围，只有刘大年、白介夫、张春祥（先后任北京市文物局副局长和抗战纪念馆馆长）和我。分工我做的事情是起草学会章程、起草给中国社科院报告、起草给中央的报告等。我参照宋庆龄基金会章程（这个基金会的名誉董事长是邓小平）起草了中国抗日战争史学会章程，提出学会理事、会长、副会长、主席团成员等人事安排建议草案。基金会章程由白介夫负责，大概是抗战纪念馆起草。张春祥还在抗战纪念馆召开过一次会议，研究布置成立北京市抗战研究会，要求抗战纪念馆起草文件。大年同志曾召我到他家里谈如何给中央起草报告，报告内容主要分三个部分，即关于成立抗战研究会的必要性、关于抗战研究会的性质、关于抗战研究会成立后的工作设想。在谈到必要性时他强调要突出历史和现实的关系。这个关系可以大致分成四点：（1）可以促进民族觉醒与爱国主义；（2）与台港、海外华人能找到共同语言，便于统战工作；（3）警惕日本军国主义；（4）提高中国国际地位。

经过一段时间筹备，工作有了一定进展。12月初，在白介夫家里讨论过成立抗战研究会给中央的报告以及两个章程。刘大年在1989年12月12日致胡乔木函说：

> 近同白介夫同志和其他同志一起，草拟出了给中央的报告等三个文字稿，并设想了一下主席团、基金会的两个名单草案，一并送上，请予以查阅修改。基金会名单中香港何人参加尚须斟酌。理事会的名单我们想可以广泛一些，不必经中央批准，待下回再提出。
>
> 介夫同志精力充沛，情况熟悉，是承担研究会实际工作的最适合人选。因此我有个想法，秘书长不妨有两位，吕老参加主席团兼秘书长，介夫同时也任秘书长，便于活动，开展工作。我作理事会成员就行了，不需要其他名义，实事求是。
>
> 研究会明年一月成立，看来太仓促了，预定在二月间比较从容一点。往下的工作，是否等中央批准报告以后，您找有关同志谈一次，然后进行。①

---

① 《致胡乔木》，王玉璞、朱薇编《刘大年来往书信选》（下），第546页。吕老指吕正操。

信里所说给中央的三个文字稿，包括了我起草的报告、章程和抗战纪念馆起草的基金会章程等文件。但是这些文件送到乔木那里后，很长时间没有下文。那时候，中国社科院正在紧张地开展1989年政治风波后的思想清查活动，我没有多少时间参与抗战研究会的事情，只好等待。

原来是胡乔木病了，也可能与那时的国内情势有关。1990年2月，刘大年收到了胡乔木写于2月20日的信，这封信中说：

> 去年十二月十二日和今年二月十九日两信均收到。十二月的信没有回，因为当时正值神经衰弱旧疾复发（主要表现为疲劳），希望过些时好些再面商，不想此次病情近日不但没有好转，反而更见加重，看来不大可能再恢复到去年谈论此事时的健康水平。明天要住院（与此病无关，动个小手术），只好先回此信。
>
> （一）成立抗日战争史研究会和基金会的建议不能由我个人提出，似只能由社会科学院党组提出。此事原则上是否可行，请先与郁文、① 胡绳同志一商。（由于目前国内外形势，研究会、基金会这类组织，中央现在能否同意亦是问题）如获同意，再考虑报告如何写法。现在的稿子似乎冗长了一些。调查日军暴行一事在国际上已有多人进行，中国自应积极进行。而为了调查所以需要征集基金，这个道理似乎看不清楚。
>
> （二）我由于健康状况对有关事项现已积极不起来，谈话写信现都很感吃力，故坚决不想再在研究会尤其基金会中列名或实际参与。我希望胡绳同志能任会长并在实际上起牵头作用，他以社科院院长和政协副主席身份发起名正言顺。此外，我现在认为基金会名单也不需要那么多的人，如果实际上能成立的话。这里说的都是大实话。自己提出倡议自己打退堂鼓确实很难堪，但实际如此，别无良策。万望鉴原。②

有关抗战史学会等机构的组成，乔木这封信是一个转变的关键。收

---

① 郁文，曾任中国科学院副院长、中宣部副部长，此时任中国社会科学院党委书记。
② 《胡乔木来函》，王玉璞、朱薇编《刘大年来往书信选》（下），第547—548页。

到这封信后,大年同志当天就给我打了电话,说乔木住院,要推脱抗战研究会事,但是没有给我看这封信。随后,刘大年分别给胡绳、郁文和吕正操写了信。给胡绳、郁文的信上说:"送上乔木同志倡议组建抗日战争史研究会的来信,和我同白介夫同志原拟的给中央的《报告》稿。乔木同志对他原来的设想有了修改,主张由社会科学院来出面组织推动。我觉得他的意见可行,具体办法要重新研究,请考虑决定。我给乔木、冯至同志的信各一件,一并附去。如果约人先谈谈,需要的话,我可以参加。又,白介夫同志对此热心,也有一些想法。"① 给吕正操的信是这样写的:"乔木同志信一件,转上请一阅。抗日战争史的研究需要采取措施加以推动,我对此确信不疑。乔木同志现在略为修改了他的主意,要按照上次谈话的设想去做,显已碍难行通。我在找有关同志商量,俟有头绪,当即奉闻。"② 以上两封信都写于1990年3月10日,同时附上了胡乔木的原信。给胡绳、郁文的信很清楚,是希望社科院党组批准成立抗战史研究的民间社团;给吕正操的信是做一番解释,原来安排请吕正操担任高规格的抗战研究会秘书长,现在因乔木主意改变,抗战研究会的筹备应如何操作,也要随之改变,这里含有秘书长另选他人的意思。乔木信里提到刘大年2月19日给胡乔木的信,现在没有看到,我估计是询问工作进展事。

经过一段时间思考,与白介夫交换意见,刘大年又到胡乔木府上当面交换意见,形成了一些新的想法。1990年10月中,大年来所找我,告我胡乔木已同意担任名誉会长,乔木还建议办一个刊物。大年希望由近代史所承办这个刊物。大年希望,研究会事、办刊物事,都需要所里通过,列入工作计划,也提出所里要培养抗战研究方面的人才。同时,还通报了他与社科院党委书记郁文谈话情况。郁文说:社科院主管的学术社团已经上百,已决定不再接受新办社团。但你这个抗战史研究会是例外,可以批准,但是社科院没有经费支持,所有经费要你们自己想法解决。郁文还提到,最近《真理的追求》创刊,从财政部得到了几十万拨款,你们可以向中央要一点。大年要我以他和白介夫的名义给胡乔木写一封信,提出办研究会、办刊物都需要钱,这封信要请乔木转给李

---

① 见王玉璞、朱薇编《刘大年来往书信选》(下),第548页。
② 见王玉璞、朱薇编《刘大年来往书信选》(下),第548页。

鹏总理，请李鹏拨点经费。我根据大年的谈话精神，重新起草给中央的报告，重新起草学会章程，重新提出学会各项人事安排建议，以及起草写给胡乔木转李鹏总理要求拨付经费的信。

过了几天，在卢沟桥抗战纪念馆开会，白介夫、刘大年主讲，正式宣布成立中国抗日战争史研究会，胡乔木任名誉会长，刘大年任会长，白介夫任执行会长（白介夫自任副会长，刘大年坚持执行会长）兼基金会会长，成立顾问组，成立理事会，各省研究会负责人担任理事，成立学术委员会等。我提出建议，仿照中国史学会名称，中国抗战史研究会改称中国抗日战争史学会，这个意见被采纳。抗战史学会成立后，首先办两件事，一件是以学会名义办刊物，刊物定名《抗日战争研究》，刊物由近代史所承办；第二件事是1991年九一八事变60周年时，在沈阳举办国际学术讨论会。[1] 中央党史研究室王淇、中央党校马齐彬、军事科学院罗焕章、近代史所科研处处长徐辉琪以及抗战纪念馆馆长、副馆长等都出席了会议。

经过初步计算，我们提出请财政部拨付70万元，20万用于1991年在沈阳的国际学术讨论会，50万元留给《抗日战争研究》作办刊经费。1990年10月15日，刘大年致函胡乔木：

> 办刊物的费用社会科学院无法解决。我和介夫同志给您和李鹏同志写了一封信，现送上。如无不妥，请加几句话转给李鹏同志，多少有一点钱以后，酝酿了两年的研究会就终于可以活动起来了。
>
> 由您担任名誉会长，我们觉得同时也设名誉理事，这样，学会可以更有影响些。名单草案见另纸，请考虑，加以增减。已与介夫同志达成协议，我遵命暂居会长名义，介夫担任执行会长兼基金会会长。理事待与学术界协商产生。学会名叫"抗日战争研究学会"，刊物就叫《抗日战争研究》，明年下半年发刊。争取今年十二月把研究会成立起来，并筹备明年的讨论会。[2]

同一天，刘大年、白介夫致函胡乔木并转李鹏：

---

[1] 沈阳的会议也有一些故事，对于本文只能是枝蔓，故省略不提。
[2] 见王玉璞、朱薇编《刘大年来往书信选》（下），第563页。

关于成立一个民间的抗日战争史研究学会来推动抗日战争研究的事，我们和有关同志讨论了几次。大家认为现在应该赶紧行动起来，实在不可以再拖延下去了。乔木同志答应担任研究会名誉会长，大家很受鼓舞。我们争取在今年年底建立学会组织，开始工作。明年计划做两件事：一、开一个"九一八"六十周年国际学术讨论会；二、出一个刊物，发表成果，推动研究。学会开办和经常费用我们去设法募集，明年开讨论会与办刊物，马上需要一笔钱，想提请李鹏总理批准，由财政部拨人民币七十万元，给予补助（不久前许立群同志支持的《真理的追求》就是由财政部拨给三十万元得以办成的）。二十万元开讨论会，五十万元维持刊物出版。

抗日战争的研究不仅有重要的学术意义，更有重大的现实意义。抗日战争是中国近代历史，也是我党历史的一个重大的转折。它的胜利，准备了新中国与旧中国的决战，加速了中国走进社会主义。抗日战争体现了中华民族空前的爱国觉醒。我们要弘扬爱国主义，那段历史是极为宝贵的教材。抗日战争是全民族的战争，开展这项研究，对于做好台湾和海外华人的工作，增强向心力，十分有利。历史的教训更需要牢记。半个多世纪过去了，日本国内的旧势力仍然坚持军国主义思想，企图为日本帝国主义侵略中国和亚洲翻案。日本由经济大国走向军事大国，步伐在明显地加紧。我们主张中日两国人民世世代代友好下去，但不能忘记历史的经验教训。台湾和海外学术界也重视这方面的工作。海外华人出有专门刊物，开展日军侵华罪行调查。他们多次来信，对我们没有组织起来与他们联系协作，表示不满。今年八月在香港举行的一次中日关系国际讨论会中，台湾学者提出，一九九二年两岸共同召开卢沟桥事变五十五周年学术讨论会，经费由他们申请蒋经国交流基金解决。这是对我们的挑战。凡此种种，都要求我们把抗战史的研究认真开展起来，愈快愈好。我们这些当初投身抗日战场的青年，今已白发苍苍。回顾那段历史，深感自己应该抓紧时间，尽一分责任。

目前国家财政很紧，大家充分理解。在推动抗日战争研究这样的事情上少量花一点钱，支持一下，是有充分理由的。我们一经得到批准拨款补助的通知，便可着手筹备明年的讨论会和安排刊物出版的具体工作。学会理事会章程、名单将尽快提出，向乔木同志汇报，并办理登记手续等事宜。①

李鹏总理很快就收到了这封信。11月2日，国务院副秘书长刘仲藜在国务院假山会议室召开会议讨论这封信的落实问题。出席会议的有中宣部宣传局副局长、民政部社团司司长、财政部文教司副司长、国务院秘书局一位处长以及社科院科研局学术秘书高德和我。讨论中，民政部、财政部出席会议的负责同志对成立抗战史学会很不为然，说中国不仅有抗日战争，还有抗美援朝，是否都要成立学会？简直是"叠床架屋"！一个个大事件都要成立研究会，还有完吗？我在会上陈述了成立抗战史学会、创办《抗日战争研究》刊物以及召开九一八事变国际学术讨论会的理由，也说了办研究会、办刊物是胡乔木同志的主意。我说抗日战争是新中国建立以前的大事，抗美援朝是新中国建立以后的大事，如果需要都可以成立学会，这怎么能叫"叠床架屋"？这样的学术需要就是国家的需要，国家理应支持。经过说明，论证会有所转圜。结论是，研究会先申办社团登记，刊物先办理刊号，再办理财政拨款。刘仲藜没有正面表态，只是要求秘书局向李鹏总理写出报告。事后李鹏总理还是批了这70万元的预算。用这笔钱，我们创办了《抗日战争研究》学术刊物，并且在1991年9月在沈阳举办了"纪念九一八事变60周年国际学术讨论会"。

这个会议后，筹备工作小组积极准备如下事项：社团登记、刊物登记、各种报告、学会成立大会筹备、沈阳国际学术讨论会筹备等。

1991年1月23日，中国抗日战争史学会在北京人民大会堂召开成立大会。周谷城、胡绳、萧克、杨成武、徐镜如、程思远、邓力群、王忍之、高存信、张震、姜思毅、段苏权、刘大年、白介夫等在主席台就座，沙健孙、郑惠、金冲及、江流、刘启林、李志坚、刘述礼、戴逸、丁守和以及来自全国各省的有关社科研究的负责人出席了大会，胡乔木因病未出席。事前，刘大年请乔木给大会发一个贺信，乔木同意了。我起草了贺信稿，乔木做了个别文字修改，用钢笔抄了一遍，传真给了抗战纪念馆。我在开幕式上宣读了胡乔木的贺信。中共中央宣传部部长王忍之同志出席了这个成立大会，他在讲话中表示中宣部支持抗战史学

---

① 见王玉璞、朱薇编《刘大年来往书信选》（下），第564—565页。

会。刘大年在成立大会上发表了《做什么，怎么做？》的主题演讲。这个演讲的头一部分，刘大年批驳了所谓"叠床架屋"等种种奇谈怪论。这次代表大会开了两天，通过了中国抗日战争史学会名誉顾问 13 人：萧克、杨成武、吕正操、杨得志、郭化若、张震、邓力群、胡绳、周谷城、程思远、郑洞国、侯镜如、张国基，名誉会长胡乔木，会长刘大年，执行会长兼秘书长白介夫，副秘书长张春祥、张海鹏、张承钧、王淇、王明哲、王桧林、罗焕章、徐辉琪，还通过了以刘大年为召集人的学术委员会（成员 14 人：丁守和、马齐彬、王淇、王庆成、白介夫、刘大年、刘建业、齐世荣、李侃、张海鹏、何理、罗焕章、金冲及、戴逸）和理事 81 人。

中国抗日战争史学会的成立，推动了一系列抗战史学术讨论会的召开，但是拟议中的抗战研究基金会，始终未能成立起来，胡乔木最初提到的日本暴行调查未能进行。

《抗日战争研究》杂志的筹办和创刊

抗战史学会正式成立，作为学会刊物《抗日战争研究》的筹办便正式提上日程。刘大年曾考虑由他和戴逸任主编，我任副主编。过了几天在正式会议上，刘大年宣布我是刊物主编。这样，申请刊号、组织编辑部、所里行政部门拨出刊物办公房间、考虑创刊号文章，几乎同时进行。那时候，近代史所有一个正式学术刊物《近代史研究》，主编是夏良才。《近代史研究》编辑部有编辑人员六七人，经与夏良才商量，决定调曾景忠出任《抗日战争研究》副主编，同时，荣维木刚从中央党校调入近代史所，也请他来担任《抗日战争研究》编辑，又从图书馆调来一位做编务。这就把编辑班子搭起来了。还组织了刊物编委会，以刘大年为召集人，以抗战史学会学术委员会委员为编委。编委会做出决定，刊物为季刊，创刊号在 1991 年 9 月出版。

鉴于刊物是学会主办的刊物，胡乔木是学会名誉会长，我向刘大年建议请胡乔木写一篇发刊词，请邓小平、聂荣臻为刊物题词。大年接受这个建议，随即便给胡乔木写了信：

《致中国抗日战争史学会成立大会的信》在成立大会上宣读过，现送上，请再过目。

两个办法：（一）不用信的形式，以中间三段为基础，略加充实，成一简短发刊词；（二）即用原信，注明代发刊词。当然希望您选择前一办法。但决不要太费事，以免劳累，几百字就可以了。刊物本月中旬发稿，祈酌定示复。①

原来，乔木是答应写发刊词的，我们感到很受鼓舞。随后乔木以身体原因，表示写不出来，可以把刘大年在成立大会上做的主题报告作为发刊词。大年谦让，坚持要乔木写发刊词，实在写不出来，就以成立大会的贺信为基础，加以修改。乔木同意了。我在贺信基础上稍加调整，送乔木审核，得到通过。刘大年又分别给邓小平和聂荣臻写了一封信，请他们为创刊号题词。这两封信是托胡乔木转交的。信是这样写的："学术界在胡乔木同志倡导下，成立了一个民间的抗日战争史学会，并决定出版名为《抗日战争研究》的刊物，推动学术研究。大家非常希望您能够给《抗日战争研究》题辞，以鼓舞学术界和对群众进行爱国主义教育。刊物六月上旬发稿，题辞要在五月间收到。至祈俯允，勉我后人。"② 编辑部不久就收到了聂帅身边工作人员寄来的聂帅题词。题词用毛笔写在宣纸上，签了聂帅大名："研究抗日战争史，加强爱国主义教育。"但是照我看来，除了签名是聂帅笔迹，题词本身似乎是聂帅秘书代笔的。那时候，聂帅身体已大不如前了。邓小平处没有回音。

为了办好创刊号、办好刊物，请刘大年主持召开了一次《抗日战争研究》编委会，全体编委出席，对办好这份刊物提出了很多好的意见和建议。

经过紧张忙碌，编辑部从原来《近代史研究》来稿和从参加沈阳九一八事变60周年国际学术讨论会文章中选取部分稿件形成了创刊号目录，经过讨论确定下来。那时候刊物出版还是排铅字，与《近代史研究》一起送河北卢龙印刷厂印制。编辑经过校对，还要到卢龙印刷厂去核红。当九一八事变60周年国际学术讨论会于1991年9月18日在沈

---

① 见王玉璞、朱薇编《刘大年来往书信选》（下），第578页。
② 见王玉璞、朱薇编《刘大年来往书信选》（下），第576—577页。

阳开幕的时候,《抗日战争研究》创刊号运到沈阳会场,与出席大会的所有学者见面了。

我们在创刊号上的处理是:(1)内封为聂荣臻元帅题词;(2)胡乔木致中国抗日战争史学会成立大会的信——代发刊词;(3)刘大年的《做什么,怎么做?——在中国抗日战争史学会成立大会上的讲话》。以上是开篇,以下是论文和其他栏目。论文第一栏是关于九一八事变研究,有沈予《从华盛顿会议到九一八事变》、俞辛焞《九一八事变时期的张学良和蒋介石》、余子道《中国局部抗战综论》、佟冬、解学诗《华北事变是九一八事变的继续》、杨天石《胡汉民的军事倒蒋密谋及胡蒋和解》、张劲松、马依弘《九一八事变综述》。论文第二栏的文章,有魏宏运《抗日根据地史述评》、许乃波《回忆抗日战争时期的宋庆龄》、刘存宽《1942年关于香港新界问题的中英之争》、牛军《抗战时期中共对外政策的演变》。其他栏目还有外刊介绍、读史杂记、学术信息等。这个栏目安排大体上体现了刊物的方向。最后,我以本刊编辑部名义,写了一篇《致读者》,说明本刊的基本宗旨。《致读者》写道:

> 本刊创刊,就是要致力于推动抗日战争历史的研究。我们所说的抗日战争史,并非单指中日双方军事行动、战争过程。抗日战争史,换一句话说,就是抗日战争时期的中国断代史,举凡当时的政治、军事、经济、文化、国际关系等方面,都在我们研究讨论之列。……
>
> 尊重历史,遵循科学,是中国抗日战争史学会的办会宗旨,也是本刊的办刊宗旨。马克思主义是科学,我们主张历史研究应以马克思主义为指导。同样地,我们提倡一切实事求是的富有科学精神的研究。不看标签如何,而以尊重历史史实为准绳。①

《致读者》最后还说:"抗日战争史是一个新近为大家所重视的领域。研究者中青年居多。从根本上来说,提高我国抗战史研究的水平,希望在于大批有志于此的青年学者的健康成长。本刊将乐于为我国抗战

---

① 《致读者》,《抗日战争研究》创刊号,1991年9月。

史研究方面的青年学者的健康成长，提供一个合适的园地。"

《抗日战争研究》1991年由中国社会科学院近代史研究所发行组代理总发行，近代史研究杂志社作为出版单位。1991年创刊到1993年各期的主要稿件我都是看的，1994年我担任近代史研究所所长，实在无力多看稿件，就委托曾景忠全权处理，1994年第1期起，刊物封底改署执行主编曾景忠，曾景忠退休后由荣维木担任执行主编。

那时候一年出版经费大约8万元（其实许多工作经费都打在近代史所账上了），不几年，财政部拨付的50万就用完了。因为是学会主办，社科院不管经费支持。我求助于抗战史学会执行会长白介夫，他也无法，只得从北京市网球协会得到的捐款里拨来了几万元，还是无济，我又从香港热心抗战研究的杜学魁先生那里求助，又得到了几万元资助，后来还从抗战纪念馆拿到一点钱，勉强维持刊物的出刊。直到2004年步平接手主编后，办刊经费才有改观。

回忆《抗日战争研究》的创刊，已经过去了25年。这篇回忆大多是有资料根据的，有些是根据当时的工作笔记，细节已经不能全部复原了。我深感创业难，所谓事不经过不知难。当年创业简陋，今天成就巨大，令人感慨系之。有一点可以说，在成立中国抗日战争史学会和创办《抗日战争研究》上，胡乔木和刘大年两位先人厥功至伟！他们已经擘画了中国抗战史研究的基本框架，为后人清楚地指示了做好这一工作的前景。后人取得的成绩，不可忘了有他们一份功劳！

我以为，一会一刊，推动了中国抗日战争史研究的大踏步前进！

2016年2月14日于东厂胡同一号

跨过台湾海峡　实现双向交流之旅[*]
——记1992年5月赴台北"黄兴与近代中国"学术讨论会

序　言

1992年5月8日，我和中国社会科学院近代史研究所尚明轩副研究员、湖南师范大学韦杰廷教授一起出席了台湾政治大学历史研究所等举办的"黄兴与近代中国"学术讨论会。这一次台湾之旅开启了海峡两岸双向交流的大门，也开启了两岸学术界双向交流的大门，在一定意义上，对推动海峡两岸关系的发展起了积极的作用。对我个人来说，是我个人学术活动的一个转向：我开始注意台湾学术发展，尤其是台湾学术界有关中国近代史研究的进展，开始注意推动两岸近代史学界的学术交流。

开启台湾之旅的秘辛

1979年1月1日，中美建交，同时全国人大常委会发表了《告台

---

[*] 本文为出席台北"互动与新局：30年来两岸近代史学交流的回顾与展望研讨会"而作。载吕芳上主编《春江水暖——三十年来两岸近代史学交流的回顾与展望（1980s—2010s）》，台北：世界大同文创股份有限公司，2017；又载丁伟志、郭永财、张椿年总主编，刘培育、昊文川主编《中国哲学社会科学发展历程回忆》续编1集，中国社会科学出版社，2018。

湾同胞书》，开启了海峡两岸关系的新时代。1987年台湾当局宣布"解禁"。1988年以后，台湾老兵、台商以及各方面专业人士到大陆，已经风起云涌，不可阻挡。1988年起我在中国社会科学院近代史研究所担任副所长后，多次接待来访的台湾历史学教授，相谈甚欢。但1992年5月之前，台湾海峡两岸关系还是很神秘。台湾人到大陆获得突破，但大陆人除极个别直系亲属奔丧外，到台湾还是不被允许的。大陆学者何时能去台湾访问，还是横亘在心头的疑问。两岸人员交流需要实现双向，才是真正的两岸交流，我们心中都有这样的主张。对此两岸当局应该是理解的。两岸行政主管可能已经通过白手套做出了适当安排。但是，这种双向交流从哪里实现突破，则是未曾料到的。

事实证明，两岸的交流是从中国近代史学者的学术交流启动的。

中国近代史是距离两岸人民和学术界最近的一段中国历史，如何理解、认识近代中国历史的发展是两岸学术界都极为关心的。孙中山和黄兴更是辛亥革命时期乃至近代中国最值得关注的人物，历史选择了孙中山和黄兴研究成为突破海峡两岸双向交流的关键。

1991年11月，我收到政治大学历史研究所所长胡春惠教授来函，邀请我出席次年5月召开的"黄兴与近代中国国际学术讨论会"。本所副研究员尚明轩也接到同样的邀请函。我立即决定接受邀请，并复函政治大学历史研究所，鉴于大陆方面对台湾举办国际性会议，一般不会批准，建议对邀请函件用语稍做修改。政治大学历史研究所回函同意删去"国际"字样，此后在有关会议筹备的其他文件中的确未曾出现"国际"二字。我随即向中国社会科学院台港澳办提出申请。中国社科院各研究所多已经接待来自台湾的学者，正想推动海峡两岸学术交流，实现学术上的双向交流。社科院台港澳办立即将我的申请转报国务院台湾事务办公室，并且很快得到国台办的同意。

正式成行出席会议的学者只有上述三位。我很快知道，政治大学提出邀请的大陆学者有二十多位，两岸的行政单位都进行了严格的审查。台湾方面在审查中删去了有人大代表和政协委员身份的学者；大陆方面，教育部不同意直属高校的学者出席。台湾方面完成邀请手续花了三个月，留给大陆方面办手续的时间只有一个月。台湾方面为了加快办手续时间，政治大学派了博士生在"教育部""内政部"蹲守督促。那时候，台湾方面已经普遍用上了传真机，大陆方面还没有，我所在的研究所没有，只有社科院台港澳办有一台传真机。政治大学与我的联系要传到我院台港澳办，我再去取回。当时的办事程序，只有拿到台湾方面发出的入台证传真件，大陆方面才能启动办理赴台手续。我院台港澳办收到入台证传真件，立即转报国台办，国台办很快批准。那时候的程序是，国台办制作批准文件，分送中国社会科学院和公安部，由公安部出入境管理局给北京市公安局发出指令，可以办理往来台湾通行证。我知道国台办的批准文件已经制作好，但要靠公文旅行需要几天才能到我手里。我便驱车直接到国台办取走批文，直接到公安部出入境管理局，找到一位负责的副局长，给他出示国台办批文。他看过了认为是正式文件，但说公安部还未收到，我告诉他文件还在公文旅行途中，等到了，我的时间就不够了。我把我拿到的文件留在他那里，他同意了。第二天我再去取回，同时拿到公安部出入境管理局给北京市公安局签证处发出的指令。我拿到这个指令，到前门公安局签证处办理证件手续就很容易了。

应该说，第一次台湾之旅，两岸办事单位都没有做好相应准备工作。1992年5月7日，我们三人一行从深圳过罗湖桥到香港（那时这是唯一的通道），被英国管理下的香港罗湖警方扣留审查6小时。出了罗湖边检站，胡春惠所长接我们到旺角一家名为Stanford Hotel的酒店住下来，次日上午到港岛中华旅行社办手续，中午由珠海书院郑校长请客。下午我们赶到启德机场时，因为大雨，已经过了起飞时间。好在因大雨，那个航班取消，合并到晚上起飞。登机时，我走到舷梯上，被空姐拦下来，原因是我们三人未带入台证。这可急坏了胡所长，他立即给台湾方面打电话，得到允许先登机。飞机在桃园机场降落时，机上播音说请张海鹏等三位先生在舷梯旁等候。下了飞机，才有一位小姐拿着我们三人的入台证分发给我们。这样，我们三人才成为合法入境者。

5月9日上午9点，会议在政治大学行政大楼第一会议室召开。我们三人鱼贯走进会场，看见会场横标醒目地写着"国际学术讨论会"。跟着我后面的一位拉着我的衣襟说，要不要退场？我没有犹豫，回答说不要退场，各人找自己的位子坐下来。我这样说可能有一点风险。因为来台前国台办已通知不能参加台湾举办的带有"国际"字样的会议。当然，我也有一点根据。我在行前曾到国台办交流局做行前谈话。谈话人是一位王姓女处长。谈话中，我曾提出问题：在两岸关系很紧张的情况下，第一次到台湾，万一遇到情况，我无法及时汇报请示，怎么办？该处长回答说：临机处置。我说，我就等着这句话。谈话中，那位处长指定我为三人行的团长。这个团长是从未公开过的，未有料到，到了台湾，接待方面实际上是拿我做团长的。

回到北京后，国台办副主任唐树备曾到中国社科院听取对台工作意见，我提到5月在台湾政治大学出席"黄兴与近代中国"学术讨论会，会场上悬挂的横幅上有"国际"字样，我没有退场。我的理由是，经过数十年隔绝，我们有机会到台北，有一个讲台供我们使用，这是一个最大的收获。如果我退场，必将引起轰动，台湾新闻媒体必定会广泛报道，我个人在台湾的处境困难不说，必将带来刚刚开启的两岸关系，特别是两岸学术交流倒退，这是不利于两岸交流的。对我的说法，在场听取意见的国台办负责人没有表示不同意见。这件事情就这样过去了。两岸学术交流也就这样开启了。

过了20多年，回顾当年破冰之旅的艰辛，我是感到欣慰的。

讨论会概况与会后访问

赴台以前，有关1982年以胡绳为团长的大陆代表团和以秦孝仪为团长的台湾代表团的故事，我已经知道了；章开沅和张玉法的争论，我们也知道了。我为出席会议准备的文章题为《论黄兴在武昌首义中的态度》。我在文章中非常务实地讨论黄兴在武昌首义过程中的基本态度，讨论黄兴、孙中山和中国同盟会的起义战略，得到了与会台湾学者的好评。我的论文评论人林能士教授在评论中说，"整篇论文可说是论理清楚，无懈可击"，又说"这篇论文，大抵以史论方式撰写，逻辑严谨，实在挑不出毛病来评论"。[①] 在自由讨论中，李云汉、薛君度、蒋永敬、李恩涵诸先生也都有评论，提供批评意见，或者对拙文给予肯定。蒋永敬先生说，"我们对张海鹏先生这篇文章非常注意"。我在综合答复中说："我非常感谢林能士教授给我的批评。今天诸位对我的批评，我觉

[①] 林能士的评论，见胡春惠、张哲郎主编《黄兴与近代中国学术讨论会论文集》，台北，1993，第304页。

得是很好的学术交流。我们到台北来就是寻求这种交流而来的。"我还对林先生、李先生、薛先生的批评分别做了适当的响应,答复并解释了他们提出的疑问。①

大陆学者提交会议讨论的论文有 7 篇,有一篇未能收入论文集。那篇未收入论文集的文章,由于作者身体健康问题,可能是学生代笔,受到批评较多,尤其是有"资产阶级革命家"之类提法,受到严厉批评。我记得章开沅的论文由我代为宣读,姜义华的论文由尚明轩代读,还有南开大学李喜所、湖南师范大学林增平两篇,也是分别请人代读的。出席会议的我们三位大陆学者在会议中都参与了自由讨论,发言都被记录在上述论文集中。

关于"革命"是否应该"革"的问题,引发了一点小的讨论高潮。在讨论蒋永敬先生的论文《胡汉民笔下的克强先生》和吕实强先生的《黄兴的勋业与风范》两文时,引起一点讨论。蒋永敬先生评价胡汉民笔下的黄克强,引申出"革命"不好,说"大陆中共革命越革越糟";吕实强评论黄兴品格,高度推崇他的"无争""淡泊名利""有如菩萨,渡己渡人";张玉法先生评论孙黄关系,说孙中山一生仰仗三个人,一个是对他百依百顺如陈英士,一个是叛变了如陈炯明,一个有依有违如黄兴。我在自由讨论中有所质疑,我说:不要一般地说革命不好,否则辛亥革命就会被否定了,应当说该革命的就革,不该革命的不革,中共"文革"革错了,不能说中共革命越革越糟。把"无争"推崇到至高无上,对政治家来说未必是妥当的。笼统地说黄兴对孙中山依违并存,并不严谨,应当说黄兴在多数情况下都是执行孙中山的革命主张的。尚明轩补充说,孙中山一生仰仗的不止三人,晚年依仗的尚有廖仲恺。我们这些质疑,颇能得到台湾学者的理解。② 其实,我在说辛亥革命会被否定了的话后面,还有一句话,是说辛亥革命产生了中华民国,今天在台湾,这个"中华民国"还存在,如果否定了辛亥革命,怎么解释这个"中华民国"呢?这句话,那本论文集没有保留下来,我在《近代史研究》发表的会议报道中也没有记述。我那句话讲了以后,曾引起全场轰

---

① 胡春惠、张哲郎主编《黄兴与近代中国学术讨论会论文集》,第 304 页、第 324—327 页。

② 这一段文字引自张海鹏《记台北"黄兴与近代中国"学术讨论会》,《近代史研究》1992 年第 5 期。

然一笑，这是我印象深刻的。① 在综合答复中，蒋、吕二先生都对我的评论做了响应。蒋先生的响应说："张海鹏先生讲革命的事情，讲法是对的，应该革的时候要革，不应该革的时候不要革，否则越革越糟。张朋园先生是反革命的，他甚至认为辛亥革命不应该革，当然今天海峡对岸的朋友，应该认为'文化大革命'不应该革。克强先生不赞成二次革命，假使我们认为二次革命不应该革，克强先生的地位应该很高，应该革的话，地位则应该差一点。克强先生是反对二次革命，赞成辛亥革命，正如张海鹏先生所讲，赞成应该革的时候，勇往直前去革，不应该革的时候绝不去革，这个克强先生已经做到。"② 吕先生在响应中也说："张海鹏先生说到无争的事情，我个人感觉到一个人生太多境界……他的无争是很有佛的境界，我想应该没有问题。张先生讲的很有道理，我想我对张先生的意见也是无争的。"③ 我的印象，这次学术讨论会水平甚高，颇引起学术界注意。会议中的讨论气氛总起来说很好。

根据会议名册，与会学者总共80人（有几人未到），实际出席会议的大约150人，提供论文21篇，讨论时间有两天。借这个机会，我差不多见到了台湾大部分知名的中国近代史学者。除了上述诸位，还见到了中研院近代史所所长陈三井以及王聿均、张存武、刘凤翰、林明德、陈慈玉、黄福庆、苏云峰等研究员，吕芳上、黄自进等副研究员，台湾大学王曾才、李守孔、缪全吉等教授，台湾师范大学王家俭、李国祁教授等，还有政治大学文理学院王寿南、传播学院颜沁恒、三民主义研究所马起华等教授以及历史系代主任张哲郎、历史系副教授周惠民，东海大学文学院吕士朋、古鸿廷等教授，淡江大学王成勉副教授，中国文化大学文学院院长宋晞教授，中国国民党党史会主任委员李云汉、副主任委员陈鹏仁等先生，还有来自韩国汉城大学闵斗基、日本立教大学戴国辉、美国马里兰大学薛君度、纽约圣约翰大学李又宁等。没有这次讨论会，一下子认识这么多台湾历史学教授是很困难的。

---

① 论文集里记载我的发言是："我对蒋先生以及吕实强先生的报告非常钦佩，我只有一个意见，蒋先生在评论胡汉民先生对克强先生关于革命的一段话，我认为革命不是说一概不好，该革命的时候要革，不该革命的时候不要革。另外吕实强先生讲到无争，黄兴这个风范的确非常令人钦佩，但是无争如果拿到政治斗争中去，也可能会犯错误。"见胡春惠、张哲郎主编《黄兴与近代中国学术讨论会论文集》，第38页。
② 胡春惠、张哲郎主编《黄兴与近代中国学术讨论会论文集》，第38页。
③ 胡春惠、张哲郎主编《黄兴与近代中国学术讨论会论文集》，第39页。

如前所述，此次会议的最大亮点是大陆学者的出席，它始终成为会内会外的话题。作为会议筹备委员会主席的政治大学校长张京育在开幕式致辞中指出："此次会议是国内外历史学界相互交流的一大盛事，尤其难得的是，这次研讨会有数位大陆学者与会。……希望这次会议能成为两岸文化交流的起点，在学术的殿堂上，彼此相互讨论、切磋，以达到历史求真的境界。"①"国史馆"馆长瞿韶华在致辞中也强调，此次会议"首次邀请到大陆的学者，大家讨论切磋，交换心得，必将使两岸的学术交流，从此展开新页"。②胡春惠所长在论文集序文里指出："大陆数位教授，在交通不便、联络不易的情况下，翻山越岭，不辞舟车劳顿，赶来赴会，不仅突破了北京和台北两边的重重障碍，也是大陆学者正式受到邀请集体到台北出席会议的记录开创者。因此，我们可以说，这次'黄兴与近代中国'的讨论会，不仅是一次成功的讨论历史的会议，也是一次成功的创造历史的会议。它的意义，对中国近现代史学界的激励与影响，应是深远而广阔的。"③

上述三位的评价是很平实的，丝毫没有夸大之嫌。随着首批大陆学者赴台出席会议，就有中研院留在大陆的七位老学者赴台，此后，大陆学者、大陆专业人士赴台骎成潮流。两岸人员交往从单向成为双向，突破点是从1992年5月9日"黄兴与近代中国"学术讨论会开始的。我们今天可以说，两岸和平发展成为潮流，正是起始于两岸之间中国近代史的学术交流！回顾海峡两岸和平发展历史，两岸的中国近代史学术讨论会、两岸中国近代史学者是可以引为自傲的！

此次访台期间，承主办方面安排，大陆学者三人还参加了一些活动。这些是：访问政治大学历史系和历史研究所，在胡春惠主任主持下在历史系做演讲，我回应了蒋永敬教授的提问；访问中研院近代史研究所，在陈三井所长主持下做了演讲，我的演讲主要是介绍中国社会科学院近代史研究所的研究工作。我记得，张玉法、张朋园、吕实强、刘凤翰、林满红等各位都有提问。吕实强先生发言介绍我在"黄兴与近代中国"学术会议上的论文，有所赞誉，说张先生的文章跟我们写的差不多，同时也提出放弃意识形态问题。我对各位的提问分别做了答复。另

---

① 胡春惠、张哲郎主编《黄兴与近代中国学术讨论会论文集》，第3页。
② 胡春惠、张哲郎主编《黄兴与近代中国学术讨论会论文集》，第5页。
③ 胡春惠、张哲郎主编《黄兴与近代中国学术讨论会论文集》，第1—2页。

外，访问了阳明书屋，中国国民党党史会主任委员、副主任委员李云汉、陈鹏仁先生接待；访问了台北"故宫博物院"，秦孝仪院长接待；访问了"国史馆"，瞿韶华馆长接待；出席了联合报系历史月刊社举办的公开演讲会，三位大陆学者与台湾蒋永敬、张玉法、陈三井三位先生分别就"两岸学术交流对中国近现代史的影响"发表了20分钟演讲，答复了公众的提问；出席了张京育校长的早餐会，参加了与政治大学博硕士班同学的晚会；访问了东海大学文学院、图书馆以及附属小学等；抽空会见政治大学教育长刘兴汉谈大陆教育制度，与"总统府"资政邱创焕、① 海基会副秘书长李庆平、展望基金会董事长李庆华、"行政院"前新闻局长邵玉铭、中国统一联盟主席陈映真、《海峡评论》总编辑王晓波等会见；还抽空会见台湾大学三民主义研究所李炳南、台湾师范大学三民主义研究所赵玲玲、淡江大学战略研究所李子弋、传记文学社刘绍唐、台湾师大王尔敏、联经出版社总编辑林载爵（政治大学副教授）等学术界人士。

接待方面还专门安排我们到海基会拜访了副秘书长陈荣杰，我记得有苏起先生在座。寒暄后，陈荣杰先生忽然问我：张先生，你是共产党员吗？我正在考虑怎么回答，陈荣杰先生接着说：你不需要回答我。我知道，你们当中有许多人是共产党员。我所以提出这个问题，是考虑，你们在台湾期间，可能有人向你们提出这个问题。如果有人问你，我建议你不要正面回答，打个哈哈，王顾左右而言他，用别的话题带过去。他说，如果你承认自己是共产党员，按照我们这边的法律，我们可以抓你。但是你是我们邀请的客人，抓你就不妥了。我们不抓你，还可能有民进党的人出来提告。如果你不承认你是共产党员，我们这边在大陆有眼线，如果证实了你是共产党员，说明你不诚实，在台湾撒谎了，这对你更不好。我认为，他的说法，很有参考价值。但是事实上，在台湾期间，没有人向我们提出这个问题。② 与政治人物会见，我多少会有一点不安。陈荣杰的谈话，解除了我的不安。当时到台湾来还有的某种紧张

---

① 邱创焕先生刚刚在政治大学做了一场演讲，谈中国的统一问题，他认为统一的中国可以创造全世界最大的生产力。他把讲稿送给我参考。
② 张海鹏：《我的台湾经历和我的研究》，张海鹏：《书生议政——中国近现代史学者看台湾的历史与现实》，海峡学术出版社，2010，第18—19页；九州出版社，2011，第13页。

感，到这时卸下来了。

到了台湾，立即发现，两岸虽然隔绝许多年，一见面，彼此觉得都是中国人，言谈礼节，把酒言欢，一切行事作风，都是差不多的。原先可能抱有的某种政治敌意，马上烟消云散了。分歧归分歧，朋友归朋友，走动起来，都很亲热，说两岸中国人一家亲，我有切身体会。

这次到台湾出席会议等活动，对我个人来说，是一次密集的、强化的与台湾历史和现实有关知识的培训。这种培训的收获，是在平时10年也难以做到的。我对台湾学术界的大致情况、对台湾的官民关系、对台湾的社会经济发展、对台湾社会的"反共"情结和"统独"矛盾，有了基本的了解。1992年5月台湾之旅给我的人生留下了极为深刻的印象和思考。

推动海峡两岸学术交往

我出生在民国28年（1939），当1949年10月中华人民共和国成立的时候，我在国民党统治下生活了10年多时间。在我有一定知识的时候，我对台湾有一种亲切感（因为是中国的土地）、陌生感（因为长久隔离）和厌恶感（因为是国民党在统治）。我的族人中也有好几位当兵去了台湾，音信毫无，生死不知。

1979年的《告台湾同胞书》、"叶九条"、邓小平有关台湾问题的谈话以及蒋介石离世、老兵到大陆探亲等迅速提起了我对台湾问题重要性的关注。1980年4月中国史学会发表致台湾历史学界书，期待台湾历史学家作祖国大陆之游，表示"翘首云天，书不尽意"。[①] 1981年10月在武昌举办辛亥革命70周年国际学术讨论会，大会筹备委员会主席刘大年邀请台湾学者出席，无人响应。

1988年以后，形势发生变化，我在北京陆续接待了来访的台湾学者。1990年8月，中国社会科学院近代史研究所成立40周年，举办"近代中国与世界"国际学术讨论会，吕实强、张朋园研究员和林满红

[①] 《中国史学会代表大会致台湾历史学界书》，中国史学会秘书处编《中国史学会五十年》，海燕出版社，2004，第45页。据我所知，最后8个字，是胡乔木改的。

副研究员应邀来京出席。在我的印象中，他们三位是最早到北京出席学术会议的台湾学者。1991年8月在夏威夷东西方研究中心举办的辛亥革命80周年国际学术讨论会，大陆历史学家10人和台湾历史学家10人同时赴会，① 大家见面都很亲切，我与他们10人都有亲密接触。我记得某早，吕士朋、李国祁、王曾才三位先生曾邀我共进早餐；某晚宴会，台湾学者9人坐在一桌，10缺一，我坐了进去，谈笑风生，亲密无间。1991年9月在沈阳举办九一八事变60周年国际学术讨论会，蒋永敬、胡春惠、李恩涵等台湾学者出席。陈鹏仁先生要求出席沈阳会议，但因中国国民党主席李登辉不批准，他未能出席，很遗憾。

1992年5月"黄兴与近代中国"学术讨论会举行的时候，我正在筹备与台湾师范大学三民主义研究所合作的"孙逸仙思想与中国现代化学术讨论会"。这个会议6月9日在北京香山饭店举行。这是海峡两岸官方第一次批准在北京举办会议。我和赵玲玲商定各推荐25人（其中包括5位海外人士）。临到开会前两天，赵玲玲所长才把他们邀请出席会议的名单和文章带到北京。我们发现，台湾方面邀请的学者几乎都是三民主义研究和政法方面的学者，其中一些人有重要兼职（如"国大代表"、国民党中央委员、大学校长、法官等），提交的文章有强烈的"反共"色彩。如有一篇文章一开头就是中共在大陆统治"残民以逞，穷兵黩武"，人民生活在"水深火热"之中。② 大陆方面邀请的学者都是孙中山研究的著名学者。会议开了两天，每天都在吵架，包括议程、会标、合影等都要争吵到最后，才勉强达成协议。这在某种程度上增加了我对台湾三民主义学者的认识。

香山会议后，我又参加了接待以欧阳勋为团长的大陆研究会一行三十多人。这批台湾学者是来出席中国社会科学院与台湾"亚洲与世界社"联合主办的"两岸关系新趋势研讨会"的。这个代表团中，有现任、前任大学校长8人，前任"部长""副部长"和其他党政与文化、新闻、出版等部门负责人多人，现任和前任"立法委员""国大代表"

---

① 大陆出席的是金冲及、张岂之、章开沅、李侃、李文海、张磊、姜义华、张海鹏、王玉璞等，台湾出席的有张玉法、张朋园、李恩涵、蒋永敬、胡春惠、李国祁、王曾才、吕士朋、古鸿廷、陈鹏仁。

② 大意。这样的词汇至今还保留在那位朋友的文集中，我在这里为贤者讳，恕不列名。

多人。① 其中，有人在饭后说酒话，要求"反攻倒算"，引为笑谈。

1993 年以后，我们和台湾的中国近代史学者交流更密切了。我们每年都要办会，会中都有台湾学者出席。中国社会科学院近代史研究所每年都请台湾学者，特别是邀请中研院近代史研究所学者来访问。蒋永敬、张玉法、陈三井、张存武、张朋园、吕士朋、李恩涵、刘凤翰、吕实强、吕芳上、黄克武、张哲郎、林能士、周惠民等学者都曾来访。党史会李云汉、陈鹏仁、邵明煌等朋友也都曾来访。秦孝仪先生退休后也来参加过我们的会议。接待来自台湾的近代史学者总是给我留下了很好的印象。我们研究所的学者每年也都去台湾各大学和研究单位访问。

2002 年，中国社会科学院成立台湾史研究中心，我担任主任。2004 年后，这个中心几乎每年都主办台湾史学术讨论会，台湾的台湾史学者赖泽涵、黄富三、许雪姬、王晓波、戚嘉林、傅琪怡、卞凤奎、许毓良等都多次前来与会。

余　音

1992 年以后，两岸的中国近现代史学者的相互来往与交流已经成为常态，彼此对对方的学术观点、政治立场，大概都摸得差不多了，中国近现代史学者之间的密切接触和互相访问，切磋学问，对于各自深入思考学术问题，乃至海峡两岸的关系都有很大促进。

2002 年，中国社会科学院成立台湾史研究中心，中国社会科学院近代史研究所成立台湾史研究室，我既兼中心主任，也暂兼研究室主任。这个中心从 2004 年起，多次召开台湾史学术讨论会。台湾研究台湾历史的学者多人多次前来出席，赖泽涵、陈鹏任、王晓波、戚嘉林、黄富三、许雪姬、蓝博洲、陈慈玉等都多次赴会，或者提交论文。这些讨论会，大多出版学术论文。台湾历史研究的学术交流，对两岸学者都会带来学术上的帮助。

有关海峡两岸中国近现代史、台湾史的学术交流，我参与不少，逸

---

① 张海鹏：《我的台湾经历和我的研究》，张海鹏：《书生议政——中国近现代史学者看台湾的历史与现实》，海峡学术出版社，2010，第 23 页；九州出版社，2011，第 16 页。

闻趣事很多，限于篇幅，这里不能展开，只好留待他日仔细回忆、品味。

两岸学者特别是中国近现代史学者、台湾史学者之间的交流，实在惠莫大焉，非常值得今后大力推进与弘扬！台湾政党轮替，不应该成为阻碍两岸学术交流的借口。本人已入垂暮，极期待两岸之间年青一代朋友们多来往，多交朋友，发扬老一代中国近现代史学者之间推心置腹交流学问的好风气。鄙人尚可贾勇往来海峡之间，问候各位老友，并与各位叙"饭否"之安的。

2016 年 3 月 5—16 日

7 月 18 日修订

北京东厂胡同一号

在近代史研究所的退休感言[*]

我上个月在社科院已经参加过一次由王伟光院长主持的座谈会，我已经发表过一次退休感言。今天是第二次退休座谈会，承蒙所里举办。我想退休是人之常情，是人的生活履历中的一步。一个月前，建朗所长根据院里的规定口头通知我退休事宜时，问我有什么要求，我说无条件退休，没有任何要求。当晚，我给周溯源书记、王建朗所长写了一封信，表达了无条件退休的意愿。我想，跟与我同年的许多同志比，他们早些年都已经退休了，我现在已经进入了 77 岁，仅从这一点上说，就不应该有任何条件。我觉得社科院建立学部委员制度，是社科院建设中的重要进步，现在又建立学部委员退休制度，社科院学部委员制度建设就比较完整了、有序了，这对社科院，对我们研究所，对哲学社会科学界都是一件好事。我对于退休没有任何思想负担，也没有任何要求。

我是 1964 年 8 月来到近代史所，到现在将近 51 年了。这 51 年里，1964 年至 1978 年为第一阶段，这期间除 1976 年在《历史研究》发表一篇文章、1978 年在《北京日报》发表一篇文章外，大部分时间是在"文化大革命"中度过的，学术研究十分有限；1978 年至 1988 年为第二阶段，这 10 年是踏踏实实坐冷板凳、扎扎实实做学问的 10 年，可以把它定义为我的学术生涯中的'黄金十年'；1988 年至 2004 年是第三阶段，这期间担任副所长、所长，行政、学术双肩挑；2004 年以后辞去所长职务，担任中国史学会常务副会长兼秘书长，2009 年担任史学会会长，这段时间工作重心主要围绕中国史学会工作开展。

---

[*] 我在 2015 年 5 月正式退休。近代史研究所在 6 月 16 日为我主办了荣休座谈会，王建朗所长主持了这次座谈会。本文是根据近代史所网站上发表的记录稿整理而成的。

我是 1964 年 8 月来所报到，正值召开 1964 年北京科学讨论会，这是新中国成立后国家举办的最大型的国际科学讨论会，包括文理工医各学科，会议为期两周，来自世界各地（主要是第三世界）各学科的知名学者四百多人参加了此次盛会。由于会议需要工作人员，我和郭永才进所后第二天就被派去做会务工作，这是我进所后接受的第一个任务。郭永才被分配到史学组，我当时被分到政法组，给刘思慕做秘书，主要负责会议记录、整理会议纪要、听电话等，不但有机会接触国内各界名流，对国际学者也有了初步了解，这对拓宽自己眼界很有帮助。日本学者安藤彦太郎、岸阳子就是那次会议上认识的。

会议结束后，所里按照中央统一部署，到甘肃张掖参加"四清"运动，我们刚入所的大学毕业生作为预备队员随行。10 月下旬，抵达张掖，开始了为期 8 个月的"四清"运动（即农村社会主义教育运动）。我大学刚刚毕业，到张掖是第一次在农村做干部和农民的思想教育工作，第一次见到中国西部的农村。张掖很落后，很贫穷，我们那时住在农民的炕上，很艰苦，甚至吃不饱饭，常常吃稀饭，8 个月甚至没有吃一次青菜，吃的都是辣椒面，好的人家就是油泼辣子，一般的是醋泼辣子。

那时候国家规定大学毕业生要到基层锻炼一年。"四清" 8 个月，还不满一年。考虑到张掖农村生活艰苦，学部领导同意我们到山东黄县（今龙口市）农村，完成为期一年的劳动锻炼。黄县农村较富裕，我们的生活才有所改善。

1965 年 11 月，黄县劳动锻炼结束后回到北京，我被安排到近代史所的西郊组管理图书。西郊组的正式名称对外叫中国近代史讨论会，工作性质是保密的，属外交部和学部共同领导。组长是金应熙（中山大学历史系主任），副组长是李龙牧（复旦大学新闻系主任）、余绳武（近代史所助理研究员），近代史所副所长黎澍直接领导。工作地点在西颐宾馆中馆（今友谊宾馆）。

当时西郊组主要是为配合外交部中苏边界谈判，负责整理、提供中俄边界谈判资料，研究中俄关系历史。那里有几万册藏书，绝大部分是英文和俄文。西郊组的负责人从哈尔滨、沈阳、大连以及上海、武汉各地老图书馆搜集了 19 世纪末 20 世纪初出版的各种俄文、英文书籍，其中涉及中俄关系、中俄边界的书籍居多。这些书在当时各地几乎都被压在图书馆的仓库里,没有编制目录。我被分配来做图书卡片、编制目录(就我一人)。组里有培养我的意思,希望我将来能做中俄关系历史的研究,专门安排金应熙教授给我讲授中俄边界形成的历史。那时正值青春岁月,是做研究的最好时间,可"文革"的序幕也已然被逐渐拉开。

1966年6月1日,《人民日报》发表社论《横扫一切牛鬼蛇神》,象征着"文化大革命"开始。我们现在研究"文化大革命"历史的学者往往将"文革"开始时间定在5月16日中共中央通过了《五一六通知》那天,但当时报纸上没有报道,一般人不知道有这个"通知"。所以,从个人经历来讲,6月1日的社论可以看作是"文化大革命"的开始。6月2日,《人民日报》发表北大哲学系聂元梓等七人的大字报;6月3日,《人民日报》发表了《夺取资产阶级霸占的史学阵地》社论。这篇社论是针对近代史所提出批评的,说近代史所的领导人是"东霸天""西霸天",像资产阶级那样垄断史料云云,报纸还配发了一版篇幅的署名"史绍宾"的文章,对近代史所提出了指名道姓的批评。对于近代史所的人来讲,这篇社论简直是晴天霹雳。因为近代史所的前身是从延安来的,是从华北解放区来的。1949年11月,政务院决定成立中国科学院,接受国民党留下来的科研人员和科研机构,为新中国开展科学研究工作。近代史所的前身是北方大学历史研究室,后来是华北大学历史研究室,1949年4月从解放区河北正定搬到人民解放军刚刚接管的北平,进驻东厂胡同1号,当时这里是四合院,是北大校长胡适的官邸。1950年5月1日,华大历史所正式改名为中国科学院近代史研究所。这是中国科学院所属第一个研究所,以后在中国科学院各所序列中,近代史所永远排在第一位。近代史所当时在学术界、在北京的声望非常高。时任所长是范文澜,他和毛主席、周恩来等许多中央领导人都熟悉,中央有些事情,特别是在意识形态领域、在思想文化领域有许多事情都是委托近代史所来做。近代史所的革命经历当时没有哪个研究所可以相比。为什么这样一个研究机构,突然变成资产阶级霸占的史学阵地了?这把大家头脑中的思想都颠覆了。

此前,学部为配合社会上批判吴晗、邓拓"三家村""燕山夜话",要求各所组织批判学部副主任兼政治部主任杨述的《青春漫语》。我们所当时也开了批判会。西郊组推我在全所大会上做发言,然后学部开大会,所里推了我和另外一个同志发言。我的发言主要批判《青春漫语》，最后说到《人民日报》的社论时，我说："昨天《人民日报》社论说夺取资产阶级霸占的史学阵地，对近代史所提出了严厉批评，我在这里就要问一下刘大年同志，你应该对近代史所负什么责任？"很快，台下开始起哄了，有人大声叫刘大年下台（那时刘大年同志是学部分党组成员、近代史所副所长、近代史所党的领导小组组长，坐在主席台上），往后的发言涉及学部领导，越来越激烈，还有人往台上冲，去抢话筒，这就是6月4日那天学部大会的情况。

接着，中央就向学部派出了以中宣部常务副部长张际春为组长的学部工作组，向近代史所派出了以中央组织部办公厅主任王瑞琪为组长的工作组。所里党支部决定按照中央精神在6月15日开会动员全所开展"文化大革命"。

1964年所里曾一次性选拔40名大学毕业生入所工作，这是空前绝后的一次。6月15日，所里党支部通知全所大会。这些年青人非常活跃，受到《人民日报》社论刺激，加之全国各地寄来读者来信声讨近代史所，年青人认为党支部布置工作不符合中央精神，在工作组支持下另行选出五个人到主席台主持大会，但不可能几个人同时主持，他们几个就推选我来主持。我根据中央文件和社论精神，就近代史所如何开展"文化大革命"讲了自己的看法，大家鼓掌通过。此事当时在近代史所称"6·15夺权"。之后，所里根据中央文件精神成立了"文化革命领导小组"，我由于不是党员，被推为副组长，实际工作由我负责。我成了近代史所的"造反派"，也导致了后来遭受七年审查。

1968年2月，戚本禹垮台后，近代史所"文革小组"受到冲击后垮台。1968年我开始接受群众组织审查，1968年12月军宣队、工宣队进驻所里。1969年10月之后开始有组织的审查，之后我就不能自由活动了，被关在中国文联大楼（现在是商务印书馆）上6个月，在美术馆里也关了几个月。1970年6月底被工宣队押送到河南息县学部五七干校。在五七干校，白天从事强体力劳动，主要是种地、烧窑、盖房子，我当了泥瓦工，是砌墙能手；晚上或者阴雨天搞运动，接受审查和批判。这六七年是我人生中最痛苦的时间，是最受煎熬的审查时间。对我们审查的名义是"五一六反革命阴谋集团"，在强大的压力下，采用车轮战、逼供信，逼迫你承认是"五一六反革命阴谋集团"成员，承认是"五一六反革命集团的骨干分子"，承认有什么罪行，承认整了"无产阶级司令部黑材料"。那几年真是十分煎熬,在干校要劳动,劳动完后其余时间不能自由行动,出去散步要有三个人陪同。我不想找人陪同散步,只好待在房间,没法跟任何人交流,也没法寻求任何人的支持和友谊。因为一旦跟人口头交流就会被认定是"五一六反革命阴谋集团"搞地下串联,这个事情不仅妨害自己,也妨害他人,所以我从不跟任何人交流,心情苦闷,可想而知。总体来讲,个人觉得虽然这七年很痛苦、很煎熬、没人理解,但我始终没有丧失对共产党的信心、对毛主席的信心,我总是觉得这些事情一定会过去,自己的事情一定会查清楚。1971年3月,学部五七干校从息县迁到京汉铁路线上的明港一座军营里,专门开展审查运动。1971年"九一三事件"后,审查难以进行。1972年7月,在周总理关心下,学部五七干校撤出河南,回到北京。我回京后,还是处于被审查状态,自由活动受限制(虽然管理已经松懈),我的工作是扫马路、厕所和修整房屋等体力劳动,不能参加研究工作。和我同时进所的其他年青同志,都可以按照自己的意愿进了某一个研究组,开始了读书和研究工作。我曾经希望进刚刚组建的民国史组,也被拒绝。1973年我写了几万字的说明材料,送给军宣队,说明我在"文革"中的真实活动,说明我的活动与"五一六反革命阴谋集团"没有关系。1974年12月14日,所军宣队和工宣队约我谈话,对我宣布了经学部领导小组批准的结论,大意为:经审查,我的问题不属于"五一六"问题,没有"五一六"错误,更没有"五一六"罪行;"文化大革命"中,由于极左思潮影响,由于识别不了王关戚,犯了一些错误,但这些不属于清查范围,今后好好总结经验就行了。又要求我迅速放下包袱,积极行动起来,积极参加当前的整党工作。军工宣队还召开全所大会,宣布了这个决定,强调不记入档案。我自此才算是得到了解放,可是当时所里的环境并没有让我感到解放的兴奋和愉悦,一些人依然把我当作"五一六反革命阴谋集团的骨干"来看待。

1977年5月,中国社会科学院建立,胡乔木、邓力群等同志担任院长、副院长。他们到社科院后对"文革"中所有冤假错案重新进行了审查。邓力群在他的自述《十二年春秋(1975—1987)》中回忆在中国社会科学院工作这一段历史时说:"粉碎'四人帮'后,在全国揭批'四人帮'的群众运动中,中央要求揭批'四人帮'篡党夺权的阴谋活动、罪恶历史和反革命谬论，清查他们的帮派体系。可是学部原来的领导却把'四人帮'的帮派体系与各级党委领导混为一谈，几乎划了等号。这样就造成了新的分裂，形成了新的矛盾，甚至在原党组中间也发生了分化。"他在回忆录中说："'文化大革命'开始以来，全院范围内，采取各种不同形式对547名干部进行了立案审查，占了1977年全院干部职工总人数的四分之一。这次复查，除了继续清查'四人帮'帮派体系和与'四人帮'有联系的人和事，主要解决了历史上包括'文革'期间以这样或那样理由立案审查的七种问题。"邓力群说："对于近五百人的问题，'凡是没有争论的，本人满意了，群众满意了，组织也满意了，三满意了，问题就算解决了，给党组写个报告，备案的性质，不必批准。'近五百人的问题，等于一风吹了。应该说，这是在粉碎'四人帮'之后对这些人的最后一次解放。这样做，就得到了过去被审查的人中绝大多数的信任，得了民心啊。"以胡乔木为首的社科院第一届党组对"文革"期间各种冤假错案的处理和解决，方针是对头的，认识是明确的，手段是坚决的。1978年10月13日，邓力群在全院大会上宣布，在上述547人中，只有六个人属于敌我问题，这就证明社科院属于敌我矛盾问题的人不到1%，就是说，社科院99%的干部群众团结起来了。这就为此后在社科院全面开展科学研究工作打下了良好的政治基础。邓力群在回忆录中讲到的他在社科院全体人员大会上的三次讲话，这三次讲话我都在现场。我记得两次是在和平里北街第五俱乐部，一次在公安干校礼堂（今公安大学内）。今天看了邓力群的回忆，联系当时的情景和我自己的思想，仍是很激动的！

关于"文化大革命"，党的历史问题决议已经做出了明确的结论，我无须重复。对我个人来说是有得有失。失，是在一个学术机构里十几年时间没顾上看书，没做研究工作，自己的学术工作大大推迟了。如果不是十几年的耽误，我在学术上应该早就有一些长进，至少可以有一本学术专著出版。1979年所里第一次评专业职称，我被评为助理研究员，那年我已经40岁了。今天年轻的学者恐怕是难以想象的。但也有得，"得"是开始纠正了头脑中一些不切合实际的观念。我在民国时期生活过10年，新中国建立时我已经满了10岁，我在新中国小学毕业、初中毕业、高中毕业、大学毕业，新旧对比，我对旧社会毫无留恋，对新社会、对共产党充满了好感,对社会主义共产主义充满了遐想,认为共产主义很快就要到来,这个认识在年青的时候很强烈。经过"文革"十年的历练和锤炼、挫折和失败,我开始醒悟到,迈向共产主义的道路绝不是那么平坦,在社会实践中会遇到困难,会有险阻,甚至可能出现倒退,迈向共产主义的路是曲折的,绝不像长安大道那样径情直遂、一往无前。同时经历"文革"后,也开始对社会的复杂、对人事关系的复杂建立起一个新的认识。"文革"中我曾带头批判刘大年、黎澍等几位学术界的领导人,1974年底以后,他们两位对我都很好。1975年下半年,黎澍先生为接办《历史研究》召开历史学者座谈会,让我担任记录,整理座谈资料,还征询我是否愿意到《历史研究》做编辑工作。刘大年先生对我也很好。1975年近代史所成立以刘大年为书记的党总支部,总支让我协助刘桂五先生做了一些学术秘书的工作。1975—1976年,我出面组织了所里部分人员去南韩继大队割麦,组织了部分人员到北京市内燃机总厂学工,组织了北京市印刷系统工人七二一大学学习中国近代史,为"开门办所"积累经验,与刘桂五先生一起访问了北大历史系和天津历史研究所,还几次到大连造船厂访问造船工人主办的哲学社会科学研究机构。我从1975年底开始协助刘大年同志编纂《中国近代史稿》。1976年10月"四人帮"被粉碎,11月《光明日报》召开历史学者座谈会,揭露"四人帮"歪曲、篡改历史的种种谬论,所里党总支推荐我去出席座谈会并发言。

　　1977年又出现曲折。社科院根据中央精神,开展揭批"四人帮"罪行,清理"四人帮"的帮派体系。近代史所主持"清理"工作的负责人却把刘大年、郭永才、张友坤和我作为近代史所"四人帮"的帮派体系,召开全所大会进行批斗。加给我的罪名有三项:"五一六"一风吹;突击入党;突击提干。这些罪名,对我来说是莫须有的,是不值一驳。所里大会一散,我就同主持"清理"工作的负责人当面提出辩驳。我说你们说我"五一六"一风吹,那不是我吹的,是军工宣队吹的,怎么说是我的罪行呢?我至今尚未入党,没有任何人代表党组织告诉我已经入党,怎么把突击入党说成是我的罪名呢?我只是所里普通的一员,没有担任任何正式的干部职务,怎么说我是突击提干呢?我还说,我的脸皮很厚,经得起大会小会的批判,但是批判的材料要是事实啊!那位负责人答:群众批判,哪能说得那样准呢?果然,如前所引邓力群回忆录，社科院党组做出了正确的决定，近代史所出现的那股乌烟瘴气就"一风吹"了。

1978年，国家召开了科学大会，发出了向科学进军的号召。邓小平明确指出，要保证科研人员从事科学研究的时间，一周至少保证科研人员五天的时间做科研，只有一天时间从事政治活动。社科院也做出了科研人员必须保证五天从事科研工作的规定。

从1978年到1988年，我开始读书，思考问题，写作学术论文。除了协助刘大年先生编纂《中国近代史稿》，还独立承担了编绘中国近代史地图的任务。1984年出版了我第一本书《中国近代史稿地图集》。这本书出版后，历史地理研究方面的学者来信表示祝贺，复旦大学历史地理专家谭其骧先生来函给予鼓励。近代史所民国史研究室主任孙思白对我说，"你这本书的出版奠定了你在学术界的地位"。这是我第一次听到历史学家对这本书做出评价。李侃先生还在香港《大公报》发表了推荐我这本地图集的书评。《红旗》杂志的书评家周溯源同志也在《光明日报》发表了书评。随后，中国人民大学发布吴玉章奖通告，刘大年、丁名楠、李侃三位先生为我写了推荐意见，此书在吴玉章奖评选中虽未能入围，我已感到很大满足。这期间，我还就太平天国史、义和团历史、辛亥革命史等课题写过一些学术论文，也参加过中国近代史重大学术理论的争鸣。1988年我担任副所长、1994年担任所长后，一心扑在所的建设上，每年也能完成一两篇学术论文，就中国近代史领域重大问题提出自己的看法。

担任副所长、所长后，我对近代史研究所的学科建设、对外学术交流、青年学者培养等方面做过一些事情，这方面，大家都比较熟悉，不需要多讲。

小学、中学、大学乃至于研究生阶段，都是一个接受基础知识的过程，只有进入工作单位后，才是真正锻炼自己、塑造自己的过程，我进入近代史所后才开始认识到这一点。在所里工作期间，有几位同志曾单独跟我提过意见，如研究西藏史的专家王忠先生曾在"四清"运动时看我很积极，给我一个评价，说我以后在近代史所最好去接刘桂五的班，去做学术秘书（张掖"四清"时，我与王忠先生同睡一个炕头）。我判断可能王忠先生认为我不适宜做学术研究工作，宜做行政工作。所以我反思自己，既然在一个专业研究机构工作，今后一定要在学术上好好研究，改变别人对我的认识。我想王忠先生是对我的忠告，我要好好警醒。1974年前后，我刚刚被"解放"，几位年轻朋友在一起蹲在地上吃饭谈天，徐辉琪同志当面说我这个人综合能力很强，分析能力不够。这个批评我一生都铭记于心，后来一直都努力加强自己分析能力的训练。写论文和做事情时，都会思考，怎么样提升自己，怎么样在分析能力上更进一步。这是徐辉琪同志对我的很好的激励。还有刘大年先生，在我当了副所长以后，几次耳提面命说，你现在行政工作很忙，但是不管多么忙，你都要坚持研究，坚持写学术论文。他还以自己为例说明不写文章难以在近代史所立足的道理，以此来告诫我不管多忙、多困难，都要坚持学术研究，写出论文来。这个忠告我也是一直铭记于心，时时不敢忘怀。所以我担任副所长以后，不管多忙，我都还在坚持学术研究，把所有的假期，包括春节都是把自己关在房间里看书、写文章。还有一次批评，是集体的。那是1967年"文革"中，所"文革小组"开展整风，发动全所同志对所"文革小组"的工作提意见。整风时间大约花了一星期，各组讨论提批评意见，然后每组选出代表给"文革小组"提意见。同志们开展批评与自我批评时，对我提的很多尖锐的意见我都记录在本子里，到现在还会翻出来看看，提醒自己反思如何对待群众、对待人与人之间的关系。以上所有这些批评、提醒和忠告都成为我进步的动力。我对给我提过批评、提醒、忠告的前辈、同辈和朋友们，都铭记于心，深表感谢。所以我觉得我们在生活里，要经常注意听取别人的批评，经常注意别人对自己的意见，才能和大家融合在一起。我是一直觉得所里同志，包括所外人对我的批评，我都不持反感的态度，我都是在反思自己做得怎么样，我怎么样提高一步，怎么样使别的同志能够满意。这些我觉得也许是我的人生感言。

我今天之所以讲自己年轻时候的事情，讲自己初出茅庐就不断受到的挫折与失败，而不讲学术研究本身，是因为考虑到在座的大多为进所不久的年轻同志，这些同志都有硕士、博士甚至博士后的经历，学术上都受到了相当训练，再多讲学术，就可能缺乏针对性，而讲人生起步最初的阶段，讲自己的挫折与失败，讲自己如何在做人上受到锻炼，也许对各位年轻朋友不无借鉴意义。

我觉得退休是人生中的重要一步，同时，也说明往后的步子会越来越少，我希望把退休后的几步能够走好，也希望能够继续得到我们所里年长的、年轻的各位同志的批评、指教，使得我在今后的几个步子当中走得更好一些。如果我的身体允许的话，我还会继续做一些学术研究工作。近代史所是一个专业的研究机构，我们首先是要在专业的学术上迈好步。我希望年轻的朋友们在进步的时候，也帮助我一起进步！

图书在版编目(CIP)数据

张海鹏文集：全七卷／张海鹏著． -- 北京：社会科学文献出版社，2020.7
　ISBN 978-7-5201-4609-8

Ⅰ.①张… Ⅱ.①张… Ⅲ.①中国历史-近代史-文集 Ⅳ.①K250.7-53

中国版本图书馆 CIP 数据核字(2019)第 059245 号

张海鹏文集（全七卷）

著　　者／张海鹏

出 版 人／谢寿光
责任编辑／李期耀　赵　晨　邵璐璐　等
文稿编辑／胡安义　肖世伟　徐成志　等
责任印制／王钠鑫

出　　版／社会科学文献出版社·历史学分社（010）59367256
　　　　　　地址：北京市北三环中路甲29号院华龙大厦　邮编：100029
　　　　　　网址：www.ssap.com.cn
发　　行／市场营销中心（010）59367081　59367083
印　　装／北京盛通印刷股份有限公司
规　　格／开　本：787mm×1092mm　1/16
　　　　　　印　张：179.25　字　数：2899 千字
版　　次／2020 年 7 月第 1 版　2020 年 7 月第 1 次印刷
书　　号／ISBN 978-7-5201-4609-8
定　　价／1580.00 元（全七卷）

本书如有印装质量问题，请与读者服务中心（010-59367028）联系

版权所有 翻印必究